지식의 역사

A HISTORY OF KNOWLEDGE

지식의 역사

과거, 현재, 그리고 미래의
모든 지식을 찾아

찰스 밴 도렌 지음
박중서 옮김

A HISTORY OF KNOWLEDGE

갈라파고스

게리, 리즈, 샐리, 그리고 존에게

감사의 말

이 책은 내 평생에 걸친 독서와 사고와 대화의 산물이다. 이 책의 씨앗은 지금으로부터 거의 50년 전에, 그러니까 내가 세인트존스 칼리지 학생이었던 시절, 스콧 뷰캐넌, 제이컵 클라인, 그리고 리처드 스코필드의 사상 세계에 처음 입문하던 때에 이미 뿌려졌던 것이다.

나는 지금으로부터 30년 전, 그러니까 『진보의 이념』(1967)을 쓸 당시 보편사에 관한 책과 처음 만났다. 당시의 내 멘토는 ― 지금도 마찬가지이지만 ― 모티머 J. 애들러였다. 우리는 이 책에서 다룬 여러 주제들을 몇 해에 걸쳐 의논했고, 나는 그에게서 상당수의 유용한 참고 서적을 소개받았다. 우리는 여러 가지 점에서 서로 의견이 맞았고, 또 다른 점에서는 의견이 달랐다. 그의 지적 판단은 이 책의 여러 부분에 드러나 있지만, 일일이 표시해두지는 않았다. 다만 이 자리를 빌려 그렇다는 사실을 밝혀둔다.

지식의 역사를 공부하는 학생들이라면 다른 누구보다도 F. J. 태거트와 G. H. 힐데브란드의 저서에 큰 빚을 지게 마련이다. 이 두 사람이 성심껏 고른 고전 강독 선집 『진보의 이념』(1949)은 지난 3000년 동안에 나온 저술들에 대한 건실하고도 유용한 지침서가 아닐 수 없다.

이 분야에 관한 보다 넓은 해석에 관해서는 이븐할둔에서 오스발트 슈펭글러, 아놀드 J. 토인비에서 페르낭 브로델에 이르기까지 여러 철학적 역사가들에게 큰 빚을 졌다. 특히 브로델은 일상생활의 작은 세부 사항에 면밀히 관심을 두어야 한다는 점을 가르쳐주었다. 그런 세부 사항들이야말로 사람들이 살아가는 방식이며, 사람들이 말하거나 쓰는 바에 관해 많은 것을 말해주기 때문이다.

과학의 역사에 관해서는 제임스 버크(특히 『커넥션』〔1978〕), 허버트 버터필드(특히 『근대 과학의 기원』〔1951〕), 그리고 에르빈 슈뢰딩거(특히 『자연과 그리스인』〔1954〕)에게 큰 빚을 졌다.

여러 인류학자들 중에서도, 나는 브로니슬라브 말리노프스키, 클로드 레비스트로스, 그리고 『영웅』(1956)의 저자인 래글런 경으로부터 가장 많이 배웠다. 로버트 L. 하일브로너의 『세속의 철학자들』은 내가 경제학 분야의 수많은 저서들을 이해하고 이용할 수 있도록 큰 도움을 주었다.

마셜 매클루언의 『미디어의 이해』(1965)를 다시 읽을 때마다, 나는 그의 통찰력과 예언의 정확성에 관해 깊은 인상을 받지 않을 수 없다.

전 세계적인 현대성의 경험에 관한 최근의 저서들 가운데 내가 보기에 가장 생각이 깊으면서도 도발적인 책은 마셜 버먼의 『모든 단단한 것들은 공기 속에 녹아버린다』(1982)가 아닐까 싶다. 나는 아직 이 저자를 직접 만난 적이 없지만, 그래도 저서를 통해 여러 날 동안 밤을 새우면서 수많은 침묵의 대화를 나누었다.

버먼의 책을 내게 처음 소개한 사람은 바로 내 형제인 존 밴 도렌이다. 그는 세계 역사에 관한 완벽한 시(詩)인 존 메이스필드의 「화물」을 수년 전 내게 처음으로 알려주기도 했다. 이러한 조언들에 대해 정말 깊이 감사한다. 이 책의 원고 가운데 여러 부분에 관한 그의 사려 깊은 조언들에 대해서도 마찬가지다. 나아가 분명히 내가 준 것보다는 얻은 것이 훨씬 더 많았던, 지난 50년의 세월 동안 함께 나눈 대화에 대해서도 말이다.

또한 내 친구들 모두는 물론이고, 지난 6년 동안 세미나에 참석한 학생들 모두에게도 감사의 말을 전한다. 격식과 열의가 함께 어우러진 그들과의 대화에서 나는 여러 가지 발상을 얻었고, 그 이전까지만 해도 당혹스럽거나 불쾌했던 여러 가지를 이해하는 데에 도움을 받았다. 그들은 물론 그 당시에는 아마 몰랐겠지만, 지금의 나로선 그들에게 진 빚이 정확히 얼마라고 말할 길이 없을 지경이다.

브리태니커 백과사전의 편집자로 보낸 20년의 세월 동안, 나는 정말 많은 것을 배웠다. 특히 동료들에 대해서뿐만 아니라, 그들이 생산한 작품에 대해서도 깊은 경외심을 품게 되었다. 크건 작건 간에, 어떤 문제에 관해 내가 브리태니커를 참고하지 않은 날은 사실상 단 하루도 없다. 나는 브리태니커의 편집자들이 무려 2세기 넘도록, 지금 내가 여기서 직접 수행한 것과 똑같은 임무에 줄곧 헌신해왔음을 잘 알고 있다. 그 임무란 바로 인류의 지식에 관한 역사의 준비 작업이다. 물론 그들이 한 방식은 내가 한 방식과는 아주 달랐지만 말이다.

내가 진 세 가지 다른 빚에 관해 여기 기록해두는 것을 기쁘게 생각한다. 첫 번째 빚은 이데오노미의 창안자이며 지난 20년 동안 내 친구였던 패트릭 건켈에게 졌다. 그 세월 동안 나눈 100여 번의 긴 대화들을 통해 패트는 과거의 역사뿐만 아니라 미래의 역사도 존재한다는 사실을 내게 이해시켜주었다. 나는 부끄러운 것도 모르고 그의 통찰 가운데 일부를 차용했으니, 가령 반려 컴퓨터(CC)에 대한 발상도 그중 하나다. 그가 내게 가르쳐준 것들 중에서도 가장 가치 있는 것은 미래가 단단한 실체를 지닐 것이라는, 또 어쩌면 과거보다도 훨씬 더 명료할 수 있다는 사실이었다. 가장 이해하기 힘든 것은 오히려 현재다.

나는 담당 편집자인 힐렐 블랙과 도널드 J. 데이비드슨에게도 큰 빚을 졌다. 그들은 냉철한 태도로 명료한 문장을 요구했으며, 내가 의도한 문장이 그들의 마음에 들 때까지 원고를 쓰고, 또 쓰고, 또 고쳐 쓰게 했다. 혹시나 이 책에서 그런 장점이 나타난다면, 그건 나보다 두 편집자의 덕분이라 할 수 있다. 물론 이 책에 나타난 오류는 전적으로 나만의 책임이지만.

내 아내 제럴딘은 이 책의 원고를 처음부터 끝까지 두 번이나 읽어주고 1000개가 넘는 갖가지 제안을 해주었으며, 나 역시 그 제안 중 대부분을 받아들였다. 보다 중요한 사실은, 아내가 나로 하여금 여러 생각들을 갖고 실험을 할 수 있게 해주었다는 것이다. 비록 본인이 보기에 터무니없거나, 재미있거나, 또는 놀랍거나 한 생각들을 내가 제안했어도 말이다. 따라서 아내의 도움이 없었다면 이 책은 결코 나오지 못했을 것이다.

코네티컷 주 콘월에서
1991년 8월

인간의 진보라는 관념을 다루고 있는 두툼한 책은 그야말로 잡동사니가 가득한 주머니가 아닐 수 없다. 그런 저술 가운데 어떤 것들은 인상적이고 심지어 영감을 주기도 하지만, 상당수는 피상적인 데다가 (19세기에 그런 것처럼) 우리가 나날이 모든 면에서 더 나아지고 또 나아진다는 식의 낙관적인 전망을 반복하기 때문에 그야말로 어처구니없어 보이기도 한다.

이러한 어리석음은 특히 경제적, 정치적, 그리고 도덕적 진보 같은 문제에 관한 논의, 그리고 예술에서의 진보에 관한 논의에서 드러난다. 사실 지구상의 인류 역사 전반에 걸쳐서 인간의 전반적인 부가, 전반적인 통치가, 인간의 평균적이거나 또는 전형적인 행위가, 혹은 위대한 예술 작품의 생산이 줄곧 진보를 이루었다는 명제를 효과적으로 논증하기는 어렵다.

때로는 이런 영역들에서 실질적인, 그리고 측정할 수 있는 향상이 있었던 것처럼 여겨지기도 한다. 또 때로는 이와는 정반대가 오히려 맞는 것만 같다. 따라서 가령 프랑스의 사회철학자인 오귀스트 콩트처럼, 인간이 노력한 모든 분야에서 진보의 불가피성을 확신하는 저술가들의 강한 신념은 그야말로 근거가 없다고 보아야 한다. 비록 한때는 그것이 사실처럼 여겨지기도 했지만, 더 이상은 이런 견해를 받아들이기 힘들다.

지식에서의 진보

인간의 지식에서의 진보는 또 다른 문제다. 여기서는 진보라는 것이 사물의 본성 속에 들어 있다고 자신 있게 주장할 수 있다. 프랑스의 철학자이자 수학자이며 신비주의자였던 블레즈 파스칼은 이렇게 썼다. "각 개인은 나날이 진보할 뿐만 아니라, 인류 전체도 항상 진보하고 있으니 (……) 우주가 점점 나이를 먹음에 비례하여 그렇게 된다." 후세의 역사가라면 아마 이렇게 쓰지 않을까. "이성적 존재로서 인간의 본질이란, 곧 인간이 과거 세대의 경험을 축적하여 자신의 잠재 역량을 발전시키는 것"이라고.

각자의 삶 속에서 우리는 나날이, 그리고 해를 거듭할수록 점점 더 많은 것을 배우는데, 왜냐하면 우리는 배운 것 중에 최소한 일부라도 기억하고, 거기다가 새로운 지식을 더하기 때문이다. 마찬가지로 인류의 역사 속 집단적 기억에는 과거의 어떤 지식이 최소한이라도 보존되어 있으며, 거기에 모든 새로운 발견이 덧붙여지는 것이다.

개인의 기억은 쇠퇴하고, 한 사람은 죽어 없어지게 마련이지만, 인류의 기억은 영원할 것이다. 최소한 인류가 계속해서 책을 쓰고 읽을 수 있는 한은, 또는 — 점점 더 흔해지듯이 — 미래 세대를 위해 자신들의 지식을 저장해두는 한은 계속해서 지속될 것이다.

인간 지식의 총체가 증가하는 속도는 시대에 따라 천차만별이다. 때로는 (가령 오늘날처럼, 또는 B.C. 5세기처럼) 매우 빠르고 또 때로는 (가령 중세 시대 동안 그랬던 것처럼) 매우 느리다. 그럼에도 불구하고 이런 진보는 본질적으로 한 번도 멈춘 적이 없으며, 인간이 인간인 한에는 결코 멈추지 않을 가능성이 크다.

지식에서의 진보의 종류

그렇게 해서 확장되고 축적되는 지식은 몇 가지 종류로 나뉜다. 오늘날의 우리는 자연이 어떻게 작동하는지에 관해, 가령 지금으로부터 100년, 또는 1000년 전 사람들보다도 훨씬 더 많이 알고 있으며, 지금으로부터 100년 뒤에는 이보다 훨씬 더 많이 알게 될 것으로 기대한다. 노하우나 기술의 경우에는 진보의 관념을 이해하고 받아들이기가 쉬우며, 예측 가능한 미래에도 그런 진보가 지속되리라는 낙관을 품기가 쉽다.

또 다른 종류의 지식에서도 진보가 생겨날 '가능성'은 있다. 예를 들어서 역사학자들이 과거에 관해 자유로이 쓸 수 있는 한, 그리고 독자들이 그런 책을 자유로이 읽을 수 있는 한(물론 로마의 역사학자 타키투스가 상기시키듯, 이 두 가지가 항상 성립하지는 않는다.) 우리는 18세기에 영국과 미국과 프랑스에서 있었던 여러 혁명의 와중에 발전되고 쟁취되었던 정당한 통치에 관한 새로운 생각들을 결코 잊지 않을 것이다. 그렇다고 해서 더 나은 통치의 탄생이 항상 불가피하다는 뜻은 결코 아니다. 반대로 지구 대부분의 지역에서 민주주의가 번성하던 옛날, 그 좋았던 옛날을 한숨과 함께 뒤돌아볼 때가 언젠가 올 수도 있다. 하지만 그때가 되더라도 우리는 이른바 통치에 관해 예전보다는 더 많은 것을 '알게' 되리라.

이와 유사하게 위대한 인물들 ─ 가령 소크라테스, 예수, 아시시의 성 프란체스코, 마틴 루터 킹 2세 같은 ─ 역시 결코 잊히지 않을 것이다. 우리가 그들의 삶에 관한 이야기를 읽거나 또는 다른 방식으로 상기하는 한, 그리고 그들이 우리를 향해 제기한 삶의 본보기를 기억하는 한에는 말이다. 이것 역시 우리가 항상 더 나은 인간이 되어야만 한다는 뜻은 아니다. 다만 인간의 탁월함이 무엇이고 또한 어디까지 그렇게 될 수 있는지에 관해 우리가 더 많은 것을 알게 되리라는 뜻일 뿐이다.

보편사

인류의 기억이 오로지 구전 전통에 의해서만 전해지던 시절에는 지식에서의 진보도 고통스러우리만치 느리기만 했다. 예를 들어서 아주 오래전에 어떤 원시인들은 자신들의 크나큰 적이었던 불을 다스릴 수 있고, 덕분에 삶이 더 나아질 수 있음을 발견했다. 체계적 통신수단이라곤 아무것도 없는 상태에서, 이런 새로운 지식이 보편화되기까지는 상당히 많은 세월이 흘러야만 했다. 글쓰기가 발명되자, 온 인류가 이용할 수 있는 지식의 덩어리를 쌓아놓는 과정에도 본질적으로 가속도가 붙었다. 오늘날 인류의 축적된 지식을 저장하고 상기하는 데 사용되는 장비들, 가령 컴퓨터 같은 것들은 그 자체가 발전을 위한 진보적인 노력의 대상이다.

이런 까닭에 인류의 역사는 곧 인간 지식의 진보와 발전의 역사인 셈이다. 최소한 보편사 — 즉 개인이나 국가의 행위보다는 오히려 인류 전체의 업적과 실패를 더 많이 다루고 있는 역사 — 는 인류의 지식이 시대를 거듭하며 어떻게 해서 성장하고 변화했는지에 관한 설명에 다름 아니다.

따라서 이 보편사는 지식의 역사라고 봐도 무방하겠지만, 그렇다고 해서 단순히 지금까지 이루어진 모든 발견과 발명을 열거한 연대기에 불과한 것은 아니다. 그런 연대기는 상당수가 — 어쩌면 대부분이 — 궁극적으로는 가치가 없다시피 하기 때문이다. 가장 넓으면서도 가장 일반적인 의미에서 말하자면, 보편사란 곧 인류가 여러 시대에 걸쳐 성취한, 그리고 점점 더 자라나는 축적물에 덧붙인 중대하고도 새로운 지식에 관한 이야기이고, 또한 반드시 그런 이야기가 되어야만 한다. 또한 이것은 간혹 지식의 성장보다도 지식의 변화가 더 크기도 했음을 보여주는, 그리고 이후의 세대에는 부적절한 것처럼 보인 지식의 주요 요소들이 완전히 포기되거나 상실되기도 했음을 보여주는 이야기이기도 하다.

예를 들어서 로마 제국의 멸망은 당시로선 그야말로 광범위한 지각변동이나 마찬가지였고, 그로 인해 유럽 전역에서 슬픔과 고통이 야기되었다. 그럼에도 불구하고, 또는 어쩌면 바로 그럼으로 인해, 이후의 세기에는 새로운 종류의 지식이 대두했다. 그 새로운 지식들은 대부분 존속하지 못했고, 비록 한때는 주목할 만했지만 우리가 결국 포기한 삶의 어떤 방식으로만 남아 있다. 그러나 언젠가 우리가 그런 과거의 방식으로 다시 돌아갈 가능성은 충분히 남아 있다. 고전 시대 그리스와 로마의 지식 같은 경우도 이처럼 한동안 잊혀 있다가 르네상스 때 재발견되었고, 이후 대단한 영향을 발휘함으로써 오늘날 우리가 사는 세계를 만드는 데 일조했기 때문이다.

또 한 가지 예를 들자면 17세기에는 동양과 서양 모두에서 전쟁과 정복이 그 어느 때보다도 빈번했으며, 결과적으로는 인류의 편의를 증진시키는 데 일조한 비교적 작은 발견이며 발명들이 이루어졌다. 하지만 이 모든 것들도 그 시대에 이루어진 과학적 방법의 발견에 비하자면 그야말로 빛을 잃을 수밖에 없다. 과학적 발견이야말로 이전의 3세기 동안에 있었던 온갖 지식들의 막대한 진보에서 핵심적인 역할을 한 것으로 증명되었기 때문이다.

마지막으로 우리 시대의 이른바 "지식 폭발" 때문에, 새로운 지식을 남김없이 모조리 서술하려는 시도는 그야말로 무익할 수밖에 없다. 하지만 우리의 세기에는 앞으로 인류의 삶에 지속적인 영향(비록 더 나은 영향까지는 아니더라도)을 끼칠 만한 갖가지 지식에서 상당수의 매우 중요한 발전이 나타났다. 그리고 그 대부분은 과거로부터 계속된 지식의 진보적 발전이라는 토대 위에 세워진 것이다. 그런 발전이 중요한 까닭은 그것들이 실제로 정말 중요하기 때문이다. 따라서 그것들은 보편사의 일부분이 된다.

지식에서 벌어진 이런 거대한 발전, 변화, 그리고 어쩌면 일시적인 상실이야말로 이 책의 주제다. 이 책은 인간이 살아가는 세계에 관해, 그리고 인간이 스스로에 관해 이룩한 지식 축적의 보편사다. 그리고 때로는 양쪽 모두를 이해하는 데에 실패한 사례까지도 이 책에는 포함되어 있다. 이런 축적은 지난 여러 세기 동안의 인식 가능한 어떤 패턴을 드러내주기 때문에, 이 책은 또한 미래에 있을 지식의 진보에 관한 전망을 보여줄 수도 있다. 과거에, 특히 가까운 과거 동안 지식이 어떻게 변화하고 성장했는지를 보다 똑똑히 볼 수 있다면, 우리는 미래에 — 최소한 가까운 미래에 — 일어날 가능성이 큰 변화에 대해서도 보다 정확하게 예상할 수 있을 것이다.

먼 미래, 가령 1세기나 또는 그 이상 가는 시대는 또 다른 문제다. 여기서는 무슨 일이 일어날지를 그저 추측만 할 수 있을 뿐이다. 이 책의 마지막 장에서는 아마도 그럴 법하다고 생각되는 몇 가지 상황을 제시해보도록 하겠다.

원시인

다른 동물은 인간에 비해 신체적 이점을 지니고 있다. 동물은 인간보다 더 잘 보고, 더 잘 듣고, 더 잘 냄새 맡고, 더 잘 뛰고, 더 세게 깨물 수 있다. 동물이나 식물은 가령 들어가 살 집을 필요로 하지도 않고, 적대적인 세계에서 살아남기 위해 반드시 알아야 할 것들을 가르쳐주는 학교를 필요로 하지도 않는다. 이런저런 치장을 걷어놓고 보면, 인간이란 사실상 벌거벗은 유인원에 불과하며, 그런 상태로 찬 바람에 덜덜 떨고, 허기와 갈증의 고통에 시달리고, 공포와 외로움의 고뇌를 느끼는 것이다.

하지만 인간은 지식을 갖고 있다. 그 덕분에 인간은 지구를 정복했다. 이 우주의 나머지 부분도 인간이 찾아오기를 기다리고 있지 않을까. 어쩌면 약간의 공포심을 품고서 말이다.

다른 사람의 정신에 접근해서 그의 정신을 이해하기는 매우 어렵다. 심지어 아주 잘 아는, 함께 살거나 함께 일하는, 또한 매일 보는 사람이라 하더라도 마찬가지다. 그러니 벌거벗은 유인원 한 쌍의 정신에 접근해서 그들의 정신을 이해한다는 것은 훨씬 더 어려울 것이다. 그것도 지금으로부터 25만 년 전에 살았던 최초의 남자와 여자의 정신이라면 더더욱 그럴 것이다. 하지만 비록 상상에 불과하더라도, 한 번쯤 해볼 만한 가치는 있다.

우리의 조상들은 아마 우리와 비슷하게 생겼을 것이다. 남자는 지금보다 작고 여자는 남자보다도 더 작아서, 기껏해야 150센티미터를 넘지 않았을 것이다. 그들이 우리 앞에 서 있다고 상상해보라. 그들의 눈을 바라본다고 상상해보라. 뭐가 보이는가? 그들은 우리 눈에서 뭘 보고 있을까?

마음속에 피어오를 수도 있는 두려움을 제쳐두라. 아마 두려움이 없지는 않을 것이다.

우리가 이런 서로에 대한 두려움을 극복할 수 있다고 가정해보자. 그리고 서로를 알기 위해 뭐든지 해볼 수 있다고 상상해보자. 하지만 우리가 그들과 대화를 나눌 수 있으리라고 가정하지는 말자. 우리가 아는 언어를 그들은 아직 갖고 있지 못할 테니까. 그렇다 하더라도 그들끼리는 서로 대화를 나눌 수 있음을 우리는 똑똑히 볼 수 있을 것이다. 그들이 하는 행동을 지켜보고 나서, 이번에는 그들이 우리의 행동을 지켜보게 하자. 그런 식으로 하면, 우리는 그들이 무엇을 알고 있는지에 관해 어떤 개념을 얻을 수 있을 것이다.

그들이 우리 앞에 서 있다고 상상하고, 그들이 움직이고 손짓하고 이야기 나누는 모습을 상상해보라. 사냥감을 잡고, 죽이고, 먹을 것을 채집하고, 손질하고, 먹는 모습을. 몸을 씻는 모습을. 추위를 피하기 위해 자기 몸을 덮는 모습을. 서로를 애무하며 사랑을 나누는 모습을. 이 모두를 상상해보고 나면, 우리는 그들이 정말 상당히 많은 것을 알고 있다고 결론 내리지 않을 수 없을 것이다.

우리가 알고 있는 것 가운데 일부는 분명 그 생물도 똑같이 알고 있으리라. 하지만 그들은 분명 우리가 미처 모르는 다른 것들도 알고 있을 것이다. 우리는 그들만큼 숙련된 자연 생존(서바이벌) 전문가는 아닐 테니까 말이다. 이런 결론에 도달하고 나면, 지금 우리가 아는 것들의 상당 부분이 그 '방식'만큼은 그들이 아는 것과 똑같음을 깨닫게 된다. 나아가 우리가 아는 것의 상당수는 그들이 아는 것과 '유사할' 것이다.

특수한 것에 대한 지식

원시인들은 자기들이 어디 있는지 알고 있다. 이리저리 돌아다니고 살아남기 위해 충분할 만큼은 아는 것이다. 비록 그들이 아는 장소에, 가령 웨스트 4번가니 다운타운이니 하는 이름을 붙여주지는 않았다 하더라도, 그들은 사물이나 자기 기억에 있는 표식을 인식함으로써 언제라도 자기가 지금 어디 있는지를 분명히 알 수 있었으리라. 그들은 자기 말고 다른 존재가 있음을 알았을 뿐만 아니라, 그런 존재를 가리키는 기호나 표식도 창안했을 것이다.

가만 생각해보면, 그들은 이러한 종류의 지식을 무수히 많이 가졌음이 분명하다. 가령 저 나무에는 다람쥐 둥지가 있고, 저녁이면 이 샘가에 호랑이가 물을 마시러 오기 때문에 물을 길으려면 아침에 오는 편이 더 안전하고, 저 개울에 있는 돌은 화살촉으로 안성맞춤이고 등등. 그런 지식이 우리의 정신과 기억의 대부분을 차지하게 마련이다.

동물의 정신과 기억을 대부분, 그리고 어쩌면 전적으로 차지하고 있는 것도 바로 그런 종류의 지식이다. 동물은 자기가 어디 있는지를 안다. 동물은 길을 잃지 않으려고 노력하며, 간혹 혼자 낯선 지역을 지나서 집까지 찾아온 짐승에 관한 이야기가 들려온다. 내가 키우는 검둥개도 자신의 환경에 관해 많은 것을 알고 있다. 어떤 사람과 탈것이 안전하고 또 어떤 것은 그렇지 않은지, 사슴과 우드척이 자주 나타나는 곳은 어디인지, 심지어 아침 식사 후에는 잼과 버터를 바른 빵 한두 조각이 간식으로 나오게 마련이라는 것까지도 말이다. 우리 고양이 역시 특수한 것에 관한 지식들을 상당수 머릿속에 간직하고 있으며, 우리 집 마당에 있는 새들이며, 밤에 마당을 가로지르는 여우들이며, 헛간에 사는 쥐들도 자신들의 주위 세계에 관해 상당히 많은 것들을 알고 있으리라고 나는 확신한다. 쥐의 경우에는 분명히, 고양이의 경우에는 어쩌면, 그리고 개의 경우에는 아마도, 그 녀석들이 알고 있는 것들은 모두 특수한 것이리라.

보편적 지식

하지만 우리 사람은 알지만 동물은 모르는 또 다른 종류의 일들이 있다. 우리는 태양이 아침에 뜨고, 하늘을 가로질러 저녁에 진다는 것을 안다. 우리는 태양이 매일 이렇게 한다는 것을, 심지어 중도에 구름이 가로막고 있더라도, 이 세계가 존재하는 한에는 항상 그럴 것임을 안다. 우리는 겨울 다음에는 여름이, 또 여름 다음에는 겨울이 온다는 것을 안다. 우리는 모든 생물이 태어나고, 또한 언젠가는 죽는다는 것을 알고 있다. 한마디로 우리는 사물의 원인을 알고 있다. 적어도 일부 사물에 대해서는 말이다.

이런 지식, 그리고 이와 유사한 다른 지식은 보편적 지식의 일부분이다. 이런 지식을 서술할 때 우리가 사용하는 언어는 특수한 것에 관한 지식을 드러낼 때 사용하는 언어와는 다르다.

저 나무 안에는 다람쥐 둥지가 있다.
모든 살아 있는 것들은 태어나고 또한 죽는다.

그 무게와 그 아름다움이란 차원에서, 이 두 가지 진술은 얼마나 서로 다른가! 첫 번째 진술은 평상시에는 아무런 의미도 없지만, 혹시나 우리가 배고픈 경우라면 의외로 중요하게 될 수도 있다. 하지만 이 진술이 성립하려면 특정한 환경이 필요하다. 반면 두 번째 진술은 그 어떤 시간이나 장소에서도 장엄한 진실이다.

나는 동물이 보편적 지식 — 개념이라고 일컬어지는 — 을 지니지 못한 반면, 우리 인간은 지니고 있다고 말한 바 있다. 그러나 몇몇 동물의 경우에 관해서는 나도 자신 있게 단언하지는 못한다. 가령 우리 개의 경우가 그렇다. 하지만 나는 반대로 우리 개가 그런 종류의 지식을 지니고 있다고 증명할 수도 없는데, 왜냐하면 그 녀석은 나한테 뭐라고 말을 해줄 수 없기 때문이다. 그 녀석은 말 못하는 짐승 — 짐승이야 당연히 말을 못하게 마련이다 — 이기 때문에, 녀석의 행동을 보고 비교적 분명하게 추론해낼 수 있는 것을 제외하면, 녀석의 정신에 도대체 뭐가 들어 있는지를 결코 정확히는 알 수가 없다.

우리는 동물이 특수한 지식을 상당수 지니고 있음을 쉽게 추론할 수 있지만, 그렇다고 해서 녀석들이 보편적 지식을 지니고 있다고 말할 수는 없다. 우리는 아까 상상해보았던 벌거벗은 유인원 한 쌍에게 우리가 직접 말을 걸 수 없다고 가정한 바 있다. 우리는 다만 그들을 눈으로 바라보며, 그들이 행동하는 것을 지켜볼 뿐이다. 그렇게 그들을 지켜봄으로써, 가령 해가 항상 아침에 떠서 저녁에 진다는 것을 그들이 알고 있는지 추론할 수 있을까? 모든 생물이 태어나고 또 죽는다는 것을 그들이 알고 있는지 추론할 수 있을까? 어떤 것의 원인을 그들이 알고 있는지 추론할 수 있을까?

만약 그들이 이런 지식을 전혀 알지 못한다고 치면, 그 이유에 대해서는 단순한 설명이 가능하다. 세월을 너무 멀리까지 거슬러 올라갔던 것이다. 시계를 얼른 앞으로 돌려보자. 우리는 조만간 우리가 하는 행동을 다 하고, 우리가 아는 것을 다 아는, 따라서 비로소 완벽한 인간이라고 할 수 있는 원시인을 만나게 될 것이다.

그들은 어쩌면 여전히 벌거벗은 채일 수 있고, 여전히 겁이 많을 수 있으며, 여전히 우리로부터 도망치거나, 그렇지 않으면 도리어 우리를 죽이려 덤벼들지도 모른다. 하지만 그야말로 본질적이라고 할 수 있는 한 가지만 놓고 보면, 그들은 우리와 똑같을 것이다. 즉 머지않아 그들은 우리에게 뭔가를 말할 수 있게 될 것이다.

도대체 그런 일이 언제 처음으로 인류에게 벌어졌는지를 알아낸다는 것은 우리의 지식 범위를 훨씬 넘어서는 일이다. 어쩌면 지금으로부터 100만 년 전인지도 모르고, 1만 년 전인지도 모른다. 그런 일이 어떻게 벌어졌는지도 수수께끼이기는 마찬가지다. 중요한 것은 그런 일이 실제로 벌어졌으며, 인간은 동물과 공유하던 방식이 아니라 이런 새로운 방식을 통해 뭔가를 알기 시작했으며, 점차 자신들이 그렇다는 사실을 의식하게 되었다는 점이다. 이 책에 나온 그 위대한 이야기는 이렇게 시작된 것이다.

확실한 지식

특수한 것에 관한 우리의 지식 가운데 상당수는 확실하다. 가령 지금 우리가 어디 있는지를 아는 문제의 경우, 우리는 맞을 수도 있고 틀릴 수도 있지만, 만약 맞는다고 치면 확실히 맞는 셈이다. 예를 들어서, 우리가 지금 시내에 있고, 우리가 "지금 시내에 있다"라고 말한다면, 그 사실에 대해서는 의심할 여지가 없게 마련이다.

반면 자연이 작용하는 방식이며 인간이 행동하는 방식에 관한 우리의 보편적 지식의 경우, 항상 어느 정도까지는 의심의 여지가 있다. 해가 떠오르는 것만 보아도, 우리는 기껏해야 그것이 앞으로도 그럴 가능성이 매우 높은 현상일 뿐, 아주 확고부동한 사실까지는 아님을 알고 있다. 가령 지구나 태양에 무슨 일이 벌어지는 바람에 내일 당장 해가 떠오르지 않을 수도 있는 것이다.(물론 정말로 해가 떠오르지 않는 일이 벌어질 경우, 우리는 그때까지 살아남아서 그런 광경을 목격

할 수조차 없겠지만.)

우리의 보편적 지식 가운데 확실성이라는 특성을 지닌 것에는 두 가지 유형이 있다. 하나는 자명한 명제에 관한 우리의 지식이다. 다른 하나는 믿음이다.

자명한 명제의 경우에는 그리 수가 많지는 않다. 어떤 철학자들은 이 세상에 자명한 명제란 없다고 주장하기도 한다. 하지만 그게 뭔지 이해하기 위해 굳이 여기서 철학적 논란에 관여할 필요는 없다. 가령 다음과 같은 일반 명제를 예로 들어보자.

(유한한) 전체는 (그 어떤) 부분보다 크다.

여기서 "전체", "부분", 그리고 "크다"라는 용어가 무슨 뜻인지만 이해한다면, 이 명제가 진실임은 의심의 여지가 없을 것이다.

또 다른 자명한 명제는 이런 것이다.

어떤 물체가 존재하면서,

동시에 (똑같은 방식으로) 존재하지 않을 수는 없다.

역시 이 용어들의 의미를 이해하기만 한다면, 이 명제는 의심의 여지없이 진실일 것이다.

토머스 제퍼슨은 「독립선언서」의 맨 첫 문장에 자신이 제시한 일반 명제, 즉 모든 인간은 평등하게 창조되었다는 것이야말로 자명하다고 말했다. 그러나 대부분의 사람은 이 명제가 자명하다는 데에 동의하지 않는다. 물론 거기서 말하는 내용만큼은 진실이라고 받아들이지만 말이다. 사실 내가 방금 언급한 두 가지를 빼면, 이른바 자명한 것으로 널리 받아들여지는 명제가 그다지 많지는 않다.

수학적 진술 가운데 상당수는 그 기반이 되는 가정들을 받아들이기만 한다면 확실히 진실이다. 가령 '둘'이나 '더하기'나 '같다' 등을 확실히 정의할 수만 있다면(물론 그렇게 하기가 쉽지는 않겠지만), "둘 더하기 둘은 넷과 같다"라는 명제는 확실히 진실일 것이다. "삼각형의 세 각의 합은 두 개의 직각의 합과 같다"라는 명제는 물론이고, 더 복잡한 여타의 수학적 진술도 마찬가지다. 하지만 수학의 세계는 현실의 세계가 아니다. 우리가 그 안에서 발견하는 확실성이란 바로 우리가 거기 집어넣은 확실성이며, 따라서 우리가 그걸 발견해내는 것도 전혀 놀라운 일이 아니다. 반면 자명한 명제의 확실성은 사물의 본성 속에 들어 있다. 하지만 이 세상에 그런 명제는 겨우 몇 개에 불과하다.

믿음 역시 확실한 지식이다. 이것은 하느님이 우리에게 계시하는 지식이다. 만약 그 계시가 직접적이라면 — 가령 [하느님과 직접 대면했다는] 모세의 경우처럼 — 거기에 대해서는 아무런 의문의 여지가 없을 것이다. 그러나 간접적인 계시의 경우, 어떤 사람은 다른 사람에 비해 그 전적인 확실성을 받아들이는 데에 어려움을 느낀다. 믿음을 지닌 사람은 "하느님의 도우심, 즉 하느님의 은혜가 없다면 어느 누구도 그런 계시를 완전히 받아들일 수 없다"라고 주장한다. 그의 논증에 따르면, 아무리 우리가 열심히 노력한다 하더라도, 하느님의 은혜가 없다면 — 물론 여기서 하느님의 존재는 절대적으로 확실한 것으로 여겨진다 — 우리는 믿음을 가질 수 없다. 혹시 어떤 사람이 "내가 하느님의 은혜를 받았는지 아닌지 어떻게 알 수 있습니까?"라고 물어본다면, 이에 대한 답변은 이렇다. "만약 하느님이 존재하신다는 것을 우리가 확실하게 안다면, 우리는 그분의 은혜를 받은 것"이라고 말이다. 만약 그렇지 않다면, 우리는 은혜를 받지 못한 것이다.

이러한 추론이야 누가 보더라도 순환논증의 오류를 범하고 있지만, 상당수의 사람은 이런 논증만으로도 충분하다고 생각한다. 어쨌거나 이 세상에는 하느님이 존재한다는 믿음은 물론이고, 따라서 거기서 비롯된 다른 논증 역시 확실히 진실이라는 믿음을 지닌 사람이 상당히 많기 때문이다. 즉 하느님이 세계를 만들었고, 하느님이 세계를 다스리고, 하느님이 인간을 사랑하므로, 무슨 일이 벌어지건 최선의 결과가 나온다는 것이다. 〔그들이 보기에는〕 이 모든 것이야말로 의문의 여지가 없이 현실 세계에 관한 명제이며, 해가 매일 아침 떴다가 매일 저녁 진다는 진술과 마찬가지로 여겨진다.

믿음은 인류가 최근에 와서야 얻은 것이 아니다. 아까 우리가 상상했던 남녀 역시 오늘날의 신자들에게 나타나는 특성과 똑같이 완고한 확신을 지니고 뭔가를 알거나, 또는 믿었을지도 모른다.

가령 매일 해가 뜨고 지고 하는 것을 그들이 알았다고 치자. "만약 우리가 더 이상 해를 즐겁게 만들어주지 않는다면, 해 역시 더 이상 우리를 위해 뜨지 않을 것이다." 어쩌면 그들은 이렇게 알았거나 믿었는지도, 그것도 무지막지 큰 확신을 지니고 그랬는지도 모른다. 그들은 또한 다음과 같은 사실들을 이처럼 확신했는지도 모른다. "만약 우리가 이 신을 즐겁게 만들어주거나 달래지 않을 경우에는 출산이 — 최소한 인간의 출산이라도 — 이루어지지 않을 것이다. 또한 신들을 즐겁게 만들어주지 않는 사람에게는 마침내 죽음이 찾아올 것이다."

달리 말하자면, 그들은 신들을 이해했기 때문에 결국 이 세계를 확실히 이해했다고 생각했을 것이다. 나아가 이 세계 및 신들과 그들이 맺고 있는 관계 덕분에 이 세계는 그들이 이러저러하리라 믿고 있는 대로 굴러가리라고 생각했을 것이다.

우리가 이러저러하리라 믿고 있기 '때문에' 이 세계는 반드시 우리의 믿음대로 굴러가야 한다는 식의 개념은 우리의 벌거벗은 조상님들을 포함한 수십억의 사람들에게 대단한 위안의 원천이 되었던 반면, 또한 다른 사람들에게는 불편함의 원천이 되어왔다. 왜냐하면 아주 오래전부터(얼마나 오래전인지는 아무도 모르지만) 어떤 사람들은 자신들의 믿음과 신앙 체계가 자신들의 삶의 의미에 무엇보다도 중대하다고, 따라서 자신들과 다른 체계를 지닌 다른 사람들이 있으면 그냥 죽여도 괜찮다고 생각하게 되었기 때문이다. 이것이야말로 지식이란 것이 우리를 결코 행복하게만 만들어주지는 않음을 보여주는 한 가지 예인 셈이다.

지식과 행복

동물은 불행한 것처럼 보이지는 않는다. 또는 적어도 인간들이 불행한 것과 같은 방식으로 불행한 것처럼 보이지는 않는다. 월트 휘트먼은 「나 자신의 노래」에서 이렇게 썼다.

나는 변신하여 짐승들과 함께 살아갈 수 있다고 생각한다.

그들은 워낙 평온하며 스스로에 대해 만족한다. (……)

단 한 마리도 온 지구에 대해 존경을 품거나 불행해하지 않는다.

 반면 자신이 아는 어떤 사실 때문에, 또는 자신이 모르는 어떤 사실 때문에 불행해하는 인간은 부지기수다. 무지는 그것이 무지인 한에서만 축복으로 남아 있게 마련이다. 누군가가 자신의 무지를 깨닫게 되는 순간, 그는 무지하지 않기를 원하기 시작하는 것이다. 고양이의 경우에는 이것을 호기심이라고 부른다. 인간의 경우에는 이것이 뭔가 더 깊고 심지어 더 본질적인 것이다.

 나 스스로가 뭔가를 모른다는 것을 깨달았을 때, 그 뭔가를 알려고 하는 욕망은 보편적이며 아마도 저항 불가능할 것이다. 이것은 인류의 원초적인 유혹이었으며, 그 어떤 남자나 여자도 — 그리고 아이의 경우엔 특히나 — 이런 유혹을 완전히 극복하지는 못한다. 하지만 이것은 셰익스피어의 말마따나 무엇을 먹느냐에 의해 자라나는 욕망이다. 지식에 대한 갈증을 만족시키기는 불가능하다. 그리고 여러분이 더욱 똑똑할수록, 이 갈증 역시 더욱 심해진다.

 특수한 것에 대한 지식에는 본질적인 불만족성이라는 특징이 결여되어 있다. 인간의 이해를 뛰어넘는 신앙의 경우에도 사정은 마찬가지다. 따라서 먼 옛날에만 해도 이처럼 만족시킬 수 없는 지식욕에 대한 유일한 치료법은 신앙, 즉 하느님의 은혜뿐인 것으로 여겨졌다.

 우리의 옛 조상들은 원시적이나마 신앙에 상응하는 뭔가를 지녔을 것이다. 보다 최근에 살았던 수백만 명의 조상 역시 그 뭔가를 지녔다. 또는 지녔다고 말했다. 그렇다면 오늘을 살아가는 수많은 인류는 자신들이 보유한 지식에 대해 만족해하고 있으며, 그 이상의 지식을 욕망하지는 않는 것일까? 아니면 만족할 수 없는 지식이라는 질병은 지구상의 모든 인간들 사이에 유행병이 된 것일까?

이 책의 개요

이 책은 모두 15개 장으로 나뉜다. 제1장 '고대인의 지혜'에서는 기록된 역사의 시작점인 B.C. 3000년에서 시작해서, 이집트에서 아스테카와 잉카에 이르는 여러 고대 제국의 사람들이 공유한 보편적 지식 중에서도 가장 중요한 요소들을 살펴본다. 본질적으로 이것이야말로 B.C. 6세기경 그리스의 사상 폭발이 벌어지기 이전에 인류가 알던 지식의 전부나 다름없었다. 제2장 '고대 그리스의 지식 폭발'에서는 이 기념비적인 사건을 서술하는 한편, 그리스인이 알던 것이 어떻게 해서 이후에 벌어진 지식의 진보 전반에 영향을 끼치게 되었는지를 보여줄 것이다.

로마 제국은 그리스 문명을 흡수하고 개작했으며, 그리스인이 알던 것 가운데 상당수를 의심 어린 눈으로 살펴보았다. 그럼에도 불구하고 로마인은 그리스 지식의 가장 중요한 요소들이 살아남도록 보장해주었다. 비록 본인들은 그런 요소들을 그리 탐탁지 않게 생각했음에도 불구하고 말이다. 제3장 '로마인이 알았던 것'은 로마인이 또한 나름대로 중요한 지식을 보유했으며, 그중 일부는 오늘날 우리의 지식 기반을 이루었음을 밝혀준다.

로마 제국은 A.D. 5세기에 유랑하는 야만족 때문에 몰락하고 말았다. 제4장과 제5장인 '암흑시대의 빛'과 '중세 시대 : 거대한 실험'

에서는 로마 제국 이후의 세계에 관해 서술한다. 당시의 생활상은 크게 달라졌으며, 지식도 달라지기는 마찬가지였다. 특히 로마의 몰락 이후 1000년 동안에는 지배 체제에서 거대한 실험이 이루어졌는데, 결국 실패로 돌아간 이 실험이야말로 우리의 미래를 위해서는 여러 가지 교훈을 남겨준 셈이었다.

제6장 '르네상스에서는 무엇이 다시 태어났나?'는 무관심의 시대 이후에 고전 문명이 재발견됨으로 인해 산출된 지식의 변화를 서술한다. 이 장은 또한 고대 세계를 이해하기 위한 노력, 그리고 새로 발견된 지식을 중세의 문화와 통합시키려는 노력이 어떻게 해서 문화를 분열시켰는지, 나아가 인류로 하여금 오늘날을 향한 떠들썩한 여행을 떠나게 만들었는지를 보여준다.

A.D. 1500년경에 이르러 보편사, 즉 지식의 진보에 관한 이야기는 새로운 단계로 접어든다. 인류의 인구가 1500년 당시의 수준인 4억 명에 도달하기까지는 무려 1만 년 가까운 시간이 필요했다. 하지만 1995년부터 2000년 사이에 지구의 인구가 그만큼 '증가'하는 데에는 5년밖에 걸리지 않을 것이다. 제7장인 '유럽의 대외 진출'에서는 이 특이한 변화를 설명하려 했다. 이 장에서는 콜럼버스의 위업을 주로 강조했으니, 그는 분열된 세계를 상속받은 인물이었음에도 불구하고 오늘날 경험되는 세계, 즉 내일은 보다 더 완전해질 통일성으로 향하는 도상에 있는 세계를 우리에게 남겨주었기 때문이다.

인류의 진보라는 것이 단순히 서양인의 지식의 진보에 불과하다고 말할 수는 없다. 그럼에도 불구하고 1550년에서 1700년경 사이 서양인은 지식을 습득하는 방법을 발명했으며, 이 방법은 머지않아 지구 전역에서 채택되었다. 제8장인 '과학적 방법의 발견'에서 확증되듯이, 이 세상에는 물론 과학적 지식 이외의 다른 종류의 지식도 많지만, 그 어떤 것도 현재의 단계에서는 물론이고 예측 가능한 미래에도 과학적 지식에 버금가는 위력과 명성과 가치를 지니진 못할 것이다. 과학은 인간의 활동 중에서도 가장 현저한 활동이 되었으며, 오늘날 지구상에 거주하는 수십억 명의 생존을 위한 그야말로 불가결한 도구다.

뉴턴의 『프린키피아』는 1687년에 출간되었으며, 이것은 이후의 시대에 기계론적 원칙들이 세계를 지배하게 되리라는 생각을 불어넣어 주었다. 이런 생각은 상당 부분 현실화되었으며, 가령 산업혁명이 야기된 것도 그중 하나였다. 그러나 18세기를 진정으로 특징짓는 사건은 이것과는 또 다른 종류의 혁명이었다. 제9장인 '혁명의 시대'는 1688년의 (영국) 명예혁명을 비롯하여 1776년의 미국독립혁명과 1789년의 프랑스 혁명을 다룬다. 여기서는 통치 체제에 관한 급진적인 새로운 생각들이 어떻게 발견되었는지, 그리고 그것이 우리 시대에 와서 궁극적으로 — 또는 거의 궁극적으로 — 열매를 맺은 지식, 다시 말해 인간이 어떻게 함께 살아가는 것이 최선인지에 관한 지식으로 어떻게 귀결되었는지를 보여준다.

제10장인 '19세기: 근대의 서곡'은 1815년의 워털루 전투에서 1914년의 20세기 대전의 개시에 이르는 다사다난한 100년을 다루고 있다. 이 장은 주로 산업혁명에 의해 비롯된, 또한 최소한 부분적으로는 이전 세기의 정치적 혁명들로부터 비롯된 사회와 정치제도의 완전한 변화가 오늘날 우리가 거주하고 있는 새로우면서도 근본적으로 다른 세계로 향하는 길을 예비했음을 보여준다. 이러한 변화의 요소들은 19세기의 사상 속에서 모두 발견된다. 비록 이러한 변

화의 구체적인 실현은 종종 20세기가 도래할 때까지 기다려야 했지만 말이다.

제11장인 '1914년의 세계'는 우리가 지금 알고 있는 이 새로운 세계의 탄생을 위한 무대를 마련한다. 그 이전까지만 해도, 지구상의 한 장소에서 벌어지는 일이 다른 장소에서의 사건들에 영향을 준 적은 없었기 때문에, 바로 그해에 시작된 전쟁을 가리켜 '세계대전'이라고 지칭하게 된 것도 놀라운 일은 아니다. 하지만 어째서 새로운 문명이 도래하기 위해서는 전쟁을 통해 과거의 문명이 파괴되어야만 했던 것일까? 그 이유는 지식뿐만 아니라 오히려 인간의 본성에서도 찾아야 할 것이다.

제12장인 '민주주의의 승리'와 제13장인 '과학과 기술', 그리고 제14장인 '예술과 미디어'는 20세기를 다루고 있다. 이 세 장은 지식의 발전에서의 위대한 업적들을 다루고 있으며, 부차적으로는 제1차 세계대전의 개막 이후 약 75년 동안 벌어진 사건들을 다루고 있다. 아직 생존해 있는 사람들 가운데 상당수가 이런 일들이 실제로 일어나는 것이며, 우리가 익히 아는 이처럼 커다란 변화들이 벌어지는 것을 실제로 목격했을 것이다. 이 경이롭고 잔인한, 그리고 창의적인 세기에 대해서 전혀 편견 없는 시각을 지닐 수 있는 사람은 아무도 없을 것이며, 나 역시 예외는 아니다. 하지만 새로운 지식의 대두에 관한 부분을 읽고 나면, 대부분의 독자들은 그 중요성을 시인할 수밖에 없을 것이다.

마지막 장인 제15장은 '다음 100년'이다. 여기서는 인간의 지식에서의 몇 가지 변화를, 특히 내 생각에는 A.D. 2100년 이전에 벌어질 가능성이 높은 지식의 새로운 이용 방법을 서술하고 있다. 비록 나도 확실히 장담할 수야 없지만, 그 시기쯤에는 분명히 일어날 법한 사건 몇 가지를 다뤄보았다. 만약 그런 사건이 실제로 일어난다면, 그야말로 인간 지식의 역사, 즉 인간의 역사에서도 가장 중요한 사건들이 될 것이다.

제1장

고대인의 지혜

기록된 역사의 시작점인 B.C. 3000년에서 시작해서,
이집트에서 아스테카와 잉카에 이르는
여러 고대 제국의 사람들이 공유한 보편적 지식 중에서도
가장 중요한 요소들을 살펴본다.
본질적으로 이것이야말로
B.C. 6세기경 그리스의 사상 폭발이 벌어지기 이전에
인류가 알던 지식의 전부나 다름없었다.

기록된 역사가 시작되었을 무렵, 그러니까 지금으로부터 50세기 전에도, 인류는 우리의 원시인 조상들이 아는 것보다 훨씬 더 많은 것을 알고 있었다.

세계의 여러 다른 지역에 살고 있던 인류는 짐승 가죽과 새털을 이용해 옷을 만드는 방법은 물론이고, 울과 면과 아마를 가지고 옷을 만드는 방법도 발견했다. 그들은 짐승과 물고기를 잡아 식량으로 삼는 방법은 물론이고, 곡식을 기르고 빵 ─ 효모를 넣은 것과 안 넣은 것 모두 ─ 을 만드는 방법이며, 쌀을 가지고 떡을 만드는 방법을 발견했다. 그들은 들판에 씨앗을 뿌리는 방법과 농지를 마련하고 땅을 가는 방법, 그리고 물을 대고 거름을 주는 방법을 발견했다. 그들은 동굴이나 다른 자연 은신처에 보금자리를 꾸미는 방법은 물론이고, 나무와 돌과 벽돌과 다른 물질들, 즉 자연적인 재료와 인공적인 재료 모두를 가지고 주택이며 기념물을 만드는 방법도 배우게 되었다. 그들은 또한 조상(彫像)이라든지 다른 예술 작품들을 만들고 복제하는 방법은 물론이고, 땅에서 광석을 파내 용해한 다음, 자연에서 발견한 다른 광석과 합쳐서 새로운 금속을 만드는 방법을 배우게 되었다.

인간의 재주 가운데 상당 부분은 다른 인간을 죽이고 고문하는 새로운 방법을 발명하는 데에 사용되었으며, 고통이나 죽음의 위협이야말로 다수의 사람들을 지배하는 가장 훌륭한, 그리고 종종 유일무이한 수단으로 드러났다. 이집트, 메소포타미아, 페르시아, 인도, 중국 같은 세계 여러 지역의 제국들이 형성되면서 방대한 지역에 걸쳐 수백만 명의 신민을 다스리게 되었다. 이 제국들은 신민에게 법률을 부여했고, 이는 곧 신민 사이의 폭력을 방지하는 평화와 안전의 도구였다. 하지만 지배자들의 폭력을 방지하는 안전까지 신민에게 제공되지는 않았으니, 지배자들은 폭력과 간계로 신민을 다스렸으며, 지배자들의 의지는 절대적이었다.

마찬가지로 절대적이고 전제적인 신들의 의지를 해석하는 일을 본업으로 삼았던 사제들은 거의 모든 곳에서 세속의 지배자들과 합세하여 사람들을 복종시키는 데 일조했다. 피지배민들은 복종할 수밖에 없었으니, 그것 외에는 다른 선택의 여지가 없었기 때문이다. 아마도 그들로선 다른 대안을 상상할 수조차 없었으리라. 당시에는 세상 어디서도 사람들이 스스로를 다스릴 수 있다는 생각을 하지 못했을 것이다. 다만 그들이 남들을 지배하거나, 또는 남들이 그들을 지배하거나 둘 중 하나였다.

한마디로 그 당시에는 어디에서나, 가령 한 사람과 또 한 사람 사이에서나, 또는 지배자와 그 신민 사이에서도 전쟁의 상황이 벌어지고 있었던 셈이다. 투키디데스가 쓴 것처럼 어디서나 강한 자는 자기가 원하는 대로 행하고, 약한 자는 자기가 반드시 해야 하는 일 때문에 고통을 받았다. 유일한 심판관은 바로 힘뿐이었고, 정의와 공정이란 것이 있긴 했지만, 이는 그저 더 강한 자의 이익을 약간 달리 표현한 것에 불과했다.

그럼에도 불구하고 인류는 번성했고, 그 숫자는 늘어났다. 더 큰 짐승들과 우위를 다투면서, 인류는 지구상에서 이른바 자신의 '적들'을 제거하는 일에 착수했다. 검치호, 매머드, 그리고 수십 가지의 다른 종들이 바로 그런 '적들'이었다. 기독교의 시대가 시작되기 2000년 전에, 더 큰 짐승들은 모조리 사냥당해 멸종되거나, 길들여지거나, 또는 "사냥감"이라고 일컬어졌다. 다시 말해서 그 짐승들은 즐거움을 위해, 일을 위해, 또는 음식을 위해 이용되었던 것이다.

그 당시에 세계의 어느 한구석에서는 스스로를 유대인이라고 일컫는 종족이 세력을 키워가며 창조에 관한 흥미로운 이야기를 주장했다. 그들의 말에 따르면 태초에 유일자인 하느님이 낙원을 만들었는데, 인간은 거기에서 살다가 스스로의 잘못으로 인해 쫓겨났다. 그때 이후로 하느님의 명령에 따라 인간은 일을 해야만 먹고살 수 있게 되었다. 그러나 하느님은 인간을 사랑했기에, 인간에게 땅을 주고 거기 있는 것을 생계와 생존을 위해 사용하게 했다. 동물계와 식물계의 이용은 따라서 거룩한 명령에 의해 정당화되었다. 이 역시 힘의 법률이었고, 정의란 곧 더 강한 자의 이익이었다. 이는 성스러운 것이었으므로, 따라서 올바른 것이었다.

이집트

최초의 제국들은 아프리카와 아시아의 큰 강 유역에서 자라났다. 나일 강에서 태어났다고 자처한 이집트가 아마 그중에서도 맨 처음이었을 것이다. 이곳은 B.C. 3100년에서 B.C. 2900년 사이에 체계화되고 통일되었으며, 반(半)독립적인 상태로 약 3000년 동안 존속하다가, B.C. 30년에 로마에 의해 정복되었다.

세 번의 밀레니엄을 거친 이집트의 주목할 만한, 그리고 사실상 유일무이한 지구력(持久力)의 원인은 그 나라가 지리적 고립 덕분에 상대적으로 경쟁에서 자유로웠다는 데에서 부분적으로나마 찾을 수 있을 것이다. 그 나라는 사실상 통과가 불가능한 사막들로 삼면이 에워싸여 있었기 때문에, 혹시나 침공이 있다 하더라도 대개는 적군이 수에즈 지협을 지나서 오게 마련이었다. 이 좁은 땅덩어리를 방비하는 것은 무척이나 쉬운 일이었다.

다른 제국들 역시 고립의 혜택을 누리고 있었지만, 그런 혜택은 지속되지 못했다. 이집트인에게는 한 가지 중요한 비밀이 있었으며, 이들은 그 비밀을 무려 30세기 동안이나 간직하고 있었다. 그것은 바로 그들이 변화를 두려워하고 증오했으며, 가능한 한 변화를 회피했다는 사실이다.

당시의 이집트라는 국가에는 오늘날 우리가 생각하기에는 효율적인 통치의 필수 요소라 여겨지는 것들이 상당 부분 결여되어 있었다. 하지만 그런 통치도 충분히 잘 가동되기는 했다. 당시의 이집트인은 다음과 같은 원칙을 철두철미하게 받아들였다. '제대로 작동하기만 한다면, 굳이 고치려고 하지 말 것.' 일단 왕국을 수립하고, 나아가 나일 강에서 매년 일어나는 범람을 이용한 농업에 근거한 경제를 수립하고 나자, 이집트의 지배자들은 물론이고 피지배자들조차 무슨 수를 쓰건 간에 진보를 회피하기로 굳게 마음먹게 되었다. 그리하여 그들은 3000년이라는 시간 동안 놀라우리만치 거의 진보하지 않았다.

다른 모든 고대 제국들과 마찬가지로, 이집트는 위계적인 원칙에 근거하여 조직되었다. 그 위계질서의 맨 꼭대기에는 신들이 있었다. 그 아래에는 사자(死者)들의 방대한 모임이 있었다. 그 위계질서의 맨 밑바닥에는 인간 전체가 있었으며, 이는 주로 이집트인으로 이해되었다.

파라오는 유일무이하면서도 강력한 지위를 차지하여, 아래쪽의 인류와 위쪽의 사자들(또다시 사자들의 위에는 신들이 있었다.) 사이에 서 있었다. 이러한 존재의 위계질서에서 그는 유일한 개인이었으며, 살아 있는 인간의 세계와 영의 세계 사이의 유일한 연결 고리였다.

파라오는 인간이면서도 또한 인간 이상의 존재였으니, 이는 그의 인간성 자체 때문이라기보다는 오히려 우주적 위계질서에서 그의 역할 때문이었다. 사람들에게 파라오는 두려움과 숭배와 복종의 대상이었으니, 만약 그렇게 하지 않을 경우에는 모든 것에 대해 ― 즉 그 공동체의 삶의 기반이 되는 나일 강의 범람의 규칙성에 대해서는 물론이고, 나아가 '마아트'(ma'at), 즉 '사회질서'에 대해서도 ― 의문이 제기될 수 있기 때문이었다. 그토록 극도로 보수적이고 전통에 얽매인 사회에서는 질서야말로 핵심이었다.

이집트의 농업은 효율적이었고 결실이 풍부했는데, 이는 부분적으로 거대한 나일 강물이 매년 하류로 끌고 내려오는 비옥한 토양 덕분이었다. 그 결과로 보통은 잉여노동이 발생하곤 했다. 사회질서에 대한 이집트인의 해석에 따르면, 어느 누구도 게으름을 피워서는 안 되었으므로, 그 잉여노동은 거대한 건설공사에 이용되었다. B.C. 2700년부터 B.C. 2300년에 이르는 약 400년 동안 이루어진 대(大) 피라미드 공사는 현대의 기술력에 맞먹는 것이었지만, 이집트인은 석재를 다루는 작업에 사용할 금속 공구조차도 지니고 있지 못한 상황이었다.(그들의 칼과 끌은 검정색의 화산유리인 흑요석으로 만든 것이었다.) 물리적인 어려움도 보통이 아니었지만, 경제적인 어려움은 이를 훨씬 능가했다. 그리고 일꾼들 가운데 대부분은 노예가 아니었는데도 그런 노역을 자원했던 것처럼 보인다.

어째서 이집트인은 그토록 전통에 얽매이고 보수적이었을까? 왜 사회질서를 그토록 중요하게 여겼으며, 심지어 그를 위해 온갖 종류의 변화와 진보조차도 희생시켰던 것일까? 그 사회를 탄생시킨 나일 강이 줄곧 그 물길을 바꾸지 않았기 때문이었을까? 그것이야말로 이집트인이 그 역사에서 일찌감치 체득한, 그리고 이후로 절대 고칠 수 없었던 습관이었을까? 아니면 이집트인의 기질에 뭔가가 있었기 때문에, 이 주목할 만한 사람들은 모든 인간이 추구하던 불멸을 향한 불변의 길을 선택하기로 한 것이었을까?

이런 질문에 답변하기란 불가능하지는 않더라도 매우 어렵다. 다만 한 가지 사실은 언급해야겠다. 극도의 보수주의를 지켜나가는 와중에, 고대 이집트는 마치 죽음을 애호하는 듯 보이기도 했다. 인간은 살다 보면 죽게 마련이므로, 저마다의 삶과 재산을 가지고 죽음을 준비했다. 하지만 그들에게 죽음은 오늘날 우리가 인식하는 것과는 달리 일종의 떠돎이며 유령으로서의 불멸성이었다. 사자는 항상 그들 주위에, 공중에, 땅에, 나일 강의 물속에 있었다. 그들의 존재 덕분에 강 옆에 살아가는 고대인은 일종의 위안을 얻었다.

어쩌면 이런 설명은 이집트인이 왜 굳이 그런 삶을 살게 되었느냐는 질문에 관해서 정작 아무런 답변도 내놓지 않는 것이나 다름없는 것인지도 모르겠다. 차라리 오늘날도 많은 사람들이 이집트인과 같은 삶의 태도를 취하고 있다고, 즉 어떠한 변화도 내켜하지 않고 — 아무리 더 나아지는 것으로 판명되는 변화라 하더라도 — 그보다는 차라리 현상 유지를 선호한다고 말하는 것으로 답변은 충분하지 않을까. 달리 말하자면 이집트인은 근본적으로 인간적인 방식으로 행동했다고 할 수 있겠다. 유일하게 놀라운 일은 그들이 모두 똑같은 방식으로 행동했다는 점이다.

또 한 가지 중요한 것은 그들의 태도에 담긴 지혜를 인식하는 일이다. 오로지 변화만을 위한 변화라면 과연 무슨 장점이 있을지 의심스러울 수밖에 없다. 만약 지금 그대로의 삶이 충분히 받아들일 만하다면, 굳이 무엇 때문에 그걸 변화시켜야 하겠는가? 전제군주의 관점에서는 그 어떤 변화도 더 나쁠 수밖에 없었다. 따라서 이집트인은 향후 여러 세기에 걸친 전제군주들에게는 대단한 가치를 지닌 비밀을 발견한 셈이었다. 심지어 우리 시대의 전제군주들 역시 그 비밀을 결코 잊지 않았다.

인도

B.C. 2500년경부터 이후 10세기 동안에는 오늘날 파키스탄 서부

를 흐르는 인더스 강에 근거한 어느 고대 문화가 성장과 쇠퇴를 겪었다. 모헨조다로와 하라파라는 두 개의 주요 도시는 각각 5만 명 이상의 인구를 자랑했으며, 오늘날의 파키스탄보다 상당히 큰 지역 내에 그보다 좀 더 작은 거주지들이 수없이 많이 생겨났다. 그 최전 성기인 B.C. 2000년경에 인더스 강 유역 문명은 이집트나 메소포타미아보다 훨씬 더 큰 지역을 망라했으며, 그 당시로선 가장 큰 제국을 건설했다.

모헨조다로는 기원전의 두 번째 밀레니엄 중반에 갑작스러운 종말을 맞이하고 말았는데, 이는 아마도 황량한 거리에 수백 명의 시체를 남겨두고 떠난 아리아인 침략자들의 공격 때문이었을 것이다. 거기서 훨씬 남쪽에 있던 문명은 다행히도 살아남았고, 아마도 이후에 생겨난 인도 중부와 서부의 다른 문명들과 천천히 합쳐졌을 것이다.

인더스 강 문명의 사회조직에 관해서는 거의 알려진 바가 없지만, 그 후손들은 이른바 카스트 제도라는 위계질서의 원칙을 고스란히 간직하고 있다. 수 세기 동안 이것은 부와 권력과 특권의 차이가 천차만별인 막대한 인구를 다스리는 데에 매우 강력한 도구로 사용되었다.

현대의 인도에는 수천 개의 카스트가 있지만, 그중에서도 네 개의 주요 카스트 집단은 그 기원이 예수 시대보다도 훨씬 이전으로까지 거슬러 올라간다. 그 위계질서의 맨 꼭대기에는 브라만(사제)이 있고, 그 밑에는 영주나 전사가, 그다음에는 평민이나 상인이, 그리고 마지막으로는 수드라(기술자나 노동자)가 있다. 이렇게 보자면 이런 계급 체계는 다른 고대의 위계적 사회의 계급 체계와 크게 다르지는 않다. 카스트 제도의 특징은 그 강력한 피드백 메커니즘이었다. 즉 누군가가 수드라로 태어나는 데서 그치는 것이 아니라, 그 사람은 어떤 직업을 선택하건 영원히 수드라인 것이다. 그가 선택하는 직업 역시 반드시 수드라가, 그리고 오로지 수드라만이 추구하는 직업이다. 모든 사람이 자신의 직업과 식습관과 전통에 의해 '오염되는' 것이다. 이런 '오염'이란 피할 수 없는 것이므로, 모두가 감내할 수밖에 없다.

사회적 위계의 바닥에 있는 사람들이 다수인 것은 어디에서나 마찬가지이지만, 과거의 경우에는 그런 사람들이 절대다수였다. 더 운이 좋은 동시대인의 삶에 비하자면 그들의 삶은 더욱 불결하고, 거칠었으며, 상당히 짧았다. 그렇다면 왜 그런 다수가 그렇게 특권을 박탈당한 채로 계속 남아 있었던 것일까? 물론 꼭대기에 있던 소수가 힘을 거의 독점하고 있었기 때문이지만, 결코 힘만이 문제가 되진 않았다. 사회적으로 분화된 체계는 일부 사람이 아니라 반드시 모든 사람이 믿는 것 위에 세워져야만 한다. 카스트 제도에 대한 보편적인 수용이 결국 그 지속을 가능케 했던 것이다.

그렇지 않은 상황에서 살아가는 우리로선 카스트 제도하에서 살아갔다는 이유만으로 인도인을 비난하기가 쉽다. 하지만 〔오늘날 우리의〕 사회 계급 역시 인도의 카스트와 상당 부분 비슷한 점을 지니고 있지 않은가. 가령 가장 낮은 계급에 속하는 사람은 종종 자기가 거기에 속해 있는 것이 당연하다고 생각한다. 보다 높은 계급에 속하는 사람의 경우에도 마찬가지다. 어떤 계급에 속하는 사람이건 간에, 또 다른 계급에 속하는 사람과 함께 있을 때에는 상당히 불편해지게 마련이다. 그런가 하면 상류계급에 속한 사람은 결코 추구하지 않는 직업이 있으며, 이는 하류계급에 속한 사람의 경우도 마찬가지다. 서로 다른 계급은 서로 다른 음식을 서로 다르게 먹으며, 가족생활이며 연애며 기타 등등에 대해서도 서로 다른 전통을 지닌다.

인도아대륙의 고대 문화는 아마도 그처럼 강력한 사회질서 유지 수단을 발견한 최초의 문화일 것이다. 하지만 그 발견 이후로 그런 수단을 사용한 유일한 문화까지는 결코 아니었다. 그러한 수단은 오늘날에도 널리 사용되고 있다. 계급 분화야말로 그에 못지않게 대단한 생각인 사회적 평등의 크나큰 적이 아닐 수 없다. 또한 후자보다는 전자가 훨씬 연륜도 오래되었다.

중국

오늘날 중국으로 알려진 곳에 인간의 주거지가 생긴 것은 지금으로부터 약 35만 년 전의 일이었다. 역사적 유물이 남아 있는 최초의 왕조인 상(商)은 B.C. 1750년부터 B.C. 1111년까지 오늘날의 중국 영토 가운데서도 넓은 부분을 지배했다. 나중에 가서 그들의 지배를 받던 민족인 주(周)가 상을 물리치고 새로이 왕조를 세워 B.C. 255년까지 지속되었다. 이후 혼란의 시기가 계속되다가, B.C. 221년에 이르러 처음으로 진정한 중국 통일이 이루어졌다.

이러한 업적을 세운 나라가 바로 진(秦)이었으니, 본래 그 지역에 거주하던 서로 다르면서도 가까운 관계인 네다섯 개의 민족들 가운데 하나가 세운 나라였다. 그 나라의 왕은 스스로를 '시황제'(始皇帝)라고 지칭했는데, 이는 곧 '최초의 황제'라는 뜻이었다. 당시 그의 영토가 그때 이후로 중국으로 규정되었다. 후대에 중국은 때때로 다른 영토를 보유하기는 했지만, 시황제 당시의 영토는 오늘날까지도 중국에서 불가분의 지역으로 남아 있다.

새로운 황제는 곧바로 자신이 얻은 나라를 견고히 하는 작업에 착수했다. 그가 벌인 최초의 중요한 사업은 도로망을 정비하는 것이었다. 두 번째는 북쪽의 국경을 방비하기 위한 성벽들을 연결하고 강화하는 것이었다. 지금까지 있었던 것 가운데 가장 대규모의 공사였을 이 일을 위해 수십만 명이 동원되었다. 그로써 보하이 만(渤海灣)에서 티베트에 이르는 약 1500마일에 달하는 벽이 불과 10년 조금 넘는 기간에 완성되었다. 이후 두 번의 밀레니엄이 지나도록, 이 만리장성은 이른바 문명과 야만을 가르는 변경으로서 중국인의 마음속에 남아 있었다.

진 이후의 가장 중요한 변화는 사회체제와 관련이 있었다. 한(漢) 시대에는 무려 1000년 동안 중국 사회를 형성해왔던 봉건제도가 유교적 원칙에 근거한 복잡한 국가 관료제로 대체되었다.

유교의 대표적 인물인 공자는 B.C. 551년에 태어나 B.C. 479년에 죽었다. 몰락한 양반 가문 출신이었던 그는 어린 시절에 고아가 되어 가난하게 자랐다. 거의 독학을 했음에도 불구하고 그는 당시에 가장 학식 있는 인물로 유명했다. 그러나 이런 업적과 다른 장점에도 불구하고 결코 자기 재능을 펼칠 수 있는 지위를 얻지는 못했다. 결국 그는 제자들을 모아 가르치기 시작했고, 훗날 중국 역사상 가장 유명한 스승이 되었으며, 시대를 막론하고 가장 영향력 있는 인물 가운데 하나가 되었다.

유교의 교리는 복잡할뿐더러, 시대에 따라 상당히 크게 변해왔다. 다만 한 가지 본질적인 원칙은 변화하지 않았으니, 그것은 바로 모든 명성은 반드시 덕(德)에 근거하여 생겨야 한다는 것이었다. 태생보다는 오히려 능력과 도덕적 탁월성을 지닌 사람이 지도자로서 더 적합하다는 것이 공자의 생각이었다. 덕이란 배움으로부터 비롯된다. 후세에 가서 유교가 국가적 교리가 되고 난 다음부터는, 덕이란 곧 유교 경전에 대한 지식에 근거하는 것으로 여겨지게 되었다.

한 시대의 관료제는 공자의 가르침에 감화를 받았고, 도덕적 탁월성이라는 유교의 원칙에 근거한 것이었다. 즉 오로지 덕에 근거해서 관직에 들어갈 수 있다고 여겼다. 물론 고위 관직이야 황제의 가족들이 독차지했지만 말이다. 이처럼 새로운 관료제는 그 이전에 있었던 봉건제와 전혀 달랐다. 그 이전까지만 해도 권력은 오로지 태생과 군사력으로만 획득이 가능했기 때문이다.

시황제 때에는 법가의 원칙에 따른 엄격한 전제 정치에 반발하는 지식인과의 갈등도 있었다. 시황제는 이러한 이의 제기를 결코 관용하지 않았다. 결국 정부에 항의하던 460명의 지식인이 고문을 당하고 나서 산 채로 파묻혔다. 그야말로 충격적인 일이었으니, 그 이전까지의 중국 역사에서는 제아무리 폭군이라도 지식인을 함부로 탄압하지는 않았기 때문이다. 더 충격적인 것은 법과 농사와 의술을 제외한 나머지 분야를 다룬 책들을 모조리 태워버리라는 지시였다. 그 세 가지 분야의 책들만이 화를 모면했다. 그 외의 다른 모든 지식들은 위험시되었고, 다른 분야에 관한 사색은 금지되었다.

시황제는 다른 무엇보다도 영생하기를 바랐다. 이 목표에 어떤 식으로건 도움이 될 만한 신(神)에게는 국가가 비용을 부담해 제사를 지냈고, 불사의 영약을 찾기 위해 제국 전역으로 사신이 파송되었다. 하지만 영약은 찾을 수 없었고, 왕은 나라를 세운 지 불과 12년만에 죽어버리고 말았다.

시황제의 사망 직후에 제국은 무너졌지만, 통일의 씨앗은 이미 뿌려진 다음이었다. 실제로 시황제의 혁신은 중국처럼 거대한 나라를 다스려야 하는 과업에는 그야말로 불가결한 것으로 드러났다. 그 당시, 그러니까 B.C. 200년부터 A.D. 200년에 이르는 기간 동안 중국은 전 세계에서 가장 크고 인구가 많은 나라였다. 진과 한 시대의 혁신에는 다음과 같은 것들이 포함되어 있었다. 첫째는 오로지 덕에 근거한 관료제의 설립과 유지로, 여기서 말하는 덕이란 곧 배움에 의해 결정되었다. 둘째는 대규모 건설 사업을 벌여 잉여 인력을 채용하는 방식의 신중한 경제관리였다. 셋째는 대부분의 지식은 위험하게 마련이라는 생각이었다.

중국인은 이 세 가지 교훈을 결코 잊은 적이 없었다. 시황제 당시로부터 무려 2000여 년이 지난 오늘날의 공산주의 정권 역시 이 세 가지 모두를 철석같이 지키고 있다. 하지만 이런 원칙들은 다른 역사적인 폭군들도, 그리고 심지어 일부 민주주의 정권들도 모두 채택한 것이었다. 아주 최근까지만 해도 영국 외무부에서는 직원을 채용할 때 그리스어와 라틴어에 관한 지식이며, 그런 고전어 문헌을 우아한 영어 문장으로 번역할 수 있는 능력을 중시했다. 그리스어와 라틴어를 충분히 잘 배울 수 있는 사람이라면, 외교를 포함한 다른 무엇이라도 마찬가지로 잘 배울 수 있으리라고 간주했던 것이다.

그런가 하면 우리 시대의 주요 전체주의 정권들도 그 국민들을 대규모 건설공사에 투입했으니, 이는 부분적으로는 정권의 영광을 위함이요, 부분적으로는 그래야만 어느 누구도 실업의 불안으로 고통받지 ― 또는 즐거워하지 ― 않을 것이기 때문이었다. 역사상의 모든 폭군들은 가장 실용적인 것을 제외한 모든 지식을 국민들에게 금지했다. 지식을 보유한 민중은 항상 자유와 정의를 추구하게 마련이었으며, 그 두 가지로 말하자면 폭군들로선 결코 주고 싶은 생각이 없는 것이었기 때문이다.

메소포타미아

중국의 기록 중에서도 가장 오래된 것은 상 왕조(B.C. 18세기~B.C. 12세기) 시절까지 거슬러 올라간다. B.C. 1400년에 이르러 중국 문헌에는 2500개 이상의 문자가 나타나는데, 그중 대부분은 지금도 읽을 수가 있다. 이 문자가 오늘날의 형태로 확립된 것은 진 왕조(B.C. 221~B.C. 206) 때였다.

중국 문자는 일본과 한국의 표기 문자에도 큰 영향을 주었다. 물론 일본과 한국에서 사용하는 언어는 중국과 크게 달랐지만 말이다. 따라서 중국 문자는 매우 오래된 동시에 매우 영향력이 컸던 셈이다.

하지만 이것도 세계에서 가장 오래된 문자까지는 아니다. 글쓰기를 최초로 발명했다는 영예는 바로 수메르인, 그러니까 B.C. 4000년에서 B.C. 3000년 사이에 메소포타미아 남부(오늘날의 이라크 남부)에 거주했던 사람들에게 돌아간다. 서아시아에 위치한 티그리스와 유프라테스라는 두 개의 큰 강은 터키 동부의 산맥에서 시작되어 시리아와 이라크 북부를 지나 남동쪽으로 흘러간다. 두 강은 그 전체 길이의 3분의 2 이상을 흘러가고 나서야 메소포타미아 평야의 가장자리에 도달하는데, 이 비옥하고 퇴적토가 가득한 저지(低地)는 두 강의 공동 삼각주이기도 하다. 이 평야의 남쪽 끝에서 두 강은 하나로 합쳐져 샤트알아랍 강이 되고, 그때부터 100마일 동안을 느릿느릿 구불구불 흘러서 페르시아 만에 도달한다.

메소포타미아, 즉 '두 강 사이의 땅'은 가장 오래된 인류 문명이 있었던 장소다. 이 극도로 비옥한 지역에서는 B.C. 8000년경에 일종의 원시적 글쓰기가 발달했으며, B.C. 3500년에 이르러 이 글쓰기 체계는 보다 일관성을 갖추었다. 그리고 B.C. 3100년에 와서는 수메르 언어와 확실한 관계가 맺어졌다.

고대 수메르인의 쐐기 모양 표식은 약 1200개가량의 서로 다른 문자로 이루어져 있는데, 그 각각의 문자는 숫자, 이름, 그리고 옷이나 소 같은 대상을 가리킨다. 따라서 사상 최초로 기록된 언어는 가령 소 몇 마리, 옷감 몇 필처럼 어떤 사람의 소유물과 수량을 기록하는 용도였다. 수 세기 동안 글쓰기는 주로 회계 목적으로 사용되었다. 하지만 생활이 점점 더 복잡해지고, 점점 더 많은 것들을 기록해야 하자, 기록된 언어 역시 점점 더 복잡해졌다. B.C. 3000년부터 B.C. 2000년 사이에 아카드인이 수메르 글자를 채택하면서부터 특히 그런 현상이 심해졌다. 정복자인 아카드인은 사회구조와 소유권 체계가 크게 달랐음에도 불구하고, 피정복민인 수메르인에게서 많은 것들을 물려받았다. 아카드인의 뒤를 이어 메소포타미아의 지배자가 된 바빌로니아인과 아시리아인 역시 이 글자에 저마다의 복잡성을 더했다.

메소포타미아는 수메르인이 최초로 그중 일부분을 통일했던 B.C. 4000년 이후로 수많은 정치적 변화를 겪었고, B.C. 529년에 이르러 페르시아의 키루스 대왕에 의해 최종적으로 정복됐다. 하지만 격변의 와중에서도 글쓰기에 관한 지식은 한 번도 잊힌 적이 없었다. 오늘날의 문명을 제외하면 역사상 그 어떤 문명도 이들만큼 문자 사용 능력에 크게 의존한 적은 없지만, 사실 메소포타미아인 가운데 실제로 그런 능력을 지닌 사람은 아무리 많아야 몇 퍼센트 정도였다. 따라서 왕이나 평민 모두를 위해 편지를 써주고, 기록을 해주고, 계산을 해주는 필경사가 항상 큰 권력을 지니고 있었다. 필경사 밑에 들어올 학생과 견습생을 모집하는 고대의 광고문에 나온 내용처럼, 다른 사람들이 일하는 동안 필경사는 글을 썼다.

읽고 쓰기를 아는 것이야말로 수메르인이나 아카드인이나 바빌로니아인이나 아시리아인 사이에서는 부와 권력으로 가는 지름길이었다. 심지어 오늘날도 문자 사용 능력은 종종 출세를 위한 결정적인 요인으로 남아 있다. 당장 미국에서도 종이 위에 적힌 작고 검은 표식을 해독하는 능력이 수많은 사람에게는 길을 열어주었던 반면, 그런 능력을 결여한 소수에게는 여러 가지가 박탈된 삶을 선사했던 것이다. 비록 그런 능력을 소유한 사람의 비율은 아시리아 시대 이후에 크게 변했지만, 그러한 원칙 자체는 결코 변하지 않은 셈이다.

아스테카와 잉카

1519년에 멕시코 계곡에, 그리고 13년 뒤인 1532년에 안데스 산맥 계곡에 도달한 에스파냐의 신대륙 침략자들은 유럽에서도 가장 큰 나라의 규모에 버금가는 제국 치하에서 번성하는 도시와 많은 인구를 보고 깜짝 놀랄 수밖에 없었다. 멕시코의 아스테카와 페루의 잉카는 양쪽 모두 주목할 만한 문명이었다. 하지만 양쪽 모두 유럽산 무기의 도전 앞에서 무너지고 말았다. 아스테카 제국은 에르난 코르테스가 찾아온 지 1년 만에 완전히 멸망하고 말았다. 잉카는 조금 오래 지속되었지만, 프란시스코 피사로와 168명의 부하들이 찾아온 지 3년 만에 무너졌으니, 결국 이 소수의 무리가 인구 1200만 명이나 되는 나라의 고도로 체계화되고 숫자로도 압도적인 군대를 격파했던 것이다.

하지만 중앙아메리카에 그처럼 부유하고도 강력한 국가를 건설한 최초의 민족은 아즈텍인이 아니었다. 그 이전에는 톨텍인이 있었고, 또 그 이전, 선사시대의 안개 속으로 거슬러 올라가는 오랜 세월 동안에도 여러 다른 민족들이 있었다. 오늘날 멕시코에 해당하는 지역의 인구는 여러 제국들이 세워지고 사라지고 하는 와중에 증가와 감소를 거듭했다. 에스파냐의 침략 당시에만 해도 최소한 500만 명의 신민이 아스테카 최후의 지배자인 몬테수마 2세의 직접적인 지배하에 있었다. 그 영역에 속하는 더 작은 국가들과 부족들도 이 아스테카의 대군주에게 경의를 표했다.

아즈텍인은 자체적인 글쓰기 방법을 고안했으며, 고도로 정확한 달력을 보유하고 있었고, 금속제 도구가 없었음에도 불구하고 크고 아름다운 석조 건물을 건설하는 능력을 갖고 있었다. 아마도 그들의 가장 주목할 만한 업적은 농업 분야에서 찾을 수 있을 것이다. 그들은 복잡한 관개 작업에 의해 뒷받침되는 집약적인 농작물 다양화 체계를 실행하고 있었다. 그들은 에스파냐인 침략자들의 눈에는 생소한 갖가지 곡식과 채소와 과일을 길렀다. 오늘날 전 세계의 식량 가운데 60퍼센트가량이 지금으로부터 500년 전 멕시코와 페루에서 경작되던 농작물의 후손들이다.

잉카 제국은 오늘날 에콰도르의 수도인 키토에서 칠레의 수도 산티아고까지 무려 3000마일 이상에 걸쳐 있었다. 아스테카와 마찬가지로 잉카 역시 부유했지만, 에스파냐인이 금과 은의 금전적 가치에 주목한 것에 비하면, 잉카인은 금과 은의 미적 가치를 더 높게 평가한 것처럼 보인다. 에스파냐인이 금에 열광한다는 사실을 깨달은 잉카인은 상대방이 원하는 만큼의 금을 기꺼이 내놓으면서 제발 자기네 땅에서 떠나주기를 바랐다. 하지만 에스파냐인은 떠나지 않았고, 결국 잉카는 망하고 말았다.

잉카인은 건축 실력이 뛰어났다. 특히 페루 안데스 산맥의 높은 봉우리 위에 세워진 아름다운 도시 마추픽추는 전 세계에서 가장 흥미로운 고고학 유적 가운데 하나다. 피사로조차 그곳에는 미처 가보지 못했으니, 그가 잉카 제국의 수도인 쿠스코에 도착한 1532년 당시에는 잉카인조차 그 도시에 관해서는 까맣게 잊어버리고 있었던 까닭이다. 1911년에 가서야 미국의 탐험가 하이럼 빙엄이 우연히 마추픽추를 발견했다. 그곳은 무려 500년 동안이나 텅 빈 채로 남아 있었는데, 그 이유는 영영 수수께끼로 남아 있다.

잉카인은 도로 건설에도 뛰어나서, 언덕을 오르내리며 수천 마일의 거리에 달하는 왕도(王道) 체계를 만들어 제국 내의 모든 도시를 연결했다. 하지만 잉카인은 바퀴를 발명하지 못해서, 그들의 길은 오로지 도보 여행만이 가능하도록 만들어졌으며, 때로는 도로 중간에 산을 오르내릴 수 있도록 바위를 깎아 계단을 만들기도 했다.

잉카인은 글쓰기 방법도 고안하지 못했다. 여러 세기 동안이나 중앙아메리카의 다른 문명들과 겨우 수백 마일밖에 안 떨어진 지역에 살고 있었지만, 잉카인은 그 이웃 문명에 관해서나 그들의 업적에 관해서는 전혀 모르고 있었다. 이처럼 여러 가지에 대한 잉카인의 무지는 또 다른 여러 가지에 대한 그들의 지식만큼이나 놀랄 만한 것이 아닐 수 없다.

그렇다면 에스파냐인은 어떻게 해서 그 두 개의 번성하는 문명을 그토록 빠르고도 손쉽게 파괴할 수 있었던 것일까? 도대체 어떻게 해서 오늘날 그 문명들에 관해서는 알려진 바가 극히 적고, 기념비적인 건물의 잔해를 제외하면 거의 남은 것이 없으며, 수백만 개의 금 장신구 가운데 겨우 몇 가지와 그들이 기르던 농작물만이 남아 있는 것일까?(물론 이 고대 문명의 유산 가운데 농작물만 해도 결코 무시할 수 없는 위업이긴 하지만.) 이에 대한 대답은 아마도 양쪽 제국이 구축한 원칙 속에 들어 있지 않나 싶다.

문제는 양쪽 제국 모두 공포와 힘을 바탕으로 통치되었다는 점이다. 즉 아스테카와 잉카 모두 상대적으로 '야심가'〔즉 목적을 위해서라면 수단을 가리지 않는 사회구조〕였다. 양쪽 모두 무자비하고 반(半)야만적인 소수 지배층이 그 이전에 있던 ― 아마도 쇠퇴하던 ― 문명을 접수한 경우였다. 무자비한 군사력을 사용해 제국을 점령한 새로운 지배자들로선, 과거의 지배자들과 똑같은 방법으로 다스리지 말아야 할 이유가 없었던 것이다. 그 지배자들은 피지배자들로부터 사랑과 충성을 얻으려고 굳이 노력하지 않았다. 그 지배자들은 신민에게 특별히 주고 싶은 것이 없었고, 기껏해야 궁핍과 외부의 적에 대항하는 안정만이 예외였다. 그러니 내부의 적, 즉 지배자들 그 자체야말로 다른 어떤 외부의 적보다도 더 큰 두려움의 대상이었다. 게다가 궁핍으로부터의 자유를 위해 지불해야 하는 대가는 너무나도 컸다.

그 대가는 어린이와 젊은이의 피로 지불되었다. 아주 멀지는 않은 과거에 존재했던 이 두 개의 후회할 줄 모르는 문명에서는 인신 공양을 거행했다. 아스테카에서는 희생의 규모가 그야말로 아찔할 정도로 막대했다. 에스파냐의 침략이 이루어지기 직전의 수년 동안만 해도, 매주 1000명의 어린이와 젊은이가 제물로 바쳐졌다. 제물에게는 아름다운 예복을 입혔고, 약물에 취한 상태에서 계단을 통해 높은 피라미드로 올려 보내, 제단 위에 눕게 했다. 피 묻은 칼을 한 손에 쥔 사제는 예복을 찢고 제물의 살을 갈랐으며, 다른 한 손으로는 아직 뛰고 있는 심장을 꺼내서 저 아래의 광장에 모여 있는 사람들이 볼 수 있도록 높이 치켜들었다. 일주일에 1000명씩 바쳐지는 사람들 가운데 상당수는 멕시코 계곡에 위치한 이웃 부족들을 습격해서 붙잡아 온 포로들이었다. 그렇게 붙잡힌 어린이와 젊은이 가운데서도 가장 우수한 축은 감옥에 갇힌 채로 자기 차례가 오길 기다렸다. 아스테카의 적들이 기꺼이 에스파냐인 침략자의 동맹자가 되어 그 잔혹한 정권을 전복시키는 데 일조했던 것도 무리는 아니었다. 하지만 그 열성적인 동맹자들에게는 그런 도움도 결코 좋은 결과를 가져오진 못했다. 왜냐하면 그들 역시 승리한 에스파냐인 침략자의 노예가 되었기 때문이다.

잉카의 경우에는 아스테카처럼 막대한 수의 인신 공양을 정기적으로 바치지는 않았지만, 황제가 사망할 경우에는 그에 못지않은 막대한 대가를 지불해야 했다. 수백 명의 처녀들을 약물에 취하게 해서 목을 벤 다음, 죽은 지배자와 함께 묻었기 때문이다. 국가가 뭔가 어려운 문제나 결정에 직면했을 때에도 수백 명이 제물로 바쳐졌다. 무자비한 사제들은 그렇게 해야만 신들이 기꺼이 인간을 도울 것이라고 주장했고, 결국 아름다운 소년 소녀들이 피투성이 제단 위에서 목숨을 잃어야 했다.

피사로의 경우는 잉카를 공격하면서 아무런 동맹자도 얻지 못했으니, 왜냐하면 잉카는 이미 자신들의 영역 내에서 모든 부족을 정복했기 때문이다. 하지만 왕조 내부의 권력 다툼으로 인해 불화가 생기자, 가문의 적대 세력과 싸움을 벌이고 있던 한 지배자가 에스파냐인을 기꺼이 맞아들여 그들로부터 도움을 얻고자 했다. 하지만 그 지배자는 결국 구금되어 처형되었고, 왕위 계승권을 주장하던 다른 왕족들 역시 권력을 잃고 말았다. 이후 50년 사이에 제국의 인구는 1200만 명에서 50만 명으로 줄어들었다. 안데스 산맥 높은 곳에 위치한 광산에서 인디오들이 일주일에 수천 명씩이나 죽어나갔기 때문이다. 이들은 모두 금과 은을 향한 에스파냐의 무절제한 욕망을 위해 바쳐진 희생 제물이나 다름없었다.

인신 공양

희생제는 종교 제의 가운데서도 가장 근본적이며 보편적인 것으로, 지금까지 존재한 거의 모든 종교에서 공통적으로 거행되었으며, 일각에서는 지금까지도 거행된다. 이때 희생되는 생물이나 다른 제물의 종류는 그야말로 다양하며, 그 제의 자체도 다양하기는 마찬가지다.

모든 고대 종교에서 핵심이었던 희생제에서 제물은 보통 동물, 그중에서도 대개는 가치가 높은 동물이었다. 가령 황소라든지, 또는 숫양 같은 경우였는데, 이 짐승들의 힘과 생식력을 어떤 신에게 바치면 그 신이 인간에게 힘과 생식력을 다시 선물로 내려준다고 믿었기 때문이다. 때로는 포도주나 물, 또는 빵이나 옥수수 같은 생명 없는 실체들이 살아 있는 희생 제물을 대체하기도 했다. 하지만 어떤 면에서 이런 실체들이 결코 '생명 없는' 것은 아니었다. 이것들 역시 일종의 생명을 지니고 있었으니, 바로 신이 부여한 생명이었다. 따라서 이런 제물을 다시 신에게 바침으로써, 언젠가 다시 한 번 신이 포도주나 옥수수에 생명을 불어넣어 주기를 바라는 것이었다.

인신 공양은 최초의 농경민들로부터 비롯된 것으로 보인다. 그보다 먼저 있었던 수렵 및 채집민들이 그런 일을 했을 가능성은 매우 드물다. 그 전통은 가장 오래된 종교 모두에 남아 있다. 초기의 그리스인과 로마인, 최초의 유대인, 중국인과 일본인, 인도인, 그리고 다른 고대 민족들이 각자의 신들에게 인신 공양을 했다. 희생자는 종종 화려한 복장과 보석을 걸쳤는데, 그렇게 해야만 영광스럽게 신에게 갈 수 있었기 때문이다. 희생자는 종종 젊고 아름다운 사람 중에서 뽑았고(신은 항상 최고를 원하므로) 물에 빠트려 죽이거나 산 채로 불태웠으며, 목을 따서 피를 땅 위에 고이게 하거나 — 그리하여 땅이 비옥하게 되도록 — 제단 위에 흩뿌렸다. 황소와 숫양과 염소의 경우도 목을 따서 그 피를 땅 위에 흘렸는데, 이는 신을 기쁘게 하기 위해서, 또는 신과 인간 — 신의 도움을 바라는 — 사이에 일종의 친교를 형성하기 위해서였다.

지구 대부분의 지역에서는 기본적으로 다른 두 가지 유형의 제의적 희생이 거행되었던 것 같다. 그중 하나는 제물을 죽이고, 그 시신 가운데 일부를 불태운(그리하여 신에게 바친) 다음, 그 나머지는 사람들 간의, 그리고 신과의 친교를 위한 즐거운 식사로 먹어치우는 것이다. 또 하나는 제물을 완전히 없애는 것이다. 만약 그 희생제가 하늘의 신들에게 바치는 것이라면 제물을 반드시 태워야 했으니, 그래야만 그 연기가 신들의 거처로 올라간다고 여겨졌기 때문이다. 만약 저승의 신들에게 바치는 제물이라면 땅에 묻었다.

호메로스는 트로이를 포위 공격한 아카이아인 사이에서 첫 번째 유형의 희생제가 일상적이었음을 밝히고 있다. 『일리아스』에는 소를 제물로 바치고, 그 피를 땅 위에 흩뿌리며, 기름은 불살라서 제의적인 연기가 하늘로 올라가게 만드는 장면이 여러 번 등장한다. 그런 다음에 병사들은 그 짐승의 남은 고기로 잔치를 벌인다. 하지만 『오디세이아』에서 주인공 오디세우스는 저승을 방문하기 위해 그곳의 신들에게 짐승을 바쳤지만, 그 고기를 직접 먹지는 않았다. 그 제물은 불사르지 않고 땅에 묻어서 화해의 공물로 삼았다. 그런 희생제를 그리스인은 '미스테리온'(신비) — 영어 '미스터리'(mystery)의 어원 — 이라고 불렀다. 이는 주로 밤에 동굴 안이나 다른 어두운 장소에서 거행되었으며, 오로지 입문자들만이 참여할 수 있었다.

아들 이사악을 희생 제물로 바치려던 아브라함의 이야기는 B.C. 2000년 초엽에 벌어진 것으로 여겨지고 있다. 「창세기」 22장에는 그 이야기가 다음과 같이 나와 있다.

> 이런 일들이 있은 뒤에 하느님께서 아브라함을 시험해 보시려고 "아브라함아!" 하고 부르셨다. "어서 말씀하십시오." 하고 아브라함이 대답하자 하느님께서는 이렇게 분부하셨다. "사랑하는 네 외아들 이사악을 데리고 모리야 땅으로 가거라. 거기에서 내가 일러주는 산에 올라가, 그를 번제물[불에 태워 바치는 제물]로 나에게 바쳐라." 아브라함은 아침 일찍 일어나 나귀에 안장을 얹고 두 종과 아들 이사악을 데리고 제

물을 사를 장작을 쪼개가지고 하느님께서 일러주신 곳으로 서둘러 떠났다. 길을 떠난 지 사흘 만에 아브라함은 그 산이 멀리 바라보이는 곳에 다다랐다. 아브라함은 종들에게 "너희는 나귀와 함께 여기에 머물러 있거라. 나는 이 아이를 데리고 저리로 가서 예배 드리고 오겠다." 하고 나서 번제물을 사를 장작을 아들 이사악에게 지우고 자기는 불씨와 칼을 챙겨 들었다. 그리고 둘이서 길을 떠나려고 하는데, 이사악이 아버지 아브라함을 불렀다. "아버지!" "애야! 내가 듣고 있다." "아버지! 불씨도 있고 장작도 있는데, 번제물로 드릴 어린 양은 어디 있습니까?" "애야, 번제물로 드릴 어린 양은 하느님께서 손수 마련하신단다." 말을 마치고 두 사람은 함께 길을 떠나, 하느님께서 일러주신 곳에 이르렀다. 아브라함은 거기에 제단을 쌓고 장작을 얹어놓은 다음, 아들 이사악을 묶어 제단 장작더미 위에 올려놓았다. 아브라함이 손에 칼을 잡고 아들을 막 찌르려고 할 때, 야훼의 천사가 하늘에서 큰 소리로 불렀다. "아브라함아, 아브라함아!" "어서 말씀하십시오." 아브라함이 대답하자 야훼의 천사가 이렇게 말하였다. "그 아이에게 손을 대지 말아라. 머리털 하나라도 상하게 하지 말아라. 나는 네가 얼마나 나를 공경하는지 알았다. 너는 하나밖에 없는 아들마저도 서슴지 않고 나에게 바쳤다." 아브라함이 이 말을 듣고 고개를 들어보니 뿔이 덤불에 걸려 허우적거리는 숫양 한 마리가 눈에 띄었다. 아브라함은 곧 가서 그 숫양을 잡아 아들 대신 번제물로 드렸다.

그렇다면 인신 공양이 잘못이라고, 즉 하느님께서 그것을 원하지 않는다고 판단한 최초의 사람들은 바로 유대인이었던 것일까? 아마도 그런 것 같다. 유대인은 결코 다시는 인간을 자신들의 주님께 제물로 바치는 일은 하지 않았다. 유대인의 전통을 따르는 기독교인 역시 인신 공양을 거행하지 않았다. 물론 기독교는 한 사람의 지고한 희생 제물에 근거한 것이지만 말이다. 그가 바로 예수 그리스도, 즉 하느님의 어린양이며, 하느님의 유일한 아들이며, 모든 사람을 살게 하려고 죽은 인물이다. 그리고 로마 가톨릭의 경우에는 이 지고한 희생제가 미사 때마다 반복된다고 여기는데, 왜냐하면 하느님과는 물론이고 그 제의에 참석한 다른 참가자들과의 즐거운 친교에서 먹고 마시는 포도주(피)와 빵(살) 속에 예수가 현존하기 때문이라고 한다.

세계의 주요 종교인 불교와 이슬람교에서는 그 시초부터 오늘날에 이르기까지 인신 공양을 전혀 하지 않고 있다. 하느님이 아브라함에게 준 그 최초의 교훈이 아스테카와 잉카는 물론이고 그보다 오래전의 다른 여러 유적지에도 일찌감치 알려졌더라면 얼마나 좋았을까!

유대교

아브라함은 유대교의 창시자로 여겨진다. 「창세기」에 나온 그의 생애에 관한 서술은 오늘날 전적으로 실제의 역사로 여겨지지는 않지만, 그럼에도 불구하고 B.C. 2000년의 시작 무렵부터 벌어진 역사적 사실과는 부합한다. 거기 나온 이야기에 따르면 아브라함은 아버지인 데라, 조카인 롯, 아내인 사라와 함께 갈대아(칼데아)의 우르에서 출발해, 항상 하느님의 명령과 세심한 시선을 받아가며 천천히 여행하여 가나안 땅(오늘날의 이스라엘과 레바논 지역)을 향해 나아갔다. 데라가 사망한 후에 아브라함은 족장이 되었고, 하느님과 그 사이에는 언약이 세워졌다. 이 언약, 또는 약속은 아브라함의 후손이 가나안 땅을 물려받게 되리라는 확신과 관련이 있었다.

그렇다면 실제 장소인 우르와 또 다른 실제 장소인 가나안 사이에 그런 여행이 정말 가능했을까? 성서에 서술된 내용과는 별도로, 그런 일이 가능했다고 볼 수 있는 역사적이고 고고학적인 이유는 충분히 있다. 그렇다면 아브라함은 왜 우르를 떠났을까? 종교적 박해에서 벗어나려는 것이었거나, 새로운 경제적 기회를 물색하려는 것이었을까? 아니면 실제이건 상상이건 간에 정말 어떤 신의 명령에 의해 떠난 것이었을까? 어쨌거나 이후 수백 년 사이에 가나안에는 하나뿐인 신 야훼를 숭배하는 유대인이 많이 들어와 살게 되었다. 다신교가 만연한 세계에서 오로지 이들만이 일신론자가 된 것이었다. 그렇게 하기는 아마 이들이 세계 최초였을 것이다.

야훼는 애초에 아브라함과 이사악과 야곱[만]의 신이었다. 결국 야훼가 인류 전체의 하느님, 즉 유일한 하느님이 아니라는 뜻이었을까? 야훼, 또는 여호와가 이후 예수의 시대에 가서 갖게 된, 나아가 오늘날까지도 갖고 있는 우주적인 성격을 과연 언제부터 얻게 되었는지는 판가름하기가 불가능하다. 지금으로선 일단 아브라함의 하느님, 즉 한때는 일개 부족의 신이었으며 수많은 신들 가운데 하나(물론 가장 큰 하나)에 불과했던 그 존재가 오늘날 세계 각지의 유대인, 기독교인, 그리고 무슬림이 숭배하는 유일한 하느님이라고 해두고 넘어가자.

유대교의 믿음에 따르면 유대인은 하느님의 민족으로 선택받았다고 한다. 이런 믿음은 과연 그들에게 어떤 의미가 있었을까? 그들은 자신들이 하느님으로부터 선택을 받아, 하느님과 특별하고도 영구적인 관계를 맺게 되었다고 믿었다. 이러한 관계는 다음 세 가지와 관련되었다. 첫째로 그들은 율법을 부여받았으니, 거기에는 모세가 시나이 산에서 받은 십계명뿐만 아니라 토라, 또는 성스러운 책(즉 하느님의 말씀)에 편입되어 있는 식사와 행동과 교제에 관한 규정들도 있었다. 둘째로 그들은 약속, 또는 언약을 부여받았으니, 그 내용은 하느님이 전 역사에 걸쳐 결코 다시는 이들을 버리지 않을 것이며, 지상에서 그들이 성공할 것임을 보장해주리라는 것이었다. 셋째로 그들은 하느님의 존재와 선과 정의에 대한 증인이 되도록 하느님으로부터 요구받았다. 그들에 의해 전해지는 증언은 장차 세계의 다른 민족에게도 전해져야만 했다.

유대교의, 그리고 유대인의 역사는 길고도 복잡하며, 피와 눈물로 점철되어 있다. 유대인은 하느님의 진리에 대한 유일한 증인으로서 영속해왔지만, 그들은 또한 한때나마 하느님은 물론이고 하느님의 예언자까지도 부정한 바 있다. 적어도 기독교인과 무슬림의 주장에 따르면 그렇다.[1] 유대인은 다른 인류와 평화를 유지하며 살아가려 노력했지만, 여러 가지 이유로 인해 그렇게 하기는 결코 쉽지가 않았다. 그들은 홀로코스트로 인해 고통을 겪었으며, 나아가 오늘날에도 이스라엘 주변 아랍 국가들과의 문제로 인한 갈등이 지속되고 있다.

이 모든 것에도 불구하고 유대인은 지금도 여전히 본질적으로는 과거와 마찬가지로 완고하고도 〔자신들의 하느님에게〕 헌신적인 민

---

1 기독교와 이슬람에서는 각각 예수와 무함마드가 바로 하느님의 아들과 예언자라고 믿지만, 유대교는 이들을 결코 인정하지 않기 때문이다.

족으로 남아 있으며, 아마 앞으로도 마찬가지일 것이다. 그들은 여전히 세 가지를 주장하고 있다. 첫째로 그들은 모세의 거룩한 책에 기록된 율법을 지키는 민족이라는 것이다. 둘째로 그들은 하느님이 선택한 민족으로, 하느님과 맺은 영원한 언약을 지니고 있다는 것이다. 셋째로 그들은 하느님의 증인이며 앞으로도 영원히 그러하리라는 것이다.

유대인의 오랜 지혜 — 거의 4000년 동안이나 아버지에게서 아들로 전해져 내려왔으며, 그와 동시에 나머지 인류에게도 주어진 것인 — 는 매우 복잡하다. 하지만 그 대략적인 내용은 위에 언급한 세 가지 개념으로 요약할 수 있다.

기독교

예수 그리스도는 유대인이었고, 조상들로부터 물려받은 세 가지 — 방금 위에서 설명한 — 를 별다른 이의 없이 받아들였다. 하지만 그는 이 세 가지를 상당 부분 바꿔놓았다.

나자렛 예수 — 베들레헴에서 태어났을 당시 여관에 남은 방이 없어서 구유 속에 누웠다는 인물, 또한 태어난 날은 12월 25일로 여겨지며, 태어난 해는 세계 대부분의 지역에서 시대의 기준점으로 여겨지는 인물 — 를 가리켜 어떤 사람들은 유대인의 왕이라고 주장했다. 그는 예루살렘에 있는 골고타, 즉 '해골의 자리'의 언덕에서 사망했는데, A.D. 30년의 그날은 오늘날 성(聖)금요일로 기념된다. 그가 십자가에서 사망한 까닭은 그 지역의 로마인 총독[폰티우스

필라투스)의 오판 때문이었다. 중세 기독교의 전설에 따르면 예수는 이후 지옥으로 내려가서, 그곳을 '약탈'하였으며 — 즉 [거기 있던] 아담과 하와와 족장들의 영혼들을 낙원으로 가져왔고 — 그런 다음에 죽은 지 사흘째 되던 날 아침에 다시 지상으로 올라왔으니, 전 세계의 기독교인은 이날을 부활주일로 기념하고 있다.

예수는 유대교 율법을 "일점일획도" 바꾸지 않겠다고 주장했고, 본인은 다만 거기에다가 일종의 정수에 해당하는 율법을 더하겠으며, 그 내용은 정의뿐만 아니라 또한 사랑에 근거한 것이라고 말했다. 기독교인은 이를 그가 자신의 죽음을 통해 아담과 하와의 원죄에 대한 용서는 물론이고, 낙원에서의 영생에 대한 약속까지도 인류에게 — 또는 최소한 하느님의 존재와 선함에 관한 그의 새로운 증언, 또는 증거를 믿는 모든 사람들에게 — 가져다준다는 뜻으로 해석한다. 그리스도의 산상설교에는 이 새로운 교리의 보다 강력한 표명이 들어 있는데, 거기서 그는 자신이 근거하고 있는 모세의 율법의 변형을 설파했다.

「마태오의 복음서」에는 이 유명한 사건에 관한 이야기가 나오는데, 이때 예수는 "산에 올라가" 제자들에게 이렇게 가르쳤다.

> 마음이 가난한 사람은 행복하다. 하늘나라가 그들의 것이다.
> 슬퍼하는 사람은 행복하다. 그들은 위로를 받을 것이다.
> 온유한 사람은 행복하다. 그들은 땅을 차지할 것이다.
> 옳은 일에 주리고 목마른 사람은 행복하다. 그들은 만족할 것이다.
> 자비를 베푸는 사람은 행복하다. 그들은 자비를 입을 것이다.
> 마음이 깨끗한 사람은 행복하다. 그들은 하느님을 뵙게 될 것이다.

예수는 거의 항상 비유를 들어 말했는데, 이는 그 당시는 물론이고 오늘날까지도 해석을 필요로 한다. 이런 비유들 가운데 일부는 심오한 지혜인 한편, 사실상 다른 고대 종교의 스승들의 지혜와 크게 다르지 않다. 하지만 인간 예수의 가르침에는 어떤 독특한 핵심이 있는데, 바로 유대인의 현실주의와 기독교인의 신비적 통찰을 결합한 것이다.

그는 기독교 교회를 설립한 것으로, 즉 그의 말마따나 반석 위에 교회를 세운 — 그는 제자인 베드로 위에 교회를 세웠다며 일종의 말장난을 했다(베드로라는 이름은 그리스어로 '반석'을 뜻하기 때문이다.) — 것으로 여겨진다. 그리하여 전 세계의 기독교인은 그리스도가 실제로 교회를 창시했다고, 그리고 교회가 줄곧 그리스도의 가르침에 충실했다고 믿는다.

어떤 사람들은 이런 의견에 의구심을 품는데, 왜냐하면 〔성서 중에서도〕 가장 간략한 「마르코의 복음서」에 기록된 예수의 가장 통렬한 말 가운데 하나를 기억하기 때문이다. "제 목숨을 살리려는 사람은 잃을 것이며, 나 때문에 또 복음 때문에 제 목숨을 잃는 사람은 살릴 것이다. 사람이 온 세상을 얻는다 해도 제 목숨을 잃는다면 무슨 이익이 있겠느냐?"

〔오늘날의〕 휘황찬란하고, 부유하고, 권세 있는 기독교 교회를 향한 도전으로는 이것도 충분치는 않다는 듯이, 예수는 또 이런 말도 했다. "나를 따르려는 사람은 누구든지 자기를 버리고 제 십자가를 지고 따라야 한다."

이런 놀라운, 그리고 무서운 말보다도 예수의 가르침을 훨씬 더 완벽하고 간명하게 요약한 것이 또 있을까?

놀랍다고 한 까닭은 이 말들이 그 누구에게나 일상생활의 찌꺼기 위로 솟구칠 수 있도록, 의미와 목적으로 가득 찬 삶을 살 수 있도록 영감을 제공하기 때문이다.

무섭다고 한 까닭은 이 말들이 이 세상의 수많은 사람들에게 부여하는 축복보다 요구하는 충성이 더 많기 때문이다.

유대교와 기독교의 비교

『구약성서』는 유대교의 성스러운 책이다. 물론 기독교인에게도 성스러운 책이긴 하지만, 그 방식은 약간 다르다. 『구약성서』는 보통 유대인의 역사로 독해되는 반면, 예수 그리스도와 그가 창시한 종교는 유대인의 역사 밖에 있기 때문에, 기독교인은 『구약성서』를 오히려 그리스도의 도래에 대한 예언으로 독해한다. 기독교인이 보기에 『구약성서』의 모든 사건은 이중의 의미를 지닌 것으로 여겨진다. 가령 이사악이 희생 제물이 될 뻔했던 사건은 유대인의 인신 공양의 종말에 대한 상징으로 간주되며, 또한 그리스도의 수난의 예시로도 간주된다. 아브라함이 외아들을 제물로 바친 것은 그의 순종에 대한 상징이었으니, 그가 시험에 통과하자 그의 아들도 목숨을 구한다. 아버지 하느님 역시 외아들을 제물로 바침으로써 모든 사람을 원죄에서 해방시켰고, 그의 아들 역시 하늘에 올라가 아버지의 오른편에 앉아 있다.

유대교의 하느님은 분노한 하느님이고, 정의가 그의 특징이다. 기독교의 하느님은 비록 산 자와 죽은 자를 심판하기는 하지만 〔기본적으로] 자비의 하느님이다. 인류는 그리스도의 희생으로 인해 구속(救贖)을 받았고, 궁극적인 구원도 얻게 될 것이다.

기독교인은 유대인이 인류에 대한 하느님의 지배를 보여주는 증인으로 선택되었다는 관념을 받아들였다. 하지만 유대인은 그리스도를 단지 예언자 가운데 한 사람으로만 간주할 뿐, 하느님의 아들이며 하느님의 세 위격 ― 성부, 성자, 성령 ― 가운데 하나라고 받아들이지는 않았다. 이로써 두 종교 사이에는 깊고도 건널 수 없는 간극이 생겨나고 말았다. 나아가 많은 기독교인은 유대인 가운데 일부가 역사적으로 나자렛 예수의 죽음에 관여했다는 사실을 그리스도에 대한 배신일 뿐만 아니라, 나아가 유대인 스스로의 신앙에 대한 궁극적인 배신으로 간주하게 되었다. 이른바 "유대인이 그리스도를 죽였다"라는 근거 없는 비난이야말로 유대인이 이후 수 세기 동안이나 기독교 세계에 살면서 짊어져야 했던 부담 가운데 가장 큰 것이었다.

『신약성서』는 오로지 기독교만의 것이다. 대부분 그리스어를 사용하는 유대인이 그리스어로 작성한 것인 『신약성서』는 예수의 생애와 가르침에 관한 여러 개의 기록을 비롯해서, 종말론적 작품(「요한의 묵시록」), 그리고 성 바울로와 다른 사람들이 새로운 기독교인 공동체에 보낸 여러 통의 서한 ― 새로운 종교를 수립하기 위해 그들이 마땅히 따라야 할 길을 지시하는 ― 등으로 구성되어 있다.

바울로의 서한은 『구약성서』에 속한 그 어떤 저술과도 달랐다. 『구약성서』가 주로 역사 저술이라면, 바울로의 서한은 주로 신학 저술이었다. 바울로는 유대인이었지만 사고방식은 매우 그리스적이었다. 〔그로 인해〕 기독교에 그리스의 신학적인 미묘함과 사유가 스며든 것이야말로 이후 2000년 동안 기독교의 특징이 된 동시에, 유대교와 기독교를 차별화하는 요인이 되었다.

역사적 예수는 아마도 에세네파로 불리는 유대교 종파의 구성원이었을 것이다. 에세네파는 그 이전까지의 다른 유대인 집단보다도 훨씬 더 신비적이고 신학적이었다. 예수의 가르침 가운데 대부분은 비유였으며, 이에 관해서는 이후 무려 60세대에 걸쳐 수많은 사상가들이 복잡하고도 사변적인 해석을 가해왔다. 인간 예수는 워낙 수수께끼 같은 모습이어서 〔그의 역사적 존재를〕 규명하기가 쉽지 않다. 물론 그가 정말로 하느님의 아들이냐 아니냐를 떠나, 그가 위대한 인물이며 스승이었음은 의심의 여지가 없지만 말이다.

이슬람교

A.D. 570년경에 메카에서 태어난 무함마드는 태어나기도 전에 아버지를, 그리고 여덟 살 때에는 할아버지를 잃고 말았다. 이런 연이은 상실로 인해 그에게는 중세 아라비아의 남성 중심적 사회에서 앞길을 이끌어줄 남성 보호자 겸 안내인이 없어진 셈이었다. 이 소년은 자칫 역사의 그늘 속에 잊혀버릴 수도 있었다. 하지만 632년에 메디나에서 사망했을 무렵, 무함마드는 새로운 종교를 창시하고 아라비아의 아랍 민족 모두를 하나의 나라로 통일했을 뿐만 아니라, 〔이슬람교도들에게〕 강력한 열성을 심어주었다. 그의 사후 20년이 지나기도 전에 그의 추종자들은 비잔틴(동로마) 제국과 페르시아 제국의 대부분을 정복했으며, 100년이 지나기도 전에 로마 제국 전성기의 규모와 체계에 버금가는 거대한 제국을 건설하게 되었다.

610년경, 그러니까 40세쯤 되었을 때에 무함마드는 하느님으로부터 최초의 직접적인 메시지를 받았다. 그 메시지는 장엄한 존재(훗날 천사 가브리엘로 확인된)의 환상이라는 형태로 나타났는데, 그 존재는 그에게 이렇게 선언했다. "너는 하느님의 메신저이니라." 이로써 메신저, 또는 예언자로서 그의 위대한 생애가 시작된 것이었다. 그때 이후로 사망할 때까지 무함마드는 종종 계시 — 하느님으로부터 직접 온 것이라고 그가 믿어 의심치 않았던 구두 메시지 — 를 받았다. 나중에 그 메시지는 수집되어 글로 기록되었고, 결국 이슬람의 성스러운 경전인 『쿠란』이 되었다.

무함마드는 곧바로 자기 식구들이며 가까운 지인들에게 설교를 하기 시작했지만, 머지않아 그의 활동 무대인 메카 — 그 당시에 아라비아에서 가장 번성하던 중심지였던 — 에서 그의 적대자들이 생겨나게 되었다. 그때부터 10년 동안 입지가 점점 더 어려워지자, 그는 결국 자신의 고향 도시를 떠날 계획을 마련하게 되었다. 622년 9월 24일, 그는 75명가량의 추종자들과 함께 메카를 떠나 메디나로 갔는데, 이날이 바로 헤지라, 또는 '이주'의 날이다. 이슬람 역사에서는 바로 그해를 전통적인 원년, 즉 이슬람력의 시작으로 본다.

무함마드는 용기와 공정으로 동시대인에게 존경을 받았으며, 그의 이런 태도는 후대의 무슬림들에게 덕스러운 성품의 모범으로 여겨진다. 그는 단순히 하나의 국가를 세운 것뿐만 아니라, 훗날 10억 명에 가까운 사람들이 받아들이게 된 종교를 세우기도 했다. 그의 도덕적 엄격함과 진지함은 그 당시로서만 해도 독특한 것이었다. 그는 역사상 가장 뛰어나고 카리스마적인 인물 가운데 하나였다.

유대-기독교와 이슬람교의 비교

무함마드가 살았던 당시에 메카에는 거대한 유대인 공동체가 있었다. 따라서 무함마드는 그곳으로부터 영향을 받은 것은 물론이고, 나아가 유대인 역사가들과 사상가들로부터 많은 것을 배웠다. 심지어 그는 기독교의 풍습에도 정통했다. 그는 아브라함을 최초의 족장으로 받아들였고(그리하여 아브라함은 세 종교 모두에서 일종의 성인으로 받아들여지게 되었다.), 그리스도야말로 자기보다 먼저 나온 예언자들 중에서는 최고였다고 믿었다. 하지만 그는 자신이 하느님의 아들이라는 예수의 주장(또는 예수가 그렇다는 그 추종자들의 주장)을 받아들이지 않았다.

유대교와 기독교 양쪽에 대한 무함마드의 시각은 처음에만 해도 주로 공감하는 쪽이었다. 유대인과 기독교인은 "책의 사람들"[2]이기 때문에, 그들에게는 종교적 자율성을 허락했다. 하지만 유대인과 기독교인은 인두세를 지불해야 했으므로, 결국 예언자 무함마드의 사후 1세기가 지나자 그중 상당수가 이슬람교로 개종했다. 반면 이교도들의 지위는 이와는 전혀 달라서, 이른바 개종과 죽음 사이에서 양자택일해야만 했다. 애초부터 이슬람은 격렬한 전사의 신앙이었다. 이를 외부적으로 명시하는 것이 바로 '지하드', 즉 성전(聖戰)이다. 이러한 신앙은 그들 자신과 세계의 나머지 사람들 사이에 분명한 선을 그어놓았고, 그로부터 야기된 가깝고 형제 같은 공동체에

---

2 이슬람교에서 일부나마 비슷한 전통을 공유하는 기독교인과 유대인을 지칭하는 표현이다.

관한 사고방식은 그 정도로 끈끈하게 엮여 있지는 않은 다른 사회들과 문화들에 신속하고도 놀라운 승리를 거두었다.

세금에 관해 성 베드로에게 한 말에서 그리스도는 이른바 "카이사르의 것"과 "하느님의 것"을 분명히 구분한 바 있었다. 다시 말해서 종교와 세속 두 가지는 서로 다른 영역이며, 따라서 갈등을 빚을 필요도 없으며 혼동되어서도 안 된다는 것이다. 유대교 역시 이와 유사한 구분을 한 바 있지만, 이슬람교는 그렇지 않았다. 애초부터 이슬람교는 종교로서는 매우 독특한 풍조를 지니고 있었으니, 한 공동체 내에서 영적인 쪽과 세속적인 쪽 모두를 통일시켰으며, 개인과 하느님의 관계뿐만 아니라 개인과 그 동포의 사회적이고 정치적인 관계까지도 통제하려고 했다.

따라서 이 세상에는 이슬람 종교 제도뿐만 아니라 이슬람 법률과 이슬람 국가까지도 생겨났다. 종교와 세속을 구분한 이슬람 국가들(가령 터키)은 20세기에 들어와서야 겨우 생겨났으며, 그 숫자도 소수에 불과하다. 아야톨라 호메이니가 이란에서 행사한 막강한 권력 역시, 그 나라의 종교적이고 정치적인 지도력이 이른바 '이맘'으로서의 그에게 결합되어 있었기 때문이었다고 설명할 수 있을 것이다. 그런 점에서 그는 자신보다 먼저 있었던 상당수의 이슬람교 지도자들과 전혀 다르지 않았다.

이 세 개의 서로 연관된, 그러나 서로 갈등하는 거대 종교들은 지금도 인류를 위해 어떤 유용하고도 중요한 메시지를 지니고 있는 것일까? 전 세계 수십억에 달하는 사람들이 그렇게 생각하고, 또 그렇게 말하고 있다. 비록 제2차 세계대전의 홀로코스트로 인해 600만 명의 유대인이 사망함으로써 유럽 유대인 사회가 거의 전멸하다시피 했지만, 유대교는 오늘날 이스라엘, 러시아, 미국, 그리고 기타 나라에서 수백만 명의 열성 신자들을 갖고 있다. 기독교는 그 수많은 분파들을 통해 다른 어떤 종교보다도 더 많은 신봉자들을 끌어들이고 있다. 이슬람 역시 최근 들어 일종의 부흥을 누리고 있는데, 여러 국가들에서 전통적인 관습들 — 가령 전통적인 샤리아(이슬람법)의 적용, 여성의 복종, 종교 지도자들의 완벽한 교육 통제 등등 — 을 복권시키는 보수적인 움직임을 보이고 있기 때문이다. '지하드'는 새로운 위세를 얻었고, 전 세계 무슬림들 간의 새로운 형제애에 관한 사고방식도 퍼져나가고 있다.

불교

인도 최초의 제국은 B.C. 325년에 수립되었다. 창시자인 찬드라굽타 마우리아의 이름에서 비롯된 명칭인 마우리아 왕조가 이후 수백 년 동안 인도아대륙을 통치했다. 아소카가 통치하던 그 최전성기(그의 치세는 B.C. 265~B.C. 235년이었다.)에 이 최초의 체계화된 인도 국가는 대략 100만 제곱마일에 달하는 영토와 5000만 명 이상의 인구를 지니게 되었다.

새로운 군주라면 으레 그렇듯, 왕위에 오른 직후에 아소카는 전쟁을 벌였다. 승리를 거두었음에도 불구하고 그는 행복하지가 않았다. 대신 그는 자신이 일으킨 전쟁으로 인해 승리자와 패배자 모두에게 생겨난 고통을 보고 충격을 받았다. 이런 깨달음을 얻었을 당시에 그는 아마도 30세 정도였을 것이다.

고타마 싯다르타, 즉 붓다('깨달은 자'라는 뜻)는 B.C. 563년경에 인도 북부의 어느 왕가에서 태어났다. 그는 결혼도 하고 사치스러운 생활을 누렸다. 하지만 29세가 되었을 때 결국 늙고 병들어 죽게 되는 인간의 운명을 자각한다. 슬픔에 압도된 그는 삶의 고통을 가라앉히는 어떤 수단을 물색하기 시작했다.

고타마는 아내와 갓난아기인 아들을 두고 남쪽으로 향해 마가다 왕국으로 들어갔으니, 고통의 의미에 관한 의문에 답해줄 수 있는 스승들을 찾으려는 마음에서였다. 그는 스승들로부터 신비적 명상의 상태에 들어가는 법을 배웠는데, 이는 그 당시 인도 종교의 전통적인 수행 방법이었다. 하지만 그는 단순히 존재를 성찰하는 것만으로는 만족할 수가 없었다. 다른 스승들은 그가 만약 극도의 고행을 실천한다면 더 깊은 이해를 얻을 것이라고 장담했다. 수개월 동안이나 고타마는 먹고 마시기를 거의 끊다시피 하며 비바람에 몸을 혹사시켰다. 그렇게 함으로써 그는 고통이란 무엇인지를 확실히 깨닫게 되었지만, 그런 고통의 이유를 이해하는 데에는 여전히 실패한 상태였다.

그는 고행을 포기하고 음식을 먹어 건강을 회복했지만 탐색을 포기하지는 않았다. B.C. 528년 5월의 어느 날 아침, 그는 부다가야라는 곳에 위치한 어느 보리수(반얀 나무) 밑에 가부좌를 틀고 앉아서는, 자신이 찾는 깨달음을 성취하기 전까지는 절대 움직이지 않기로 작정했다.

그는 여러 시간 동안 생각하고 또 생각했다. 악마인 마라가 나타나 그에게 탐구를 포기하도록 유혹했다. "뭔가 가치 있는 일을 하시오." 마라가 말했다. "이렇게 계속해서 노력해봤자 무슨 소용이 있단 말이오?" 고타마는 악마의 말을 무시했다. 그는 어떠한 유혹에도 굴복하지 않았다. 마라는 패배하여 떠나갔다. 고타마는 그날 밤의 나머지 시간을 명상하며 보냈다. 다음 날 아침, 그러니까 5월 25일 아침에 그는 35세가 되었으며, '정각'(正覺)을 얻었고, 지고한 존재인 붓다가 되었다.

그렇다면 그는 정확히 무엇을 배운 것일까? '나는 이러한 진리를 깨달았다.' 그는 이렇게 생각했다. '이것은 깊고, 알기 힘들며, 이해하기 어렵다. (……) 욕망에 굴복하고 큰 어둠 속에 휩싸인 사람들은 이러한 진리를 깨닫지 못하니, 이 진리는 시류에 거스르는 것이며, 또한 지고하고 깊고 미묘하며 이해하기 힘들기 때문이다.'

단순히 몇 마디 문장만으로는 붓다가 발견한 진리를 제대로 서술할 수 없다. 어쩌면 그걸 이해하는 데에도 평생이 걸릴지 모른다. 붓다는 그것을 우화의 형태로 서술했다. 사람은 방종과 고행 사이의 중도를 추구해야 한다. 이 중도, 이른바 여덟 가지 고귀한 길(八正道)은 올바른 견해(正見), 올바른 생각(正思惟), 올바른 말(正語), 올바른 행동(正業), 올바른 삶의 방식(正命), 올바른 노력(正精進), 올바른 주의(正念), 그리고 올바른 집중(正定)으로 이루어져 있다.

붓다의 위대한 진리는 네 가지 고귀한 진리(四聖諦)로 이루어진다. 첫 번째는 그가 구도 행각을 떠나기도 전에 깨달은 것으로, 인간의 존재는 충돌과 슬픔과 고통으로 가득하다는 것이다. 두 번째의 올바른 진리는 이 모든 어려움과 고통은 인간의 이기적인 욕망으로 인해 일어난다는 것이다. 세 번째의 올바른 진리는 인간이 해방과 자유 — 즉 니르바나(涅槃) — 를 찾을 수 있다는 것이다. 네 번째의 올바른 진리는 앞에서 언급한 여덟 가지 고귀한 길이 바로 이러한 해방으로 가는 방법이라는 것이다.

어떤 면에서 불교는 [일반적 의미의] 종교라고 일컬을 수 없는데, 왜냐하면 신을 숭배하지 않기 때문이다. 하지만 본래는 윤리적이었던 이 교리는 이후 멀리, 또 널리 퍼지게 되었는데, 한편으로는 어디에서나 관심을 일으킨 깊은 사유 때문이었고, 또 한편으로는 그 혁명적인 암시 때문이었다. 깊은 이해심과 연민과 공감의 소유자였던 붓다는 모든 인간이 그 공통의 운명에서 평등하다고 주장했다. 따라서 그는 카스트의 관념에 반대했다. 그의 추종자들은 아시아 남부에 사회적 평등의 원칙을 전파했고, 이는 결국 여러 고대국가들에서 정치적 문제와 아울러 계몽된 정치적 발전을 가져왔다.

붓다가 사망한 지 300년 뒤에 이런 깨달음을 얻은 아소카 황제는 전쟁과 폭력을 포기하고 백성들이며 이웃들과의 평화를 추구했고, 훗날 황금기로 여겨지는 인도의 한 시대를 개막했다.

불교는 이후에도 계속해서 여러 아시아 국가들의 정치에서 중요한 역할을 했다. 사회적 평등에 대한 강조, 그리고 인간의 갖가지 해악은 가난에서 비롯된다는 그 교리는 여러 지역에서 자유로운 개혁운동에 영감을 제공했다. 또한 불교도는 대개 식민 정권에 반대하거나, 또는 비우호적이고 적대적인 인종 집단의 지배에 반대하는 민족주의 운동의 대의를 지지한다. 따라서 불교는 오늘날 전 세계에서도 가장 강력한 윤리 사상 가운데 하나로 남아 있다. 비록 불교도는 (미얀마를 제외하면) 어떤 나라에서도 다수를 차지하지는 못하지만, 그 위력에는 변함이 없다. 붓다의 생각이 지닌 신비한 위력은 오랜 세월이 지나도록 인간의 정신에 영향을 끼치고 있는 셈이다.

과거로부터의 교훈

고대의 왕국들과 제국들은 대부분 서로 전쟁을 벌이는 가족들, 마을들, 또는 부족들의 혼란 속에서 탄생했다. 정치적이고 사회적인 질서를 수립하는 것은 그들 거의 모두에게 무엇보다도 중요한 과제였다. 질서는 종종 강제에 의해서만 부과되었다. 직접적이고도 고통스러운 죽음이라는 위협이 가해질 경우, 그때나 지금이나 대부분의 사람들은 조용히 입을 다물고 순순히 따르게 마련이다. 적어도 그런 강제가 여전히 남아 있는 한에는 말이다. 그 당시의 문제는 어떻게 하면 그런 강제가 없는 상황에서도 질서를 유지하느냐 하는 것이었으니, 왜냐하면 시간과 장소를 막론하고 강제가 있을 수는 없기 때문이었다.

우리는 앞에서 변화에 대한 혐오라는 이집트인의 해결 방법을 살펴보았다. 지금 지닌 것이 비록 완벽하지는 않아도, 어쩌면 변화는 그보다 더 나쁠 수도 있다는 것이다. 이집트인은 지금까지의 다른 어떤 민족보다도 이 원칙을 더 멀리까지 밀고 나갔다. 모든 문명은 이런 사고방식을 어느 정도까지는 채택했다.

인도인의 해결 방법은 카스트 제도를 수립하는 것이었다. 기본적으로 이것은 한 사람의 태생이 그의 사회적 지위를 설명하고 또한 정당화한다는 보편적인 합의를 의미한다. 이것 역시 유용한 원칙인 것이, 한 사람의 태생에 관해서는 그야말로 이의가 있을 수 없기 때문이다. 우리 부모님이 일찍이 그러했으므로, 나 역시 지금 이렇다는 것이다. 부자는 대대손손 부자로 남고, 빈자는 항상 빈자로 남는다는 것이 전혀 정당하지 않아 보인다는 항의가 제기될 경우, 그러한 사회질서 — 이집트인은 "마아트"라고 부른 — 에는 불의라는 대가를 치르더라도 반드시 지켜야 할 가치가 있다고 대답할 수 있었다. 그게 아니라면 과연 어떤 대안이 가능할까? 지속적인 혼란과 갈등밖에는 없을 것이고, 결국 사회는 파멸로 치닫게 될 것이다.

중국인은 사회적 불평등을 뭔가 새로운 방식으로 정당화했다. 어떤 사람의 태생은 사실 아무것도 아니다. 다만 어떤 사람이 삶에서 발전을 이룸으로써, 더 우월한 지위를 차지해야만 진정 우월한 사람으로 여겨지는 것이다. 이것이 시대와 장소를 막론하여 통용되는 원칙이 될 필요까지는 없다. 황제의 경우에는 자기 식구를 위해 높은 지위를 남겨놓는 것이 지당하게 여겨질 것이다. 그야말로 실용적이다. 과연 누가 다른 방식으로 행동할 수 있겠는가? 하지만 우월한 사람이 우월한 까닭은 그럴 만한 자격을 지니고 있기 때문이라는 관념은 널리 받아들여졌다. 다만 유교 경전에 관한 탁월한 지식이 그런 탁월성을 표현한다는 관념을 받아들이기는 그보다 좀 더 힘들었을 것이다. 하지만 그런 탁월성에 대한 객관적인 검증이 필요한 상황에서는, 유교 경전이야말로 다른 여러 검증 방법보다도 훨씬 더 나은 방법을 제공해주었을 것이다.

오늘날 탁월성은 이와는 전혀 다른 종류의 객관적 시험, 가령 SAT(진학적성검사)에서 높은 점수를 받는 것으로 표현된다. 이 시험은 유교와는 전혀 관계가 없지만, 적어도 그 원칙만큼은 똑같다.

문자 사용 능력은 메소포타미아의 여러 문명들에서도 계발되었는데, 이것은 전혀 다른 종류의, 탁월성을 검증하는 시험으로 변모되었다. 문자 사용 능력 자체가 한 사람의 사회적이거나 정치적인 지위를 확립해주지는 않았다. 다만 이것은 공적인 것과 사적인 것 모두를 통틀어 국가의 일 가운데 대부분을 통제하는 권력을 지닌 소수로 진입하는 입장권이었다. 문자 사용 능력은 사회의 정보 체계에 대한 통제력을 부여했으며, 이것은 사회생활에서 항상 중요했다. 그리고 오늘날 그것은 예전보다 더욱 중요해졌다. 현대의 산업국가에서 정보산업은 국민총생산의 절반 이상을 차지할 것으로 추산되고 있다. 고대 메소포타미아에서 정보는 갓 싹을 틔운 사업이었다. 오늘날에 이르러 이것은 무엇보다도 가장 큰 사업이 되었다.

오늘날 우리에게 그 교리가 전해져 내려오고 있는 종교들의 모든 위대한 스승들이며 창시자들이 여기에서 열거된 사회조직의 원칙들에 하나같이 반대했다는 사실은 흥미로운 한편 부인할 수 없는 사실이다. 그들은 반항가이며 혁명가였고, 각자의 시대의 이권과 권력에 대항해 싸운 사람들이었다. 솔직히 그들의 반항성이야말로 ─ 최소한 부분적으로나마 ─ 그들이 거둔 성공의 원인이 아니겠는가?

아브라함과 다른 유대인 족장들 및 예언자들은 자기 부족의 신이 가장 위대한 신이라고 주장하는 것에서 시작해서, 모든 인간에게는 오로지 한 분인 하느님, 즉 여호와가 있다고 주장하기에 이르렀다. 이교도 다신론자들은 적어도 선한 신과 악한 신, 이렇게 두 가지 종류의 신들은 반드시 섬겼다. 선한 신들은 인간에게 일어나는 좋은 일들에 대해, 그리고 악한 신들은 나쁜 일들에 대해 책임을 지닌 것으로 여겨졌다. 악한 신들을 숭배하는 것은 그런 신들의 존재를 시인하는 것으로, 그런 신들의 영향력을 회피하려 시도하는 것이었다. 반면 유대인은 인간의 행동에 대한 책임이 인간 스스로에게 있다고 주장한 최초의 사람들이었다. 즉 그걸 빌미로 신들을 비난할 수는 없다는 것이었다.

예수와 기독교인 추종자들 및 해석자들은 이 혁명적인 교리를 더 멀리까지 밀고 나갔다. 즉 사탄이 하와를 유혹했고, 다시 하와가 아담을 유혹했다. 결국 남자와 여자는 죄와 죽음의 먹이가 된 것이다. 하지만 인간의 불순종을 이유로 마귀를 비난할 수는 없다. 인간이 에덴동산에서 쫓겨난 것은 자초한 일이며, 남자와 여자는 그 결과를 영원히 감내해야만 했다. 하느님은 아담과 하와 그 후손들 모두를 사랑했기에, 그의 유일한 아들의 피로써 몸값을 지불하고 인류를 구원했다. 하지만 이 일에 대한 책임은 유대인이 말한 그곳 — 바로 인간 각자의 영혼 속 — 에 여전히 남아 있다.

공자는 — 아마도 자신의 특별한 상황에서 비롯된 이유 때문에 — 태생에 근거한 사회조직인 그 당시의 봉건 체제에 반항했다. 오로지 덕만이 한 사람이 사회나 국가에서 높은 지위에 오르게 하는 데에 적합한 기준이었으며, 덕은 학습에 의해 결정되어야 마땅했다. 외양상으로는 중국의 역대 국가에서도 이런 원칙을 채택하고 있었다. 하지만 만약 공자가 오늘날 돌아온다면, 그는 과연 〔경전 이외의〕 그 어떤 종류의 책에 관한 지식을 통해서라도 진정한 덕이 드러날 수 있다고, 즉 자기가 쓴 책이건 아니건 상관없이 그럴 수 있다고 말할 수 있을까? 그는 과연 이보다도 훨씬 더 깊고 더 혁명적인 뭔가를 의미했던 것일까?

붓다는 이미 인도 전역을 지배하고 있던 카스트 제도에 대항해 싸웠다. 고통을 겪는다는 점에서 모든 사람은 평등하다고 그는 말했다. 그러므로 모든 사람은 똑같은 도전에 직면하니, 반드시 똑같은 길을 따르도록 노력해야 한다. 그가 살던 시대의 잔인하리만치 불평등한 사회에서 그가 예견한 심층적인 평등은 가령 다윗, 예수, 무함마드 역시 예견했던 바였다. 즉 어떤 태생이나 심지어 학습조차도 하느님의 호의를 살 수는 없다는 것이다. 모든 인간은 똑같이 죄의 유혹을 받으며, 또한 저마다 사모하는 마음으로 찾기만 한다면 하늘나라를 얻을 수도 있다.

사회적 평등의 관념이란 원래부터 혁명적인 것이었다. 사회구조에서 정의의 원칙이 진지하게 여겨지기 시작한 것은 〔이런 원칙들이 성립된 이래로〕 무려 2000년이 더 지난 다음의 일이었다. 하지만 고대 유대인의, 초기 기독교인의, 무함마드와 그의 추종자들의, 나아가 붓다와 공자와 다른 동양의 성인들의 ― 이교도인 소크라테스는 말할 것도 없고 ― 영향은 여러 세기를 넘어 지금까지도 항상 우리 곁에 있는 것이다.

알파벳

최초의 알파벳은 기독교의 시대보다 1500년 전쯤에 메소포타미아에서 생겨났지만, 최초의 표준 알파벳을 개발한 영예는 페니키아인에게 돌아간다. 오늘날 사용되는 글자 가운데 상당수는 최대 B.C. 1100년으로까지 거슬러 올라가는 페니키아인의 필기에서 사용된 글자에서 비롯되었다. 하지만 페니키아 알파벳에는 오로지 자음만 있어서, 인도–유럽어를 옮겨 쓰는 데에는 효과적으로 사용될 수가 없었다. B.C. 8세기 중반의 그리스인은 모음을 위한 기호들을 창안했다. 그렇게 해서 나온 알파벳 ― 오늘날의 우리도 약간의 변경만 가한 채로 여전히 사용 중인 ― 이야말로 그리스인, 그 천재적이고 창의적인 사람들이 후세에 끼친 공헌 중에서도 가장 값진 것 가운데 하나다.

　모든 글쓰기가 알파벳을 이용하는 것은 아니다. 가령 중국의 글쓰기는 알파벳을 이용하지 않는다. 고대 이집트어, 고대 수메르어, 고대 히브리어의 경우도 마찬가지다. 중국어와 일본어는 표현력이 매우 뛰어나지만 뜻이 모호하지 않게 쓰기가 상당히 어렵다. 반면 그리스어, 라틴어, 독일어, 영어 같은 알파벳을 이용하는 언어들의 경우에는 일단 글로 써놓고 보면 다른 어떤 종류의 언어도 지니지 못한 명료성을 지니게 된다. 그 이유는 알파벳 그 자체에 있다.

　고대 히브리어와 아람어, 그리고 그리스도가 태어나기 1000년 전에 있었던 다른 북부의 셈계 언어는 고도의 어형변화를 지녔으나, 이런 언어에서 의미변화는 개별 단어의 철자에 의해서가 아니라 대개 문맥에 의해 암시되었다. 오늘날까지도 히브리어에는 모음이 없다. 명료성을 더 높이기 위해서 특정한 철자들 위에 점을 찍〔어 모음을 나타내〕는 체계를 사용하긴 하지만, 그 점들조차도 정확한 글쓰기에 반드시 필요한 것은 아니다. 어형변화를 거의 채용하지 않은 언어인 영어의 경우, 모음을 사용하지 않는다면 뭔가 의미 있는 글을 쓸 수가 없다. 가령 'bt'라는 단어를 생각해보라. 그런 다음에 'bat', 'bet', 'bit', 'both', 'but' 같은 다섯 개의 단어를 생각해보라. 이 단어들은 모두 다른 것을 의미한다. 이 단어들 가운데 어떠한 것도 서로 의미론적 관계를 갖고 있지 않다. 글쓰기에서는 'a', 'e', 'i', 'o', 'u'라는 다섯 개의 모음에 의해 차이가 표현된다. 글쓰기에서는 차이가 뚜렷하다.(반면 다양한 억양을 지닌 화자들이 말할 때에는 그 차이가 그다지 명료하지 않을 수도 있다.)

중국의 한자는 수천 가지에 달하는 서로 다른 소리를 나타내기 위해 수천 가지에 달하는 서로 다른 기호를 사용하며, 그 각각의 기호가 서로 다른 의미를 지닌다. 영어는 중국어만큼이나 다양하고 서로 다른 소리를 지니고 있으며, 어쩌면 중국어보다도 더 많은 단어와 의미를 지니고 있을지도 모르지만, 모든 단어를 적는 데에 오로지 26개의 기호만이 필요할 뿐이다. 정말 놀라운 효율성이 아닐 수 없다.

학자들은 페니키아의 알파벳이 진짜 알파벳인지를 놓고 의견의 차이를 보이고 있는데, 왜냐하면 그 알파벳에는 모음 소리의 흔적이 전혀 없기 때문이다. 만약 그렇다고 치면, 역사상 최초의 알파벳은 오히려 그리스 알파벳이다. 이것은 상당히 영예로운 일이 아닐 수 없다. 물론 그리스인의 〔알파벳〕 발명은 〔페니키아인의〕 예전 발명에 근거하여 만들어진 것이기 때문에 완전히 경이적이라고 할 수야 없겠지만 말이다.

잉카인은 글쓰기 기술을 발견하는 데에 실패했다. 이들은 또한 자신들이 사용하는 도구의 배후에 놓인 원칙을 이해하는 데에도 실패했다. 그들은 특정한 작업을 수행하기 위해 특별한 도구를 만들기는 했지만, 가령 지렛대에 관한 추상적인 관념까지는 떠올리지 못했다. 이와 유사하게 이집트인과 여러 시대의 메소포타미아인은 자신들이 직면한 구체적인 문제들을 해결하는 데에는 숙달되어 있었음에도 불구하고, 보편적 관념들을 이해하는 데에는 실패한 것만 같다.

잉카의 구어는 정교하고도 표현력이 풍부했다. 만약 언어가 전혀 없었다면, 그들은 사실상 짐승보다 더 나을 것이 없었으리라. 하지만 문자언어가 결여되었다는 사실은 그들에게 보편적 지식이 결여된 이유를 — 나아가 그런 지식이 결여되지 않은 민족과의 대결에서 벌어진 신속한 패배를 — 설명해줄 수도 있다. 만약 개인이 각자의 생각을 글로 적을 수 없어서 다른 사람들이 그 생각을 명료히 이해할 수가 없었다고 치면, 아마 인간은 보편적으로 뭔가를 생각하고 알 수가 없었을 것이다.

구전 전통이 인간을 멀리까지 이끌고 갔음은 사실이다. 최초의 제국들은 글쓰기 없이도 건설되었다. 위대한 예술, 심지어 위대한 시(詩)조차도 글쓰기 기술을 전혀 몰랐던 사람들에 의해 만들어졌다. 최초의, 그리고 어떤 면에서는 여전히 가장 위대한 시인인 호메로스 본인만 하더라도 문맹이었다. 그가 살았던 당시(B.C. c.1000)에는 거의 대부분이 문맹이었다.

가령 메소포타미아나 이집트나 중국처럼 글쓰기가 있었던 곳에서도, 사람들은 이 놀랍고도 새로운 기술을 오로지 기록 작성에만 사용했다. 그들은 글쓰기야말로 뭔가를 더 잘 생각하기 위해서는 말할 수 없이 좋은 방법이라는 사실을 깨닫지 못했다.

그리스인의 경우에는 자신들이 사용할 수 있는 완벽한 알파벳을 갖게 되자마자, 글쓰기야말로 뛰어난 생각의 도구라는 사실을 이해한 최초의 사람들이 되었다. 그때 이후로 우리가 알고 또 살아가는 세계가 존재하기 시작한 셈이다.

영(0)

그리스인은 알파벳에 근거한 글쓰기로부터 얻을 수 있는 이익들을 재빨리 인식했다. 반면 바빌로니아인의 또 한 가지 중요한 발명만큼은 그처럼 적극적으로 받아들이지 못했으니, 그 발명이란 바로 계산에서의 자릿값 기수법이었다.

가령 '568'이라는 숫자를 쓸 때에, 우리는 지금 사용하고 있는 속기 도구가 극도로 효율적이라는 사실을 대개 인식하지 못한다. 가령 우리가 절대적으로 정확하고자 한다면, 우리는 '568'을 다음 중 한 가지 방법으로 써야만 할 것이다. 가령 이런 식이다.

$$(5 \times 100) + (6 \times 10) + 8 = 568$$

또 하나는 이보다도 더 자세하다.

$$(5 \times 10^2) + (6 \times 10^1) + (8 \times 10^0) = 568$$

만약 우리가 이처럼 성가신 숫자 표기법을 반드시 사용해야만 한다면, 결코 적절한 시간 내에 많은 계산을 수행할 수는 없을 것이다. 컴퓨터야 물론 아무런 고생도 하지 않을 것이다. 하지만 학생들의 경우는 산수를 배울 때 지금보다도 훨씬 더 당혹스러울 수밖에 없을 것이다.

자릿값 기수법은 우리 모두에게 제2의 천성처럼 되어버린 지 오래다. 따라서 우리는 숫자를 쓸 때에도 미처 그것을 인식조차 하지 못한다. 하지만 인류의 역사에서 모든 문명들이 계산에서 이처럼 유용한 속기법을 향유한 것은 아니었다.

그럼에도 불구하고 우리가 이 장에서 논의했던 고대 제국들 가운데 자릿값 기수법을 독립적으로 발견한 곳은 하나 이상이었다. 16

세기에 멕시코 계곡에 도착한 에스파냐인은 마야인이 특유의 복잡한 달력에서 날짜를 계산하는 데에 자릿값 기수법을 사용했다는 사실을 알고 깜짝 놀랐다. 이집트인 역시 그보다 대략 4000년 전쯤에 자릿값 기수법을 개별적으로 발견했다. 하지만 이 방법을 최초로 개발했다는 영예는 바빌로니아인에게 돌아간다.

세계의 나머지 인류가 여전히 손가락으로 셈을 하고 있을 때에, 수메르인과 바빌로니아인은 이미 만만찮은 계산 실력을 보유하고 있었다. 그들은 60진법 숫자 체계(즉 10이 아니라 60을 기반으로 하는 체계)에서 자릿값 기수법을 사용했는데, 역사가인 에릭 템플 벨에 따르면 이런 방법은 최대 B.C. 3500년경에 나타났을 것이라고 한다.

하지만 바빌로니아인조차도 또 다른 종류의 숫자 — 가령 '508' 같은 — 와 연관된 모호함을 회피하는 방법을 지니고 있지 못했다. 우리 눈에는 '508'이 '568'보다 특별히 더 이상한 숫자로 보이지는 않는다. 하지만 수 세기 동안이나 이런 숫자는 바빌로니아인과 이집트인 모두에게 수수께끼가 아닐 수 없었다.

'508'은 다음과 같은 방식으로 쓸 수 있다.

$$(5 \times 100) + (0 \times 10) + 8 = 508$$

우리에게야 아무 문제가 없다. 하지만 바빌로니아인에게는 분명히 문제가 있었다. 그들로선 '없음 열 개(0×10)'가 도대체 숫자 한가운데서 뭘 하고 있는지 도무지 이해할 수 없었다. 그리하여 그들은 종종 십의 자리에 아무것도 없다는 사실을 굳이 기록하려 노력조차 하지 않았다.

모든 상황에서 — 심지어 그 위치에 아무것도 없는 상황에서도 — 위치를 유지하지 않는다면 자릿값 기수법은 실패할 수밖에 없다. '508'이라는 숫자에서 '0'이란 기호는 극도로 중요하다. 그걸 빼버리면 '508'은 졸지에 '58'이 되어버린다. 바빌로니아인은 종종 그렇게 했기 때문에, 그 맥락에 면밀하게 주의를 기울이지 않는 한 그들의 계산 결과는 종종 대책 없이 혼란스럽다.

바빌로니아인은 자신들의 역사에서 상당히 나중, 즉 B.C. 350년경까지도 기호 '0'의 필요성을 깨치지 못했는데, 그때에는 이미 그들이 자릿값 기수법을 발견한 지 대략 3000년 이상이 지난 다음이었다. 이집트인은 그보다 좀 더 일찍 기호 '0'을 채택했다. 하지만 이 기호의 사용이 일관적이지는 않았던 것으로 미루어, 그들 역시 이 기호를 완전히 이해하지는 못한 것으로 보인다.

B.C. 350년 이후, 바빌로니아의 천문학 숫자 표(모두 60진법으로 표기됨)에는 기호 '0'이 규칙적으로 채택되어 있다. A.D. 2세기의 프톨레마이오스를 비롯한 그리스 후기의 천문학자들 역시 바빌로니아인의 관습을 따랐고, 심지어 '0'을 표시하기 위해 'ō'이라는 기호를 채택했다. 하지만 기수법의 이점에도 불구하고 천문학에서마저 60진법 체계를 고수한 것은 그야말로 불필요하고 성가신 일이 아닐 수 없었다.

A.D. 1200년경, 또는 그보다도 수백 년 앞서서, 힌두인이 자신들의 십진법 체계에서 '0'을 사용하기 시작했다. 그들은 종종 '0'의 발견자들로 언급된다. 하지만 힌두인도 그리스인에게서 그 기호를 배웠을 가능성이 있다. 십진법에서의 자릿값 기수법과 '0'의 일관된 사용의 조합이야말로 중대한 계산의 난점에 대한 최종적인 해결 방

법인 것으로 증명되었고, 그때 이후로 세계 전체가 그 방법을 사용하게 되었다.

따라서 우리가 바빌로니아와 이집트의 수학자들에게 진 빚은 그야말로 크다고 할 수 있다. 하지만 우리는 한 가지 오히려 혼란스러운 사실을 상기해야만 한다. 심오한 직관의 소유자이며, 기하학 분야에서 대단한 성공을 거둔 초기의 그리스인 수학자들조차도 자릿값 기수법의 중요성만큼은 전혀 깨닫지 못했다. 물론 바빌로니아인이 구축한 수학적 기반 위에 그리스인이 나름의 업적을 세웠으며, 특히 기하학 분야에서는 제자가 스승보다 훨씬 더 나았던 것에는 의심의 여지가 없다. 하지만 그리스인조차도 숫자 계산에 뛰어나지는 못했다. 어쩌면 간단한 계산 속에는 유독 그리스인을 피해 갔던, 심지어 좌절시켰던 뭔가가 있었기 때문이었는지도 모른다.

제 2장

고대 그리스의 지식 폭발

인류 역사상 지식 폭발이라고 할 만한 사건은
단 한 번이 아니라 무려 두 번이나 있었다.
첫 번째 지식 폭발은 B.C. 6세기에
그리스에서 시작되었다.
그 폭발은 빠른 속도로 퍼져나가서
마침내 나머지 세계 전체에 영향을 끼쳤다.

인류 역사상 지식 폭발이라고 할 만한 사건은 단 한 번이 아니라 무려 두 번이나 있었다. 두 번째 지식 폭발은 지금으로부터 4~5세기 전에 유럽에서 시작되어 지금까지도 계속되고 있다. 첫 번째 지식 폭발은 B.C. 6세기에 그리스에서 시작되었다.

그리스의 지식 폭발은 긴 생명을 지녔다. 오늘날의 경우와 마찬가지로, 그 폭발은 빠른 속도로 퍼져나가서 마침내 나머지 세계 전체에 영향을 끼쳤다. 오늘날의 경우와 마찬가지로 그 폭발은 새로운 통신 장비의 발견, 그리고 지식을 얻는 새로운 방법과 함께 시작되었고, 이후 수학에서의 놀라운 발전의 도움으로 지속되었으며, 물질과 힘에 관한 혁명적인 이론이 나옴으로써 그 절정을 이루었다.

그리스의 지식 폭발의 경우, 외적 자연을 연구하고 이해하고 제어하는 데에서는 물론 오늘날의 경우에 버금갈 만큼 크게 발전하지는 못했다. 하지만 오늘날의 우리가 경제학과 사회학과 심리학이라고 부르는 '인문', 즉 인간에 관한 학문은 사정이 다르다. 비록 우리가 여기에 어느 정도 공헌했다고 자부한다 치더라도, 오늘날 우리가 인간의 본성과 좋은 삶에 관해 타당하게 말할 수 있는, 또는 없는 정도의 내용은 이미 고대 그리스의 연구자들도 이해하고 있었다고 주장할 수 있을 것이다. 오늘날 우리가 이룩한 물리학 분야의 발전이 고대 그리스인으로선 도저히 꿈도 꾸지 못할 수준이라고 치면, 이와 마찬가지로 고대 그리스인이 철학, 특히 윤리학 분야에서 이룩한 발전은 우리의 능력을 훨씬 벗어나는 수준이었다고 말할 수 있다.

우리가 이룩한 자연과학 분야에서의 발전은 물론 자랑스러워할 만한 것이기는 하지만, 따지고 보면 그것 역시 부분적으로는 그리스의 발상들에 근거하고 있다. 무려 1000년 이상 알게 모르게 지속되었다가 우리 시대에 들어와서 다시 부흥하고 응용된 그런 발상들을 생각해보면, 앞서 말한 인류 역사상의 두 가지 지식 폭발 중에서 오히려 고대 그리스 쪽의 것이 훨씬 더 영향력이 컸던 셈이다.

물론 그리스인 역시 심각한 오류를 범하기도 했으며, 그것은 자연에 관해서뿐만 아니라 인간의 본성에 관해서도 마찬가지였다. 그런 오류 가운데 일부는 심각한 결과를 낳았고, 그 해악은 오늘날까지도 지속되고 있을 정도다. 하지만 오늘날의 지식 폭발에서도 그와 유사한 실수는 마찬가지로 저질러진 바 있고, 마찬가지로 궁극적으로는 인류 전체에 재난을 가져다주기도 했다.

양쪽 경우 모두에서 그 오류는 오만에서 비롯된 것이기도 했고, 때로는 오만 그 자체이기도 했다. 즉 질서 정연한 우주가 인간의 활동에 부과하는 한계에 대한 불경스럽기 짝이 없는 무시를 암시하는, 시건방지기 짝이 없는 사고방식이었던 것이다. 그리스인은 이러한 인간의 오만을 지칭하는 특별한 단어를 갖고 있었다. 바로 '후브리스'(hubris)다. 이들은 후브리스를 죄로 여겼으며, 따라서 이러한 죄를 범한 자를 처벌하는 여신 네메시스를 숭상했다.

오늘날의 우리는 인간의 오만을 지칭하는 특별한 단어를 갖고 있지도 않고, 네메시스를 숭상하지도 않는다. 하지만 그 여신의 활동을 보여주는 상징들은 우리 주위에서 얼마든지 찾아볼 수 있다.

탈레스의 문제

그리스는 바다에 의해 이루어진 깊은 만들이 온통 에워싸고 있는 반도로, 유라시아 대륙에서도 지중해 위쪽에 불쑥 튀어나와 있다. 그 반도의 동쪽 해안을 마주 보고 있는 아나톨리아는 오늘날의 터키 최서단으로 다르다넬스 해협의 남쪽에 놓여 있다. 그리스와 아나톨리아 사이에는 섬들이 가득하고 햇살 아래 눈부시게 빛나는 바다가 놓여 있다. 바로 에게 해다. 이곳이야말로 그 면적과는 무관하게 전 세계에서 가장 유명한 바다 가운데 하나일 것이다.

그리스도의 탄생 10여 세기 전쯤에 그리스어를 사용하던 사람들이 에게 해를 건너가 아나톨리아의 서쪽 해안에 식민지를 건설했다. 이들은 내륙으로 깊이 침투하지는 못했지만, 배가 안전하게 닻을 내릴 수 있는 천연 항구들이 수두룩한 해안 지역만큼은 도시를 건설함으로써 확실하게 통제할 수 있었다. B.C. 7세기경에 이르러 이들은 이 새로운 식민 제국을 이오니아라고 불렀다.

이오니아의 여러 그리스 도시 가운데서도 가장 크고 가장 번성한 곳은 밀레토스였다. 이곳은 이오니아의 도시들 중에서도 가장 남쪽에 위치했으니, 바로 아나톨리아의 해안선이 동쪽으로 휘어지면서 만들어진 지중해의 깊은 만 가운데 하나 — 그때나 지금이나 크레타의 세력권에 있는 — 에서 가까웠다. 오늘날 밀레토스는 폐허밖에는 남아 있지 않은데, 지금으로부터 거의 20세기 전에 그곳의 훌륭한 항구 두 곳 모두가 침니(浸泥)로 막혀버리는 바람에 더 이상 사용이 불가능해졌기 때문이다.

오늘날 밀레토스의 유적지에서 고대 이집트의 수도였던 곳까지는 일반 여객기를 타고도 한 시간이 채 걸리지 않지만, 고대에만 해도 두 지역 사이를 오가는 것은 육로건 해로건 간에 그야말로 기나긴 여행이 아닐 수 없었다. B.C. 8세기 중엽, 야심만만한 밀레토스인들은 그런 여행을 정기화함으로써 이집트인과 무역을 벌였으며, 그리스의 사상과 상품을 수출하고 이집트의 사상과 금을 수입했다. 그렇게 이들이 가져온 것 중에는 이집트인이 그보다 대략 2000년쯤 전에 이룩한 한 가지 발견이 있었다. 바로 나일 강에서 자라는 파피루스라는 식물을 가공해서 유연하고 얇고 질기고 오래가는 어떤 물건을 만들어낼 수 있으며, 그 위에다 글자를 적을 수 있다는 사실이었다.

B.C. 8세기 이전에도 그리스인이 문자를 가지고 있었는지 여부를 알 수 있는 증거는 현재 전해지지 않는다. 하지만 그 시기 이후로, 그러니까 파피루스가 수입되기 시작하면서부터 그리스어로 작성된 문헌들이 생산되기 시작했고, 상업 관련 기록이며 기술 관련 논문들이 그리스 세계 전역으로 퍼져나가기 시작했다. 이런 활동의 중심에는 바로 밀레토스가 자리 잡고 있었다. 이 도시는 그 상업적 능력뿐만 아니라 발명과 사상의 원천으로서도 명성을 떨치고 있었다.

B.C. 625년경, 밀레토스에서 태어난 한 사람이 있었으니, 그는 자

신의 고향 도시가 제공한 특별한 기회를 그야말로 독특한 방식으로 선용할 수 있었다. 그의 이름은 탈레스였다. 오늘날 그는 최초의 철학자이며, 또한 최초의 과학자로 일컬어진다.

그의 생애, 또는 경력에 대해서는 알려진 바가 거의 없다시피 하다. 어쩌면 제법 성공을 거둔 정치가일 수도 있다. 왜냐하면 탈레스는 이른바 일곱 현인 가운데 한 사람으로 일컬어지기도 하는데, 그를 제외한 나머지 여섯 명 모두 그리스의 정치 지도자들이기 때문이다. 그리스인은 물론이고 훗날 로마인까지도 그의 이런저런 업적을 높이 평가하며 존경해 마지않았다. 그는 에우클레이데스(유클리드)의 『기하학 원론』 제1권에 나오는 공리 가운데 몇 가지를 발견한 장본인으로 추정된다. 또한 그는 B.C. 585년에 있었던 일식을 예견했다고도 전한다. 그렇다면 그는 이러한 현상을 예견한 사상 최초의 인물이었던 셈이다.

고대의 주석가들에 따르면, 탈레스는 이른바 질료적인 우주 — 그 자체로 불변하며, 모든 변화 밑에 놓여 있는 유일무이한 실체 — 에 관한 하나의 보편적 원리를 제안한 최초의 사상가로서 가장 유명했다. 주석가들은 탈레스의 실체, 또는 제1원리가 바로 물이었다고 입을 모은다.

탈레스가 과연 무슨 뜻으로 그런 말을 했는지 이해하기 위해서는, 우선 그가 어떤 문제를 해결하기 위해 노력하고 있었는지를 이해해야 하리라. 어쩌면 탈레스야말로 그 문제 해결의 중요성을 인식한 최초의 인물인지도 모른다. 만약 그렇다고 치면, 그는 정말로 최초의 철학자라는 영예를 차지할 만한 인물이리라.

주위를 둘러보면 우리는 서로 다른 사물들로 이루어진 방대한 더미를 발견할 수 있는데, 우리가 보기에 그 모두는 항상 변화하는 상태에 있는 것만 같다. 살아 있는 존재는 태어나고, 자라서 성숙하고, 죽어서 사라진다. 식물은 흙에서 싹을 틔우고 번성하다가 소멸한다. 바다도 항상 움직이며, 거대한 산 역시 풍화를 겪는다. 심지어 우리 모두의 어머니인 지구조차도 변화를 겪는다. 그렇다면 과연 이처럼 세상만사 모두는 변화를 겪게 마련인 것일까, 아니면 뭔가 그렇지 않은 것도 있을까?

이 문제를 곰곰이 생각해보면, 우리는 모든 사물마다 변하지 않는 뭔가가 반드시 들어 있어야만 한다는 사실을 깨닫게 된다. 그렇지 않다면, 시간이 흐르면서 변화를 겪는 어떤 대상을 우리는 어떻게 해서 똑같은 것으로 인식할 수 있단 말인가? 가령 찰흙 덩어리 하나를 예로 들어보자. 손가락으로 주물러보면, 그 찰흙은 우리 눈앞에서 크기가 확 줄어든다. 하지만 그것 역시 아까와 마찬가지로 찰흙 덩어리다. 결코 변하지 않는 '뭔가'가 있는 한편, 다만 그 '뭔가'의 여러 양상이며 성질이며 양이 변화한 것이다. 사실 그 찰흙의 성질은 모조리 변해버렸지만, 찰흙 자체는 어떤 면에서 예전과 똑같은 상태로 남아 있는 것이다. 그렇지 않다면 우리는 그 '뭔가'가 변했다고 차마 말할 수조차 없었으리라.

방금 언급한 덩어리의 경우, 우리는 그런 변화의 실체에 '찰흙'이라는 이름을 부여했다. 하지만 단순히 찰흙 한 덩어리에 이름을 붙여주었다고 해서 탈레스가 고민한 문제가 단숨에 해결되는 것은 아니다. 우리는 이 찰흙 덩어리를 잘게 부수고, 손을 탁탁 턴 다음, 그 자리를 떠날 수도 있다. 그 찰흙 덩어리는 이제 여기저기 흩뿌려졌지만, 그렇다고 해서 이 세상에 아주 존재하지 않게 된 것은 아니며,

이는 우리가 그 사물에 등을 돌린다고 해도 마찬가지다.

우리는 그중 일부를 어느 웅덩이에 던져 넣을 수도 있다. 또 다른 부스러기들을 공중으로 던져 바람에 날아가게 만들 수도 있다. 심지어 그중 일부를 키우는 닭들에게 줘서 먹일 수도 있다. 그렇게 해서 며칠 후에 다시 나타난 그것은 더 이상 찰흙이 아닐 것이다. 하지만 그 새로운 물질은 결코 무(無)에서 산출된 것도 아니다. 그것은 원래 찰흙으로부터 나온 것이다. 이처럼 급격한 변화 속에서도 뭔가가 지속되는 것이, 뭔가가 배후에 놓여 있는 것이 분명하다.

세월이 흐를수록, 세기가 지날수록, 더욱 깊고 더욱 광범위한 변화가 일어나게 마련이다. 사람이며 가문이 변하고, 나라가 변하고, 대륙이 깎여 나가고, 한때 바다가 있었던 곳에서는 새롭고도 싱싱한 산들이 솟아오른다. 심지어 우주조차도 변한다. 은하는 수십억 년의 시간 동안 태어나고 또 죽으며, 블랙홀은 수백만 개의 태양들을 삼켜버리며, 그 물질을 우리로선 도무지 이해할 수 없는 뭔가로 바꿔버린다.

이런 모든 변화의 배후에 놓여 있는 하나의 근본적인 뭔가가 있는 것일까? 다른 모든 것이 매 순간, 또는 영겁의 세월 동안 변화하는 가운데서도 항상 똑같이 남아 있는 뭔가가 있는 것일까?

그 어떤 개별 사물의 경우에라도, 우리는 항상 어떤 불변하는 실체를 발견할 수 있다. 가령 미국은 2세기 만에 인구 300만 명의 국가에서 2억 5000만 명의 국가로 발전했으며, 주(州)의 숫자는 13개에서 50개로 늘어났다. 하지만 그 이름은 여전히 그 배후에 놓여 있는 하나의 전혀 변하지 않은 것, 즉 미국을 정확히 지칭하고 있다. 우리가 아는 어떤 사람, 또는 우리가 사는 어떤 장소, 또는 우리가 읽은 어떤 책, 또는 우리가 하는 어떤 말의 경우에도 이와 유사하다.

하지만 이런 갖가지 답변조차도 일찍이 탈레스가 던진 문제에 대한 궁극적인 답변 같지는 않다. 과연 우주의 '모든' 장소에서, '모든' 시간에 걸쳐, '모든' 변화의 배후에 놓인 어떤 한 가지가 있는 것일까?

만약 그렇지 않다면, 가령 우리는 어떻게 우주 같은 것을 인식할 수 있는 것일까? 우리는 어떻게 거기에 이름을 붙일 수 있는 것일까? 그 이름이란 그저 환상의 소리에 불과한 것일까? 아니면 정말 그런 것이 있는 걸까? 어떤 영속하고, 지속적이고, 어쩌면 영원한 것이 있는 걸까?

탈레스는 "그렇다"라고 대답했다. 가령 지속적인 우주, 또는 그리스어로 코스모스(cosmos)라는 것이 있다고, 그리고 그 배후에 놓인 원리 — 변화를 '견디는' 것 — 는 다름 아닌 물이라고 말이다. 그가 과연 무슨 의미로 한 말인지 우리로선 확신할 수 없다. 설마 그가 말 그대로 모든 것이 "물로 만들어졌다"라고 주장했을 리는 없다. 가령 돌 같은 경우는 전혀 그렇지 않다는 것을 그도 잘 알고 있었으니까.

하지만 돌 중에서도 마른 진흙이 뭉쳐져 생긴 돌 같은 경우에는 물에 던져 넣자마자 풀어져 버린다. 어쩌면 탈레스는 물이야말로 보편적인 용제(溶劑)라고 생각했는지도 모른다. 또 어쩌면 그는 물의 유동성과 물의 부단한 변이 가능성에 주목한 나머지, 물 또는 축축함이 만물의 배후에 놓인 원리라고 말한 것일 수도 있다. 또한 물은 가열하면 수증기(기체)가 되고, 냉각하면 얼음(고체)이 된다. 그러니 [만물의 원리가 되기 위한] 후보자로선 그리 나쁘지 않다.

이것이 좋은 후보자이건 아니건 간에, 그리고 탈레스가 "모든 것이 물이다"라고 말한 진짜 의미가 무엇이건 간에, 적어도 그는 이 세계의 서로 다른 모든 것들 배후에 단일한 물리적 실체, 또는 원소가 놓여 있다고 제안함으로써 현저한 정신적 위업을 세우기는 했다. 이런 행위는 그가 이 세계를 전혀 새로운 방식으로 이해하게 되었음을 보여준다.

탈레스는 두 가지 주목할 만한 일을 했다. 첫째로 그는 이 세계에서 벌어지는 일을 해석하는 과정에서 애니미즘적인 설명에 의존하지는 않았다. 즉 도무지 설명 불가능한 일을 가리켜 "왜 이런 일이 벌어지는지 모르겠군. 그러니 이건 신께서 하신 일이라고 추정할 수밖에" 하고 넘어가지는 않았다는 뜻이다.

둘째로 그는 이 세계 ─ 즉 코스모스 ─ 가 하나의 사물이라는, 따라서 이 세계의 작용을 인간의 정신으로 이해하는 일이 '가능하다'는 대단한 가정을 내세웠다.

탈레스는 이런저런 도구와 간단한 기계를 소유하고 있었고, 그런 물건들이 어떻게 작동하는지 알고 있었다. 그는 집에 살았고, 그 집이 어떻게 작동하는지 알았다. 또한 그는 태양계가 어떻게 작동하는지를 이해했을 수도 있다. 하지만 "모든 것이 물이다"라는 그의 가설은 그런 보편적 지식의 파편들을 훨씬 뛰어넘는 것이었다. 이 가설은 인간의 정신이 도달할 수 있는 최고 한계나 다름없었다. 왜냐하면 이 가설은 탈레스가 세계 속의 사물들의 총체 ─ 즉 세계 그 자체 ─ 를 총괄적으로 이해할 수 있다고 믿고 있었음을 암시하기 때문이다. 이 세계는 인간의 정신에 의해 이해될 수 있는 방식으로 질서가 세워지고, 틀이 잡혀지고, 또한 구축되었던 것이다. 본질적으로 이 세계는 수수께끼도 아니고, 신들의 장난감도 아닌 것이다.

『초기 그리스 철학』의 서문에서 존 버넷은 이렇게 말했다.

과학을 가리켜 "그리스인과 같은 방식으로 세계에 대해 생각하기"라고 말하는 것은 결코 과학의 의미에 대한 적절한 서술이라고 할 수 없다. 그리스의 영향하에 있었던 민족 사이에서 과학이란 것이 결코 존재하지 않았던 까닭도 바로 이것이다.

내가 탈레스의 가설을 가리켜 인간의 정신이 도달할 수 있는 최고 한계라고 말한 까닭은, 그가 이 세계를 이해 가능한 실체로 간주했으며, 나아가 이 세계의 작용이 하나의, 또는 하나 이상의 배후 원소라는 형식으로 이해되고 설명될 수 있다고 간주했기 때문이다. 반면 그가 항상 그런 식으로 행동하지는 않았다는 점도 중요하다. 가령 그는 모든 것을 이해 가능한 세계에 포함시키지는 않았다. 따라서 탈레스는 최초의 과학자일 뿐만 아니라, 오늘날까지도 깨끗하게 해결되지 않는 중대한 지식의 문제에 발이 걸려 넘어진 최초의 인물 가운데 하나이기도 했다.

탈레스가 이해하고 설명하려고 시도했던 세계는 물질적 코스모스, 즉 감각 가능한 우주로 이루어져 있었다. 즉 우리의 감각으로 인식할 수 있는 것들의 전체가 바로 우주인 것이다. 그런 까닭에 거기에는 다른 인간의 몸은 물론이고, 탈레스 본인의 몸도 포함된다. 그의 눈에 보이는 손과 팔, 그의 손에 만져지는 뒤통수의 머리카락, 그의 코로 맡을 수 있는 체취, 그의 귀로 들을 수 있는 소리까지도 말이다.

하지만 다른 사람들의 정신, 그리고 탈레스 본인의 정신은 거기 포함되지 않으니, 왜냐하면 그런 것들은 감각 가능한 사물이 아니기 때문이다. 우리는 이 순간에 우리의 감각에 제시되지 않는 사물을 기억 — 그것 역시 감각의 일종이니까 — 하거나 꿈꿀 수 있으며, 심지어 유니콘이나 그리핀처럼 이제껏 한 번도 존재한 적이 없었던 사물 — 물론 그 괴물은 여러 개의 감각 가능한 부분들을 합쳐서 만든 것이긴 하지만 — 을 상상할 수도 있다. 하지만 우리는 정신을 감각할 수는 없으니, 다른 사람의 정신이건 우리 자신의 정신이건 마찬가지다. 정신은 물질이 아니기 때문이다.

〔탈레스의 주장은〕 이 세계의 모든 물질들이 물로 만들어졌다는 것, 또는 모든 물질들이 하나의 원소 — 다른 나머지는 변하는 중에서도 결코 변하지 않는 — 로부터 어떻게 해서인지 만들어진다는 것이다. 하지만 이는 정신을 비롯한 모든 것이 어떤 물질적 원소, 또는 원소들로 구성되어 있다는 주장과는 결코 똑같을 수가 없다. 탈레스는 아마도 그런 이야기를 한 것은 아니었으리라. 물론 그보다 나중에 나온 철학자들은 그런 이야기를 했지만 말이다.

탈레스의 저술 가운데 오늘날까지 전해지는 것은 하나도 없지만, 아마도 그 당시에는 그의 저술이 널리 유포되었던 모양이다. 그의 저술 덕분에 그의 새로운 사상 — 이 세계는 기본적으로 이해 가능하고, 외부 세계와 인간의 정신 간에는 깊은 상응성이 있으며, 심지어 정신이란 것이 외부 세계의 일부분이 아님에도 불구하고 그러하다 — 은 그리스는 물론이고 그 너머로까지 널리 전파되었다. 머지않아 탈레스 말고도 다른 여러 그리스인이 "그리스인과 같은 방식으로 세계에 대해 생각하기" 시작했다. 이오니아 전역은 물론이고, 그리스의 영향을 받는 다른 지역에서도 사람들은 이 문제에 관해 사색한 끝에, 다른 근본 원소들 — 이른바 변화하는 세계에서 변화하지 않는 것, 따라서 이해 가능한 것 — 을 제안했다.

수학의 발명 : 피타고라스학파

사모스 섬은 이오니아 해안에서 몇 마일 떨어진 곳에 있으며, 밀레토스에서 그리 멀지 않았다. 고대에만 해도 이곳에는 다른 이오니아 도시국가들과 그리스 소아시아의 패권을 다투던 번성하는 도시국가가 있었다. 사모스는 B.C. 532년에 참주가 된 폴리크라테스의 통치하에 그 세력이 절정에 달했다. 폴리크라테스는 아마도 계몽된 전제군주였던 모양인지, 조각가며 화가며 시인들이 그의 섬 왕국으로 몰려들었다. 하지만 그조차도 사모스에서 가장 유명한 사람과는 사이가 좋지 않았다.

그 사람의 이름은 피타고라스로, B.C. 580년경에 사모스에서 태어났다. 그는 폴리크라테스를 좋아하지도 인정하지도 않았기에, 결국 그 참주가 권력을 잡은 그날로 추종자 무리와 함께 사모스를 떠나 이탈리아 남부로 갔으며, 그곳에서 일종의 철학적 정체, 즉 피타고라스 본인이 다스리는 철학적 결사를 만들었다. 그때 이후로 피타고라스가 황금으로 된 허벅지를 지녔다는 등등의 갖가지 전설이 생겨나게 되었다. 추종자들은 피타고라스라는 이름을 부르지 않고, 항상 '그분'이라고 지칭했으며, 어떤 주장을 할 때에는 "그분께서도 그렇게 말씀하셨어!"(*Ipse dixit!*)라고 말함으로써 권위를 세우곤 했다.

피타고라스와 그 제자들의 완고함, 그리고 신비의 작열 모두를 영탐탁지 않아 했던 인근의 이탈리아인 이웃들은 이 사모스 사람들에게 대항했고, 그리하여 몇 년이 지나자 이 철학적 정체의 신봉자들은 크로톤, 즉 오늘날의 크로토네에서 내쫓기게 되었다. 피타고라스는 타란토 만에 위치한 인근의 마을로 옮겨 갔고, B.C. 500년경에 바로 그곳에서 의도적으로 굶어 죽었다고 한다.

동시대의 사람들은 피타고라스에 관한 갖가지 신비스러운 이야기를 남겼다. 가령 그는 무려 네 번의 전생을 거쳤으며, 그 모든 과거사를 똑똑히 기억하고 있다고 주장했다. 심지어 그중 한 번은 『일리아스』에서 아킬레우스의 친구이며 헥토르에게 죽은 파트로클로스에게 처음 부상을 입힌 어느 트로이군 병사가 바로 자기였다고 했다. 피타고라스는 영혼의 윤회를 믿었는데, 아마도 이집트인으로부터 배웠을 것으로 추측되는 그의 이러한 교리는 훗날 플라톤에게로 전해졌다. 중세의 천문학자 코페르니쿠스는 훗날 이른바 코페르니쿠스의 체계로 알려진 것의 발상을 바로 피타고라스에게서 얻었다고 주장했는데, 피타고라스가 태양계의 배열에 관해서 실제로 무슨 내용을 믿고 있었는지 여부를 우리로선 알 길이 없다.

피타고라스는 또한 천구의 음악이라는 관념의 발명자로 여겨지는데, 이러한 관념은 수학에 관한 그의 전반적인 사상과 조화되는 것이다. 전하는 이야기에 따르면 피타고라스가 하루는 무릎 위에 어느 악기를 올려놓고 앉아 있다가, 그 악기로 화음을 만들어내는 팽팽한 현의 구획을 가령 1 대 2, 또는 2 대 3, 또는 3 대 4 같은 간단한 숫자의 비율로 나타낼 수 있음을 문득 깨달았다고 한다. 오늘날 우리는 이러한 비율을 1/2, 2/3, 3/4이라고 표현한다. 음악 애호가였던 피타고라스는 이 사실을 깨닫고 깜짝 놀랐으니, 한편으로는 숫자들 간에, 그리고 또 한편으로는 현의 음표들 — 듣는 사람을 울리거나, 또는 사기를 고양시키는 작용을 하는 — 간에 어떤 관계가 있다는 것이 그에게는 극도로 기이하게 여겨졌기 때문이다.

이처럼 기이한 관계에 대해 숙고하면서, 피타고라스는 그런 숫자들이 물질에 대해서는 훨씬 더 큰 영향력을 지니고 있을지 모른다고 생각하게 되었다. 그와 제자들은 머지않아 사물들은 '곧' 숫자들이며, 또한 숫자들은 '곧' 사물들이라는 결론에 도달했다. 이로써 발견된 수학과 물질세계 간의 밀접한 연관은 오늘날까지도 사상가들에게는 영감의 원천인 동시에 당혹감의 원천이 되고 있다.

아마도 피타고라스 본인은 외부 세계를 수학적 방식으로 서술하려 시도하는 과정에서도 자신이 무슨 말을 하고 있는지를 완전히 이해하지는 못했던 것 같다. 그가 한 말 가운데 상당수는 신비적인 의미를 — 그러니까 거기 정말 무슨 의미가 있긴 있었다고 한다면 — 담고 있었기 때문이다. 가령 그는 10이 정의(正義)의 숫자라고 생각했다고 전해지는데, 왜냐하면 4와 3과 2와 1을 아래와 같이 배열하면 정삼각형이 되고, 이를 모두 더하면 10이 되기 때문이라는 것이다.

하지만 그의 독창적인 생각, 그러니까 현실 세계에 관해서 우리가 수학적인 방식으로 — 어쩌면 오로지 수학적인 방식을 통해서만 — 이해 가능한 뭔가가 있다는 생각은 인류의 사상의 역사에서 커다란 진보 가운데 하나였다.

피타고라스의 사후, 그의 제자들은 정치적 견해 때문에 이 도시에서 저 도시로 줄곧 쫓겨 다니는 중에서도 수학 연구를 지속했으며, 자신들의 중요한 발견 모두를 이미 사망한 스승의 업적으로 돌렸다. 그런 발견 가운데 하나는 이른바 피타고라스 정리의 증명으로, 내용인즉 직각삼각형에서 직각에 대한 변, 즉 빗변 길이의 제곱수가 다른 두 변 길이의 제곱수를 더한 값과 똑같다는 것이었다. 가령 직각삼각형의 각각의 변의 길이가 3, 4, 5라고 하면, 3의 제곱(9) 더하기 4의 제곱(16)은 5의 제곱(25)인 것이다.

원의 지름을 한 변으로 삼아 내접한 삼각형은 모두 직각삼각형이며(피타고라스학파의 또 다른 정리는 이 사실을 최초로 증명한 것이었다.) 반원 속에 들어 있는 그런 삼각형은 삼각법의 기초이기 때문에, 피타고라스의 정리는 가장 유용한 수학적 진리 가운데 하나다.

피타고라스학파의 수학 연구는 B.C. 4세기 중반경에 중단되었다. 이들의 결사는 남의 눈에 영 거슬리는 특성을 줄곧 유지한 까닭에, 결국에는 일소되고 말았던 것이다. 우리의 시각에서 보다 중요한 사실은, 피타고라스학파가 연구 도중에 뭔가 어려운 문제에 봉착했는데, 그들로선 너무나도 위험한 이 문제를 다룰 방법을 도무지 발견하지 못했기에, 결국 연구를 중단할 수밖에 없었다는 것이다.

그 문제란 다음과 같은 것이었다. 모든 직각삼각형이 위에 제시한 사례와 같지는 않았다는 것, 즉 세 변의 길이가 모두 정수인 경우는 많지 않았다는 것이었다. 사실 세 변의 길이가 모두 정수인 경우는 오히려 드문 편이었다. 직각삼각형의 절대다수는 비록 직각에서 만나는 다른 두 변의 길이는 정수라 하더라도, 빗변만큼은 정수가 아니었다.

피타고라스학파는 삼각형 중에서도 가장 간단한 것부터가 뭔가 어려운 문제를 제기한다는 사실을 알아냈다. 세 변 가운데서도 더 짧은 두 변의 길이가 각각 1인 직각삼각형을 생각해보자. 1의 제곱은 역시 1이고($1 \times 1 = 1$), 1의 제곱 더하기 1의 제곱은 2가 된다.(1+1=2) 하지만 2는 제곱수가 아니다. 즉 정수 중에서 제곱해서 2가 되는 숫자는 없는 것이다.

피타고라스학파가 발견한 것처럼, 2의 제곱근(즉 제곱했을 때 2가 되는 숫자)은 매우 기이한 숫자가 아닐 수 없었다. 이들은 2의 제곱근이 정수가 아니라는 사실을 깨달았다. 즉 이 숫자는 두 정수의 비율로 표현할 수가 없는 것이었다.(유리수는 가령 2/3나 4/17처럼 분수로도 표현된다.) 2의 제곱근이 유리수(합리적인 수)가 아니라면, 이것은 반드시 무리수(비합리적인 수)일 것이었다. 이것이야말로 피타고라스학파에게는 무서운 생각이 아닐 수 없었다.

왜 그렇게 무서워했던 걸까? 왜냐하면 이들의 본래 가정에 따르면 숫자는 곧 사물이었으며, 또한 사물은 곧 숫자였기 때문이다. 또한 피타고라스학파의 모든 연구의 배후에 놓여 있던 탈레스의 통찰에 따르면, 이 세계는 인간의 정신으로 이해 가능한 것이었기 때문이다. 그런데 인간의 정신의 위력은 이성이며, 그것은 바로 인간의 합리성이다. 만약 이 세계가 비합리적이라면, 또는 그 안에 뭔가 비합리적인 것이 들어 있다면, 결국 탈레스가 틀린 것이거나, 피타고라스가 틀린 것이었다. 만약 양쪽 모두가 맞는다고 치면, 결국 자연의 비합리성에 상응하는 인간의 비합리성이 있어야 한다는 뜻이었다. 하지만 도대체 어떻게 비합리가 뭔가를 — 세계를 아는 것은 말할 것도 없고 — 알 수 있다는 것인가?

피타고라스학파의 연구자들이 지닌 태도에서 한 가지 칭찬할 점은, 자신들이 알게 된 사실을 결코 부정하지 않았다는 점이다. 이들은 그 사실을 직시했고, 나아가 어딘가에 뭔가 깊은 불균형이 있다는 사실을 시인했다. 그러기 위해서는 용기가 필요했으리라. 하지만 그 문제를 파헤쳐서 해결할 용기까지는 그들도 미처 갖지 못하고 있었다. 곤란의 원인은 바로 이 세계를 비롯한 사물이 곧 숫자라는 그들의 신비적인 믿음이었다. 간단히 말해서, 사물이 곧 숫자는 아니다. 어떤 실제 사물, 가령 정사각형의 변과 대각선 간의 비율이 오로지 무리수로밖에는 표현될 수 없다는 사실은 결코 그 사물 자체가 비합리적이라는 것, 즉 이성으로 추론하거나 이해할 수 없다는 의미에서 비합리적이라는 것을 의미하지는 않는다.

피타고라스학파가 해결하지 못한 문제를 우리는 더 이상 두려워하지 않는다. 일찍이 피타고라스학파가 최초로 인식한 바와 같이 비록 숫자와 사물이 계속해서 밀접한 관계를 드러내고 있긴 하지만, 오늘날의 우리는 숫자라는 것이 사물과는 또 다른 종류의 존재 방식을 지니고 있음을 이해하게 되었기 때문이다. 오늘날의 우리는 피타고라스학파가 발견한 무리수보다도 훨씬 더 불가해한 숫자들을 사용하고 있다. 무리수는 결코 두려워할 만한 대상이 아닌 것이다. (이 대목은 좀 전문적인 내용일 수도 있지만) 각각의 무리수는 정수의 계수를 지닌 대수방정식의 근이다. 하지만 거기에 부합되지 않는 숫자들의 개수도 무한히 많으니, 가령 파이(π) — 원의 원주와 지름이라는 간단한 한 쌍의 사물 간의 비율인 — 같은 경우가 대표적이다. 그리고 이른바 허수(상상의 수)라는 것도 있으니, 이것은 $a + bi$라는 두 부분으로 구성되는데, 여기서 a와 b는 실수이고 i는 -1의 제곱근이다.(다시 말해서 이것은 제곱했을 때 -1이 되는 숫자인 것이다.) 이보다 더 복잡한 것은 물론이고, 수학자들의 눈에는 심지어 아름답기까지 한 또 다른 숫자들의 서열과 등급은 무수히 많다.

피타고라스학파는 현실 세계에서 무리수가 존재하지 않을 것이라고 생각했을 것이다. 설령 존재한다고 하면, 과연 어디에 존재하는 것일까? 이처럼 기이하고도 위험한 숫자야말로 그리스인이라면 누구나 두려워 마지않았던 카오스(혼돈)로 들어가는 문이 아니었을까? 어쩌면 이것이야말로 미처 알려지지 않은, 어떤 악의적인 신의 기호나 상징인 것일까? 그런 믿음 가운데 일부는 어째서 피타고라스학파며 다른 그리스 수학자들이 보다 창의적인 방식의 수학 연구를 B.C. 4세기 중엽에 들어서서 갑작스레 중단하고 말았는지에 대한 설명이 될 수 있으리라.

에우클레이데스는 B.C. 300년경에 『기하학 원론』을 편찬했는데, 성서에 버금갈 정도로 유명한 이 위대한 교과서는 아주 최근까지도 서양의 학교 대부분에서 교과서로 사용됐다. 하지만 에우클레이데스 본인은 교사로서는 비할 데 없는 인물이긴 했어도, 수학 분야에서 특별히 독창적인 사상가까지는 아니었다. 당시에 역학, 천문학, 그리고 수학의 다른 분야에서는 독창적인 업적이 계속해서 나왔다. 하지만 위대한 창의력의 추진력은 이미 소진된 다음이었다.

최근의 역사에서도 이와 유사한 방식으로 과학 연구의 갑작스러운 중단이 ― 또는 자칫 중단될 위험이 ― 벌어진 바 있었다. 제2차 세계대전 직후에 과학자와 비(非)과학자를 비롯한 많은 사람들이 더 이상은 원자력에 대한 연구를 하지 말도록 촉구했던 것이다. 그런 연구가 지구상의 모든 생명에 가할 위험 때문이라는 것이었다. 나아가 오늘날에는 생명과학 기술 연구자들을 향해 유전자공학 실험을 중단하도록 요구하는 목소리가 꾸준히 나오고 있다. 물론 양쪽 모두의 경우에 위험은 여전히 남아 있지만, 실제로 연구가 중단된 적은 없었다. 그렇다면 이것은 우리가 피타고라스학파보다는 더 용기가 많아서인 것일까? 그럴 수도 있다. 아니면 우리가 더 무모해서 그런 것일 수도 있고 말이다.

원자론의 발견: 데모크리토스

데모크리토스는 B.C. 460년경에 아브데라에서 태어났다. 트라키아의 남서쪽 구석에 위치한 이 작은 도시는 마케도니아와의 국경에서 몇 마일 떨어져 있었다. 그의 아버지는 부자였다. 데모크리토스가 태어나기 20년 전쯤에는 페르시아의 황제인 크세르크세스가 이끄는 군대가 트라키아를 지날 때 접대를 담당했던 것으로 추정된다. 데모크리토스의 아버지가 세 아들을 남기고 사망하자, 그 재산은 세 몫으로, 즉 토지와 건물과 현금으로 나누어졌다. 그중에서도 현금이 제일 적은 몫이었지만, 데모크리토스는 자유롭게 여행하고 싶은 마음에 그걸 골랐다.

유산으로 물려받은 100탈렌트를 갖고 그는 세상 구경에 나섰다. 그는 우선 이집트로 가서 사제들에게 기하학을 배웠다. 그리고 페르시아로 가서 칼데아의 대가들에게도 가르침을 받았으며, 오늘날의 파키스탄을 지나 인도로 들어가서 나체 수도사들을 만나기도 했는데, 그들은 벌거벗은 채 돌아다니며 신비적 명상에 전념하는 금욕주의적 힌두 철학자들이었다. 그는 에티오피아와 이집트를 거쳐 그리스로 돌아왔으며, 일부의 주장에 따르면 마지막 행선지는 아테네였다고 한다. 그는 거대 도시를 경멸했지만, 어쩌면 그 이유는 그 도시 측에서 먼저 〔촌뜨기인〕 그를 멸시했기 때문이었는지도 모른다.

그는 매우 오래 살았고, 나중에 눈이 멀어서까지도 쾌활하게 지냈다. 그는 쾌활함을 중요한 선으로 간주했다. 데모크리토스는 말년에 아브데라로 돌아갔다. 재산은 이미 탕진한 다음이었지만, 그 도시의 유력한 시민들이 모인 자리에서 자신의 저서 가운데 하나를 읽어주자, 의회에서는 그에게 100탈렌트를 건네주기로 의결했다. 그는 자기 자신을 비롯해서 무엇을 보든지 간에 웃음을 터트렸기 때문에, 흔히 '웃는 철학자'로 알려지게 되었다.

데모크리토스는 70권가량의 저서를 썼는데 그 주제는 윤리학, 수학, 물리학, 음악, 문학, 의학, 역사, 예언에 이르기까지 방대하기 짝이 없었던 것으로 추정된다. 그중 단 한 권도 전해지지 않는다는 것은 매우 애석한 일이다. 그보다 1세기 뒤에 살았던 아리스토크세노스에 따르면, 플라톤은 데모크리토스의 책을 모조리 불태워 버리고 싶어 했지만 제자들이 만류하면서, 그 책은 워낙 널리 퍼져 있기 때문에 불태워 보았자 전혀 좋을 것이 없다고 지적했다고 한다. 하지만 오늘날 플라톤의 대화편은 수백 쪽이 넘게 전해지는 반면, 데모크리토스의 저술은 완전한 상태로 전해지는 것이 단 한 쪽도 없다.

당대의 모든 그리스 사상가들과 마찬가지로 데모크리토스 역시 탈레스의 문제에 매료되어 있었으며, 이에 관해 특유의 명민한 사고력을 보여주는 해결책을 제시했다. 데모크리토스는 모든 물질적인 것은 유한한 숫자의 개별 입자, 또는 본인의 말마따나 원자로 이루어져 있다고 믿었다. 그는 사물이 생겨나고 또 사라지고 하는 것 역시 이런 원자가 서로 합쳐졌다가 나중에 가서 분리되는 것으로 설명할 수 있다고 생각했다. 원자 자체는 그 숫자가 무한하며 영원하다. 또한 원자는 허공, 즉 우리가 말하는 공간에서 필연적인 운동에 따라서 움직인다. 이때 허공은 비존재의 원리이며, 원자는 존재의 원리라고 그는 말했다.

가령 서로 다른 '종류'의 원자 — 가령 둥근 원자와 매끄러운 원자 — 가 유한한 숫자만큼 모이면 물이 되는데, 흐르고 미끄러지고 하는 물의 특성은 바로 그 원자의 형태 때문이다. 반면 갈고리와 톱니를 지닌 원자들은 서로 합쳐져서 쇠나 금처럼 밀집되고 묵직한 것들을 만든다.

만약 우주의 넓이가 유한하다면, 무한한 수의 원자는 — 아무리 그 각각의 크기가 작다 하더라도 — 결국 그 우주를 가득 채우고 말 것이다. 데모크리토스는 이런 사실 역시 알고 있었으며, 우리가 물질이 가득한 우주를 지각하지는 않는다는 것 또한 알고 있었기에, 우주는 무한하며 거기에는 우리와 유사한 또 다른 세계들이 여러 개 포함되어 있다고 가정했다.

데모크리토스에 따르면 사실은 무한한 개수의 세계가 있으며, 그중 최소한 하나, 그리고 어쩌면 하나 이상은 우리의 세계와 똑같은 복제품으로, 그곳에는 우리와 똑같은 사람이 살고 있다. 무한한 우주에 수많은 서로 다른 세계가 들어 있다는 개념은 다른 사상가들 — 가령 프리드리히 니체도 그중 하나였다 — 도 받아들였다.

데모크리토스의 저술로는 단편 몇 개만이 전해진다. 그중에서도 가장 유명한 것 하나는 후대에 원자론 비판자들에 의해 종종 인용되곤 했다. 그의 저술 가운데 한 대목에서는 감각과 일종의 변증법적 대결을 펼치는 지성이 소개된다.

지성 : 외관상으로는 색깔도 있고, 외관상으로는 단맛도 있고, 외관상

으로는 쓴맛도 있지만, 실제로는 오로지 원자와 허공뿐이다.[3]

감각 : 불쌍한 지성이여, 너는 우리로부터 너의 증거를 빌려 가는 동시에 우리를 패배시키기를 바라는 것이냐? 너의 승리는 곧 너의 패배이니라.(단편 D125)[4]

원자와 허공의 세계는 색깔도 없고, 차갑고, 아무런 특성도 없다. 당연히 그래야만 한다. 하지만 그 존재의 증거들은 하나같이 이를 거짓으로 만든다. 도대체 이게 무슨 미친 짓인가? 이것이 바로 과학이다. 이것은 다시 말해서 그리스인의 방식으로 이 세계를 생각하는 것이다.

모든 물질적 사물의 근저에는 오로지 원자와 허공만이 있다는 데모크리토스의 직관은 의기양양하게 확증되었다. 그와 동시에 우리의 생각의 근저에는 우리의 감각이 제공하는 보고가 있다는 것 역시 마찬가지로 의심의 여지가 없어지게 되었다. 이러한 이율배반 — 독일의 철학자 이마누엘 칸트(1724~1804)의 명명처럼 — 에 의해 생성된 정신적 긴장은 아마도 우리의 지적 에너지 가운데 상당 부분의 원천일 것이다.

그렇다면 데모크리토스의 원자론의 주요 교의는 무엇일까?

---

3 "실로 그는 관습상 단 것, 관습상 쓴 것, 관습상 뜨거운 것, 관습상 차가운 것, 관습상 색깔[이 있지만] 실제로는 원자와 허공[만 있다]고 말한다."(섹스투스 엠피리쿠스, DK68B9), 『소크라테스 이전 철학자들의 단편 선집』(김인곤 외 옮김, 대우고전총서 012, 아카넷, 2005), 562쪽.

4 "가련한 마음이여, 그대는 우리에게서 믿음[의 증거]들을 얻으면서도 우리를 뒤엎는가? [우리의] 전복은 그대에게는 몰락이다."(갈레노스, DK68B125), 같은 책, 575쪽.

그중 상당수는 놀라우리만치 현대적이다. 첫째로 원자는 눈에 보이지 않을 정도로 작다. 그것들은 모두 똑같은 재료, 또는 특성으로 이루어졌지만 그 형태와 크기는 무척이나 다양하다. 비록 서로 침투하지는 않지만(데모크리토스는 원자를 나눌 수 있다고는 생각조차 못 했다.) 원자는 서로 함께 활동하고, 서로서로 모이고 붙어서 우리가 보는 것과 같은 다양한 물체를 산출한다. 원자 외부의 공간은 비어 있는데, 데모크리토스의 동시대인들 대부분은 이 개념을 받아들이지 못했다.

둘째로 원자는 텅 빈 공간에서 모든 방향을 향해 끝없이 운동한다. 그 텅 빈 공간에는 위나 아래도 없고, 앞이나 뒤도 없다고 데모크리토스는 말했다. 현대식으로 말하자면 텅 빈 공간은 따라서 등방성을 지녔는데, 이것은 매우 정교한 개념이다.

셋째로 원자의 지속적인 운동은 본래적인 것이다. 원자는 오늘날의 표현으로 관성질량을 지녔다. 굳이 떠밀리지 않고도 원자가 계속해서 움직인다는 것은 또 하나의 주목할 만한 지적 개념이었지만, 그럼에도 불구하고 아리스토텔레스와 다른 사상가들에게는 받아들여지지 않았다. 오로지 천체들만이 스스로 계속해서 움직일 뿐이라고, 그리고 그 이유는 천체들이 성스럽기 때문이라고 아리스토텔레스는 생각했다. 관성의 법칙을 받아들이지 않은 아리스토텔레스와 그의 영향력 있는 추종자들이 행사한 거부야말로 이후 2000년 동안이나 물리학의 발전에 장애 요인이 되었다.

넷째로 무게 또는 중력은 원자의, 따라서 그 집합의 성질이 아니었다. 바로 이 대목에서 데모크리토스는 그야말로 완전히 틀렸다.

하지만 데모크리토스의 다섯 번째 주장이 과연 맞았는지 틀렸는지 여부는 오늘날까지도 확인되지 않았다. 그는 영혼이 곧 숨이라고 주장했다. 그런데 숨은 물질이며, 따라서 원자로 만들어졌기 때문에, 영혼 역시 물질이며 원자로 만들어졌다고 했다.

영혼을 가리키는 고전어는 하나같이 숨을 의미한다. 가령 프시케 (psyche), 스피리투스(spiritus), 아니마(anima) 등이 그러했다. 여기까지는 좋다. 하지만 그렇다고 해서 영혼, 또는 정신이 물질이라는 주장을 받아들일 수 있을까? 만약 그것이 돌멩이나 물처럼 물질적인 것이라면, 어디까지나 물리법칙에 의해 제한될 것이다. 즉 그것은 결코 자유로울 수 없는 것이다. 하지만 가령 영혼이나 정신이나 의지 같은 것이 자유로운지 아닌지를 우리는 어떻게 판단할 수 있는가? 우리는 다른 무엇보다도 우리의 자유를 더 확신한다. 손가락을 하나 들어 올리느냐 또는 마느냐 하는, 앞으로 걸어가느냐 또는 뒤로 걸어가느냐 하는, 아침에 일어나느냐 또는 침대에 누워 있느냐 하는 것과 같은 우리의 자유를 말이다. 만약 우리가 어떤 한정되고 물질적인 정신과 영혼의 개념을 받아들인다면, 우리는 도덕성의 부조리와 직면하게 된다. 우리가 원하는 대로 행동할 수 없다면, 우리는 어떻게 자기 행동에 대한 책임을 질 수가 있겠는가?

여기서 우리는 또다시 이율배반에 직면한다. 적어도 우리의 몸은, 그리고 우리의 숨도 마찬가지로 물질적인 우주 — 원자와 허공으로 만들어진다고 가정함으로써 우리가 이해할 수 있는 — 의 일부분이라는 데모크리토스의 가정까지는 받아들일 수 있다. 하지만 우리의 정신과 영혼과 의지가 물질이며 그 세계에 속한다는 것까지는 받아들일 수 없다. 심지어 이러한 이론을 받아들인다고 주장하는 대담한 사상가들조차도 정말 그런 것처럼 행동하지는 않는다. 비록 다른 사람들의 타고난 자유는 부인할지 몰라도, 자신들의 자유는 믿는 듯 행동하는 것이다.

이러한 이율배반에 의해 생겨난 긴장 역시 이후 수 세기 동안에 걸쳐 많은 성과를 낳은 것이 사실이다. 하지만 영혼이 물질이라는 개념은 아리스토텔레스주의자나 기독교인 양쪽 모두에게는 결코 받아들여질 수 없는 것이어서, 데모크리토스 이후 2000년 가까이 세월이 지나는 사이에 원자 가설은 쇠퇴하고 말았다.

탈레스의 문제 : 궁극적 해결 방법

데모크리토스가 지은 70여 권의 책이 만약 오늘날까지 전해졌다면, 과연 그는 아리스토텔레스만큼이나 유명해졌을까? 데모크리토스의 대화록은 오늘날 플라톤 ― 나름대로 소원 성취한 ― 의 대화록만큼이나 선호되었을까? 이런 문제에 대해 상상해보는 것은 흥미로운 일이다. 데모크리토스의 책은 어째서 소멸되었을까? 그 내용이 잘못되었거나 흥미롭지 않았기 때문이었을까? 그렇다면 플라톤과 아리스토텔레스의 책은 어째서 살아남았을까? 그들의 책이 훨씬 더 뛰어났거나 훨씬 더 진실했기 때문이었을까? 아니면 데모크리토스의 믿음에 뭔가 거슬리는, 또는 심지어 위험한 것이 있었기 때문에 사람들은 그의 명성을 파괴해야만 했던, 또한 그 결과로 그의 책을 없애버려야 했던 것이었을까?

플라톤의 입장을 고려해보면, 그가 굳이 그런 책들을 불태우고 싶어 한 이유를 이해하기란 어렵지 않다. 일단 플라톤의 스승인 소크라테스부터가 과학적 탐구에 대해서는 관심이 없었다. 그는 오로지 윤리학과 정치학에만 관심이 있었다. 심지어 시골에 머무르는 것도 좋아하지 않았으니, 거기서는 자연과 너무 가까운 반면에 함께 이야기할 사람은 너무 없었기 때문이다.

플라톤은 물질세계에 대한 체계적인 연구에 반대하는 이런 기본적인 편견조차도 스승으로부터 물려받았으며, 이에 덧붙여 물질 그 자체를 향해 일종의 모욕까지도 가했다. 다른 모든 그리스인과 마찬가지로 플라톤은 물질 밑에 놓여 있는 것에 대해 더 관심을 가졌지만, 그는 그것이 물질적인 것이라기보다는 비물질적인 것이라고 생각했다. 그는 그것을 '형상'이라고 불렀는데, 가령 탁자와 고양이와 사람 같은 것의 형상이 있는가 하면, 또한 '좋음', '진실함', '아름다움'이라고 부르는 것의 형상도 있었다.

가령 우리가 고양이라고 부르는 것들 모두는 무엇을 공유하고 있을까? 그것은 바로 고양이다움, 즉 [고양이의] '형상'이라고 플라톤은 말했다. 고양이는 모두 물질적인 존재이지만, 고양이다움은 물질이 아니다. 그렇다면 좋은 것들은 과연 무엇을 공유하고 있기에, 우리는 그것들을 "좋다"라고 말하는 것일까? 그것은 바로 좋음(善)이며, 이것은 또 다른, 그리고 더 지고한 '형상'이다. 여기서도 좋은 것들 중 상당수는 물질적인 것이지만, 좋음은 역시나 비물질적인 것이다.

탈레스가 제기한 문제에 대한 보다 최신의, 그리고 고도로 정련된 해결책은 바로 이것이다. 철학적인 견지에서 이러한 해결책은 멋진 것으로 증명되며, [오늘날의 기준에서도] 개선이 거의 필요 없을 정도다. 물론 과학적인 견지에서 보자면 [오늘날에는] 전혀 쓸모가 없지만 말이다.

플라톤의 제자인 아리스토텔레스는 탈레스의 문제에 대한 스승의 해결책에 균형이 상실되었음을 깨달았다. 그는 일련의 복잡한 형이상학적 저술을 통해서 이를 바로잡았다. 물질이란 순수한 가능성이라고 아리스토텔레스는 말했다. 아직은 아무것도 아니지만, 무엇이든지 될 수 있는 능력을 지니고 있다고 말이다.

'형상'은 다름이 아니라 '질료'가 뭔가로 될 때에 되는 것이었다. '질료'와 '형상' 모두는 어떤 것의 존재에서 필수적이었다. '질료'라는 밀랍 위에 '형상'이 각인되는 것이다. 인간이 오로지 '질료'에 불과하다고 치면 — 여기서 말하는 '질료'는 우리가 이 세계에서 알고 있는 물질적인 것들과는 또 다른 종류다 — 인간은 아직 존재하지 않는 셈이다. 인간은 오로지 잠재적으로만 인간인 것이다. 또 인간이 오로지 '형상'만이라고 치면, 인간은 지적이지만 — '질료'는 지적이지 못하니, 왜냐하면 '원래' 그렇지 못하기 때문이다 — 오로지 추상적으로만 그러할 것이다. 이럴 경우에 인간은 오로지 일군의 서술자, 측정치, 좌표, 또는 — 아리스토텔레스식으로 말하자면 — 술어에 불과할 것이다. 이럴 경우에 인간은 숨을 쉬거나 공포를 느끼거나 사랑을 하지는 못하는 것이다.(아리스토텔레스는 고양이나 인간 같은 생물의 경우에는 가령 그 어머니가 '질료'이고 그 아버지가 '형상'이라고 비유할 수 있다고 생각했다. 이것이야말로 여성의 열등함을 증명하는 또 다른 — 물론 고대인에게야 또 다른 이유까지도 필요 없었겠지만 — 이유가 되었다.)

아리스토텔레스가 생각하기에 '질료'는 그 스스로는 존재하지 못하며, '형상' 역시 마찬가지였다. 특히 형상과 관련된 견해에서 제자는 스승과 견해가 달랐는데, 왜냐하면 플라톤은 '형상'의 독립적 존재를 가정했기 때문이다. 따라서 아리스토텔레스가 철학적으로 연구하여 우리에게 이해시킨 세계는 지금 우리가 보는 바로 그 세계다. 이곳에는 그가 실체라고 부른 실제 대상이 가득한데, 그 대상은 가능적인 측면(이 덕분에 그것들은 변화할 수 있다.)을 갖고 있으며, 아울러 형상적인, 또는 본질적인 측면(이 덕분에 그것들은 이해 가능한 것이 되고, 우리는 그것들을 이해할 수 있다.)도 갖고 있다. 우리가 이해할 수 있는 것은 사물의 '형상'이지 사물 그 자체는 아닌데, 왜냐하면 '형상'은 사물 속에 들어 있음은 물론이고 우리의 정신 속에도 들어 있지만, 사물 그 자체는 우리의 정신 속에 들어 있지 않기 때문이다. 그런 까닭에 아리스토텔레스는 어느 유명한 구절에서 "아는 자는 곧 알려진 것을 지닌 자"라고 말했다.

이것이야말로 탈레스의 문제에 대한 보다 더 정교한 해결책인 셈이다. 철학적인 관점에서 보자면 이것이야말로 궁극적인 해법이다. 어느 누구도 이것보다 더 향상된 해법을 내놓진 못했다. 하지만 과학의 견지에서 볼 때에는 과연 이 이론이 제대로 가동하는지 여부에 대해 몇 가지 의문이 제기된다. 아리스토텔레스는 플라톤처럼 물질 반대론자까지는 아니었다. 하지만 순수한 가능성으로서의, 그리고 아무런 실제 존재도 지니지 못한 것으로서의 '질료'의 개념은 곤란을 야기할 수도 있다. 그리고 데모크리토스의 원자는 어찌할 것인가? 그렇다면 그것들은 물질인가 아니면 '질료'인가? 아리스토텔레스는 이에 관해서는 이야기하지 않았으며, 그 문제를 붙잡고 분투하는 것은 우리의 몫으로 남겨두었다.

도덕적 진리와 정치적 편법: 소크라테스, 플라톤, 그리고 아리스토텔레스

플라톤과 아리스토텔레스는 단순한 존재론자 — 즉 존재의 전문가 — 이상의 사상가들이었다. 이들은 단순히 '형상'과 '질료'뿐만 아니라, 그 외의 모든 것에 관해 뭔가 할 말이 있었다. 이제는 그런 다른 이야기들에 대해 소개하는 한편, 이들의 위대한 선배이자 스승인 소크라테스에 관해서 이야기할 때가 되었다.

소크라테스는 B.C. 470년경에 아테네에서 태어났다. 그는 아테네와 스파르타 간에 벌어진 펠로폰네소스 전쟁 동안에 보병으로 뛰어난 활약을 보이기도 했다. 플라톤에 따르면 그는 아테네의 장군 알키비아데스의 목숨을 구하기도 했다. 소크라테스는 소피스트, 또는 철학 교사이기도 했지만, 당대의 다른 소피스트와는 달리 누군가를 가르치는 대가로 돈을 받지는 않았다. 대신 자신은 아무것도 모른다고 주장하면서, 동료 시민들을 향해, 그리고 전문 소피스트들 — 그들은 본인들이 뭔가를 알고 있다고 주장했다 — 을 향해 이런저런 질문을 하며 대부분의 시간을 보냈다.

아무것도 모른다는 본인의 주장과는 달리, 소크라테스는 최소한 논쟁하는 방법, 또는 어려운 질문을 던지는 방법만큼은 확실히 잘 알고 있었다. 실제로 철학자로서의 소크라테스는 이른바 이 세상에 있는 어려운 질문은 모조리 발견해낸 사람이라고 할 수 있다. 그가 생전에 던진 질문들은 상당수의 아테네 시민들에게 짜증을 불러일으켰고, B.C. 399년에 이르러 그는 불경죄 및 젊은이들을 타락시킨 죄 — 젊은이들은 그가 나이 많은 사람들에게 던지는 질문들을 즐겨

들었으며, 또한 그가 빚어낸 여러 가지 불편한 상황을 도리어 재미 있어했던 것이다 — 로 기소되어 재판을 받았다. 그는 배심원의 투 표 가운데 상당수의 유죄 표를 얻었으며, 독인삼으로 만든 사약을 마시고 죽으라는 판결을 받았다.

소크라테스는 저술을 남긴 적이 없지만, 그가 생전에 했던 여러 가지 행동, 그리고 특히 당대의 여러 저명한 인물과 소피스트와 나눈 대화 가운데 상당수는 플라톤의 대화록에서 다시 서술된다. 플라 톤은 B.C. 427년, 또는 B.C. 428년에 아테네의 저명한 집안에서 태 어났다. 소크라테스가 처형된 이후, 플라톤과 '소크라테스학파' 사 람들은 메가라로 피신해서 이후 수년 동안 그리스 전역을 여행했다. 그 시기에 플라톤은 시라쿠사의 참주인 디온과 친분을 쌓게 되어, 그를 "철학자 군주"로 만들 희망을 품고 그에게 철학을 가르쳤다. B.C. 387년에 플라톤은 아테네에 아카데메이아를 설립하고 철학 및 수학 연구를 체계적으로 가르치며, 남은 생애를 그곳에서 보냈다. 그는 여러 대화편을 썼는데, 소크라테스가 주요 화자로 등장하며, 또 어떤 대화편에서는 "낯선 아테네인"이 주요 화자로 등장한다. 이 가운데 후자는 다름 아닌 플라톤 본인을 나타낸다는 추정도 가능하 지만, 사실상 플라톤과 소크라테스의 사상을 뚜렷이 구분한다는 것 은 — 비록 불가능하지는 않더라도 — 상당히 어려울 수밖에 없다.

아리스토텔레스는 B.C. 384년에 마케도니아의 스타게이라에서 태어났다. 그리하여 그는 종종 스타게이라인이란 별명으로 불렸다. B.C. 367년에 아테네로 와서 아카데메이아에 입학한 그는 이후 20 년 동안 플라톤의 가장 유명한 제자로 지냈지만, 스승의 입장에서는 이 제자가 일종의 가시 노릇도 했을 것이다. 왜냐하면 이 두 사람은 여러 가지에 대해 의견이 불일치했기 때문이다. B.C. 348년, 또는 B.C. 347년에 플라톤이 사망하자 아리스토텔레스는 아테네를 떠나 12년 동안 여행하면서 여러 도시에 새로운 아카데메이아를 설립하는가 하면, 그 와중에 어느 왕의 딸과 결혼하기도 했다. 고국 마케도니아로 돌아간 그는 3년 동안 필리포스 왕의 아들 알렉산드로스를 가르친다. 아리스토텔레스는 B.C. 335년에 아테네에 리케움이란 학교를 설립한다. 플라톤의 아카데메이아와 반대로 이곳은 오로지 과학만 연구하는 학교였다. B.C. 323년에 알렉산드로스가 사망하자 아테네에서는 알렉산드로스에 반대하는 운동이 일어난다. 사망한 영웅의 스승이었던 아리스토텔레스 역시 그로 인해 신변의 위협을 느끼게 되었다. 아테네인이 죽인 철학자가 두 명이나 되어서는 안 된다는 말을 남기고, 아리스토텔레스는 칼키스로 가서 은퇴 생활을 하다가 B.C. 322년에 사망한다.

아리스토텔레스는 우리가 바라보고 또 아는 세계를 추론하는 방법을 우리에게 알려주었다. 그는 논리학을 고안했는데, 가령 문법이 말하기와 쓰기의 규칙이듯이 논리학은 사고의 기술이라고 할 수 있다. 그의 공헌은 여기서 그치지 않았다. 그는 학문을 그 주제와 연구 방법에 따라 여러 분야로 나누는 법을 고안했으며, 또한 물고기와 인간과 별에 이르는 여러 자연물에 대해서도 상당수의 유용한 고찰을 남겼다.

자연과학 ─ 그는 이를 자연철학이라고 불렀다 ─ 에 대한 깊은 관심에도 불구하고 아리스토텔레스는 플라톤과 마찬가지로, 또한 플라톤은 소크라테스와 마찬가지로 정치와 도덕에 관해 가장 큰 관심과 매력을 느끼고 있었다. 그중 어느 누구도 이 세상에서 가장 중요한 존재는 바로 인간이라는 관념에 대해 이의를 제기하지 않았다. 이는 곧 추상적 의미에서의 인간이었으니, 오로지 인간만이 이성적인 영혼을 지니고 있기 때문이라는 것이 이들의 일치된 의견이었다. 나아가 이는 곧 현실의 인간이었으니, 우리는 반드시 그들과 함께 살아야 하고, 우리의 행복과 불행은 그런 함께 살기를 얼마나 잘하느냐 못하느냐에 달려 있기 때문이었다.

소크라테스와 플라톤의 경우, '인간'에는 말 그대로 모든 인류가, 즉 여성이나 심지어 외국인, 어쩌면 노예까지도 모두 포함되었다. 하지만 아리스토텔레스의 경우에는 인간의 정의가 그렇게 폭넓지 못했다. 우선 노예는 열등하다고 여겼는데, 오죽 열등했으면 기껏해야 노예가 되었겠느냐는 식이었다. 여성 역시 열등하다고 여겼는데, 오죽 열등했으면 남성이 도시국가를 다스리는 동안에 기껏해야 집안이나 다스리겠느냐는 식이었다. 그리스인이 아닌 사람 역시 열등하다고 여겼는데, 왜냐하면 그들은 그리스어를 모르거나, 또는 철학하는 방법을 모르기 때문이라는 것이었다.

아리스토텔레스에게 노예와 여성의 열등함은 본래적인 것이었다. 이는 결코 치유될 수 없었다. 그리스인이 아닌 경우, 물론 가르칠 수야 있지만 위험이 따랐다. 따라서 아리스토텔레스는 제자인 알렉산드로스에게 그 휘하의 부하들이 야만인과 통혼하지 못하도록, 그렇게 해서 더 우월한 인종에 열등한 바이러스가 감염되는 일이 없도록 하라고 충고했다.

참으로 민망한 이야기이기는 하지만, 아리스토텔레스는 그리스인 남성 귀족들 ─ 본인과 경제 및 다른 이익을 공유했으며, 본인 역시 당연히 그중 하나로 여겨져야 마땅하다고 믿었던 ─ 을 제외하고는 거의 모두가 열등하다고 보았던 셈이다. 그의 유명한, 그리고 위대한 저서 『니코마코스 윤리학』에서 그는 일련의 현란한 논리를 펼친 끝에 그야말로 결점이 뚜렷한 결론에 이르고 말았다.

후건의 오류

『니코마코스 윤리학』은 덕에 관한, 그리고 덕의 보상인 행복에 관한 내용을 다루고 있다. 덕스러운 사람은 누구인가? 그는 — 드물게나마 '그녀'는 — 올바른 선택을 하는 사람이며, 그것도 가끔 한 번씩 우연히 그러는 게 아니라 습관적으로 그렇게 하는 사람이다. 그렇다면 올바른 선택이란 무엇일까? 그것은 바로 행동의 선택이며, 양극단 사이에서 중용을 취하는 것이라고 아리스토텔레스는 말했다. 가령 용기는 중용이다. 그것은 비겁과 무분별 사이에 놓인 것이기 때문이다.

여기까지는 좋다. 하지만 아리스토텔레스는 행동을 중용과 극단이라는 형태로 분석하는 것은 어디까지나 이론적이며, 따라서 실용적인 가치가 거의 없음을 인식했다. 덕스럽고 습관적인 선택이 무엇인지를 알아내는 더 나은 방법은 덕스러운 사람의 행동을 관찰하는 것이다. 올바른 선택이란 좋은 사람이 한 선택이게 마련이었다. 좋은 사람이란 또한 올바른 선택을 한 사람이게 마련이었다. 이런 식의 논증이 지닌 순환성은 얼핏 보기에는 그럴싸하지만, 그로 인한 결과가 무엇일지 생각해보면 영 아닐 수밖에 없다.

추론에서의 이런 순환성은 오늘날까지도 살아남았다. 가령 어떤 사람이 여성, 또는 흑인, 또는 동성애자, 또는 히스패닉, 또는 가난한 사람, 또는 어떤 토착민 — 그 외의 어느 누구에 대해서라도 — 을 가리켜 그들이 열등하게 여겨지는 이유는 그들이 '실제로' 열등하기 때문이라고 주장할 때, 이들은 사실상 앞서 말한 것과 똑같은 방식으로 생각하기 때문이다. 이런 식의 논리적 오류를 가리키는 이름이 있는데, 그것도 아리스토텔레스가 지은 이름이다. 바로 "후건의 오류"라는 것이다. 이것은 뒤집어 말해도 사실이 된다고 생각하는 것이다. 즉 어떤 사람이 우월하게 여겨지는 이유는 그들이 '실제로' 우월하기 때문이라고 말하는 식이다. 이는 다음과 같은 식의 정당화다. 우리가 뭔가를 가진 이유는 그럴 만한 자격이 있어서라는 것이다. 반대로 남들이 뭔가를 갖지 못한 이유는 그럴 만한 자격이 없어서라는 것이다.

후건의 오류는 종종 어떤 친목회의 회원 자격을 결정할 때 일어난다. 즉 이 사람은 '된다,' 저 사람은 '안 된다'고 결정할 때 말이다. 백인 남성이 훌륭한 까닭은 항상 올바른 것만 행하고 생각하고 느끼기 때문이다. 올바른 것이 무엇이냐고? 그건 바로 백인 남성이 행하고 생각하고 느끼는 것이다.

플라톤은 정의에 관한 위대한 대화편 『국가』에서 다음과 같은 논제를 주장했다. 즉 지배자는 집중적이고도 광범위한 교육을 거친 다음에야 비로소 다스릴 만한 자격이 생기게 되므로, 지배자는 따라서 철학자가 된다는 것이다.

철학자들이 나라들에서 군왕들로서 다스리거나, 아니면 현재 이른바 군왕, 또는 최고 권력자들로 불리는 이들이 진실로, 그리고 충분히 철

학을 하게 되지 않는 한, 그리하여 이게 즉 정치권력과 철학이 한데 합
처지는 한편으로, 다양한 성향들이 지금처럼 그 둘의 어느 한쪽으로
따로따로 향해 가는 상태가 강제적으로나마 저지되지 않는 한, 여보게
나, 글라우콘, 나라들에서, 아니, 내 생각으로는 인류에게도 나쁜 것들
의 종식은 없다네.[5]

이 말을 한 사람은 바로 소크라테스다. 나아가 그는 그때가 될 때
까지 인류는 부득이하게 정의의 그림자에 해당하는 것에 만족해야
한다고 말한다. 정의의 그림자의 좋은 예는 이른바 '왕의 거짓말'이
란 것이다. 말하자면 누군가를 다스리는 사람은 그럴 만하기 때문에
다스리는 것이며, 누군가에게 다스림을 받는 사람 역시 그럴 만하기
때문에 다스림을 받는다는 것이다.

플라톤의 논제에는 깊은 아이러니가 있는데, 이에 관해서는 우리
가 앞 장에서 약간 다른 형태로 접한 적이 있다. 소크라테스와 비슷
한 시대에 살았던 공자 역시(물론 두 사람은 서로 만난 적이 전혀 없었지
만) 지도력을 지닐 만한 사람만이 실제로 그것을 누려야 한다고 주장
했던 것이다. 이런 식의 능력주의는 사실상 소크라테스의 귀족정치
와 똑같은 것이다. 물론 두 가지의 근저에는 중대한 차이점도 있다.

공자의 교의에 담긴 함의는 인간이 본래적으로 불평등하며, 그런
불평등은 특정한 문헌을 더 잘 이해하고 못하고에 의해 표현될 수
있다는 것이었다. 그러나 소크라테스는 인간이 본래적으로 불평등

---

5 플라톤, 『(플라톤의) 국가(政體)』(박종현 옮김, 서광사, 2005 개정증보판), 제5권 473d, 365쪽.

한지 여부에 관해 진지한 질문을 제기했다. 소크라테스만 해도 한 인간에게 절대적으로 평등한 교육의 기회에 근거한 일련의 실험을 실시하지 않는 한, 그 인간이 또 다른 인간보다 더 우월한지 열등한 지를 가릴 방법은 없다고 믿었으리라고 — 아울러 여성의 경우에도 마찬가지로 생각했으리라고 — 확신할 수 있다. 그런 실험 — 여기서 는 일단 공정한 실험이었다고 가정해보면 — 에서 드러나는 어떤 우 월성은 덕에 근거한 것이라고 할 수 있지만, 이러한 덕은 반드시 태 생적이어야 할 필요까지는 없다. 물론 더 우월한 행위는 가령 더 커 다란 노력이라든지, 아니면 더 커다란 태생적 실력이나 지성에 근거 하고 있는 것일 수도 있다. 하지만 그게 특별히 문제가 될까? 실험 의 목표는 지배하는 법을 잘 아는 지배자를 얻는 것이다. 나머지는 그리 중요하지가 않다. 과연 어떤 과정을 통해 그런 지식을 얻게 되 었는지 — 가령 더 열심히 노력해서인지, 또는 더 똑똑해서인지 — 는 그리 중요하지 않다는 말이다.

한마디로, 소크라테스가 보기에 인간이라는 종에는 근본적인 평 등이 존재한다. 모든 인간은 평등하다. 최소한 그렇지 않다는 사실 이 밝혀질 때까지는 말이다. 이것이야말로 B.C. 5세기에 살았던 누 군가의 믿음치고는 놀라운 것이 아닐 수 없다. '왕의 거짓말'이라는 교의의 아이러니는 근본적인 평등이 직접민주주의를 정당화하는 데 사용되어서는 안 된다는 소크라테스의 믿음 속에 나타나 있다. 그의 말에 따르면, 모든 인간이 평등하다는 사실에서 모든 인간이 지배할 능력을 평등하게 지니고 있다는 결론이 나오는 것은 아니다. 그렇기 때문에 국가에서 유능한 지배자를 얻기 위해서는 오히려 모두가 평 등하지는 '않다'는 교의를 널리 퍼트려야 한다. 가령 지배자가 태생적으로 자신들보다 더 우월하다고 생각하지 않는 한, 대부분의 사람들은 결코 자신들을 지배하는 사람들을 받아들이지 않을 것이라고 소크라테스는 생각했다.

앞에서 인용한 철학자 군주에 관한 대목은 매우 유명하다. 이보다는 좀 덜 유명한 『국가』의 또 다른 대목에서 소크라테스는 인간의 평등 — 그는 이것이 인간의 진정한 상태라고 보았다 — 이 공개적으로 인지되는 종류의 사회에 관해 논한다.

소크라테스는 정의의 의미를 추구했다. 이것이야말로 찾기가 힘든 것이라고 그는 시인했다. 따라서 그는 이것을 어느 국가 속에서 찾아내 보자고 제안하는데, 그 국가 속에서는 정의의 의미가 개인 속에 있을 때보다도 훨씬 더 크고 더 가시적이 되기 때문이다. 그리하여 그는 자신의 탐구를 시작하는데, 이것은 매우 긴 탐구로 드러난다. 그는 매우 간단한 종류의 국가를 묘사한다. 거기 사는 사람들은 이렇게 살아간다.

> 그들은 빵과 포도주, 그리고 의류와 신발을 만들며 살아가지 않겠는가? 또한 그들은 집을 짓고서 살 것이며, 여름에는 대개 옷을 벗은 상태로, 그리고 맨발인 채로 일하겠지만, 겨울에는 충분히 옷을 입고 신발도 신고서 일할 걸세. 그들의 영양 섭취로 말하자면, 보리쌀에서 보릿가루를, 밀에서 밀가루를 마련하여, 이것들을 반죽하고 구워서, 좋은 품질의 보리 과자나 밀빵 덩이를 만들어서는, 이것을 갈대 받침이나 깨끗한 나뭇잎 위에 얹어 내놓고서, 주목과 도금양의 가지를 깐 돗자리 위에 기대 누워서 자신들은 물론 아이들도 함께 잘 먹을 것이고, 또한 식후엔 포도주를 마시며, 머리에 화관을 두르고서 신들을 찬송할

걸세. 서로들 즐겁게 교제하고, 자기들의 재력을 넘게 자식을 낳지도 않을 것인즉, 이는 가난이나 전쟁을 유념하여서일세.[6]

대화편의 이 대목에서 소크라테스와 이야기를 나누는 젊은이 글라우콘은 이렇게 반박한다. "소크라테스 선생님, 선생님께서 돼지들의 나라를 수립하고 계셨다면, 바로 이런 것들로 그놈들을 살찌우지 않으셨겠습니까?"[7] 그는 소크라테스가 정의를 찾기 위해 가정한 그 이상적인 작은 도시에 현재 제공한 것보다도 더 많은 편의를 부여해야 한다고 주장한다. 소크라테스는 이렇게 대답한다.

알겠네. 비단 나라가 어떻게 해서 성립되는가 하는 것만이 아니라, 어떻게 해서 호사스러운 나라가 성립되는가 하는 것도 고찰해보자는 것인 것 같군. 하기야 그것도 어쩌면 나쁘지는 않겠네. 그런 나라도 고찰해보노라면 올바름과 올바르지 못함이 도대체 어떻게 해서 나라들에서 자라나게 되는지를 어쩌면 우리가 알아낼 수도 있을 것 같으니까 말일세.[8]

역대 주석가들 가운데 소크라테스가 더 나중에 언급하는 "염증 상태의" 나라보다 오히려 "돼지들의 나라"를 명백히 더 선호했으리라고 진지하게 생각한 사람은 거의 없다. 어쩌면 그들의 견해가 맞는

---

6 같은 책, 제2권 372a~b, 153쪽.
7 같은 책, 제2권 372d, 155쪽.
8 같은 책, 제2권 372e, 155쪽.

지도 모른다. 인간의 본성을 고려해보더라도, 인간이 돼지들의 나라 같은 단순한 삶에 결코 만족할 리 없으리라는 것을 소크라테스 정도면 잘 알았을 것이기 때문이다. 그런데 내가 보기에는 소크라테스가 돼지들의 나라를 진심으로 더 좋아했던 것 같다. 아마도 그런 나라에서는 '왕의 거짓말' 따위는 불필요하기 때문이었으리라. 즉 그런 나라에서는 모두가 평등하고, 모두가 지배 능력을 지닐 것이니, 왜냐하면 거기서만큼은 지배가 특별한 전문 기술을 요구하지 않을 것이기 때문이다.

또 한 가지 아이러니는 아리스토텔레스의 후건의 오류를 '왕의 거짓말'의 교의에 적용했을 때에 나타난다. 이 경우에 이 교의는 불의를 옹호하는 이론이 된다. 모든 인간이 평등하다고 한번 가정해보자. 또한 어떤 사람은 지배자이고 그 나머지는 피지배자이며, 이런 원칙이 받아들여지는 까닭은 피지배자가 '왕의 거짓말'을 받아들이기 때문이라고도 가정해보자. 후건의 오류에 따르면 이것은 결국 '왕의 거짓말'이 거짓말이 아니라고 가정하는 것이 된다. 달리 말해서 어떤 사람들은 — 즉 지배자들은 — 진정으로 우월하다는 것이며, 그렇지 않고서야 그들이 지배자가 되었을 리 없다는 것이다. 실제로 아리스토텔레스는 이 오류에 눈이 가려진 나머지 모든 인간은 평등하다는 소크라테스의 진리를 보지 못했다. 즉 아리스토텔레스는 그 '거짓말'이 진실이라고 주장한 것이다. 정당한 국가에서 지배자는 단순히 지배자로서 그들의 우월한 특성 때문만이 아니라, 그 타고난 우월성 때문에도 당연히 지배자가 될 가치가 있다고 그는 말했다. 그리고 그럴 만한 가치가 없는 사람이 어떤 국가를 다스릴 경우, 그 국가 자체는 부당하고 나쁜 것이며, 따라서 바로잡아야 한다는 것이었다.

"서로 친구인 사람들 사이에서는 더 이상 정의가 필요하지 않다."⁹ 아리스토텔레스는 이렇게 선언했다. 이 유명한 주장은 정부의 필요성에 대한 논쟁의 보루들 가운데 하나였는데, 왜냐하면 당연히 모든 사람은 서로 친구가 아니므로, 따라서 그들에게 정의를 강제하는 정부가 필요하기 때문이다. 여기서도 이 문장은 그것만 따로 떼어서 나쁜 목적에 사용될 수 있다. 가령 [서로 친구 사이인] 어떤 클럽의 회원들 사이에는 반드시 따라야 할 규칙 같은 것이 굳이 필요 없다는 뜻으로도 해석될 수 있다. 다만 자신들의 무리에 속하지 않는 다른 사람들을 배제하는 규칙들만 필요할 뿐이다. 정의는 오로지 '타인'을, 그리고 보통은 나보다 열등한 쪽을 상대할 때에만 필요하다. 정의는 그들을 계속해서 그들에게 어울리는 장소에 묶어두는 데에 도움이 된다.

나는 지금 아리스토텔레스를 호되게 비판하는 셈인데, 여기에는 이유가 없지 않다. 철학자 겸 최초의 과학자로서 그의 위대함이란 당연히 부정할 수가 없다. 하지만 그가 범한 오류는 오랫동안 유해한 효과를 끼쳐왔다. 태생적 열등함과 여성의 열등함에 관한 그의 교의는 오늘날까지도 각각 노예제와 양성 간의 불평등을 정당화하거나, 또는 정당화하는 데 일조했다. 또한 그의 대단한 권위는 '온정적' 전제주의라는 미명으로 독재를 정당화하는 데 일조했으며, 그의 인종적 열등함에 대한 교의는 인종차별주의를 정당화하는 데 일조했다. 이런 모든 오류 — 사실 그건 오류가 아닐 수 없으니까 — 들은

9 아리스토텔레스, 『니코마코스 윤리학』(이창우 외 옮김, 이제이북스, 2006), 1155a26, 278쪽.

물론 아리스토텔레스가 없었어도 오래 지속되었을 수 있다. 하지만 〔그가 없었다면〕 그런 오류의 정당화도 결코 쉽지 않았을 것이다.

'왕의 거짓말'에 관한 소크라테스의 아이로니컬한 혼동은 지금도 우리 곁에 남아 있다. 다음과 같은 질문을 생각해보자. 우리나라의 다음번 지배자를 고르는 운명적인 선택을 하기 위해 투표소에 들어갔을 때, 우리는 과연 본인이 보기에 더 나은 사람이라고 믿는 쪽을 선택하는가, 아니면 더 나은 지배자가 될 것 같은 쪽을 선택하는가? 아니면 우리의 마음속에서는 이런 두 가지 고려 자체에 아무런 차이도 없는 것인가?

아마도 차이가 있어야 마땅할 것이다. 가령 남보다 더 나쁜 사람 — 그러니까 아주 나쁜 사람은 아니지만, 그렇다고 다른 후보자들만큼 좋은 사람까지는 아닌 — 이 더 나은 지배자가 될 수 있는 상황을 우리는 과연 상상이나 할 수 있겠는가? 사람의 덕이라는 것이 과연 지도력이나 지배를 위한 자격이 될 수 있을까? 물론 덕이란 중요한 것이지만, 그렇다고 해서 제일 중요한 것일까? 지식과 경험은 어떨까? 그것 역시 중요하지 않은가?

가령 우리는 소크라테스와 마찬가지로 모든 사람이 인간으로서 동등하다고 보는가? 그렇다면 과연 이것은 모든 사람들이 지도자로서의 능력을 동등하게 지니고 있다는 의미일까?

그리스의 도시국가 가운데 일부는 후자의 가설에 근거해 움직였다. 즉 제비뽑기를 통해 지배자를 뽑았으니, 동등한 사람이 동등한 사람을 지배하는 데에는 특별한 자격 요건 같은 것이 필요 없다는 근거에서였다. 동시에 이들은 임기를 줄여서 어떤 사람이라도 몇 달밖에는 지배하지 못하게 했는데, 이는 아마도 누구라 하더라도 그렇게 짧은 기간 동안에는 큰 해를 끼칠 수 없다는 가정에서였을 것이다.

소크라테스는 이러한 종류의 극단적 민주주의 — 그는 정말 이렇게 생각했다 — 에 분노해 마지않았다. (지배자가 아닌) 다른 직종의 경우에는 항상 경험과 전문적인 지식을 보고 사람을 선택하지 않느냐고 그는 지적했다. 가령 장군, 의사, 변호사, 말 조련사, 건축가, 제화공에 이르기까지 말이다. 그런데 정작 지도자만큼은 제비뽑기로 뽑고 있는 것이다. 얼마나 어리석은 일인가!

그리스 대 페르시아: 유익한 충돌

그리스는 작고, 상대적으로 인구도 적으며, 문명의 언저리에 위치한 외딴 나라로, 공통의 언어와 종교를 사용하고 극도로 소송을 좋아하는 수많은 도시국가들로 이루어져 있었다. 특히 맨 나중의 특성 때문에 빈번한 다툼이 나타났고, 정치적 통일체는 만들어지기도 어려울뿐더러, 유지하기는 더욱 어려웠다.

그리스인이 오랜 세월 두려워하고 떠받들었던, 그리고 결국 알렉산드로스 대왕에 의해 정복된 페르시아 제국은 B.C. 7세기경에 중앙아시아의 벌판에서 홀연히 나타났다. 처음에는 메디아인에 의해 수립되었고, 곧이어 키루스 대왕(즉위 B.C. c.550)과 다리우스 대왕(즉위 B.C. 522) 치하에서 페르시아인에 의해 지배되었다. 다리우스의 후계자인 크세르크세스(재위 B.C. 486~B.C. 465) 치하에서 제국의 영토는 가장 넓어져서, 훗날 로마 제국의 영토에 버금갈 정도였다. 인도 서쪽에서 카스피 해와 흑해 아래를 지나 지중해 동쪽 해안까지 걸쳤으며, 이집트와 트라키아도 포함되었다. 사르디스, 니네베, 바빌론, 수사 같은 대도시들은 유명한 '왕도'(王道)로 서로 연결되었다. 수사의 동쪽에는 페르세폴리스가 있었는데, 광대한 종교적 기념비인 이곳은 그 제국의 정치적 수도가 아니라 오히려 영적 중심지였다. 간소한 아름다움과 웅장함을 지닌 페르세폴리스는 그 당시 전 세계의 경이(驚異) 가운데 하나였다.

북쪽으로는 스키타이인의 영토가 있었는데, 페르시아인도 결코 이들을 정복하지는 못했다.(훗날의 로마인도 마찬가지였다.) 남쪽으로는 사람이 살지 않는 아라비아의 사막이 펼쳐져 있었다. 서쪽에는 작고 [땅이] 거칠고 가난하기 짝이 없는 반도에 마케도니아인과 그리스인이 살고 있었다. 다리우스가 보기에는 페르시아의 힘을 그곳까지 확장하는 것이 불가피하면서도 손쉬운 일 같았다. 왜냐하면 그 반도에 사는 말썽 많은 외국인은 [페르시아 제국의] 대왕을 숭배하지 않는가 하면, 자칭 민주주의라는 방식 — 작은 도시국가들을 '데모스'(demos), 즉 '인민'이 다스리는 방식 — 으로 도시들을 조직했기 때문이다.

그리스에 대한 페르시아의 첫 번째 총공격은 B.C. 490년에 벌어졌는데, 이 당시에는 밀티아데스가 이끄는 그리스인이 유명한 마라톤 전투에서 페르시아인 군대를 격파했다. 페르시아인은 깜짝 놀라 이후 10년 동안 잠잠하다가 B.C. 480년에 재차 침공을 감행했는데, 이때는 새로 등극한 왕 크세르크세스가 직접 지휘를 맡았고, 전보다 훨씬 더 많은 병력과 강력한 함대가 동원되었다.

스파르타인은 테르모필레의 영웅적인 전투에서 지상군을 잠시 지체시키는 데 성공했지만, 그렇다고 적을 완전히 멈춰 세우지는 못했다. 페르시아군은 계속 진격해 아테네를 포위 공격했고, B.C. 480년 9월 21일, 그곳을 점령하고 성채를 불태웠으며, 이제 그리스의 나머지 지역을 정복할 태세를 갖췄다. 하지만 페르시아 해군은 살라미스에서 테미스토클레스가 이끄는 아테네 함대에 의해 포위 공격을 당해 대패했으며(9월 29일), 그리스 연합군이 플라타이아에서 벌어진 대전투에서 페르시아의 지상군을 패퇴시켰다.(B.C. 479년 8월 27일) 그보다 먼저 크세르크세스는 좌절한 까닭인지, 아니면 짜증스러울 정도로 느려터진 전세의 흐름 때문인지, 전장을 떠나 수사에 위치한 호화스러운 궁전으로 돌아갔고, 이후 1세기가 넘도록 그리스인은 자신들의 승리를 자랑하며 즐거워했다. 물론 그럴 만도 했다. 이 작고 상대적으로 가난한 독립 도시국가들이 오로지 자신들의 지략과 용기만으로 전 세계에서 가장 강력한 육군과 해군을 물리쳤으니 말이다.

그들은 과연 어떻게 그렇게 할 수 있었을까? 그리스인은 조국을 위해서 외적의 침공에 맞서 싸웠는데, 이런 경우에는 항상 이득이 있게 마련이다.(가령 러시아인이 1812년에 프랑스인을 상대로, 또 1941년에 독일인을 상대로 싸운 것을 생각해보라.) 그리스인은 아군과 적군 사이에 또 다른 차이가 있음을 자각했다. 페르시아 측 육해군은 대부분 억지로 전투에 참가하게 된 경우였다. 하지만 그리스인은 말했다. "우리는 자유다. 우리의 규율은 오로지 자유민의 규율이며, 선택할 수 있는 것이다. 우리는 누구의 강요에 의해서가 아니라, 각자가 원하기 때문에 싸운다. 그리고 우리는 결코 포기하지 않을 것이다. 포기란 우리의 자유를 배반하는 행위이기 때문이다. 자유야말로 우리에게는 가장 귀중한 것이다."

페르시아인 역시 결코 포기하지 않았다. 물론 더 이상 그리스에 병력을 보내지는 않았다. 대신 그들은 '페르시아 궁수화', 그러니까 양면에 궁수 모습이 새겨진 금화를 보냈다. 페르시아 금화는 일찍이 진짜 페르시아 궁수들이 실패했던 목표를 달성했다. 펠로폰네소스 전쟁 동안 그 당사자인 양측에 — 서로 다른 시기에 — 뇌물을 먹였던 것이다. 아테네 대 스파르타의 구도하에서 양측의 동맹 도시들까지 참가해 벌인 파멸적인 이 내전은 잠깐 동안의 휴전을 제외하면 B.C. 431년부터 B.C. 404년까지 지속되었다. 결국에는 스파르타가 아테네에 승리했지만, 그 승리는 어차피 오래가지 못할 것이었다. 그다음 세기 내내 스파르타는 이오니아에서 벌어진 페르시아의 내전에 관여하는 바람에 다른 그리스 군대와 싸워 패배하고 오랜 쇠퇴기에 들어갔기 때문이다. 결과적으로는 아테네와 스파르타 양쪽 모두 페르시아 때문에 파멸하게 된 셈이었다.

이 도시국가들의 파괴가 성가신 그리스인과 육중하고 강력한 페르시아인 간의 길고도 처절한 충돌에 종지부를 찍은 것은 아니었다. 아리스토텔레스의 제자인 알렉산드로스 대왕이 B.C. 336년에 마케도니아의 왕위를 물려받았던 것이다. 우선 그리스에서 자신의 세력을 강화한 그는 B.C. 334년 봄부터 그 유명한 페르시아 원정에 나섰다. B.C. 334년에서 B.C. 333년의 겨울 동안 그는 밀레토스와 사모스를 포함한 소아시아 서부를 정복했다. B.C. 332년 7월, 그는 섬에 위치한 도시 티레(티루스)로 진격해서 그곳에서 가장 유명한 승리를 거둔다. 이후 수개월 동안 이집트를 정복했고, 이로써 그로부터 300년 뒤에 로마인이 이곳을 다시 정복할 때까지 이 나라는 그리스인이 다스리게 되었다.(그런 까닭에 클레오파트라조차도 사실은 이집트인이 아니라 그리스인이었다.) 페르시아의 왕궁 도시를 모두 정복한 다음, B.C. 330년에 알렉산드로스는 페르세폴리스에 도착했고, 자신의 범(汎)그리스적 복수전의 종지부를 찍는다는 의미에서 이곳을 모두 불태웠다.

하지만 페르시아인의 굴욕은 아직 끝난 것이 아니었다. 페르시아 제국의 전역에서 왕들과 통치자들이 대왕, 또는 왕중왕에게 경의를 표시하기 위해 수사나 페르세폴리스로 찾아왔던 것이다. 그들은 하나같이 땅에 엎드려, 눈을 내리깔고, 그의 발치까지 기어서 왔다. 그리스인은 이런 예식을 "프로스키네시스"(proskynesis), 즉 "예배"라고 불렀다. 이들은 사람을 마치 위대한 신이라도 되는 양 숭배하는 페르시아인을 향해 오래전부터 경멸을 품고 있었다.

사망할 즈음에 알렉산드로스는 이미 위대함에 대한 페르시아적인 관념 — 신으로 예배받는 것도 여기 포함되어 있었다 — 에 철저히 물들어 있었다. 그리하여 그는 '프로스키네시스'를 차용하여 자신의 추종자는 마케도니아인이건 그리스인이건 누구를 막론하고 자기 앞에서 땅에 엎드릴 것을 명령했다. 산전수전 다 겪은 마케도니아의 노병들이 이 새로운 명령을 그냥 웃어넘기자, 부끄러움을 느낀 알렉산드로스는 이 새로운 예식을 얼른 폐지하고 말았다.(대신 이때 맨 처음 웃음을 터트린 부하를 나중에 죽여 없앴다.) 이 일화는 알렉산드로스가 깜박 잊어버린 한 가지 사실을 보여준다. 즉 그가 왕위에 오르는 데 가장 크게 기여한 요인은 바로 개인적 자유의 관념이라는 사실이다.

B.C. 5세기 초에 있었던 페르시아와의 전쟁들은 그리스인에게 영감을 제공했다. 특히 아테네인에게 그러했으니, 이들은 마라톤과 살라미스 전투 이전에만 해도 스파르타인에 비하자면 그리스 내에서도 약세에 불과했던 까닭이다. 아테네인은 불타버린 아크로폴리스

를 재건했고, 파르테논은 그로부터 23세기가 흐른 지금까지도 ─ 아테네인 스스로가 그렇게 본 것처럼 ─ 제국의 독재를 이긴 자유의 승리를 상징하며 남아 있다.

시인들이 이때의 승리를 노래한 극시는 워낙 혁신적이고 또 강렬했기 때문에, 이후 수천 년이 지나도록 살아남았다. 그리고 헤로도토스와 투키디데스라는 두 역사가는 이때에 있었던 일을 기억하고 또 이해하기 위한 새로운 학문과 문학의 형식을 발명했다.

아테네의 비극

아이스킬로스(B.C. 525/4~B.C. 456/5)는 사실상 연극의 발명자라는 칭호를 얻어 마땅한 인물이다. 왜냐하면 그는 디오니소스 신을 기리기 위해 매년 아테네에서 공연된 연극에서 두 번째 배우를 처음 도입한 인물로 알려져 있기 때문이다. 아이스킬로스 이전에만 해도 연극은 어떤 신이나 영웅을 상징하는 배우 한 명, 그리고 사람들을 상징하는 코러스 한 무리가 등장해 주로 종교적인 내용의 운문을 번갈아 가며 읊는 것이 전부였다. 그러다가 배우가 두 명 나와서 상호작용을 하게 되면서부터 진정한 연극이 시작되었던 것이다. 처음에는 코러스가 계속해서 연극에서 중요한 역할을 담당했지만, 시간이 흐르면서 코러스는 사라지고, 행동과 사고의 발전이라는 짐 모두를 오로지 배우들이 짊어지게 되었다. 이는 지금도 마찬가지다.

아이스킬로스는 동포 그리스인과 함께 마라톤 전투에 나가 페르시아인과 맞서 싸웠다. 이 사실은 어느 고대의 묘비에 기록되어 있다. 하지만 그의 희곡은 언급되지 않았다. 그의 희곡은 그리스의 유산 중에서도 가장 훌륭한 보물들 가운데 일부다. 당당하고 훌륭한 그 희곡은 인간과 신 사이의 갈등이라는 유서 깊은 문제들을 빼어난 운문으로 묘사하고 있다. 오늘날 전해지는 그의 작품 중에서도 가장 뛰어난 3부작[인 오레스테이아는] 영웅 아가멤논과 그를 살해한 아내, 그리고 아버지의 복수를 위해 어머니를 죽인 아들 오레스테스에 관한 이야기를 다루고 있다. 여기서 아이스킬로스는 아가멤논의 오만이 어떻게 그 자신을 죽음으로 내몰았으며, 거기서 더 나아가 그의 가문에 끝없는 비애 — 복수의 세 여신에게 쫓기고, 저승으로 가야만 하는 — 를 가져왔는지를 보여주고 있다. 아이스킬로스에 따르면 정의란 "평민의 집에서 나는 연기"다. 위대한 자는 오만하며 — 일찍이 크세르크세스가 그러했듯이 — 결국 신들의 분노를 사서 비천해지게 된다.

소포클레스(B.C. c.496~B.C. 406)는 비극의 발전에 매우 귀중한 요소를 덧붙였다. 그는 단지 위대한 사람뿐만 아니라 사실은 모든 사람이 이와 똑같이 냉혹한 덫에 사로잡힐 수 있음을 간파했던 것이다. 인생의 어떤 부득이한 상황에서 사람들은 마치 자기들이 미래를 다 아는 듯 행동하지만, 오히려 그로 인해 가령 오이디푸스 왕의 경우처럼 고통을 겪게 되었다. 왜냐하면 그들은 사실 미래에 대한 지식을 갖고 있지 못하며, 따라서 파멸로 귀결되는 오류를 피할 수가 없었기 때문이다. 소포클레스의 코러스 운문은 그 맑은 우아함과 달콤함에서는 무엇과도 비교될 수 없지만, 소포클레스가 하는 이야기는 아리스토텔레스가 평론가로서 지적한 것처럼, 그 짧은 길이 속에 어떤 관객도 피할 수 없는 공포를 압축하고 있다.

『콜로노스의 오이디푸스』에 나오는 다음과 같은 대사는 바로 그런 이야기를 해주고 있다.

> 태어나지 않는 것이 더할 나위 없이
> 좋은 일이지만, 일단 태어났으면
> 되도록 빨리 왔던 곳으로 가는 것이
> 그다음으로 가장 좋은 일이로다.[10]

에우리피데스(B.C. c.484~B.C. 406)는 B.C. 5세기 아테네의 위대한 극작가들 가운데 세 번째이자 마지막 사람이다. 비록 아이스킬로스와 소포클레스를 능가하지는 못했지만, 그는 미래의 연극이 나아갈 바를 간파하고 그 길을 닦은 인물이다. 그는 신들과 영웅들을 지상으로 끌어내려 단순한 인간으로 만든 다음, 평범한 인간 특유의 허영과 탐욕과 분노와 질투와 오만을 지니도록 함으로써, 때로는 비극적이고 때로는 거의 희극적이지만 항상 부정할 수 없을 만큼 현실적인 인간의 삶의 모습을 보여주었다. 자신의 연극에 여자와 노예를 출연시키는 한편, 과거의 영웅적인 인물들은 단순히 인간의 가면에 불과하다는 사실을 밝힘으로써, 그의 예술에 매료되긴 했지만 그를 좋아하지는 않았던 아테네인을 향해 에우리피데스는 이들의 가슴과 정신에 무엇이 들어 있는지를 보여주었던 것이다.

아이스킬로스는 펠로폰네소스 전쟁이 시작되기도 전에 사망했지

---

10 소포클레스, 『콜로노스의 오이디푸스』 1224~1248행, 『소포클레스 비극』(천병희 옮김, 단국대학교 출판부, 2001 개정판), 220~221쪽.

만, 소포클레스와 에우리피데스는 전쟁이 시작되고 끝나는 모습을 거의 모조리 지켜보았다.(두 사람 모두 아테네의 최종적인 패배가 찾아오기 2년 전인 B.C. 406년에 사망했다.) 특히 이들의 후기 희곡에는 전쟁으로 인한 물리적이고 정신적인 고통 모두가 스며들어 있는데, 그것은 전쟁의 부당함, 잔인함, 그리고 어리석음에 항변하여 무심한 하늘을 향해 외치는 고함이었다. 그 전쟁이야말로 반세기 전에 페르시아에 대한 승리를 통해 구축된 그리스인의 모든 자부심과 보배를 모조리 소진한 행위였기 때문이다. 이들 극작가가 보기에 아테네의 비극은 바로 아가멤논과 오이디푸스가 그 모든 부를 빼앗겨버리고, 그 운명을 슬퍼해주는 사람 하나 없는 상황에서, 결국 저승으로 갈 수밖에 없었던 원인과 마찬가지로 오만에서 비롯된 것이었다.

> 시신을 황금과 바꾸는 아레스,
> 창검의 싸움터에서 저울질하는 그이
> 일리온으로부터 사람 대신 유골이 든 단지만을
> 가족들에게 돌려보내니
> 불에 타고 남은 재, 들기는 가벼우나
> 애통의 눈물을 참기에는 너무나 무겁구나.
> 그리하여 가족들은 통곡하며 그들 각자를 찬양해 말하기를
> "이 사람은 전투에 능했고 저 사람은
> 살인의 싸움터에서 영광스럽게 전사했노라."
> (……)
> 하나 다른 사람들은 그곳 성벽 옆에
> 영광스러운 모습으로 트로이아 땅의 무덤을

차지하고 누웠으니 그들을 감추고 있는 땅

한때는 적지였으나 지금은 그들의 소유가 되었다네.

– 아이스킬로스, 『아가멤논』[11]

사람들이 전쟁을 하자고 투표를 할 때에는, 어느 누구도

자신의 죽음을 생각하진 않네. 너무 이르다고 생각하니까.

다른 어떤 사람들은 각자의 불운한 운명을 만날 것이네.

하지만 그가 투표할 때에 죽음이 그를 직면한다면,

헬라스는 결코 전투의 광기로 인해 멸망하지 않았으리.

그리고 우리 인간들은 그 두 마디 말 중에 어느 쪽이

더 나은지 잘 알고, 선과 악을 무게를 재어서

가져올 수도 있지. 전쟁보다는 평화가 얼마나 더 나은가!

첫째로, 그리고 최우선으로, 뮤즈는 그녀를 제일 사랑한다네.

복수의 여신은 그녀를 미워한다네. 그녀는

건강한 아이들을 보고 기뻐하며, 부를 가져다주네.

그러나 사악하게도 우리는 이 모두를 내던지고

전쟁을 시작함으로써 패배자를 노예로 만들었으니

인간이 인간을 속박하고 도시가 도시를 구속하네.

– 에우리피데스, 『탄원하는 여자들』

---

11 아이스퀼로스, 『아가멤논』438~447 ; 452~455행, 『아이스퀼로스 비극』(천병희 옮김,
단국대학교 출판부, 1998), 51~52쪽.

헤로도토스, 투키디데스, 그리고 역사의 발명

수 세기 동안 인간은 과거의 사건들을 기록해왔으며, 이는 이집트에서나 메소포타미아에서나 중국에서나 마찬가지였다. 하지만 헤로도토스 이전에는 어느 누구도 그런 기록을 처음과 중간과 끝이 있는 시종일관된 이야기로, 나아가 왜 일이 그렇게 되었는지에 대한 해석까지 곁들여진 이야기로 써볼 생각을 한 번도 못 했다.

아테네 극작가들의 경우와 마찬가지로, 아테네 역사가들 역시 B.C. 490년에서 B.C. 480년에 페르시아를 상대로 얻은 그리스의 승리로부터 영감을 얻었다. 이들은 그처럼 놀랍고 또 그처럼 멋진 일은 이제껏 한 번도 벌어진 적이 없었다고 생각했다. 그 기념비적인 승리를 계기로, 이들은 일찍이 그와 유사한 사건을 이해하기 위해 노력했던 사람들보다도 훨씬 더 열심히 이 사건을 이해하려 노력하게 되었다.

이들은 또한 이전 세기에 나타난 탈레스 이후의 이오니아 철학자들로부터도 영감을 얻었으니, 앞서 살펴본 것처럼 그 철학자들은 그리스인에게 이 세계를 새로운 방식으로 바라보는 방법을 가르쳐주었던 것이다. 외적인 자연의 배후에는 그것을 이해 가능하도록 만들어주는 어떤 근본적인 원칙이 놓여 있어야 하는 것처럼, 인간의 행동에도 왜 그들이 그런 일들을 했으며, 아마도 앞으로는 또 무엇을 할지를 알 수 있게 해주는 어떤 이해 가능한 실체가 있어야 할 것 같았다.

헤로도토스는 B.C. 484년경에 태어나, 그리스의 승리에 대한 이야기를 정말이지 귀가 닳도록 들으면서 자랐다. 그는 여행을 많이 다녔다. 여러 해에 걸쳐서 페르시아 제국 대부분과 이집트, 그리고 그리스의 도시 대부분을 직접 가서 보았다. 그는 가는 곳마다 자신이 관찰한 것이며, 저명한 인물들과 나눈 대화를 세심하게 기록한 듯하다. 그의 호기심은 끝이 없었으며, 평생 동안 이를 충족시키며 살았다. 그리고 페르시아 전쟁의 원인과 그 와중의 여러 사건에 대한 역사, 또는 본인의 말마따나 '연구'를 집필했다.

전쟁의 원인은 먼 과거 속에 놓여 있음을 깨달은 그는 맨 먼저 메디아인의 대두에 관한 이야기를 썼으며, 곧이어 뿔뿔이 흩어진 사막 부족에서 시작되어 지상 최대의 ― 그가 생각하기에는 ― 제국을 지배하게 된 페르시아인에 관한 이야기를 썼다. 그 와중에 그는 고대 이집트에 관한 이야기도 끼워 넣었으니, 일찍이 여러 달 동안 그곳에 머무르며 경탄한 바 있었기 때문이다. 하지만 그는 자신의 노력에서의 핵심적 질문을 결코 망각하지는 않았다. 그 질문이란 도대체 어떻게 해서 상대적으로 한 움큼밖에 안 되는 그리스 육해군이 숫자상 열 배도 넘는 병력을 패퇴시킬 수 있었는지, 그것도 한 번도 아니고 상당한 기간 동안 여러 번 그럴 수 있었는지 하는 것이었다.

그 질문에 대한 그의 답변은 훗날 우리 생각의 일부분으로 확고히 자리 잡게 되었는데, 내용인즉 페르시아의 오만과 자부심이 하늘 높은 줄 몰랐기 때문이다. 가령 크세르크세스가 헬레스폰투스 해협에 도착해서 보니 파도가 매우 높아서 병력이 그 좁은 해협을 건너는 일이 상당히 지체되고 있었다. 화가 난 크세르크세스는 바닷물을 향해 채찍질을 하라고 명령했으니, 마치 바닷물을 무슨 노예라도 되는 듯 여긴 셈이었다. 페르시아인을 물리친 뒤에도, 적군을 더 이상 괴롭히려 하지 않고, 그저 자기 조국을 구한 데 만족했던 그리스인과는 얼마나 다른 사고방식인가. 이것이야말로 그리스인이라면 누구나 배워 마땅한 교훈이 아닐 수 없다고 헤로도토스는 생각했다.

헤로도토스에 따르면 크세르크세스는 철학적인 경향이 있었다고 한다. 다음과 같은 유명한 대목이 있다.

크세르크세스는 헬레스폰투스의 해면이 온통 함선으로 뒤덮이고 해안과 아비도스의 평지가 모두 군대로 가득 찬 광경을 바라보고 스스로 자신의 행운을 축복하다가 이윽고 눈물을 흘렸다.

이것을 눈치챈 그의 숙부 (……) 가 눈물을 흘리는 크세르크세스를 보고 이렇게 물었다.

"전하, 조금 전의 행동과 지금의 행동이 어찌 그렇게 다르십니까? 방금 전에는 자신의 행운을 스스로 축복하시는 듯하더니 지금은 눈물을 흘리시니 말입니다."

그러자 크세르크세스는 이렇게 말했다. "저렇게 사람이 많은데도 누구 한 사람 백 살까지 살 수 없다고 생각하니, 절로 사람의 목숨이라는 게 얼마나 덧없이 짧은 것인가 하는 슬픈 느낌이 들었소."[12]

헤로도토스는 B.C. 420년이 되기 전에 사망했으므로, 펠로폰네소스 전쟁으로 인한 그리스의 비극적인 자멸을 이해하기에는 역부족이었다. 그리하여 이 자살이나 다름없는 충돌을 이해하는 과제는 그의 후계자인 투키디데스에게 남겨지게 되었다.

B.C. 460년보다 앞선 언젠가 태어난 투키디데스는 젊은 시절부터

---

12 헤로도토스, 『헤로도토스 역사』(박광순 옮김, 범우사, 1987), 제7권, 496쪽.

본인과 동시대인의 생애 대부분을 차지한 전쟁에 관한 현재진행형의 저술을 쓰기로 작정했다. 그는 이미 군인으로서 명성을 떨친 바 있었다. 비록 중요한 전투에서의 패배로 인해 지휘권을 상실하고 유배되기는 했지만, 그는 이 지루한 충돌의 전사(戰史)에 집중했다. 그는 특유의 독창적인 발명을 이용하여 이를 더욱 생생하게 만들었으니, 이는 그 전쟁의 주요 인물이 한 연설의 서술을 중간 중간 삽입함으로써 설득력과 외관상의 박진성을 성취하는 역사상 거의 유일무이한 방식이었다.

투키디데스는 이러한 혁신으로 인해 종종 비판도 받는다. 그는 당시에 중요한 인물들이 한 연설을 실제로 들은 적은 없었다. 그렇다는 점을 시인하는 대신, 그는 사실을 최대한 깊이 조사했다고 말하면서 자신의 행위를 정당화했다. 비록 실제로 한 말들을 정확히 확인할 수는 없었다 하더라도, 그는 자신의 시도가 상당한 가치를 지닌다고 생각했다. 달리 말하자면, 식견은 풍부하고 편견은 없는 연구자가 어떤 역사적 사건 동안에 분명히 일어난, 또는 마땅히 일어났을 법한 사건에 관해서 내린 판단은 이미 그 자체로 진짜 역사의 일부라는 것이다.

페리클레스(B.C. c.495~B.C. 429)의 감동적인 장례식 연설 역시 투키디데스의 이런 관행의 소산이다. 전쟁 초기에 아테네 측의 지도자였던 페리클레스는 군사적인 면은 물론이고 지적인 면에서도 마찬가지로 온갖 종류의 위험을 대범하게, 그리고 기꺼이 감수한 자기 동포들을 예찬하고 있다.

우리는 문호를 활짝 열고 소위 외인 추방 등으로 다른 사람의 견문을 방해하지도 않습니다. 설사 이 공개주의 때문에 적이 우리에게서 뭔가를 배워 편의를 도모할지라도 장비나 책략보다 우리의 용감히 싸우는 정신을 확고히 믿고 있습니다. 군사교육에서도 그들은 아주 어릴 때부터 엄격한 훈련으로 용기의 함양을 추구하고 있지만, 우리는 자유롭게 놔두면서도 그들에 대항해서 조금도 밀리지 않고 있습니다. (……)

우리는 아름다움을 추구하면서도 사치로 흐르지 않고, 지(智)를 사랑하면서도 유약함에 빠지지 않습니다. 부자는 부를 자랑하지 않고 그것을 활동의 바탕으로 삼고, 가난한 사람은 가난한 것을 부끄러워하지 않으며 도리어 그것을 이겨내는 노력을 게을리하는 것을 부끄러워해야 하는 것으로 보고 있습니다. 각자 모두 공적으로나 사적으로 최선을 다하고, 전사도 정치에 소홀하지 않으며, 이에 참여하지 않는 자를 공명심이 없다고 보기보다는 쓸모없는 자로 생각하는 것은 우리뿐입니다. 우리는 문제를 비판하고 또 동시에 그것을 올바른 방향으로 촉진시킵니다. 비판이 실행을 방해한다고 생각하지 않고, 그렇다고 비판으로만 흘러 해야 할 행동을 소홀히 하는 일도 없습니다. (……)

우리가 말하는 착한 일도 남들과 달리 은혜를 받는 데 있지 않고 그것을 베풀어 친구를 만드는 데 있다고 봅니다. 요컨대 다른 사람에게 베푸는 선행자는 그 고마워하는 뜻을 잃지 않으려 하기 때문에 점점 더 신뢰받지만, 의리상 은혜를 갚으려는 자는 감사받기 위해서가 아니라는 것을 의식하기 때문입니다. 나아가 우리의 또 다른 특질은 결과를 두려워하지 않고 이해를 따지지 않으며 자유를 신뢰하는 데 있습니다.

말하자면 아테네 시 전체가 헬라스의 규범인 것입니다.[13]

---

13 투키디데스, 『펠로폰네소스 전쟁사 (상)』(박광순 옮김, 범우사, 1993), 174~176쪽.

그때까지 그 어떤 국민도 그들의 지도자로부터 이처럼 애정 넘치는 찬사를 받아본 적은 없으며, 이후로 한동안은 그 어떤 국민도 이보다 더 큰 찬사를 받을 만한 자격이 없으리라는 것이 투키디데스의 생각이었다.

하지만 자유와 정의에 대한 아테네인의 사랑조차도 지속되는 전투에서 비롯된 공포를 이겨내지는 못했으니, 매년 스파르타 병력이 그들의 조국 영토를 침공하여 동포들을 죽이고 농작물이며 과수원이며 올리브 숲을 불태웠던 것이다. 이후의 수많은 전쟁에서와 마찬가지로, 한때는 전쟁에서도 그나마 보다 덕스러운 것으로 여겨졌던 측면조차도 힘의 급박함 아래에서는 더 이상 덕스럽지 못하게 여겨졌으며, 때로는 아테네인 역시 그 적과 마찬가지로 잔인하고 폭압적으로 굴었다. 바로 이것, 즉 전쟁에 승리하는 대신 영혼을 잃어버린다는 것이야말로 아테네의 진정한 비극이었음을 투키디데스는 암시한 것이었다.

투키디데스의 역사는 전쟁이 끝나기 이전에 마무리되었다. 아마도 전쟁이 끝나기도 전인 B.C. 404년 그가 먼저 사망했기 때문인 듯한데, 사실 이러한 추정을 뒷받침해 주는 증거까지는 없다. 일부 주석가들은 어쩌면 그가 [조국의 패배로 인한] 상심 때문에 저술을 마무리하지 못했으리라 추정하기도 한다.

그리스 사상의 정신

탈레스 이전까지만 해도 대부분의 지식은 실용적인 것들로, 가령 사냥에서 농작물 기르기까지, 집안 돌보기에서 도시 다스리기까지, 예술 창조에서 전쟁 참여까지 다양한 사업에서의 성공을 위한 실용적인 규칙들로 이루어져 있었다. 그런 실용적인 노하우의 느린 축적은 수천 년 동안이나 지속되었으며, 그리스인이 사물의 본성에 관해 철학 하기를 시작한 이후에도 결코 멈추지 않았다. 오히려 그때 이후로 그런 실용적 지식의 축적은 더욱 가속화되었으니, 호기심에 가득 찬 그리스인이 바다에 에워싸인 반도로부터 먼 곳까지 퍼져나갔던 것이다. 이것은 자신들의 문화 영웅인 오디세우스의 모범을 따르는 것이었다.

> 그는 수많은 사람들의 도시를 보았고
> 그들의 마음을 알았으며, 바다에서는 자신의 목숨을 구하고
> 전우들을 귀향시키려다 마음속으로 많은 고통을 당했습니다.[14]

비록 여러 번의 반전을 겪기는 했지만, 그리스인은 대개 도시와 사람의 정신에 관해 배웠다. 지식이 급속히 성장했으며 농업, 포도 재배, 도자기 제작, 상업 및 판매술, 금융, 금속, 무기, 전쟁 등에 관한 지식도 늘어났다.

> 무시무시한 것이 많다 해도
> 인간보다 더 무서운 것은 없다네.

---

14 호메로스, 『오뒷세이아』(천병희 옮김, 숲, 2006), 3~5행, 23쪽.

그는 사나운 겨울 남풍 속에서도

잿빛 바다를 건너며

내리 덮치는 파도 아래로 길을 연다네.

그리고 신들 가운데서

가장 성스러우며 다함이 없고

지칠 줄 모르는 대지를

그는 말의 후손으로 갈아엎으며 해마다

앞으로 갔다가 뒤로 돌아서는 쟁기로 괴롭힌다네.

그리고 마음이 가벼운 새의 부족들과

야수의 종족들과

심해 속의 바다 종족들을

엮은 그물의 코 안으로 꾀어 들여

사로잡아 간다네, 재치가 뛰어난 인간은.

그는 산속을 헤매는 야수들을

책략으로 제압하고,

텁수룩한 갈기의 말을 길들여

그 목에 멍에를 얹는가 하면

지칠 줄 모르는 산(山) 소를 길들인다네.

또한 말(言)과 바람처럼 날랜 생각과, 도시에

질서를 부여하는 심성을 그는 독학으로 배웠다네.

그리고 맑은 하늘 아래 노숙하기가 싫어지자

서리와 폭우의 화살을 피하는 방법도.

그가 대비할 수 없는 것은 아무것도 없다네.

아무 대비 없이 그가 미래사를 맞는 일은

결코 없다네. 다만 죽음 앞에서 도망치는

수단만을 손에 넣지 못하였을 뿐.

하나 그는 좌절시키는 질병으로부터

도망치는 방법은 이미 궁리해냈다네.

발명의 재능에서

바라던 것 이상으로 영리한 그는

때로는 악의 길을 가고

때로는 선의 길을 간다네.[15]

   그리스인이 뭔가를 배운 까닭은 천성적으로 호기심이 많고 낯선 지역을 많이 여행했기 때문이기도 하지만, 그것만이 전부는 아니었다. 가장 중요한 점은 뭔가를 체계적으로 배우는 방법의 발견이라는 혁명적인 사건, 다시 말해서 지식 그 자체를 체계화하는 방법의 발명이었다. 탈레스 이전까지만 해도 지식, 다시 말해서 성공을 보장하고 불행 대신 행복을 부여하는 방법의 소유는 지배계급, 그러니까 왕과 사제 사이에서만 독점되고 있었다. 탈레스와 그의 추종자들은 지식을 '수수께끼'가 아닌 공개적인 것으로 탈바꿈시켰다. 글을 읽을 줄 아는 사람은 누구나 그 혜택을 공유할 수 있었다. 그 원칙을

---

15 소포클레스, 『안티고네』 332~386행, 앞의 책, 105~106쪽.

이해하는 사람은 거기다 또 뭔가를 더할 수도 있었고, 그리하여 자신은 물론이고 타인의 유익까지도 도모할 수 있었다.

다른 지식의 영역에서와 마찬가지로 바로 여기서도 아리스토텔레스는 '매우 탁월하게' 아는 사람이었다. 그는 다양한 주제에 관한 지식의 여러 가지 방법과 여러 가지 판단 기준을 수립했다. 어떤 주제에 접근할 때면 항상 자신의 선조들과 동시대인의 공헌을 먼저 검토했고, 그런 다음에 자기가 보기에 잘못된 것을 비판했으며, 가치 있다고 생각되는 것들을 차용했다. 더 나아가 그는 가령 식물학과 현행 정치 이론 같은 특별히 다른 주제들을 연구하기 위한 연구 팀을 만들기도 했다.

가장 중요한 점은 아리스토텔레스가 책을 써서 간행했으며, 그리스인이 가는 곳이면 어디나 그 책들도 따라갔다는 점이다. 알렉산드로스 대왕이 한때 그의 제자였던 것도 어마어마한 행운이었다. 이 정복자는 마치 본인이 아리스토텔레스 휘하의 연구원이라도 되는 듯 옛 스승에게 보고서를 써 보내는가 하면, 동물학 및 식물학 표본들을 함께 보내 분석 및 분류하게 했다.

그리하여 이 세상에는 갑자기 뭔가 새로운 것이 나타났으니, 그건 그리스인이 "에피스테메"(episteme)라고 부르고 우리가 학문이라고 부르는 것이었다. 바로 체계화된 지식이었다. 이는 곧 공개적인 지식이며, 모든 사람에 의해 주기적으로 검토되고 검증될 — 나아가 의문시될 — 수 있는 원칙들에 근거한 지식이었다.

이로부터 어마어마한 결과가 나타났다. 첫째로 무엇에 관해서든지 여러 가지 진리들이 아니라 오로지 단 하나의 진리만이 있다는 관념이 자라났다. 사람들의 의견이 모두 일치할 수는 없으니, 만일 그렇다면 그중 일부는 맞고 일부는 틀리다는 뜻이 되었다. 그리고 지금 진실인 것은 이전에도 항상 진실이었으며 따라서 이후에도 항상 진실일 것이었다. 진실은 단순히 시간의 흐름에 의해서, 또는 견해의 변화에 따라서 수정되는 것이 아니기 때문이었다. 이는 무엇에 관해서든 진리란 이미 알려진 것뿐이어야 한다는 뜻은 아니다. 진리에 대한 이해는 언제라도 변화되고 향상될 수 있었다. 하지만 진리 그 자체는 사람의 생각 바깥에 있는 것이었으며, 마치 배를 항구로 이끄는 등대 같은 것이었다.

둘째로 '아는 사람'과 '알려진 것' 사이의 근본적인 관계에 대한 관념이 생겨나게 되었으니, 이것은 가령 외부 세계와 내부 정신 간의 접합이라고도 할 수 있었다. 이 세계는 본질적으로 합리적이며, 이성을 지닌 우리는 이 세계를 이해할 수 있다. 어쩌면 우리는 합리적인 세계를 아직 이해하지 못하거나, 또는 전부 이해하지는 못할지도 모른다. 어쩌면 우리는 결코 이 세계를 완전히 이해하지는 못할지도 모른다. 하지만 이것은 가령 그리스인보다 먼저 살았던 사람들이 믿어 의심치 않았듯이 이 세계가 본질적으로 이해 불가능하기 때문은 아닐 것이다. 다만 세계처럼 복잡하기 그지없는 것에 관해 모든 것을 알아내기가 우리에게는 너무나도 힘든 일이기 때문일 것이다.

셋째로 교육에 대한 새로운 개념이 생겨났다. 아버지들은 아들들에게 각자의 '기술'의 규칙에 관해 가르쳤다. 어머니들은 딸들에게 또 그들만의 기술의 규칙에 관해 가르쳤다. 국가는 젊은 신민에게 그 안에서 살아가기 위한 규칙을 배우도록 강제했다. 그런 규칙을 배우지 않을 경우에 받아야 하는 처벌은 추방이나 죽음이었다. 하지만 모든 사람이 배울 수 있는, 또는 모든 젊은이들이 마땅히 배워야 한다고 여겨지는 체계화된 지식의 덩어리는 전혀 없었다. 갑자기 또 뭔가 새로운 것이 생기게 되었고, 이를 그리스인은 "파이데이아" (paideia), 즉 훌륭한 인간인 동시에 훌륭한 시민이 되려는 사람은 누구나 — 물론 예외는 있었으니 가령 여성, 노예, 외국인 등이 그러 했다 — 공부해야 하는 교과과정이라고 불렀다.

마지막으로 과학 그 자체의 관념, 그리고 과학의 꽃이라고 할 수 있는 수학의 관념이 있었다. 그리스인이 어디에서나 모든 것에 대한 과학적 연구에, 특히 순수한 추론의 과학인 수학에 열성적으로 뛰어 든 까닭은 바로 그 아름다움과 추악함 때문이었다. 아름다움은 아무 말 없이 지나가도 그만이었다. 하지만 추악함은 뭔가 짚고 넘어갈 필요가 있었다.

항상 움직여야만 직성이 풀리는 그리스인은 새로운 것을 배우기 를 즐겼기에, 어딜 가든지 새로운 발상을 가져가서 거기 더 오래 산 사람들에게 설명해주었다. 그들은 본질적으로, 그리고 영원히 인습 타파적이었다. 다른 무엇보다도 그들은 오래된 믿음에 관해 질문을 던지면서, 다른 민족의 계획을 뒤엎어버리기 일쑤였다. 이는 알렉산 드로스의 명령으로 이집트인을 다스리게 된 그리스인 지배자들의 경우에도 마찬가지였다. 이들은 이집트를 '근대화'하기를 원했으며, 이집트가 기존의 상태로도 여러 세기 동안 잘 지내오고 있었다는 사 실은 아랑곳하지 않았다.

인습 타파주의는 재미있을 수도 있다. 또한 두려울 수도 있다. 이 것은 그냥 내버려 두어도 만사형통인 오래되고 안전한 믿음에 굳이 도전하는 것이었다. 인류 전체는 수천 년 동안이나 그러한 철학을 지닌 채로 잘 살아남았고 심지어 번성하기도 했다. 그리하여 이 새로운, 그리고 모든 것에 대한 재검토를 요구하는 의심 많은 정신의 선물을 가져온 그리스인이 가는 곳마다 모든 사람들에게 사랑을 받은 것은 아니었다.

그리스인은 항해가이며 탐험가이기도 했다. 바다는 이들의 고향이나 다름없었다. 오디세우스와 마찬가지로 이들은 연약한 배에 올라타고 세상을 보러 떠났으며, 머나먼 곳에 식민지를 수립했고, 친구는 물론이고 적과도 나란히 무역을 했다.

따라서 지성의 배에 올라타고 사고의 바다에서 미지의 영역을 탐험하러 나선 것도 이들에게는 지극히 자연스러운 일이었다. 유례가 없었고 설명할 수도 없는 천재적인 능력을 갖고 이들은 이런 모험을 떠났으며, B.C. 6세기경에 밀레토스에서 철학이 사상 최초로 생겨났을 때부터 A.D. 4세기에 이르러 알렉산드리아가 학문의 중심지로 발돋움할 때까지, 1000년 가까이 계속해서 그런 여행을 떠났다. 그렇게 하는 과정에서 이들은 인류가 장차 어떻게 살아야 할지에 대한 이미지를 인류 앞에 세워놓았다.

오늘날까지 우리는 실제로 그 고대 그리스인처럼 살고 있다. 인습타파론자와 모험가로서, 우리는 모든 전통에 대해 의문을 제기하고 모든 기존의 규칙을 바꾸기 위해 노력하고 있는 것이다.

제3장

로마인이 알았던 것

로마인은 그리스인이 아는 것을 고스란히 알고 있었다.
하지만 그리스인이 전혀 몰랐던 것을
알게 된 경우도 몇 가지 있었다.
로마인은 시종일관, 그리고 천성적으로 실용적이었다.
이러한 원칙하에서 로마인은
무려 1000년을 견디게 될 도시 제국을 건설했던 것이다.

호메로스의 오디세우스. 그리스의 까마득한 과거에 살았다고 전해지며 모험을 추구하는 이 신화적인 인물은 고전 시대 즈음에 이르러 그리스인의 문화 영웅이 되었다. 비교적 후대인 B.C. 5세기까지도 호메로스의 서사시는 여전히 그리스 교육의 주요 과목 가운데 하나였다. 다만 그로부터 1세기 뒤에 나온 아리스토텔레스의 영향하에서나 '파이데이아'의 이상이 비로소 역사, 철학, 자연에 관한 규칙적이고 체계적인 연구를 합쳐놓기 시작했던 것이다. 하지만 오디세우스의 명성은 결코 시들지 않았으며, 그러한 사실은 오늘날에도 마찬가지다.

오디세우스는 방랑자이며 모험가였으며, 모험을 추구함으로써 명성을 얻었다. 사랑하는 아내 페넬로페가 영원히 자신을 기다리며 정절을 지키리라는 것을 확신한 채, 그는 여러 낯선 도시를 탐험하고, 새로운 곳을 정복하고, 심지어 다른 여성들과 애정 행각을 벌였다.

B.C. 1세기 말엽, 베르길리우스(B.C. 70~B.C. 19)는 위대한 라틴

어 서사시인 『아이네이스』를 썼는데, 로마인에게 그들의 영광스러운 과거를 가르치고 한민족으로서 그들의 성격을 밝혀주기 위한 이 서사시에서 그는 오디세우스를 일종의 모델로 삼았다. 그 역시 자신의 주인공 아이네이아스를 모험의 추구자로 만들었던 것이다. 하지만 둘 사이에는 얼마나 큰 차이가 있었는지!

오디세우스와는 대조적으로 아이네이아스는 가정적인 사람이다. 그는 자신의 고향인 트로이에서 쫓겨나서 새로운 고향을 찾아 바다를 떠돌아다니는 신세가 된다. 그는 이탈리아에 정착하고, 그 지역의 여성과 결혼하며(그의 첫 번째 아내는 고향 도시의 참혹한 점령 당시에 그만 목숨을 잃고 말았다.) 트로이 출신의 망명객들로 이루어진 새로운 공동체를 건설한다. 그는 줄곧 자신의 슬픈 운명을 불평해 마지않는다. 그는 모험을 추구하는 자이기는 하되, 다만 어쩔 수 없이 그리하는 자인 것이다. 그에게 고향이란 자기가 마음을 두는 곳이었으니 — 그리스인과는 천양지차로 — 대개의 로마인도 그러하였다.

아이네이아스는 신화 속의 한 시대 — 가령 여기서는 B.C. 1150년이라고 치자 — 에 불타는 일리움에서 탈출했다. 도망칠 때에 그는 어깨에 늙은 아버지를 둘러메고, 한 손에 어린 아들의 손을 붙잡고, 또 한 손에 자기 집과 자기 도시에서 섬기는 신들을 들고 있었다.(말 그대로 진흙으로 만든 작은 신상들을 들고 갔다는 뜻이다.) 베르길리우스에 따르면 이후 7년 동안 그는 지중해 동부 전역을 떠돌아다니며 본인과 부하들이 그 신들을 섬길 만한, 새로운 고향이 될 만한 장소를 찾아다녔다. 아프리카 북부 해안에 도착했을 때, 신화에 따르면 카르타고의 창건자이며 그곳의 여왕인 디도가 방랑하는 트로이 망명객들에게 자신은 물론이고 자신의 왕국까지도 제공했다. 하지만 아이네이아스는 자신의 운명과 유피테르의 의지에 순종하여 그녀를 거절했다. 한 번 더 그는 내해로 들어가 라티움에 상륙하는데, 이탈리아의 서부 해안인 그곳은 테베레 강의 하구 근처였다. 그곳에서 그는 우호적인 왕 라티누스를 만나는데, 그는 그 지역에 살던 라틴족의 지배자였다. 라티누스에게는 라비니아라는 이름의 딸이 있었다. 왕은 자기 딸을 아이네이아스의 아내로 준다. 그로 인해 라비니아를 사랑했던 투르누스가 앙심을 품고, 이후 아이네이아스와 투르누스 사이에 전쟁이 벌어진다. 마침내 승리를 거둔 아이네이아스는 자신과 부하들, 그리고 자신이 섬기는 신들을 위한 새로운 고향을 얻은 셈이 되었다.

하지만 아이네이아스가 곧 로마의 창시자인 것은 아니었다. 전통적으로 로마의 창건 날짜는 그보다도 몇 세기 뒤로 잡는다. 전설에 따르면 라티움의 알바롱가 출신 왕들 가운데 맨 마지막인 누미토르에게는 레아 실비아라는 이름의 딸이 하나 있었다. 베스타를 섬기는 무녀인 그녀는 평생 처녀로 남아 있어야 했지만, 마르스 신의 유혹을 받아서 로물루스와 레무스라는 쌍둥이 아들을 낳는다. 누미토르의 왕위를 찬탈한 새로운 왕은 그 쌍둥이를 테베레 강에 던져 죽이라고 명령하지만, 두 아이는 기적적으로 구조되어 암컷 늑대의 젖을 먹고 살았다. 왕의 부하인 양치기 파우스툴루스는 두 아이를 수풀속에서 발견하고 자기가 데려다 길렀다. 훗날 자신들의 진짜 신분을 알게 된 이들 형제는 왕위 찬탈자의 후손들의 분노를 피해 안전하게 살아갈 수 있는 장소에 도시를 하나 세우기로 작정했다.

하지만 형제 사이에는 불화가 싹트고 말았고, 결국 두 사람은 싸움을 벌였다. 그 와중에 레무스는 사망하고, 로물루스가 테베레 강변에 세운 도시에는 훗날 그의 이름이 붙게 되었다. 로마의 전통에서는 그해를 B.C. 753년이라고 한다. 하지만 오늘날의 고고학자들은 그보다 더 이른 시기였으리라고 단언한다.

처음에는 그 도시에 사는 사람이 워낙 드물었기 때문에, 로물루스는 이 새로운 정착지를 도망친 노예와 살인범 등의 도피처로 제공했다. 그리하여 이 새로운 도시에는 남자만 득실거렸고 여자는 보기 드물었다. 로마의 홀아비들은 꾀를 써서 이웃 도시의 여자들을 납치해 아내로 삼았다. 사비니인 여자들의 강탈 사건은 또 다른 전쟁으로 이어졌지만, 머지않아 평화가 찾아오자 로마인과 사비니인은 로물루스의 영도 아래 새로운 국가를 함께 만들게 되었다.

로물루스가 사망하여 신격화된 이후, 그 도시의 북동쪽에 위치한 에트루리아(오늘날의 토스카나)에서 온 에트루리아인이 로마의 지배자가 되었다. 에트루리아인 왕들은 타르퀴니아, 볼테라, 코르토나 같은 자신들의 훌륭한 옛 도시에만 관심을 더 가진 반면, 테베레 강 하구에 있는 변방의 전초지[로마]에는 그리 주목하지 않았다. B.C. 500년경, 로마인은 봉기를 일으켜 힘겨운 싸움 끝에 결국 독립을 쟁취했다. 이후 그들은 공화국을 수립했으니, 이 국가는 그 미덕과 정의는 물론이고 수명으로도 고대 세계에 명성을 떨쳤다.

이 국가의 모토는 '세나투스 포풀루스 쿠에 로마누스'(Senatus Populus Que Romanus), 즉 '로마 원로원과 시민'이었다.(이 단어의 유명한 약자 SPQR은 지금도 로마 곳곳에서 찾아볼 수 있다.) 원로원의 기원은 정확히 알 수가 없다. 다만 군주 가문의 고문 집단으로서의 원로원은 B.C. 509년에 있었던 왕정의 전복보다도 훨씬 더 오래되었다. 공화국 치하에서 원로원은 계속해서 고문 역할을 하며, 투표로 선출된 관리로서 국가를 다스리는 임무를 담당한 집정관에게 조언을 제공했다.

처음에 '시민'은 오로지 부유하고 가장 권세 있는 몇몇 사람들로 만 이루어져 있었다. 그럼에도 불구하고 이 공화국이 원로원과 시민 사이의 공조로 이루어졌다는 주장도 완전 허구까지는 아니었다. 수 세기가 지나면서 선거권, 즉 사실상의 지배권은 점점 더 많은 사람 들에게 확장되었다. 나아가 로마의 관료제에는 평민들의 대표자인 호민관도 포함되었다. 때때로 호민관은 집정관과 갈등을 빚곤 했다. 그러나 그런 갈등은 대개 평화적으로 해결되었으니, 왜냐하면 로마 의 지도자들은 국가의 위력과 번영이 평민, 심지어 빈민, 또 심지어 노예들에 얼마나 의존하고 있는지를 잘 알고 있었기 때문이다.

이러한 공조 관계는 어쩌면 그리스의 도시국가를 모델로 삼은 것 일 수도 있다. 스파르타에도 원래 이와 유사한 정체가 있었고, 역사 시대의 코린트도 마찬가지였다. 하지만 그리스의 도시국가는 다수 에 의한 지배(민주제)와 소수에 의한 지배(과두제) 가운데 어떤 것을 따라야 하느냐는 질문과 계속해서 싸워야 했다. 로마 공화국의 경우 에는 사실상 이 두 가지 모두에 의해 지배된다고 선언한 셈이었다. 로마가 차용한 그리스의 발상이 대부분 그렇듯이, 이것 역시 실용적 이고 매우 성공적인 절충이었다.

B.C. 4세기에 이르러 부지런한 그리스인은 아이네이아스 일행이 한때 방랑했던 지중해 세계의 동부 대부분을 좌우하게 되었다. 그리 스인은 가는 곳마다 탐험과 상업을 수행했고, 아리스토텔레스의 탁 월한 제자인 알렉산드로스 대왕 치하에서는 이집트와 동방까지도 정복했으니, 고대의 제국들은 그들 앞에서 마치 낫 앞의 잘 익은 벼 처럼 쓰러졌다.

알렉산드로스는 B.C. 323년, 자신이 제국의 수도로 삼고자 했던 도시 바빌론에서 사망했다. 그의 나이 겨우 32세였다. 그는 고향인 마케도니아에서 군대를 이끌고 트라키아를 지나 보스포루스 해협에 도달했으며, 거기서 수사와 페르세폴리스로 진격해 그곳을 불태워 버리고, 아시아 깊숙이 위치한 사마르칸트로 갔다가, 인더스 계곡을 따라 아라비아 해로 내려갔고, 거기서 다시 페르세폴리스를 거쳐 결국 바빌론으로 돌아왔다. 그는 10년여 사이에 1만 마일 이상을 주파했으며, 이집트와 페르시아와 인도, 이렇게 세 개의 제국을 정복했다.

그의 사망이야말로 그리스가 누린 일시적인 세력의 정점을 표시한 셈이었으니, 왜냐하면 그의 천재적인 능력이 사라진 상황에서 그리스는 빠른 속도로 세력이 기울기 시작했기 때문이다. 하지만 그리스의 몰락은 예상보다는 훨씬 더 천천히 이루어졌다. 처음에는 어느 누구도 알렉산드로스의 자리를 차지하려 들지 않았기 때문이다. 그 사이에 로마인은 자체의 문제를 해결해야만 했다.

이들이 직면한 문제란 그리스가 아니라 바로 카르타고였다. 오늘날의 튀니스 북동부 만에 위치한 이 인구가 많은 도시는 로마의 초창기에 가장 큰 적수였다. 티루스에서 온 페니키아인 식민지 개척자들이 세운 카르타고(페니키아어로 '새로운 도시'라는 뜻)는 연대상으로는 로마보다는 약간 뒤에 생겼다. 로마인은 이 도시에 사는 사람들을 포에니(Poeni)라고 불렀는데, 이 단어에서 'Punic'(카르타고의; 믿을 수 없는)이라는 영어 단어가 유래했다. 로마인과 카르타고인은 세 차례의 포에니 전쟁을 통해 주도권 다툼을 했으니, 그로 인해 B.C. 250년부터 B.C. 150년경까지 1세기 동안 양쪽 문명에는 발전이 저해되고 말았다. 카르타고는 B.C. 201년에 처음으로 로마에 의해 정복되었는데, 오늘날 튀니지의 북부에 위치한 자마 평원에서 카르타고의 유명한 장군 한니발이 로마의 스키피오 아프리카누스에게 패배한 결과였다. 카르타고는 재차 봉기했으나 결국 B.C. 146년에 완전히 파괴되었다. 로마군은 도시의 벽을 무너트리고, 땅에는 소금을 뿌려 불모지로 만들었다.

서쪽이 안정되자, 로마는 비로소 시선을 동쪽으로 돌리게 되었다. 지중해 동부에서 그리스 주도권의 종말은 B.C. 2세기 말의 마지막 수십 년 동안에 찾아왔다. 그때 이후로 그리스와 로마의 역사는 하나가 되었다.

B.C. 150년부터 A.D. 150년까지 대략 3세기 동안은 고전 문명의 만조인 동시에, 훗날 신세계의 발견 이전까지 서양인이 도달한 가장 높은 수준의 시대라 할 만했다. 처음 100년 동안 로마의 팽창은 계속되었으며, 그 앞을 가로막을 것이 거의 없었으므로, 그 추세는 점점 더 빨라져 갔다. 물론 내전으로 인해 로마인의 생활에 혼란이 빚어지긴 했지만, 훗날 로마 제국이란 이름으로 불리게 될 영토적 실체는 그야말로 지칠 줄 모르고 뻗어나가서, 그리스도의 시대에 이르러서는 그 당시 로마인이 알던 '전 세계'의 대부분을 포함하게 되었다.(다시 말해서 인도, 중국, 일본, 그리고 미지의 대륙이었던 남북 아메리카는 포함되지 않았다는 뜻이다.)

잠시 후에 살펴보겠지만, 로마 공화국은 이 시기에 종말을 고하고 말았다. 공화국은 사실 오랜 세월 동안 부식되어왔기 때문에, 설령 율리우스 카이사르나 초대 황제 아우구스투스에 의해 사망 선고가 내려지지 않았다 하더라도 결국에 가서는 제풀에 없어지고 말았을 것이다. 실제로 초대 로마 황제 아우구스투스(B.C. 63~A.D. 14)는 B.C. 30년부터 사망 때까지의 긴 치세 동안에 공화국을 재건하려고 시도한 바 있었다. 그는 최종적인 권력만큼은 붙들고 있었지만, 행정 권력만큼은 원로원이며 집정관이며 호민관 ─ 여전히 선거를 통해 선출되었던 ─ 과 공유했다. 사실상 그는 최고 집행관이었으며, 그 나머지 사람들은 실무 권력을 그와 공유했다. 하지만 그의 후계자들은 이처럼 부분적으로나마 자유로웠던 정부를 완전한 전체주의 국가로 만들었다.

아우구스투스가 사망했을 때 제국의 영토는 서쪽으로 오늘날의 벨기에에서 시작하여 동쪽으로는 오늘날의 시리아에 이르렀으며, 남쪽으로는 이집트에서 그 서쪽으로 북아프리카 해변을 따라 오늘날의 알제리까지, 거기서 다시 바다 건너 에스파냐를 지나 북쪽으로 다시 벨기에에 도달할 정도였다. 1세기 뒤에는 다른 영토들도 추가되었다. 브리타니아, 마우레타니아(오늘날의 모로코), 오늘날의 독일에서 라인 강 서부 지역, 다키아와 트라키아(오늘날의 루마니아와 불가리아), 흑해 동부의 부유한 지역들(아르메니아, 아시리아, 메소포타미아, 카파도키아), 그리고 유대와 이집트가 맞닿은 아라비아 반도의 일부가 그런 영토였다.

트라야누스 황제의 치세(98~117)는 로마의 영토 확장력이 최고조에 달한 때와 일치한다. 트라야누스 이전까지만 해도 로마의 '리미테스'(*limites*), 또는 경계는 어디까지나 병사들의 정신과 의지에 달려 있었다. 이들은 사막이건 숲이건 강변을 따라서건 어디서나 야영 생활을 하고, 이른바 변경이라는 개념을 전혀 받아들이지 않았다. 왜냐하면 변경이라는 개념 자체가 그 너머에 뭔가 안정적이고 영구적인 것이 있음을 암시했기 때문이다. 트라야누스와 그 후계자인 하드리아누스는 '리미테스'를 돌담과 요새의 열로 바꾸어, 로마인을 외부의 위협으로부터 보호하는 한편, 그 돌담 안에 가두어놓았다. 나아가 하드리아누스는 동부의 점유지 일부를 포기하기로 결심했고, 그때 이래로 역대 황제들은 새로 얻는 땅보다도 포기하는 땅이 점차 더 많아지게 되었다.

『로마제국 쇠망사』(1776~1788)의 저자인 에드워드 기번(1737~1794)은 안토니누스 시대[16]를 로마뿐만 아니라 세계 역사의 정점으로 생각했는데, 이 시기는 A.D. 98년의 트라야누스 황제 등극 때부터 180년에 마르쿠스 아우렐리우스 황제의 사망에 이르는 82년 동안이었다. 이 시기에 로마를 연이어 다스린 네 명의 황제 가운데 안토니누스 피우스 ― 138년에 하드리아누스의 뒤를 이었으며, 161년에 사망하면서 아우렐리우스를 후계자로 지명한 ― 는 아마도 가장 운이 좋은 인물이었으리라. 물론 나머지 황제들도 저마다 나름대로는 운이 좋은 지배자였다고 할 수 있겠지만 말이다.

안토니누스 피우스의 치세인 23년 동안이야말로 역사상으로는 사실상 공백이나 다름없었으니, 가령 전쟁이나 해외 문제는 워낙 빈도수도 적은 데다 금방 끝나버렸으며, 국내 문제도 드물었고, 모든 계급에 속한 시민들이 번성하고 행복하게 살았던 까닭이다. 다른 무엇보다도 겸손하고 똑똑한 인물이었던 안토니누스 피우스는 마치

---

16 보통은 네르바, 트라야누스, 하드리아누스, 안토니누스 피우스, 마르쿠스 아우렐리우스, 코모두스까지 여섯 황제가 집권한 A.D. 96년에서 192년까지의 약 100년간을 말한다. 이 가운데 네르바에서 아우렐리우스까지를 이른바 '오현제'라고 일컫기도 한다.

전권을 장악한 독재자가 아니라 일반 시민인 것처럼 본인부터 법률을 철저히 준수했다. 마르쿠스 아우렐리우스(121~180) ― 그의 개인 비망록인 『명상록』은 오늘날까지도 전해지는 고전 시대의 보물 가운데 하나다 ― 는 그 시대에 살았던, 그리하여 자신의 양부인 "그분"의 다스림을 받았던 사람들은 그 무엇과도 비교할 수 없는 특권을 누린 셈이었다고 생각했다. 하지만 아우렐리우스는 총명함에도 불구하고 자신의 전임자처럼 만사를 장악하지는 못했다. 180년 그의 사망을 로마의 위대성이 쇠퇴하기 시작한 사건으로 본 기번의 시각은 아마도 옳다고 봐야 할 것이다.

로물루스가 테베레 강변에 세운 이 도시는 이후 3세기를 더 살아남으며 그때까지 알려진 전 세계의 명목상 지배자로 행세했으며, 이후로도 1500년이 넘도록 서양 문명의 중심지로 여겨졌다.(물론 중세 시대는 일종의 휴지기로 봐야 한다. 그때에는 카피톨리노 언덕에서 염소가 풀을 뜯었고, 강변에 있는 하드리아누스의 거대한 무덤은 교황들이 빈민들을 수용하는 일종의 요새로 바꾸어버렸다.) 하지만 통치의 마지막 세월은 그야말로 가차 없는 쇠퇴, 또는 독일의 역사가 오스발트 슈펭글러(1880~1936)의 말마따나 '운터강'(Untergang, 몰락)이었다. '리미테스'는 계속해서 안쪽으로 수축되었고, 야만인이 제국의 여러 도시를 침략했으며, 로마조차도 예외는 아니어서 한때 문화와 권력과 야망의 중심지는 그야말로 산산조각 나고 말았다.

A.D. 5세기 내내 제국은 두 개로 나누어졌으며, 그중 서쪽 영토는 로마가 아니라 라벤나에서 통치하였고, 동쪽 영토는 지중해와 흑해가 만나는 곳에 위치한 콘스탄티노플(오늘날의 이스탄불)에서 통치하였다. 창건 이후 3세기가 넘도록 동쪽 제국은 계속해서 라틴어로

말하고 글을 쓰면서 로마의 제도를 그대로 유지했다. 하지만 750년
경에 이르러서는 콘스탄티노플 사람들도 그리스어로 글을 쓰고 말
을 하기 시작했다. 그리하여 1000년쯤 지난 뒤에는 마침내 그리스
인이 일종의 승리를 거둔 셈이 되었다. 물론 실제 전투에서는 줄곧
패배했음에도 불구하고 말이다.

그리스식 이론, 로마식 실천

고전 유물을 전시한 박물관들을 찾아가 보면 어디에서나 과거 이
탈리아 반도의 사람들에게 그리스 문화가 끼친 막대한 영향력을 쉽
게 알 수 있다. 심지어 에트루리아 문화보다도 먼저 있었던 고대 이
탈리아 문화조차도 그 정신만큼은 그리스적이었다. 에트루리아의
예술과 종교는 현저하게 그리스적이었다. B.C. 4세기와 B.C. 3세
기에 에트루리아를 정복한 로마인 역시 머지않아 스스로가 그리스
의 관념과 이미지와 세계관에 감염되었음을 깨닫게 되었다.

로마인은 그리스 신들의 이름을 바꿔 자신들의 신으로 차용했다.
제우스(Zeus)는 유피테르(Jupiter), 아테나(Athena)는 미네르바(Mi-
nerva), 아르테미스(Artemis)는 디아나(Diana)가 되었다. 로마인은
그리스 알파벳도 차용했는데, 그 기발한 발명품은 그리스인의 언어
는 물론이고 로마인의 언어에도 상당히 유용했다. 이 알파벳은 오늘
날 우리에게도 여전히 유용한데, 물론 철자 가운데 일부는 시간이
흐르면서 모양이 변했다. 로마인은 마케도니아의 전투서열과 스파
르타의 철제 무기 및 갑옷도 모방했고, 이후 이 두 가지를 가지고 어

딜 가든지 승리를 거두었다. 이들은 그리스 저자들로부터 시와 연극에 관해 배웠으며, 그리스 철학을 연구했고(하지만 그 내용상의 미묘함만큼은 이해하지 못했으니, 왜냐하면 라틴어로는 차마 표현할 수 없어서였다고 전한다.), 그리스의 조형미술은 어떤 형태든지 막론하고 모조리 모방했다. 그리스적인 것에 대한 로마의 매료는 심지어 가정 문제에까지 확장되었으며, 상당수의 로마인이 로마의 생활 방식보다도 오히려 그리스의 생활 방식을 더 선호하게 되었다.

그러나 어떤 로마인은 그리스 문화를 받아들이는 부분에서 명확히 선을 그었다. 가령 플라톤의 저술을 읽는 것, 또는 플라톤의 교의를 상세히 해설한 키케로 같은 로마인의 저술을 읽는 것은 괜찮았다. 그리스인 조각가를 시켜서 만든 고전 시대 석상의 모사품을 정원 한구석이나 무덤에 세워놓는 것도 나쁘지 않았다. 플라우투스와 테렌티우스의 그리스식 희극을 보면서 웃거나, 세네카의 그리스식 비극을 보면서 경악할 수도 있었다. 그리스의 도자기 형태며 장식을, 또는 그리스 경화(硬貨)를 모방하는 것도 나쁘지 않았다.

하지만 그리스인의 삶의 태도에 관해서라면 사정이 달랐으니, 가령 감찰관 대(大)카토(B.C. 234~B.C. 149) 같은 사람은 이를 완강하게 반대했다. B.C. 184년, 카토는 정원 두 명의 감찰관, 또는 사정관 가운데 한 명으로 선출되었는데, 이 직책은 재산과 도덕적 품행 모두를 평가하는 것이 임무였다. 그는 고대 로마의 관습을 보존하는 한편, 그리스의 영향을 모조리 박멸하는 것을 활동 목표로 삼았으니, 왜냐하면 그리스 문화가 로마의 유서 깊은 도덕적 기준을 잠식하고 있다고 생각한 까닭이었다. 그는 상당수의 — 비록 모두까지는 아니더라도 — 그리스인이 나약하고, 방탕하고, 비도덕적이며, 특히 성

(性) 문제에서 그렇다고 믿어 의심치 않았다. 카토는 그리스인이 특유의 사치스러운 생활 방식, 그리고 종교와 도덕규범에 대한 냉소에서 비롯된 믿음의 부족 때문에 로마군에게 패배를 당했다고 생각했고, 따라서 로마인이 그와 똑같은 생활 방식을 차용할 경우에는 결국 로마군 역시 야만인에게 패배를 당할 수밖에 없으리라고 생각했다.

고대 로마에서 가장 널리 퍼져 있던 특성 가운데 하나는 그리스에 대한 로마인의 양가감정이다. 한편으로 로마인은 그리스의 사상에 마음이 끌렸으며, 또 한편으로는 카토 같은 사람들의 경고로 인해 질색했던 것이다. 그리스의 우아함, 미묘함, 취향, 그리고 매력은 널리 예찬의 대상이 된 동시에, 두려움의 대상도 되었다. 이와 유사한 양가감정은 다른 시대에도 뚜렷이 나타난 바 있다. 가령 18세기 내내 영국인은 프랑스 문화에 매료되었지만, 그럼에도 불구하고 두 나라는 그 세기 내내 거의 계속 싸움을 벌였던 것이다. 심지어 당시의 영국 도덕주의자들은 프랑스적인 습속에 관해 가혹한 비판을 서슴지 않았다. 마찬가지로 제1차 세계대전 이전까지만 해도 독일 상류층 사이에서는 영국 신사가 '최고의 이상'을 상징했다. 오늘날 미국인은 일본 문화의 여러 면모에 관해 이와 같은 양가감정을 갖고 있는 실정이다.

로마인이 그리스에 매료되었던 이유 가운데 하나는 이른바 토착적인 로마 문화라고 할 만한 것이 사실상 거의 없었기 때문이었다. 1000년에 달하는 로마의 역사 가운데 진정으로 로마적이라 할 만한, 다시 말해서 모방이나 흉내에서 비롯되지 않은 예술 작품은 단 하나도 없었다. 그렇다고 해서 제국 시대의 로마인의 삶이 아무런 세련미나 양식조차 없었다는 뜻까지는 아니다. 어쨌거나 로마인은 어떻게 살아야 할지를 가르쳐줄 그리스인을 옆에 두고 있었기 때문이다. 보다 중요하게는 로마인이 이처럼 서로 다르면서도 상보적인 문화로 이루어진 흥미로운 혼합물에다가 몇 가지 결정적으로 중요한 사상들을 가미했는데, 그 사상들로 말하자면 그리스인에게서 배운 것이 '아님'은 물론이고, 사실은 대부분의 그리스인이 믿어 의심치 않았던 바와는 정반대되는 것이었다.

가령 '로마인은 과연 무엇을 알았을까?'라는 질문에 답변하기는 어떤 면에서 손쉬운 일이다. 그들이 알았던 것 가운데 상당수는 그리스인으로부터 배운 것이었다. 즉 로마인은 그리스인이 아는 것을 고스란히 알고 있었다. 하지만 그리스인이 전혀 몰랐던 것을 알게 된 경우도 몇 가지 있었다. 그것이야말로 로마인이 그리스인과 싸울 때마다 승리를 거두는 데에 가장 크게 일조한 요소가 아니었을까. 그 모든 탁월함에도 불구하고, 아니, 어쩌면 바로 그런 탁월함 때문에 그리스인은 사실상 실용적인 사람들이 아니었던 것이다. 본질적으로 인습 타파적이며, 또한 위험 감수하기를 좋아했던 까닭에, 그들은 만사에서 새로운 것을 열심히 찾았으며, 정말 나빠서가 아니라 단지 오래되었다는 이유 하나만으로 오래된 것을 기꺼이 내던졌다. 반대로 로마인은 시종일관, 그리고 천성적으로 실용적이었다. 이들의 실용성은 여러 가지 방식으로 천명되었다. 그들은 위대한 그리스 철학을 기꺼이 희석시켰다. 그 내용을 대중이 보다 이해하기 쉽도록 만들기 위해서였다. 그들은 '파이데이아' 즉 아리스토텔레스와 다른 여러 인물들에 의해 개발된 고상하고도 복잡한 그리스의 교육체계를 수사학, 또는 웅변술의 과정으로 축소시켰다. 당시에는 설득력 있는 연설을 할 줄 아는 것이야말로 사업이나 정치에서의 성공으로

가는 지름길이었기 때문이다. 이러한 관점을 요즘 식으로 표현하자면, 아마도 〔학교에서〕 교양 교육 대신 직업교육만을 실시하는 경우라고 해야 하지 않을까. 로마인은 또한 불멸(신)의 명성에 관한 그리스의 개념을 단순히 필멸(인간)의 영예로 바꿔놓았으니, 그리하여 로마에서는 황제를 살아 있는 신으로 숭배하는 것이 관습처럼 되었으며, 그리하여 영예와 명성 간의 구분이 더욱 모호해지게 되었다. 그러다가 아우구스투스가 정권을 쟁취함으로써, 이 영광스럽지만 궁극적으로는 작동 불가능한 공화국은 그야말로 따분하고도 위험한, 그럼에도 불구하고 효율적이고 전체주의적인 제국으로 변신하게 되었던 것이다.

이 모든 변화의 밑바탕에는 로마인은 기꺼이 포용했지만 그리스인은 그러지 못했던 한 가지 매우 중요한 믿음이 깔려 있었다. 실효가 없는 거대한 생각보다는 오히려 실효가 있는 작은 생각이 더 가치가 높다는 것이었다. 이러한 원칙하에서 로마인은 무려 1000년을 견디게 될 도시 제국을 건설했던 것이다.

법률, 시민권, 길

그리스 철학자들의 위대한 목표는 정의라는 추상적인 기준과 관련이 있었다. 소크라테스, 플라톤, 아리스토텔레스를 비롯한 다른 여러 철학자들은 이 문제의 탐색에 저마다 기여했으며, 이는 훗날의 서양 사상에 지속적인 영향을 끼쳤다. 반면, 그리스의 법률은 성문법이건 소송법이건 간에, 오늘날 거의 전해지지 않는다. 각각의 도시국가가 저마다의 법전을 지니고 있었던 까닭이다. 따라서 그리스 국가 전체의 공통된 법률 같은 것은 전혀 없었으며, 심지어 헬레니즘 시대에도 마찬가지였다.

반면 로마의 법률은 B.C. 450년경에 12표법에서 처음으로 성문화되었으며, 이후 서로마 제국에서는 A.D. 5세기에 야만인이 침략할 때까지, 비잔틴(동로마) 제국에서는 1453년에 멸망할 때까지 줄곧 일상적으로 사용되었다. 로마법은 오늘날까지도 서양 세계의 거의 모든 법률 체계에 영향을 끼치고 있다.

로마인은 누구나 법률에 대한 존경심과 애정을 품고 있었다. 고대의 법률과 관습이 국가의 생혈(生血)이라고 생각한 그들은 열심히 법률을 연구했으며, 항상 법률 체계를 향상시킬 방법을 물색했다. B.C. 146년, 카르타고를 이긴 직후 로마의 급속한 팽창이 벌어진 2세기 동안에는 특히나 그러했다. 로마는 정복한 곳마다 자신들의 법률을 가져가서 현지의 피정복민에게 부과했다. 그 결과로 제국의 전성기에는 브리튼에서 이집트까지, 또한 에스파냐에서 흑해까지의 전 지역이 오로지 단 하나의 법률로 다스려졌던 것이다.

나무로 만든, 그리고 나중에는 청동으로 만든 판에 국가의 법률을 새겨 넣은 12표법은 로마의 광장(포룸) 앞에 세워졌다. 그렇게 함으로써 그 법률은 공공의 재산이 되며 모든 시민이 거기에 호소할 수 있었다. 그로부터 2000년 뒤에 나온 존 로크의 유명한 말을 빌리자면, 그것이야말로 "준수해야 할 세워진 규범"으로, 권세가 있거나 없거나, 부유하거나 가난하거나 간에 모든 사람에게 적용되는 것이었다. 로마 군단은 항상 이 판의 모조품을 가지고 다니다가 정복한 도시마다 세워놓아서, 피정복민이 자신들을 정복한 사람들이 어떤 부류인지를 알 수 있게 했다.

로마법은 복잡하면서도 정교했지만, 로마인은 그 목적이 어디까지나 평범한 사람들의 삶을 규제하기 위함이라는 것을 결코 잊지 않았다. 따라서 승계와 상속에 관한 법률, 채무에 관한 법률(계약에 관한 것도 포함해서), 재산과 소유에 관한 법률, 사람에 관한 법률(가족, 노예, 시민권에 관한 것도 포함해서) 등이 있었다. 원래 이런 법률은 이해하기 쉬웠으며, 이런 성격은 로마의 사법절차도 마찬가지여서, 그리스의 경우와는 달리 뭔가 불가해하거나 복잡한 것이라곤 없었으며, 시민이라면 누구든지 접근이 가능했다.

A.D. 5세기 말엽에 들어서서는 로마법도 덩치가 어마어마하게 불어나고 말았다. 간소화하려는 시도가 여러 번 있었지만 하나같이 성공을 거두지 못했으니, 부분적으로는 법률 그 자체가 수백만 명에 달하는 전 세계의 로마 시민들을 위한 규제 체계로서 워낙 성공적이었기 때문이다. 마침내 529년에 들어서 콘스탄티노플에 거주하던 유스티니아누스 황제(재위 527~565)가 유명한 법전을 반포했으니, 이것은 이후로 로마법의 주요 원천이자 권위로 남게 되었다. 그때 이후로 이 방대한 법전에 들어 있는 법률은 무엇이든지 간에 타당하게 여겨졌다. 유스티니아누스 법전은 이후 1000년 이상 효력을 유지했으며, 지금까지도 유럽 대부분의 국가에서, 심지어 미국 루이지애나 주에서도 사법 체계의 근거를 이루고 있다. 이것이야말로 법률의 역사에서 로마가 남긴 주된 유산이라 하겠다.

그야말로 비할 데가 없는 군사적 천재인 알렉산드로스의 영도 아래 그리스인은 퇴색한 제국을 정복하는 데에는 탁월한 성공을 거둔 바 있다. 하지만 그런 정복은 오래 지속되지 못했다.

알렉산드로스의 스승인 아리스토텔레스는 야만인이 그리스인보다 열등하다고, 따라서 야만인 중에서 아내를 얻거나, 또는 정복 국가를 다스릴 사람을 선택해서는 안 된다고 생각했다. 그러나 원래 마케도니아인이었던 알렉산드로스는 따지고 보면 진정한 그리스인이 아니라 오히려 야만인에 속했으므로 스승의 주장에 담긴 오류를 직관적으로 깨달았고, 훗날 박트리아의 족장 옥시아르테스의 딸인 야만인 공주 록사나와 결혼했다. 그는 또한 자기 휘하의 장군들에게 야만인 여성들과 결혼하도록 독려했고, 피정복민의 귀족 구성원들과도 이러한 원칙을 공유하기 위해 노력했다.

알렉산드로스 사후에 록사나가 오래 살지 못했으므로, 그리스인 특유의 배타성은 오히려 규범처럼 되었다. 하지만 알렉산드로스의 제국에서 동종 번식한 그리스인 지배자들은 교활하고, 자만심이 세고, 야심이 컸으며, 나아가 피지배민을 두려워했다. 이들의 통치 이론은 논리적이었지만, 대개의 경우 현실에서는 제대로 작동하지 않았다.

로마인이 피정복민을 다스리는 술책을 습득하는 데에는 거의 3세기라는 시간이 걸렸다. 공화국의 수립에서 카르타고의 마지막 패배가 있기까지의 기간 동안에 이탈리아 반도 전역으로 퍼져나가면서, 로마인은 모든 이웃 나라들을 정복해서 로마라는 국가의 영토로 병합했다. 처음에는 〔이탈리아인〕 피정복민 가운데 상당수를 노예로 삼는 경향도 있었다.

하지만 이 노예들은 일을 제대로 하지 않았고, 기꺼이 하려 들지도 않았다. 이들은 노예가 되지 않으려고 필사적으로 저항했다. 비록 패배하기는 했지만 여전히 자유민으로 남고 싶었던 것이다. 워낙 실용적이었던 로마인은 만약 자신들이 반드시 노예를 두어야만 한다면 차라리 다른 곳에서 찾아내자고, 대신 이탈리아인은 로마 시민으로 만들자고 생각했다. 그 한 번의 조치로 지배를 받던 이탈리아인은 로마인이 되었으며, 그 명칭에 수반되는 모든, 또는 대부분의 혜택도 함께 얻게 되었다.

아무리 가난한 로마 시민이라 하더라도, 만약 일정 기간(보통 20년이었다.) 동안 원로원을 위해 군대에 복무하기만 한다면, 그 대가로 경작용 및 주택용 토지를 하사받을 것이었다. 만약 그가 도시인이라면 매일 곡식을 배급받을 것이었다. 만약 그가 화창한 오후에 아무 할 일이 없다면, 원형경기장에서 전차 경주를 구경하거나 ─ 입장료는 공짜였다 ─ 그렇지 않으면 투기장에 가서 검투사들이 싸우거나 기독교인이 괴롭힘 당하는 모습을 역시나 공짜로 구경할 것이었다. 그곳에서는 어떤 사람도 다른 사람보다 더 우월하지는 않았다. 물론 당연히 어떤 사람은 다른 사람보다 더 부자였고, 때로는 어마어마할 정도의 부자라는 정도의 차이는 있었다. 하지만 로마 시민 개개인은 마음속으로 자신이 다른 어떤 로마 시민과도 평등하다고 생각했다. 그 시민권이야말로 어느 누구라도 부러워할 만한 지위였다.

로마 시민권에 대한 부러움은 전 세계 어디에서나 마찬가지였다. 에스파냐에서, 북아프리카에서, 그리스인이 변변한 싸움도 하지 않고 전복시켜버렸던 옛 페르시아 제국의 영토에서, 이집트에서, 각지의 군대는 무기를 내려놓고 로마 시민이 되게 해달라고 간청했다. 시민권을 수여하는 데에는 별다른 비용이 들지 않았다. 게다가 그로써 승리가 더욱 손쉬워지는데 굳이 마다할 필요가 있었겠는가? 이것이야말로 로마인의 실용성을 보여주는 좋은 예가 아닐 수 없다.

그다음으로는 로마 도로가 있다. 그리스인은 오래전부터 가공할 만한 바다 여행자였으며 진취적인 상인이기도 했다. 하지만 그들의 제국은 결코 내륙 깊숙이까지 들어간 적은 없었으며, 다만 옛 페르시아 제국의 영토만이 예외였으니, 그곳에서는 왕도(王道)를 물려받았기 때문이었다. 본질적으로 그리스인은 도로의 중요성을 전혀 이해하지 못했던 것 같다. 결국 내부 의사소통이 결여됨으로써, 그들의 제국은 머지않아 분열되고 말았다.

반면 로마인은 도로의 중요성을 잘 알고 있었다. 그걸 어디에 어떻게 만들 것인지, 어떻게 지속시킬 것인지도 말이다. 로마 도로의 내구성은 그야말로 전설적인 수준이다. 수백 마일에 달하는 로마 도로가 지금까지 남아 있으며, 무려 20세기 넘게 지속적으로 사용되고 있다. 가령 아피아 대로는 로마에서 남쪽으로 나폴리와 브린디시까지 뻗어 있는데, 오늘날에는 자동차가 그 위를 달리고 있다.

물론 도로 자체는 그 이전에도 얼마든지 있었다. 남부 이탈리아에 진출했던 그리스의 식민 개척자도 좁은 도로망을 건설한 바 있었으며, 에트루리아인 역시 토스카나에 도로를 건설한 바 있었다. 사실 에트루리아인은 도로 건설에 관해 로마인에게 많은 것을 가르쳐주었을 수도 있다. 하지만 다른 사람들의 좋은 생각을 응용하는 데에 천재적이었던 로마인은 평소와 마찬가지로 기존의 모델을 더욱 향상시켰다. 그리스의 도로는 서둘러 지어진 탓에 상당한 유지 관리를 필요로 했다. 반면 로마의 도로는 그런 면이 거의 없다시피 했다. 에트루리아의 도로는 여기저기 돌아서 가곤 했다. 반면 로마의 도로는 가능한 한 직선으로 뻗어 있었고, 필요한 경우에는 산을 넘고, 골짜기를 가로지르고, 강을 건너고, 기타 자연의 장애물을 뚫고 지나갔다.

무슨 일을 하든지 집요한 끈기를 보인 로마인은 땅을 깊게 파고,

그 참호에 모래와 자갈과 깨트린 돌을 넣어 물이 잘 빠지게 했고, 길의 맨 위에는 돌을 잘라 만든 블록을 깔아서, 사람이나 말, 또는 수레바퀴가 밟고 지나가도 움직이지 않게 했다. 나중에 다른 뭔가를 만들기 위해 다시 들어내지 않은 경우, 그 돌 블록의 대부분은 수 세기가 넘어서도 여전히 도로 포장재로 사용 가능했다.

최초의 주요 로마 도로는 아피아 대로인데, 이것은 B.C. 312년에 집정관이었던 맹인 아피우스 클라우디우스가 만들기 시작해서 훗날 그의 이름이 붙게 되었다. 이후 수 세기 넘도록 이 도로는 이러한 종류로는 유일무이했지만, 제2차 포에니 전쟁으로 인한 군사적 필요성의 결과로 B.C. 2세기에 가서는 여러 개의 도로가 더 건설되었다. 이 도로는 로마에서 해안을 따라서 위쪽으로 제노바까지, 산맥을 넘어 아드리아 해 연안의 라벤나까지, 심지어 '리미테스'(경계) 너머까지도 이어졌으니, 왜냐하면 피정복민에게 도로 만들기를 가르치는 것이야말로 그들에게 법률이나 시민권을 부여하는 것만큼이나 유용한 일이었기 때문이다. 트라야누스 황제의 치세인 A.D. 1세기에 이르러서는 수천 마일에 달하는 로마 도로가 건설되어, 제국의 교통과 통신이 그 위를 따라 움직였다.

로마인이 차용함으로써 실용적인 효과를 거둔 또 다른 발상은 바로 '아치'였다. 아치의 개념은 이집트와 그리스에서도 익히 알려져 있었지만, 양쪽 모두에서는 소규모로, 그것도 대개는 장식 목적으로 사용되었을 뿐이고 기념용 건축물에는 어울리지 않는다고 여겨졌다. 이집트인과 그리스인 모두 저마다의 신을 숭배하고 법률을 만드는 공간으로는 사각형의 건물을 선호했다. 반면 로마인은 아치를 응용해 사원과 바실리카는 물론이고 심지어 다리와 수도교까지도 만들었다.

특히 수도교는 중차대한 의미를 지니고 있었다. 라티움의 평야는 워낙 건조한 곳이어서, 로마가 점차 번성하자 그곳의 신선한 물 공급은 금세 바닥을 보이게 되었다. 로마인은 수도관을 통해 멀리 떨어진 산에서부터 물을 끌어왔고, 그때 이후로는 로마의 인구가 얼마나 되건 상관없어졌다. 트라야누스 치하에서 100만 명 이상이 살았던 로마는 그 당시에 전 세계에서 가장 큰 도시 가운데 하나였다.

나중에 가서는 제국 내의 도시들 가운데 충분한 지하수를 지니지 못한 곳에는 어디에나 수도관이 설치되어 물을 공급했다. 로마 시대의 수도관 가운데 일부는 오늘날까지도 남아 있어서, 그 실용적인 천재들의 실력을 우리에게 되새겨주고 있다.

루크레티우스

로마인이 무엇을 알고 있었는지를 이해하는 최상의 방법은 몇 가지 중요한 그리스 사상의 원래 형태와 그 로마 버전을 비교하는 것이 아닐까 싶다. 그러기 위해서는 로마인 저자 네 명을 살펴볼 필요가 있다.

T. 루크레티우스 카루스는 B.C. 95년에 태어나 B.C. 52년 또는 B.C. 51년에 사망했다. 고대 문헌에 나타난 수수께끼 같은 언급으로 미루어 보건대, 그는 자살한 것으로 여겨진다. 장편서사시 『만물의 본성에 관하여』는 B.C. 58년에 그가 한 친구에게 헌정했다는 기록이 전해진다. 따라서 그 시기에는 이 작품의 다른 버전이 있었을 가능성도 있어 보인다. 왜냐하면 이 작품은 끝내 미완성인 채로 남

았기 때문이다. 물론 미완성이라도 크게 상관은 없으니, 이 시는 특별한 줄거리가 없는 데다 설령 완성되었다 하더라도 지금보다도 더 높은 평가를 받지는 않았을 것 같기 때문이다.

『만물의 본성에 관하여』는 그야말로 기이한 시가 아닐 수 없다. 이것은 철학 논문인 동시에 극도로 아름답기까지 하다. 이것은 또한 물리학에 관한 내용이지만, 인간사에 관해서도 심오한 지혜를 담고 있다. 이것은 '쾌락'에 헌정되었지만, 그런 한편으로 행복이란 중용의 덕에 의해 산출되는 것이라는 인상을 독자들에게 남겨준다.

루크레티우스는 그리스 철학자 에피쿠로스(B.C. 341~B.C. 270)의 헌신적인 추종자였다. 에피쿠로스는 사모스에서 태어나 생애의 후반을 아테네에서 보냈다. 그곳에서 에피쿠로스는 말 그대로 '정원'이라는 이름으로 알려진 어느 정원에 비공식 학교를 세웠다. 이 학교에서는 여성은 물론이고 한번은 노예까지도 학생으로 받은 적이 있었는데, 그 노예의 이름은 흥미롭게도 '쥐'였다.

에피쿠로스는 행복이 지고의 선이라고 주장했다. 그가 의미한 행복이란 주로 고통의 회피였을 것이다. 다시 말해 고통과 걱정과 불안 없는 삶이야말로 행복할 수밖에 없으며, 비로소 인간은 있는 그대로가 되리라는 것이었다. '정원'에서 생각하기에 고통의 회피는 곧 정치 생활의 회피를 의미했다. 에피쿠로스는 공직에서 행복을 느끼기는 무척이나 어려우므로, 누구든지 공직에서 완전히 은퇴하는 것이 좋다고 말했다. '정원'에서의 생활은 매우 간소했다. 그곳에서 가장 선호하는 음료는 물이었고, 주식은 보리 빵이었다.

에피쿠로스는 젊은 시절에 데모크리토스 밑에서 공부한 바 있었으며, 결국 단호한 원자론자가 되었다. 그는 자연과 물리에 관해 37권

에 달하는 저서를 남겼으며, 거기서 원자론자의 교설을 더욱 진일보
시켰다. 하지만 그의 저서 가운데 오늘날 남아 있는 것은 거의 없다.
또한 그는 친구들에게 친절한 편지를 썼는데, 오늘날까지도 남아 있
는 일부에서 간소하고 편안하며 도덕적으로 정직한 삶을 촉구했다.

후대에 들어서 에피쿠로스의 '행복'은 이른바 '쾌락'으로 잘못 해
석되었으며, 에피쿠로스주의라는 말에도 오늘날과 마찬가지의 부정
적인 함의가 따라붙게 되었다. 에피쿠로스를 기리기 위한 찬가를 쓰
게 되었을 때, 루크레티우스는 이러한 쾌락, 또는 행복이 어디까지
나 덕에 근거하고 있으며, 아울러 덕스러운 삶에 대한 보상이라는
사실을 사람들에게 이해시키고 말겠다는 열망을 표현했다.

루크레티우스에게 영향을 준 또 다른 그리스 철학자로는 스토아
주의자 제논(B.C. c.335~B.C. c.263)이 있는데, 생존 연도에서 알 수
있듯이 그는 에피쿠로스와 동시대인이었다. 제논은 B.C. 3세기 전
반경에 아테네에 학교를 설립했다. 그는 스토아 포이킬레(Stoa Poi-
kile), 즉 '채색된 주랑'에서 학생들을 가르쳤기 때문에, 거기서 그의
철학을 가리키는 이름이 비롯되었다. 스토아주의는 우주를 지배하
는 성스러운 이성에 개인의 의지를 일치시킴으로써 행복이 이루어
진다고 가르쳤다. 즉 지금 있는 것을 완전히 받아들이고, 있지 않은
것을 열망하지 않음으로써, 인간은 행복해질 수 있다는 것이다.

에피쿠로스와 제논 모두는 그 자체로도 고대 세계에서 줄곧 영향을
끼쳤다. 하지만 에피쿠로스는 종종 잘못 이해되었고, 심지어 그의 추
종자조차도 그렇게 잘못 이해했다. 또한 제논의 스토아주의는 지나치
게 좁고, 가혹하고, 탈세속적으로 이해되었다. 로마인은 그리스어를
읽을 수 있었음에도 불구하고 그런 오류를 범했다. 루크레티우스가

그의 아름다운 시에서 진일보시킨 교의는 스토아주의와 에피쿠로스주의를 조합시킨 것으로, 이는 지금으로부터 2000년 전에는 물론이고 오늘날까지도 여전히 수많은 독자들에게 일리가 있어 보인다.

루크레티우스는 철학을 인간의 수준으로까지 끌어내리고 싶었다고 말한다. 그는 그리스 철학이 종종 로마인에게는 난해하고 접근 불가능하게 여겨졌음을 잘 알고 있었다. 그는 일반인 — 본인의 주장에 따르면 그 역시 이 가운데 하나였는데 — 도 철학 사상을 이해하고 음미할 수 있기를 원했다.

이런 개념 자체는 그리 독창적이라 할 것도 없었다. 일찍이 소크라테스 역시 철학을 "시장으로 끌어내린", 그렇게 함으로써 일반인도 사상에 관해 이야기를 나눌 수 있게 한 사상가로 칭찬을 받았기 때문이다. 그럼에도 불구하고 소크라테스는 그 추종자들에게 각자의 실제 능력 이상을 요구했다는 면에서는 어딘가 좀 엄격한 데가 없지 않았다. 비록 인간 소크라테스를 아무리 좋아한다 하더라도, 우리로선 도무지 그가 조언한 대로 살 수 있을 것 같지는 않다는 찜찜한 기분을 떨칠 수 없는 것이다.

에피쿠로스주의와 스토아주의에 관한 해석에서 루크레티우스는 소크라테스의 '성스러운 소박함'을 계승하는 한편, 감히 독자와 추종자에게 굴욕을 안겨주는 실수를 범하지는 않았다. 대신 그는 에피쿠로스가 고안한 바대로 우주의 유쾌한 모양새를 사람들에게 제시하려 노력했고, 그의 매력은 실제 논증 이상으로 설득력을 발휘했다.

루크레티우스의 시 가운데 상당수는 그리스 대가들의 학문적 교의를 운문 형식으로 해설한 것이다. 하지만 루크레티우스가 오늘날 기억되는 까닭은 단순히 그가 — 다소간 우연에 의해 — 어떤 특정한 학문 이론을 지지했기 때문만은 아니다. 대신 그는 특유의 인간성 때문에 사랑을 받는다. 그는 우리가 지중해 유형이라고 부르는 특별한 사람의 선조 격이었으니, 오늘날 그의 후손뻘 되는 사람으로는 빈정대기 잘하는 에스파냐인과 인생을 사랑하는 이탈리아인을 들수 있을 것이다. 양쪽 모두 다른 많은 사람들에게는 희한하다 싶을 정도로 지극히 어려운 일을 너끈히 잘할 수 있어 보이기 때문이다. 즉 그들은 어느 현자의 말마따나, 인간인 까닭에 스스로에 대해 지극히 관대할 수 있다. 인생이란 힘들고 미덕이란 드물다는 것을 알기에, 그들은 미움보다는 사랑이 더 낫고, 비록 불완전하나마 인생을 충실히 살아가는 것이 더 낫다는 그 고대의 믿음을 굳건히 지키고 있는 것이다.

서사시인은 항상 뮤즈의 도움을 기원하면서 이야기를 시작한다. 루크레티우스의 뮤즈는 다름 아닌 사랑의 여신 베누스였다. 이 여신은 인간 남성 안키세스와의 사이에서 아이네이아스를 낳은 것으로 알려졌으므로, 루크레티우스는 자기 시의 서두에서 다음과 같은 멋진 말로 그녀를 부른다.

아이네이아스의 어머니시여, 인간과 신들의 연인이시여, 번식을 하사하시는 베누스시여, 당신은 저 날아가는 하늘의 기호들 아래에서, 배를 나르는 바다며, 옥수수를 기르는 땅을 당신의 현존으로 가득 채우시나니, 이런 모든 종류의 생물은 잉태하고 자라나서 태양의 빛을 바라보기 때문이나이다. 당신은 (……) 사물의 본성의 유일한 여주인이시며, 당신이 없으면 어느 것도 성스러운 빛의 경계까지 자라나지 못하며, 어느 것도 반갑고도 사랑스럽게 크지 못하나이다.

키케로

『만물의 본성에 관하여』의 저자인 루크레티우스의 생애에 관해서는 알려진 바가 극히 적다. 반면 마르쿠스 툴리우스 키케로의 생애에 관해서는 아마 고전 시대의 어느 누구보다도 많은 것이 알려져 있지 않을까 싶다.

많은 책을 저술한 작가이며, 당대 최고의 변호사였던 키케로는 자신의 고객을 변호하고 자신의 적을 공격하는 웅변술로 명성을 얻었다. 그의 저서는 널리 읽히고, 또 필사되었다. 하지만 우리가 키케로에 관해, 그리고 그가 살았던 시대에 관해 이처럼 많은 것을 아는 까닭은, 그가 원체 편지를 무지막지하다 싶을 정도로 많이 썼으며, 매번 자신의 답장 사본을 보관한 것은 물론이고 자신이 받은 편지를 사실상 하나도 빼먹지 않고 고스란히 보관했기 때문이다.

아마도 오늘날 키케로의 편지 가운데 4분의 3가량은 유실된 것으로 추정되므로, 과거에는 지금보다도 더 많은 편지가 남아 있었던 것 같다. 하지만 지금 있는 편지만 해도 800통이 넘는다. 이것이야말로 그의 생애에 관해서는 물론이고, 또한 B.C. 1세기 중엽의 그 훌륭하고도 무시무시한 시대에 있었던 사건들에 관해서 우리가 아는 내용의 가장 중요한 원천이다. 그 시기 동안 카이사르와 폼페이우스는 로마 세계의 지배권을 놓고 경쟁했으며, 그 결과 패배자인 폼페이우스는 사망했고, 승리자인 카이사르도 원로원에서 암살당했으며, 모두가 그토록 오랫동안 추구했던 모든 권력은 마르쿠스 안토니우스와 옥타비아누스(훗날 아우구스투스 황제가 되는 바로 그 인물)에게 넘어갔던 것이다.

키케로는 B.C. 106년에 부유하기는 하지만 귀족의 혈통은 아닌 집안의 아들로 태어났다. 그는 그리스에서 공부했고, 또한 로마에서 활동하던 그리스인 교사들에게서도 좋은 교육을 받았다. 그는 법조계에서 경력을 시작했으며, 불과 20대에 중요한 선출직에 당선되었다. B.C. 63년, 겨우 43세의 이른 나이로 두 명의 집정관 가운데 하나로 선출되었는데, 이것이야말로 예전의 원로원 귀족 집안 출신이 아닌 사람에게는 대단한 영예가 아닐 수 없었다.

머지않아 키케로는 세계의 주도권을 쥐기 위한, 그리고 궁극적으로는 공화정의 몰락을 가져오게 될 카이사르와 폼페이우스 간의 분쟁에 휘말린다. 양쪽 모두 그를 지지자로 끌어들이고 싶어 했지만, 키케로는 잘못된 선택을 하고 말았다. 그는 폼페이우스(B.C. 106~B.C. 48)가 과거의 제도에는 그나마 덜 위협이 된다고 판단한 나머지, 결국 그쪽을 지지하기로 동의한 것이었다. 이것은 명백한 실수였으니, 왜냐하면 폼페이우스는 결국 패했을 뿐만 아니라, 또 한편으로는 카이사르야말로 — 본인부터가 변덕과 야망을 지닌 인물이었으므로 — 키케로라는 복잡한 인물을 더 잘 이해할 수 있었기 때문이다. 마찬가지로 키케로 역시 카이사르라는 복잡한 인물을 충분히 이해할 수 있었지만, 결코 그를 좋아한 적은 없었다. 반면 폼페이우스는 비교적 단순한 인물이었기 때문에, 키케로의 우정을 얻는 것이 얼마나 큰 이득이 되는지를 미처 깨닫지 못했다.

카이사르(B.C. 100~B.C. 44)는 과거지사를 기꺼이 잊고자 할 의향이 있었으니, 왜냐하면 그는 키케로의 가치를 충분히 간파했기 때문이다. 하지만 키케로는 한 번도 카이사르를 신뢰하지 않았고, 따라서 카이사르가 암살당했을 때에도 전혀 아쉬워하지 않았다. 카이사르는 폼페이우스의 조각상 바로 밑에서 브루투스와 카시우스, 그리고 다른 공모자들이 휘두른 칼에 찔려 사망했다. 키케로 본인은 3월 15일에 있었던 이 유명한 사건에 전혀 관여한 바가 없었다. 그러나 이 사건 직후에 그는 영웅적으로, 또는 경솔하게도 마르쿠스 안토니우스와 옥타비아누스를 지목하며 그들이 오랜 로마의 자유를 불법적으로 잠식하고 있다고 공격의 화살을 날렸다. (원체 난폭한 성품이었던) 안토니우스(B.C. 82/81~B.C. 30)는 격분한 나머지 B.C. 43년에 키케로의 암살을 사주했다. 그리고 키케로의 시신에서 양손을 잘라내서 원로원의 연단에 못 박아 두었으니, 이는 진실을 쓰고자 하는 다른 사람들에게 보내는 경고의 의미였다.

생애 마지막 10년 동안 키케로는 정치적 이유 때문에 공직 생활이 불가능했다. 따라서 그는 넘치는 에너지를 문필 활동에 쏟아부었다. 법률과 정치 쪽으로 활동이 불가능한 상황에서도, 그에겐 책을 쓰는 또 다른 방법이 있었던 것이다.

키케로는 자신의 정치적 성공을 크게 자랑했다. 반면 자신의 지적 업적에 관해서는 항상 겸손해했다. 본인은 다만 로마인 동포가 쉽게 이해할 수 있도록 그리스 사상을 번역하는 임무를 맡은 통속 저술가에 불과하다고 주장했다. 실제로 그는 진정으로 독창적인 발견을 한 적은 전혀 없다. 하지만 사람들이 위대한 선구자들의 명석하고도 독창적인 통찰을 발견할 수 있도록 도왔다.

그는 또한 스스로에게 힘겨운 도전을 설정했으니, 그리스의 도덕 사상의 원칙을 로마의 사업가 겸 정치가로서 힘겨운 본인의 삶에 적용한 것이었다. 에피쿠로스주의자인 루크레티우스는 사람이 항상 다툼으로부터 물러날 줄 알아야 한다고 조언한 바 있다. 하지만 만약 그 사람 스스로가 물러날 생각이 없다면 어떻게 해야 할까? 그럼에도 불구하고 그 사람은 여전히 덕스러운 삶을 살 수 있을까?

키케로의 마지막 저서인 『의무론』은 방대한 범위에 걸친 이런 소소한 문제들을 다루고 있다. 사업가는 과연 어느 정도까지 정직해야 하는가? 지름길(편법)로 가면서도 정직할 수 있는가? 선한 사람은 폭군의 부당한 요구에 어떻게 대응해야 할까? 그냥 침묵을 지키는 것이 무방할까, 아니면 설사 위험을 자초하는 경우라도 항상 할 말은 해야 하는 것일까? 아랫사람, 심지어 노예는 어떻게 대해야 하는 것일까? 아랫사람 역시 존중받아야 할 권리를 지니고 있는 것일까?

이 모든 문제에 관한 키케로의 해결책은 매우 간단해 보인다. 그는 언제나 옳은 일을 하라고 주장하는데, 그른 행동은 비록 외관상으로는 이득이 되는 듯 보여도 ― 어차피 그른 것인 까닭에 ― '실제로는' 전혀 이득이 되지 못하기 때문이다.

그렇다면 옳은 것이란 '과연' 무엇일까? 어떤 것이 옳은지 아닌지를 우리는 어떻게 알 수 있을까? 키케로는 이 질문을 슬쩍 회피하지는 않는다. 첫째로, 옳은 것이란 바로 합법적인 것, 즉 법률에서 요구하는 것이다. 하지만 법률이란 것이 항상 정당하지는 않으므로, 여기에서 한 걸음 더 나아가 옳은 것은 곧 정직하고, 열려 있고, 공정한 것이다. 말한 것은 반드시 지키되, 그 결과와는 무관하게 그렇게 하는 것이다. 진실만을 말하되, 이미 맹세를 하지 않았어도 그렇게 하는 것이다. 그리고 모든 사람을 ― 외국인, 노예, 여성까지도 ― 똑같이 대하는 것이니, 왜냐하면 그들 모두가 인간이기 때문이다. 다른 어떤 방식으로는 아니더라도, 적어도 그 인간됨에서는 모두가 평등하다. 그들의 인간됨 때문에 그들은 존중받아야 할 권리를 지닌다.

키케로의 이 단순한 규범 — 우리는 항상 옳은 일을 해야만 하는데, 그른 일은 결코 진정으로 이득이 되지 않기 때문이다 — 은 종종 곡해되기 일쑤다. 〔즉 키케로의 원래 주장과는 달리 '이득을 낳는 일은 곧 옳은 일'이라고 뒤집어 생각하는 것이다.〕 가령 악당들의 경우에는 이런 곡해된 주장을 편리한 변명으로 사용한다.

사실 키케로의 가장 큰 강점은 특유의 놀라운 단순성이다. "인정하라!" 그는 이렇게 주장한다. "우리는 스스로가 옳은 일을 할 때와 그른 일을 할 때를 잘 알고 있다. 우리는 옳은 일을 해야 한다는 느낌을 갖는다. 어떤 일이 과연 옳은지 그른지 확실하게 구분할 수 없는 경우는 인생을 통틀어서도 극히 적을 수밖에 없다. 스스로 생각하기에 항상 옳다고 여겨지는 일만 한다면, 비록 더 가난해지거나 덜 성공한다 하더라도 결국에는 더 행복해지게 될 것이라고 우리는 또한 믿고 있다."

키케로의 단순한 삶의 규범은 일찍이 소크라테스와 플라톤이『국가』에서 제시한 제도화된 국가 교육의 웅대한 계획, 그리고 아리스토텔레스가『윤리학』에서 제시한 바 있는 덕에 관한 탐구와 섬세한 분석, 이런 것들을 압축한 지극히 실용적인 로마 버전이라고 할 수 있겠다. 물론 키케로의『의무론』이야 감히 이 두 권의 책보다 더 위대하다고 할 수는 없으리라. 하지만 실용적인 문제에서라면, 이 두 권의 책조차도 키케로의 적절하면서도 심오한 지시만큼 이해하기도 쉽고 따르기도 쉬운 삶의 규범을 제시하지는 못하고 있다.

키케로가 살았던 시대는 역사상 가장 영광스럽고, 또한 가장 위험한 시기 가운데 하나였다. 로마 시대 내내 인간은 모든 정치 문제 가운데서도 가장 커다란 문제, 즉 어떻게 하면 평화와 자유를 '동시에' 누리며 살 수 있을지 하는 문제를 놓고 씨름해왔다. 공화정의 몰락과 아우구스투스의 승리보다 반세기 전의 절정기 동안 살았던 대부분의 로마인이 보기에는 두 가지 궁극적인 정치적 선(善) 사이에서 양자택일을 해야만 할 것 같았다.

우리는 자유를 얻을 수는 있지만, 그렇다면 평화를 포기해야 할 것이다. 왜냐하면 저마다의 서로 다른 목표를 자유롭게 추구하는 사람들 사이에 갈등이 벌어질 것이 자명하기 때문이다. 아니면 평화를 얻는 대신에 자유를 희생해야 할 것이다. 평화가 지속되기 위해서라면, 오로지 그 혼자서만 자유로운 지고의 권력자가 평화를 강제로 부과하는 사이, 다른 모든 사람들은 그런 전제군주의 속박을 감내하는 방법밖에는 없지 않겠는가?

그리스의 사례는 아무런 도움이 되지 않았다. 그리스인의 경우에는 대부분 자유를 선택한 대신, 거의 항상 갈등이 끊이지 않는 비싼 대가를 치러야만 했음을 누구라도 알 수 있었기 때문이다. 초기의 로마인 역시 자유를 선택한 바 있었다. 다행히도 정복 전쟁 덕분에 로마인은 내부의 갈등을 피할 수가 있었다. 왜냐하면 항상 다른 민족과 싸우고 있는 동안에는 굳이 자기들끼리 싸울 필요가 없었기 때문이다.

로마의 권력이 지중해 세계 전역으로 퍼져나가게 되자, 이번에는 내부 갈등이 전염병처럼 유행하기 시작했다. 일련의 무자비한 자들이 평화를 존속시킬 전제군주 노릇을 자처하고 나섰다. 그들 모두는 결국 분쇄되고 말았다. 그중 맨 마지막 인물인 카틸리나(B.C. 108~ B.C. 62)는 키케로가 집정관 시절에 직접 싸워 물리친 바 있다. 그러나 카이사르와 폼페이우스의 이중적인 위협은 이전의 사례보다도 훨씬 더 대처하기가 힘들었다.

카이사르는 우선 전투에서 승리함으로써 폼페이우스를 무대 밖으로 몰아냈으며, B.C. 48년에 결국 그를 살해하고 만다. 하지만 그 결과로 카이사르 본인이 그 무엇보다도 가장 큰 위협으로 남게 되었다. 일군의 귀족들은 카이사르처럼 명민하고 '벼락출세한 녀석'이 전통적인 로마 귀족 사회에 어떤 영향을 끼칠지 두려워한 나머지 그를 암살하기로 작정한다. 당시에는 키케로도 이 암살 행위를 고귀하다고 간주했으며, 한동안 로마인도 이 암살 행위를 반드시 필요할뿐더러 심지어 정당한 것으로 간주했다. 하지만 브루투스(B.C. 85~B.C. 42)와 카시우스(B.C. ?~B.C. 42)가 카이사르를 암살하고 얻은 자유는 결코 자유라고 할 수 없었으며, 그 결과로 귀족들은 머지않아 시민들의 지지를 잃고 말았다. 자유에 관한 믿음은 이처럼 거듭되는 재난에 저항할 만큼 강력하지는 않았던 것이다. 마르쿠스 안토니우스와 옥타비아누스(훗날의 아우구스투스)는 안정을 보장하는 대가로 여전히 또 다른 전제정치의 가능성을 제기했고, 이는 결국 받아들여졌다. 결국 공화정은 몰락하고 말았고, 마르쿠스 안토니우스와 결별한 아우구스투스는 제도화된 전제정치 체계를 시작했으니, 그것이 바로 로마 제국의 시작이었다.

이러한 변화는 결코 단번에 이루어지지 않았다. 옥타비아누스는 B.C. 31년에 마르쿠스 안토니우스를 제거했다. 알렉산드리아 항구에서 이 호적수와 그의 애인인 이집트의 클레오파트라가 이끄는 적군을 대파했던 것이다. B.C. 31년부터 B.C. 23년까지 그는 집정관으로 재임했는데, 설령 선거를 치렀다 하더라도 그의 선출은 의문의 여지가 없는 사실이었다. 그런데 그는 〔굳이 선거를 통하지 않고〕 스스로를 그 자리에 임명했다. B.C. 23년에 아우구스투스는 오로지 위기 상황—그런 위기 상황은 머지않아 실제로 찾아왔다—에서만 발휘될 수 있는 황제의 권한과 아울러 시민을 위한 호민관의 권한도 부여받았다. A.D. 14년에 사망한 직후, 그는 신격화되었다. 일찍이 알렉산드로스의 마케도니아인 노병들이 비웃은 바 있었던 '프로스키네시스'가 다시 유행하게 된 셈이었다.

이후 2000년이 넘도록 자유를 사랑하는 사람들은 로마 공화정의 몰락을 매우 안타깝게 생각해왔다. 하지만 당시 그곳에서는 자유가 살아남을 기회가 사실상 없다시피 했다. 자유가 살아남을 수 있으리라 생각한, 또는 자유가 살아남기를 바라는 사람은 극소수에 불과했으니, 공화적인 통치 형태가 시민들에게 제기하는 특별한 요구가 전제정치에는 일단 없었기 때문이다.(물론 전제정치는 시민들에게 또 다른 종류의 요구를 하게 마련이었지만.) 어쩌면 그 당시 사람들은 키케로만큼 공화정을 깊이 신뢰하지는 않았던 것일 수도 있다.

키케로는 이 크나큰 정치적 문제에 대한 세 번째 해결책을 물색했다. 만약 모든 사람이 스스로의 주인이라면, 다른 모든 사람을 다스리는 단 한 명의 주인은 굳이 필요가 없을 것이었다. 만약 모든 사람이 저마다 옳은 바를 행한다면, 평화는 보장될 것이고, 자유 역시 보존될 수 있을 것이었다. 달리 말하자면 그는 인간이 아니라 법률에 의한 통치를 신봉했던 셈이다.

법률에 의한 통치를 가능케 함으로써 공화국의 생존을 상당 기간 더 보장할 수 있는 탁월한 '헌법'이 있으리라고 생각했다는 점에서 키케로는 아마도 착오를 범한 것 같다. 그런 헌법이 사실상 없다고 치면, 인간(실제로는 '한' 인간)에 의한 통치야말로 유일하게 현실적인 대안이었을 것이다.

하지만 이 문제를 어떻게 해결해야 하는지에 관한 직관적 감각에서만큼은 키케로도 착오를 범한 것이 아니었다. 가령 그 당시 로마의 문제에 대한 키케로의 해결책과 아메리카 공화국에 대한 건국자들의 해결책 사이에는 단지 세부적인 면에서의 차이만 있을 따름이다. 그들이야말로 실용적인 차원에서 사람에 의한 통치가 법률에 의한 통치로 대체될 수 있음을 보여준 최초의 인물들이었기 때문이다. 하지만 키케로는 — 그들도 잘 알았다시피 — 적어도 핵심은 지적했던 셈이다.

미국 헌법은 행정부를 설립한 다음, 공격에 대해 스스로를 방어할 수 있는 수단을 부여했다. 법률에 의해 그곳에서는 권력의 독점이 보장되는 것이다. 정규군 말고도 이러한 방어 수단에는 가령 연방수사국(FBI), 중앙정보국(CIA), 탈세조사부, 재무부 비밀검찰부, 그리고 다른 여러 경찰 인력이 포함된다. 하지만 이런 군사 및 준군사 조직 덕분에 미국이 사람에 의한 통치가 아니라 법률에 의한 통치로 여전히 남아 있게 보장받는 것까지는 아니다.

헌법은 단지 종이 한 장에 불과하다. 헌법은 스스로를 보호하기 위해 싸울 능력조차 없다. 만약 미국인이 헌법을 믿지 않는다면, 그건 단지 종이 한 장에 불과한 것이다.

대부분의 미국인은 이 땅의 법률로서 헌법을 전심으로 받아들인다. 물론 그것 외의 다른 면에서는 하나부터 열까지 의견이 서로 다를 수도 있다. 하지만 그들은 헌법에 위배되는 행위를 의도적이고 고의적으로 해서는 안 된다는 사실을 알고 있다. 그런 면에서는 미국인 모두가 항상 옳은 일을 하겠다고 동의한 것이나 다름없다. 그러지 않는 것이야말로 미국의 통치 기반에 대한 도전이기 때문이다.

국민이 헌법을 믿지 않는 한, 헌법은 아무런 보호 수단도 지니지 못한다. 국민이 헌법을 더 이상 믿지 않는 한, 제아무리 군인이나 경찰이라 하더라도 헌법을 보호할 수 없다. 비록 헌법을 파괴하여 미국의 민주주의를 졸지에 경찰국가로 바꿔놓을 수는 있지만 말이다.

믿음이란 법률로 정할 수는 없는 것이다. 이것이야말로 시민의 자유의지의 행위이기 때문이다. 키케로는 동료 시민들을 충분히 설득하지 못한 까닭에 로마 공화국을 구원하지 못했다. 그럼에도 불구하고 그는 이러한 종류의 거의 보편적인 믿음이 국가에 평화와 자유모두를 보장해줄 수 있음을 깨달은 최초의 인물일 것이다.

세네카

기존의 공화주의적인 제도의 합법적이고 준(準)헌법적인 보호로부터 떨어져 나온 로마인은 자신들을 다스려줄 강력하고도 정의로운 사람을 용케 찾을 수 있을지 여부를 놓고 일종의 도박을 하고 있는 셈이었다. 부자들은 안정된 상태에서 더 부자가 되고 싶어 했다. 가난한 사람들은 부자들의 무절제한 탐욕으로부터 자유로워지기를 원했다. 한동안은 로마인이 그런 도박에서 이기는 듯싶었다. 아우구스투스 치하의 생활은 — 비록 그가 결국에 가서는 사실상의 황제가 되고 말았지만 — 공화정 말기 원로원과 집정관 치하의 생활보다 현저하게 더 나았던 것이다.

제국 체제의 한 가지 중요한 결함은 권력이 이전 황제에서 다음황제로 계승되도록 하는 합법적이고 전통적인 장치가 없다는 점이었다. 새로운 제도를 창시한 인물이었던 아우구스투스는 사망하기 10년 전에 자신의 후계자를 선택했다. 그는 자신의 여러 아내 가운데 한 사람의 아들인 ─ 그러나 자신의 친아들은 아닌 ─ 티베리우스 (B.C. 42~A.D. 37)를 선택했다. 불과 몇 년만 빨랐더라도 이는 아마도 탁월한 결정이었다고 할 수 있었으리라. 하지만 아우구스투스로부터 후계자로 지명된 A.D. 4년에 티베리우스는 어느새 강력하면서도 오만하고, 교활하면서도 폭력적인 인물로 변해 있었다.

A.D. 14년에 아우구스투스가 사망하자, 티베리우스는 황제로서의 '선임'을 수락했다. 초기에만 해도 그의 통치는 신중하고도 현명한 듯 보였다. 물론 가끔은 폭력적인 모습도 보여주긴 했지만 말이다. A.D. 23년에는 그의 아들 드루수스가 사망했다. 그즈음 티베리우스는 제국에 관해서는 이미 관심을 잃고 일신의 향락에만 도취되어 있었는데, 점점 더 정도가 심해졌다. A.D. 27년에 그는 나폴리 만에 있는 카프리 섬을 방문했다. 원래는 잠시만 머무를 생각이었지만, 그는 이후 로마로 영영 돌아가지 않았다. 바로 그때부터 그의 치세는 일련의 잔인하고도 폭력적인 행위로 점철되기 시작했다. 고문과 살해는 물론이고, 저명한 시민들의 재산을 훔쳐내다 못해 그들을 범죄자로 고발하고 유죄 선고를 내려 처형하는 일까지 있었다. 그런 희생자들의 재산은 티베리우스의 말 한마디에 의해 몰수되었는데, 황제 본인은 그런 희생자들이 유죄인지 무죄인지에는 관심조차 없었다.

전임자인 아우구스투스가 그랬던 것처럼, 티베리우스도 사망 직전에 가서야 후계자를 지명했다. 그에게는 아들이 없었기에 결국에는 가뜩이나 바람직하지 않은 측근 중에서 그나마 덜 바람직하지 않은 인물을 선택할 수밖에 없었다. 그 후계자의 이름은 가이우스 카이사르였는데, 병사들은 그를 '작은 구두'라는 뜻의 칼리굴라(A.D. 12~41)라는 별명으로 불렀다. 칼리굴라는 A.D. 37년에 황제가 되었다. 불과 1년도 안 되어 그는 완전히 미쳐버렸거나, 또는 미친 척하고 싶었던 모양이다. 어느 쪽이건 간에 핑계로서는 상당히 설득력이 있다고 하겠다. 만약 그가 단지 미친 척했던 것이라면, 그는 십중팔구 잔인무도한 인간이었으리라. 칼리굴라의 잔인함은 그야말로 무자비하고도 예측 불허였기 때문에, 그는 결국 황제가 된 지 불과 4년 만인 A.D. 41년에 왕궁 수비대의 사령관에게 피살되고 말았다.

그 직후에 왕궁 수비대는 티베리우스의 조카이며 아우구스투스의 아내 가운데 한 사람의 손자이기도 한 클라우디우스가 왕궁 한구석에 숨어 죽기만을 기다리는 모습을 발견했다. 수비대는 그를 끌어내서 황제로 세웠다. 클라우디우스(B.C. 10~A.D. 54)는 어느 누구라도 좋아할 만한 인물은 아니었다. 매력이라곤 없었고, 그 당시에 이미 50세가 넘었음에도 불구하고 숫기가 없고, 대중 연설에 익숙하지 않은 샌님 학자 — 그는 일찍이 역사가 리비우스의 지도하에 몇 권의 역사서를 저술한 바 있었다 — 였다. 하지만 그는 역대 황제 중에서 비교적 훌륭한 축에 들었다. 행정 쪽에서도 혁신을 이루었고, 고대의 종교 전통을 부활시켜 귀족과 평민 모두를 기쁘게 했다. 그럼에도 불구하고 워낙 행동이 서툴고 외모가 흉한 까닭에 평생 인기를 얻지는 못했다.

그의 가장 큰 실수는 A.D. 48년에 벌어졌으니, 황제가 된 지 7년째인 그해에 자신의 조카딸 아그리피나와 결혼했던 것이다. 이 결혼은 로마의 법률에 어긋나는 것이었기에 황제는 아예 법률을 바꿔버렸다. 아그리피나는 아름다운 데다 육감적이었지만, 사실 남편을 사랑하지는 않았다. 그녀의 감언이설에 넘어간 황제는 평소 사랑했던 친아들과의 관계를 끊고, 대신 아그리피나가 전남편과의 사이에서 얻은 아들을 후계자로 선택했다. 후계자 지명이 완료되자, A.D. 54년에 아그리피나는 버섯 요리로 클라우디우스를 독살했다고 전한다.

곧이어 제위를 차지한 그녀의 아들이 바로 악명 높은 네로(A.D. 37~68)였다. 이후 1900년이 넘도록 그는 서양사상 가장 혐오되고 경멸받는 독재자로 남아 있다. 하지만 그에 관한 유명한 일화들 가운데 일부는 사실이 아닐 가능성이 크다. 가령 새로운 왕궁을 만들기 위해 넓은 땅이 필요해서 로마에 화재를 일으켰다거나, 또는 그 화재를 구경하며 악기를 연주했다는 등의 일화가 그런데, A.D. 64년에 화재가 일어났을 무렵, 그는 로마에서 멀리 떨어진 곳에 머물고 있었다. 물론 도시 중심부가 황폐화된 기회를 이용해서 그곳에 황금 궁전을 짓기는 했다. 이것이야말로 한 사람이 스스로를 위해 지은 것으로는 그때까지의 역사상 가장 큰 건물이었으며, 만약 완공되기만 했더라면 아마 로마 시의 3분의 1을 차지했을 것이다.

A.D. 59년에 아그리피나는 뚜렷한 정신이상 징후를 보였으며, 아들 네로가 자신의 손아귀에서 빠져나가려 한다고 분노를 일으키며 고함을 지르곤 했다. 이에 네로는 서슴없이 자기 어머니를 살해하도록 명령했으며, 그로부터 3년 뒤에는 아내인 옥타비아도 살해했으니, 본인이 다른 여자를 좋아하게 된 까닭이었다. 이후로 그는 일종의 종교적 정신착란 상태 속으로 점점 더 깊이 빠져들었다. 그 당시에는 황제가 사망한 이후에 신으로 숭배하는 것이 전통처럼 되어 있었다. 네로는 단순히 죽어서 여러 신 가운데 하나가 되는 것보다는, 살아 있는 동안 자기 스스로가 절대신이 되고 싶어 했다. 그의 행동

은 점점 더 광포하고 이해 불가능한 것이 되었다. A.D. 68년, 이 미치광이 군주의 만행을 더 이상 견디지 못한 휘하 병사들은 네로가 엄연히 살아 있음에도 불구하고 갈바를 새로운 황제로 세웠다. 그 일 직후에 네로는 결국 자살하고 말았다.

네로에 저항하는 세력들의 공모는 이미 수년 전부터 있어왔는데, 그중에서도 가장 분위기가 무르익은 것은 A.D. 65년의 일이었다. 귀족인 가이우스 피소가 주동이 된 음모에는 수많은 귀족들은 물론이고 심지어 네로의 친위대 가운데 일부까지도 가담했다. 이 음모는 공모자 가운데 한 사람의 노예에 의해 폭로되었고, 네로는 위기를 벗어났다. 공모자 가운데 14명이 처형되거나 또는 명령에 따라 자살했다.

황제의 명령에 따라 자살한 인물 가운데에는 A.D. 1세기 중엽 로마의 저명한 지식인이었던 루키우스 안나이우스 세네카도 포함되어 있었다. 그는 B.C. 4년에 에스파냐의 부유한 집안에서 태어났지만, 워낙 허약한 까닭에 장래가 그리 유망해 보이지 않았다. 그러나 같은 이유로 칼리굴라의 광기 어린 증오로부터 무사할 수 있었으니, 황제는 얼핏 보기에도 어차피 오래 못 살 것 같다는 이유로 세네카를 굳이 죽이지 않았던 것이다. 45세 때에는 클라우디우스로부터 추방 명령을 받았지만, 아그리피나는 세네카를 다시 로마로 불러들여 자기 아들, 즉 미래의 황제 네로의 스승으로 삼았다.

A.D. 54년의 클라우디우스 암살 사건 직후, 세네카는 잠시나마 권력의 정점을 맛보았다. 그의 제자이며 신임 황제인 네로는 겨우 17세였기 때문에, 무슨 일을 결정하건 스승의 조언을 구했다. 이후 8년 동안 세네카는 '사실상' 로마 세계의 지배자나 다름없었다. 하지만 역사가 타키투스의 말마따나 "이 세상에서 권세가 자신의 고유의

힘으로 지탱되고 있지 않을 때의 명성만큼 불안정하고 덧없는 것은 없다"[17]라는 사실이 머지않아 드러났다. 세네카는 한때 전제군주의 총애를 받았지만, 그 전제군주가 미쳐버린 것이었다. 나아가 제자는 더 이상 자신의 스승을 좋아하지 않게 되었다. 처음에는 존경했지만, 나중에는 미워하게 되었으니, 세네카는 네로의 잔인성과 기벽을 지적하며 솔직한 비판을 가했기 때문이다.

A.D. 59년에 세네카와 그의 동료〔인 친위대장〕 부루스는 아그리 피나의 살해 계획을 고안하라는 명령을 받았다. 그로부터 3년 뒤, 부루스가 사망하자 세네카는 자신이야말로 일촉즉발의 위기에 처해 있음을 깨달았다. 그는 황제에게 은퇴 허가를 요청했다. 황제는 순순히 은퇴를 허락했다. 그로부터 3년 뒤인 A.D. 65년에 피소의 음모가 들통 나자 네로는 절호의 기회를 얻었다. 세네카와 피소는 물론 안면이 있었지만, 사실 세네카는 피소를 전혀 좋아하지 않았고, 십중팔구 자신을 음모에 끌어들이기 위해 그 귀족이 찾아왔을 때에도 말 한마디 건네지 않았을 정도로 거리를 두었다. 하지만 이런 약간의 연루 암시만으로도 구실은 충분했다. 머지않아 한 무리의 병사들이 세네카의 집을 포위하고 황제가 내린 자살 명령을 전달했다.

세네카는 유언장을 쓰게 해달라고 요청했지만, 병사들은 그마저도 거절했다. 그는 함께 있던 친구들을 돌아보고, 그들에게 뭔가를 보상해줄 방법이 없음을 안타까워하며, 타키투스의 말마따나 "단 하나 남아 있는 것, 그러나 가장 고상한 소유물"[18]을 대신 선사했으

---

17 타키투스, 『(타키투스의) 연대기』(박광순 옮김, 범우사, 2005), 제13권 제19절, 542쪽.
18 같은 책, 제15권 제62절, 693쪽.

니, 그것은 바로 "그의 삶이 보여준 모범"으로, "만약 그들이 이를 기억한다면, 그들은 도덕적 가치며 굳건한 우정으로 명성을 얻게 될 것"이라고 했다. 그런 뒤에 그는 극진히 사랑했던 아내 파울리나를 불러 자기를 따라 죽지 않겠다는 서약을 받으려 했지만, 그녀가 남편과 함께 죽겠다며 고집을 부렸던 까닭에, 두 사람은 결국 각자의 팔을 나란히 놓고 단검으로 한 번에 손목을 그어버렸다.

이 소식을 들은 네로는 병사들에게 파울리나의 생명은 구해주라고 지시했다. 의식을 잃은 그녀는 포박된 채로 끌려갔으며, 이후 남편을 애도하며 몇 년이나 더 살았다. 하지만 세네카에게는 아무런 자비도 베풀어지지 않았다. 70대의 나이와 마른 체구에도 불구하고 강인했던 세네카는 피가 잘 나오지 않아서 쉽게 죽지 않았다. 어느 친척에게 독약을 갖다 달라고 했지만, 그걸 먹고도 죽지 않았다. 피를 더 잘 흐르게 하는 방법을 찾다가, 그는 노예에게 더운 목욕물을 준비해달라고 했고, 목욕탕 안에 들어가서 수증기에 질식해 죽고 말았다.

네로가 저지른 범죄 가운데 몇 가지에 대해서는 세네카조차도 책임을 면할 수 없으며, 또 다른 몇 가지 사례에서는 개인적 허영심 때문에 판단이 흐려진 경우도 있었다. 하지만 그가 본질적으로 고결한 인물이었으며, 스토아주의의 교의를 신봉한 나머지 네로에게도 같은 사상을 불어넣어 주려 노력했다는 사실만큼은 의심의 여지가 거의 없다. 그가 분명히 알았던, 특히 말년에 들어서 불가피하게 깨달았던 한 가지 사실은, 본인이 흠모해 마지않았던 선배 철학자 아리스토텔레스의 경우에는 알렉산드로스라는 황제의 스승이 되었음에도 불구하고 천수를 누렸지만, 자신의 경우에는 그와 유사한 관계에서 결코 무사히 살아남지 못하리라는 점이었다.

세네카는 철학적이고 도덕적인 주제에 관한 편지를 여럿 남겼는데, 거기서 그는 스토아주의자 제논의 엄격한 교의를 주장하고 진일보시켰다. 비극 작가로도 명성을 날렸지만, 그가 쓴 희곡은 실제로 상연된 경우가 드물었고, 대개는 그의 친구들 사이에서 읽힐 뿐이었다. 그는 그리스 비극의 거장들인 아이스킬로스, 소포클레스, 그리고 에우리피데스의 계승자를 자처했지만, 실제로는 비극의 형식을 크게 바꾸어놓았기 때문에 선배들과의 공통점은 거의 찾아보기가 힘들다.

고전 그리스 비극은 잔인한 살해라든지, 또는 근친상간과 어버이 살해 같은 부자연스러운 행위를 소재로 다루는 것이 일반적이었다. 그런 이야기들은 보통 종교적 신화로, 여러 가지 층위에서 이해될 수 있었으며, 이들 시인 겸 저자는 고대의 신화에 관한 심오한 심리학적 고찰과 분석을 각자의 희곡에 집어넣었다. 세네카는 아트레우스 가문에서 벌어지는 일련의 왕조 살해의 이야기(아이스킬로스의 3부작 오레스테이아의 소재가 된) 같은 섬뜩한 그리스식 이야기를 유지하는 한편, 심리학적인 부분은 대체적으로 빼버리고 말았다.

세네카의 희곡은 이후 여러 세기 동안 영향력을 발휘했고, 특히 르네상스 시대 동안에 그러했다. 그 그랑기뇰[19] 장치며, 그 유령과 잔인한 살해라는 소재는 가령 셰익스피어의 유년 시절까지도 영국에서 매우 인기가 높았다. 셰익스피어는 훗날 그런 초보적인 연극의 관습을 타파하고 연극 전반을 혁신시킨 인물이 되었다.

하지만 관객들은 세네카가 위대한 그리스 작가들을 모방한다고

---

19 19세기 말부터 20세기 초까지 프랑스에서 유행한 연극의 한 장르로 유령이나 살인 등의 기괴하고 자극적인 소재를 주로 다루었다.

자처하며 쓴 이처럼 잔인하고, 폭력적이고, 놀라우리만치 조잡한 연극에 놀라우리만치 매료되었다. 관객들이 그런 데 매료되는 현상은 오늘날에도 마찬가지다. 즉 오늘날 우리가 지대한 관심을 갖고 지켜보는 TV 드라마는 소포클레스나 셰익스피어의 스타일이라기보다는 오히려 세네카의 스타일이라고 할 수 있다. 다만 현대에 와서는 거기다가 약간이나마 자극을 더한다는 점이 다를 뿐이다. 오늘날의 TV 드라마들은 제아무리 피와 폭력이 난무하더라도 항상 해피엔드로 마무리된다. 이 정도로 저열한 작품은 심지어 세네카조차도 쓰지 못했으리라.

한마디로 세네카는 여러 가지 업적을 세운 인물이었다. 비록 위대한 작가라고 할 수는 없지만, 본인의 재능과 이해가 미치는 좁은 범위 내에서는 철학과 연극에서 그리스의 선구자들의 위대한 전통을 계승하려고 노력했으며, 또한 비록 궁극적으로 성공을 거두지는 못했지만, 일찍이 자신이 가르쳤으며 나중에는 전 세계의 지배자가 된 미치광이 청년을 올바른 길로 인도하기 위해 나름대로 실질적인 노력을 했기 때문이다.

타키투스

피소의 음모와 세네카의 죽음은 모두 A.D. 65년에 일어났다. 네로 본인은 그로부터 3년 뒤에 사망했다. 이후 불과 1년 사이에 무려 세 명의 황제가 그 뒤를 이었다. 왕궁은 그야말로 혼란의 도가니였다. 하지만 제국은 통치자가 없어도 계속해서 살아남기 위해 분투했다. 이 기이한 모순에 매료된 인물이 바로 역사가 타키투스였다.

A.D. 56년에 골(갈리아)에서 태어난 푸블리우스 코르넬리우스 타키투스는 행정관이 되려는 생각에 수사학을 공부했고, 훗날 브리튼 총독이 되는 집정관 그나이우스 율리우스 아그리콜라의 딸과 결혼했다. 아마도 경력상으로는 장인의 도움도 적잖이 보았겠지만, 원체 재능과 행정 능력이 뛰어난 인물이었기 때문에, 타키투스는 A.D. 93년에 아그리콜라가 사망한 이후에도 계속해서 승진을 거듭했다. 네르바 황제 치하인 A.D. 97년에는 집정관이 되었으며, A.D. 120년경에 사망할 때까지 줄곧 제국의 관료로서 높은 지위에 머무르는 한편, 변호사로도 활동했다.

타키투스의 문필 활동은 A.D. 98년에 시작되었으니, 이때 그는 두 편의 작품을 저술했다. 하나는 장인의 전기였는데 특유의 냉정한 객관성으로 유명했고, 또 하나는 라인 강에 위치한 로마의 변경 지역을 서술한 에세이였다. 그는 게르만 부족의 소박한 미덕을 강조하고, 이를 로마인의 세련된 악덕과 비교하면서, 만약 이 북방의 야만인이 한 무리가 되어 움직인다면 로마에는 진정한 위협이 될 수 있으리라고 예언했다. 하지만 이 짧은 저술은 그의 평생에 걸친 역작이 나오기 위한 서막에 불과했다. 타키투스의 『역사』는 네로의 죽음으로부터 시작되고 있으며, 그보다 뒤늦게 저술한 『연대기』는 티베리우스의 치세로부터 네로의 치세가 끝날 때까지를 다루고 있다.

로마사를 연구하는 사람이라면 누구나 안타깝게 생각하는 일이지만, 제국의 처음 100년 동안에 관한 이 길고도 매혹적인 기록은 오늘날 상당 부분이 유실된 채로 전해진다.(혹시나 유실된 부분들이 어느 오래된 다락이나 폐허가 된 수도원 지하실에서 발견될 가능성도 있지 않을까?)

『역사』는 다만 그 일부만이 남아 있으며, 거기서 다룬 내용이란 A.D. 69년부터 70년까지, 그러니까 세 명의 모험가가 황제의 제위를 연이어 차지하고 로마 제국의 통치권을 획득하려 시도하던 때의 이야기뿐이다.『연대기』중에는 티베리우스의 초기 경력을 다룬 부분과 클라우디우스와 네로의 치세를 다룬 부분 가운데 일부가 전해진다.

그러나 남아 있는 부분들로 말하자면 정말 보물이 따로 없을 지경이다! 우리는 티베리우스가 서서히 광기에 사로잡히는 광경을, 그리고 클라우디우스의 고립무원이 점차 견딜 수 없을 지경까지 이르는 것을 볼 수 있다. 하지만 무엇보다도 주목할 만한 부분은 네로의 제어 불가능한, 그야말로 청년다운 광포함이다. 만약 그가 20세기 미국의 교외에 사는 10대 소년이었다면 이런 광포함을 충분히 극복할 수 있었겠지만, 그 당시에 전 세계에서 가장 강력한 권력자였던 그에게는 어느 누구도 어디서, 또 왜 멈춰야 하는지를 감히 말하지 못했던 것이다. 타키투스가 다루기로 선택한 주제는 예나 지금이나 무지막지하게 매력적인 것이었으므로, 우리는 그가 항상 그 사건을 냉정하게, 또는 현명하게 — 일찍이 투키디데스가 그러했듯이 — 다루지는 못했다는 점을 너그러이 용서해야만 하리라. 물론 투키디데스 쪽이 더 위대한 역사가이기는 하지만, 이후 몇 세기 동안 더 인기 있었던 사람은 오히려 타키투스였다. 그의 생생한 기록에 독자들이 그야말로 매료되었기 때문이다.

그러한 사실을 보여주는 수많은 사례 가운데서 다음 두 가지 대목을 들어보자. A.D. 64년에 로마에 화재가 일어나 도시의 상당 부분을 태운 직후, 네로가 새로운 궁전을 지을 만한 넓은 장소를 만들기 위해 방화를 지시했다는 소문이 퍼졌다.

그래서 네로는 이 세간의 소문을 수습하려고 희생양을 만들고, 대단히 공이 많이 든 치밀한 벌을 가했다. 그것은 평소부터 꺼림칙한 행위로 세상 사람들의 증오를 받는, 크리스투스(그리스도) 신봉자라 불리는 자들이었다. 이 일파의 명칭의 유래가 된 크리스투스라는 자는 티베리우스 치세하에 황제 속리 폰티우스 필라투스(본티오 빌라도)에 의해 처형되었다. 그 당장은 이 해롭기 짝이 없는 미신이 일시 잠잠해졌지만, 최근에 이르러 다시 이 해악의 발상지인 유대에서뿐만이 아니라, 세계에서 마음에 안 드는 파렴치한 것들이 모두 흘러 들어오는 이 수도에서조차 극도로 창궐하고 있었다. 그래서 먼저 신앙을 고백하고 있던 자들이 체포되어 심문받고, 이어서 그자들의 정보에 기초해 실로 엄청나게 많은 사람이 방화죄라기보다는 오히려 인류 적대죄를 선고받았다. 그들은 살해당할 때 놀림감이 되었다. 즉 야수의 모피를 뒤집어쓴 채 개에게 물리고 찢겨 죽었다. 어떤 때는 십자가에 못 박고, 혹은 불에 타기 쉽게 만들어놓고 해가 지고 나서 야간의 등불 대신 불태웠다.

네로는 이 구경거리를 위해 카이사르가의 정원을 제공하고, 게다가 전차 경기까지 개최하고, 그사이에 전차 모는 사람으로 가장하고 민중 사이를 돌아다니거나 스스로 직접 전차를 몰았다. 그래서 사람들은 연민의 감정을 품기 시작했다. 물론 그들은 죄인이고 어떤 끔찍한 징벌이든 다 받을 만했다. 하지만 그들이 희생된 것은 국가의 공공선을 위해서가 아니라 네로 일개인의 잔인성을 만족시키기 위해서인 것처럼 생각되었기 때문이다.[20]

---

20 타키투스, 앞의 책, 제15권 제44절, 676쪽.

피소의 음모가 발각된 지 1년 뒤에 네로는 자신을 죽이려고 한 자가 누구인지 모두 밝혀내기 위해 광분했다. 그중에는 에피카리스라는 미모의 여자 해방 노예가 있었는데, 자유로운 성품의 소유자인 그녀는 네로의 경호원들 가운데 주요 장교들에게 황제에 반대하는 거사를 일으키도록 촉구한 바 있었다. 결국 그녀는 체포되었다.

그럭저럭하는 사이에 네로가 볼루시우스 프로쿨루스의 밀고로 감금되어 있는 에피카리스를 생각해냈다. 여자의 몸으로는 도저히 고문의 고통을 견뎌내지 못하리라 생각하고 에피카리스를 고문해 잡아 찢어놓으라고 명했다. 하지만 그녀는 채찍이나 불에 굴복하지 않았다. 고문하는 자들은 여자에게 얕보이지 않으려고 점점 더 격앙되어갔지만, 그녀는 그들의 분노에도 꺾이지 않고 끝까지 혐의를 부인했다. 이리하여 심문은 아무 성과도 거두지 못하고 끝났다. 이튿날 그녀는 의자식 가마를 타고 또다시 고문을 받으러 갔다. 사지 관절이 빠져 서 있을 수 없었기 때문이다. 가마를 타고 가는 도중에 그녀는 가슴을 감고 있는 띠를 풀어 의자식 가마의 닫집 모양 덮개에 붙잡아 매서 올가미를 만들고는, 그 안에 목을 집어넣고 온몸의 무게로 잡아당겨 이미 연약해진 생명을 완전히 질식시켜버렸다.[21]

네로가 사망했을 당시에만 해도 타키투스는 아직 어렸던 데다가, 골에 살고 있었다. 하지만 그는 자석에 이끌리듯 로마로 왔고, 마지

---

21 같은 책, 제15권 제57절, 688~689쪽.

막 5년 동안은 도미티아누스의 치하에서 살았다. 그 기간은 그 무시무시했던 100년 — 티베리우스, 칼리굴라, 그리고 네로의 뒤틀린 잔혹성이 만천하에 드러난 기간 — 중에서도 유례가 없을 정도로 공포의 시기였다. A.D. 96년에 도미티아누스가 사망, 정확히 말하자면 암살되었다. 네르바가 제위에 올랐고, A.D. 98년에는 트라야누스가 제위에 올랐다. 이로써 새로운 시대가 시작되었으니, 이후 82년간 지속된 이 시기를 안토니누스 시대라고 한다.

로마의 황금기인 그 기간 동안 재임한 황제들은 미치거나 사악하지도 않았으며, 법률을 준수했다. 『역사』의 서문에서 타키투스는 A.D. 96년 도미티아누스의 사후에야 글을 쓸 수 있게 된 예외적인 상황에 관해 다음과 같이 서술한 바 있다.

> 나는 이제 늙어서 일을 하지 않고 은퇴하게 되었는데, 만약 내 인생이 충분히 길기만 하다면 이 소재[네로의 사망에서부터 도미티아누스의 사망에 이르는 기간 동안 제국의 역사]는 다시 한 번 더욱 결실이 풍부한 동시에 덜 걱정스러울 것이니, 왜냐하면 거룩한 네르바의 치세와 트라야누스의 제국에서는 그야말로 보기 드문 행복한 세월을 만끽하며, 우리가 원하는 대로 생각하고, 우리가 생각하는 대로 말할 수 있기 때문이다.

우리가 원하는 대로 생각하고, 우리가 생각하는 대로 말한다. 정치적 자유의 행복을 이보다 더 잘 표현할 수는 없지 않을까? 그 반대의 경우는 순전한 전제주의라고 할 수 있으리라.

타키투스의 저술에서는 다른 몇 가지 통렬한 언급도 찾아볼 수 있다. 『아그리콜라』에서 그가 서술한 어느 로마인 지휘관은 야만인 부족의 반란을 잔인무도하게 진압한 뒤에, 자신이 그곳에 '평화'를 가져왔다고 보고한다. 타키투스는 이를 다르게 보았다. "그들은 폐허를 만들어놓고 그걸 평화라고 부른다."(*Faciunt solitudinem et pacem appellant.*) 이것이야말로 후대의 로마 제국에 의해 이룩된 유명한 '팍스 로마나'(*Pax Romana*, 로마의 지배에 의한 평화)를 훨씬 더 잘 묘사한 구절이 아닌가?

하지만 이처럼 번뜩이는 통찰을 보여준 순간들은 오히려 드물다. 대개의 경우 타키투스는 황제들의 잔인하고도 호색적인 행동에 관한 이야기를 전달하는 데에만 만족 — 또는 열중 — 한다. 이른바 "부유한 권력자들의 생활 방식"이라고 일컬을 수 있는 유형의 역사에서 달인인 타키투스야말로 오늘날의 《피플》 같은 잡지의 먼 선조뻘이라고 할 수 있으리라. 물론 《내셔널 인콰이어러》 정도의 깊이에는 절대로 도달하지 못한다 하더라도 말이다.

사실이건 아니건 간에, 그런 이야기에는 나름의 매력이 있다는 사실은 결코 부인할 수 없다. 타키투스를 공정하게 평가하려면, 그가 최소한 자신이 확신할 수 있는 한에서는 최대한 진실을 말하기 위해 노력한 사람이라고 봐야 할 것이다. 하지만 진정으로 훌륭한 이야기(허구) 하나야말로 1000개의 진실 못지않은 가치가 있다는 것이 혹시나 그의 지론은 아니었을까.

로마인이 몰랐던 것

로마인은 그야말로 최악의 황제 치하에서 고생할 때에도 충분히 잘 가동될 수 있는 국가를 만들기 위해 계속해서 노력했다. 이들은 더 많은 도로를 건설했다. 정복한 곳마다 그리스인 교사들의 교육 사상을 보급했고, 그리스인 교사들을 파견해서 새로운 피정복민을 가르치게 했다. A.D. 2세기에 이르러 브리튼에서 페르시아에 이르는 전 지역에 있는 모든 로마인은 — 여자나 노예가 아닌 이상 — 다른 어느 곳에 있는 로마인 못지않게 훌륭한 교육을 받을 수 있었다. 어느 곳에나 로마법을 부과하는 일 역시 결코 그친 적이 없었다. 그리고 여러 가지 분야 — 요업, 야금, 화학 — 에서 이루어진 그리스인의 노하우는 라틴어 논문으로 정리되어 제국 전역에 배포되었다.

그럼에도 불구하고 로마 시대에는 과학이 부진했다. 과학과 기술에 관한 로마인의 무관심은 그야말로 놀라울 정도였다. 특히 후대의 황제 가운데 몇 사람이 그리스의 발명품 가운데 일부를 완강히 거부했다는 일화가 오늘날까지도 전해진다. 가령 알렉산드리아의 헤론이라는 그리스인은 A.D. 1세기에 일종의 증기기관을 발명한 것으로 알려져 있다. 기력솥이란 이름으로 불린 이 장치는 아래에 있는 솥에서 한 쌍의 튜브를 통해 수증기를 내뿜음으로써, 그 위에 올려놓은 텅 빈 구를 회전시키는 것이었다. 잘만 하면 유용한 일을 할 수도 있는 장치였지만, 그 당시에는 그저 재미있는 장난감 정도의 취급을 받고 말았다.

증기력만 있었더라도 그 당시에 제국이 직면했던 성가신 문제들 가운데 일부가 해결되었을지 모른다. 그 뛰어난 도로 체계에도 불구하고 통신은 여전히 느린 상태였다. 메시지의 전달 속도는 말 한 마리가 뛰는 속도보다 더 빠를 수 없었고, 말 한 마리에는 기껏해야 기수와 편지 한 꾸러미밖에는 실을 수 없었다. 무려 1000년에 걸친 진보에도 불구하고 로마 제국의 화물은 여전히 돛배와 바지선으로 운반되었으며, 특히 후자는 노새나 사람의 힘을 빌려야만 물살을 거슬러 움직일 수 있었다.

이는 결국 공화정이 몰락한 이후 500년 동안 분배의 문제가 제국을 줄곧 따라다녔음을 의미하는데, 부분적으로는 역시 과거와 똑같은 문제들 때문이었다. 가령 한 지역에서의 기근을 다른 지역에서 남아도는 식량으로 구제할 수는 없었으니, 따라서 기근이란 항상 정치적으로 위험 부담이 큰 사건이었다. 그럴 경우에는 식량보다도 오히려 병사들을 보내 굶주린 사람들을 통제하게 마련이었으니, 왜냐하면 식량을 운반하는 것보다는 무장 병력을 보내는 편이 더 빨랐기 때문이다. 이런 만성적인 문제가 비로소 해결된 것은 그로부터 15세기 뒤에 증기력이 상품 운반에 응용되면서부터였다.

만약 로마의 지도자들이 기술적 혁신을 거부했다면, 그것은 단순히 무지나 완고함 때문만은 아니었을 것이다. 심지어 최악의 황제들 가운데 일부 — 가령 티베리우스와 네로 — 조차도 행정적 문제에서는 혁신적인 변화를 채택한 바 있기 때문이다. A.D. 3세기와 4세기에는 국가의 전체 정치 구조를 재구성하려는 시도도 몇 번인가 있었다. 하지만 이러한 변화는 항상 법률이나 관습과 관련된 것이었지, 기술적 향상과 관련된 것은 아니었다. 오늘날의 우리는 로마인이 어떻게, 그리고 왜 틀렸는지를 쉽게 알아볼 수 있다. 하지만 로마인 본인들로선 그걸 알아보기가 결코 쉽지 않았으리라.

로마의 통치 체제는 비록 근본적으로는 전제적이었지만, 수도인 로마를 제외한 다른 모든 곳에서는 잘 가동되었다. 로마 시민 — 즉 수도의 시민 — 의 경우에는 다른 모든 사람들처럼 먹고살기 위해 일을 할 필요가 없었다. 국가가 이들에게 곡식을 매일 공짜로 나누어 주었기 때문이다. A.D. 3세기에 이르러 로마에 사는 약 50만 명의 사람들은 그저 즐기는 것밖에는 하는 일이 없었다.

군중은 정치가의 선동에 이끌려 말썽을 일으킬 수도 있었으므로, 바로 그런 이유로 인해 정치가들은 공짜 식량 배급이라는 고대의 전통을 고수했던 것이다. 정치적 웅변가는 군중을 마음껏 휘둘러 자신이 원하는 대로 이끌 수 있었다. 로마의 군중은 일단 유능한 웅변가의 말에 혹해서 발동이 걸렸다 하면, 그야말로 무서운 정치 세력으로 돌변했다. 가령 선거에서 이 사람을 당선시키고 저 사람을 낙선시킬 수 있었고, 이 법률을 통과시키고 저 법률을 폐지시킬 수 있었으며, 그 지도자를 암살하거나 위협하거나 하는 방법을 써서 정당을 파멸시킬 수도 있었다.

군대 역시 군중을 조종할 수 있었지만, 이때에는 무력을 이용한다는 점이 달랐다. 군중은 본질적으로 이치를 따질 수 없게 마련이다. 따라서 속주에서는 좋은 통치가 만연할 수 있어도, 정작 수도에서는 통치라는 것이 극도로 아슬아슬하고 위험한 일종의 게임이었던 것이다. 군중, 또는 군대는 특정 인물을 권좌에 올릴 수도 있었다. 마찬가지로 그 인물을 죽일 수도 있었다. 정치에서는 이처럼 삶과 죽음이 경각에 달렸으니, 가장 우수한 사람들은 감히 그 직업을 택하지 않았다.

A.D. 4세기 말과 5세기 초, 그러니까 제국 말기의 로마는 그야말로 복마전이 따로 없었다. 황제는 한 무리의 폭력배들에 의해 선출되었으며, 마찬가지로 암살자들의 마음에 드는 동안만 제위에 머무를 수 있었다. 이들의 마음에 들지 않는 황제는 다른 사람으로 대체되었다. 자신의 수명이 오래가지 못할 것임을 알고 있었던 황제들은

당연히 백성들에게 너그러이 굴지 않았고, 또한 백성들을 신뢰하지도 않았다. 따지고 보면 그것도 충분히 이해할 만한 일이다.

A.D. 5세기 중엽에 건국 1000주년을 자축했던 이 고대 제국은 이런 식으로 해서 정치적 질병에 깊이 감염되었으며, 어느 누구도 그걸 어떻게 치료해야 할지 모르고 있었다. 반면 이 제국 주위를 둘러싼 야만인은 한 가지 해결책을 가지고 있었으니, 바로 이 제국을 싹 쓸어버리는 방법이었다. 그리고 이들은 실제로 그렇게 했다.

제4장

암흑시대의 빛

서쪽의 로마 제국이 몰락한
A.D. 5세기 중반에서 대략 A.D. 1000년 무렵까지의 시기는
전통적으로 암흑시대라고 일컬어져 왔는데,
그 5세기의 기간은 삶에 뚜렷한 특징이 없는 정체된 시기였다.
그렇다면 암흑시대 사람들도 자신들의 삶에 관해
오늘날의 우리처럼 생각했을까?
아니면 우리가 지금은 더 이상 볼 수 없는 어떤 빛을
그들은 볼 수 있었던 것일까?

대략 다음 두 가지 이유 가운데 어느 하나, 또는 양쪽 모두를 지닌 까닭에 이른바 '암흑'으로 표현되는 시대가 있다. 첫째로 그 시대의 상당 부분이 우리에게는 미처 알려져 있지 않아서, 정말 모르기 때문이다. 둘째로 그 시대는 갖가지 문제와 슬픔과 비애가 가득하여, 삶에 대한 전망이 하나같이 황량했기 때문이다.

서쪽의 로마 제국이 몰락한 A.D. 5세기 중반에서 대략 A.D. 1000년 무렵까지의 시기는 전통적으로 암흑시대라고 일컬어져 왔는데, 그 이유는 위에서 설명한 양쪽 모두에 해당되었다. 하지만 첫 번째 이유는 이제 더 이상 적용되지 않으니, 그 이전까지만 해도 사실상 알 수가 없다고 여겨졌던 시대에 관해 현대 역사학에서는 상당히 많은 것을 알아냈기 때문이다.

그렇다면 두 번째 이유는 어떨까? 그 5세기의 기간은 삶에 뚜렷한 특징이 없는 정체된 시기였다. 이 시기 내내 경제 및 정치 문제들이 끊이지 않았고, 대부분의 사람들이 영위했던 삶은 — 오늘날 우리의 관점에서 보자면 — 황량하고, 불우하고, 비참했다. 그렇다면 암흑시대 사람들도 자신들의 삶에 관해 오늘날의 우리처럼 생각했을까? 아니면 우리가 지금은 더 이상 볼 수 없는 어떤 빛을 그들은 볼 수 있었던 것일까?

로마의 몰락

서쪽의 로마 제국은 A.D. 410년부터 이후 50년이 넘도록 동쪽에서 온 야만인의 침략을 연이어 받았다. 그렇다면 이 야만인들은 누구였을까? 그리고 어디서 온 것이었을까?

B.C. 220년에 완공된 중국의 만리장성은 당시 시황제의 새로운 제국에서 약탈을 일삼던 유목민 전사들을 몰아내기 위한 것이었다. 한동안은 이 방법이 성공을 거두었지만, 머지않아 장벽이라는 것이 흔히 갖게 마련인 또 한 가지 결과가 생겨났다. 즉 장벽 바깥에 북부의 유목민들이 힘을 모을 수 있는 안식처를 제공해주었던 것이다. 로마의 '리미테스'(경계) 역시 원래는 병사들의 머릿속에 하나의 관념으로만 있던 것이, 일단 돌벽과 요새로 구체화되자마자 이와 유사한 결과를 낳았다.

훗날 유럽을 휩쓴 야만인들의 기원은 바로 유목민인 흉노였다. 이들은 만리장성 바깥에서 결집해서 통합했으며, 그 세력과 간계와 군사적 기술은 성장을 거듭했다. A.D. 1세기에 이들은 그 당시에 한(漢) 제국이 있던 남쪽으로 향했고, 광대한 지역을 황폐화시키며 주민들을 학살했다. 곧이어 한(漢)도 반격에 나서 야만인들을 물러서게 만들었지만, 그 와중에 상당한 파괴를 대가로 지불해야 했음은 물론이고, 야만인의 공격에 맞서기 위해 변화하는 과정에서 한(漢) 의 제도는 이전보다도 더 가혹해지고 말았다.

흉노에 관해서는 오늘날 알려진 바가 거의 없다. 이들은 아마도 전반적으로 문맹이었던 모양인데, 그래서인지 이들이 남긴 기록은 오늘날 하나도 전해지지 않는다. 이들은 아마 농업에 관해서도 아무런 지식을 지니지 못했을 것이다. 이들은 염소와 소와 말로 이루어진 가축 떼를 소유했으며, 짐승들을 먹이기 위한 좋은 풀이 있는 곳이라면 어디나 찾아갔다.

그래도 말(馬)에 관해서라면 모르는 게 없었다. 말을 길들이고, 올라타고, 짝짓기 시키고, 심지어 말에 올라탄 채 전투를 벌이는 것까지도. 이들은 먹잇감을 향해 쏜살같이 달려가서, 짐승의 뼈와 잘 휘어지는 나무를 붙여서 만든 작지만 강력한 활로 치명적인 화살을 날리곤 했다. 이들은 아무런 예고도 없이 나타나서, 한 거주지를 습격해 눈에 띄는 사람은 모조리 죽인 다음, 말에 실을 수 있는 물건은 모조리 챙겨서 또다시 어디론가 사라졌다. 특정한 거주지에서 전리품을 그리 많이 챙기지 못하더라도 다른 거주지는 얼마든지 있었고, 그곳에 가면 식량과 무기, 심지어 황금도 얻을 수 있었다. 그런 거주지를 지키는 사람들은 이런 야만인들에 비하자면 정신적으로나 신체적으로나 물렁하기 짝이 없었다. 바꿔 말해 그런 사람들은 결코 전적으로 무자비하지는 않았다는 뜻이다. 야만인들의 무자비함, 그리고 그런 사실로부터 야기된 공포야말로 야만인들에게는 무엇보다도 더 강력한 무기가 아닐 수 없었다.

중국은 흉노의 군사전략을 차용하고, 심지어 그중 일부를 용병으로 고용한 끝에 나머지 부족을 결국 서쪽으로, 그러니까 중국에서 적당히 멀리 떨어진 곳으로 몰아냈는데, 이때가 대략 A.D. 2세기에 서 3세기까지였다. 중앙아시아의 광대하고도 텅 빈 평원에는 도주 하는 유목민을 막을 만한 요소가 없었으며, 그리하여 이들은 결국 흑해 연안 지역에 도달했다.

그곳에 이르러 흉노는 훈족이란 이름으로 불리게 되었으며, 다른 유목 민족과도 접하게 되었다. 훈족은 머지않아 그곳의 토착 부족인 고트족과 반달족을 쫓아내고 한동안 그곳에 머물러 있었다. 대신 이 번에는 고트족과 반달족이 서쪽으로 도주할 수밖에 없게 되었다.

곧이어 훈족도 다시 움직이기 시작했고, 역시나 아무런 방해도 받 지 않은 채 유럽의 경계에 도달했으니, 이때가 바로 A.D. 400년경 이었다. 반달족은 서쪽으로 계속 움직여서 골(갈리아)로 들어갔고, 이 서슬에 이번에는 그곳의 토착민인 게르만족이 남쪽으로 도주했 다. 또다시 훈족에게 밀려난 고트족은 아예 두 분파로 나뉘고 말았 다. 그중 서고트족이라는 이름으로 일컬어진 분파는 정남쪽으로 향 해서 이탈리아로 들어갔다. 그곳에서 이들은 사치와 부패와 내전으 로 인해 빌빌거리던 로마 제국을 발견했다. 410년에 서고트족은 로 마를 약탈하고 그 인근 지역을 황폐화시켰다. 이후 30년간의 로마 황제들은 서고트족 문제를 해결하기 위해 그들에게 소유하고 살아 갈 땅을 주었으며, 그들에게 군사 업무를 맡아 수행하게 했다. 이런 노력은 대부분 헛수고로 돌아갔으니, 왜냐하면 야만인들도 자신들 이 더욱 힘세다는 것을 알고 있었기 때문이다.

반달족은 계속 서쪽으로 향했고, 가는 곳마다 약탈을 일삼았으며 (오늘날까지도 이들의 이름은 의도적인 모독, 또는 파괴 행위를 가리키는 데 사용된다.) 그러다가 남쪽으로 골을 지나 에스파냐로 들어갔다. 그 당시에 에스파냐는 로마 제국에서도 가장 부유한 속주 가운데 하나였다. 반달족은 그곳을 약탈하고, 이탈리아의 본거지와의 연계를 끊어버리고 말았다. 곧이어 이들은 아프리카로 건너가서, 아프리카의 로마 영토를 모조리 정복했는데, 그 가운데에는 이로부터 60년 전에 로마인이 파괴한 페니키아의 도시 터에 새로 건립한 신(新)카르타고라는 번영하던 도시도 있었다. 반달족은 다시 지중해를 건너와 이탈리아로 들어갔고, 455년에 로마를 약탈했다.

402년에 제국은 아예 수도를 로마에서 아드리아 해 연안의 라벤나로 옮기고 말았다. 이 방벽으로 둘러싼 성채 안에서 힘없이 속수무책이었던 황제들은 이민족의 정복 파도를 막으려 했으나 아무런 소용이 없었다. 493년에 또 다른 야만족 무리인 동고트족이 라벤나를 비롯해서 이탈리아 대부분을 차지했고, 한때 전 세계를 휩쓸었던 이 오래된 땅은 그들의 왕 테오도리쿠스가 다스리게 되었다.

훈족에 의해 몽골에서 시작되어, 고트족과 반달족에 의해 서아시아로 이어졌던 야만인 무리의 열화와 같은 에너지도 계속 이어지지는 못했다. 훈족은 그 마지막 지도자인 아틸라의 영도 아래 골을 침공했지만, 451년에 로마와 서고트족의 연합군과 싸워 패배했다. 이것이야말로 아틸라에겐 최초의 패배였고, 그는 딱 1년 뒤에 사망했다. 이후 훈족은 이탈리아로 내려왔지만, 그곳에서 또다시 패배했으며, 그 잔인성만을 만천하에 과시한 채 머지않아 아예 역사에서 사라져버리고 말았다. 오늘날 그들이 남긴 유산은 이후 수 세기 넘도록 여전히 공포를 자아낸 그 이름뿐이라고 하겠다.

동고트족과 반달족 역시 A.D. 5세기가 시작되면서부터는 예전처럼 강대한 세력을 지니지 못하게 되었다. 이 두 민족 역시 결국 역사의 무대에서 역할을 다 마친 셈이었다. 이에 비해 서고트족은 좀 더 오래 지속되었다. 이들은 향후 2세기 동안 프랑스 남부와 이베리아 반도 대부분 지역에 남아 있었다. 하지만 이들 역시 머지않아 오늘날 서유럽에 해당되는 지역에 생겨나기 시작한 새로운 사회에 흡수되고 말았다.

로마 이후의 유럽

콘스탄티노플에서는 정력적인 황제들이 구제국의 동쪽 부분을 계속해서 다스렸으며, A.D. 6세기 중반에 들어서 유스티니아누스 황제의 후원을 받은 유명한 장군 벨리사리우스(이 당시 대부분의 장군이 그러했듯이 그 역시 야만인 출신이었다.)가 지휘한 군대가 이탈리아, 골의 대부분 지역, 그리고 북아프리카 일부에 대한 비잔틴 제국의 지배권을 재확립했다. 하지만 이 경우에는 일찍이 로마인이 지녔던 것과 같은 지배권과는 약간의 차이가 있었다. 오히려 이것은 사실상 지배권이라 할 수도 없었다.

한때 매우 밀접하게 하나로 엮였던 서유럽은 이제 완전히 사분오열되었다. 하나의 거대한 사회 및 경제 조직이 있었던 곳에 이제 수백 개의 작은 나라들이 생겨났다. 로마 제국은 개방된 세계였고, 라틴어라는 단 하나의 언어를 사용했기 때문에 어디서나 말이 통했다. 또한 단 하나의 법률에 모든 사람이 복종했으며, 훌륭한 도로 덕분에 멀리 떨어진 지역까지도 합쳐질 수 있었다. 다른 무엇보다도 중요한 사실은, 새로 문명화된 사람들에게 잘 사는 법을 가르칠 필요가 있을 때마다 그리스인 교사들과 문화 대사들이 어디든지 여행할 수 있었다는 점이다.

이제 대부분의 그리스인은 동쪽 제국의 수도인 콘스탄티노플에만 몰려 있게 되었다. 도로에는 더 이상 여행자나 화물이 오가지 않았고, 사람들은 서로 다른 언어를 사용했으며 글을 읽을 수 있는 사람도 드물었고, 힘의 법칙을 제외하면 법률이란 것 자체가 드물게 되었다. A.D. 450년부터 550년 사이의 1세기 동안은 그야말로 화재와 사망의 100년이라고 할 수 있는데, 그 와중에 개방성은 거의 모두 사라져버렸으며, 이 세계는 전무후무할 정도로 작고도 굳게 닫힌 상태가 되었다.

그 당시 사람들은 자기 집 주위의 좁은 지역에 대해서는 충분히 잘 알고 있었고, 지평선 너머에 사는 이웃들에 관해서도 나름대로의 견해를 — 비록 틀린 것일망정 — 지니고 있었지만, 거기서 더 너머에 있는 것에 관해서는 사실상 아무것도 모르고 있었다. 그 당시 사람들은 책을 읽을 시간도 없었고, 심지어 글을 읽을 줄 아는 사람조차도 그러했다. 삶은 점차 어려워졌고, 대부분의 사람들은 자기 집 주위의 땅에서 나오는 식량을 닥치는 대로 긁어모아 먹고 살았으며, 그런 식량 가운데 상당수는 조만간 더 힘세고 더 잔인한 사람들에게 빼앗기기 일쑤였다.

그 당시에는 법이 거의, 또는 전혀 없었기 때문에, 사람마다 자기 힘으로 본인과 가족을 지켜야만 했고, 그런 와중에 1세기 전만 해도 로마 시민들이 누렸던 여가 활동에 들어갈 만한 시간은 모두 소진되고 말았다. 예술과 철학과 토론은 더 이상 나타나지 않게 되었다. 정부는 (원시적인 수준의 정부를 제외하면) 더 이상 제대로 기능하지 않았다. 심지어 희망조차도 멈춰버린 것 같았다.

450년부터 550년까지의 그 100년은 서양의 역사에서도 가장 끔찍한 시기에 속했다. 그 시기를 상상해보기는 대단히 어렵다. 역사적으로는 거의 공백에 가깝기 때문이다. 다만 우리가 확실히 알고 있는 바는 이 약탈과 사망의 시기 막바지에 들어서 오늘날 유럽이라고 불리는 지역에 전적인 변화가 일어났다는 것뿐이다.

이후 세상은 과거와 완전히 달라지고 말았다. 이후 유럽은 단 한 번도 다시 하나의 나라가 되지도, 하나의 수도로부터 통치되지도, 하나의 언어를 사용하지도, 하나의 법률에 복종하지도, 하나의 문화의 창조물과 과실을 누리지도 못하게 되었다.

삶은 계속되었지만 지속적인 전쟁으로 인해, 또한 대부분의 사회 및 보건 제도의 붕괴로 인해, 전반적으로 지역마다 사람들의 숫자는 예전보다 줄어들었다. 가령 로마의 인구만 해도 A.D. 2세기에는 100만 명 이상이었다. 하지만 550년에는 이 도시의 거주민이 5만 명도 채 되지 않을 정도였다. 야만인의 침공으로 인한 대대적인 파괴의 여파로, 집이며 공공건물(사원, 교회, 시장, 법원)이며 기념물이며 요새와 방벽은 물론이고, 수도관 같은 구조물의 숫자도 감소했다. 그런가 하면 가축의 숫자는 물론이고 경작되는 땅의 숫자도 격감했다. 자녀를 가르칠 장소를 찾는 것은 물론이고, 정작 가르칠 만한 교사를 찾기도 어려운 지경이 되었다. 책이란 것 자체가 사실상 없다시피 했으니, 왜냐하면 책이야말로 격변의 와중에서는 가장 먼저 희생되는 것 가운데 하나였기 때문이다.

새로운 소식도 거의 없다시피 했다. 새로운 소식이란 다른 사람들, 심지어 멀리 떨어진 곳에 사는 사람들에게 벌어진 일에도 관심을 쏟을 수 있을 만큼 여유 있는 사람에게나 유의미한 것이기 때문이었다. 삶 자체가 지속적인 분투인 판에서는 다른 사람의 어려움 따위야 전혀 관심의 대상이 아니었다. 현금도 거의 없다시피 했으니, 얼마 되지 않아 구제국의 경화는 모조리 써버리거나 은닉되거나 분실되었기 때문이고, 이로써 대부분의 거래는 물물교환 방식으로 이루어지게 되었다. 어쩌면 이것이야말로 그 시기에는 오히려 더 잘 어울리는 방식이었을 것이다. 경제라고 해야 어차피 상품의 잉여가 전무한 상태였기 때문이다.

이 모든 변화가 단순히 일시적인 것만은 아니었다. 1세기에 걸친 황폐화 이후로 서유럽은 무려 5세기나 지속된 암흑시대로 빠져들게 되었다. 1000년 즈음, 그러니까 새로운 밀레니엄의 시작과 함께 유럽인은 비로소 예전과 유사한 방식으로 살아가려 노력하기 시작했다. 그 오랜 암흑의 기간을 생각해보면, 우리 마음속에는 자연스레 의문들이 떠오른다.

이처럼 어떤 격변 — 전쟁이나, 침공이나, 전염병 같은 — 때문에 무려 수백 년이나 쇠퇴가 지속되는 일은 정말로 가능할까? 왜냐하면 나중에도 유럽에서는 이런 격변이 여러 차례 일어난 바 있었지만, 그렇다고 해서 또다시 암흑시대가 찾아오지는 않았기 때문이다. 14세기 중반에는 흑사병으로 알려진 끔찍한 전염병으로 인해 유럽인의 절반이 사망했던 것으로 알려졌다. 물론 아주 정확한 통계까지는 아니지만, 당시의 사망자 수에 관한 연구에 따르면 불과 5년 내지 10년 사이의 기간 동안 최소한 2500만 명 이상이 사망했던 것으로 보인다. 이후 유럽의 인구 수준이 1348년 이전으로 회복된 것은

16세기 초의 일이었다. 하지만 다른 면에서 이 참담한 손실은 비교적 신속하게 극복되었다. 전염병이 창궐한 때로부터 한 세대 만에 유럽은 경제적 호황을 누렸다.

이와 유사하게 독일은 30년전쟁(1618~1648)으로 인해 참담한 손실을 입은 바 있다. 이 기간 동안 전국을 누빈 군대는 대부분 급료를 제대로 받지 못한 용병들로 이루어져 있었으므로, 당연히 이들은 강도와 약탈과 살인을 밥 먹듯 해치웠다. 이것 역시 어떤 면에서는 5세기와 6세기에 있었던 야만인의 침공과 상당히 유사한 데가 있었지만, 마찬가지로 불과 한 세대 안에 극복되었다.

제2차 세계대전 직후의 유럽은 완전히, 그리고 어쩌면 영구히 파괴된 것처럼 보였다. 독일, 이탈리아, 오스트리아는 그야말로 폐허였고, 승전국인 프랑스와 영국의 경우에도 상황이 더 낫지는 않았다. 하지만 이때에도 유럽은 30년도 안 되어 다시 한 번 번영하고 번창하는 삶을 회복했다.

서쪽의 제국을 파괴했던 야만인들은 또한 동쪽에서도 약탈을 자행했지만, 그 피해가 지속되는 효과를 끼친 것은 아니었다. 가령 이들은 중국 북부에서 그곳 주민의 10분의 1을 죽여 없앤 바 있다. 하지만 중국 역시 상당히 빨리 원래의 수준을 회복했다.

그렇다면 5세기에 있었던 야만인의 침공이 유럽을 그토록 깊숙이, 그리고 그토록 오래 바꿔놓은 까닭은 무엇이었을까? 이 문제에 관해서는 잠시 후에 다시 살펴보도록 하자.

기독교의 승리: 콘스탄티누스 대제

콘스탄티누스는 A.D. 280년에 구(舊)유고슬라비아 지역에서 태어났는데, 육군 장교인 그의 아버지는 훗날 카이사르[22]의 서열에까지 오른 인물이었다. 이는 콘스탄티누스의 아버지가 결국 로마의 황제가 되긴 했지만, 그 와중에 수많은 우여곡절을 겪어야 했다는 뜻이다. 콘스탄티누스 역시 카이사르로 지명되긴 했지만, 일련의 내전으로 이루어진 복잡한 상황에서 훨씬 더 큰 어려움을 겪고 난 뒤에야, 서쪽과 동쪽 모두의 유일한 황제가 되었다.

콘스탄티누스의 제위 등극은 로마 인근의 밀비우스 다리에서 자신의 경쟁자인 막센티우스가 이끄는 군대와 맞서 승리를 거둔 이후에 확고해졌다. 역사상 가장 유명한 전투 가운데 하나인 이날의 결전이 벌어지기 바로 전날 밤, 콘스탄티누스는 자기 막사에서 잠자던 도중에 한 천사가 하늘에서 내려오는 꿈을 꾸었다고 전해진다. 십자가를 손에 든 이 천사는 그에게 이렇게 말했다. "이 상징 안에서 너는 승리하리라."(*In hoc signo vinces.*) 잠에서 깨어난 콘스탄티누스는 기독교의 상징을 온 부대의 깃발과 방패에 그려 넣도록 했고, 그 이후로 신실한 기독교인이 되었다.

콘스탄티누스가 물려받은 제국은 다신교를 국교로 채택하고 있었다. 그 당시에 이미 3세기째에 접어든 기독교의 신자는 비록 수백만 명에 달했지만, 그 정도로는 전체 인구에서 결코 다수라고 할 수는 없

---

22 후기 로마 시대에는 동서 양쪽 제국에 저마다 아우구스투스(황제)와 카이사르(부황제)가 있어서 통치자가 모두 네 명이었다.

었다. 나아가 이들의 숫자는 콘스탄티누스의 전임자인, 완고하면서도 효율적인 행정가 디오클레티아누스의 치세(285~305) 동안에 급격히 줄었다. 디오클레티아누스는 특유의 효율성을 발휘해 거의 혼돈에 가까웠던 1세기 — 단순히 군대의 변덕으로 인해 황제가 선출되고 폐위되었으며, 상업과 무역에 관한 강력한 통제가 거의 없다시피 했던 — 이후에 제국의 경제적 및 정치적 건강을 상당 수준 회복하는 데까지 이르렀다. 하지만 도무지 이해할 수 없는 몇 가지 이유로 인하여, 디오클레티아누스는 A.D. 304년부터 305년 사이에 기독교인에 대한 최후의, 그리고 아마도 가장 끔찍한 박해를 자행했다. 제국의 동부 속주에서 젊은 시절을 보낸 콘스탄티누스는 수많은 기독교인이 고문을 받고, 화형당하고, 십자가에 매달리는 것을 지켜보았고, 어쩌면 이들의 순교 광경이 그에게도 깊은 인상을 남겼는지 모를 일이다.

여하간 콘스탄티누스의 신앙은 강력한 동시에 오래 지속되었다. 그는 기독교를 제국의 국교로 삼았으며, 교회에 막대한 특혜를 제공했고 — 가장 중요하게는 폭넓은 특권과 세금 면제를 부여했고 — 기독교인을 군대에서나 관직에서 높은 지위로 승진시켰다. 313년에 아프리카의 지방 총독 앞으로 보낸 편지에서 그는 기독교인 성직자에게 세속적인 지위나 재정적 의무를 부여해 괴롭히는 일이 없게끔 하라고 지시했다. "그들이 신을 향한 지고의 봉사를 자유롭게 수행할 수 있다면, 나라의 일에도 큰 유익을 낳을 것이 분명하다."

콘스탄티누스는 25년 동안 황제로 재임하다가 337년에 사망했는데, 그의 치세 동안 기독교는 로마의 체제 속으로 워낙 깊이 침투했기 때문에, 훗날 콘스탄티누스의 후계자 가운데 한 사람이 다신교를 회복시켰을 때에도 기독교에는 아무런 영향이 없었다. 배교자 율리아누스는 361년에서 363년까지의 짧은 치세 동안 다신교를 국교로 삼으려 했지만, 그가 일찍 사망한 덕분에 기독교는 여전히 로마인의 다수가 믿는 신앙으로 남았고 그 전통은 이후 지속되었다.

콘스탄티누스의 업적은 단순히 기독교를 로마의 국교로 채택한 것뿐만이 아니었으니, 그는 또한 콘스탄티노플을 세우고, 다신교 사원에서 강탈한 부를 그곳에 투입함으로써 자기 제국의 본거지로 삼았다. 서쪽 제국은 여전히 라벤나에서 통치되었지만, 그 권력은 점점 줄어들고 있었던 반면, 동쪽 제국은 점점 더 부유하고 인구가 늘어났다. 물론 로마 시는 제국의 고대 중심지로서의 상징적 중요성을 결코 잃지 않았으며, 문화적으로나 경제적인 측면 양쪽에서 여전히 풍요를 누렸다. 하지만 미래를 향한 추진력은 콘스탄티누스의 치세에 서쪽에서 동쪽으로 넘어왔고, 그의 후계자들은 이 새로운 국가적 방향을 결코 한 번도 변경하지 않았다.

또한 그들은 제국의 기독교적 성격을 변경하지도 않았다. 시간이 흐르면서 기독교는 점점 더 로마의 지도적 원리가 되었으며, 교회는 주도적 기구가 되었다. 그리하여 A.D. 410년에 로마 시가 사상 처음으로 약탈되었을 때, 야만인들이 침공하고 정복한 그 나라는 다름 아닌 기독교 국가였던 것이다. 이러한 사실은 이후 중대한 결과를 낳았다.

기독교의 약속: 아우구스티누스

『로마제국 쇠망사』에서 에드워드 기번은 자신이 그토록 감탄해 마지않는 이 고대 문명이 몰락한 이유로 두 가지를 내세운다. 바로 야만과 종교였다. 그가 의미한 야만이란 단순히 야만족의 침공뿐만이 아니라, 야만인의 현존으로 인해 로마인의 삶에 생겨난 중대한 변화까지도 의미한 것이었다. 처음에는 야만이 외부에서 로마를 향해 가해졌지만, 나중에는 야만이 로마의 권력 핵심부 그 자체에서도 생겨났던 것이다. 또한 그가 의미한 종교란 다름 아닌 기독교였다.

기번의 이런 주장에 18세기의 독자들은 그야말로 경악했지만, 사실 그 자체로서 새로울 것은 없었다. 410년에 서고트족의 정복으로 로마 시가 폐허로 변하자, 이 끔찍한 패배의 원인이 결국 기독교인이라고 비난하는, 그리고 이 모두가 오랜 다신교의 신들을 무시하고 기독교를 국교로 채택한 데서 말미암았다고 비난하는 주장이 제국 곳곳에서 터져 나왔기 때문이다.

기독교인은 재빨리 신앙을 옹호하고 나섰다. 설교가 이루어지고 호교론이 나왔다. 이러한 도덕적이고 지적인 전투의 자욱한 먼지 속에서 위대한 저술가 한 사람이 나타났다. 그는 이 당시에 간행된 것 가운데 가장 설득력 있는 기독교 옹호론 가운데 하나를 썼을 뿐만 아니라, 기독교의 원칙에 근거한 새로운 방식의 역사를 쓰기까지 했다.

아우렐리우스 아우구스티누스는 A.D. 354년에 북아프리카의 도시 타가스테(오늘날의 알제리 수크아라스)에서 태어났다. 그의 놀라운 잠재력을 깨달은 가족은 그야말로 전 재산을 털어서 그를 당시 제국 내에서도 가장 큰 도시 가운데 하나였던 신(新)카르타고로 보냈고, 훗날 정부 요직을 얻기에 필요한 교육을 받도록 했다. 신카르타고에서 이 청년은 오늘날은 유실된 키케로의 논고 『호르텐시우스』를 읽었다. 이를 계기로 그에게는 철학에 대한 열정이 생겨났으며, 그는 이것이야말로 이 세계를 이해하는 합리적인 체계라고 생각했다.

아우구스티누스의 어머니 모니카는 신실한 기독교인이었지만, 그의 아버지는 그렇지 않았다. 아들을 일찌감치 신앙으로 이끌려는 어머니의 시도에도 불구하고, 청년 학자는 반(反)이성적인 신비주의와 지적 혼란으로만 느껴지는 기독교에 대해 반감을 가졌다. 대신 그는 마니교에 이끌렸으니, 이 철학 겸 종교는 이 세상에 두 가지 보편 원칙이 있으며, 하나는 선이고 하나는 악인 그 두 가지 원칙이 우주의 지배권을 놓고 전쟁을 벌인다고 주장했다. 마니교 역시 신비주의적이긴 마찬가지였지만, 그 당시의 아우구스티누스가 보기에는 오히려 훨씬 더 현실적인 설명 같았던 것이다.

하지만 아우구스티누스는 진지한 의문들을 품었으며, 마니교도들과 이야기를 나누어보아도 그런 의문들에 대한 만족스러운 답변이 나오지 않는다는 사실에 불만을 품게 되었다. 그의 철학적 충성은 여기서 다시 신플라톤주의의 창시자인 플로티노스(205~270)의 교의 쪽으로 옮겨 갔다. 아우구스티누스가 태어났을 무렵, 플로티노스는 로마에서 사망한 지 100년도 되지 않은 상황이었다. 이 젊은이는 플로티노스의 가르침이며 삶에 나타난 차분하면서도 강렬한 추구, 즉 순수한 지성의 연습을 통해 절대 선과 신비적으로 연합하려는 추구에 매료되었다.

어머니의 끈질긴 노력 — 그녀는 훗날 성녀 모니카로 존경받았으니, 성 아우구스티누스라는 탁월한 인물을 회심시켰기 때문이다 — 에다가 플로티노스의 저술을 계속해서 읽은 결과로, 아우구스티누스는 그리스도의 인간을 초월하는 성격을 깨닫게 되었다. 『고백록』에 따르면, 하루는 아우구스티누스가 밀라노의 어느 정원 너머로 들려오는 어린아이의 목소리를 듣고는 우연히 성서를 펼쳐 들었다. 그리고 그중 한 구절(「로마인들에게 보낸 편지」 13 : 13)을 읽게 된 결과로 기독교의 오랜 역사 중에서도 가장 유명한 회심이 비롯되었다.

때는 386년이었다. 당시 아우구스티누스의 나이는 32세였다. 그는 가족의 노력으로 인해 얻게 된 돈 잘 버는 교사직을 포기하고 타가스테로 돌아갔다. 곧이어 사제가 되었으며, 머지않아 히포 — 오늘날의 알제리에 있던 로마의 도시로 이제는 오로지 아우구스티누스 덕분에 기억될 뿐이다 — 의 주교가 되었다. 그는 이후 오랜 생애 동안 종교적 논쟁에 적극적으로 참여하였으며, 그 당시에 주교가 담당했던 갖가지 사법 관련 의무들을 수행하는 한편 책을 저술했다. 그 가운데서도 가장 중요하고 영향력 있었던 작품은 『하느님의 도시(神國論)』였다.

이것은 410년에 벌어진 로마의 약탈이 결국 기독교에서 비롯되었다는 비난에 대한 아우구스티누스의 응답이었다. 하지만 그는 단순히 이런 비난이 잘못임을 밝히는 데 그치지 않고, 거기서 더 멀리까지 나아갔다. 그는 또한 세계 역사의 계획을 펼쳐 보이면서, 두 개의 도시가 우세를 점하기 위해 서로 경쟁하며, 세상 마지막 날까지 계속 그렇게 할 것임을 보여주었다. 그중 한쪽의 도시는 바로 인간의 도시로, 물질적이고 세속적이며 아래쪽을 향하고 있다. 다른 한쪽의 도시는 바로 신의 도시로, 영적이며 만물의 창조주를 바라보며 위쪽을 향하고 있다.

아우구스티누스에 따르면 팍스 로마나(Pax Romana)는 오로지 인간의 도시에 불과하다. 따라서 비록 타키투스의 주장처럼 폐허의 상태까지는 아니더라도, 영(靈)의 사막이 될 수밖에 없었다. 기독교가 국교인지 여부는 상관이 없었다. 국가 자체는 거룩할 수가 없는 것이었다. 그리스도는 카이사르에게 속한 것과 하느님에게 속한 것의 차이를 기억하라고 베드로에게 말한 바 있었다. 이제 아우구스티누스는 이 유명한 구분을 더욱 강조한 셈이었으며, 그 말에서 다른 사람들이 파악한 의미를 더욱 깊이 있게 만들었다.

아우구스티누스가 본인의 경험으로 미루어 말한 바, 일개인의 생각은 진리를 만들어내지 못한다. 하지만 '마기스테르 인테리오레'(*magister interiore*), 즉 '내면의 교사'인 그리스도의 가르침에 귀를 기울이게 되면, 사람은 계시된 하느님의 말씀을 자기 안에서 찾아낼 수 있다. 따라서 하느님의 도시는 지상의 도시가 아니다. 그것은 모든 진정한 그리스도인의 마음과 영혼 안에 자리 잡은 도시다. 그 도시는 그 사람이 어딜 가든 함께 가며 — 그곳은 로마에도, 또는 다른 어떤 '장소'에도 없기 때문이다 — 어떠한 적도 감히 그것을 정복할 수가 없다.

영적이고 내적인 도시의 영광에 비하자면 지상의 권세와 영광은 아무것도 아니며, 그런 도시는 거지의 내면에는 물론이고 황제의 내면에도 똑같이 있을 수 있다. 어떤 면에서 아우구스티누스는 마치 잿더미에서 불사조가 다시 태어나듯이, 로마의 몰락한 잿더미에서 천국의 도시가 태어났다고 말하고 있는 것인지도 모른다. 지상의 도시가 야만인의 습격 앞에서 불타 무너짐과 동시에, 천국의 도시는 오히려 정화되었다는 것이다. 마음과 영혼 속의 도시는 영원히 살아갈 것이니, 이곳은 하느님에 의해 정해지고 주어졌기 때문이라는 것이다.

성 아우구스티누스의 『하느님의 도시』는 플로티노스의 지적 신비주의의 필터를 통해 걸러진 플라톤의 그리스 사상에서 큰 영향을 받았다. 하지만 아우구스티누스는 하느님의 도시가 또한 복음서에서 그리스도가 약속했던 것이라고도 주장했다. 아우구스티누스의 예견에 따르면, 산상설교의 여덟 가지 복은 하늘의 도시의 헌법이나 다름없었다. 따라서 결코 그 스스로는 실현되지 못한 고대 제국의 약속을 완수하는 것이 바로 기독교의 역할이다. 그리스도의 가르침이라는 새로운 포도주는 그 원기 왕성한 생명력 때문에 만약 낡은 병에 집어넣으면 아예 병 자체를 깨트리고 마는 것이니, 과거의 제도는 충분히 빠르거나 완벽하게 변화할 수 없기 때문이라는 것이다. 그렇게 깨어진 병이 떨어져 나간 뒤에도, 보라! 그 가르침은 여전히 혼자 힘으로 굳건히 서 있다는 것이다.

로마는 410년의 패배에도 불구하고 살아남았다. 서쪽의 제국은 476년까지 지속되었고, 그 이후부터는 동고트족의 왕이 이탈리아와 그 나머지 영토를 지배했다. 하지만 앞서 살펴본 바와 같이 야만인의 침공은 이후로도 계속되었다. 430년에는 반달족의 군대가 히포의 문 앞까지 쳐들어왔고, 아우구스티누스는 〔야만인에 의해 포위된〕 도시 안에서 사망했다.

그는 죽을 때까지 자신이 옳다고 생각했다. 기독교가 살아남기 위해서는 그 신자들이 지상의 영광을 물리쳐야만 하며, 나아가 좁고 고립되고 외로운 장소에서 기꺼이 살 의향이 있어야만 하늘의 도시의 영광이 더욱 찬란히 빛나며, 더 잘 보이리라는 것이었다. 성 아우구스티누스에 따르면 기독교인은 로마의 승리로부터 또 다른 종류의 승리를 추구하고 있었다. 즉 로마, 또는 신카르타고, 또는 심지어 히포의 패배조차도 실제로는 그리 중요하지가 않다는 것이었고, 제 아무리 그로 인해 큰 비참함이 나타나더라도 상황은 마찬가지라는 것이었다. 기독교인의 목표는 또 다른 삶에 있었으며, 그들의 도시는 이 세상의 도시가 아니기 때문이었다.

몰락 이후

후기의 로마 제국은 그 권력과 부와 세속적 성공의 차원에서만 주목을 받아왔다. 반면 그 당시 로마인의 관점에도 전적으로 비현실적으로 보였던 도덕적 덕에 근거한, 공화국에 살았던 감찰관 대(大)카토 같은 사람들이 남긴 경고에 관해서는 오랫동안 어느 누구도 크게 관심을 보이지 않았다. 그 당시의 로마인은 대체적으로 이전의 어느 누구보다도 훨씬 더 사치스럽게 살았으며, 이 세상이 줄 수 있는 모든 것을 즐기고, 심지어 국교로 지정된 기독교의 요구에 대해서조차 거의 관심을 보이지 않았다.

기독교인 중 상당수가 로마와 제국을 지키기 위해 열심히 싸웠으니, 어쨌거나 그렇게 하는 데에는 분명한 덕이 있었기 때문이다. 하지만 야만인이 과거의 사회를 파괴한 다음, 오로지 힘에만 의거한 잔인하고도 원시적인 봉건제도를 수립하고 나자, 기독교인은 아우구스티누스의 하느님의 도시라는 유혹 쪽으로 더욱 눈을 돌리게 되었다. 사람들은 영광스러웠던 인간의 도시 로마 — 그러나 그들에게는 과거에도 별 의미가 없었고, 지금은 완전히 의미가 없어진 — 를 재건하려는 시도 대신, 이후 5세기에 걸쳐서 하느님의 도시를 건설하려 노력했다.

서쪽 제국 전역 — 이탈리아, 골(아마 지금부터는 이곳을 '프랑스'라고 부르기 시작해야 마땅하리라.), 독일, 에스파냐, 북아프리카 연안, 영국제도 — 에서 기독교인들은 새로운 삶의 방식을 모두 받아들였다. 이들은 자신들이 잃어버린 것을 전혀 아쉬워하지 않는 듯 보였다. 심지어 잃어버린 것을 기억조차 하지 못하는 듯했다. 가난과 두려움에도 불구하고 기독교인들은 이전까지만 해도 로마의 위대함이라는 광휘 때문에 차마 자신들이 똑똑히 볼 수 없었던 어떤 것을 고대했다.

오늘날 우리는 로마 말기의 세계에서 그랬던 것처럼 물질적인 것들에 깊이 전념하는 세상에 살고 있다. 가령 4세기의 로마인은 건강, 다이어트, 운동에 몰두했다. 이들은 교회나 사원, 도서관이나 법정에서보다는 오히려 목욕탕과 헬스클럽에서 더 많은 시간을 보내곤 했다. 이들은 소비에도 전념했다. 자기 이웃보다 더 많은 돈을 소비하는 사람은 좋은 평판을 받았으며, 심지어 그가 남에게 돈을 빌려서 그렇게 했을 경우에도 상관없었다. 게다가 그가 채권자에게 영영 돈을 갚지 않을 경우, 그는 이 세상에 뭔가 이름을 날리려는 고귀한 시도를 했다며 도리어 명성을 얻었다.

로마인은 여행, 뉴스, 오락에 열광했다. 책은 물론이고, 로마의 도시며 마을마다 중심가에 차려진 극장이며 원형경기장에서 펼쳐지는 광상극(狂想劇)에 이르기까지, 로마 시대 말기의 가장 중요한 문화적 산물들은 대부분 머나먼 곳에 사는 사람들에 관한, 그리고 로마인의 실제 삶에서는 존재하지 않는 환상 속의 평화와 행복을 곁들인 경이적인 허구의 이야기를 다루고 있었다. 로마인은 명성에 매료되었으며, 나아가 어떻게 해서 얻은 명성인지에 관해서는 개의치 않았다. 가령 어떤 사람이 충분히 유명하기만 하다면, 그가 실제로는 악당이거나 또는 그보다도 더 못한 부류의 인간이라는 사실조차도 무시되거나 용서될 수 있었다.

로마인은 성공을 가장 중요하게 생각했는데, 이들의 해석에 따르자면 성공이란 오늘을 향해 달려 나가고, 내일은 저 혼자 알아서 하게 내버려 두는 것이었다. 이들은 오만하고, 탐욕스럽고, 허영심이 강했다. 한마디로 표현해서, 로마인은 오늘날의 우리와 상당히 닮았다.

몰락 이후 나타난 새로운 종류의 기독교인은 자신들의 몸에 관해 이 정도로 관심을 지니진 않았다. 그들은 오히려 자신의 영혼의 건강에 더욱 주의를 기울였다. 그들은 소비에도 관심이 없었다. 가난이 경건 다음가는 덕목으로 여겨지는 공동체에서, 그들은 부를 소유함으로써 명성을 얻기보다는 차라리 그런 명성을 잃어버리기를 선택했다.

그들의 여행은 어디까지나 정신 속에서 이루어지는 것이었으니, 그들의 영은 하느님을 향해 저 하늘 위로 한껏 치솟아 올랐던 것이다. 그들의 뉴스는 다름 아닌 복음, 즉 그리스도의 삶과 그가 약속한 재림에 관한 뉴스였다. 그들의 오락이란 교회에서 복음이 선포되었다는 것을 듣는 것이었으며, 마을 광장과 시골 집회소에서 순회 설교자들이 전하는 소식이 그 방법이었다. 그들은 이 세상의 명성에 전혀 관심을 두지 않았으니, 왜냐하면 그들은 오로지 지상에서의 삶을 잃어버리고 난 뒤에야 영생과 아울러 구원받은 자라는 명성을 얻게 되리라고 믿어 의심치 않았기 때문이다.

한때 부가 로마인을 판단하는 척도였다면, 이제는 가난이 기독교인을 판단하는 척도였다. 나중 세기에 들어서 교회는 한때 제국이 그랬던 것처럼 부유하고도 막강해졌으며, 아마도 제국이 그랬던 것처럼 부패했을 것이다. 하지만 초창기에만 해도 교회는 가난한 채로 남아 있었거나, 또는 그러려고 노력했거나, 또는 그래야 한다고 여겨지고 있었다.

가령 성 베네딕트는 A.D. 500년경에 로마를 방문했는데, 그의 목적은 아직 남아 있는 몇 군데 로마 학교에서 공부하기 위해서였다. 그는 그곳의 부와 사치(물론 제국의 전성기에 누렸던 사치에 비하면 그야말로 새 발의 피에 불과했겠지만)를 보고 깜짝 놀란 나머지, 남은 평생 6세기 초에 몬테카시노에 설립한 우울한 수도원에만 틀어박혀 살았다. 그렇게 하는 과정에서 그가 세운 삶의 패턴과 규범은 서양 곳곳에서 모방되었다.

수 세기 동안이나 베네딕트회는 그 설립자이며 정신적 지주의 가르침을 따라 가난, 기도, 선행에 헌신했다. 그런 베네딕트회조차도 나중에는 부유하고, 막강하고, 부패하고 말았지만, 500년 넘게 그들은 여전히 가난한 채로 남아 있으면서, 마땅히 그래야만 한다는 신념을 버리지 않았다.

한때 그들은 아무리 부자인 사람도 자족할 줄 모른다는 것을 이해했으며, 뭔가를 충분히 갖기 위해서는 자신이 열망하는 것을 더 가지려 하지 말고, 오히려 지금 가진 것으로 만족해야 함을 이해했다. 만약 열망을 우선시할 경우, 우리는 아무리 많이 가져도 만족을 느끼지 못한다. 만약 만족을 우선시할 경우, 우리가 얼마나 많이 가졌는지는 문제가 되지 않는다.

소크라테스는 이른바 돼지들의 나라에 관한 고대의 우화에서 그 단순한 공동체의 시민들의 가장 큰 즐거움은 도금양 잠자리에 누워 신들을 찬양하는 것이라고 말했다. 암흑시대의 기독교인 또한 인간의 가장 큰 즐거움은 창조주를 찬양하는 것, 그것도 자신이 찾을 수 있는 모든 방법을 동원해 찬양하는 것이라고 말했다. 간소한 식사, 간소한 삶, 영원을 묵상할 시간, 그리고 마음껏 하느님을 찬양하는 것. 인간으로서 더 이상 무엇을 바라겠는가?

현대의 시각에서 바라볼 때, 우리가 여전히 암흑이라고 부르는 그 시대는 서양 문명에서도 가장 밑바닥에 해당한다. 하지만 우리의 선조들은 결코 그 시대를 그렇게 바라보지 않았다.

A.D. 1000년이 다가오자 그들은 두려움에 사로잡히고 신경이 곤두섰으니, 이는 우리가 두 번째 밀레니엄을 맞이하여 신경이 곤두서는 것과도 마찬가지였다. 그들은 마치 어린아이처럼 미지의 것을 두려워했다. 그들은 999년이 끝남과 동시에 이 세상이 종말을 고할 것이라며 두려워했다. 끔찍한 일이라곤 전혀 일어나지 않자, 그들은 모두 함께 안도의 한숨을 내쉬며 과거 로마 제국의 새로운 버전을 재건하기 시작했다. 바로 오늘날 우리가 사는 이 세상을 말이다.

제5장

중세 시대: 거대한 실험

다른 모든 유토피아와 마찬가지로
중세 시대는 고귀한 실험을 시도했지만,
인간은 미처 그 실험에 성공할 만한 채비를 갖추지 못했다.
이 실험은 인류 역사에서도
두 번 다시 오지 않을 매우 희귀한 순간에,
즉 로마 제국의 몰락 같은
또 다른 대격변이 없었던 시기에 수행되었다.

앞에서 살펴본 것처럼, 몰락한 로마 제국의 생존자 겸 후손이라 할수 있는 유럽인은 중세 시대 초기의 몇 세기 동안 거의 모두 무척이나 힘든 삶을 살았다. A.D. 5세기와 6세기에 야만인의 침공으로 비롯된 참화 때문에 이들은 세 가지 중대한 도전에 직면하게 되었다.

생존을 위한 고투

첫 번째 도전은 한마디로 살아남는 것이었다. 이 세상에는 이른바 경제적 삶의 수준이라는 것이 있어서, 어느 이하로 내려갈 경우에는 인간으로 구성된 공동체가 존속하기가 힘들거나, 또는 불가능하다. 그 이전까지 수 세기 동안이나 인류는 — 최소한 전 세계 중에서도 문명화된 부분에서만큼은 — 이 중대한 수준 이상의 상태를 유지하며 살아왔다. 그러나 이제 그들의 세계가 폐허로 변함에 따라, 여러 공동체는 비참한 빈곤, 심지어 굶주림과 죽음에 위험하리만치 가까워지게 되었다. 그 결과로 방대한 지역이 불모지와 황무지로 변했으며, 이전까지만 해도 자칫 멸종 위기까지 몰렸던 사나운 포식자들의 거주지가 되었다. 뿐만 아니라 마치 어두운 숲 속에서 호시탐탐 기회를 노리는 짐승과도 같이 살아가는 야만인과 무법자들이 들끓게 되었다.

살아남은 공동체조차도 인구 수준이 대폭 감소된 까닭에 그다지 위안이 되지는 못했다. 사람들은 먹을 수 있는 뭔가를 얻기 위해 죽도록 일해야만 했고, 그 대가로 얻은 것도 결코 넉넉한 적은 없었다. 주거지는 그야말로 원시적이었고, 대개는 기껏해야 언덕에 파 들어간 동굴에 다름 아니었다. 사람들은 집에서 만든 옷을 입었고, 몇 년이 지나도록 갈아입지 않았다. 겨울이면 추위에 떨고, 여름이면 더위에 시달렸다. 해가 진 다음에는 연기 자욱한 모닥불이야말로 유일한 빛의 원천이었다.

적들이 가득한 세상

그들의 삶은 갖가지 위험으로 가득했다. 작고 자급자족하는 공동체 안에서 살아가다 보니 강력한 중앙 권력이나 경찰 같은 것이 없었으므로, 항상 도적이나 떠돌이 범죄자의 공격을 받기 일쑤였다. 무법자의 공격이야말로 그 시대의 가장 큰 사회적 질병이었으며, 아마도 중세 사람들의 가장 큰 사망 원인이었을 것이다.

평범한 사람이 무법자에게서 스스로를 보호하기란 매우 어려운 일이었다. 보호라는 것은 원래 고도로 특수화된 직업이었으며, 사실은 가장 오래된 직업 가운데 하나였다.

보호는 전임 업무였고, 따라서 그 일을 맡은 사람들은 자신이 보호하는 사람들로부터 식량을 얻어야만 했다. 중앙 권력은 물론이고 법에 대한 존중조차도 없었던 상황에서는 이처럼 보호의 대가로 내놓아야 하는 보상이 훨씬 더 비싸지게 마련이었다. 보호자는 우선 무기를 지녀야만 했다. 아울러 보호자의 식량은 십중팔구 피보호자가 부담하는 것이 원칙이었다. 마지막으로 보호자는 반드시 자신이 원하는 것은 무엇이든지 얻을 수 있어야 했고, 심지어 필요 이상으로도 그래야만 했다. 보호자는 공동체 내에서 힘의 독점을 부여받은 셈이었기 때문에 자신이 원하는 대로 가격을 부를 수 있었다.

암흑시대 동안에 보호의 대가는 극도로 비쌌으며, 피보호자의 수입에서 무려 4분의 3에 해당할 정도였다. (오늘날의 신변 보호 및 보안에 드는 비용에 비해) 비용이 이처럼 매우 높았던 이유 가운데 하나는 중세의 보호가 머지않아 제도화되었으며, 그로 인해 만들어진 위계질서는 안전 제공보다도 오히려 더 많은 보호자를 부양하는 것이 목적이었기 때문이다.

한 지역의 무장 병력 및 병사가 가장 낮은 지위를 차지했다. 이들은 경작지와 주거지에서 적과 강도를 쫓아내는 임무를 담당했다. 이 사람들 역시 보호를 필요로 했으니, 한편으로는 다른 지역의 병사들로부터였고 또 한편으로는 무법자들로부터였다. 이런 보호를 제공해줄 수 있는 사람은 그들보다 더 높은 지위의 영주였으니, 그는 훨씬 더 넓은 지역에 대한 보호를 조직했다.

그렇게 해서 결국 방어가 가능한 지역(경우에 따라 좁을 수도 있고 아주 넓을 수도 있다.) 내에서는 오로지 왕만이 진정으로 자율권이 있었으니, 왜냐하면 그는 어느 누구에게도 충성을 바치지 않았으며, 지위가 더 아래인 보호자를 계속 만족시킬 수 있는 한, 자신의 영토를 다른 지배자들로부터 지킬 수 있었기 때문이다.

전통에 따르면 이 당시에는 이른바 편력(遍歷) 기사도 있었으니, 이들은 특별한 사람 — 가령 위험에 빠진 처녀라든지 — 을 찾아 여기저기 말을 타고 돌아다니다가 도움을 제공해주었다고 전한다. 그러나 대개의 경우 그런 기사도적인 인물은 오로지 허구의 문학작품 속에나 존재할 뿐이었다.

지금까지 설명한 것은 일종의 평화를 유지하기 위한 방법으로는 지나치게 비싸고 비효율적인 체제였다. 우리는 이 체제를 이른바 봉건제도라고 부른다. 하지만 중세 사회에서도 가장 똑똑하고, 창의적이고, 정력 넘치는 사람들조차도 당장의 가혹한 생존 이외의 것은 별로 생각한 적이 없었으므로, 그 당시로서는 이것 말고 사실상 아무 대안이 없었다고 보아야 하리라.

하느님의 문제

중세의 세 가지 중대한 도전 가운데 맨 마지막이면서, 아울러 가장 중요한 것은 바로 하느님이었다. 인간은 항상 하느님에 대해 관심을 지녔으며, 하느님의 방식을 이해하기 위해 노력해왔다. 하지만 그리스인, 그리고 특히 로마인은 이러한 관심을 계속해서 자제해왔다. 오로지 가끔, 그리고 오로지 제의 때에만 성스러운 열광에 압도당했을 뿐이다.

그러나 중세 시대 초기가 되자 유럽인 중에서도 가장 훌륭하고 똑똑한 사람들조차도 이런 열광에 그만 압도되어버렸다. 이 당시 사람들은 그야말로 하느님에 대한 강박에 사로잡혔다고 할 수 있을 정도였다. 그들은 하느님에 관해 생각했고, 하느님에 관해 연구했고, 하느님의 의지를 확신하고 거기에 순종하려 노력했고, 이 세계에서 하느님의 목적을 발견하고 그걸 촉진시키기 위해 노력했다.

그들의 삶은 일찍이 서양의 역사에서 한 번도 없었을 정도로 하느님 중심적인 삶이었다. 수학과 철학은 그리스의 연구를, 정치학과 법률은 로마의 연구를 앞질렀다. 이제는 신학이 모든 학문의 여왕이 되었다. 그리고 이후 거의 1000년 가까이 이런 상태가 지속되었다.

신학이라는 학문

오늘날 신학은 인문과학 가운데 하나로만 살아남아 있으며, 공부하는 학생도 드물고 열광적인 헌신자는 더 드문 형편이다. 인문과학 그 자체만 하더라도, 한때는 학문의 산더미에서도 맨 꼭대기를 차지했던 일군의 학문들이지만, 오늘날은 그야말로 침체기를 면치 못하고 있다. 또 다른 종류의 학문인 과학 — 거기에 관해서는 나중에 몇 장에 걸쳐서 보다 자세하게 다루겠지만 — 이 그 자리를 대신 차지했기 때문이다. 나아가 과학은 대단한 승리를 거두었다. 우리가 과학을 숭배하는 것은 사실 충분히 그럴 만하기 때문이다. 하지만 이 당시에만 해도 가장 큰 승리를 거둔 것은 다름 아닌 신학이었음을, 그리고 그 기간 역시 상당히 길었음을 우리는 잊어서는 안 된다.

그렇다면 하느님을 '연구한다'는 것은 무슨 의미일까? 어떻게 하느님에 관한 '학문'이 있을 수 있단 말인가? 바로 이런 질문을 감히 던질 수 있다는 사실 자체야말로 우리가 중세의 세계관으로부터 얼마나 멀리 왔는지, 그리고 얼마나 많이 바뀌었는지를 보여주는 셈이다.

하느님의 도시는 인간의 도시와 다르다. 아우구스티누스가 그렇게 이야기했다. 이는 명백한 사실이다. 하지만 과연 얼마나 다를까? 하느님의 도시의 '헌법'은 무엇일까? 그곳의 정책이며, 그곳의 정의며, 그곳의 평화는 무엇일까? 이 모든 것이 인간의 도시의 경우와는 반드시 달라야만 할 것이다.

가령 평화를 예로 들어보자. 인간의 도시에서 평화란 복잡한 관념으로, 그리스인과 로마인 모두 이를 이해하기 위해 분투한 바 있다. 이것은 힘의 균형, 타협하려는 의향, 정당한 권력의 승인, 권위 계통의 수립, 권위의 범위 너머에 있는 사적 영역에 대한 인정, 그리고 다른 여러 가지와 연관되어 있다. 이것이야말로 민간 국가에서 성취할 수 있는 가장 어려운 상태인 동시에, 가장 가치 있는 상태일 것이다.

하느님의 도시에서의 평화 역시 권위와의 복잡한 관계들과 연관되어 있지만, 이번에는 권위가 바로 하느님, 또는 하느님의 의지다. 『신곡』에서 단테는 천국에서 축복받은 이의 입을 빌려 이렇게 말한다. "그분의 의지 속에 우리의 평화가 있으니."(*E la sua voluntade è nostra pace.*)[23] 오로지 우리의 욕망이 하느님의 욕망과 부합될 경우에만, 우리는 평화를 누릴 수 있다.

23 단테 알리기에리, 『신곡』(김운찬 옮김, 열린책들, 2007), 426쪽.

그럴 경우, 우리는 여전히 자유로운 것일까, 아니면 노예가 된 것일까? 우리는 자유롭다. 왜냐하면 하느님이 우리를 위해 선택한 것을 우리는 자유롭게 선택하기 때문이다. 오히려 그와 반대로 선택하는 것이야말로 우리 스스로의 욕망의 노예가 된다는 의미다. 만약 우리가 모든 잘못되고 미혹된 충동으로부터 전적으로 자유롭다면, 우리는 자연스레 하느님을 선택하게 마련일 테고, 따라서 그러한 의미에서도 우리는 자유로운 셈이다.

그렇다면 우리는 하느님이 도달할 수 없는, 또는 도달하지 않는, 또는 도달해서는 안 되는 어떤 개인적인 영역, 즉 또 다른 종류의 자유가 있는 영역을 알고 있는가? 이런 영역은 인간의 도시 내에 실제로 있고, 익히 알려져 있으며, 보호받고 있다. 그러나 하느님의 도시에서 우리는 — 전심으로 열망하건대 — 스스로의 존재를 전적으로 하느님에게 열어놓고, 하느님 앞에서 아무것도 숨기지 않을 수가 있다. 뭔가를 숨긴다는 것은 무엇이든지 간에 일종의 부끄러움, 그리고 일종의 노예 됨이기 때문이다.

이런 식으로 신학적 추론이 이어지면, 자신은 물론이고 자신의 의지조차도 하느님께 내어놓음으로써, 우리는 더 높은 평화와 더 높은 자유를 성취하게 된다. 인간의 행위 중에서도 가장 위대한 그러한 선물에 대한 보답으로서, 하느님은 우리에게 영원한 평화를 베풀어준다.

이것이야말로 하늘의 도시에 관해 연구하는 학생들이 추구하는 종류의 지식이었다. 두 가지 기본 교과서는 바로 『구약성서』와 『신약성서』였다. 하지만 이 두 가지 교과서를 이해하기가 항상 쉽지만은 않았다. 과연 거기 나오는 내용을 문자 그대로 받아들여야 할까, 아니면 일부 본문에 관해서는 비유적으로 읽는 것을 하느님이 원하실까? 이 맨 처음의 질문에 관해 어떻게든 자신 있게 답변하고 나면, 또 다른 어려움이 대두했다.

실제로 종교 경전은 하나하나의 문장마다 해석을 필요로 한다. 다시 말해서 그 내용을 이해하고, 나아가 인간의 삶과 하느님에 관한 인간의 탐구에 적용해야 한다. 그런 문장들 중에는 서로 모순되는 것들이 있지 않은가? 얼핏 보기에는 모순이란 불가능한 듯 보인다. 왜냐하면 하느님이 스스로 모순을 범한다는 것이야말로 결국 하느님이 우리를 멀리한다는 뜻이기 때문이다. 그런데 하느님이 일찍이 노아에게 했던 약속, 즉 먼 훗날 당신의 유일한 아들을 희생시킴으로써 다시 한 번 확증한 약속에 따르면, 하느님은 '절대' 우리를 멀리하지 않겠다고 했기 때문이다. 따라서 하느님이 모순을 범하는 것처럼 '보일' 때에는 — 가령 하느님이 착한 사람에게 나쁜 일이 벌어지도록 허락하는 경우처럼(물론 우리가 이해하는 바의 나쁜 일과 착한 일이긴 하지만) — 우리가 하느님을 잘못 이해한 것이 분명하다고 간주해야 한다. 왜냐하면 이 세상에 우리가 신뢰할 만한 것이 하나 있다면, 그것은 다름 아닌 우리를 향한, 또한 다른 사람들을 향한 하느님의 의지의 선함이기 때문이다.

수 세기 동안이나 서양의 기독교 국가에서 가장 똑똑하고, 상상력 풍부하고, 근면한 정신의 소유자들은 이러한 문제들과 씨름한 바 있었으니, 그들의 숫자는 수십 명에 달했다. 그들이 어떤 답변에 도달하면, 곧이어 학교며 대학에서 그 답변에 의문을 제기하고 논쟁을 벌였다. 그들은 침묵한 채로, 그리고 곳곳의 수도원에서 이 문제를 명상했다. 그 당시에는 명상이라는 것이 엄격하게 말하자면 신학과는 다른 것이며, 오히려 하느님을 향한 더 높은 차원의 봉사로 여겨졌다. 심지어 명상은 연구와 설교보다도 더 높게 여겨졌으니, 그 당시의 가장 탁월한 인물들은 명상에 전념하기 위해 세상을 향해 침묵했다.

그들이 하느님에 관한 문제에 대하여 침묵한 채 열심히 생각하는 와중에 과연 무엇을 발견했는지는 알 수 없다. 왜냐하면 그들은 뭔가를 굳이 글로 적어 남기지는 않았고, 다른 사람들에게 이야기하지도 않았으며, 남이야 알건 모르건 관심도 없었기 때문이다. 그 당시에는 가령 노벨 신학상 같은 것도 없었고, 가장 위대한 발명에 부여하는 세속적인 보상이나 영예 같은 것도 없었다. 보상이란 오로지 그런 발견 자체에, 그 뜨겁고도 직접적인 진실 속에 들어 있었을 뿐이다. 그리고 거기에 따라오는 평화 속에 들어 있었을 뿐이다.

다른 종교들의 신학

중세 시대의 수 세기 동안 기독교인만이 유일무이한 신학자였던 것은 아니다. 그 당시에는 거의 모든 사람이 하느님에 대한 강박에 사로잡혀 있었던 것처럼 보이기 때문이다. 특히 동방, 또는 그리스 정교 신도들은 주목할 만한 신학자였지만, 이들은 여전히 냉정을 유지하면서도, 계속해서 자신들의 제국을 번영하게 만들었다.

유대인 역시 하느님에 대한 강박에 사로잡혔는데, 이들은 원래부터 줄곧 그러했다. 셈족의 여러 유파 가운데 최초는 B.C. 2000년보다도 이전에 아라비아 반도에서 출현했으며, 이후 서쪽으로 이동하고 밀려난 유대인은 예루살렘에 정착하여 그곳을 자신들의 고향이자 영적 중심지로 삼았다. 그곳에서 이들은 수백 년 동안이나 독특한 일신교를 만들어냈고, 이른바 '숨어 있는 하느님'[24]에 관한 자신들의 도덕적 사유의 결론을 누구든지 귀 기울이는 사람들에게 선포했다.

B.C. 63년에 로마인이 유대인을 정복했다. 그로부터 100년 뒤에 유대인은 다시 한 번 봉기했으니, 그 이유는 그들의 성전이 로마 병사들에 의해 파괴되었기 때문이다. 그 직후의 기간을 어떤 사람은 유대인의 역사에서도 가장 위대한 시기로 간주하는데, 이때 유대인은 로마 제국 전역으로 뿔뿔이 흩어졌고, 그 어디서도 전체 인구의 10퍼센트가 모인 적이 없었을 정도였다. 북아프리카, 에스파냐, 이탈리아, 그리스, 이집트는 물론이고 팔레스타인과 그 인근 지역에서도 유대인 공동체는 똑같은 언어를 사용했고, 똑같은 법률(상업적 법률까지 포함해서)을 준수했으며, 무역을 통해 로마인에게는 물론이고 자신들에게도 큰 이익을 남겼다.

어느 지역에서나 유대인 학자와 랍비는 유대인의 역사와 법률을 연구하고 편찬했을 뿐만 아니라, 헬레니즘의 학문 또한 연구하고 편찬했다. 알렉산드리아 유대인의 경우, 그리스인이나 다른 기독교인들과 함께 일하면서 1453년 비잔틴 제국의 몰락 이후에 서양에서 다시 대두하게 될 고전 전통의 편찬에 크게 기여했다.

서양 기독교인 못지않게 하느님에 대한 강박에 사로잡힌 사람들이 바로 수백만에 달하는 무함마드의 추종자들이었으니, 이들은 예언자가 사망한 직후인 632년에 아라비아와 중동, 페르시아, 북아프리카, 에스파냐를 모조리 정복했다. 서쪽을 향한 이슬람의 확장은 732년에

---

24 토마스 아퀴나스의 개념으로, 하느님의 활동을 인간이 아무리 묵상하고 고찰하더라도 단지 그런 행위만으로 하느님의 존재를 알 수는 없다는 의미를 담고 있다.

푸아티에에서 있었던 프랑크인과의 전투로 인해 저지되었고, 이슬람은 결국 피레네 산맥 너머로 후퇴하고 말았다. 하지만 동쪽을 향한 확장은 계속되어서 마침내 10세기에는 사하라 사막 남부의 아프리카 여러 지역, 인도아대륙 전역, 남중국해의 여러 섬들(수마트라, 자바, 셀레베스, 민다나오 등등)에도 무슬림의 전초기지가 생겨났다.

비록 그 확장 과정에서 많은 사람들이 개종하는 결과를 낳기는 했지만, 애초에만 해도 이슬람교는 개종을 요구하는 종교까지는 아니었다. 『쿠란』에서 가져온 동정과 자비에 관한 이슬람의 가르침은 어디에서나 억압된 사람들을 감동시켰으며, 이는 지금까지도 마찬가지다. 아랍인들은 물론이고 나중에는 무슬림 무역상들도 대개는 열의와 고결함뿐만 아니라, 새롭고도 바람직한 세상에 관한 소식들을 어디든지 가지고 다녔다. 이럴 경우, 특별한 종교를 지니지 않은 사람의 경우에는 자신의 사업 상대가 믿는 종교로 개종하는 편이 훨씬 더 편리할 수도 있다. 유대인과 기독교인은 대부분 이슬람교로의 개종을 거부했지만, 그 밖의 이교도들은 기꺼이 따랐다.

제2대 칼리프(즉 무함마드의 후계자)인 오마르는 642년에 세계적인 학문의 수도인 알렉산드리아를 정복했다. 바로 그 알렉산드리아에서 아랍 무슬림은 처음으로 그리스 문화와 긴밀한 접촉을 가졌다. 이들은 대번에 그 매력에 흠뻑 빠져들었다. 머지않아 아랍 무슬림 중에서 저명한 수학자, 천문학자, 물리학자 등이 여럿 배출되었으며, 이들은 로마가 몰락하기 훨씬 전부터 그리스의 과학 사상을 편찬하고 해석하는 일을 시작해서 이후로도 줄곧 계속했다. 다른 모든 사람들과 마찬가지로 아랍 무슬림은 그 당시에 서양을 휩쓸다시피 하던 신학적 연구와 사유에도 열광하게 되었다.

신정정치의 원칙들

민주주의(democracy) — 그리스어 '인민'(demos)과 '권력'(kratos)의 합성어 — 에서는 인민이 나라를 통치하며, 직접적이거나 또는 정해진 간격을 두고 합의된 규범에 따라 선출된 대표자를 그 도구로 사용한다. 그리스어 접미사 '-크라시'(-cracy)가 붙어서 이루어진 다른 단어들은 여러 다른 통치 유형을 나타낸다. 가령 폭민정치(mobocracy), 귀족정치(aristocracy), 기술지배주의(technocracy) 등이 그렇다. 신정정치(theocracy) — 그리스어 '신'(theos)에서 유래 — 의 경우에는 하느님이 나라를 통치한다.

신정정치란 상당히 이해하기가 어려운 관념이다. '인민' 역시 추상적인 관념이긴 마찬가지이지만, 그럼에도 불구하고 우리는 스스로가 인민의 한 사람이라고 생각하며, 따라서 비록 선거일 단 하루만이라도 우리의 선택으로 인해 통치하게 된 정부 내에서 스스로가 어떤 역할을 담당하고 있다고 생각한다. '귀족정치' 또한 충분히 이해가 되는 관념이다. 이것은 곧 '가장 뛰어난 사람들'에 의한 통치이며 — 비록 가장 뛰어난 사람들이 나머지 사람들을 통치하도록 하는 체제에서 결코 오류가 없었던 경우는 없다시피 하지만 — 적어도 이론적으로는 얼마든지 가능하다. 심지어 '폭민정치' 같은 구조물조차도 이해할 만하니, 이것은 폭민(暴民)에 의한 통치(말하자면 민주주의의 남용이라고 할 수 있다.)이며, 기술지배주의(테크노크라시)는 기술관료(테크노크라트) 또는 전문가에 의해 통치되는 사회적이고 경제적인 체제를 말한다. 하지만 하느님이 통치한다고 말하는 것은 도대체 무슨 뜻이란 말인가? 하느님이란 과연 무엇인가? 하느님이 어떻게 자신의 통치를 표명한다는 말인가?

수천 년이 넘도록 고대 세계 전역에서는 수많은 왕, 황제, 파라오 등이 저마다 신을 자처했으니, 다시 말해 이들은 국민을 다스리는 종교적, 또한 세속적 지배자임을 주장한 것이었다. 아우구스투스 이래의 역대 로마 황제는 신으로 숭배되었다. 하지만 기독교를 로마의 국교로 채택한 뒤에도 콘스탄티누스는 기독교의 하느님으로 자처하지 않았다. 기독교의 (그리고 유대교와 이슬람교의) 하느님은 단순히 여러 신들 가운데 하나가 아니었다. 그는 하느님, 즉 혼자이고, 전능하며, 편재하고, 전지한 존재였다. 그렇다면 이런 존재가 이 세상을 통치한다는 것은 실질적으로 어떤 의미인 것일까?

유대인과 무슬림의 입장에서는 이런 질문에 답변하기가 비교적 쉬운 편이다. 하느님이 모세와 여러 선지자에게 법률(율법)을 내려주었기 때문에, 유대인의 경우에는 오로지 법률에 순종하기만 하면 그만이었다. 사람들은 법률을 공부했고, 혹시나 뭔가 의혹이 생길 경우에는 랍비나 교사가 조언해주었다. 하느님은 또한 예언자 무함마드에게도 『쿠란』을 구술해주었으니, 『쿠란』은 단순히 이슬람의 종교 경전으로뿐만 아니라, 그 자체로 완전한 법전으로 이해된다. 여기서도 무슬림은 법률을 공부했고, 혹시나 의혹이 생기는 점에 관해서는 이맘으로부터 조언을 얻을 수 있었다.

그렇다면 기독교도 이와 유사한 상황인 것일까? 여기에는 몇 가지 어려움이 있는 것 같은데, 왜냐하면 『신약성서』에는 ─ 하다못해 거기 나온 수수께끼 같은 비유들을 어떤 삶의 방식으로 해석한다 하더라도 ─ 특히나 실제적인 행동을 위한 규범이 결여되어 있기 때문이다. 여기서 가장 큰 어려움은 아마 다음과 같은 질문의 형태로 표현할 수 있을 것이다. '모든 기독교인을 위해 성서를 해석할 수 있는 사람은 누구이며, 과연 어떤 권위로 그렇게 할 수 있는가?'

달리 말하자면, 만약 로마 제국이 몰락하고 더 이상 존재하지 않는 다면, 과연 무엇이 그 자리를 대신하여 세속의 통치자가 될 것인가?

이에 관한 답변은 바로 교회였다. 비록 그리스도 본인이 세속적인 기구로 설립한 것은 아니지만, 그럼에도 불구하고 교회는 그와 같은 역할을 발전시켰으니, 왜냐하면 오로지 교회만이 하느님의 의지를 해석할 수 있는 권위를 지녔기 때문이었다.

하지만 교회가, 몰락한 (서쪽의) 로마 제국을 대신해 곧바로 세속 통치자가 되기에는 여전히 어려움이 있었다. 왜냐하면 비잔티움을 수도로 한 동쪽 제국이 서쪽에 있는 로마 제국의 나머지에 관해 지배권을 주장하고 있었기 때문이다. 그 주장은 어디까지나 전통에 의거한 것이었으며, 보다 중요하게는 비잔티움(콘스탄티노플)을 제국의 중심으로 만든 장본인인 콘스탄티누스가 선포한 칙령과 기록한 법령에 의거한 것이었다. 따라서 콘스탄티누스와 교회 간에 어떤 가교를 발견하는, 또는 형성하는 것이야말로 후자에 필요한 권위를 전자로부터 부여받는 데에 필수적인 것처럼 보였다.

실제로는 그런 가교가 전혀 없었으므로, 결국에는 하나 구축하게 되었다. A.D. 9세기, 또는 어쩌면 10세기에, 로마 원로원의 기능에 관해 정통했던 어느 이름 모를 사람, 또는 사람들이 어떤 문서를 하나 위조해냈으니, 내용인즉 콘스탄티누스 대제가 교황 실베스테르 1세(재위 314~335)와 그 후계자들에게 신앙과 예배에 관한 영적 지상권을 부여한 것은 물론이고, 로마와 서양의 모든 제국에 대한 세속적인 지배권까지도 부여했다는 것이었다. 오늘날에는 이 문서가 가짜이며, 이른바 "콘스탄티누스의 증여" 같은 것은 실제로 일어난 적이 없다는 데에 일반적으로 의견이 일치한다. 하지만 수백 년이 넘도록 어느 누구도 이 칙령에 대해 의문을 제기하지 않았다. 그러한 지배권이 부여되었다고 가정함으로써 실제로 간절한 필요성이 만족되었기 때문이다. 다시 말해서 그 덕분에 인간 사이에서 자신의 통치가 현시되도록 하느님이 무엇을 어떻게 준비해놓았는지 하는 문제가 해결되었기 때문이다.

이와 동시에 그러한 준비가 사실은 거짓말에 근거하고 있었다는 점은 상당한 중요성을 지닌다. 아마도 그럴 수밖에 없었을 것이다. 신정정치 형태의 통치는 가령 수도원 같은 작은 공동체, 또는 미국의 초창기 매사추세츠 주에 있던 플리머스 플랜테이션 같은 작은 집단 내에서만 실행 가능했을 것이다. 수많은 사람들이 광대한 지역에 퍼져 살아가는 곳에서 과연 신정정치라는 것이 제대로 기능할 수 있었겠는가? 나로선 의구심을 떨칠 수 없다. 물론 내 의견과는 반대되는 생각을 지닌 사람도 상당수 있을 것이다. 하지만 이에 관해 설득력 있는 논증을 하기 위해서는 오늘날 실제로 기능하는 신정정치의 사례를 단 하나라도 들어보는 것이 필수이리라.

제국과 교황권

교황이 모든 기독교인에 대한 세속적 권력을 주장한 것은 그렇다 치더라도, 그는 과연 그런 권력을 어떻게 행사할 수 있었을까? 선출직인 교황은 보통 나이 많은 인물이 되다 보니 오랫동안 직위를 유지하지는 못했다. 출신 배경도 그에게 세속적 지도자로서의 권한을 부여하지는 못했으니, 그 당시의 지도자란 십중팔구 군사 지도자를 말했기 때문이다. 그 결과로 교황은 세속적 기구를 설립하고 존속시켜야 할 필요가 분명히 있었다. 교황에게 복종하는 인물을 그 수장으로 내세움으로써, 교황은 멀리 떨어진 기독교 국가의 공동체에 대해서도 군사적 통제권을 행사할 수 있을 것이었다.

하지만 그런 기구를 설립하기는 쉬워도 존속시키기는 쉽지 않았고, 나아가 통제하는 것은 더욱 쉽지 않았다. 실제로 그런 기구는 사실상 스스로 조직되었으며, 그 수장의 명칭인 신성 로마 제국 황제는 여러 다른 시기에 여러 다른 인물에게 부여된 바 있다. 그중에서도 가장 유명한 인물은 샤를마뉴로, 800년의 크리스마스에 매우 의미심장해 보인 행사를 통해서 교황으로부터 그 왕관을 수여받았다.

샤를마뉴(742~814), 또는 샤를 1세 대왕은 프랑크족의 왕(768~814)인 동시에 롬바르드족의 왕(774~814)으로, 훗날 레오 3세가 로마의 성 베드로 바실리카에서 그에게 왕관을 씌워주고, 그를 가리켜 황제이자 아우구스투스의 후손이라고 선언하기 이전에도 이미 유럽에서 가장 강력한 인물이었다. 따라서 교황으로부터 왕관을 수여받았다고 해서 샤를마뉴에게 새로운 권력이 더 생긴 것은 아니었다. 다만 일종의 합법성을 얻었다는 점이 자신은 물론이고 그 후계자들에게 상당한 중요성을 지녔을 뿐이다. 교황 역시 이로써 또 다른 종류의 합법성을 얻은 셈이었다. 그때 이후로 줄곧 교황은 황제를 능가하는 세속적 우월성을 주장하게 되었기 때문이다.

하지만 앞서와 똑같은 질문은 여전히 답변되지 않은 채로 남아 있다. 도대체 어떻게 해서 교황은 수많은 병사를 거느린 황제를 통제할 수 있단 말인가? 800년에 성 베드로 바실리카에서 있었던 그 상징적인 행위는 물론이고, 이 문제 또한 이후로도 여전히 대단히 모호한 채로 남아 있었다. 황제는 어디까지나 교황의 의지에 따라 통치할 뿐이라는 것이 교황의 설명이었고, 황제는 물론 이에 관해 노골적으로 반대를 표명하지는 않았다. 하지만 교황 역시 황제의 의지에 따라 통치할 뿐이었으니, 왜냐하면 황제는 수많은 병사를 지닌 반면 교황은 몇 안 되는 병사만을 지녔기 때문이다.

신정정치라는 관념 자체가 본질적으로 모호하기 짝이 없음을 고려해보면, 그 위에 구축된 어떤 체제에도 이와 유사한 모호성이 사실상 수 세기 동안이나 남아 있었다는 사실은 그리 놀라울 것도 없다. 그렇다면 왜 아무도 그런 모호성에 대한 지적이나 반대를 내놓지 않았을까? 왜냐하면 그 모든 결점에도 불구하고 교황과 황제라는 체제는 한 가지 본질적인 필요를 만족시켜주었기 때문이다. 즉 이제는 그 두 가지를 제외하고는 그 어떤 통치도 합법화될 수 없었던 것이다.

800년 이후로 제국과 교황의 권력은 종종 상대적 등락을 반복했다. 어떤 때에는 교황이 사실상 지상권을 지닌 것처럼 여겨졌다. 또 어떤 때에는 교황이 자신의 권력 가운데 상당 부분을 팔아치워야 했기 때문에, 황제의 손아귀에서 놀아나는 꼭두각시에 불과한 것처럼 보이기도 했다. 그럼에도 불구하고 이런 체제는 무려 500년이나 지속되다가 끝내 '아비뇽 유수'라는 터무니없는 스캔들이 벌어지고 말았으니, 이 사건으로 인해 1309년부터 1377년까지의 교황들은 로마가 아니라 아비뇽에 거주하면서 프랑스 왕의 비호를 받아야 했던 것이다. 그때 이후로는 교황도 자신이 항상 주장했던, 그리고 때로는 정말 소유했던 것과 같은 세속적 권력을 지니지 못하게 되었다.

또한 신성 로마 제국은 교황 휘하의 실무 기구로서 살아남지도 못하게 되었으니, 왜냐하면 16세기에 들어서 프랑스, 영국, 에스파냐, 그리고 신성 로마 제국의 계승자인 독일 등이 전면에 등장해 유럽의 정치적 통제권을 장악했기 때문이다. 이 새로운 민족국가들도 '하느님의 은총을 따라' 통치하는 왕들을 내세우긴 했지만, 로마의 몰락 이후 무려 10세기 동안이나 주장되었던 신정정치와는 전혀 다른 새로운 관념이었다.

수도원 제도

제국과 교황권은 강력하고 멀리까지 미치는 것이기는 했지만, 우리가 중세 시대라고 부르는 A.D. 500년부터 1300년까지의 8세기 동안 신정정치하의 유럽을 효과적으로 통치하는 데에는 여전히 실패했다. 그것 말고 또 다른 뭔가가 필요했다. 즉 인간과 하느님 사이를 중재해주는, 그리스도는 물론이고 지상에 있는 그의 대리자 로마교황의 법률과 명령을 저 아래 인간의 수준으로까지 가져다주는 기구가 필요했던 것이다.

이러한 역할은 사실 교회가 담당해야 할 부분이었으며, 만약 교회가 정말 그리스도가 원했음 직한 모습으로 세워졌더라면 당연히 그랬을 것이다.(물론 그리스도가 정말 [지금과 같은 모습의] 교회를 세우긴 했는지 여부는 여전히 미심쩍지만 말이다.) 교회의 주교는 실제로 법률과 질서 비슷한 것을 제공해주었고, 교회의 사제는 일정한 영적 위안을 제공해주기도 했다. 하지만 사제와 주교 양쪽 모두 각자의 업무만 가지고도 워낙 바쁜 형편이었다. 따라서 이보다 훨씬 더 간소하고, 훨씬 더 겸손한 뭔가가 필요했다. 이러한 필요성을 실감하고 충족시키려 한 최초의 인물이 바로 누르시아의 베네딕트였다.

A.D. 450년에 이탈리아 중부의 노르차(누르시아)에서 태어난 베네딕트는 학교에 다니기 위해 로마로 갔다. 몰락해가는 그 도시의 방종함에 충격을 받은 그는 로마에서 동쪽으로 40마일 떨어져 있으며 일찍이 네로의 궁전 폐허가 있던 수비아코 인근의 한 동굴에 은거했다. 그곳에서 3년간 은자 생활을 하면서 고결함으로 명성을 얻은 결과, 그는 근처의 어느 수도원에서 수도원장으로 일해달라는 초청을 받았다. 그의 열정은 주위의 반감을 자아냈고, 배은망덕한 수도사들은 원장을 독살하려 시도했다. 결국 그는 원장직을 사임했으나, 그 직후부터 제자들이 그의 주위에 모여들기 시작했고, 그들의 도움으로 그는 열두 곳에 새로운 수도원을 만들었다. 그러자 다시 한 번 그의 통치에 반대하는 음모가 생겨났다.

슬픔과 혐오에 사로잡힌 그는 결국 그 지역을 떠나서 남쪽으로 방랑하다가 로마와 나폴리의 중간쯤에 위치한 카시노에서 높이 솟은 어느 언덕을 발견했다. 그 지역 주민은 당시에만 해도 여전히 대부분 이교도였지만, 그는 뜨거운 설교로 그들을 회심시켰으며 몬테카시노에 수도원을 설립했는데, 이곳이 훗날 베네딕트회의 본산이 되었다.

이후 수년간 그는 어떻게 하면 수도사들의 공동체가 함께 살아갈 수 있는지 하는 문제를 고민했다. 그는 공동생활에 대한 일련의 규범과 기준을 문서화했는데, 이것이 훗날 성 베네딕트의 규범이란 이름으로 유명해졌다. 동정적이고 겸손하고 온화한 성격을 보여주는 이 규범은 기도와 노동과 공부를 세심하게 조화시킨 것으로 이후 교회의 중요한 영적 전통의 일부가 되었다. 베네딕트는 547년경에 아마도 카시노에서 사망한 것으로 전한다. 베네딕트회는 그로부터 약 1500년이 지난 오늘날까지도 여전히 수도회로 남아 있다.

전승에 따르면 몬테카시노의 수도원은 529년에 설립되었다고 한다. 같은 해에는 기독교인 황제 유스티니아누스가 아테네에 있던 플라톤의 아카데메이아를 폐교하라는 칙령을 발표했다. 이 두 가지 사건의 상징성은 오래전부터 매우 중요하게 간주되었다. 철학자 플라톤에 의해 설립되어 1000년 가까이 존속했던 아카데메이아의 폐교는 서양에서 그리스식 고등교육의 종말을 뜻했다.(비잔티움에 있던 그리스식 아카데메이아는 이후 수백 년간 더 존속했다.) 동시에 이 사건은 지금까지에 비해 새로우면서도 전혀 색다른 교육 및 학교 제도가 시작된다는 것을 상징했다. 그때 이후로 "수도원에서 싹트고 자라난 것을 제외하면 그 어떤 식물조차도 번성하지 못했다."

베네딕트회 수도원은 이탈리아 전역, 나아가 유럽 전역에 설립되었다. 이들은 그리스와 로마의 영광스러운 과거로부터 전해 내려오는 고전 문헌을 체계화하고, 정리하고, 분류하고, 필사하는 임무에 착수했으니, 오늘날 남아 있는 문헌은 거의 모두 이들 덕분이라 할 수 있다. 하지만 베네딕트회 수도사들은 상당수의 경우에 자신들이 차마 완전히 이해할 수조차 없었던 문헌들을 필사하기 위해 성서 낭독대 위에 웅크리고 있는 일에만 매달리지는 않았다. 이들은 또한 이 세계에서 적극적인 역할을 수행했다. 베네딕트회 수도사들은 기독교의 가르침을 들고 구제국의 가장 멀리 떨어진 구석까지도 찾아갔다. 브리튼, 독일 북부, 에스파냐 서부는 물론이고 일찍이 카시노가 그랬던 것처럼 그리스도의 사후 1000년이 넘도록 과거의 종교를 여전히 숭상하던 이탈리아 내의 이교도 지역까지도 찾아갔다.

성 베네딕트의 소박한 겸손은 이후 수 세기 동안이나 기억되었고, 그의 이름을 지니게 된 수도회는 고결함과 기독교적 열심으로 계속해서 명성을 얻었다. 하지만 한때 교회가 그랬던 것처럼 머지않아 수도회 역시 부유해지게 되었다. 막대한 부는 오히려 구원의 장애물이 된다는 것을 그리스도는 잘 알고 있었다.(그렇기 때문에 그는 부자가 하늘나라에 가는 것이 낙타가 바늘구멍을 통과하는 것보다도 더 힘들다고 말했던 것이다.) 이러한 금언은 개인뿐만 아니라 조직에도 마찬가지로 적용된다. 따라서 12세기에 들어서 기존의 수도회는 하나같이 타락하고 말았다.

12세기와 13세기에 들어서 새로운 세계관이 기독교 세계를 휩쓸면서 두 가지 새로운 수도회가 설립되었으니, 바로 프란체스코회와 도미니크회였다. 아시시의 프란체스코(1181/2~1226)는 1210년경에 프란체스코회를 설립했는데, 체구가 작고 번뇌에 시달리던 이 인물은 중세 후기를 통틀어 가장 특이한 인물 가운데 하나였다. "우리 주 예수 그리스도의 가르침을 따르고 당신의 발자국을 따르려는" 것을 자신의 새로운 삶의 목표로 설정한 프란체스코는 추종자들에게 오로지 구걸을 통해서만 필요한 것을 얻고, 세상 곳곳을 걸어 다니면서, 귀 기울이는 사람 누구에게나 가르침을 전파하도록 요구했다. 그의 새로운 수도회는 물론이고, 비슷한 시기에 에스파냐인 도밍고 데 구스만(c.1170~1221)이 설립한 도미니크회 역시 탁발 수도회라고 불렸으니, 왜냐하면 커다란 수도원을 버리고 극도의 간소함과 가난으로 점철된 삶을 선호했기 때문이다.

물론 나중에 가서는 도미니크회와 프란체스코회조차도 부의 유혹을 받게 되었다. 자신들의 부를 성인과 성녀들에게 건네줌으로써 구원을 돈으로 사고자 열망하는 사람들의 간절한 요청 때문이었다. 하지만 13세기 내내 수도원 제도는 경건과 인류를 위한 봉사의 절정에 이르렀으며, 그러한 경지는 그 이전은 물론이고 그 이후에도 달성되지 못했다.

베네딕트회의 처음 1세기 동안, 또는 12세기에 벌어진 클뤼니파의 개혁 당시에, 또는 13세기에 프란체스코회의 수도사들과 도미니크회의 학자 겸 설교자들이 유럽 전역을 활보하던 당시에, 수도회에 소속된 사람의 숫자가 정확히 얼마나 되는지에 관한 신뢰할 만한 통계는 오늘날 전해지지 않는다. 숫자상으로야 이런 수도회가 아주 크지는 않았을 것이다. 하지만 이들은 그 당시에 가장 지적이고 창의적인 인물 가운데 상당수의 마음을 사로잡았다.

종종 명석했으며, 항상 헌신적이었던 이 남녀들은 수도원에 들어서면서부터 그 당시의 일반적인 세속적 삶으로부터 멀어졌다. 이들은 더 이상 경제나 사회에 아무런 공헌도 하지 않았다. 대신 이들은 스스로가 다른 종류의 공헌을 한다고 생각했다. 즉 인류를 위해 기도하고, 과거의 유산들을 보존하고, 구원 ― 물론 현세가 아니라 내세에 있을 ― 으로 가는 길에 관해 자신이 아는 바를 다른 사람들에게 가르쳐주고, 자신의 직접적인 선을 희생시켜 사실상 딱히 정의 내릴 수 없는 미래에 더 큰 선을 이루려고 노력했던 것이다.

이러한 희생과 헌신을 무가치한 것으로 폄하할 수는 없다. 적어도 우리가 아직까지는 이 세계가 돌아가는 방식을 충분히 잘 알지는 못하므로, 성인과 성녀들의 기도가 이 세상을 더 낫게 만들어주는 데 실패했음을 보여주는 증거를 찾지는 못했기 때문이다. 어쩌면 이들이 이 세상을 구제했는지도 모를 일이다. 하지만 우리는 과연 이런 주장이 사실인지 여부조차 알지 못한다. 다만 확실한 것은 그 결과로 중세 시대의 세속 사회에서는 그 구성원 중에서도 가장 뛰어난 인물들의 지성과 상상력과 창의력이 일부나마 배제되고 말았다는 점이다.

십자군

교황과 교회의 휘하에 병사가 전혀 없었다고는 말할 수 없다. 때로는 교황이 고용한 용병이 전투를 수행했으며, 간혹 제국이나 다른 군대와 싸워 이겼기 때문이다. 가장 악명 높은 사례는 15세기 말에 이탈리아에서 체사레 보르자가 이끈 교황군이다. 교황 알렉산데르 6세와 그의 사생아인 체사레는 자기 가문을 위해 이탈리아에 방대한 사유지를 만들고자 했을 뿐만 아니라, 전국을 통일함으로써 이 땅을 프랑스 국왕과 독일(즉 신성 로마 제국) 황제의 약탈에서 지키려 했다. 하지만 알렉산데르 6세가 사망하고 새로운 교황 율리오 2세가 취임하자 체사레는 더 이상 살아남을 수 없었다. 그는 1507년에 32세의 나이로 피살되었고, 그의 가문이 품었던 염원도 그와 함께 죽어 없어지고 말았다. 아울러 역사가 니콜로 마키아벨리(1469~1527)의 염원 역시 죽어 없어지고 말았으니, 그는 강력한 교황과 명민하고 젊은 지휘관의 특이한 조합으로부터 이탈리아가 외세에서 자유롭게 될 날을 고대한 바 있었다.

알렉산데르 6세가 친아들 체사레로부터 얻은 것과 같은 이득을 누린 교황은 역사상 거의 없다시피 했다. 하지만 교황은 군대를 일으키는 데 사용할 수 있는 또 다른 무기를 지니고 있었다. 바로 유럽 전역의 강대한 군사 지도자들에게 심어준 종교적 열의였다. 11세기 내내싹트기 시작한 유럽의 상업 덕분에 무역 원정은 물론이고, 더 나아가예루살렘을 비롯한 동양의 다른 성지로 순례를 다녀오는 것도 가능해졌다. 동시에 비잔틴 제국은 셀주크튀르크의 공격을 받게 되었다.교황 우르바노 2세는 여기서 생겨난 기회와 필요 모두를 재빨리 알아챘다. 1095년에 그는 튀르크를 물리치고 성묘를 무슬림의 손아귀에서 탈환하기 위한 기독교인 군대를 소집했다. 1099년 7월 15일,그야말로 잡다한 병력으로 구성된 십자군은 예루살렘을 결국 손에넣었으며, 기독교인다운 '자비심'을 십분 발휘하여 여자와 아이를 포함한 유대인 및 무슬림 거주민들을 학살했다. 이후 수십 년 동안 여러 종류의 십자군이 팔레스타인 해안의 좁은 땅에 대한 통제권을 획득했으며, 그들의 고향에서는 이에 큰 환호가 일었다.

1144년에는 사라센인이 십자군의 성들을 탈환했고, 이로써 제2차(1147), 제3차(1189), 제4차(1202) 십자군이 일어났지만 그 모두는 굴욕적인 실패로 끝나고 말았다. 결국 기독교인 측은 전초지를모두 잃어버렸고, 그중 상당수가 최상류층의 귀족이었던 기독교인수만 명의 생명과 재산도 잃어버렸다. 하지만 십자군 운동의 열기는그 어느 때보다도 더한 기세를 올렸다.

1212년 봄, 스테팡이라는 이름의 양치기 소년이 환상을 보았다.예수가 순례자로 변장하고 나타나 그에게 편지 한 장을 주면서 프랑스 왕에게 전달하라고 했다는 것이다. 클로이에-쉬르-르-루아르라는 프랑스의 작은 마을에 살던 스테팡은 이 편지를 전달하러 출발했다. 밝은 봄 햇살 아래 걸어가는 내내 그는 중도에 만난 사람들 모두에게 자신의 사명에 관해 이야기했다. 머지않아 그의 주위에는 다른 아이들이 한 무리 모여들어, 그가 가려는 곳이라면 어디든지 따라가기로 굳게 마음을 먹었다. 마침내 3만 명 이상이 된 아이들은 항구도시 마르세유로 가서 배를 타고 성지로 가고자 했다. 성지에 도착하면 무력이 아닌 사랑의 힘으로 이교도를 정복할 수 있으리라고 이들은 확신해 마지않았다.

마르세유에 도착한 아이들을 몇몇 상인들이 보살펴 주면서 예루살렘까지 데려다 주겠다고 약속했지만, 사실 이들은 어마어마한 이득의 기회를 엿본 데 불과했다. 즉 아이들을 북아프리카로 데려가서 무슬림 시장에 노예로 팔아먹으려는 것이었으니, 그 당시에는 사람을 사고파는 것이 상당히 규모가 큰 사업이었기 때문이다. 그 아이들 가운데 고향으로 돌아온 사람은 거의 없었으리라. 또한 성지에 도착한 사람도 전혀 없었으리라.

얼마 후에는 쾰른 출신의 니콜라스라는 열 살짜리 소년이 두 번째 무리를 만들어서, 라인란트에서 어린이 십자군에 관해 설교한 결과 2만 명가량의 소년 소녀가 모였다. 알프스 산맥을 넘어 이탈리아로 들어간 이들 앞에는 가지각색의 운명이 기다렸지만, 어느 것이건 간에 좋지는 않았다. 앞서와 마찬가지로 그중 상당수가 배를 타고 아프리카로 끌려가 결국 노예로 팔려버렸다.

13세기에는 십자군이 네 번이나 더 일어났다. 제8차이며 마지막이었던 십자군은 프랑스의 루이 7세(성 루이)가 이끌었는데, 이들의 운명은 어떤 면에서 어린이 십자군보다도 훨씬 더 딱하고 서글픈 것이 아닐 수 없었다. 1270년에 루이 왕이 소집한 이 십자군은 높은 기대 속에 출발했지만, 그해 7월 튀니스에 상륙한 이 거대한 군대는 전염병으로 인해 거의 전멸하다시피 했다. 루이 왕은 맨 처음에 희생된 이들 가운데 하나였으며, 그의 시신을 프랑스로 운구하게 됨으로써 더 많은 희생자가 나왔다.

거의 2세기에 걸쳐 조직된 여덟 차례의 십자군은 거의 아무것도 성취한 바가 없었던 반면, 수많은 생명과 재산과 무너진 기대를 대가로 내놓아야만 했다. 하지만 이것이야말로 신정정치 통치하에 있었던 중세 시대 동안 이루어진 거대한 실험에서는 일종의 필연적인, 또는 불가피한 결과였을 수도 있다.

밀레니엄의 공포, 밀레니엄 이후의 업적

기독교인들은 항상 '1000'이라는 숫자에 매료되어왔다. 이들이 다가오는 A.D. 1000년을 그토록 두려워한 데에는 여러 가지 이유가 있었지만, 그중에서도 가장 큰 이유는 「요한의 묵시록」 20장에 나온 다음과 같은 예언 때문이었다. "한 천사가 (……) 하늘로부터 내려오는 것을 보았습니다. 그는 늙은 뱀이며 악마이며 사탄인 그 용을 잡아 천 년 동안 결박하여 (……) 사탄은 그 뒤에 잠시 동안 풀려나오게 되어 있습니다."

비록 잠시만이라 하더라도 악마가 뛰놀 세상에 관한 이러한 예견은 정말이지 끔찍하게 여겨질 수밖에 없었다. 하다못해 악마가 바닥조차 없는 구덩이에 갇혀 있었다던 과거 1000년 동안의 삶조차 충분히 나쁘고도 남음이 있었기 때문이리라. 그러니 악마가 다시 한 번 활개 치고 온갖 사악한 행동을 하고 돌아다닌다면, 삶은 얼마나 더 끔찍하게 될 것인가? 그리고 그리스도가 산 자와 죽은 자를 심판하러 오시기 전의 그 "잠시 동안"은 얼마나 오래, 또는 얼마나 짧게 지속될 것인가?

A.D. 1000년이 다가오면서(아니면 그 운명적인 시기는 A.D. 999년부터 시작된다고 봐야 했을까?) 유럽 전역에서 수십만 명이 두려움에 떨었다. 990년대 후반 동안에는 거의 모든 사업이 멈춰버렸으니, 사람들은 가장 시급한 일 말고는 거의 아무런 일도 하지 않았고, 경건한 사람들은 거리를 휩쓸고 다니며 스스로의 몸을 때리며 피투성이의 격노 상태에서 죄를 참회했고, 그런 행위를 통해 임박한 종말로부터의 구원을 고대했다.

하지만 중요한 사실은 당시 유럽의 모든 사람들이 그런 상태는 아니었으며, 그 주변 지역은 말할 것도 없고, 심지어 기독교인 가운데서도 모두가 그렇지는 않았다는 점이다. 유대인만 해도 그들이 아는 세상은 1000년보다도 훨씬 더 오래되었으니, 그들은 이른바 창조의 해로부터 줄곧 날짜를 세고 있었는데, 오늘날 우리가 계산하는 방식으로 말하자면 그 창조의 해는 B.C. 3761년이었기 때문이다. 무슬림의 경우에는 A.D. 622년부터 날짜를 세고 있었으므로, 이들의 경우에는 세상이 아직 훨씬 젊었다.

여하튼 A.D. 1000년(또는 999년)은 아무런 결정적 사건 없이 지나갔다. 이 행복한 해결로부터 기독교인이 느낀 안도감은 새로운 에너지의 분출로 옮겨졌으니, 1000년부터 1300년에 이르는 새로운 세기는 유럽 역사에서도 가장 낙관적이고, 번영하고, 진보적인 시기 가운데 하나였다.

11세기의 신성 로마 제국 황제 하인리히 3세(재위 1046~1056) 치하에서 중세의 제국은 그 권력과 영향력이 절정에 달했다. 이 제국은 북쪽으로 함부르크와 브레멘, 남쪽으로 이탈리아, 서쪽으로 부르고뉴, 동쪽으로 보헤미아와 헝가리와 폴란드에 달했다. 1046년에는 최소한 세 명 이상이 성 베드로의 보좌를 자기 것이라고 주장했다. 간섭에 나선 하인리히는 그해에 있었던 수트리 공의회에서 세 명의 후보자 모두를 탈락시키고, 자기가 미는 후보인 클레멘스 2세를 선출시켰다. 이에 대한 보답으로 클레멘스는 바로 그날 하인리히와 그의 아내에게 황제와 황후의 왕관을 씌워주었다.

머지않아 진자의 추가 다른 방향으로 흔들리기 시작했다. 12세기 말에 들어서 교황 인노첸시오 3세(재위 1198~1216) 시대에 교황권은 그 위세와 세력이 절정에 달했으며, 기독교 세계인 유럽은 그 어느 때보다도 통일된 신정정치에 더 가까워졌으며 아무런 내부 갈등도 없었다. 하지만 소소한 갈등은 여전히 존재했으며, 인노첸시오의 사망 직후에 결국 표면으로 떠오르게 되었으니, 1215년부터 1250년까지 황제였던 프리드리히 2세가 교황권을 둘러싼 다툼을 부활시켰던 것이다. 갈등으로 인해 양측 모두 궁극적으로는 공연히 힘만 낭비하고 말았다.

지속되는 정치적 혼란조차도 이 몇 세기 동안에 특징적이라 할 만한 생활수준의 전반적 향상에는 영향을 끼치지 못했다. 도시 상인과 무역업자라는 새로운 계급의 출현은 새로운 번영에 크게 기여했는데, 훗날 카를 마르크스는 이들을 가리켜 부르주아지(유산계급)라고 불렀다. 마르크스가 선언한 대로 "부르주아지는 역사상 가장 혁명적인 역할을 담당했고", 11세기와 12세기야말로 이러한 특성이 가장 현저했던 시대였다. 그 시기 동안에 이탈리아와 독일과 플랑드르에서는 이른바 자치도시(코뮌)로 자칭하는 수백 개의 새로운 도시가 두각을 나타냈기 때문이다. 이들은 이전의 봉건영주에게 요구해서 자치권을 얻어냈다.

혁신적인 부르주아지는 무역과 상업으로 새로운 부를 만들어냈을 뿐만 아니라, 연금술(현대 화학의 조상)과 에너지 변환과 교통과 야금술 분야에서 독창적인 사업가들의 발명이 나오는 데에도 기여했다. 철의 이용은 일상화되었고, 심지어 가난한 사람의 집에서도 마찬가지였다. 풍차와 물방아는 어디에나 세워져서 자연의 힘을 변환시켜 유용한 일에 사용했다. 새로운 종류의 마구 덕분에 말들은 사상 최초로 수레와 쟁기를 끌게 되었다. 보헤미아, 스웨덴, 콘월에서는 새로운 광물 채굴 기법 덕분에 사상 최초로 깊은 갱도를 파고 들어가 풍부하게 매장된 철과 구리와 주석과 납을 파내게 되었다.

아마도 가장 중요한 점은 새로운 도시 계급이 점차 늘어나는 농업 인구로 인해 생겨난 잉여노동의 고용주가 된 반면, 소농과 농민은 새로운 발명을 통해 각자의 효율성을 향상시킨 것이었으리라. 그 결과로 도시에서 새로운 부가 형성됨에 발맞추어 농업 노동자의 수입도 증가했다.

이 모든 변화는 중세의 신정정치적 이상에 대한 위협을 만들어냈다. 자본주의라는 것이 항상 그러했듯이(마르크스는 그렇다는 사실을 처음으로 직시한 사람이었다.) 원시 자본주의 역시 태생적으로 불안정할 수밖에 없었다. 봉건주의적 신정정치, 또는 신정정치적 봉건주의는 너무 많은 불안정성을 지니고 있어서 그 당시의 창의적인 혼란 속에서 오래 살아남지 못했다. 하지만 지금의 우리에 비하면 중세의 사람들은 이런 사실을 미처 깨닫지 못했을 것이다. 이미 오랜 세월 그래 왔듯이, 그들의 주된 관심사는 여전히 신학적 연구와 사색에 머물러 있었다. 그 당시에 태어나는 중이었던 새로운 세상에서도 가장 오래된 질문 — 신앙과 이성, 하느님의 의지, 진리의 본성 같은 상충되는 요구들에 관한 — 은 여전히 고대의 매혹을 지니고 있었으며, 그 당시에 일어나던 모든 것에 그림자를 드리우고 있었다.

진리에 대한 논쟁

중세 시대에 벌어진 기독교의 신학 연구와 논쟁의 한가운데에는 한 가지 질문이 자리 잡고 있었다. 아우구스티누스의 『하느님의 도시』에 처음 암시되었고, 로마의 몰락 직후에 처음 정의된 이 질문은 이후 거의 1000년 넘도록 사색의 주요 주제가 되었다.

간단히 서술하자면 이렇다. 두 도시에 관한 아우구스티누스의 교의를 진실한 것으로 받아들인다면, 이 세상에는 양쪽 모두를 위한 한 가지 진리만 있는 것일까, 아니면 서로 별개이며 서로 다른 진리들이 있는 것일까? 만약 한 도시에서 진실인 것이라면, 또 다른 도시에서도 반드시 진실이어야 하는 것일까? 아니면 이 세상에 두 가지 별개의 진리가 있다면, 그중 한 가지 진리는 또 다른 진리보다도 훨씬 더 중요한 것일까? 나중에 가서 우리는 그 두 가지 진리 가운데 어느 하나를 선택해야 하는 것일까?

오늘날의 시점에서는 이런 질문이 별로 중요해 보이지 않거나, 또는 부적절해 보일 수도 있는 것이, 우리는 이에 관한 해답에 도달한

지 오래이며, 따라서 더 이상은 이 문제에 관해 숙고하지 않기 때문이다. 하지만 중세의 사람들은 이것을 대답하기 쉬운 질문으로 여기지는 않았다. 그리고 이들은 그 모든 가능한 질문들로 인한 결과가 — 이론적으로나 실제적으로나 — 하나같이 좋지 않은 것들뿐임을 알았고, 어쩌면 오늘날 우리보다도 훨씬 더 명료하게 알았을지도 모른다.

이쯤 되었으니, 지금부터는 두 가지 진리라는 질문에 관한 중세의 위대한 사상가 일곱 명의 견해를 하나씩 살펴볼 필요가 있겠다.

보이티우스

보이티우스는 A.D. 480년에 로마에서 귀족 가문의 아들로 태어났다. 그는 좋은 교육을 받았고 그리스어와 라틴어 모두에 능통했던 것 같다. 510년에 그는 일생의 과업을 시작했다. 바로 아리스토텔레스의 저술을 그리스어에서 라틴어로 옮김으로써 미래 세대에게 최고의 고전 사상을 알리는 일이었다. 보이티우스는 또한 동고트족의 왕 테오도리쿠스의 치하에서 중요한 직위에 올랐고, 한동안 막대한 권력과 영향력을 누렸다. 하지만 그는 520년 이후에 왕의 미움을 받았고, 마침내 투옥되어 끔찍한 고문을 받고 524년에 처형되었다. 감옥에 있을 때 그는 유명한 저서 『철학의 위안』을 썼다.

일생의 업적으로 말하자면 보이티우스는 본인이 구상한 바의 극히 일부분만을 완성했을 뿐이다. 즉 아리스토텔레스의 모든 저술을 번역하기는커녕, 논리에 관한 저술인 『오르가논』만을 번역했을 뿐이다. 하지만 이 번역은 이후 700년이 넘도록 여러 학교에서 교재로 사용되었으며, 덕분에 보이티우스의 이름은 널리 존경을 받았다.

그는 또한 신학적 주제에 관한 논고도 여럿 남겼는데, 정작 그 안에는 성서에 관한 언급이 단 한 마디도 들어 있지 않다는 점이 주목할 만하다. 하지만 오늘날의 전기에서 명백히 밝혀진 것처럼 보이티우스는 어엿한 기독교인이었다. 어떻게 그럴 수가 있었을까? 이 수수께끼에 대한 해결책은 그가 515년경에 삼위일체에 관한 논고를 마무리하면서 쓴 한 문장에서 찾아볼 수 있다. 그 문장은 이후 수 세기 동안이나 수없이 많이 인용된 바 있다.

가능한 한 신앙을 이성에 합치시키라.

중세 시대에는 이것이야말로 신학적 입장의 양극단 가운데 하나를 최소한의 단어만을 사용해 명료하게 서술한 것이라고 여겨졌다. 보이티우스의 신학에서는 성서가 있을 자리가 없었다는 사실까지 더해짐으로써, 이것은 하느님의 본성을 인간의 이성으로 이해할 수 있음을 내포한 것으로 여겨졌다. 즉 신앙의 진리와 이성의 진리는 똑같은 셈이었다.

위(僞)디오니시우스

아레오파고스의 재판관 디오니시우스는 A.D. 1세기에 살았던 인물이다. 성 바울로를 만나 기독교로 개종한 그는 이후 아테네의 초대 주교를 지냈던 것으로 (물론 후대에 가서야) 전한다. A.D. 500년경, 아마도 시리아에서, 어느 수도자가 아레오파고스의 재판관 디오니시우스라는 위명(僞名, 가짜 이름)으로 저술을 간행했는데, 이는 훗날 서양 신학사에서 지대한 영향력을 발휘했다. 그중에서도 가장 중요한 저서는 그리스어로 쓴 『하느님의 이름들』이었다. 이 작품은 일종의 '부정신학'의 모범을 제시하는데, 이는 결국 보이티우스 같은 저술가들이 이해한 방식의 신학이란 불가능한 동시에 부적절하다는 뜻을 내포하고 있었다.

오늘날 위(僞)디오니시우스로 알려진 이 저자는, 하느님에게는 아무런 이름도 부여할 수 없으니, 따라서 하느님은 계시를 통해 스스로에게 아무런 이름도 부여하지 않았다고 주장하는 것으로 논의를 시작한다. 나아가 그는 비록 계시된 이름이라 하더라도, 반드시 인간의 정신으로 이해되어야 하는 것인 한에는 하느님의 진정한 본성을 드러낼 수 없으니, 왜냐하면 하느님은 유한한 인간의 이해로는 이해될(에워쌀) 수 없기 때문이다. 따라서 신학자는 심지어 하느님을 "실재한다"거나, "존재"라고 불러서도 안 된다. 왜냐하면 그런 용어들에 관한 인간의 이해는 어디까지나 〔하느님에 의해〕 창조된 이 세계에 관한 지식과 경험으로부터 파생된 것이기 때문이다. 반면 창조주는 그의 피조물을 지칭하는 용어들로는 이해될 수 없기 때문이다.

따라서 위(僞)디오니시우스는 보이티우스와는 정반대 위치에 자리 잡은 셈이었다. 보이티우스에 따르면 하느님의 도시는 인간의 이성에 의해 이해될 수 있어야만 했다. 위(僞)디오니시우스에 따르면 하느님의 도시는 인간의 도시로 환원될 수 없다.

보이티우스가 보기에는 아리스토텔레스가 최고의 권위자였다. 물론 아리스토텔레스는 기독교인이 아니었지만, 그의 논고 가운데 일부를 보이티우스와 다른 사람들은 최소한 예수 이전의 기독교 사상으로 해석할 수 있었다. 그리고 그는 이성의 사도였다. 보이티우스는 세상 누구도 아리스토텔레스만큼 자연 세계에 관해 많은 것을 알지는 못했다고 생각했으며, 그런 지식은 성서와 상충될 수 없다고 보았다. 왜냐하면 한 영역에서 진실인 것은 또 다른 영역에서도 진실이 되어야 하기 때문이었다.

위(僞)디오니시우스가 보기에는 성 아우구스티누스가 최고의 권위자였다. 젊은 시절에 읽은 플로티노스와 다른 저자들에 들어 있던 신플라톤주의적 뿌리 때문에 ─ 아울러 성서를 열심히 읽었기 때문에 ─ 아우구스티누스는 하느님에 관한 신비적 환상을 강조하기에 이르렀다. 그의 견해에 따르면 확실성 ─ 다른 사람들은 지성에서 찾을 수 있다고 주장하는 ─ 이란 오로지 신앙으로 얻을 수 있었다. 따라서 진리 중에서도 유일하게 중요한 것은 바로 신앙의 진리이며, 이는 오로지 하느님의 은혜에 의해 인간에게 주어지는 것이었다.

이븐시나

이븐시나(아비센나)는 역대의 무슬림 철학자 겸 과학자 중에서도 가장 영향력 있는 인물이었다. 980년에 부하라에서 태어난 그는 어린 시절부터 지극히 탁월한 두뇌의 소유자로 유명했다. 겨우 열 살의 나이에 『쿠란』을 완전히 암기했던 것이다. 머지않아 그는 모든 스승을 능가하게 되었고, 18세에 독보적인 독학자로 명성을 얻었으며, 21세에 이미 저명한 의사가 되었다. 생애의 대부분을 보낸 페르시아와 아프가니스탄에서 정치적 격변이 일어나자, 그는 이후 각지를 떠돌면서 격정에 휘말린 삶을 살게 되었다. 그런 어려움에도 불구하고 그는 역대 아랍 저술가를 통틀어 가장 생산적인 인물이었다.

이븐시나는 두 편의 매우 방대한 저술을 비롯해 그보다 더 짧은 저술도 상당수 남겼다. 첫 저서인『치유의 책』은 방대한 철학 및 과학 백과사전으로, 단 한 사람이 저술한 그러한 종류의 책으로서는 가장 포괄적인 작품으로 평가된다. 그 당시의 의학 지식에 관한 백과사전인『의학 정전』은 의학에 관한 가장 유명한 책 가운데 하나다.

두 편의 저술은 모두 고전의 모범을 따른 것이었다. 특히『치유의 책』은 윤리학과 정치학을 제외한 — 이븐시나가 이 분야에 관해 논의하지 않은 까닭은 아마도 본인의 정치적 이유 때문인 듯하다 — 모든 주제마다 아리스토텔레스적 교의가 깃들어 있다.

두 편의 저술 모두 훗날 라틴어로 번역되어 서양의 스콜라 철학자들에게 막대한 영향력을 발휘했다. 이로써 스콜라 철학자들은 성서, 아우구스티누스의『하느님의 도시』, 보이티우스가 번역한『오르가논』을 해석하고 재해석하는 것 말고도 이 세상에 훨씬 더 많은 지식이 있을 수 있다는 사실을 비로소 깨닫기 시작했다. 이들은 이븐시나를 통해 얻은 아리스토텔레스에 관한 정보라든지, 또 다른 그리스 사상 전반에 관한 정보를 갈망했다. 그리스인이야말로 진정하고도 가치 있는 진리를 제공하려는 이성의 요구에 대한 불굴의 옹호자였음이 분명했다. 하지만 스콜라 철학자들은 아직 아리스토텔레스를 직접 읽지는 못했으니, 1037년에 이븐시나가 사망한 이후 1세기 동안이나 서양에서는 그 텍스트를 전혀 구할 수 없었기 때문이다.

피에르 아벨라르

중세의 학자 가운데 이 명석하고 불행한 교사보다도 더 잘 알려진 사람은 없다시피 하니, 왜냐하면 제자인 엘로이즈와의 운명적인 사랑 이야기가 후대의 수많은 책과 연극의 소재가 되었기 때문이다.

1079년에 브르타뉴에서 태어난 피에르 아벨라르는 원래 기사의 아들이었다. 하지만 그는 아버지의 유산과 군대 경력을 포기하고 철학, 특히 논리학을 공부함으로써 당대 최고의 변호사 겸 교사가 되었다.

이 시대에는 위대한 교사와 논리학자가 여럿 배출되었다. 파리는 신학적 논쟁의 온상이 되었으며, 학생들은 이 교사에서 저 교사에게로 옮겨 다니고, 성서 해석에서의 논리적 핵심이며 의문을 둘러싸고 거리에서 종종 소란을 일으킬 정도였다. 아벨라르 역시 이런 논쟁에 기꺼이 몸을 던졌으니, 부분적으로는 그로부터 비롯되는 흥분 때문이었다. 그는 또한 개인 지도도 병행했는데, 그중에는 대성당 참사회원 풀베르의 조카딸인 17세의 명석하고 아름다운 처녀 엘로이즈(c.1098~1164)도 있었다.

아벨라르는 엘로이즈를 유혹했다. 또는 엘로이즈가 아벨라르를 유혹했을 수도 있다. 여하간 두 사람 사이에는 아들이 태어났고, 두 사람은 나중에 비밀리에 결혼했다. 두 연인 모두 결혼 사실이 알려지는 즉시 아벨라르의 학계 경력이 끝날까 봐 두려워했던 까닭이다. 대성당 참사회원 풀베르는 노발대발했으니, 아마도 그 결혼이 비밀로 유지되어야 한다는 사실 때문이었으리라. 그리하여 풀베르는 불한당 여러 명을 고용해서 아벨라르를 습격한 다음 거세해버렸다. 아벨라르는 남은 평생 자신의 잃어버린 희망을 떠올리며 쓰디쓴 고통

속에 살아갈 수밖에 없었다. '고자'는 성직에서 높은 지위까지 올라갈 수가 없었기 때문이다.

그럼에도 불구하고 엘로이즈는 그를 버리지 않았고, 아벨라르 역시 그녀를 버리지 않았다. 그는 계속해서 그녀의 영적 조언자로 남았으며, 수녀가 된 엘로이즈는 교계에서 중요한 지위까지 올랐다. 두 사람은 서로에게 쓴 사랑의 편지를 엮어서 책으로 펴냈는데, 이것이야말로 중세에 나온 것 중에서도 가장 아름답고 내밀한 책 가운데 하나다. 사실 아벨라르는 이후의 경력에 관해 고민할 필요가 거의 없었다. 비록 고자가 되었다 하더라도 여전히 많은 학생들이 그에게 배우려고 몰려들었기 때문에, 이제는 저술을 위한 시간을 내는 것이 오히려 어려운 상황이었다.

그의 신학 관련 저술 가운데 가장 유명한 『긍정과 부정』은 여러 다른 출처로부터 가져온 외관상의 모순들을 열거하고, 이런 모순들을 어떻게 해결하는지를 보여주는 한편, 다른 모순들을 해결하는 규칙들을 제공하는 주석을 곁들인 형식이었다. 격렬한 논쟁이 오가던 시대, 즉 학생들 사이의, 그리고 학생들과 교사들 사이의 논리 싸움이 특징처럼 되었던 시대에 이 책은 매우 큰 인기를 끌었다. 아벨라르는 이보다 더 짧은 저술인 『너 자신을 알라』도 썼는데, 이것은 죄라는 것이 행동 — 그 자체로는 좋은 것도 나쁜 것도 아닌 — 에서 이루어지는 것이 아니라 오히려 의도에서 이루어진다는 주장을 더욱 진일보시킨 것이었다. 죄라는 것은 행동으로 이루어지는 것이 아니라, 그것이 잘못된 것인 줄 아는 정신의 동의에서 이루어지는 것이기 때문이다.

아벨라르는 권력층으로부터 종종 탄압을 받았으니, 한편으로는 그의 삶의 방식 때문이었고, 또 한편으로는 그의 교의 때문이었다. 겉으로는 정통파의 외양을 유지했지만, 그의 모든 저술은 신앙보다도 이성에 대한 뚜렷한 선호를 보여주고 있었다. 그의 저술과 삶 — 은밀히 아리스토텔레스에 호소하여 옛날 방식의 신비주의에 반대하는 이성의 대의를 진일보시키고자 했던 — 모두가 그 당시에 지배적인 아우구스티누스주의에 대한 도전이었다.

후세의 눈에 아벨라르는 종종 순교자로 간주되었다. 거세와 단죄와 침묵형과 (1142년에 이르러) 마침내 찾아온 죽음을 고스란히 감내하는 와중에 그는 서양의 정신을 계속 살아 있게 만드는 한편, 이성의 승리로 가는 길을 닦아놓았다. 이러한 시각은 그의 삶을 낭만적으로 미화하기 십상이지만, 사실 그의 삶이야말로 현대의 관점에서 낭만적인 것과는 전혀 거리가 멀었다. 하지만 그런 식의 해석은 그가 신학적 입장의 양극단 가운데 감당했던 역할이 어느 쪽인지를 뚜렷이 보여주기는 한다. 그는 보이티우스 편의 인물이었고, 그중에서도 가장 탁월한 인물이었다.

클레르보의 베르나르

아벨라르의 주요 적수는 중세의 베네딕트회 수도사이자 성인이며 일명 '감밀(甘蜜) 박사'(*doctor mellifluus*) — 그의 문체가 꿀을 바른 것처럼 달콤한 데서 비롯된 명칭이다 — 로 일컬어지는 인물이었다. 1090년에 부르고뉴의 귀족 집안에서 태어난 베르나르는 아직 어린 나이에 시토에서 베네딕트회에 들어갔다. 하느님을 사랑하며, 특히 성모 마리아를 흠모한 그는 어찌나 열성적으로 수도원 업무에 전념했던지 그만 건강을 해치고 말았다. 극도의 내핍 생활(자신의 오만을 극복하기 위해 그는 몇 년 동안이나 좁은 석제 독방 속에 살았는데, 비가 내렸다 하면 그 안에는 물이 60센티미터나 들이찼다.)에도 불구하고 그는 63세까지 살았다.

베르나르는 다음과 같은 간단하고 인기 있는 기도를 드리곤 했다. "하느님의 사랑은 어디에서 비롯되는가? 바로 하느님으로부터다. 그렇다면 이 사랑의 본성은 무엇인가? 아무런 측량없이 사랑함이다." 이러한 진술이야 결코 유례가 없이 대단한 것도 아니었으며, 아벨라르는 이 기도를 듣고 어리둥절해하고, 또 어쩌면 짜증이 났을지도 모른다. 왜냐하면 그는 이성적 측량을 신뢰했으며, 그렇지 않은 하느님을 차마 상상조차 할 수 없었기 때문이다.

다섯 명이나 되는 교황들과 막역한 사이였고, 그들의 조언자였으며, 때로는 매서운 비판자이기도 했던 베르나르는 상황이 어떻게 돌아가는지를 곧바로 깨달았다. 그는 아벨라르에 관해 이렇게 말했다. "이 사람은 하느님의 완전함을 인간의 이성으로 이해할 수 있다고 가정한다." 베르나르의 탄원으로 인해 아벨라르는 교황에게서 침묵하라는 명령을 받았고, 나중에는 클뤼니에 있는 수도원에서 쪼들리며 살았다. 결국 아벨라르는 베르나르 때문에 줄곧 비탄에 시달린 셈이었다. 베르나르는 가장 위대한 아우구스티누스주의자 가운데 한 사람이었으며, 따라서 아리스토텔레스의 지지자들은 아직도 멀고도 험난한 길을 더 가야만 했던 것이다.

이븐루시드

아랍 철학자 겸 주석가들이 활동하기 전까지만 해도, 서양의 학자들이 보기에 아리스토텔레스의 실제 교의는 오히려 모호하고 혼란스러운 것으로만 남아 있었다. 하지만 이븐루시드(아베로에스)는 아리스토텔레스에 관한 저서로 "주석가"라는 별명을 얻었을 뿐만 아니라, 가령 『윤리학』, 『형이상학』, 『하늘에 관하여』 같은 책의 원문 가운데 일부분을 자기 저서에 포함시켰다.(또는 그리스어 원문을 아랍어로 번역해 수록했는데, 훗날 이를 다시 라틴어로 옮김으로써 알베르투스 마그누스와 토마스 아퀴나스 같은 사람들도 아리스토텔레스를 읽을 수 있었다.) 그 효과는 그야말로 폭발적이었다.

이븐루시드는 1126년에 무슬림 치하 에스파냐의 코르도바 — 그 당시에만 해도 서양에서 가장 큰 도시였던 — 에서 태어났다. 좋은 교육을 받은 그는 곧이어 학식으로 높은 평판을 얻었으며, 여러 명의 칼리프 곁에서 고문, 판관, 의사로 봉직했다. 1169년부터 1195년까지 그는 아리스토텔레스의 저술 가운데 대부분(하나의 예외는 『정치학』뿐인데, 어쩌면 당시에 그 저서를 구할 수 없었기 때문일 수도 있고, 또 다른 이유일 수도 있다.)에 관한 주석서를 연이어 펴냈다.

이븐루시드는 철학의 지위를 이슬람교에서 올바른 장소라고 본인이 확신하는 곳까지 올려놓고자 하는 목표를 품었다. 하지만 그는 이러한 목표를 성취하는 데 실패했으니, 왜냐하면 이슬람교 역시 나중에는 기독교만큼이나 하느님에 대한 강박에 사로잡히게 되었기 때문이다. 이 시대로 말하자면 무슬림이 종교적 문제에 관해 자유롭게 사유할 수 있다고 여겨지던 시대까지는 아니었다.

그럼에도 불구하고 이븐루시드는 계속해서 중요한 주석서를 펴냈다. 거기에는 플라톤의 『국가』에 관한 중요한 재해석도 들어 있었으니, 그는 이상 국가가 말 그대로 이상적인 나라이며, 다만 무함마드와 그가 예언한 유일한 하느님이 결여되었을 뿐이라고 말했다. 그 외에도 이븐루시드는 여성이 남성과 동등하다는 플라톤의 견해를 이슬람교가 차용하지 않은 까닭에, 결국 여성에게 시민으로서의 평등을 부여하지 않았다는 사실을 지목하며 한탄했다. 그가 생각하기에 만약 남녀평등만 실현되었더라도 경제는 더 나아졌을 것이기 때문이다.

이븐루시드는 정작 이슬람 사상에는 거의, 또는 전혀 영향을 끼치지 못했지만, 서양에는 지대한 영향력을 발휘했다. 그런 영향력은 그가 견지한 특정한 견해 때문이 아니라, 오히려 자연을 바라보는 아리스토텔레스의 태도를 기독교 세계의 학자들에게 명료히 밝혀준 데에서 비롯되었다.

아우구스티누스는 마치 플라톤과 신플라톤주의자가 자연 세계 ― '실재' ― 는 단지 더 큰 실재의 그림자라는 견해를 지닌 것처럼 해석했고, 그 더 큰 실재란 어떤 의미에서 하느님의 정신이라고 주장했다. 하지만 이제는 아리스토텔레스가 거기에 동의하지 않았음이 분명해졌다. 아리스토텔레스가 보기에 자연은 단단한 실체성을 지녔으며, 그는 이에 관해서 많은 것을 알고 있었다. 더 나아가 그는 자연에 관해서 아는 것이 철학의 임무라고 믿어 의심치 않았다. 그는 이것을 인류에게 커다란 의미를 지닌 노력으로 간주했다.

오늘날에는 이러한 견해가 왜 그렇게 혁명적인지를 이해하는 것 자체가 어려울 수도 있으니, 왜냐하면 우리는 이미 그런 견해를 받아들인 지 오래이기 때문이다. 하지만 중세 시대의 사상가들은 수 세기 넘도록 그런 견해를 의심했고, 심지어 무시하기까지 했다. 지적 권위를 지닌 누군가가, 특히나 아리스토텔레스만큼의 권위를 지닌 누군가가, 처음에는 받아들이기 힘든 그런 관념들을 제안한 때로부터 너무나도 오랜 시간이 흘렀기 때문이다.

아리스토텔레스의 『오르가논』은 보이티우스의 번역을 통해 익히 알려져 있었다. 하지만 『오르가논』은 사고의 법칙, 논리, 그리고 철학적 방법을 다루는 저술이었다. 논리학은 자연으로부터 멀어져 있었다. 아리스토텔레스의 저술 ─ 기억, 꿈, 장수 등과 같은 주제를 다룬 짧은 논고인 『자연학』을 비롯해 『동물의 역사』, 『동물의 일부분에 관하여』, 『동물의 계보』, 나아가 『수사학』과 『시학』까지도 ─ 은 성스러운 것에 대해서는 물론이고 평범한 것에 대해서도 관심을 지닌 정신을, 또한 이른바 지상의 주제들에 관해 연구하는 것이 반드시 하느님의 정신으로 귀결되지는 않는다는 이유로 아예 그런 연구 자체에 반대하는 편견 같은 것은 지니지 않은 정신을 밝혀주었다.

이븐루시드의 주석을 정독한 사람이라면, 아리스토텔레스가 하느님에 관해서는 거의 이야기하지 않은 반면, 벌레와 곤충이라든지, 가축의 교미라든지, 날씨라든지, 소화불량 같은 소소한 것에 관해서는 많이 이야기했음을 근거로 들어, 어쩌면 이븐루시드가 신학보다는 오히려 그런 것들에 더 많은 관심을 지니고 있었던 것은 아닌가 하는 의심을 품을 수도 있다. 이것이야말로 전적으로 혁명적인 견해임은 물론이고, 나아가 위험천만한 견해임은 물론 두말할 나위가 없었다.

이븐루시드는 경건한 무슬림이었다. 일찌감치 그런 위험을 간파한 그는 비록 아리스토텔레스가 제안하는 바가 어떻게 보이든지 간에, 사실상 유일한 진리는 오로지 『쿠란』에만 들어 있다는 사실을 누누이 강조했다. 자연의 영역에서 진리처럼 보이는 것은 보다 높은 진리의 그림자에 불과하다는 이야기였다. 하지만 이것은 마치 아이들에게 뭔가를 하지 말라고 야단치는 것이나 비슷하다. 금지된 짓을 하고 싶은 유혹이야말로 머지않아 불가항력적인 것이 될 테니 말이다.

사람들은 궁금해한다. 어째서 이븐루시드는 이 세상에 단 하나의 진리밖에는 없으며, 그것은 바로 종교의 진리라고 그토록 강조해 마지않았던 것일까? 어쩌면 이 세상에는 〔그것 말고도〕 또 하나의, 그리고 또 다른 진리가 있기 때문에, 즉 자연의, 다시 말해 더 낮은 세계의 진리가 〔정말로〕 있기 때문에 그랬던 것이었을까? 만약 그렇다면 그 진리는 단순히 그림자일까, 아니면 별개의 실재를 지닌 것일까?

그리하여 서양에서는 이븐루시드가 사실상 두 가지 진리의 교의를 제기했다는 생각이 점차 자라나게 되었다. 하나는 하느님의 진리이고, 또 하나는 자연의 진리인 이 두 가지는 두 개의 서로 다른 논리와 두 개의 서로 다른 방법을 지녔다. 더 나아가 이븐루시드는 자연의 진리가 〔하느님의 진리와〕 동등하게 존경할 만하다고 생각했던 것으로 여겨진다. 물론 이븐루시드가 실제로 그렇게 생각했다는 확실한 증거까지는 없다. 하지만 서양의 기독교인들은 그가 그렇게 생각했다고 믿었고, 그런 믿음만으로도 이들에게는 충분했던 것이다.

이것이야말로 아우구스티누스주의자가 지금껏 직면했던 도전 가운데서도 가장 심각한 것이었다. 그리고 쉽게 극복할 수 있는 도전도 아니었다. 그즈음 아우구스티누스주의자의 전통은 무려 700년째 신학 연구에 전념하던 중이었고, 그리하여 기력을 소진하고 말았다. 파리의 여러 학교에 있는 젊은이들은 자연 세계, 즉 인간의 도시가 하느님의 도시 못지않게 연구할 만한 가치를 지니고 있다는 이 새로운 견해에 매료되지 않을 도리가 없었다. 1198년에 사망한 이븐루시드가 회피하려 노력했던 일 — 즉 진리가 둘로 나뉘는 일 — 은 그야말로 불가피해 보였다.

토마스 아퀴나스

이 유명한 사제, 교회 박사, 미래의 성인, 도미니크회의 영원한 영웅은 연구와 저술 활동에서 결코 지칠 줄을 몰랐던 한편으로 몸집이 매우 뚱뚱했다. 전해지는 이야기에 따르면 그를 위해서 제작된 특수 제단은 한쪽 면을 커다란 반달 모양으로 도려냄으로써, 〔그 안에 들어간〕 그가 미사를 집전하는 동안 짧은 팔을 뻗어 성체를 집기 쉽게 해주었다고 한다. 평생 동안 토마스 아퀴나스는 웬만한 인간으로서는 좀처럼 누리기가 힘든 정도의 명성을 누렸다.

토마스는 로마와 나폴리 사이에 위치한 아퀴노에서 1224년, 또는 1225년에 태어났다. 권세 있는 수도원의 원장이 되어 가문에 도움을 주었으면 하는 식구들의 권유로 그는 몬테카시노에 있는 수도원에 들어갔다. 이후 9년 동안 베네딕트회의 학생으로 지내던 토마스는 〔신성 로마 제국〕 황제 프리드리히 2세의 명령에 의해 카시노에 있는 수도원이 일시적으로 해산되자 나폴리의 대학에서 공부를 계속했다. 또한 그는 당시 새로 설립되었으며, 설교와 교육의 중요성을 강조하던 탁발 수도회인 도미니크회에 가입했다.

1244년에 그의 새로운 상급자들은 토마스를 파리로 보냈다. 그곳에 가면 〔그가 가문의 연고가 있는 베네딕트회가 아니라 도미니크회에 가입하는 것을 극구 반대했던] 식구들의 통제에서 벗어날 수 있으리라 여겼기 때문이다. 식구들은 그를 중도에 납치해서 1년 동안 집에 가두었다. 그러나 토마스는 끝내 고집을 꺾지 않고 마침내 자유의 몸이 되었다. 그는 1245년에 파리에 도착해서, 도미니크회의 대학 중심지인 생-자크 수도원에 거처를 정했다.

당대의 가장 위대한 교사인 알베르투스 마그누스의 제자가 된 토마스는 이후 7년 동안 신학, 철학, 역사를 공부하고 신학 석사 학위를 취득했으며, 1256년에 교수 면허를 취득했다. 그는 30세가 넘었고, 앞으로 살날은 20년이 채 되지 못했다.

토마스와 같은 기질을 지닌 사람에게 당시의 파리는 그야말로 흥미진진한 장소가 아닐 수 없었다. 모든 사람이 신학자였고, 다만 아마추어이거나 전문가이거나의 차이뿐이었다. 길모퉁이마다, 그리고 아침이고 점심이고 가리지 않고, 교의의 요점이 논의되곤 했다. 그 당시에는 두 가지 중요한 논쟁이 벌어지고 있었다. 물론 토마스는 자신의 온 정력을 쏟아 양쪽 논쟁 모두에 참가했다.

한 가지는 보편자의 교의에 관한 것이었다. 보편자에 관한 질문은 오늘날 전혀 중요하게 여겨지지 않는다. 하지만 1250년에만 해도 이것은 한마디로 죽느냐 사느냐 하는 문제였다. 우리가 만약 '붉은', '인간다운', '선한'이라는 단어를 사용할 경우, 이 보편적인 용어를 이용해 의미하고자 하는 바는 무엇일까? 분명히 우리가 어떤 사물을 가리켜 붉다고 말할 경우, 이것은 다른 붉은 사물이 모두 지닌 어떤 성질을 그 어떤 사물도 공유하고 있음을 말하려는 것이리라. 하지만 '붉은'이란 이미 별개로 존재하는 어떤 사물의 이름인 걸까? 혹시 붉은 사물들(또는 인간, 또는 선한 사물들)과는 별개로 존재하는, '붉음'(또는

'인간다움', 또는 '선함')이라고 부를 수 있는 어떤 사물이 있는 것일까?

플라톤, 신플라톤주의자, 그리고 아우구스티누스를 비롯한 이들은 보편자의 실제 존재를 믿어 의심치 않는 성향을 지녔다. 이들은 보편자야말로 실제로 존재하는 유일한 사물이며, '붉은'이나 '인간다운'이나 '선한' 사물들은 오로지 실재의 그림자에 불과하다고 주장했던 것 같다. 플라톤에 따르면 철학자는 외관상의 현실의 안개와 혼란을 뚫고 지성의 빛에 의하여 궁극적 현실을 식별하며, 그 궁극적 현실이란 명료하고 수학적이며 비물질적인 것이다. 아우구스티누스에 따르면 신학자란 감각의 즐거움과 세상의 선의 경멸로부터 절제하여, 먼지와 죄로 무거운 인간의 도시로부터 더 위로 올라가, 하느님의 도시의 신비적인 영광에 이르러야 한다.

보편자의 실제 존재를 믿는 사람들은 실재론자라고 불렸다. 이들에 반대하는 사람들은 오로지 실제 사물만이 '사물'이라고 믿은 반면 '붉은', '인간다운', '선한'은 단지 이름에 불과하다고 생각했다. 이들을 가리켜 유명론자라고 불렀다.

아리스토텔레스는 실재론자와 유명론자 사이의 어디엔가 자리를 잡고 있었으며, 따라서 수정 실재론자라고 불렸다. 이 세상은 사물로 가득하다. 모든 존재하는 사물(가령 붉은 암소, 인간다운 존재〔인간〕 또는 선한 행위)은 존재하기 위해서 두 가지 요소를 필요로 한다. 바로 그 형상과 질료다.

인간의 형상은 그의 인간다움이다. 개별적으로 존재하는 사람 속에 있는 그 요소 덕분에 우리는 이 사람, 또는 저 사람을 인간으로 인식하는 것이다. 이것은 보편적인 용어인데, 왜냐하면 모든 인간은 ─ 비록 그 이외의 모든 면에서는 다르다 하더라도 ─ 똑같은 방식으로 인간이기 때문이다. 개별적인 한 사람의 질료는 그의 개별성, 그의 잠재성, 그리고 다른 모든 인간과 그의 차이다. 우리의 인간다움은 우리를 '인간다운' 존재(인간)로 만들어줄 뿐, '다른' 종류의 존재로 만들어주지는 않는다. 또 우리의 질료가 우리를 톰, 딕, 또는 메리로 만들어주는 것이다.

여기까지는 아무 문제가 없다. 하지만 보편자 문제에 관한 아리스토텔레스의 공식화에는 심각한 어려움이 숨어 있다. 맨 먼저, 영혼과 육신 사이의 중대한 구분은 어찌할 것인가? 개별 인간의 형상은 그의 영혼, 또는 영(靈)인가? 형상은 살아 있고 숨 쉬는 인간 속에 있는 그 혼합과는 별개로 존재할 수 있는가?

만약 형상이 곧 영혼이라면, 그것은 반드시 별개로 존재해야만 한다. 왜냐하면 기독교인이라면 누구나 알다시피 영혼이란 영원불멸인 반면 육신은 그렇지 않기 때문이다. 그런데 영혼은 개별적인 인간다움인가, 아니면 단순히 인간다움의 형상인가? 그것은 영원불멸의 인간다움인가, 아니면 톰이나 딕이나 메리에게는 그들을 톰이나 딕이나 메리로서 곧바로 인식할 수 있는, 영원히 지속되는 뭔가가 있는 것일까? 만약 후자의 경우라면, 그런 개별적인 뭔가는 오히려 아리스토텔레스의 질료와도 비슷한 것처럼 보인다. 하지만 영혼은 물질(질료)이 아니다.

분명한 점은, 보편자의 문제에 관한 이런 논의에서는 부주의한 사람들이 걸리기 딱 좋은 함정들이 있으며, 잘못된 해결책을 지지했다가는 자칫 화형에 처해질 운명까지도 있었다는 점이다. 실재론자의 경우에는 오류를 범할 가능성이 비교적 덜했다. 이들은 살아 있고 숨 쉬는 인간을 영원한 천벌이나 축복으로 가는 영혼의 긴 여정에서 단지 하나의 중간 역 정도로 바라보았다. 한 개인은 톰이나 딕이나 메리로 한순간을 보낸 다음, 영원의 나머지 기간 동안에는 자신이 이전에 어떻게 살았는지를 즐거워하며, 또는 후회하며 살아간다. 따라서 지상의 도시의 유혹을 거부하고, 세상을 경멸하고, 육신을 극복하고, 인간은 반드시 죽을 수밖에 없음을 기억하는 동시에, 한 사람을 이번 삶에서나 다음번 삶에서도 유지해줄 하느님의 신비적 환상을 성취하기 위해 진심으로 노력하는 것이 중요했다.

유명론자의 경우, 그리고 특히 토마스 아퀴나스의 경우, 이런 문제는 그다지 간단하지가 않아 보였다. 가령 유명론자와 토마스는 제아무리 짧고 제아무리 예비적인 일생이라 하더라도, 그 일생 동안 한 개인이 범하는 (육체적이고 정신적인) 행실의 결정적인 중요성을 고려해야만 했다. 그러한 삶에는, 그리고 자연 전반에는 강력한 현실이 있었다. 사랑 많은 하느님은 인간을 바로 이곳, 즉 존재들이 득실대고 지적 수수께끼가 가득한 지상에 놓았고, (토마스 아퀴나스 같은 사람에게는) 훌륭한 정신 능력을 부여해 그런 수수께끼를 해결할 수 있게 했다. 하느님은 정말 인간이 생각을 했으면 하고 바라지 않았던 걸까? 그분은 인간이 곁눈가리개를 한 채로, 자신의 눈을 미래의 다른 존재에 둔 채로 지상의 도시를 통과하기를 바랐던 것일까?

파리의 여러 학교를 소란하게 만들었던 두 번째의 커다란 논쟁은 자연 그 자체에 관한, 그리고 그것을 어떻게 바라보고 이해해야 하는지에 관한 아리스토텔레스의 견해와 관련이 있었다. 이븐루시드가 보여준 것처럼, 아리스토텔레스는 자연계에 깊은 관심을 지니고 있었다. 그는 이런 관심이 잘못되었거나 비천하다고는 결코 생각하지 않았으며, 또한 영혼을 천벌의 위험에 직면케 한다고도 결코 생각하지 않았다.

아리스토텔레스는 비록 기독교인은 아니었지만, 분명히 '탁월한' 철학자였다. 그런 그가 자연에 관해서 그토록 완전히 틀렸을 리가 있는 것일까? 다시 말해서, 하느님이 인간에게 '너희는 이렇게 보거라' 하고 바란 방식과는 정반대의 방식으로 자연을 바라보았을 리가 있는 것일까?

토마스 아퀴나스는 말한다. 인간은 좋든 싫든 간에 두 가지를, 즉 두 도시를, 다시 말해 하느님의 도시와 인간의 도시를 서로 합친다고 말이다. 인간의 존재가 지속되는 한, 인간은 두 가지 우주의 접합점에, "마치 육체적인 것과 영적인 것의 지평선과도 같은" 곳에 자리 잡고 있다. 이런 것들 가운데 하나는 올라갈 수도 있고, 또 하나는 떨어질 수도 있지만, 인간이 (단지 영〔靈〕이 아니라) 인간으로 남아 있는 한 양쪽 모두는 현존하며, 또한 양쪽 모두는 구원을 위해 반드시 다루어지고 이해되어야만 하는 것이다.

이 세상을 단죄하는 것도 필요하지만, 그렇다고 해서 그 위력과 의미에 관해 모르는 채로 있는 것도 당연히 실수이리라. 이 세상이 제공하는 유혹의 위력을 오판한 까닭에 얼마나 많은 사람들이 천벌을 받았던가? 아마도 오로지 예수 그리스도만이 유혹에 대해 면역력이 있었으리라. 하지만 단순한 인간은 누구도 자신이 반드시 직면해야만 하는 것을 모를 수가 없다. 그렇지 않다면 왜 교회에서는 사람들에게 설교를 하고 경고를 하겠는가?

토마스는 말한다. 인간 안에는 영과 자연(형상과 질료, 영혼과 육신)의 구분이 있을 뿐만 아니라, 또한 기묘한 조화도 있다고 말이다. 거울을 들여다보라. 과연 어디에서 육신이 끝나고 영혼이 시작되는가? 정신을 들여다보라. 똑같은 질문을 던져보아도 결코 더 쉬운 답변이 나오진 않는다.

평균 70년의 인생 동안, 육신과 영은 그야말로 이음매 없이 매끈한 의복을 구성하며, 이것은 외관상 반대인 것이 서로 합쳐짐으로써 나온 기적이다. 이 두 가지가 서로 합쳐짐으로써, 이 세상에는 두 가지 진리 — 가령 영혼의 진리와 육신의 진리, 또는 종교의 진리와 자연의 진리, 또는 지상의 도시의 진리와 천상의 도시의 진리 — 가 있을 수 없다. 영원에 비교했을 때 70년 세월이 얼마나 긴지, 또는 짧은지는 전혀 문제가 되지 않는다. 영원이란 년 — 다만 순간이며, 결코 시간이라 할 수도 없는 — 단위로 측정될 수 없다. 뿐만 아니라 우리는 그 70년에 관해서는 매우 많은 것을 아는 반면, 영원에 관해서는 너무 적은 것밖에 모른다.

이러한 견해는 '매우' 위험한 것으로 증명되었다. 1274년 1월, 토마스는 리옹의 어느 회의에 출두해 자신의 견해에 관해 답변해야 했으며, 비록 아벨라르처럼 단죄받지는 않았지만 공개적인 질책을 받았다. 그의 변론은 아벨라르의 변론과는 또 달랐다. 그는 모든 사람이 아는 바를 말했으니, 즉 자신은 가톨릭 기독교를 진정으로 믿고 있으며, 그의 신실한 신앙에는 신비적인 신성에 대한 확고한 믿음은 물론이고, 하느님의 도우심이 없으면 자기 스스로는 그걸 이해할 수 없으리라는 믿음까지도 포함되어 있다고 말이다.

토마스 아퀴나스는 이전까지 무려 1000년간 신학적 사유의 핵심에 놓여 있었던 두 도시, 즉 하느님의 도시와 인간의 도시에 관한 질문을 한 번에 영원히 해결하려 시도했다. 아우구스티누스는 이 두 도시가 영원한 갈등상태에 있다고 보았다. 토마스는 그 두 가지를 화해시키려 시도했다. 결과적으로 그는 양쪽 도시를 위한, 그리고 아무런 내적 모순도 포함하지 않는 단일한 헌법을 쓰려 시도했다. 그는 이전까지의 어느 누구보다도 더 열심히 노력했으며, 그렇게 노력한 역대 사상가 중에서도 가장 위대했다. 하지만 그다음 세기가 판정했듯이 그는 결국 실패한 셈이었다.

이성을 꺾은 신앙의 전승

토마스의 이런 시도에 대해 두 가지 지적 유파가 반대하고 나섰다. 우선 한편에는 이성이란 것이 하느님과 인간 사이의 신비적 교제의 영역을 침범한 일종의 침입자에 불과하다고 간주하는 ─ 그리고 오늘날까지도 여전히 그렇게 믿는 ─ 종교적 열광자들이 있었다. 신비주의자 블레즈 파스칼(1623~1662)이 단언한 것처럼 가슴은 그 나름대로의 이성을 지니고 있어서, 우리의 이성은 그것을 이해하지 못한다. 가슴은 갑작스러운 믿음의 황홀에 의해 압도되는 것이니, 그렇다면 그런 구구절절한 온갖 논증이 무슨 소용이 있는 것일까? 그런 사상가들은 예나 지금이나 이성적인 길을 통해 그들을 하느님에게 데려가려는 성 토마스 아퀴나스의 시도에 조바심을 내게 마련이다.

또 다른 한편에는 도대체 어째서 자연적 이성이 하느님 ─ 그가, 또는 그것이 과연 무엇이든지 간에 ─ 의 도시의 지배자 앞에 고개를 숙여야 하는지 도통 그 이유를 알 수 없어 하는 사람들이 13세기에도 소수로나마 있었다. 그가 존재한다는, 또 그가 복종을 요구한다는 증거가 어디 있단 말인가? 물론 그런 증거란 없었다. 하지만 이 세계는 실재이며 이해를 요구한다는 사실을 보여주는 증거는 무척이나 많이 존재했다. 토마스 아퀴나스가 살았던 13세기는 번영의 시대이며 기술적 진보의 시대로서, 이전까지의 원시적 농업경제가 상업적, 도시적 사회로 바뀌어갔다. 사람들은 매일같이 삶을 더 낫게 만들어주는 새로운 것들을 배웠다. 역사를 거부하고 여러 시대 이전의 어둠 속으로 돌아간다는 것은 그야말로 생각할 수도 없었다.

토마스의 반대파들은 한 가지 사실을 놓고 의견이 일치했다. 즉 두 가지 진리의 교의가 있다는 사실이었다. 종교적 열광자들의 경우에는 하느님의 도시의 결정적인 진리, 그리고 인간의 도시의 하찮은 진리가 있었다. 자연주의자들의 경우에는 다른 방향을 강조했다. 그 두 가지 진리가 합쳐짐으로써 생긴 무게는 그 명석하고 저명한 토마스 아퀴나스에게도 너무 벅찬 것으로 증명되었다. 1274년에 사망했을 당시, 토마스는 그 두 개의 도시를 하나의 영원불멸하는 정책 아래 엮으려는 자신의 시도, 그렇게 함으로써 본인이 보기에는 두 가지 진리의 악독한 오류라고 여겨지는 것에 종지부를 찍으려는 자신의 시도가 실패했음을 이미 알고 있었을지도 모른다.

이 두 가지 진리의 승리를 예고한 인물은 14세기 초엽에 저술을 남긴 "정묘한 박사"인 프란체스코회 수도사 둔스 스코투스(1265~1308)였다. 둔스 스코투스는 이렇게 선언한다. 하느님은 절대적으로 자유로우며, 여기서 절대적 자유란 이성의 필연성은 물론이고 다른 모든 것으로부터 자유롭다는 의미다. 논리적으로 필연적인 것은 반드시 필연적으로 그래야 한다고 토마스는 말한 바 있었다. 하지만 둔스 스코투스는 아니라고 말한다. 하느님은 그 어떤 방법에 의해서도 제한(정의)되지 않으며, 다른 무엇보다도 인간의 정신에 의해서는 결코 그렇지 않으니, 결국 인간의 이성은 하느님을 규정할 수가 없다는 것이다.

역시 프란체스코회 수도사였던 오컴의 윌리엄(c.1285~1349)은 여기서 한 걸음 더 나아간다. 그는 유일하게 실재하는 사물은 가령 사과 하나, 또는 사람 하나 같은 단수 실체뿐이라고 말했다. 보편자는 무엇이든지 간에 아무런 존재도 지니지 않는다. 그것들은 단지 이름일 뿐이다. 더 나아가 자연은 오로지 사물들로만 이루어져 있으며, 오로지 인간의 이성만이 인간으로 하여금 그것들과 '만나게' 허락해준다. 인간이 사물에 관해 추론하는 것 가운데 타당성을 지닌 것은 하나도 없으며, 인간이 신성에 관해 추론하는 것은 특히나 그렇다. 따라서 신앙과 이성은 전혀 같은 데가 없다. 그 각각은 나름대로의 진리를 지니고 있으나, 그중 하나는 다른 하나보다도 어마어마하게 훨씬 더 중요하며, 그 하나는 구원을 결정하고 다른 하나는 단지 이번 삶에서 육신을 편안하게 만들 뿐이다.

이리하여 그 거대한 논쟁은 끝을 맺었으니, 폭발의 굉음보다는 오히려 칭얼거림만을 남겼을 뿐이다. 이때 이후로도 무려 3세기 동안이나 신학은 지적 주도권을 유지할 것이었다. 하지만 신학은 이미 인간의 이성으로부터 보호받는 장벽을 쌓은 다음이었고, 이성은 더 이상 그 곁에 있지 않았다. 다른 모든 장벽이 그렇듯이, 이것 역시 애초에 의도했던 바와는 정반대의 효과를 낳게 되었다.

장벽 너머에서는 이성과 자연 세계 연구의 옹호자들이 자유롭게 각자의 힘을 키웠으며, 그런 와중에도 전혀 방해받지 않고 심지어 감시조차 받지 않았다. 마침내 이들은 방어를 뚫고 들어가 그 앞에 놓인 것들을 모조리 쓸어버릴 것이었다. 그리고 우리의 현대 세계는 토마스 아퀴나스의 경고를 잊어버린 채, 하느님의 도시를 완전히 저버리고, 영적 세계의 폐허 위에 새로운 인간의 도시를 건립했다. 오로지 하나의 진리만이 존재할 것이었다. 그것은 자연의 진리가 될 것이며, 신앙은 거기로부터 멀어져 유배를 떠날 것이었다.

단테의 춤

중세 시대는 과연 언제 끝났을까? 유럽에는 18세기까지도 중세의 흔적이 남아 있었다. 반면 11세기의 아벨라르나 13세기의 로저 베이컨의 경우는 지극히 현대적이었다. 중세의 종말은 아마 이 시대 사이의 언젠가에 도래했으리라.

단테는 〔교황 보니파시오 8세가 선언한〕 희년인 1300년을 자신의 위대한 시 『신곡』의 상징적인 순간으로 선택했다. 이때야말로 중세 시대의 끝과 르네상스의 시작을 나타내는 지표로서는 다른 어느 때보다도 적절하며, 대부분의 경우보다는 더욱 정확하다.

단테 알리기에리의 삶은 그의 시만큼이나 잘 알려져 있다. 1265년에 피렌체에서 태어난 그는 젊은 시절에만 해도 악의 길에 빠져들었으나, 베아트리체를 만나고서(그가 처음 봤을 때 그녀는 겨우 일곱 살이었다.) 그녀의 모범에 의하여, 특히 그녀가 인사를 건네며 지은 아름다운 미소에 의하여 금세 올바른 길로 돌아오게 되었다. 그녀는 다른 남자와 결혼하여 일찍 죽었으며, 그는 이후 더 오래 살다가 1321년에 라벤나에서 사망했지만 평생 그녀를, 또는 그녀의 미소를 잊지 못했다. 단테는 『신곡』을 베아트리체에게 헌정하면서, 이 시 속에서 "어떤 남자도 여자에 관해 말한 적 없었던 것을" 말했다고 주장했다. 이 우주적 드라마에서는 그녀 역시 배역을 맡아서 그의 영혼을 하느님 앞으로, 그리고 시의 말미에 있는 신비적 환상으로 이끌어 간다.

『신곡』은 지옥, 연옥, 천국, 이렇게 세 부분으로 나뉜다. 대부분의 사람들은 오로지 지옥 부분만 읽는데, 왜냐하면 천국보다는 오히려 지옥이 훨씬 더 흥미진진하기 때문이다. 어쩌면 그곳이야말로 독자들이 아는 세상과 더욱 비슷하기 때문이리라. 단테의 「천국편」이 우리에게 흥미로운 까닭은 방금 이 장에서 언급했던 사람들 가운데 상당수가 등장하기 때문이며, 그중 몇 사람은 중요한 역할을 담당하기 때문이다. 가령 단테를 성모 마리아에게 소개하는 인물은 다름 아닌 성 베르나르이며, 성모 마리아는 다시 그가 하느님께 가는 마지막 단계를 밟을 수 있도록 도와준다.

「천국편」의 제10곡에서, 단테는 시인 베르길리우스의 인도하에 지옥과 연옥을 지나서 베아트리체를 자신의 인도자 삼아 천국에 도달하며, 태양의 구 안으로 들어간다. 그곳, 그러니까 지성의 찬란한 빛 속에서 그는 훨씬 더 밝은 여러 개의 빛들이 자신의 눈을 아찔하게 만드는 것을 깨닫는다. 그 빛들은 움직이면서, 그와 베아트리체의 주위로 원을 만들고, 느리면서도 우아한 춤을 춘다. 빛들은 그들의 주위를 세 번 돌더니 우뚝 멈추고는 가만히 선 채로 기다리는 모습이 "마치 여인들이 춤에서 벗어나지 않은 채 / 말없이 멈추어 서서 새로운 음악이 / 들릴 때까지 귀를 기울이는 것"[25] 같았다.

빛들 가운데 하나가 하는 말을 단테는 그의 내적인, 정신적 귀를 통해 듣는다. 그 영은 스스로를 아퀴노의 토마스라고 소개하더니, 자기 주위에 원을 그리고 있는 빛들을 각각 알베르투스 마그누스, 페트루스 롬바르두스, 솔로몬, 위(僞)디오니시우스, 보이티우스, 그리고 다른 여러 사람이라고 소개한다.

이들은 모두 위대한 신학자들이며, 토마스는 일찍이 그중 몇 사람과는 신학적 문제에 관해 다소 큰 차이를 지니고 있긴 했지만, 이제 그들의 갈등은 모두 해소되었다. 단테는 해 뜰 녘에 수도원을 깨우는, 신앙심 깊은 자들을 그날 첫 번째 기도로 불러내고, 그들의 영혼을 사랑으로 부풀게 하는 작은 종소리를 들려준다. 우리 정신의 귀를 통해서 그 소리를 듣게 한다. 이어서 가장 위대한 신학자들에게 어울리는 위엄과 우아함을 지닌 채, 빛의 바퀴가 다시 한 바퀴 돌아가자 "기쁨이 영원히 지속되는 그곳이 아니라면 들을 수 없는 조화롭고 감미로운 소리"[26]가 들려왔다.

단테는 마지막 25년간을 망명 생활을 하면서 보냈다. 그가 살던 도시를 주기적으로 휩쓸던 정치적 격동의 와중에 그만 편을 잘못 들었다는 죄 때문에 유죄 선고를 받고 피렌체에서 추방되었던 것이다. 그는 자신의 삶에서 조화와 감미로움을 거의, 또는 전혀 맛보지 못했다.

하지만 우리가 천국의 조화와 평화를 받아들여야 한다는 그의 소망은 워낙 깊고도 열렬하기 때문에, 우리는 최소한 그의 시를 읽는 동안만큼은 그것을 실제로 받아들이거나, 또는 거의 받아들이게 된다. 1300년이라는 거룩한 해(聖年)에 이것은 고귀한 열망이었으니,

25 단테 알리기에리, 앞의 책, 467쪽.
26 같은 책, 469쪽.

각지의 기독교인은 예수 그리스도의 기념일을 축하했고, 대중의 의식 속에서는 예수 그리스도의 어머니까지도 일개 여성에서 거의 삼위일체의 일원으로까지 드높이는 보다 최근의 변화가 이루어졌던 것이다. 현실에서는 그런 일이 불가능했다 치더라도, 시 속에서는 얼마든지 가능했던 것이다.

그리하여 중세 시대는 호화롭고도 영락한 실패로 막을 내렸다. 단테는 하느님에 대한 강박에 사로잡힌 1000년〔의 기간〕이 산출할 수 있었던 모든 것의 최고점이라 할 만했다. 비유적으로, 상징적으로, 신비적으로, 이성에 의해 구축되고 신앙에 의해 통합된 그의 우주에 관한 비전은 하나가 되어 작용했던 것이다.

다른 모든 유토피아와 마찬가지로 중세 시대는 고귀한 실험을 시도했지만, 인간은 미처 그 실험에 성공할 만한 채비를 갖추지 못했다. 우리는 거룩한 조화와 하느님의 평화에 근거한 신정정치 국가가 과연 그 시대만큼 오래 지속될 수 있을지 궁금할 뿐이다. 이 실험은 인류 역사에서도 두 번 다시 오지 않을 매우 희귀한 순간에, 즉 로마 제국의 몰락 같은 또 다른 대격변이 없었던 시기에 수행되었다. 하지만 하느님이 이 세계를 다스리며 인류의 실제적이고 지속적인 이득을 위한다는 가정에 근거한 그 거대하고도 실패한 실험에 관한 기억은 오늘날까지도 우리에게 유령처럼 거듭해서 출몰하고 있다. 심지어 어떤 사람들은, 또는 제법 많은 사람들은 그 실험을 다시 한 번 시도해보려는 유혹에 거의 넘어갈 지경인 것이다.

제6장

르네상스에서는
무엇이 다시 태어났나?

무관심의 시대 이후에 고전 문명이 재발견됨으로 인해
산출된 지식의 변화는 무엇인가?
고대 세계를 이해하기 위한 노력과 새로 발견된 지식을
중세의 문화와 통합시키려는 노력이 어떻게 해서
문화를 분열시켰는가?
그리고 인류로 하여금 어떻게 오늘날을 향한
떠들썩한 여행을 떠나게 만들었나?

「연옥편」의 제10곡에서 단테는 베르길리우스의 안내를 받아 오만한 자들의 원에 들어선다. 그곳에서는 생전에 각자의 오만으로 인해 죄를 지은 자들이 그 주위에 둘러선 겸손의 모범을 바라봄으로써 죄 사함을 얻는다. 반드시 올라야만 하는 산의 주위를 빙글빙글 돌면서, 이들은 돌 장벽에 새겨져 있는 교훈적 부조 옆을 계속 지난다.

　이런 부조 가운데 네 가지를 단테는 자세히 묘사한다. 첫 번째는 하느님의 명령에 순종하고 진심으로 예찬하는 천사 가브리엘이 성모에게 유명한 축하의 인사를 건네는 장면이다. "두려워하지 마라, 마리아, 너는 하느님의 은총을 받았다." 두 번째는 성모 본인이 겸손의 상징이 된 그 단어들로 답변하는 장면이다. "주의 종을 보소서!" (*Ecce ancilla dei!*) 세 번째는 다윗 왕이 겸손하게도 하느님의 법궤 앞에 몸소 나가 다리를 드러내고 춤을 추는데, 그의 오만한 아내 미갈은 저 높은 창문에서 경멸하듯 아래를 바라보는 장면이다. 네 번째는 로마 황제 트라야누스가 가난한 과부의 간청에 겸손하게 응하는 모습을 보여주는 장면이다. 그 과부는 황제의 말고삐를 움켜쥐고 그에게 당신의 필요를 채우기 전에 자신의 필요를 채워달라고 애원했다.[27]

이 상징은 충분히 명료하다. 하지만 단테는 자신의 도덕적 교훈에 몇 가지 예술비평을 덧붙인다. 이 조각들은 "폴리클레이토스뿐만 아니라 자연도 부끄러워할 만큼 멋진 조각들로 장식되어 있다는 것을 나는 깨달았다."[28] 폴리클레이토스는 단테가 알기로는 (물론 어디까지나 풍문으로) 고전 시대의 가장 위대한 예술가였다. 그런데 그 벽에 새겨진 작품들은 폴리클레이토스가 만든 작품보다 훨씬 경이로웠으며, 심지어 자연이 만들 수 있는 작품보다 훨씬 훌륭했다는 것이다. 말 그대로 현실보다도 더 현실적이었다고나 할까.

단테는 14세기를 전후해 살았다. 그 당시에는 고딕 조각의 영향력이 유럽 북부에서 이탈리아로 내려와 모든 예술에서 소생하던 참이었다. 고딕 조각가들은 종교적 주제에 관한 조각품에서 사실주의를 강조했고, 이 새로운 사실주의적 경향은 그 이전까지만 해도 이탈리아 대부분의 지역에서 지배적이었던 추상적이고도 상징적인 비잔틴 양식을 압도하게 되었다.

피사와 피렌체의 조각가들은 고딕 양식을 모방하기 시작했다. 단

---

27 「연옥편」에 나오는 단테의 이후 설명에 따르면, 트라야누스 황제가 전쟁터에 나가는 도중에 한 과부가 그의 앞으로 달려 나와 말고삐를 붙잡더니, 억울하게 죽은 자식의 원수를 갚아달라고 호소한다. 황제는 전쟁터에 다녀와서 소원을 들어주겠다고 대답하지만, 과부의 끈질긴 애원에 결국 마음이 움직여 전쟁터로 향하기 전에 그 소원을 들어준다는 이야기다.
28 단테 알리기에리, 앞의 책, 264쪽.

테의 친구이자 피렌체 동포인 조토(1266/7~1337)는 새로운 사실주의와 생명력을 지닌 프레스코화를 그렸다. 단테 본인은 이른바 '돌체 스틸 누오보'(dolce stil nuovo), 그러니까 '달콤한 새로운 양식'에서 두각을 나타냈으니, 지극히 현실적이고 일반적인 사람들의 경험에 초점을 맞춘 운문을 저술했다.(「연옥편」에서 단테는 조토에 관해 이렇게 말한다. "치마부에가 그림 분야를 장악한다고 / 믿었는데, 지금은 조토가 명성을 / 떨치니 이제 그의 명성은 어두워졌지요."[29])

회화의 새로운 양식: 원근법

이처럼 평범한 사람들의 삶과 행동에 관한 사실적인 초상으로 말하자면 예술이 할 수 있는 유일무이한 일까지는 아니었지만, 적어도 단테의 시대에 이르기까지 수 세기 동안 예술이 성취한 바와는 전혀 다른 것이었다. 심지어 14세기에도 이런 새로운 양식에 반대하는 주장을 내세우는 화가들이 있었다. 시에나 화파의 화가들은 특히나 현저하게 비잔틴 제국 양식인 작품들을 계속해서 만들어냈고, 이런 작품들은 조용하고도 양식화된 얼굴과 형태, 그리고 뚜렷한 종교적 상징을 지닌 것이 특징이었다. 이런 이유로 해서 우리는 14세기 시에나 화파의 화가들을 이탈리아 르네상스의 일부분으로 간주하지는 않는다. 물론 훌륭한 화가들이기는 하지만, 그렇다고 해서 르네상스

---

29 같은 책, 272쪽.

화가까지는 아닌 것이다.

유럽 전역에 퍼져나간 르네상스는 어디에서나 사실주의, 자연스러움, 박진성을 강조하는 미술의 새로운 양식을 산출했다. 그 소재는 종종 과거의 비잔틴식 상징적 양식에서 다루던 것들 — 수태고지, 십자가에 달림, 십자가에서 내림, 가나의 혼인 잔치 등등 — 과 똑같이 남아 있었다. 하지만 이제 그림에 묘사된 사람들은 감상자의 세계를 반영했고, 감상자의 감정을 표현했으며, 그 결과 완전히 새로운 방식으로 감상자를 감동시켰다.

조토는 비록 대가이기는 하지만 완전한 르네상스 화가까지는 아니었다. 왜냐하면 그는 15세기의 피렌체 화가들(이탈리아어로는 '콰트로첸토'[quattrocento, 15세기 예술가]라고 한다.)처럼 원근법 실험을 하지는 않았기 때문이다. 원근법의 가능성에 관한 발견은 조토의 미술 작품보다도 우리에게는 결정적으로 더 친숙한, 그리고 더 '르네상스적으로 보이는' 미술 작품이 산출되는 데에 일조했다. 원근법은 조토와 단테의 사후에 해당되는 세기의 여러 화가들에게 사실주의를 강조하고, 감상자를 그림 속으로 끌어들일 수 있는 더 넓은 기회를 제공했다.

시에나 화파는 또다시 저항했으니, 이들은 1세기 동안이나 원근법의 차용을 거부했다. 마침내 이들이 굴복했을 때에 가서야 이탈리아 (보다 정확하게는 피렌체) 르네상스 양식은 완전히 지배적이 되었으며, 그때부터 300년 동안이나 사실상 유럽 미술을 지배했다. 그러다가 19세기 말에 가서야 프랑스에서 몇몇 화가들이 일찍이 르네상스 양식이 그랬던 것만큼이나 혁신적인 새로운 양식을 실험하기 시작했다.

여기서 원근법의 의미에 관해 우리가 잘 알고 있는지 한번 확인하고 넘어가 보자. 즉 한 그림에서는 (종종 가상의) 직선들이 배경의 어딘가에(종종 지평선의 한가운데쯤) 있는 이른바 소실점으로 수렴하게 마련이라는 것이다. 이것은 마치 감상자에게 실제 풍경을 보는 것 같은 인상을 전해준다.

하지만 실제로 이 효과는 감상자의 눈을 원근법 선들의 소실점, 또는 모음점으로 만드는 방법에 의해 얻어진다. 따라서 빛은 그의 눈에서 그가 바라보는 대상으로 흘러가며, 이는 마치 한가운데에 놓인 등불(또는 태양)에서 나가는 빛과도 유사하다. 특이하게도 그림을 이루는 이미지를 구성하는 것은 다름 아닌 그의 시선이다.

이러한 접근 방식은 그 이전의 어떤 미술 분야에서도 결코 사용된 바 없었으며, 이후로도 서양 미술에서 이용된 것을 제외하면 다른 어떤 미술에서도 이용된 바 없었다.(물론 서양 미술로부터 깊은 영향을 받은 까닭에 그 원래의 특성조차도 잃어버린 미술의 경우도 예외로 쳐야겠지만.) 심지어 서양 미술에서도 이용되지 않는 경우가 종종 있었다. 1900년경에 프랑스에서는 야수파 화가들이 원근법의 패턴을 깨트렸고, 입체파 화가들은 그것을 작은 조각으로 산산조각 냈으며, 그때 이후로는 전통적인 양식을 진부하게 모방하지 않는 한은 원근법이 원래대로 합쳐지는 경우가 드물었다.

단테가 한 말에도 불구하고, 과연 르네상스 미술 작품이 원근법을 차용함으로써 훨씬 더 큰 사실주의와 박진성을 정말로 산출했는지 여부에 관해 현대의 미술 작품은 의문을 제기하고 있다. 어쨌거나 오늘날은 원근법에 숙련된 화가보다 카메라가 그런 일을 더 잘해내기 때문이다. 하지만 비록 특정한 종류의 사실주의를 만들어내는 카메라조차도 회화가 성취할 수 있는 (그리고 르네상스 회화가 성취할 수 있었던) 다른 것까지 할 수는 없다.

코스모스 속의 인간

원근법이라는 새로운 기술은 코스모스 속에서, 또는 (훨씬 후대에 나온 용어를 이용하자면) 세계 그림이라고 말할 수 있는 것 속에서 인간의 위치와 역할에 관해 현저히 다르고 새로운 뭔가를 말해주었다. 르네상스 이전의 미술에서 묘사된 장면은 감상자, 즉 평범한 인간의 시점에서가 아니라 하느님의 시점에서, 즉 무한의 관점에서 본 것이었다. 이러한 관점에서는 종교적 이미지, 성상, 또는 관념 — 외적 시각이라기보다는 오히려 내적 시각이라 할 수 있는 — 과 비교해서 공간과 시간은 상대적으로 무(無)로 축소될 수밖에 없었다.

시에나 화파는 원근법을 차용하지 않기로 선택했으니, 왜냐하면 이들은 그런 내적 시각을 유지하고 싶어 했기 때문에, 또는 당시의 피렌체 사람들처럼 그런 내적 시각을 잃어버리고 싶어 하지 않았기 때문이다. 반면 또 다른 피렌체 사람들은 내적 시각을 기꺼이 포기할 의향이 있었으니, 이들은 미술을 통해 이 세계에서 인간의 역할에 관해 뭔가를 말하고 싶어 했기 때문이다. 이는 불가피하게 세계 속에서 종교의 역할에 관해 다른 뭔가를 말하는 것을 의미하게 되었다.

15세기 화가들의 회화 중에서도 가장 위대한 것 가운데 하나인 피에로 델라 프란체스카(1420~1492)의 작품은 이런 새로운 시각을 예증하고 있다. 피에로는 보르고-산세폴크로에서 태어났지만, 1440

년대에 피렌체에서 교육을 받았기 때문에 정신적으로는 피렌체인이라 할 수 있었다. 우르비노에서 페데리코 다 몬테펠트로의 후원하에 있으면서, 그는 자신의 원숙한 작품 가운데서도 최고작을 여러 점 만들었는데, 그중에는 이후 거의 500년 가까이 비평가들로부터 조롱과 분노의 대상이 된 유명한 작품 〈채찍질〉도 있었다.

피에로의 다른 모든 회화와 마찬가지로, 이 작품은 다른 무엇보다도 원근법에 관한 연구라 할 수 있다.(그는 탁월한 기하학자였으며, 이 주제에 관한 논고를 쓰기도 했다.) 이 작품은 두 부분으로 나뉜다. 왼쪽의 배경에는 원근법의 소실점 근처에 그리스도가 작고 쓸쓸한 모습으로 기둥에 묶인 채 서 있고, 로마군 병사들은 그를 고문하기 위해 채찍을 들어 올린다. 오른쪽의 전경에는 생생한 색깔로 묘사된 르네상스 시대의 멋쟁이 세 사람이 서로 이야기를 나누며(뭐에 관해서일까? 돈? 여자?) 서 있다. 그들은 저만치 뒤에서 벌어지는 드라마에는 아무런 관심도 기울이지 않는다. 그들은 하느님의 아들이 받는 고난으로부터 아예 눈을 돌리고 있으며, 신음소리나 허공을 가르는 채찍질 소리는 전혀 듣지 못하는 것이 분명하다.

피에로는 회의주의자나 불신자가 아니었다. 그는 아마도 죽을 때까지 훌륭한 기독교인이었던 것 같다. 보르고-산세폴크로에 있는 그의 작품 〈부활〉은 모든 회화를 통틀어 그 주제에 관한 가장 강렬한 묘사 가운데 하나를 보여준다. 따라서 우르비노의 〈채찍질〉은 그가 '마땅히' 얻어야 한다고 믿었던 사물의 상태 — 즉 종교는 배경 속으로 밀어 제쳐두고 보다 세속적인 주제를 전경으로 내놓는다는 — 를 단순히 묘사하고 있다고 해석해서는 안 된다.

그럼에도 불구하고 이 회화는 세속적인 문제가 훨씬 더 가치 있게 여겨지는 세계를 실제로 드러내주고 있다. 그리스도의 고난은 비록 완전히 잊히지는 않았지만, 거의 부조리하다 싶을 정도로 중요하지 않게 여겨졌다. 이제 중요한 것은 (감상자의 견해에 따르면) 젊음, 멋진 외양, 훌륭한 옷, 돈, 그리고 세속적 성공이었다. 그리고 이러한 믿음이야말로 가령 사실주의, 자연주의, 또는 박진성보다도 더 르네상스 미술 양식의 한가운데에 자리 잡고 있었던 것이다.

로마인, 그리고 보다 이전의 그리스인 역시 세상을 이런 식으로 바라보았다. 그들 역시 젊음과 멋진 외양, 건강과 돈을 좋아했던 것이다. 중세 시대는 초점을 다른 곳으로 이동시킨 바 있었다. 이제 그 초점은 다시 과거의 주된 관심사로 돌아온 셈이 되었다. 르네상스는 여러 가지의 재탄생이기도 했지만, 그 한가운데에는 바로 이런 가치가 있었던 것이다.

고전 학습의 부흥: 페트라르카

르네상스의 시작이 언제인지 정확한 날짜를 대야만 한다면 아마도 1304년 7월 20일, 그러니까 프란체스코 페트라르카가 태어난 날이라고 해야 적절하리라. 그가 처음 빛을 본 장소는 아레초였지만, 그는 훗날 스스로를 피렌체인이자 이탈리아인이자 세계인으로 생각했다. [교황청에서 일하던] 아버지가 교황 궁전에 더 가까운 곳으로 이사한 까닭에 페트라르카는 아비뇽에서 공부했으며, 이후 죽을 때까지 결코 독학을 멈추지 않았다. 그는 1374년 7월 19일 오전에 사망한 채로 발견되었는데, 자신이 한창 주석 집필 작업을 하던 베르길리우스의 책 위에 머리를 얹은 것이 최후의 모습이었다.

페트라르카의 설명에 따르면 그의 삶에서 가장 중요한 사건은 1327년 4월 6일, 아비뇽의 어느 교회에서 오로지 라우라라는 이름으로만 알려진 어느 여성을 만난 일이었다. 당시 그의 나이는 22세였다. 비록 서로 연애한 적은 단 한 번도 없었지만, 라우라를 향한 그의 사랑은 죽을 때까지 남아 있었다. 그의 가장 빼어난 시들은 바로 그녀의 아름다움과 사랑스러움을 노래한다. 또한 시적 영감을 제공해준 그녀를 향한 자신의 사랑을 노래한다. 나아가 그녀의 영보다도 그녀의 인물됨을 더욱 앞세운 까닭에 자신이 결국 그녀를 잘못 사랑했다는 뒤늦은 깨달음을 노래한다. 라우라는 1348년 4월 6일에 아마도 전염병으로 인해 사망한 것으로 여겨지는데, 그날은 마침 두 사람이 만난 지 21주년째 되는 날이었다.

페트라르카가 사랑한 여성이 실제로 누구(이름이 정말 라우라일 수도 있고 아닐 수도 있으니, 그 이름은 라틴어로 '명성'이란 뜻이기 때문이다.)인지를 알아내려는 시도가 수도 없이 이루어졌지만 어느 것도 성공을 거두지 못했으며, 지금은 오히려 그녀가 실존 인물인지 여부에 관해서도 의구심이 제기되는 판이다. 베아트리체(그녀는 '정말' 실존 인물이었다.)를 향한 단테의 사랑이 어떤 위력을 지니고 있었는지, 또한 그녀가 어떻게 그에게 영감을 제공함으로써 불멸의 시가 나올 수 있었는지, 페트라르카는 익히 알고 있었으리라. 그는 허구의 존재인 라우라를 창조하는 것은 물론이고, 심지어 그 피조물과 (최소한 뮤즈와 시인의 관계로서) 사랑에 빠질 수도 있는 인물이었다.

그렇다고 한들 수 세기가 흐른 지금에 와서, 단지 명성을 얻기 위해 허구의 인물 라우라를 꾸며냈으며, 이후 문학적인 방식으로 자신의 남은 삶을 그녀에게 바쳤다는 이유로 페트라르카를 비난한다는 것은 부당한 일이리라. 그리고 반드시 그를 비난해야 할 필요도 없다. 중요한 사실은 매우 숙련된 주창자인 그가 자신에 관해서, 그리고 더 위대한 것들에 관해서 그런 환상을 창조할 수 있는 능력을 지녔다는 점이다. 만약 그가 단테의 후계자로 기꺼이 자처하려는 마음이었다면, 라우라를 창조해낸 것이야말로 이를 위한 한 가지 좋은 방법이었으리라.

페트라르카는 또한 인류 최초의 장엄한 개화의 후계자로 여겨지고 싶었으리라. 젊은 시절에 그는 고전과도 사랑에 빠졌으며, 그리스와 로마를 비롯해서 그로부터 1000년 전에 몰락한 문명과도 사랑에 빠졌다. 그는 그 문명을 부흥시키고 재창조하기 위해 평생을 바쳐 있는 힘껏 노력했다. 따라서 그는 스스로를 고대 로마인의 환생으로 여겼으며, 그의 가장 큰 열망은 그리스와 로마의 재탄생이었다.

35세가 되었을 무렵, 페트라르카는 이미 유럽 내에서도 가장 유명한 학자 가운데 한 사람이었다. 이는 상당 부분 그의 뛰어난 학식 때문이었고, 또 한편으로는 자신의 재능과 업적을 적절한 사람들에게 분명히 인식시키는 그의 비범한 능력 때문이기도 했다. 1340년에 그는 졸지에 두 가지 초청 사이에서 양자택일을 해야 하는 위치에 서게 되었다. 파리에서 계관시인의 관을 쓰느냐, 아니면 로마에서 그렇게 하느냐 하는 것이었다. 양쪽의 초청 모두 그가 직접 추진해서 성사된 것이었으며, 그는 결국 로마를 택했다. 1341년 4월 8일, 그는 카피톨리노 언덕에서 월계관을 썼다.(그는 아마도 자신이 라우라를 처음 만난 날인 4월 6일을 행사일로 선호했겠지만, 이런저런 일로 인해 행사가 연기되었다.) 이후 그는 자신의 월계관을 성 베드로 바실리카에 있는 사도의 무덤 위에 올려놓았으니, 이는 그 일을 더욱 기억에 남게 만드는 한편, 고대 로마인의 환생이 된다고 해서 자신이 반드시 비기독교인이 되는 것은 아님을 강조하기 위해서였다.

르네상스의 발명: 보카치오

조반니 보카치오는 1313년에 파리에서 태어났지만, 아버지가 피렌체인이었던 관계로 나중에는 본인도 피렌체인으로 자처했다. 페트라르카와 마찬가지로 그 역시 가문의 전통을 따라 사업이나 법률 쪽에서 경력을 물색할 것으로 여겨졌다. 또한 페트라르카와 마찬가지로 그는 독학을 통해 저술가로 성공했다.

그는 당시 궁정 시가(詩歌)의 중심지 가운데 하나였던 나폴리에서 여러 해를 보냈다. 그 역시 가망 없는 연애를 시작했는데, 그가 피암메타(Fiammetta, '작은 불길'이라는 뜻)라고 부른 그 여성 또한 실존하지 않았음이 거의 확실시된다. 1348년에 그는 전염병이 창궐하는 피렌체를 떠났고, 시골에 머물면서 『데카메론』이라는 뛰어난 이야기 모음집을 썼다.

우리의 목적과 관련이 있는 부분은, 바로 보카치오의 일생일대 사건이 또한 페트라르카의 일생일대 사건이기도 했다는 점이다. 두 사람이 1350년에 피렌체에서 만났던 것이 바로 그 사건이었다. 페트라르카는 46세였고 보카치오는 37세였다. 보카치오는 이미 페트라르카를 예찬하는 책을 하나 쓴 적이 있었지만, 두 사람을 서로 만나게 해준 것은 다름 아닌 정신의 유사함이었다. 이들은 절친한 친구

사이가 되었으며, 르네상스를 창조하는 두 사람의 공동 작업은 그로부터 24년 뒤에 페트라르카가 사망할 때까지 지속되었다.

고전의 재탄생을 가져오기 위해, 페트라르카와 보카치오는 우선 자신들이 고전을 읽을 수 있어야 한다고 생각했다. 고전 라틴어를 이해하는 데에는 별다른 어려움이 없었다. 다만 문제는 읽을 만한 텍스트를 찾아내는 일이었으니, 그중 상당수는 이미 풍문으로만 전해지고 있었다. 페트라르카는 여러 저명한 작품들의 텍스트가 수도원 도서관에 은닉된 상태로 잊혔을 것이라고 확신하고, 보카치오에게도 그렇다는 사실을 납득시켰다. 두 사람은 유럽 남부를 여행하면서 여러 기록 보관소를 찾아서 고서를 뒤졌다. 이런 방식으로 해서 페트라르카는 키케로의 편지를 상당수 발견했다. 그 이전까지만 해도 영영 유실되고 만 것으로 여겨지던 작품들이었다.

고전 그리스어는 또 다른 문제였다. 페트라르카의 주위에는 그걸 읽을 수 있는 사람이 없었고, 독학하려는 시도조차 아무 성과를 내지 못했다. 친구의 아쉬움이 무엇인지 깨달은 보카치오는 그때 이후로 고전 그리스어 공부에 전념했으며, 그 와중에 피렌체 대학의 유명한 그리스어 강사 레온치오 필라토의 도움을 받았다.

필라토는 한동안 비잔티움에서 지낸 적이 있었는데, 그곳에서는 여전히 많은 사람이 고전 그리스어를 읽을 수 있었고, 호메로스를 비롯해서 여러 그리스 저자들의 작품도 쉽게 찾아볼 수 있었다. 필라토는 적어도 『일리아스』와 『오디세이아』를 투박하게나마 라틴어로 옮길 수 있을 정도의 그리스어 실력을 보유하고 있었다. 두 서사시의 라틴어 번역은 그것이 처음이었으며, 그 이전까지만 해도 두 작품이 모든 문학작품 중에서도 최고라는 풍문(그리고 고전 라틴어로 작성된 줄거리)만이 떠돌았을 뿐이었다.

보카치오는 그런 식으로 그리스어를 약간이나마 배웠고, 나중에는 필라토와 함께 라틴어 번역 『일리아스』를 가지고 페트라르카를 찾아갔다. 그러자 페트라르카는 당시의 명성으로 따지자면 자기보다도 한참 아랫길인 필라토 앞에 무릎을 꿇고는 그 훌륭한 선물을 준 것에 감사해 마지않았다. 그렇게 해서 1361년에 시작된 인문학자들의 그리스어 연구는 이후 3세기 이상 지속되었다.

페트라르카는 고대 로마인으로 자처하는 것에 걸맞게 자신의 작품 가운데 몇 가지를 라틴어로 썼다. 훌륭한 라틴어이긴 하지만 물론 그보다 후대의 인문학자들이 쓴 라틴어만큼 우아하지는 않았다. 후학들의 경우에는 고전 라틴어 저자들을 연구할 기회가 그보다도 더 많았던 까닭이다. 하지만 라우라를 향한 자신의 사랑을 노래한 것이 대부분인 『칸초니에레(韻詩)』만큼은 이탈리아어로 썼다.

그가 이처럼 흔한, 또는 통속적인 모국어를 선택한 데에는 두 가지 이유가 있었다. 첫째로는 단테 역시 베아트리체에 관한 시 모음집인 『새로운 인생』이라는 시를 이탈리아어로 썼기 때문이었다. 단테의 『신곡』 역시 이탈리아어로 쓴 작품이었다. 고전 학습을 부흥시키려는 열망을 지닌 페트라르카도 고전 언어로 글쓰기를 필수 조건으로 생각하지는 않았다. 글을 읽는다는 것과 글을 쓴다는 것은 별개의 일이었으며, 나아가 많은 독자를 끌어들이기 위해서는 지역어로 써야 한다는 사실을 잘 알았기 때문이다. 그는 또한 일상 언어(즉 이탈리아어)를 황금시대의 라틴어의 표준에 맞먹는 정도로 탁월한 수준까지 향상시키고 싶어 했다. 마찬가지 이유로 보카치오는 자신의 주요 작품을 이탈리아어로 썼으니, 가령 『일 필로스트라토』(제프리 초서의 『트로일로스와 크리세이드』의 원전이라 할 수 있는)와 『데카메론』이 그러했다. 특히 후자는 그야말로 본고장 이탈리아어 산문으로 이루어져 있다.

페트라르카와 보카치오는 만날 때마다 고전 학습의 부흥에 관해 이야기하며 그 성공을 계획했다. 이들은 귀 기울이는 사람이라면 누구에게나 자신들의 구상을 설명했다. 그중에는 교황도 포함되어 있었으니, 왜냐하면 때때로 두 사람 모두를 채용해 외교 임무를 맡김으로써, 그들의 수입 가운데 상당 부분을 제공해주었기 때문이다. 또한 두 사람은 상당히 많은 사람들의 관심을 얻게 되었다.

하지만 모든 사람이 관심을 지닌 것까지는 아니었다. 고전 학습을 부흥시키는 것은 두 사람이 생각했던 것보다 훨씬 더 힘든 일이었다. 1373년에 보카치오는 피렌체의 산토 스테파노 교회에서 『신곡』을 공개 강독하는 기회를 가졌다. 그는 강독 와중에 주석을 곁들여 가면서, 단테가 쓴 내용의 의미와 타당성을 대부분 문맹인 일반인 청중에게 설명했다.

이때의 주석은 개정된 내용으로 오늘날 전해진다. 하지만 그 내용은 「지옥편」의 제17곡까지밖에 없으니, 왜냐하면 1374년 초에 보카치오는 건강 악화로 그만 강연을 중단했기 때문이다. 하지만 단순히 건강 악화만이 중단 이유는 아니었다. 보카치오는 또한 단테를 일반인이 주목하고 이해하게 만든 그 강연에 반대하는 사람들의 거센 공격으로 인해 사기가 꺾이기도 했던 것이다. 그로부터 몇 달 되지 않아서 페트라르카가 사망하자 보카치오는 크게 상심했다. 그로부터 18개월 뒤, 보카치오 역시 체르탈도에 있는 자기 집에서 사망했다. 두 사람을 사랑했던, 그리고 두 사람이 무엇을 하고 싶어 했는지 이해했던 사람들은 모든 시(詩)가 사멸하고 말았다고 안타까워하며 입을 모았다.

르네상스인

  '르네상스인'이라는 표현은 남녀를 막론하고 여러 가지 업적을 세운 사람을 가리키는 말이다. 르네상스인은 특정 분야의 전문가까지는 아니다. 다만 현대적 지식의 전체 스펙트럼에서도 오로지 작은 일부분에 관해 '모든 것'을 알기보다는, 오히려 '모든 것'에 대해서 단지 조금씩보다는 더 많이 알고 있는 사람일 뿐이다. 이 용어는 본질적으로 아이러니컬한 것이, 이 용어의 진정한 의미에 상응하는 르네상스인은 아무도 없기 때문이다. 오늘날의 지식이란 워낙 복잡해진 까닭에 그 어떤 인간의 정신도 그 모두는커녕 상당 부분조차도 파악하기가 불가능하다.

  그렇다면 르네상스 시대 중에라도 과연 그 용어의 진정한 의미에 상응하는 르네상스인이 있기는 했던 걸까? 정답은 '없었다'이다. 그 이유는 어딘가 놀랍게 여겨질 수도 있다. 15세기에도 지식이란 오늘날 못지않게 충분히 복잡했던 까닭이다. 다시 말해서 지식이란 예나 지금이나 늘 복잡했다는 것이다. 따라서 사람이 모든 것에 관한 모든 것을 안다는 일은 예나 지금이나, 그리고 누구에게나 마찬가지로 불가능한 일인 것이다.

  그렇다고 해서 오늘날 우리가 아는 모든 지식을 르네상스 시대 사람들도 전부 알고 있었다는 뜻까지는 아니다. 그들이 미처 몰랐던 많은 것을 오늘날 우리가 알고 있음은 분명하다. 반면 그들은 우리가 미처 모르는 많은 것들을 알고 있었다. 가령 그들은 신학에 관해서라면 우리보다도 훨씬 더 해박했으니, 우리에 비해 그들은 그 학문을 훨씬 더 진지하게 받아들인 까닭이었다. 전반적으로 따져보면 우리보다는 그들이 더 뛰어난 철학자였는데, 이 역시 우리에 비해 그들은 철학을 훨씬 더 높이 평가했기 때문이다. 다만 문헌학에 관한 그들의 지식은 우리보다 더 많지는 않았더라도, 일단 우리와는 상당히 달랐다. 이 세 가지야말로 그 당시 사람들이 전문적으로 연구하기에 바람직하다고 여긴 분야였으며, 따라서 그 당시의 가장 위대한 사상가들은 이 세 가지 분야에 최선의 노력을 바쳤다.

한 가지 일반 분야에서는 우리가 르네상스인을 훨씬 앞선다. 자연이 어떻게 작용하는지에 관해서는 그들보다 우리가 더 많이 안다. 르네상스 시대 사람들은 이 지식의 분야가 바람직하며 중요하다는 사실을 비로소 깨닫기 시작한 데 불과했다. 우리는 이 분야에 집중했고, 심지어 다른 모든 분야를 거의 배제하다시피 하면서까지 무려 5세기 동안이나 그러했다. 그러니 우리가 그들보다 더 앞서는 것도 무리는 아니다. 또한 그 당시에 그들이 자연과학보다 훨씬 더 중요하다고 여겼던 다른 분야들에서는 우리가 그들보다 훨씬 더 뒤처진 것도 역시 무리는 아니다.

단순히 그들의 우선순위 선정 기준을 지지하기 위해 이런 말을 한 것은 아니다. 나 역시 (다음과 같은 단순 구분이 가능하다고 치면) 자연과학을 선호하고 신학을 기피하는 우리의 편향이 올바르다고 믿고 싶은 심정이다. 전반적으로 우리는 르네상스 시대의 사람들보다 훨씬 더 잘, 더 오래, 더 건강하게, 더 편안하게 살아가는데, 이것은 자연과학에 대한 우리의 강조 덕분인 것이다.

다만 내 의도는 르네상스 시대의 이른바 '르네상스인'에 대한 관념이 의미하는 바에 관한 근본적인 오해를 수정하려는 것이다. 앞서 말한 바와 같이 오늘날 우리가 사용하는 왜곡된 의미에 상응하는 르네상스인이란 결코 없었기 때문이다. 하지만 그 용어의 또 다른 의미에 상응하는 주목할 만한 인물들은 분명히 있었으니, 그런 사람들은 비단 르네상스 시대뿐만 아니라 고전고대에도 있었고, 어쩌면 오늘날에도 마찬가지로 있을 것이다. 우리는 심지어 진정한 의미에서의 르네상스인이 오늘날 존재한다는 것이 가능한지 여부에 대한 질문을 검토해보아야만 할 것이다.

다른 여러 관념과 마찬가지로 이것 역시 그 기원은 아리스토텔레스로 거슬러 올라간다. 『동물의 일부분에 관하여』라는 논고의 서두에서 그는 바로 다음부터 자신이 차용할 방법에 관해 논의하며 이렇게 말한다. 그의 말은 단순하면서도 심오하다.

모든 체계적인 학문은 가장 시시한 것과 가장 고귀한 것이 모두 마찬가지로, 두 가지 서로 다른 종류의 숙달을 인정하는 것 같다. 그중 하나는 아마도 주제에 관한 과학적 지식이라고 불러야 적절할 것이고, 또 하나는 주제에 관한 일종의 교육적 면식이라고 불러야 적절할 것이다. 교육을 받은 사람이라면 전문교사가 설명에 이용하는 방법의 좋고 나쁨에 대하여 그야말로 즉각적인 판단을 형성할 수 있어야 마땅하리라. 교육을 받는다는 것은 사실상 그런 일을 할 수 있기 위함이다. 심지어 일반 교육을 받은 인물 역시 이러한 능력을 지니고 있는 것으로 우리는 간주한다. 하지만 우리가, 일반 교육이란 그 본인이 모든, 또는 거의 모든 지식의 분야에서 비판력 있는 인물에게만 오로지 속한다고 생각하며, 몇몇 특수한 분야에만 유사한 능력을 지닌 사람에게 속하지는 않는다고 생각하는 것도 물론 이해할 만한 일이다. 왜냐하면 한 사람이 모든 지식의 분야가 아니라, 오로지 어떤 한 가지 지식의 분야에서만 이러한 능력을 지니는 것은 충분히 가능하기 때문이다.

이 유명한 구절은 르네상스 시대에는 물론이고 우리 시대에도 워낙 풍부한 의미와 유용성을 지녔기 때문에, 완전히 이해하기 위해서는 약간의 첨언이 필요하다. 우선 어떤 주제에 관한 "과학적 지식"과 "교육적 면식"을 갖는 것의 구분을 보자. 여기서 "과학적 지식"이란 특정한 분야에서 전문가가 소유한 지식을 말하며, 이는 단순히 그 분야의 일반적 원칙들과 결론들을 아는 것뿐만 아니라, 그 분야에서의 구체적인 발견까지도 모두 아는 것이다. 고대의 의사 히포크라테스의 말마따나 "인생은 짧지만 예술은 길다." 즉 인간의 삶이라는 짧은 기간 동안에는 어떠한 개인도 "과학적 지식" — 지식의 모든 분야, 또는 분과에서 알려지게 될 모든 것을 안다는 의미에서의 — 을 획득할 수 있으리라 기대할 수는 없는 노릇이다. 이것은 아리스토텔레스의 시대에도 사실이었으며 — 그가 분명히 암시하듯이 — 물론 오늘날에도 사실이다.

그렇다면 아리스토텔레스가 말한 어떤 주제에 관한 "교육적 면식"이라는 것은 무슨 의미일까? 이것은 단순히 어떤 주제의 세부 사항과 특정한 발견과 결론뿐만이 아니라, 그 주제에 관한 방법에 관해서 교육을 받은 사람들이 지닌 것을 의미한다. 그런 사람은 그 분야에서 "비판력 있는" 인물이다. 요즘 식으로 말하자면, 그는 결국 그 분야에서의 의미와 무의미를 구분할 수 있다. 그 분야의 "교사"는 전문가다. 하지만 아리스토텔레스는 그런 "교사"가 — 남들이 그렇게 믿어주었으면 하는 교사 본인의 바람보다는 — 덜 진실할 수 있다는 것을 인식했다. 그 분야에 "교육을 받은 면식"을 지닌 사람이라면 정말 그런지 아닌지를 판단할 수 있을 것이다.

"교육을 받는다는 것은 사실상 그런 일을 할 수 있기 위함이다." 아리스토텔레스는 말한다. 즉 넓은 범위의 과학적 지식에서 "비판력 있는" 사람이라야 비로소 교육을 받았다고 주장할 수 있다. 다시 말해서 지식의 어느 한 영역에서의 전문가가 아니라 하더라도, 의미와 무의미를 구분할 수 있어야만 한다는 것이다. 그야말로 비범한 주장이 아닌가! 그리고 이것이야말로 이른바 교육을 받는다는 것의 의미에 관한 현재의 우리 생각과 얼마나 다른가!

마지막으로 "일반 교육"을 받은 사람 — 다름 아닌 르네상스인 — 은 지식의 모든, 또는 거의 모든 분야에서 "비판력 있는" 사람이다. 그런 사람은 어떤 특별한 주제에 대해서만 "비판력 있는" 능력을 지니지는 않는다. 그는 모든, 또는 거의 모든 주제에 대해서 그런 능력을 지닌다.

앞에 인용한 단락에 뒤이어 나오는 대목에서 아리스토텔레스는 오늘날 우리가 생물학, 또는 동물학이라고 부르는 것 — 해부학, 번식, 그리고 동물의 일반적 행동에 관한 연구 — 에 관한 몇 가지 일반적인 방법론적 원칙들을 제시한다. 그 설명이 끝나고 나면 그는 자신과 다른 사람들이 여러 종의 동물들의 행동에 관해 수행한 특별한 연구 결과를 설명한다. 이 마지막 부분에서 그가 한 말의 상당 부분은 진실이지만, 또한 그중 상당 부분은 의구심의 대상이다. 가령

"두뇌는 감각기관과 아무런 연관성을 지니지 않는다"거나, 두뇌의 역할은 "열기를 누그러트리고 심장을 비등(沸騰)하게" 하는 것이라는 등의 주장을 우리는 더 이상 믿지 않기 때문이다. 아리스토텔레스가 이러한 결론에 도달한 것은 그가 동물의 삶 일반에 관해 세운 가정들 때문인데, 그런 가정들 중에는 부정확한 것들, 다시 말해서 그가 만약 과학적 방법을 조금만 더 잘 이해했더라면 결코 믿으려 들지 않았을 것들이 포함되어 있기 때문이다. 그럼에도 불구하고 이보다 조금 전에 그가 내놓은 과학적 방법론의 원칙에 관한 논의는 지금까지도 상당 부분 정확하다.

그는 학문이 어떻게 수행되는지(또는 수행되었는지)를 이해했으며, 따라서 본인이 모든 학문의 분야에서 "비판력 있는" 상태임을, 다시 말해서 어떤 특정한 학문 분야의 "교사"가 자신이 다루고 있는 현상으로부터 "그럴 법한" 결론을 끌어내고 있는지를 식별할 수 있다고 주장할 수 있었다. 따라서 그는 넓은 지식의 영역에서 "교육을 받은" 셈이다. 아리스토텔레스는 또한 윤리학에서 정치학, 수사학에서 시학, 자연학에서 형이상학에 이르는 여러 다른 분야의 원칙들에 관해서도 상당히 면식이 있었다. 그는 그 당시의 모든, 또는 거의 모든 지식의 분야에 대해 "교육을 받은 면식"을 지니고 있다고 타당하게 주장할 수 있었다. 하지만 그는 그중 상당수에 관한 전문가나 "교사"는 아니었다. 아마도 논리학, 그리고 본인이 형이상학, 또는 "제1철학"이라고 부른 학문에 관해서만 전문가로 간주될 수 있으리라.

그럼에도 불구하고 아리스토텔레스는 정말로 르네상스인이었다. 마찬가지로 가령 데모크리토스나 플라톤 같은 몇몇 그리스 사상가들에게도 이와 같은 명칭을 부여해야 마땅하리라. 그들로 말하자면 당대 최고의 철학자인 동시에 당대 최고의 수학자들이었기 때문이다.

르네상스인들: 레오나르도, 피코, 베이컨

레오나르도 다 빈치(1452~1519)는 피렌체 인근의 작은 마을 빈치에서 어느 부유한 피렌체인의 사생아로 태어났다. 농부의 딸이었던 그의 어머니는 아이를 낳은 직후에 어느 기술자와 결혼했다. 아버지의 집에서 자라난 레오나르도는 안드레아 델 베로키오와 안토니오 폴라이우올로 같은 화가들 밑에서 도제 생활을 마치고 20세 때 피렌체 화가 조합에 가입했다. 화가로서 대단한 평판을 얻긴 했지만, 정작 그가 남긴 회화 작품은 놀라우리만치 적다. 오늘날 전해지는 것 가운데 겨우 17점만이 그의 작품으로 여겨지며, 그중 몇 가지는 심지어 미완성인 채다. 하지만 그중 두세 점은 전 세계에서 가장 유명한 작품들에 속한다. 밀라노에 있는 〈최후의 만찬〉, 그리고 루브르에 있는 〈모나리자〉, 〈성 안나와 함께 있는 성모와 아기 예수〉가 그렇다. 심지어 그의 미완성 작품조차도 동시대인들에게, 나아가 렘브란트나 루벤스 같은 다른 위대한 화가들에게 향후 2세기 동안이나 어마어마한 영향을 끼쳤다. 일단 붓이나 연필을 집어 들었다 하면 뭔가 전적으로 놀랍고 새로운 것이 나왔으니, 그가 작업할 때마다 제자들이 주위를 에워싸고 구경할 정도였다.

하지만 그의 비범하리만치 풍부한 에너지는 오로지 회화에만 집중되어 있지는 않았다. 회화는 오로지 레오나르도가 세상에 관한 자신의 막대한 지식 ― 본인의 말마따나 그냥 사물을 바라보는 것만으

로 얻게 된 — 을 표출하려 시도한 수많은 방식 가운데 하나에 불과
했다. 그 비결은 이른바 '사페르 베데레'(*saper vedere*), 즉 '어떻게 보
는지를 아는 것'이라고 그는 말했다. 그의 시선의 철저함과 강렬함
은 그야말로 누구와도 비할 수가 없었다. 그는 해부학에서 건축까
지, 동물에서 천사까지, 그야말로 모든 상상 가능한 주제에 관해 빽
빽하게 적고 스케치를 잔뜩 넣은 기록을 수천 쪽이나 남겼다. 그 절
정이라 할 만한 [소묘] 〈세계의 종말에 관한 환상〉에서 그는 자연의
위력에 관한 자신의 생각을 묘사하려고 했는데, 상상 속에서 그는
자연의 위력이 이제껏 어느 누구도 본 적이 없었던 통일성을 지니고
있다고 생각했다.

하지만 그의 방대한 계획 목록의 대부분은 사망 때까지도 미완성
인 채로 남아 있었다. 거의 70년에 달하는 세월과, 유례가 없으리만
치 많은 기회와, 항상 일에만 매달리는 그의 습관에도 불구하고 말
이다. 일각에서는 그의 사고가 발작적으로 뚝뚝 끊겨 있음을 비판하
기도 한다.

나는 그것이 레오나르도 본인의 문제라고 생각하지는 않는다. 다
만 그는 이른바 교육을 받은 사람에 관한 아리스토텔레스의 관념을
잘못 해석했을 것이다. 즉 모든 분야에 대해 교육을 받은 면식을 지
니는 것을 추구하지 않고, 오히려 그 모든 분야에 관한 전문가가 되
기를 추구했던 것이다. 그의 머릿속에는 건축 및 공학 계획들이며,
아르노 강의 물길을 돌리는 사업이며, 그때까지 만들어진 것 중에서
도 가장 큰 기마상을 주조하는 일이며, 비행 기계를 만드는 일 등이
가득 들어차 있었다. 그는 사물의 원칙을 아는 것만으로는 결코 만
족하지 못했으며, 자신이 상상한 것은 모두 만들고 싶어 했고, 그럼

에도 불구하고 기껏해야 그림으로 그려놓는 것 이상으로는 할 수 없었기에 불만스러워했다. 이러한 불만은 또다시 그의 상상력을 항상 부추기는 박차 노릇을 했다.

그의 사고에서 근본적인 통일성이 뚜렷하게 드러난 것은 유럽 전역의 도서관에 감춰져 있었던 그의 기록장과 원고가 점점 더 많이 발견된 최근의 일이었다. 비록 스콜라 철학의 가르침에 젖어 있고, 아리스토텔레스주의자 및 그들의 자연 이해로부터 상당 부분 영향을 받긴 했지만, 레오나르도는 아리스토텔레스주의자가 전혀 몰랐던 몇 가지를 발견했다. 휴지, 또는 정지는 우주의 지고한 원칙이 아님을 그는 깨달았다. 오히려 부단함과 힘이 그런 원칙이었다. 어떤 사물을 낳기 위해 어떤 힘이 가해졌는지만 알 수 있다면, 세상 어떤 사물이든지 이해할 수 있었다. 동물과 인간의 신체 형태며, 나무라든지 여성의 얼굴 생김새며, 건물과 산의 구조며, 강의 경로와 해안의 윤곽까지도 말이다.

레오나르도는 자신의 생각을 실현할 수 있을 만큼 힘이나 에너지에 관해서는 충분히 알지 못했다. 하지만 사망할 즈음에 가서는 절정의 종합을 도모했음이 분명하다. 그는 한 무더기의 미완성 저술을 남겨놓았다. 레오나르도는 새로운 종류의 르네상스인, 새로운 세계에서 실패한 아리스토텔레스의 일종이라 할 만했다.

피코 델라 미란돌라의 생애는 짧았다. 그는 레오나르도보다 11년 뒤인 1463년에 페라라 공국에서 태어나 31세의 나이로 피렌체에서 사망했다. 하지만 그는 우리가 이곳에서 검토하고 있는 용어들을 정의하는 데 도움이 되는 모든 것을 연구하고 알려는 어마어마한 야심을 드러냈다. 피코는 르네상스인 중에서도 '특히 뛰어난' 인물이었다. 그러나 궁극적으로는 그도 실패하고 말았다.

피코는 아버지의 집에서 인문교육을 받았다. 그는 파도바에서 아리스토텔레스 철학을, 볼로냐에서 교회법 ─ 말 그대로 교회의 법률 ─ 을 공부했고, 20세가 되기도 전에 히브리어와 아람어와 아랍어에 능통했다. 르네상스 시대의 플라톤주의자인 마르실리오 피치노 때문에 한때는 이른바 "플라톤의 꿀 같은 머리" ─ 허먼 멜빌이 철학자 가운데서도 마법사나 다름없는 그 인물의 감각적인 간계를 가리켜 한 말이다 ─ 에 이끌리기도 했지만, 그는 훗날 히브리 카발라를 알게 되어, 기독교 신학에 카발라의 교의를 이용한 최초의 인물이 되었다.

23세 때 피코는 자신이 학문에 관해서는 당시 생존한 어느 누구와도 대등하다고 자신하게 되었다. 곧이어 그는 아마도 역사상 전무후무하리라 싶은, 그야말로 사람 주춤하게 만드는 도전을 제기했다. 그는 수많은 그리스어, 라틴어, 히브리어, 아랍어 저술로부터 가져온 900개의 논제들의 목록을 방어해보겠다면서, 유럽 전역의 학자들에게 로마로 와서 공개 토론을 벌이자고 제안했던 것이다.

하지만 이런 공개적인 사상 결투는 결코 벌어지지 못했다. 피코에게는 불행하게도, 그리고 어쩌면 후세에게도 불행하게도, 피코가 선정한 논제 목록은 바티칸의 시선을 끌게 되었고, 결국 그중 13개가 이단적이라고 판정된 것이다. 깜짝 놀란 피코는 곧바로 이를 취소했다. 하지만 이것만으로는 자유롭게 풀려나기에 불충분해서, 그는 결국 짧게나마 감옥에 머물러야만 했다. 이 사건 이후 피렌체에 살았던 그는 상처 난 지적 자부심을 위로하며 훗날 『인간의 존엄성에 관하여』라는 제목으로 출간된 주목할 만한 저술을 집필한다. 이 짧고도 감동적인 논고는 고대의 철학자 프로타고라스의 다음과 같은 말에 관한 확장판 주석이나 다름없었다. "인간은 만물의 척도다." 인간은 우주의 영적 중심이라고, 또 어쩌면 인간은 우주의 한 초점이며 하느님은 또 다른 초점이라고 피코는 암시한다. 불과 1세기 전에만 해도 이런 주장은 이단이 아닐 수 없었겠지만, 그 당시에는 어째서인지 아무런 주목도 받지 않고 넘어갔고, 그 주목할 만한 해인 1492년에 들어서 피코는 이단 혐의에서 사면되었다.

피코는 정말로 그 논제들을 모두 방어할 수 있었을까? 그렇지는 않았을 것이며, 기껏해야 오늘날의 누군가가 방어할 수 있는 것 이상은 아니었으리라.(비록 이 논제들이 오늘날과는 상당히 다르고, 또한 그게 당연하기는 하지만.) 하지만 피코는 감히 시도하려 했고, 학문의 세계에 도전하려고 했다. 이것이야말로 23세 청년의 오만방자한 행동이 아닐 수 없었다. 또한 이것이야말로 르네상스인이 결코 서슴지 않고 저지를 만한 종류의 일이었다. 나중에 가서는 불가피하게 실패할 것이 뻔하더라도 말이다.

딱하게도 피코는 1494년에 사망하고 말았다. 그로부터 67년 뒤인 1561년 1월에 런던에서 프랜시스 베이컨이 태어났다. 일찍이 이탈리아에서 태어난 르네상스는 이미 북부 유럽으로 급속히 퍼져나간 다음이었다. 베이컨이 공부한 케임브리지 대학은 비록 아리스토텔레스주의 스콜라 철학의 보루로 남아 있긴 했지만, 또 한편으로는 그가 남은 평생 매료되었던 새로운 종류의 자연철학에 대한 암시와 속삭임도 포함하고 있었다.

정치가였던 베이컨은 처음에는 엘리자베스 여왕의, 그리고 나중에는 제임스 1세의 신하로 일하면서 생계를 유지했다. 군주를 위한 그의 봉사만큼은 지칠 줄을 몰랐다. 그러나 후세의 평가에 따르면, 베이컨은 그 힘겨운 시절에조차도 오히려 보기 드물 정도로 파렴치한 인물이었다고 전한다. 정적들은 결국 1621년에 그의 발목을 잡았다. 그는 대법관으로 재직하면서 뇌물을 받았다는 죄로 고발당했고, 유죄가 인정되어 막대한 벌금형과 징역형을 선고받았다. 머지않아 런던탑에서 풀려나긴 했지만, 이후로 다시는 공직을 맡지 못했다. 그의 말년에 생겨난 지적 산물 가운데 상당수는 공직으로부터 물러난 바로 이 시기에 나왔다.

『수상록』은 그가 평생에 걸쳐 기록한 것으로, 간결한 지혜와 소박한 매력이 가득하며, 그의 저술 중에서도 가장 대중적이다. 하지만 지식에 대한 그의 가장 중요한 기여라면 『학문의 진보』(영어 초판은 1605년, 라틴어 재판은 1623년)와 『새로운 논리학』(1620)을 들 수 있다. 이 저술들은 — 그 장려함 속에 적잖이 결함도 포함되어 있긴 하지만 — 르네상스인의 정신을 잘 드러내주고 있다.

"나는 내 분야에 관한 모든 지식을 지녔다"라는 장담만 듣고 보면 베이컨을 르네상스인으로 거명하는 것이 타당할 것만 같다. 그렇다면 이 말은 정확히 무슨 뜻일까? 이 장담은 본질적으로 아리스토텔레스적이다. 즉 어떤 학문에서도 전문가까지는 아니었던(비록 유능한 정치가이긴 했지만) 베이컨은 그럼에도 불구하고 학문적 탐구가 어떻게 수행되어야 마땅한지에 관해서는 충분히 이해하고 있다고 생각했다. 따라서 이것은 당대의 모든 지식의 분야에 대한 "교육을 받은 면식"을 지니고 있다는 그의 주장을 뒷받침했던 것이다. 하지만 그는 과학적 추론에 관한 아리스토텔레스의 방법에는 강력히 반대했으니, 이른바 연역적 방법은 결국 막다른 길에 몰리게 된다고 주장했다. 대신 그는 귀납적 방법을 선호했다.

이러한 구분은 더 이상 널리 유용한 것으로 여겨지지는 않지만, 최소한 흥미롭기는 하다. 베이컨에 따르면 연역적 방법이 실패하는 까닭은 지식의 추구자가 추론을 시작하는 현실 세계에 관한 특정한 직관적 가정이 비록 논리적으로는 정확하지만 사실 그대로까지는 아닐 수도 있기 때문이다. 반면 귀납적 방법이 성공하는 까닭은 자연의 탐구자가 베이컨의 말마따나 "지성의 사다리"를 밟고 올라가, 가장 세심하고 또 사소한 관찰로부터 일반적인 결론에까지 도달하기 때문이며, 그런 결론이 반드시 진실이어야 하는 까닭은 그 근거가 다름 아닌 경험이기 때문이라고 했다.

오늘날은 과학적 방법이 연역과 귀납을 조합시켜야만 한다고 여겨진다. 과학자가 연구를 진행하기 위해서는 일종의 가설이 반드시 필요하다. 하지만 자신의 추론을 자연 그 자체 — 형식적 진술의 진실성에 대한 최종적인 심판자인 — 와 비교하는 데 실패한다면 그는 오류에 빠질 운명이 될 수밖에 없다. 베이컨의 분석이 유용한 까닭은, 두 가지 추론 방법 가운데 어느 것 하나를 배제하고 또 하나에만 전적으로 의존할 경우에 생기는 오류를 보여주었기 때문이다. 경험에 관한, 그리고 자연을 탐구하는 데에서 손을 더럽혀야 하는 필요성에 관한 그의 강조가 특히 중요한 까닭은, 그 당시에만 해도 상당수의 전문가들이 그런 노력을 질색했기 때문이다.

베이컨의 사망 역시 이런 사소한 실험으로부터 비롯되었다는 점이 더욱 아이로니컬한 것도 바로 이 때문이다. 1626년 3월, 그는 마차를 타고 하이게이트를 지나다가 문득 추위가 고기의 부패를 지연시킬 수 있을지도 모른다는 자신의 생각을 실험해보아야겠다고 생각했다. 그는 마차에서 내리더니 닭을 한 마리 사서 눈 속에 파묻었다. 이 실험의 결과는 알려지지 않았지만(물론 그의 추측은 맞았다.) 베이컨은 극심한 오한에 사로잡힌 나머지 몇 주 만에 사망하고 말았다.

레오나르도와 마찬가지로 베이컨 역시 자신의 웅장한 계획 대부분을 완성하는 데에는 실패하고 말았으며, 내 생각에는 그 이유 역시 양쪽 모두가 똑같지 않나 싶다. 그는 단순히 일반적인 의미에서 사물을 아는 것에 만족하지는 못했고, 모든 것에 전문가가 되려고 열망했던 것이다. 그럼에도 불구하고 지식의 본성에 관한 그의 이해, 특히 지식의 진보를 가로막는 장애물에 관한 그의 이해는 매우 심오했다. 이는 이른바 정신의 우상들에 관한 그의 유명한 분석을 통해 예증된다.

인간에게는 오류가 있게 마련이라는 점을 설명하기 위해 만들어진 베이컨의 "우상"에 관한 주장은 그 자체로 매우 교훈적이다. 만약 우상숭배로 인해 길을 잘못 들어서지만 않는다면, 인간은 일반적인 경우보다도 훨씬 더 많은 진리를 획득할 능력이 있다는 것이다. 베이컨은 네 가지 서로 다른 우상을 구분했는데, 그 모두는 그의 시대에나 우리의 시대에나 여전히 작동하고 있다.

첫 번째는 종족의 우상으로, 모든 인간에게 공통적인 여러 가지 지적 결함을 말한다. 가령 보편적이라 할 만한 지나친 단순화의 성향이 그러하니, 이는 어떤 주어진 현상에서 실제보다도 훨씬 더 많은 질서를 가정하는 것으로 종종 나타난다. 또한 새로운 것에 열중하는 성향도 그러하니, 이는 가장 최신의 이론이 가장 진실한 것처럼 보인다는 ― 적어도 그다음의 이론이 나오기 전까지는 그렇다는 ― 것이다.

동굴의 우상은 개인적 특이성에 의해 발생하는 오류다. 어떤 사람은 가령 사물들 간의 유사성에 집중하고, 또 어떤 사람은 차이점에 집중할 수 있다. 그런 사고의 습관은 진리의 탐구 과정에서 많은 수의 사람들을 한데 모음으로써 각자의 특이성이 상쇄되도록 하는 방식으로만 대항할 수 있다.

시장의 우상은 언어 그 자체로 인해 야기되는 오류다. 가령 "영국인과 미국인은 언어 하나를 빼면 모든 것이 똑같다"라는 조지 버나드 쇼의 말은 절반은 농담이지만 절반은 진실이기도 하다. 서로 다른 언어는 훨씬 더 큰 문제를 야기하는 것이 물론이며, 이것이야말로 과학자들이 수학적인 용어로 의사소통하는 편을 더 좋아하는 이유이기도 하다. 하지만 가령 수학 같은 보편적인 언어조차도 궁극적으로는 실패할 수밖에 없으니, 가장 위대한 진리라 하더라도 모든 사람들이 사용하는 언어로 번역되기 전까지는 모든 종족에게 유용할 수가 없으므로 결국 실패할 것이기 때문이다. 하지만 모든 사람들은 언어를 조금씩 서로 다르게 이해하고 있으므로, 결국 지식에서의 왜곡과 결함은 그야말로 근절할 수 없는 것이다.

마지막으로 베이컨은 이른바 극장의 우상이라고 일컫는 것을 정의하는데, 이것은 진리를 위한 인내심 있고 겸손한 탐구의 길을 가로막는 철학적 체계를 말한다. 물론 항상 철학적인 체계만 그런 것은 아니었다. 20세기에는 서로 다른 정치사상 체계로 인해 마르크스주의자와 민주주의자는 서로를 이해하지 못했다. 말이야 이해 가능했을지 몰라도, 그 뒤에 있는 생각들은 그 의미를 가리고 있었던 셈이다.

르네상스인과 교양교육의 이상

교육을 받은 사람에 관한 아리스토텔레스의 이상 — 즉 지식의 모든, 또는 거의 모든 분야에 관해 "비판력 있는" 것 — 은 이후 수 세기 동안이나 교양 교육의 목표로 존속했다. 원래 학생들은 일곱 가지 기술, 또는 기예를 배우게 마련이었으니, 이는 또다시 3학(문법, 수사학, 논리학)과 4과(산수, 기하학, 천문학, 음악)로 나누어졌다. 이름은 고풍스럽게 들리지만, 일곱 가지 '과목'은 현대 교양 교육 과정의 언어, 철학, 수학, 역사, 과학 등에 상응한다. 이런 기술, 또는 기예를 "교양"(liberal, 자유로운)이라고 일컫은 까닭은 그것이 사람을 자유롭게 하기(liberating) 때문이었다. 즉 그것을 소유한 사람은 교육을 받지 못한 사람을 옭아매는 무지로부터 자유롭게 되기 때문이었다.

이러한 전통적 교육 방식은 20세기에 들어와서 급격한 변화를 겪게 되었다. 르네상스 시대가 결국 성공적인 '르네상스인'을 만들어 내는 데 실패했다는 점은 간과될 수가 없었다. 레오나르도, 피코, 베이컨, 그리고 이들 못지않게 유명한 다른 여러 사람들조차도 모든 것을 알기 위해 필요한 모든 것을 알겠다는 저마다의 꿈을 성취하지 못한 상황이라면, 그보다도 더 못한 사람은 차라리 애초에 그런 시도조차도 하지 말아야 마땅할 것이었다. 이로써 대안이 자명해졌다. 저마다 한 가지 분야에 관해서는 전문성을 성취하는 반면, 다른 분야에 관해서는 다른 사람이 전문성을 얻도록 하는 것이다. 성취하기가 훨씬 더 쉬운 이런 방식으로부터 보다 편안한 학문 공동체가 생겨났다. 이제 한 분야의 권위자는 오로지 자기 분야의 전문가들과 경쟁할 필요만 지니게 되었다.

이러한 변화를 성취하기 위한 편리한 도구는 바로 분화되고 또 세분된 대학이었으니, 수많은 개별 학과들은 이제 마치 무장 상태의 봉건 영지처럼 상호 간의 무지의 심연 너머로 서로를 마주 보게 되었다. 여전히 남아 있는 경쟁은 오히려 대학의 기금을 놓고 벌어졌으며, 머지않아 이런 기금은 이른바 학문적 가치나 지식과는 사실상 무관하다시피 한 원칙들에 따라 분배되었다. 교육을 받은 사람이 자기 분야 말고 더 많은 분야에 대해 "비판력 있"어야 한다는 원래의 믿음은 더 이상 존재하지 않았다. C. P. 스노(1905∼1980)가 지적한 바처럼, 훗날 대학의 분화된 세계는 서로 이야기하는 것조차 중단하게 되었다. '유니버시티'(university, 대학)의 '유니'(uni, 하나의)라는 접두사는 점차 의미가 없어지게 되었으니, 그 조직이 연구를 위한 정부자금을 점점 더 많이 소유하게 되면서부터, 지식과 진리를 위한 공동의 연구에 바쳐진 기관이라기보다는 오히려 서로 단절된 소국가들의 느슨한 연합체가 되었기 때문이다.

제2차 세계대전 이전까지만 해도 학부 과정의 칼리지는 최소한 — 항상 열정적으로 그런 것까지는 아니었다 하더라도 — 교양 교육의 이상을 고수한 바 있었다. 전쟁 이후에 교양 교과과정은 거의 모든 곳에서 폐기되었고, 교육기관의 학과별 조직은 대학 아래의 모든 층위에도 도입되어서, 심지어 여러 초등학교도 그렇게 되었다.

대중의 의식 속에 남아 있는 '르네상스인'이란 표현은 때로는 감탄스럽고, 때로는 아이로니컬하고, 때로는 경멸적인 표현으로서, 이른바 한 가지 이상의 분야에 능력을 발휘하는 사람이라면 누구에게나 사용된다. 설령 그럴 경우라도 이 표현은 결코 원래의 뜻대로, 즉 아리스토텔레스가 사용했던 의미로는 사용되지 못했다. 그 이상과 관념은 완전히 잊히고 만 것이다.

르네상스 인문주의

  단테의 사망, 그리고 한참 뒤에 가서 불과 몇 년 사이에 벌어진 페트라르카와 보카치오의 사망은 이탈리아 문학이 다시는 그토록 높은 수준의 위대성에 도달하지는 못하리라는 의미였다. 이들의 사망은 물론, 대중적 주제를 고상한 문체로 다룸으로써, 그리고 지역어로 집필함으로써 거의 모든 사람이 읽을 수 있는 새로운 문학을 창조하겠다는 이들의 꿈에도 종말이 찾아왔다는 의미는 아니었다. 이들의 꿈은 오히려 계속 살아남고 더욱 번창했으며, 의심의 여지없이 이들의 예상을 훨씬 뛰어넘는 정도까지 자라났다.

  하지만 한동안은 결코 널리 이해되지 않았던 이들의 르네상스 프로그램에서도 유독 이러한 부분이 궁극적 성공을 거두리라는 사실을 예견한 관찰자는 결코 많지 않았다. 오히려 다른 사람들의 상상력을 먼저 사로잡은 부분은 다름 아닌 고전문학의 위대한 작품들의 재발견에 관한 페트라르카와 보카치오의 강조였다. 두 사람 모두 고전 라틴어에 정말 능통하지는 않았으며, 그리스어도 잘 읽지는 못했다. 그들 이후의 세대에 가서야 비로소 고전어의 연구가 진일보하여 훨씬 더 높은 수준의 숙달을 이루었다. 특히 비잔티움이 오스만 제국에 의해 점령된 1453년 이후에 그러했으니, 이 사건으로 인해 그리스어를 사용하는 수많은 피난민들이 이탈리아로 건너왔던 것이다. 이들은 단순히 고전 그리스어를 읽는 능력뿐만 아니라, 실제로 고전 작품의 필사본도 무척 많이 가지고 왔다.

16세기에 들어서자, 중세 라틴어가 아니라 오히려 고전 라틴어가 유럽의 외교용 언어가 되었으며, 전 세계의 지식인들이 그 언어로 읽고 말하고 쓰게 되었다. 비교적 나중인 1650년에도 영국의 시인 존 밀턴(1608~1674)은 여전히 라틴어로 대작 서사시를 쓰려는 계획을 품고 있었으니, 왜냐하면 오로지 그 언어로 글을 써야만 본인이 바라던 전 세계적인 명성을 얻을 수 있으리라 믿어 의심치 않았던 까닭이다.

하지만 라틴어 대신 이탈리아어에 대한 평판을 진일보시키려던 단테, 페트라르카, 보카치오의 노력은 시간이 흐르면서 유럽 나머지 국가에서 상당히 관심을 끄는 예가 되었다. 지역어를 문학에 사용하는 경우는 점차 현저해졌으니, 왜냐하면 구텐베르크의 이동식 활자 발명으로 인해 수많은 인쇄본이 간행되면서 각지에서 문자 사용 능력이 증대했기 때문이다.(구텐베르크의 발명에 관해서는 뒤에서 자세히 논의하겠다.)

인쇄가 발명된 지 불과 반세기 동안인 1450년부터 1500년까지, 인쇄본 가운데 대다수는 그 이전까지만 해도 필사본으로만 접할 수 있었던 그리스어와 라틴어 저술의 번역서였다. 16세기 초에 들어서면서 대부분의 고전 작품이 간행되자, 인쇄업자들도 이제는 지역어 책들을 열심히 찾기 시작했다. 1500년 이후로는 각국의 언어 — 이탈리아어, 프랑스어, 영어, 에스파냐어, 독일어 등 — 로 간행된 작품들이 대다수를 차지했다.

르네상스는 유럽 전역으로 서서히 퍼져나갔고, 애초의 본거지였던 이탈리아에서 프랑스, 영국, 에스파냐, 독일로 이동했다. 1600년경에 이르러 그 첫 파도가 지역어로 쓴 영감적인 시와 산문의 개화를 산출했다. 이 첫 파도의 영웅들 가운데에는 프랑스어의 클레망 마로(1496?~1544)와 프랑수아 라블레(c.1494~1553), 영어의 제프리 초서(1342/3~1400) 같은 작가들이 있었다. 일찍이 이탈리아에서도 그랬던 것처럼, 이 첫 파도는 대개 고전 라틴어로 된 작품들의 대유행에 뒤이은 것이게 마련이었다. 라틴어 서적의 사용은 곧이어 지역어를 선호하는 반응을 불러왔으며, 모든 유럽 국가에서는 머지않아 지역어를 고급 문학의 표준으로 삼게 되었다. 가령 프랑스에서는 시 분야에서 피에르 드 롱사르(1524~1585)의 영향, 산문 분야에서 몽테뉴의 영향 덕분에 진지한 문학가들이 가장 중요한 작품을 저술하는 언어는 라틴어가 아닌 프랑스어로 확립되었다.(물론 성직자들의 경우에는 한동안 그렇지 않았지만.) 초서의 사망 이후 한동안 휴지기가 이어진 영국에서도 에드먼드 스펜서(1552~1599)와 셰익스피어가 나타나 영국제도에서 우리가 오늘날 알고 있는 근대 영어가 형성되는 데 일조했다. 그리하여 밀턴은 결국 『실낙원』을 라틴어가 아닌 영어로 쓰기로 작정했고, 이는 우리에게 극히 유익한 일이 되었다.

나아가 위대한 문학의 경우에도 사랑, 기사도, 모험 같은 대중적 주제를 다룰 수 있다는 페트라르카와 보카치오의 믿음은 이후 각지에서 차용되었다. 인문주의자들도 여전히 라틴어로 글을 쓰기는 했지만, 가령 에라스뮈스가 『우신예찬』을 쓸 때에 그런 것처럼 보다 대중적인 문체를 취했으며, 고전 시대에 그랬던 것처럼 더 넓은 독자를 위해 썼다.

위대한 화가들의 경우와 마찬가지로, 위대한 저자들 역시 인간의 등불을 종교적 경건의 됫박 아래 두지는 않았다.[30] 후기 르네상스 시대(1500~1650) 동안에는 종교에 관한 저술이 상당히 많이 나왔다. 비록 지역어로 작성되기는 했지만, 그때 간행된 저술의 대다수는 그 의도에서는 아니더라도 그 어조만큼은 종교적이었으리라. 하지만 가장 위대한 작가들은 하느님이 아니라 인간에 관해 썼으며, 인간을 전경 한가운데에 놓고, 그를 높이고, 그를 찬양하고, 그에게 질문하고, 그를 비판하면서도, 일찍이 1000년 동안 아우구스티누스주의자들이 그랬던 것처럼 인간과 세속적 도시를 경멸하지는 않았다.

몽테뉴

미셸 드 몽테뉴는 1533년에 프랑스 보르도 근처에서 태어났는데, 그의 아버지는 특이하면서도 사랑스러운 방식으로 아들을 키웠다. 매일 아침 음악 소리에 잠에서 깨어난 이 소년은 대부와 대모, 그리고 유모 모두가 농부 출신이었으며(그렇게 함으로써 이들로부터 농부의 지혜와 젖을 모두 얻게 하려는 의도였다고 그의 아버지가 말했다.) 프랑스어라고는 단 한 마디도 못하는 독일인 가정교사에게 라틴어를 배웠다. 그 결과로 몽테뉴는 여섯 살이 될 때까지 프랑스어는 거의 못했고, 라틴어를 평생 '모국어'로 간직했다.

친구이기도 한 앙리 4세의 요청에 의해 정계에서 한동안 활동한

---

30 『신약성서』「마태오의 복음서」에는 "등불을 켜서 됫박으로 덮어두는 사람은 없다. 누구나 등경 위에 얹어둔다. 그래야 집 안에 있는 사람들을 다 밝게 비출 수 있지 않겠느냐?"(5:15)라는 구절이 등장한다.

이후, 몽테뉴는 훗날 그를 유명하게 만든 수필을 열심히 쓰기 시작했다. 일반 평민과 접했던 경험 덕분에 그는 쉬우면서도 일견 소박해 보이는 산문을 쓸 수 있었고, 이는 훗날 프랑스어의 고상한 표준을 수립하는 데에 일조했다.

『수상록』은 단순히 언어학적인 걸작 이상의 존재다. 어떤 면에서 이것은 르네상스 저술의 전형이라고 할 수 있다. 역사상 최초의 수필(우리가 알기로는)임은 물론이고, 저자의 생각과 마음을 전적으로 정직하고도 솔직하게 밝히는 것을 목표로 삼은 저술로서도 최초였다. 몽테뉴는 자신의 잘못을 숨기려 하지도 않으며, 그렇다고 가슴을 치고 참회하며 용서를 구하지도 않는다. 그는 자신이 누구인지, 무슨 생각을 하는지, 무슨 느낌인지를 기록하는 데에 만족하는데, 이는 자신과 독자 ─ 어떤 독자든지 간에 ─ 가 충분히 비슷하기만 하다면 자신의 기록이 독자에게도 흥미로우리라 기대했기 때문이다. 이는 사실이었다.

『수상록』보다도 1000년 전에 『고백록』을 쓴 성 아우구스티누스 역시 자신의 생각과 마음을 드러낸 바 있다. 하지만 이 위대한 기독교 변증가는 연신 독자에게 교훈을 가르치려 들었다. 자신의 죄를 고백하고, 진정한 믿음으로서의 회심을 묘사하면서, 그는 하느님의 은혜로 구원된 사악한 죄인의 이야기를 한 셈이었다. 이런 일이 나에게도 일어났으니만큼, 독자에게도 충분히 일어날 수 있다는 것이 그의 말이었다. 하지만 몽테뉴는 자신에게 일어났던 일에 관해서보다는 오히려 자신이 누구인지에 더 관심을 가졌고, 이것은 일반적인 인간이라면 누구나 마찬가지였던 것이다.

한마디로 그 책은 ─ 다른 무엇보다도 그 자체로 ─ 이른바 자각에 관한 것이었다. 몽테뉴의 영웅이자 모범인 소크라테스는 *스스로를* 아는 일이 어려운 동시에 결정적으로 중요하다고 말한 바 있다. 몽테뉴는 그 일이 얼마나 어려운지 잘 알고 있었다. 사람은 누구나 스스로를 알기를 거부하게 마련이다. 왜냐하면 이는 곧 스스로를 더 이상도, 더 이하도 아닌 있는 그대로의 모습으로 시인한다는 뜻이기 때문이다. 우리 모두는 때때로, 그리고 우리 대부분은 항상, 갖가지 환상에 사로잡혀 있게 마련이다. 몽테뉴는 자신의 그런 환상 너머에 도달하려고 노력했고, *스스로를* 실제 있는 그대로 — 이는 다른 사람이 그를 바라보는 것과 항상 똑같지는 않았다 — 보려고 했다.

르네상스는 그 모든 표현에서 인간을 사물의 중심에 놓아두었다. 이러한 인간의 새로운 자리 잡기에는 냉랭함과 거리감이 있었고, 몽테뉴는 이에 관해 언짢았을지도 모른다. 추상적인 인간을 과연 누가 대변할 수 있단 말인가? 최소한 몽테뉴는 자기 자신은 대변할 수 있었다. 그는 자신이 누구인지, 무엇을 원하는지, 무엇을 두려워하는지(물론 그런 경우는 거의 없었지만.), 무엇에 상처 받는지, 무엇에 놀라고 즐거워하는지, 그리고 다른 사람의 무엇이 자신에게는 공허하고 어리석게 느껴지는지에 관해 말할 수 있었다. 따라서 그는 스스로를 사물의 중심에 놓았으며, 비록 이러한 주목이 어떤 사람에게는 자기중심적인 것처럼 보일지 몰라도, 세상에 이보다 더 흥미로운 것은 없으리라 믿었다.

『수상록』은 대단히 흥미롭다. 이 작품은 또한 이후 여러 세기 동안 가장 중요한 것으로 부상할 새로운 종류의 문학작품으로 향하는 길을 열었으며, 그 선례를 남겼다. 이후 자신을 솔직하고도 정직하게 드러내는 데에서 몽테뉴를 능가하고자 한 작가들이 100여 명 가까이 되고, 그중 일부는 각 세기를 대표하는 위대한 작가들이었다. 가령 루소와 괴테, 워즈워스와 조지 엘리엇, 보들레르와 도스토옙스키, 존 베리먼과 필립 로스 등이 그랬다. 이들을 비롯해서 수십 명의 다른 사람들이 각자의 영혼의 건강과 질환을 길어 올렸으니, 그들은 이 양쪽 모두가 자신들에게는 물론이고 다른 사람들에게도 흥미로우리라 생각했던 것이다.

오늘날은 어떤 대규모 격변과 그로 인한 항상적이면서도 강력한 검열이 있는 경우를 제외한다면, 폭로 문학 대신 은폐 문학으로 돌아간다는 것 자체가 불가능하게 되었다. 이것은 다른 누구보다도 바로 몽테뉴의 업적이라 하겠다. 그는 「경험에 관하여」에서 이렇게 썼다.

> 우리는 대단한 바보다. "그는 평생 게으름 속에서 지냈다." 우리는 이렇게 말한다. "나는 오늘 아무 일도 안 했다." 아니, 그렇다면 당신은 살지도 않았다는 것인가? 이것은 당신의 직업 중에서도 가장 근본적인 것일 뿐만 아니라, 가장 영예로운 것이기도 하다. "내가 만약 커다란 사건을 좌우할 수 있는 지위에만 있었더라도, 능력을 충분히 보여줄 수 있었을 텐데." 그런 당신은 자신의 삶을 숙고하고 좌우하기는 했는가? 당신은 이 세상에서 가장 위대한 일을 한 셈이다. 본성은 스스로의 자원을 보여주고 이용하는 데에서 아무런 행운도 필요로 하지 않는다. 본성은 모든 수준에서 동등하게 스스로를 드러내고, 커튼이 있을 때는 물론이고 없을 때에도 상관하지 않는다. 우리의 성격을 형성하는 것이 우리의 의무인 것이지 책을 쓰는 것이 의무는 아니다. 또한 전투에서 승리하고 영지를 얻는 것이 의무가 아니라, 우리의 품행에서 질서와 평온을 얻는 것이 의무인 것이다. 우리의 위대하고도 영광스러

운 걸작은 적절하게 살아가는 것이다. 다른 모든 것들, 가령 뭔가를 다스리는 것, 사들이는 것, 짓는 것 등은 기껏해야 사소한 부속물과 버팀대에 불과하다.

우리 존재를 적법하게 즐기는 법을 아는 것이야말로 절대적으로 완벽하고 사실상 성스러운 일이다. 우리는 다른 조건을 추구하는데, 왜냐하면 우리는 우리 자신의 용도를 이해하지 못하기 때문이다. 우리는 우리 자신의 바깥으로 나아가는데, 왜냐하면 우리는 그 안쪽이 어떠한지를 알지 못하기 때문이다. 하지만 죽마 위에 올라타는 것은 아무 소용도 없으니, 왜냐하면 죽마 위에서도 우리는 여전히 우리 자신의 다리로 걸어야 하기 때문이다. 세계에서 가장 높은 보좌라 하더라도, 우리는 여전히 우리 자신의 엉덩이로 앉아야 하기 때문이다.

셰익스피어

미리부터 솔직히 고백하자면, 나는 셰익스피어 희곡의 실제 저자가 누군지에 관해 적잖이 의문을 품고 있다. 정말 스트랫퍼드 출신의 이 배우가 썼을 수도 있다. 또는 옥스퍼드 백작이 썼을 수도 있다. 또는 다른 누군가가 썼을 수도 있다. 5세기가 지난 오늘날에는 과연 '셰익스피어'가 실존 인물의 이름인지, 아니면 어느 무명작가의 필명인지 여부는 별로 중요하지 않게 되었다. 적어도 왜 그 인물에 관한 전기를 내가 감히 쓸 수조차 없는지를 설명해야 할 때를 빼고는 말이다.

일단은 그 희곡의 저자가 16세기 중반에 잉글랜드에서 태어나 아마도 1615년쯤에 사망했으리라 말하는 것만으로도 충분하리라. 그는 35편가량의 희곡을 썼는데, 그 모두는 대략 한 해에 한 편, 또는 그보다 더 많이 나왔다. 그는 당대에는 물론이고 그 이후 시대에도 줄곧 극작가로 성공을 거두었다.

글을 쓰기 시작했을 무렵까지만 해도 그는(여기서부터는 그냥 '셰익스피어'라고 부르기로 하자. 앞에서 말했듯이, 우리는 물론 그 이름이 가리키는 실존 인물이 누구인지 모른다는 사실을 시인해야 하겠지만 말이다.) 훌륭한 극작의 모범 사례를 거의 접해보지 못했다. 위대한 그리스 비극작가들의 작품을 그는 미처 모르고 있었다. 기껏해야 세네카, 그리고 다른 몇몇 세네카 비극 시대의 끔찍한 작가들, 플라우투스와 테렌티우스 같은 옛날 로마 작가들, 그리고 비록 고전이긴 하지만 진부한 희극에 불과한 그들의 작품의 몇몇 모방작들만을 알고 있을 뿐이었다. 따라서 그는 말 그대로 영국의 극작법을 창시한 인물이었다. 그 자체로만 해도 상징적인 업적이었다. 하지만 그것은 셰익스피어가 한 일의 시작에 불과했다.

만약 셰익스피어의 희곡이 오늘날 전해지지 않았다면, 우리는 연극이 얼마나 경이로울 수 있는지를 전혀 몰랐을 것이다. 아니, 그것보다도 우리는 문학이 인간의 영혼에서도 얼마나 깊은 곳까지 도달할 수 있을지를 전혀 몰랐을 것이다.

인간은 예나 지금이나 연극의 중심을 차지했다. 셰익스피어가 물려받은 중세 세계의 그림은 배경으로 녹아들어 가고, 대신 인간이 전경으로 대두했는데, 그 모습이란 그야말로 벌거벗은, 옷이라곤 걸치지 않은, 또는 교회법에 의해 보호받지도 않은 채였다. 셰익스피어의 희곡은 정통적이지 않은 것은 물론이고 심지어 기독교적이지도 않았다. 또한 그의 희곡은 실존주의적이지도 않았다. 물론 인간을 우주와 맞서게 한 다음, 그 불평등한 경쟁에서 인간의 행위를 측정하기는 했지만 말이다.

셰익스피어의 천재성은 그야말로 독특한 것이었으니, 왜냐하면 그는 희극에서는 물론이고 비극에서도 탁월했으며, 심지어 이 두 가지를 어떻게 섞을 수 있는지도 알아서, 비극으로부터 희극을 끌어내는가 하면, 비극에 희극적 분위기를 더하기도 했다. 인간의 삶 역시 그러하여, 비극이나 희극 가운데 어느 것 하나를 편애하지는 않는다. 따라서 그의 희곡이야말로 이제껏 그 어떤 저자라도 성취하려 노력한바, 인간의 삶의 만족스러운 모방에 가까운 것이 아닐 수 없다.

그리스의 비극 — 셰익스피어로선 미처 그런 존재조차도 몰랐던 — 은 비록 가족 문제를 다루기는 했지만, 그 규모만큼은 영웅적이고 초인적이었다. 따라서 세상 어느 아버지나 남편도 스스로를 오이디푸스로 인식하지 못했고, 세상 어느 어머니나 아내도 스스로를 아가멤논의 번민하는 아내 클리타임네스트라로 간주하지 못했다. 이에 비하자면 셰익스피어가 자신의 희곡에서 평범한 가족의 삶에 침입한 것이며, 그리하여 우리가 늘 알고 있었지만 한 번도 직면하지는 못했던 것을 우리에게 밝혀준 것이야말로, 그의 가장 귀중한 공헌이라고 하겠다. 유명한 비극치고 한 가족의 비극 아닌 것은 없게 마련이다. 리어 왕과 그 딸들, 햄릿과 그 어머니와 의붓아버지, 오셀로와 그 젊은 아내, 맥베스와 피에 굶주리고, 늙고, 야심만만한 그의 아내까지도 말이다. 『로미오와 줄리엣』에서는 원수지간인 두 집안 때문에 아름답고도 젊은 연인이 죽고, 안토니우스와 클레오파트라는 비록 정식으로 결혼하지는 않았지만 — 어쩌면 결혼하지 않았기

'때문에' 그런지도 모르지만 — 무려 20년이 지난 뒤에도 젊었을 때처럼 열정적으로 서로를 사랑한다.

플라우투스와 테렌티우스는 무대 위에 가득 찰 정도로 많은 희극적 인물을 창안한 바 있다. 허풍이 넘치는 군인 겸 연인, 순진무구하고 기막히게 매력적인 딸, 그토록 소중한 딸에게 속아 넘어가기 일쑤인 어리석은 아버지, 그 모든 사건을 배후에서 조종하는 교활한 하인. 이들 모두는 실생활을 모방한 가짜 가족 같은 상황을 가정한 것이다. 셰익스피어는 이러한 인물들을 계승하는 데 그치지 않고, 어디에도 비할 바 없이 탁월한 자신의 희극에서 이들을 현실의 인간으로 탈바꿈시켰다. 강제로 맺어진 연인들 — 대개의 경우 사랑 그 자체를 놀려먹는 것이나 다름없는 — 과는 별개로, 그의 연극에 나온 아버지들과 딸들은 워낙 진짜 같고 사실적이어서 사람의 가슴을 미어지게 하는 위력을 지닌다. 가령 절묘한 피조물이자 비극적인 인물인 샤일록은 얼떨결에 희극의 한가운데 등장함으로써 주위 사람들의 비웃음 — 심지어 그의 딸도 그를 비웃는다 — 을 받고 가슴이 미어지는 것이다.

라블레로부터 물려받은 프랑스어가 자신의 용도에는 부적절한 것으로 증명된 까닭에 몽테뉴는 결국 새로운 산문을 창안했다. 셰익스피어가 마지막 걸작들에서 차용한 영어는 그가 초창기 작품을 쓸 때에만 해도 사실상 없다시피 한 것들이었으며, 따라서 셰익스피어 역시 하나의 언어를 거의 발명하다시피 했던 셈이다. 단테, 페트라르카, 보카치오는 이탈리아어에, 세르반테스는 에스파냐어에, 레싱과 괴테는 독일어에 그와 유사한 마술을 행했다. 다른 모든 경우에서처럼, 셰익스피어는 이런 언어의 창조자들 중에서도 가장 위대한 인물이었다. 상상력에서도 지칠 줄 몰랐던 그는 창의력에서도 지칠 줄 몰랐다. 우리의 언어(영어)가 다름 아닌 셰익스피어가 말하던 언어라고 주장할 때, 우리는 스스로를 칭찬하는 셈인 것이다. 그러니 우리가 그 언어를 아주 잘 말하거나 쓸 수만 있다면 얼마나 좋겠는가.

햄릿   그리고 이 인간, 참으로 천지조화의 걸작, 이성은 숭고하고, 능력은 무한하고, 그 단정한 자태에다 감탄할 운동, 천사 같은 이해력에도 자세는 흡사 신과 같고, 세상의 꽃이요 만물의 영장인 인간, 즉 물질의 정수랄까, 이것이 내게는 먼지의 먼지로밖에 보이지 않는단 말이야.

          – 『햄릿』[31]

글로체스터   장난꾸러기들이 파리를 다루듯이 신들은 인간을 다루거든. 신들은 장난삼아 우리 인간들을 죽이거든.

          – 『리어 왕』[32]

프로스페로   인제 여흥은 끝났어. 우리가 본 배우들은
           아까도 말했지만, 모두 정령인데,
           이젠 공기 속에, 엷은 공기 속에 녹아버렸어.
           그런데 이 환상에 보인 가공의 현상처럼,

---

31 윌리엄 셰익스피어, 『햄릿』 제2막 제2장, 『(三訂) 셰익스피어 전집』(김재남 옮김, 을지서적, 1995), 810쪽.
32 윌리엄 셰익스피어, 『리어 왕』 제4막 제1장, 같은 책, 921쪽.

구름을 인 탑도, 찬란한 대궐도,

장엄한 사원도, 대지 자체도,

아니, 지상의 온갖 것은 죄다 끝내는 녹아서

이 허망한 광대굿 모양 사라지고,

자국조차 남기지 않게 된단 말이야.

우리의 육체는 꿈이나 한 가지 자료로 돼 있구,

우리의 하찮은 인생 또한

처음부터 끝까지 잠밖에 아닌 거지.

— 『태풍』[33]

세르반테스

미겔 데 세르반테스 사아베드라는 아마도 1547년 9월 29일, 마드리드 인근의 알칼라-데-에나레스에서 태어난 것으로 추정된다. 또한 그는 아마도 확실히 1616년 4월 22일에 사망한 것으로 추정되지만, 문학 애호가들은 전통적으로 그의 사망일이라 알려진 4월 23일을 더 좋아하니, 왜냐하면 바로 그날은 셰익스피어가 세상을 떠난 것으로 추정되는 날이기도 하기 때문이다. 이 두 훌륭한 노신사들이 똑같은 날 사망해서 나란히 천국에 갔다는 생각이야말로 — 솔직히 이런 양반들이 천국에 가지 않으면, 천국이란 것은 도대체 뭣 때문

---

33 윌리엄 셰익스피어, 『태풍』 제4막 제1장, 같은 책, 668~669쪽.

에 있어야 한단 말인가? — 무지막지하게 매력적이고도 마음에 드는 것이다 보니, 그 어떤 사실조차도 차마 그 앞을 가로막아서는 안 되는 듯 보인다.

세르반테스는 원래 군인이었고, 나중에 작가가 되었다. 군인으로서 그는 제법 성공을 거두었는데, 그러다 보니 1575년에 북아프리카의 해적들에게 붙잡혔을 때에도 중요한 인물로 여겨진 나머지 높은 몸값이 매겨지고 말았다. 해적들의 이러한 인식 덕분에 그는 오히려 목숨을 건진 셈이었으니, 왜냐하면 몇 번의 탈출 시도에도 불구하고 비교적 관대한 대접을 받았던 까닭이다. 그럼에도 불구하고 그는 5년 동안이나 노예 생활을 해야 했다. 그의 가족이 1580년이 되어서야 비로소 몸값을 장만해서 그를 자유롭게 해줄 수 있었기 때문이다. 그로 인해 졸지에 막대한 돈을 써야 했던 가족은 물론이고, 세르반테스 본인 역시 남은 평생 가난을 면치 못했다.

세르반테스는 작가가 되고 싶어 했으며, 약간이라도 돈이 될 만하다 싶은 것이라면 뭐든지 — 희곡, 소설, 그리고 목가적 낭만 소설까지, 그 당시로선 현대적인 문체로 — 써냈다. 하지만 어느 것 하나 성공을 거두지 못했다. 그는 늘 독서를 좋아했고, 특히 이전 세기에 나온 기사도 낭만 소설을 좋아했다. 그리하여 어쩌면 절망에 빠진 나머지, 그는 라만차 — 그 당시에 자신이 살던 지역인 — 에 사는 어느 노신사의 이야기를 구상했을지 모른다. 그런 이야기를 워낙 많이 읽다 보니, 나중에는 정신이 나간 나머지 그런 이야기가 진짜라고 믿게 된 노신사의 이야기를 말이다. 그리하여 노인은 편력 기사가 되기로 작정하고 집을 나서는데, 녹슨 검에 찌그러진 방패를 들고 말라빠진 말 로시난테를 타고 세상을 구경하고 혹시나 가능하다면 용들까지 무찌르겠다는 것이었다. 다들 알다시피, 그가 발견한 것은 양 떼와 커다란 풍차 — 오늘날까지도 라만차의 너른 들판에 점점이 솟아 있는 — 뿐이었다. 자기 눈에는 마치 적으로 보이는 그 풍차를 말에서 떨어트리는 대신, 돈키호테는 그 기계의 날개 때문에 말에서 떨어져 나가고, 그 들판을 바싹 말리는 거센 바람에 속수무책으로 뒤집혀버린다. 그리하여 돈키호테는 수레에 실린 채 집으로 돌아와서 집 앞에 내려진다.

여기까지가 세르반테스의 이야기 가운데 처음 20쪽 분량이다. 그는 이 이야기를 에스키비아스에 있는 자신의 작은 집에서 두 개의 방을 나눠 쓰고 있는 친척 여자들 너덧 명에게 읽어주었던 모양이다. 그가 부엌에서 글을 쓰고 있으면, 여자들은 종종 그의 옆을 지나다녔다. 여자들이 그 이야기를 좋아하는 것을 보고, 그는 좀 더 쓰기로 작정했다.

돈키호테에게는 동행자, 또는 본인의 말마따나 종자가 필요했고, 그리하여 세르반테스는 그런 사람을 하나 만들어냈으니, 바로 몸이 둥글둥글하고 매우 현실적인 농부 산초 판사였다. 그때 이후로 그는 이 자칭 기사를 따라 오늘날에는 사라져버린 에스파냐 — 대부분의 에스파냐인들에게는 이것이야말로 현대의 에스파냐보다도 훨씬 더 사실적인 에스파냐이지만 — 의 구불구불한 길을 따라간다. 돈키호테는 여러 가지 모험을 겪는데, 거의 모든 경우에 그는 골탕을 먹거나, 속임을 당하거나, 배신을 당하며, 산초는 주인의 상상력 속으로 이끌려 들어간 나머지, 본인 역시 모험을 겪으면서 자신이 진짜 기사의 진짜 종자라고 생각하기 시작한다. 하지만 그들이 대부분의 시간 동안 하는 일은 대화이며, 이들의 대화는 여느 책에서 찾아볼 수 있는 것보다도 더 뛰어나다.

"황제라는 광대들의 왕관이나 금관은 순금으로 만들지 않고, 도금하거나 양철 조각으로 만들지요." "그건 사실이야." 돈키호테가 대답했다. "왜냐하면 연극 소품이란 게, 연극 자체가 그렇듯이, 거짓말이나 눈속임이 아니고 진짜 정품이라면 잘한 일이 아니겠지. 그러니까 산초, 난 자네가 연극이나 공연하는 사람들, 그 작품을 쓰는 사람들에 대해 좋은 생각을 갖길 바라네. 모두가 우리 앞에 거울을 놓아주고 인간 행위를 생생하게 보여줌으로써 나라에 공헌을 하는 유익한 도구들이니까. 연극이나 연극배우들처럼 우리 모습 그대로나 우리가 되어야 할 모습 그대로를 생생하게 보여주는 게 세상엔 별로 없다네. 아니라면 말해보게나. 자네는 왕이나 황제, 교황, 기사, 귀부인, 그리고 다른 여러 인물이 나오는 연극 공연을 본 적이 없나? 어떤 사람은 뚜쟁이 역할을 하고 다른 사람은 사기꾼, 이 사람은 장사꾼, 저 사람은 군인, 또 다른 사람은 얌전한 바보, 다른 사람은 순진하게 사랑에 빠진 남자 역할을 하지. 그러다 연극이 끝나고 모두 연극 의상을 벗고 나면, 모든 배우가 평범한 사람으로 되돌아오는 거야." "정말 그렇습죠." 산초가 대답했다. "세상사도 연극과 다를 바 없어. 세상사에서도 어떤 사람은 황제 역할을 하고, 다른 사람은 교황을 하잖나. 연극 하나에 나올 수 있는 모든 인물상이 있지. 그러나 종말에 가면, 생명이 끝나는 순간에는 모든 사람에게 똑같이 죽음이 와서 그 사람들을 구분하던 의상을 벗기고 무덤 속에 똑같이 눕게 하지." "참 멋진 비유입니다." 산초가 말했다. "저도 여러 번 많이 들어본 적이 있는 말이어서 크게 새롭지는 않사오나, 그게 장기 놀이 같은 거지요. 장기를 두는 동안은 말마다 각기 자기 길, 자기 일이 있지만 일단 장기가 끝나면 모든 말을 섞고 합치고 흔들어 한자루에 집어넣지 않습니까. 이건 꼭 인생이 무덤에 들어가는 것과 똑같지요." "산초, 날이 갈수록 자네는 바보 같은 데가 줄고 사려가 깊어지는구먼."[34]

이 키가 크고 말라빠진 기사와 저 둥글둥글한 종자가 곧바로, 그리고 영원무궁하게 모든 사람의 상상력을 사로잡았기에, 이들의 이미지는 전 세계 문학을 통틀어 그 어떤 작품 속 주인공보다도 가장 잘 알려진 인물이 되었다. 훗날 『돈키호테』는 간행되고 또 간행되었으며, 유럽의 모든 언어로 번역되었고, 그 저자를 주인공 못지않게 유명하게 만들어주었다. 하지만 그는 어디 가서 내세울 만큼 돈을 벌지는 못했다. 비록 본인은 문학이야말로 부자가 되는 지름길이라고 잘못 생각한 것이 분명하지만 말이다.

몽테뉴의 『수상록』은 전형적인 르네상스의 저술이 아닐지 모르겠지만, 세르반테스의 『돈키호테』는 그러한 호칭에 딱 어울리는 책이 분명하리라. 과거를 흉내 냄으로써 모든 사람을 웃게 만드는 것 말고, 그보다 더 뛰어난 새로운 세계로의 안내인이 또 어디 있단 말인가? 중세 세계의 그림은 기사도에 대한 믿음을 포함하고 있었으며, 이것

---

34 위의 인용문은 『돈키호테』의 속편 제12장에 등장하는데, 그 이전 장에서 돈키호테는 저승사자, 천사, 여왕, 군인, 황제, 악마 등으로 분장한 배우들이 타고 가는 달구지와 마주치고 시비가 붙지만 가까스로 위기를 모면한다. 그 위기가 지난 뒤에 돈키호테가 배우 중 하나인 '황제'의 '금관'이라도 전리품으로 빼앗아줄 걸 그랬다고 말하자, 산초는 그 '금관'은 가짜이므로 쓸모가 없다고 대답하는 대목이다. 미겔 데 세르반떼스, 『돈끼호떼 II』(민용태 옮김, 창비, 2005), 145~147쪽.

은 신정정치 국가라는 가상의 실체의 필수적인 일부분이었다. 편력 기사는 지상에 세워진 하느님의 왕국의 옴부즈맨으로, 말을 타고서 들판을 지날 때마다, 또는 오로지 인간의 머릿속에만 존재하는 지역 ― 아발론, 아르카디아, 그리고 그와 유사한 이상향 ― 의 작은 마을 안으로 들어갈 때마다 정의를 씨 뿌리고 다녔다. 그 도덕과 종교적 경건의 순수함으로써, 이들은 하늘에 계신 왕과 비할 데 없는 성처녀, 즉 성모에게 죽기까지, 그리고 죽은 이후까지도 봉사했던 것이다.

그 이상은 워낙 아름다웠기 때문에 이후 수 세기 동안이나 유지되었고, 따라서 돈키호테가 최면에 걸렸다는 사실은 놀라울 것도 없다. 하지만 그로 인해 그가 미쳐버리게 되었다는 사실도 놀라울 것은 없으니, 왜냐하면 아름다운 이상과 실제 사물 ― 가령 끝없이 도는 풍차 같은 ― 간의 상충은 워낙 격렬한 것이어서, 재빨리 일어서지 못하는 사람의 정신을 시들게 하기에 충분하기 때문이다. 어떤 경우든지 간에 미래는 바로 풍차에, 그리고 그 기술적 후예들에 속해 있다. 하지만 그것이 낭만 소설이 죽었다는 의미일까? 아니면 낭만 소설과 진보 모두를 즐기는 방법이 있는 것일까?

세르반테스의 진정한 위대함은 그 방법의 발견에 있다. 돈키호테와 산초 판사는 현대의 시인이 이른바 "불가능한 꿈"이라고 부른 것을 추구했으니, 그것은 지상의 낙원에 있는 정의의 꿈이며, 실용적인 사람은 누구나 알고 있다시피 용어상의 모순이다. 그런 꿈이 오로지 그들의 머릿속에만 존재한다고 해서 무슨 문제가 있겠는가? 그것이 아니라면 과연 꿈은 무엇이 되어야 하는가? 그 와중에 실제 세계는 그 치명적이고도 무정한 목적을 향해 나아갈 수 있는데 말이다.

세르반테스의 두 영웅은 정확히 무대의 전경 한가운데로 나오지는 않는다. 그들은 오히려 거기서 약간 더 위에 있으니, 왜냐하면 그들의 발은 땅을 딛고 서 있지 않기 때문이다. 세르반테스는 새로운 세계가 그런 영웅을 필요로 한다는 것을 처음으로 직시한 인물이었다. 그렇지 않았다면 그것은 광기에 불과했으리라. 지난 400년 동안 영속된 문학의 대부분은 그의 관념을 따라 한 것이었으니, 〔그 방법이란〕 머리를 공중에 둔 새로운 종류의 영웅을 창시하거나, 그런 영웅이 없을 때에 이 세계가 얼마나 미쳐 돌아가는지를 보여주거나 하는 것이었다.

흑사병

어떤 끔찍한 전염병이 문화의 전파자가 되며, 르네상스 사상의 전파에 도움이 된다는 것은 생각만 해도 이상하지만, 이는 실제로 증명된 사실이다. 이 사건은 지식의 전파에 중요한 두 가지 요소를 하나로 모아주었기 때문이다. 하나는 제지와 인쇄 기술이고, 또 하나는 필요 불가결한 말 ─ 즉 장차 책으로 만들어질 원고 ─ 이었다.

흑사병은 주로 설치류, 특히 쥐의 질병이었다. 쥐벼룩에 의해 이 쥐에서 저 쥐로 옮겨지다 보면, 그 벼룩에 물린 인간도 그 질병에 감염될 수 있었다. 중세 도시의 북적이는 환경에서는 전체 인구가 종종 그렇게 되게 마련이었다. 가령 공성(攻城)이나 기근 등의 극도의 스트레스 상황에서는 도시 거주민이 특히나 위험에 처하게 마련이었다. 흑사병이 유행하기 시작하면, 종종 그랬던 것처럼 사망자 수가 그야말로 끔찍하리만치 치솟았으니, 왜냐하면 그때까지는 아무

런 치료법도 없었기 때문이다.(오로지 현대의 항생제만이 그 질환을 다
스릴 수 있다.)

1347년 초에 크림 반도에 있는 제노바의 한 무역소가 헝가리에서
온 킵차크인과 동양 몇몇 나라에서 온 몽골인을 포함한 군대에게 공
성을 당한 적이 있었다. 이 가운데 몽골인들은 새로운 형태의 전염
병을 가져왔는데, 공성 도중에 진영에서 전염병이 창궐하여 수많은
병사가 죽었다. 킵차크인 지휘관은 자신이 겪는 불운으로부터 이득
을 취할 수 있다는 생각에, 그 질병에 감염된 시신 몇 구를 투석기에
올려서 성벽 너머로 쏘아 보냈다.

제노바인들은 전혀 면역이 되어 있지 않았으므로, 그 정착지의 거
주민 가운데 상당수가 사망했다. 그들의 배 가운데 한 척이 봉쇄망
을 뚫고 다르다넬스를 지나고, 아나톨리아 해안을 지나고, 지중해를
가로질러 시칠리아에 있는 메시나에 도착한 것은 1347년 여름의 일
이었다. 이 배는 겁에 질린 피난민들과 황금, 그리고 전염병을 가져
왔다.

그때부터 이 질병은 대대적으로 유행하게 되었다. 불과 두 달 만에
메시나의 전체 인구 가운데 절반을 쓸어버렸고, 시칠리아의 다른 도
시로도 퍼져나갔다. 이 전염병은 그해 가을에 해협을 건너 이탈리아
로 들어왔으며, 하루 7마일가량의 상당히 꾸준한 속도로 반도를 따
라 위로 올라갔다. 1348년 초에는 이탈리아 북부의 번영하는 도시에
서도 사망자가 속출하기 시작했고, 북아프리카에서도 비슷한 현상
이 벌어졌으니, 다른 배들이 그 질병을 싣고 갔기 때문이다. 프랑스
와 에스파냐도 1348년 말에 이 대열에 가세했다. 오스트리아, 헝가
리, 스위스, 독일, 베네룩스 3국, 영국은 1349년에 여기 가세했다.

스칸디나비아와 발트 해 연안 국가들은 1350년에 가세했다.

훗날 역사에 흑사병이라는 이름으로 기록된 이 질병으로 인해 유럽에서 사망한 사람의 정확한 숫자가 얼마인지에 관해서는 집계마다 약간씩 차이가 있다. 하지만 그 당시 인구 가운데 최소한 4분의 1, 또는 절반, 또는 절반 이상이 사망했다는 데에는 의심의 여지가 없다. 아마 3분의 1가량이 가장 안전한 최소 숫자일 것이다. 따라서 사망자 수는 2500만에서 4000만 명에 달한다. 그러나 전염병의 유행은 1350년 한 해로 끝나지 않았다. 이후 20년 동안이나 여러 도시에서 조금 덜한 소규모의 발병이 있었다.

이 질병은 생존자들의 마음에 그야말로 지워지지 않을 인상을 남겼으며, 가령 페트라르카만 해도 자기 생각에 후세 사람들은 이때 무슨 일이 일어났는지 차마 상상도 못 할 것이라 단언했을 정도였다. 단순히 사망자 숫자만 따져보아도, 흑사병은 역사상 가장 끔찍한 질병 가운데 하나였다. 사망자의 비율로만 따져도, 이것은 아마 — 다른 어떤 전염병이나 전쟁보다도 더 끔찍한 — 최악의 사건이었으리라.

이것이야말로 어느 누구에게도 도움이 안 되는 불운이었다. 아마도 유럽 전체 농업인구의 절반가량이 사망했을 것이다. 반면 생존자들은 실질임금의 막대한 증가를 경험했으니, 왜냐하면 이제는 자신들의 용역을 놓고 도시 거주민과 흥정이 가능했기 때문이다. 도시 거주민이 농노만 가지고는 충분히 생산할 수 없는 식량을 간절히 필요로 했던 까닭이다. 하지만 100년 이내에 농노의 인구가 충분히 늘어나게 되면서, 그들의 경제적 수입에도 인플레이션이 일어나고 말았다.

이 질병으로 인해 많은 사람들이 사망했지만, 재산에는 아무런 해가 없었다. 이 질병은 부자와 빈자 모두를 차별 없이 강타했다. 이제 사망자의 소유는 또 다른 누군가의 소유가 되어 있었다. 이처럼 새로 만들어진 부를 소유한 생존자들은 역사상 가장 큰 소비의 향연에 돌입했다. 따라서 14세기의 마지막 사반세기 동안은 갑작스러운 번영의 시기가 되었다. 전염병의 유행 뒤에 따라오는 전반적인 도덕의 해이 역시 이런 광포한 소비주의의 불길에 기름을 끼얹는 격이 되었다. 주위에서 사람이 줄줄이 죽어나가는 상황에서는 자기 가족, 이웃, 또는 아랫사람에게 엄격한 규율을 적용하기가 어렵게 마련이다.

흑사병의 생존자들이 물려받은 것은 돈과 땅과 건물만이 아니었다. 옷과 침구를 비롯해서 천으로 만든 다른 여러 가지 물건들이 있었다. 하지만 옷이 많아도 정작 사람 몸에 걸치는 것은 단 한 벌뿐이며, 침구가 많아도 정작 사람이 눕는 데 쓰는 것은 단 하나뿐이다. 그리하여 수백 수천만 벌의 의류가 졸지에 쓸모가 없어져 버렸다. 14세기 말에는 이처럼 내버려진 잉여 물품의 새로운 사용 방법이 발견되었다. 이른바 천 종이를 만드는 것이었다. 이 새로운 물건은 여러 가지 목적에 사용되어 매우 가치가 높았지만, 1450년에는 워낙 과다 공급되었기 때문에 그 가격이 낮은 수준까지 떨어져 버렸다.

흑사병은 페트라르카와 보카치오가 시작한 새로운 르네상스에도 또 다른 특별한 효과를 끼쳤다. 비잔티움은 이 파괴적인 유행병으로 고생한 최초의 도시 가운데 하나였다. 동쪽의 비잔틴(동로마) 제국은 무슬림 튀르크족에게 무너지는 1453년까지 버텼지만, 실제로는 1355년 이후로 교육받고 문명화된 인물들이 비잔티움을 떠나 서쪽으로 향하는 일이 꾸준히 이어졌던 것이다.

이들의 도래는 새로운 소식, 정보, 그리고 비잔티움이 보존하고 있던 고전 문화에 관한 진정한 지식에의 갈증을 해소시켜주었다. 물론 그곳의 주요 학자들은 15세기에 들어서야 비로소 이탈리아로 건너왔지만, 매년 새로운 누군가가 도착함으로써 일종의 누적 효과를 끼치게 되었다. 1450년에 들어서 그리스와 로마의 텍스트를 읽고 연구하려는 충동은 어마어마하게 확장되었다. 하지만 이를 만족시켜줄 만한 실제적인 방법은 아직 나오지 않았다.

구텐베르크의 업적

그 자체만 놓고 보면 비참하기 짝이 없던 흑사병. 그것으로 인한 이 모든 결과가 응집되어 나온 발명이 있다. 그러나 그것을 만든 장본인의 생애에 관해서는 알려진 바가 거의 없다. 14세기 마지막 10년 사이의 언젠가 독일 마인츠에서 태어난 요하네스 구텐베르크는 생애 동안 비밀스러운 생활을 고수했으며, 심지어 큰돈을 빌려 준 동업자에게까지 본인의 생활을 대부분 감추었다. 이런 비밀주의, 그리고 아마도 다른 몇 가지 성격상의 결함이 결국 그의 파멸을 재촉하고 말았다. 채권자 중 한 사람이 소송을 제기해 재판에서 이긴 다음, 구텐베르크의 소유물과 기계를 모조리 차지했던 것이다. 이로써 인쇄술의 발명자는 졸지에 빈털터리가 되었다.

상심한 구텐베르크는 1468년에 쓸쓸히 사망했다. 훗날 그의 이름으로 불리게 되는 그 유명한 성서는 이미 간행되어 걸작으로 인정받고 있었다. 이동식 금속활자로 인쇄된 이 첫 번째 책에는 구텐베르크가 중세의 전례용 필사본을 기계적 수단으로 복제하면서도 그 아름다운 색깔이나 디자인을 결코 잃어버리지 않으려고 노력한 흔적이 역력하다. 후계자들 대부분의 목표와는 전혀 거리가 멀었던 이 목표를 성취하기 위해 그는 네 가지 기본 장치를 발견했는데, 모두 20세기까지 인쇄업에서 사용되었다.

그중 첫 번째는 활자를 정확하게, 그리고 대량으로 주조할 수 있는 압인식 주형[35]이었다. 이동식 활자는 그 이전까지만 해도 금속에 직접 새기거나 나무를 깎는 방식으로 만들어졌다. 두 가지 과정은 힘들고도 느렸다. 목제 활자는 금방 망가지게 마련이었고, 금속에 새긴 활자는 오래가기는 했지만, 철자 각각의 크기나 모양이 조금씩 다르다는 점이 문제였다. 구텐베르크의 주형을 이용하면 특정한 활자의 복제품을 여럿 만들어낼 수 있었으며, 그렇게 만든 활자는 오래 견디고 모양도 똑같았다.

그의 두 번째 발명품은 활자를 주조하는 재료인 납과 주석과 안티몬의 합금이었다. 납만 가지고는 금세 산화가 이루어졌기 때문에, 결국 활자를 만들어주는 주형이 망가지게 마련이었다. 안티몬은 활자를 단단하게 만들어서 여러 번 찍어내도 거뜬히 버텨내게 해주었다. 납과 주석과 안티몬의 합금은 아주 최근까지도 활자를 만드는 데에 사용되었다.

그의 세 번째 발명품은 인쇄용 압착기 그 자체였다. 그 이전까지의 목판활자 인쇄는 가벼운 나무 압착기를 이용해서 이루어졌다. 하지만 책을 제본할 때에는 무거운 금속제 압착기가 사용되었다. 올리

---

35 구텐베르크의 아버지는 마인츠에서 화폐 제조업에 종사했는데, 이 당시에는 금이나 은 등의 화폐 재료 위에 특정한 문양이 새겨진 펀치를 올려놓고, 그 펀치를 망치로 세게 때려서 문양이 새겨진 화폐를 만들어냈다. 구텐베르크는 이 방식을 응용함으로써 손쉽게 제작한 주형을 가지고 활자를 만들었다.

브나 포도주를 압착할 때 사용되는 것과 비슷한 커다란 나선 장치가 그 일에 필요한 훨씬 더 큰 압력을 제공해주기 때문이었다. 구텐베르크의 인쇄용 압착기는 제본용 압착기를 응용한 것이었다. 이전까지 사용되던 목제 활자라면 금세 망가지고 말겠지만, 이 새롭고 단단한 활자는 훨씬 더 큰 압력에도 버틸 수 있었고, 선명하고 정확한 압인이 나왔다.

마지막으로 구텐베르크는 수많은 실험 끝에 기름을 원료로 한 인쇄용 잉크를 만들어냈다. 이 잉크에는 여러 가지 색깔을 넣을 수 있었기 때문에 구텐베르크 성서 같은 아름다운 책이 인쇄될 수 있었다.

종이의 발명자는 중국의 관리였던 채륜으로 전해진다. 그 발명 연도는 A.D. 105년이 전통처럼 되어 있다. A.D. 2세기 말에 중국은 나무 활자를 이용해 천 종이에 책을 인쇄했다. 종이 제작의 비밀은 8세기에 아랍인들이 알아내 이집트와 에스파냐로 전했다. 하지만 그 이후에도 유럽인들은 몇 가지 이유 때문에 종이에 별로 관심을 두지 않았다. 14세기 말까지도 천 종이의 제작 원리는 서양에서도 그리 널리 알려지지는 않았다. 그러다가 흑사병으로 인해 막대한 양의 천이 남아돌면서 종이 제작은 중요한 산업이 되었다. 천 종이는 여러 가지 용도에서 동물 가죽으로 만든 양피지나 우피지보다도 더 선호되었다. 종이는 펴거나 접기도 훨씬 더 쉬웠다. 두께도 훨씬 더 얇아서, 여러 장을 겹쳐 제본해도 더 얇은 책이 되었다. 가장 중요한 것은 인쇄했을 때에 훨씬 더 선명하고 더 또렷한 압인이 가능했다는 점이다.

1450년경 구텐베르크가 이동식 금속활자로 인쇄한 최초의 책이 나왔다. 그 책들은 천 종이에 인쇄되었는데, 그 당시에 천이 과다 공급되어 가격이 낮았으므로 당연한 선택일 수밖에 없었다. 곧이어 수천 권의 책이 종이에 인쇄됨으로써, 구텐베르크의 여러 가지 발명은 오늘날 널리 사용되는 종이라는 물질의 새로운 이용법으로 각광받게 되었다.

구텐베르크의 발명은 곧 이탈리아에 도착했다. 베네치아와 다른 북부 도시에서는 고전을 향한 갈증이 차마 만족될 수 없는 것으로 증명되었다. 그로부터 50년도 채 되지 않아서 모든 중요한 그리스와 로마의 고전 작품이 인쇄되어 교양 계층 전역에 퍼져나갔다. 이 새로운 기술로 인해 책이 훨씬 더 낮은 가격에 팔려나가게 되었다. 원문 텍스트 가운데 상당수는 1453년에 오스만 제국의 비잔티움 점령을 피해 도망쳐 온 피난민들이 갖고 온 필사본을 구입한 것이었다.

구텐베르크는 사실 애초부터 별다른 의도가 없었겠지만, 결과적으로는 페트라르카와 보카치오가 시작한 르네상스의 승리를 확고히 해준 셈이 되었다. 비교적 값싼 판본으로 고전을 읽을 수 있게 됨으로써, 고대의 언어와 문화 연구가 진척될 수 있었다. 이전에는 오로지 부자들만이 필사본 책을 구입할 수 있었다. 그러다가 갑자기 학자라면 누구나 책을 소유할 수 있게 된 것이다.

고전 문헌학의 노력을 진작시키는 데에 덧붙여서, 글을 아는 사람이면 누구나 소유할 수 있게 된 고대의 책들에는 이전까지만 해도 수 세기 동안 잊히고 무시되고 억압된 생각들이 가득 들어차 있었다. 또한 많은 사람들이 자신의 현재 관심거리에 관해 저마다 책을 썼고, 이를 통해 자신의 견해에 대한 찬동자가 나오기를 바랐으며, 종종 멀리 떨어진 장소에서나 이방인 중에서도 그러기를 바랐다. 발명품 중에서도 가장 전복적인 것이라 할 수 있는 인쇄본 책은 과거의 갖가지 제도를 변화시키고 뒤엎는 데 사용될 수 있었다.

페트라르카와 보카치오는 절묘하게 이루어지는 사상 전파의 가능성을 일찌감치 간파한 바 있다. 두 사람은 과거의 어느 누구보다도 더 멀리 그 개념을 진일보시켰다. 이제는 굳이 천재가 아니더라도 충분히 영향력을 끼칠 수 있었다. 새로운 생각을 가지는 것만으로도 충분했고, 그렇게 훌륭한 생각까지는 아니어도 되었으며, 그 생각에 관한 책을 한 권 쓰는 것만으로도 충분했다. 출판인들은 새로운 책을 내기 위해 안달했다. 그다음에 과연 무슨 일이 벌어질지 누가 알겠는가?

이처럼 여러 가지 사건들 — 천 종이의 이용이 새로이 가능해진 것, 이동식 금속활자를 이용한 인쇄술의 발명, 간행을 원하는 탁월한 원고가 갑자기 상당수 나타난 것 — 이 놀라우리만치 동시에 발생함으로써 르네상스가 전파되었다. 이러한 요소들이 없었더라면, 페트라르카와 보카치오의 꿈은 오히려 지금과는 전혀 다른 결과로 나타났으리라.

르네상스 시대의 도시들

도시국가는 그리스의 발명 가운데 하나였다. 아리스토텔레스는 어떻게 그런 일이 벌어졌는지 서술한 바 있다. 국가가 존재하게 된 것은 삶 때문이라고 그는 말했다. 즉 그것이야말로 중요한 생존 메커니즘이었다는 뜻이다. 하지만 그것이 '계속해서' 존재하게 된 까닭은 바로 '좋은' 삶 때문이었다. 일종의 국가를 이루고 난 인간은 한 사람이나 한 가족의 삶보다도 그런 공동생활이 훨씬 더 많은 지속성, 안전, 즐거움을 제공한다는 사실을 곧 깨닫게 되었다.

도시국가는 그리스 전역은 물론이고 그리스 식민지 곳곳에서도 솟아났다. 그 기본 원칙은 경제적인 것이었다. 즉 도시국가는 남자, 여자, 아이, 노예로 이루어진 공동체로서, 그들이 서로 합쳐져서 공동체의 거주민이 보다 더 낫고 더 풍요한 삶을 즐길 수 있게 한 것이었다. 도시국가는 번성했고, 고대의 기준에 따르면 사람들은 상당한 자유를 누렸다. 그 결과로 어떤 이들(물론 여자와 아이는 거의, 그리고 노예는 전혀 거기에 포함되지 않았지만)은 극도로 잘살게 되어서, 체육관에서 운동을 하고, 철학을 논의하고, 덕의 의미를 추구할 수 있었다.

알렉산드로스 대왕은 B.C. 4세기에 자신이 정복한 땅에 도시국가를 세우려 시도했다. 하지만 그 생각은 낯선 것으로 증명되었고, 효과를 거두지는 못했다. 그가 세운 제국의 도시들은 가령 알렉산드리아와 바빌론의 경우처럼 문화와 상업보다는 오히려 행정에 헌신했던 반면, 아테네는 일종의 영광스러운 화석으로서의 역할을 지속해 나갔다. 로마인은 그리스의 다른 여러 가지 발상은 차용하면서도, 유독 도시국가의 개념은 차용하지 않았는데, 왜냐하면 그들에게는 바쁘고 붐비고 혁신적인 그리스의 도시보다도 제국의 도시가 훨씬 더 호소력을 발휘했기 때문이다. 야만인의 침공과 함께 문명은 수도원의 담장 안으로 후퇴해버렸다. 심지어 샤를마뉴 대제 시대의 아헨(엑스라샤펠)조차도 그리스적인 의미에서의 도시와는 거리가 멀었다.

하지만 도시국가에 관한 그리스의 발상은 죽지 않았다. 오히려 11세기와 12세기에는 다시 부흥되었으니, 밀라노, 피사, 피렌체 같은 이탈리아의 자치도시가 저마다의 봉건영주들과 실랑이를 벌인 끝에, 그 오랜 주인들을 몰아내고 권력을 장악했던 것이다.

고대 그리스의 도시국가와 마찬가지로 중세 이탈리아의 자치도시는 다른 무엇보다도 상업적 실체이자 사업체였다. 도시 상인과 무역업자로 이루어진 새로운 계급이 누리는 자유는 새로운 재산과 만연한 부를 산출하기 위해 차용된 것이었다. 1300년에 이르러, 작은 도시 피렌체는 유럽의 은행가 역할을 맡게 되었다. 그곳의 경화인 플로린은 사상 최초의 국제통화가 되었다. 하지만 피렌체는 단순히 사업체 이상의 존재였다. 그곳의 시민은 또한 5세기에 아테네인 이래로 누구도 꿈꾸지 못했던 종류의 영광을 추구했다. 바로 모든 시민의 소유인 예술과 건축의 경이를 구축하고, 그 도시를 세상 모든 사람들의 부러움의 대상으로 만들어서, 피렌체인의 마음에 수 세기 동안이나 유례가 없었던 만족감과 함께 시민적 자부심을 불어넣는 것이었다.

시민이 지배하는 도시국가라는 부흥된 발상은 유럽 전역으로 퍼져나갔다. 실제로 자치도시가 독일에서 나타난 무렵에 이탈리아의 도시국가는 이미 죽어가고 있었으니, 이는 12세기의 악의적인 경쟁으로 인해 각 도시마다 자유가 망쳐진 데에서 비롯되었으며, 급기야 평화를 유지하기 위해 외국의 용병을 끌어들여야 했을 정도였다. 이 용병들은 고용자 측에서 바라는 것보다도 항상 더 오래 버티게 마련이었고, 급기야는 이탈리아의 대부분을 좌지우지하게 되었다.

피렌체 역시 15세기 말에 이르러 정치적 독립을 잃기는 했지만, 그 번영과 예술적 주도권까지 잃지는 않았다. 동시에 로마는 그로부터 1000년 전에 있었던 몰락의 재에서 다시 일어났지만, 이번에는 도시국가로서가 아니었다. 그곳 역시 제국의 도시가 되었으며, 막대한 권력과 경이를 지니기는 했지만 공동체의 삶은 거의 없었다. 그 위대한 시절에는 피렌체의 주도적인 가문인 메디치 사람들조차도 아무런 경호 없이 거리를 돌아다닐 수 있었으며, 부자건 빈자건 모두 직접 만났을 정도였다. 르네상스 시대의 로마, 다시 말해서 [제국의 수립에서] 1500년 뒤의 로마에서는 교황이 높다란 장벽 뒤에서 다스리고 있었다. 그 부를 이용해 이들은 피렌체 최고의 예술가들을 고용할 수 있었지만, 그 거대한 새 건물들은 비록 유례가 없을 정도로 장식되었음에도 불구하고, 더 이상 로마 시민의 소유가 아니었다.

민족국가

이탈리아의 작은 자치도시들은 유럽을 봉건 지배의 굄틀에서 자유롭게 하는 데에 기여했다. 하지만 그런 도시들은 계속 살아남지는 못했다. 한편으로는 그보다 더 큰 도시국가의 먹이가 되었기 때문이고, 또 한편으로는 지속적인 내부 갈등을 피할 수 없었기 때문이다. 새로운 정치적 이념이 필요한 시점이었다.

어느 누구도 '국가'라는 단어를 정확히 규정할 수는 없지만, 이것은 예나 지금이나 이른바 언어와 전통 같은 것들에서의 공통적 관습 같은 것과 관계가 있다고, 또한 모든 적들에 대항해서 스스로를 방어할 수 있는 능력과 관계가 있다고 여겨진다. 스스로를 방어할 수 없는 국가는 오래 지속되지 못했으므로, 따라서 군주는 백성들이 이러한 사실을 직시한 나머지 방어에 필요한 금액을 세금으로 납부하는 데에 지나치게 인색하지 않도록 할 필요가 있었다. 예나 지금이나 최선의 방어는 공격일 때가 종종 있었으므로, 전쟁은 흔히 벌어졌다. 그럴싸한 구실을 내걸자면, 이런 전쟁은 종종 평화를 위해 수행되는 것이었다. 크다는 것이 이득으로 판명되면서 국가는 점차 커졌고, 그보다 운이 덜 좋은 이웃들을 흡수해서 더더욱 큰 정치 단위가 되었다. 효율성을 위해서는 중앙 집중 경제가 역시나 바람직한 것처럼 보였다. 그리하여 점점 더 많은 경제 권력이 점점 더 소수의 손에 집중되었다.

전쟁은 한 번도 쉼 없이 계속되진 않았고, 평화의 막간은 외교가 채웠다. 외교에서는 우아한 라틴어가 사용되는 것이 일종의 전통처럼 되었으니, 왜냐하면 그 당시에 서로 전쟁 중인 군주들 사이에서 공유되는 유일한 언어였기 때문이다. 르네상스 인문주의자들은 가장 뛰어난 라틴어 사용자였고, 이들은 항상 점점 더 커지고 더 번영하는 군주들에게 고용되어 그들의 목적을 위해 봉사했다. 그리하여 단테, 페트라르카, 보카치오의 후예들은 머지않아 허영심 강한 군주들, 로마인으로 자처하는 가짜 황제들, 경건함과는 거리가 먼 교황들 등에게 고용되었다. 화가들은 이들의 알현실을 장식하기 위해 고용되었다.

유럽 르네상스의 역사는 이른바 "지나친 성공은 실패의 지름길"이라는 격언을 예증하는 셈이었다. 1700년에 이르자 르네상스의 원래 성격 가운데 대부분은 그야말로 알아볼 수가 없을 정도로 왜곡되고 말았다. 한편으로는 부유하고 권세 있고 부도덕한 인간들이 그걸 이용하는 방법을 찾아냈기 때문이었으며, 또 한편으로는 ― 그리고 더 나쁘게는 ― 모든 예술 분야에서 그걸 팔아먹을 수 있는 수단을 발명한 절묘하다 싶을 정도로 교활한 영업가들 때문이었다.

이런 서글프면서도 불가피한 결과에도 불구하고, 르네상스의 정치적 성취는 상당한 것으로 증명되었다. 흑사병으로 잃어버린 만큼의 인구가 회복되는 데에는 무려 1세기 이상이 걸렸다. 1500년에 이르러 유럽의 전체 인구는 1350년의 인구를 능가했고, 이후로도 빠른 속도로 늘어났으니, 삶의 조건이 어디서나 향상된 까닭이었다. 전염병으로 인해 시골의 공동체는 열 명에 한 명꼴로 사람이 죽어나 갔고, 그로 인해 경작 가능한 땅이 다시 숲으로 변해 있었다. 이제는 그 땅도 다시 개간되었고, 한때는 "소진되지 않는다"라고 여겨진 유럽의 숲들도 해전으로 인해 증가한 함선 제작 수요를 모두 충당하지는 못하는 것으로 드러나기 시작했다.

1500년에는 유럽 전역의 정치제도 역시 여러 가지 도전들 — 그보다 200년 전에만 해도 결국 극복되지 못했기 때문에, 한동안 번성해 왔던 작고 독립적이고 통치 불가능한 자치도시에 파멸을 가져다주었던 — 에 충분히 대처할 능력이 있었다. 새로운 제도는 로마의 몰락 이후 서양에서 나타난 어떤 것보다도 더 커다란 규모였다.

새로운 국가는 어디서나 전제적이었지만, 최소한 대개의 경우에는 그 백성들에게 저마다의 지배자가 너그럽다고 설복할 수 있었으며, 사실상 어느 경우에나 단 한 명의 군주에 의해 지배되는 것 말고 다른 대안은 없다시피 했다. 정말 너그러운 것으로 증명되거나 아니거나 간에, 왕들은 유용한 기능을 수행했으며, 또는 신하들이 그렇게 하는 것을 지켜보았다. 새로운 도로가 건설되고, 새롭거나 더 큰 선박이 바다와 내수를 오갔으며, 대부분의 국가에서 일종의 우편제도가 시행되었고, 상업은 상당히 잘 보호되었으며(비록 종종 가혹한 세금이 매겨졌으니, 아직은 누구도 자유 교역의 관념을 이해하지 못한 까닭이었다.), 세금은 언제나 부당했지만 그렇다고 독단적이지는 않았으며, 가끔은 믿을 만한 새로운 소식이 종종 전해지고는 했다. 한마디로 르네상스의 2세기가 지난 다음의 근대적인 삶은 일찍이 암흑시대 동안의 삶과는 크게 달라졌던 것이다.

삶은 점점 더 나아지고 계속해서 향상되리라는 진보의 느낌마저 있었다. 이런 믿음은 그 자체에 의해 더욱 강화되었다. 진보가 실제로 일어나리라는 믿음만큼 진보에 더 큰 도움이 된 것은 없었다. 그럼에도 불구하고 몇 가지 커다란 문제는 여전히 해결되지 않고 남아 있었다.

신정정치 국가의 위기

그중에서도 가장 짜증스러운 문제는 종교적 분열에 관한 것이었다. 르네상스의 관념이 신정정치 국가에 제기한 도전을 회피할 길은 전혀 없었다. 애초에 이러한 도전을 가장 통렬하게 느낀 쪽은 교회였으며, 이는 새로운 민족국가에는 오히려 이득이 되었다. 하지만 오래지 않아 이전의 자치도시를 대체했던 전제군주들 역시 그 권력을 잃고, 새로운 인간의 이미지 ─ 하느님 대신 사물의 한가운데에 정좌하게 된 ─ 에 의해 포위되고 전복되었다.

교회는 항상 르네상스에 대해 양가적인 태도를 취했다. 한편으로 여러 권세 있는 성직자들의 경우에는 그들이 느낀, 또는 드러낸 '경건'이란 르네상스 시대의 군주들이라고 해도 될 정도[로 세속적이]였다. 그와 동시에 다른 성직자들은 그 동료들의 증대하는 세속성을 혐오해 마지않았다. 1500년경에는 개혁에 관한 이야기가 있었다. 과거에도 개혁 운동은 있었지만, 이제는 그 필요가 중대한 것으로 널리 인식되었다.

교회는 세속 영지의 관리자라는 새로운 정치적 책임을 떠맡고 있었다. 그러기 위해서는 막대한 돈이 들었다. 초기 교회의 가난을 존경하는 것은 물론 좋았다. 하지만 스스로를 파괴하거나, 또는 그 적들에 의해 파괴되지 않고서야 현대의 교회가 어떻게 다시 가난해질 수 있단 말인가? 새로운 전제군주들, 즉 프랑스와 잉글랜드의 왕, 독일의 황제, 심지어 에스파냐 왕까지도 로마에 대한 저마다의 확고한 충성을 선언하기는 했지만, 실제로는 더 많은 독립을 모색했다. 하지만 [교회라는] 이 잃어버린 영혼을 천벌로부터 구제하기 위해서는 과연 어느 정도의 대가를 치러야 할까? 개혁은 필요했다. 그건 틀림없는 사실이었다. 하지만 교회는 과연 그것을 감히 공개적으로 시인할 수 있을까?

너무 오랫동안 아무런 일도 이루어지지 않았다. 마침내 변화를 촉진하기 위한 새로운 수단 ─ 인쇄술 ─ 이 개혁으로 가는 길을 열었다. 종교개혁은 이후 2세기 동안 사회적으로나 정치적으로나 유럽 전역을 뒤흔들었다.

모두 15세기 후반기 동안 태어난 유명한 인물 네 명의 이력이야말로 그 당시에 사람들과 국가들을 분열시켰던 종교적 간극의 깊이가 어느 정도였는지를 드러내준다. 이 사람들은 피차 아는 사이였으며, 그중 두 사람은 가까운 친구이기도 했다.

에라스뮈스

데시데리위스 에라스뮈스는 1466년에 로테르담에서 태어났다. 그의 부모는 정식으로 결혼을 하지는 않았으니, 아버지는 사제였고,

어머니는 어느 의사와 미망인 사이에서 태어난 딸이었기 때문이다. 사생아로 태어났다는 사실에도 불구하고 그의 이력에는 아무런 장애가 되지 않았다. 만약 의학을 과학적 지식의 대표로 간주할 수 있다면, 하나는 세속적이고 또 하나는 성스러운, 이 두 가지 지식의 조합이야말로 에라스뮈스 본인의 삶을 상징하는 셈이다.

에라스뮈스는 사제가 되었고, 훗날 수사가 되었다. 평생 매우 독실한 가톨릭 신자였던 그의 가장 큰 관심사는 공부였는데, 특히나 자신과 당시의 다른 사람들이 최고의 학문으로 치던 문헌학, 즉 라틴어와 그리스어 같은 고대 언어 — 읽을 만한 가치가 있는 모든 내용은 사실상 이 두 가지 언어로 작성되었다고 생각했다 — 를 공부하는 것이었다. 그의 라틴어 문체는 키케로의 문체에 버금갈 정도라고 평가되었으며, 그리스어에 관한 그의 지식은 당대의 누구보다도 뛰어났다고 평가되었다. 그가 펴낸 그리스 고전의 라틴어 번역은 격찬을 받은 동시에 널리 읽혔다.

1500년에 이르러 에라스뮈스는 학자이자 외교관으로 유명해졌는데, 그 당시에는 대부분의 인문학자가 그런 직업을 통해 생계를 유지했다. 이 시점에 들어서 그는 『신약성서』의 그리스어 텍스트에 관심을 갖게 되었다. 성서를 연구하면 할수록 그는 일찍이 400년경에 성 히에로니무스가 라틴어로 번역한 불가타 성서의 정확성에 의구심을 품게 되었다.

영국으로 간 에라스뮈스는 친구인 토머스 모어를 통해 입수한 여러 수도원의 필사본들을 취합함으로써 가능한 한 최고의 텍스트를 만드는 작업에 돌입했다. 대륙으로 돌아온 그는 라틴어 번역에 착수했다. 1516년에 주석과 아울러 더욱 향상된 그리스어 텍스트를 병기한 에라스뮈스의 라틴어 번역 『신약성서』가 출간되었다. 그의 번역은 여러 부분에서 불가타 성서와 달랐으며, 출간 즉시 이전의 그어떤 것보다도 가장 정확한 번역본으로 인정받았다.

에라스뮈스는 신·구약 성서 모두 완벽하게 정확한 텍스트를 만들고(물론 그는 『구약성서』를 전혀 좋아하지도 않았고, 실제로 많이 연구하지도 않았지만) 인쇄해서 널리 배포한 다음, 여러 다른 학자들이 연구한 결과로 그 내용이 더욱 정련되기를 바라고 있었다. 오늘날은 인쇄술이라는 새로운 기술의 당연한 사용법인 듯 간주되는 이런 발상이야말로 사실상 에라스뮈스의 창안이나 다름없었고, 이런 생각은 당연히 제대로 먹혀들었다. 하지만 이는 에라스뮈스가 전혀 의도하지 않았던 결과를 낳았다.

에라스뮈스가 50세 때, 마르틴 루터가 로마 교회에 보내는 그 유명한 도전장을 내던졌고(이것이 그 유명한 프로테스탄트의 유래다.) 에라스뮈스가 사망할 즈음에는 이미 만발한 혁명이 진행 중이었다. 에라스뮈스는 애초에 루터의 말에 담긴 내용과 암시 모두를 무시하려 했다. 그의 개인적 경건은 물론 확고했지만, 근본적으로 그는 루터가 했던 것처럼 종교(이는 '종교적 학식'과는 반대되는 것이었다.)를 심각하게 받아들일 의향까지는 없었다. 에라스뮈스가 원한 것이라고는 위대한 고전을 연구하고 읽을 수 있는 자유, 우아하고 매력적이고 읽기 쉬운 '대화편'을 라틴어로 써서 그 언어의 우아한 사용법을 제자들에게 가르칠 수 있는 자유(실제로 그가 쓴 글들은 20세기까지도 사용되었다.), 그리고 좋은 와인을 마시고, 좋은 음식을 먹고, 이 세상의 바보들을 비웃을 수 있는 자유뿐이었다.

『우신예찬』은 그의 가장 유명한 작품이며, 실제로 그럴 만한 가치가 있다. 이 작품에서 에라스뮈스는 (자신이 직접 번역하기도 했던 그리스 작가인) 루키아노스의 아이로니컬한 문체를 이용해 이 세상의 모든 어리석음과 미혹된 거만함을 논의하는 자유를 누렸다. 말년에 이르러 그의 책들은 널리 사랑을 받았다. 하지만 그 덕분에 친구보다는 적이 더 많아졌다. 거만하고도 어리석은 사람들은 남의 비웃음 사기를 좋아하지 않는 법이다.

나중에 가서는 에라스뮈스의 친구들이 그에게 루터와 교황 가운데 한쪽을 선택하라고 강요했고, 그는 당연히 교황을 선택했으니, 왜냐하면 그로선 비록 진취적이지는 않다 하더라도, 신실한 가톨릭 신자가 되는 데에 만족했기 때문이다. 그가 루터의 견해 가운데 일부를 비판하는 글을 발표하자, 루터는 ─ 만사에 대해 그러했듯이 ─ 이에 관해 격분하면서도 명민한 반격을 가했고, 에라스뮈스는 이 싸움에서 물러나면서 본인의 거만함과 어리석음을 자책할 수밖에 없었다. 그는 1536년, 70세 생일을 몇 달 앞두고 사망했다. 점잖은 회의주의라는 자신의 르네상스 브랜드가 분격한 새 세상을 만족시킬 수는 없었다는 사실을 인식한 채로.

토머스 모어

저명한 저술가이자 정치가이며 순교자인 토머스 모어는 에라스뮈스와 절친한 사이였다. 에라스뮈스는 특유의 완벽한 라틴어를 구사해서 자기 친구를 "옴니움 호라룸 호모"(*omnium borarum bomo*)라고 불렀으니, 이는 '어느 때나 잘 어울리는 사람'(a man for all season)이라는 뜻이었다.[36] 1477년에 런던에서 태어난 토머스 모어는 당시 캔터베리 대주교이며 대법관이었던 존 모턴의 집에서 자랐다. 옥스퍼드에서 2년간 공부한 뒤에 그는 런던으로 와서 법률을 공부했다. 영국을 방문한 에라스뮈스를 처음 만난 것은 1499년이었다. 그로부터 5년 뒤, 결혼해서 가정을 꾸민 모어는 자기 집에 아예 에라스뮈스를 위한 방을 따로 마련해두었고, 에라스뮈스는 종종 그 집에 손님으로 머물렀다.

바쁘고도 성공한 변호사였던 모어는 그 와중에도 독서와 집필을 멈추지 않았다. 1516년에 그는 『유토피아』라는 "황금 같은 작은 책"을 펴냈으니, 여기서 말 그대로 유럽의 온갖 악덕에서 면역된 세계, 모든 시민이 평등할뿐더러 선하고 정의로운 한 분의 하느님을 믿는 세계를 만들어냈다. 일종의 원시 공산주의야말로 모어의 유토피아(이 말 자체도 그가 처음 만들어낸 것이다.)에서 일종의 상징이라 하겠다. 그리하여 그의 이름은 훗날 러시아 혁명의 영웅들 가운데 하나로 붉은 광장에 오르게 되었다.

1518년 이래로 토머스 모어는 오로지 왕을 섬기는 일에만 전념했

---

36 이 표현은 "사계절의 사람", "팔방미인", "지조 있는 사람", "원리 원칙의 사람" 등으로 다양하게 번역되는데, 원래는 모어와 동시대인인 로버트 휘팅턴의 다음과 같은 말에서 비롯되었다. "모어는 천사의 위트와 특별한 학식을 지닌 인물이다. 그에 필적할 만한 사람을 나는 알지 못한다. 그런 온화함과 겸손함과 붙임성을 지닌 사람이 과연 어디 있겠는가? 그리고 때에 따라서는 대단히 명랑하고 재미있는 사람이며, 때로는 아주 엄숙한 사람이다. 'A man for all seasons'다." 따라서 원문의 맥락에서 보면 'A Man for All Seasons'는 '위트, 학식, 온화함, 겸손함, 붙임성, 명랑함, 재미, 엄숙함' 같은 모든 장점을 한 몸에 지닌 인물, 즉 '어느 때나 잘 어울리는 사람'이나 '언제 봐도 좋은 사람' 정도의 뜻이 아닐까 싶다.

으며, 1529년에는 울시 추기경의 몰락으로 인해 대법관의 지위까지 올랐다. 이로써 영국에서 두 번째로 권세 있는 인물이 되었지만, 그의 치세는 짧게 끝나고 말았다. 왜냐하면 헨리 8세가 아라곤의 캐서린과 이혼하고 앤 불린과 결혼한 행위를 그로선 양심상 도무지 받아들일 수가 없었기 때문이다. 교황 역시 이를 받아들이지 않고 결국 헨리를 파문했으며, 이에 헨리는 교황과 의절하고 스스로를 영국국교회의 수장으로 선언했다.

사실상 간음을 범한 것이나 다름없는 군주까지는 마지못해 받아들인 모어였지만, 종교 문제에서도 영국 왕이 지존임을 주장하는 선언에 감히 서명할 수는 없었다. 비록 모어를 존경했고, 또 다른 상황에서라면 기꺼이 총애했을 헨리였지만 이 문제에 관해서는 가차 없는 조치를 취했다. 모어는 결국 반역 혐의로 재판을 받고 유죄가 인정되어 반역자에게 어울리는 형벌 — 사지를 찢어 죽이는 — 을 선고받았지만, 왕은 참수형으로 감형해주었다. 모어는 1535년 7월 6일에 사망했다.

에라스뮈스의 대화편 가운데 하나에는 이런 대목이 들어 있다. "왕들은 전쟁을 일으키고, 사제들은 자신의 부를 늘리기에 열심이고, 신학자들은 삼단논법을 발명하고, 수사들은 세상을 방랑하고, 평민들은 폭동을 일으키고, 에라스뮈스는 대화편을 쓰노라." 그야말로 적절한 말이 아닐 수 없다. 당시 유럽에서 가장 영향력 있는 학자였던 에라스뮈스조차도 자신의 말년을 괴롭게 만들었던 폭력의 무시무시한 파도를 잠잠하게 만들기 위해 영향력을 발휘하려 들지는 않았다. 아마도 두려웠을 것이다.

이에 반해 기사이며 성인(1935년에 교황 비오 11세가 그를 시성했다.)

이기도 한 토머스 모어는 마치 두려움이 없었던 것 같지만, 왕과 그 사이의 충돌은 불평등한 것이었기에 결국 그는 목숨을 내놓아야 했다. 이 시대로 말하자면 양심의 문제가 불가피하게 폭력으로 귀결되는 시대였기 때문이다.

헨리 8세

훗날 영국 왕이 되는 헨리 튜더는 1491년에 그리니치에서 태어났다. 헨리 7세의 둘째 아들이었던 그는 1502년에 형이 사망함으로써 왕위 계승자가 되었다. 1509년에 왕위를 물려받게 된 헨리는 모든 영국인의 열광적인 기대를 한 몸에 받았다. 18세의 나이, 180미터의 키, 강건한 풍채를 지닌 그야말로 왕의 모습을 타고났으며, 이후 그가 하는 왕의 거동치고 국민들에게 깊은 인상을 심어주지 않은 것이 없을 정도였다. 물론 그의 정책은 국민들을 상당히 크게 실망시킨 것이 사실이었다. 그러나 왕의 곁에는 신하들이 여럿 있어서, 사실은 왕의 결정임에도 불구하고 기꺼이 자신들의 실책으로 비난을 덮어쓰곤 했다.

즉위 직후 헨리는 형수이자 미망인인 아라곤의 캐서린과 결혼했는데, 많은 사람들이 근친상간적인 결합으로 간주한 이 행위에 대한 교황의 승인을 얻기 위해 상당한 비용을 지출해야 했다. 한동안 그는 캐서린을 좋아했지만, 그녀가 낳은 아이 가운데 여럿이 사산되고, 유일하게 살아남은 딸 메리만 훗날 여왕이 되었다. 이에 실망하고 격분한, 그리고 남자 후계자가 없다는 것이 결코 자신의 잘못일리 없다고 생각한 헨리는 자신의 과거 애인들 가운데 하나의 자매인 육감적인 앤 불린에게서 위안을 얻었다. 앤은 왕에게 막대한 쾌락과 아들을 약속했지만, 그러기 위해서는 캐서린과 이혼하고 자신을 여왕으로 만들어주어야 한다고 단서를 내걸었다. 헨리 역시 그녀만큼이나 양쪽 모두를 성사시키고 싶어 했지만, 과연 어떻게 해야 그럴 수 있을지 알지 못했다.

걸림돌은 한두 가지가 아니었다. 우선 아라곤의 캐서린은 신성 로마 제국 황제 카를 5세의 이모였다. 1519년에 황제로 선출된 카를은 곧바로 유럽 내에서도 가장 강력한 인물이 되었고, 에스파냐와 부르고뉴(네덜란드까지 포함한)와 오스트리아와 독일의 왕관을 한 몸에 모두 지녔다. 카를은 가족의 충절을 중요시하는 인물이어서, 자기 친척이 모욕당하는 모습을 가만두고 보지는 못할 것이었다. 헨리는 교황 클레멘스 7세에게 결혼 무효 선언을 요청했지만, 클레멘스는 이미 1527년에서 1528년에 불순종을 이유로 자신을 구금한 바 있었던 카를을 두려워할 수밖에 없었다. 더군다나 헨리는 애초에 [형수인] 캐서린과 결혼하기 위해 교황의 특별 관면을 받은 바 있었다. 이 모든 일을 추진하는 데에는 여러 해가 걸렸다. 그 와중에 앤의 한숨은 깊어만 갔고, 헨리의 성미는 뻗쳐갔다.

헨리는 자신의 최고 대신인 울시 추기경에게 해결책을 내놓으라고 명령했다. 울시는 [헨리와 캐서린의 결혼이] 근친상간이라는 근거하에 교황이 결혼 무효 선언을 내놓을 수 있도록 온갖 수를 고안했지만 아무런 효과가 없었다. 이 실패로 인해 왕의 눈 밖에 난 그는 반역죄로 기소되었지만, 왕을 만나러 가던 도중에 사망하고 말았다. 새로운 최고 대신 토머스 크롬웰은 그보다 더 나은 계획을 왕에게 제안했다. 왕이 교황을 거부하고 영국의 유일한 권위로서 자처하라는, 즉 세속 문제에 관해서나 영적 문제에 관해서도 그렇다고 자처하라는 것이었다. 그러고 나면 헨리는 왕비와 이혼하고 앤 불린과 결혼할 수 있으며, 별도의 영국국교회를 만들 수 있다는 것이었다.

이 일은 1532년에 실현되었다. 왕의 최측근 가운데서는 오로지 대법관인 토머스 모어만이 이 새로운 정책에 반대했다. 헨리 본인은 이 정책을 열성적으로 받아들였다. 그는 탁월한 르네상스 군주였고, 스스로를 왕으로서 세계라는 무대의 한가운데에 놓고 있었다. 그가 가끔 이야기한 것처럼 지상의 그 어떤 인간도 그의 위에 군림할 수는 없었으며, 카를 5세는 물론이고 로마의 교황조차도 마찬가지였다. 비록 경건함이 결여되었던 것은 아니었지만, 르네상스에 걸맞은 인간으로서 헨리는 오로지 하느님에게만, 또는 교회에만 충성을 바치지는 않았던 것이다. 크롬웰이 새로 기초한 새로운 법률하에서 헨리는 영국국교회의 수장으로 선포되었다. 헨리의 이름으로 크롬웰이 영국을 다스린 8년 동안, 영국의 종교개혁은 신속히 진행되었다. 다른 무엇보다도 크롬웰은 전국에 있는 수도원을 거의 모두 해산시켰으며, 그 막대한 부를 왕에게 귀속시켰다. 그리하여 왕의 부는 두 배 이상으로 늘어났다.

앤 불린은 애인으로 있을 때에 비해 아내로서는 그다지 매력적이지 않은 인물임이 드러났다. 헨리는 금세 그녀에게 질려버렸다. 게다가 그녀가 낳은 아이라곤 딸 ― 훗날 엘리자베스 1세가 되는 ― 하나뿐이었다. 결국 그녀는 이러한 실패의 대가로 참수형을 당했다. 새로운 여왕 제인 시모어는 출산 중에 사망했다. 크롬웰은 이후 3년 동안 비록 왕이기는 하지만 장래의 장인들이 보기에는 극도로 위험하기 짝이 없는 이 남자에게 어울릴 만한 부인을 찾아주기 위해 동분서주했다. 결국 크롬웰은 독일과의 동맹이라는 선물을 가져올 수 있는 클리브스의 앤을 선택했는데, 막상 헨리는 그녀를 처음 본 그 순간 ─ 바로 결혼식 당일 ─ 부터 싫어하기 시작해서 결국 이혼하고 말았다. 다섯 번째 부인인 캐서린 하워드는 한때 왕을 만족시키는가 싶더니, 왕비가 된 이후에도 그야말로 행실이 문란했던 까닭에 결국 머리가 날아가고 말았다. 여섯 번째이자 마지막 아내인 캐서린 파는 둔감하지만 상냥한 성품이어서 1547년 1월에 왕이 사망할 때까지 말년의 동반자가 되어주었다.

헨리는 연이은 결혼 소동으로 웃음거리가 되었고, 말년에 들어서는 의도적인 잔인무도함으로 미움을 받았다. 로마 가톨릭 신도들은 그가 교회의 재산을 합법적으로 박탈한 행위를 결코 용서하지 않았다. 비록 유능한 신하들을 거느리고 있긴 했지만 그는 결코 유능한 왕까지는 못 되었으며, 자신에게 더 이상 유용하지 않다는 판단이 서면 신하들을 가차 없이 처형해버렸다. 그럼에도 불구하고 그는 역대 영국 왕 중에서도 가장 유명한 인물이고, 유럽의 군주 중에서도 가장 유명한 인물이다. 왜냐하면 그는 그 당시에, 즉 곳곳에서 이른바 신정정치 국가와 그것을 대체하게 될 새로운 민족국가에 관한 새로운 관념을 르네상스가 인간에게 제공해주었던 그 시절에 왕이 어떠해야 하는지를 완벽하게 상징했기 때문이다.

헨리는 유능한 신학자로 자처했고, 그리하여 말년의 상당 부분을 이른바 세속 군주로서 영국국교회까지 통치하는 자신의 역할이 상징하는 인간과 하느님의 새로운 관계를 국민들에게 해설하는 힘겨운 노력에 바쳤다. 프로테스탄티즘을 자기 백성들에게 가져오는 데에서 맡은 역할 때문에 그는 끝없이 고통을 받아야만 했다. 만약 그가 그토록 육욕적이고, 거만하고, 자기중심적인 르네상스인이 아니었다면, 그는 결코 그런 일을 하지 못했을 것이고, 영국은 아마 오늘날까지도 가톨릭 국가로 남았으리라.

마르틴 루터

이 위대한, 그리고 하느님에 관해 고민한 프로테스탄티즘의 창시자이자 종교개혁의 선동자는 1483년 독일 아이슬레벤에서 태어났다. 변호사가 되었으면 하고 바라는 아버지의 바람에도 불구하고 그는 종교 생활에 돌입하여 훗날 아우구스티누스회 — 에라스뮈스 역시 이곳 소속이었다 — 수사가 되었다. 그는 신학 분야에서 명석함을 발휘해 주위의 인정을 받았다. 1510년에 그는 비텐베르크 대학의 신학 교수가 되었다.

같은 해에 그는 교회 일로 로마 여행을 다녀왔다. 수년 뒤까지도 그는 당시 로마의 고위 성직자들의 방종과 세속성을 발견하고 느꼈던 충격을 생생하게 기억할 정도였다. 실제로 1510년은 이탈리아의 르네상스가 최고조에 이르렀던 시기라고 할 수 있으니, 교황 율리오 2세가 미켈란젤로와 라파엘로의 도움을 받아 이 영원의 도시에 과거의 경이를 재건하는 계획에 자신의 모든 에너지를 바쳤기 때문이다.

교수로서 루터는 도전적이면서도 매력적인 면모를 두루 갖추고 있었으며, 그 주위로 몰려든 명석한 제자들은 훗날 그의 충실한 추종자가 되었다. 하지만 1510년 이후로 그는 내적 고투에 사로잡혀 있었으며, 성 바울로가 하느님의 의로움이라고 부른 것에 관한 의문과 씨름했다. 그토록 완고하고도 무자비한 존재를 어떻게 사랑할 수 있느냐고 루터는 물었다.

마침내 그는 인간을 위한 하느님의 정의가 믿음의 선물 속에서 완성되었다고, 따라서 인간은 믿음에 의해, 오로지 믿음에 의해서만 의롭게 된다고 믿게 되었다. 따라서 교회의 방대한 기반 시설은 필요성이 덜하게 되었고, 그는 사실 이것을 인간과 하느님 사이의 도로라기보다는 오히려 장애물로 보았다.

종교개혁은 1517년 10월 31일 저녁 — 역사적 사건 가운데 이처럼 정확한 시간이 기록에 남아 있는 경우는 극히 드물다 — 루터가 비텐베르크의 만성 교회의 문에 95개조의 반박문을 못 박아 게시함으로써 시작되었다. 그중 상당수는 면죄부라는 주제를 다루고 있었다. 루터가 그처럼 부정적인 견해를 표출한 까닭은, 어느 도미니크회 면죄부 판매상이 그곳을 찾아와 루터의 지인 가운데 몇 사람에게 구원을 판매하려던 사건 때문이었다. 공식적으로 교회는 제아무리 비싼 값을 주고 산 면죄부라 하더라도 그 자체로 천벌을 면하거나 구원을 보장해주지는 못한다고 말할 정도로 항상 신중을 기하기는 했지만, 판매 대리인들은 예나 지금이나 굳이 그렇게 격식을 차리지는 않았다. 특히 루터의 지인들을 찾아온 그 판매상의 경우, 본인은 물론이고 세상 어느 누구도 감히 가져다줄 수 없는 것에 관해 — 루터는 그렇게 생각했다 — 터무니없고도 충격적인 약속을 서슴지 않았던 것이다.

만성 교회에는 귀중한 성유물이 많이 보관되어 있었으니, 그 각각은 역시 면죄 효과를 암시하고 있었고, 마침 다음 날인 만성절에 일반에 공개될 예정이었다. 그리하여 마침 그곳에 모인 많은 사람들이 교황권에 대한 암묵적인 도전이기도 한 그 반박문을 보게 되었다. 루터는 신기술을 적극 활용하여 이 반박문을 인쇄해 여러 친구와 동료에게 보냈다.

1517년으로부터 5세기 가까이 지난 오늘날에 이르러 어떤 반란자들과 개혁가들이 교회며 다른 건물의 문에 도전장을 가져다 못 박아 놓는다고, 또는 오늘날 그에 상응하는 행위로 TV에 나와서 도전장을 낭독했다고 쳐보자. 그래도 루터만큼 성공을 거둔 사람은 거의 없을 것이다.

이 혁명은 천천히 시작되었지만 돌이킬 수 없을 정도로 커져버렸다. 루터는 숙련된 정치가나 다름없었다. 보다 중요한 점은 로마를 향한 그의 도전이 지원을 얻었다는 점이다. 특히 독일은 그를 맞이하고 양팔 벌려 환영할 채비가 되어 있었다.

교회는 강경한 반대에 부딪힌 셈이 되었다. 이단으로 고발당하고 교황에 의해 파문된 루터는 1521년 4월, 보름스에서 열린 제국회의에 소환되었다. 고발에 대한 항변으로 그가 내놓은 탁월한 연설은 다음과 같은 유명한 말로 끝난다. "저는 여기 서 있습니다! 이것 말고는 다른 방법이 없었습니다!" 고발 혐의에 대해 무죄를 선고받은 루터는 적들의 무리를 헤치고 친구들에게 다가갔다. 친구들이 그를 에워싸자 그는 안도 — 한편으로는 자칫 화형 선고를 받을 수도 있으리라고 생각했기 때문이다 — 와 승리의 몸짓으로 한 팔을 들어 올렸다.

종교개혁은 매우 복잡한 운동이었으며, 이 도전에 대응하기 위해 제기된 반(反)종교개혁도 복잡한 운동이긴 마찬가지였다. 양쪽 모두 로마 교회가 개혁될 필요가 있다는 데에 동의했고, 그런 개혁을 요구하고 가져왔다. 태평스럽고 자유주의적인 기독교는 더 이상 가능하지 않았다.

종교개혁은 그 자체로 목표이며, 또한 다른 목적을 위한 이유이기도 했다. 헨리 8세는 교계의 개혁을 원한다고 천명했지만, 사실은 이혼과 아울러 영국 전역의 가톨릭 수도원에 저장된 부를 원했을 뿐이다. 루터를 지원한 독일의 여러 군주(제후)들 역시 개혁을 열망하기는 했지만, 또 한편으로는 로마로부터의 독립과 아울러 자신들의 영토에서 교회 기구가 거두는 세금 가운데 더 많은 몫을 차지하고 싶은 열망이 있었다. 뿐만 아니라 다른 여러 가지 세속 권력도 함께 작용하고 있었다.

하지만 이런 분위기를 가장 많이 촉진한 원인은 루터의 신학 강의에 의해, 또한 그의 반박문 가운데 일부에 의해 교회에 가해진 르네상스의 도전이었다. 인간은 어떻게 구원을 받는가? 교회가 늘 주장해왔듯이 사제와 주교의 중재에 의해서인가, 아니면 그 자신의 개인적이고 독립적인 신앙에 의해서인가? 만약 신앙이 개인적이고 독립적인 것이라면 — 하긴 그렇지 않을 도리가 있겠는가? — 루터의 입장에 동의하지 않기란 어려우며, 또한 로마로부터의 국가적 독립과 아울러 종교 기구로부터의 개인적 독립을 요구할 수밖에 없을 것이었다.

루터는 그렇게까지 멀리 나아갈 생각은 전혀 없었다고 주장했고, 비록 로마 가톨릭교회는 아니었지만 교회를 여전히 존속시켰다. 루터는 심지어 무덤에 들어갈 때까지도 〔가톨릭 측의 주장과 유사하게〕 성만찬의 유효성을 주장했는데 — 특유의 노골성을 발휘하여 — "만약 주님이 나에게 떫은 사과와 거름을 먹으라고 명령하시면 나는 당연히 그러할 것이니, 마찬가지로 주님께서 그렇다고 하신다면 어찌 그리스도의 살과 피의 신성함을 믿지 않을 도리가 있겠느냐"라고 반문했다.

하지만 이 완고하고도 웃음기 없는 인물의 근저에 깔려 있는 정신은 혁명적인 것이었다. 다른 사람들은 이러한 정신을 이해하고, 그가 어디로 가든지 뒤를 따랐다. 심지어 그들은 하느님에 관한 누군가의 믿음이 잘못되었을 경우, 그 누군가를 죽이는 것도 가능하다는 루터의 확고한 믿음까지도 받아들였을 정도였다.

관용과 불관용

16세기와 17세기에 있었던 여러 차례의 종교전쟁을 결코 루터 혼자서 시작한 것은 아니었다. 하지만 그 시대의 특징이 되다시피 한 불관용의 주창과 지지에서 그가 누구보다도 더 많은 역할을 했던 것은 사실이었다.

프로테스탄트는 자신의 신앙을 위해 사람을 죽였다. 가톨릭교회는 종교재판소를 부활시킴으로써 이에 대응했다. 1546년에 루터가 사망한 이래로 100년 넘도록 사람들의 믿음에 관한 사소한 문제는 충분히 살인의 이유가 될 수 있었다. 조너선 스위프트는 이처럼 전쟁을 벌이는 도당들을 〔『걸리버 여행기』에서〕 회화화해서, 그들이 삶은 계란의 넓은 쪽과 좁은 쪽 가운데 어느 쪽을 깨트려야 맞는지를 놓고 싸움을 벌인다고 꼬집었다. 실제로 한동안은 각 종파 간의 충돌이 흑사병 못지않게 해로운 효과를 끼쳤다.

17세기에는 루터가 일조해서 만들어진 문제에 관한 이론적인 해결책이 등장했다. 교회의 지배, 성례전, 주교의 역할, 성직자의 결혼 등 여러 문제에 관한 단 하나의 타협적인 입장은 나올 수가 없었다. 유일한 해결책은 단 하나가 아니라 여러 개의 기독교 교회를 갖는 것뿐이었다. 그때부터는 이 나라에, 또는 이 도시에 어떤 교회가 우리 것이 되느냐 하는 것이 문제가 되었다. 이런 생각이 원칙적으로 널리 받아들여지고 난 지 한참 뒤까지도 그 문제는 무차별 폭력을 낳았다.

마침내 종교적 차별은 그 자체로도 불관용이 되었다. 합리적 사고 방식을 지닌 사람들이 보기에는 반드시 변해야만 했다. 이러한 견해를 가장 설득력 있게 내놓은 인물은 바로 존 로크(1632~1704)였으며, 그의 『관용에 관한 편지』는 1689년에 간행되었다.

가령 누군가가 자신은 불멸의 영혼을 지니고 있으며, 자신이 지상에 머무는 시간은 짧고, 자신의 신앙의 성격에 따라 이후의 영원을 어떻게 보내는지가 ― 가령 고통 속에서, 또는 축복 속에서 ― 결정된다고 믿어 의심치 않는다면, 그가 믿는 종교는 매우 중요한 일이 되고, 나아가 그가 행하거나 생각할 수 있는 다른 어떤 것보다도 더 중요한 일이 된다. 그 신앙을 지키며 죽는 것 ― 그리하여 영원한 축복을 얻을 수 있다고 본인이 믿어 의심치 않는다면 ― 은 그 신앙에 벗어나 살다가 결국 천국을 잃어버리는 것에 비하자면 당연히 손해가 아니다.

이러한 믿음은 오로지 개인의 관점에서 종교에 접근한다. 여기서 다른 두 가지 견해도 고려해보아야 한다. 그중 하나는 그와 전혀 다른 신앙을 지닌 사람에 관한 것이다. 『관용에 관한 편지』가 간행된 시점에서 2세기 전에는 어떤 사람이 신앙을 지니고 있을 경우, 거기에 동의하지 않는 다른 사람들을 ― 비록 양쪽 신앙 간의 차이가 식별하기 어려울 정도로 희박하더라도 ― 고문하고 죽이고 화형에 처하는 것이 필수적이라고 다들 믿었다. 오늘날 우리는 종교적 견해에서의 차이가 고문과 죽음을 야기하기에 충분한 이유가 된다는 견해를 의문시하고 단죄한다. 하지만 루터의 시대에만 해도 대부분의 사람들은 왜 그것이 의문시되는지 자체를 이해하기 힘들어했으리라.

그러던 와중에 로크의 주장이 나왔으니, 그의 견해는 사실 하느님의 견해와도 다르지 않았다. 그는 묻는다. "종종 변명하듯이, 자비의 원칙에 근거하여, 또한 인간의 영혼에 대한 사랑에 근거하여 (……) [다른] 사람들의 재산을 빼앗고, 사람들에게 신체적 고문을 가하고, 끔찍한 감옥에 가두어 굶주리고 고통받게 하고, 결국에는 그들의 목숨을 빼앗는" 사람들의 행동을 자비와 사랑의 하느님이 과연 승인할 것인가? 로크의 답변은 강력하고도 명료하다.

> 어떤 사람이 다른 사람 ─ 본인은 상대방의 구원을 진심으로 열망한다고 말하면서도 ─ 을 고통 속에 절명하게 만들 수 있다고, 심지어 상대방을 개종조차 시키지 않은 상태에서 그렇게 만들 수 있는 자격이 스스로에게 있다고 생각하는 것이야말로, 솔직히 말해서 내게는 매우 이상하게 보이며, 내 생각에는 다른 어떤 사람에게도 그렇게 보일 것 같다. 그런 태도가 이른바 자비와 사랑과 선의에서 비롯될 수 있으리라고는 당연히 누구도 믿지 않을 것이다. 만약 어떤 사람이 주장하기를, 다른 사람들을 불과 칼로 위협함으로써 강제로 특정한 교리를 믿게 만들 수 있다고, 그리고 이런저런 외관상의 예배에 순응하게 만들 수 있다고, 그러면서도 그들의 도덕에 대해서는 아무런 고려도 없을 수 있다고 한다면 어떨까. 만약 신앙에서 오류를 범하는 사람들을 개종시키기 위한 노력이, 그들을 강제하여 그들이 믿지 않는 것을 신봉하게 만

들면서도, 그들로 하여금 정작 복음이 허락하지 않는 것들을 실천하게 허락한다면, 그런 사람은 수많은 사람들이 자신과 똑같은 신앙에 합치하게 염원하는 사람이라고 말할 수 있으리라. 하지만 그가 원칙적으로 그러한 수단을 이용해서 진정한 기독교 교회를 만들려는 것인지는 전적으로 의심스럽지 않을 수 없다.

비록 말투는 고풍스럽지만, 이 주장의 현대적 어조는 17세기의 일부 사상가들과 우리가 얼마나 유사한 정신을 지니고 있는지를 보여주는 증표라고 하겠다. 로크가 이 글을 발표하고 나서 거센 공격을 받았다는 사실은 이 문제에 관해서만큼은 과거의 종교개혁과 반종교개혁의 시대, 그리고 종교전쟁의 시대가 오늘날 우리의 시대로부터 아주 멀리 떨어져 있지는 않다는 점을 시사한다.

세계 중심의 인간

이 장의 서두에서 우리는 르네상스 시대에 와서는 과연 어떤 거대한 개념이 재탄생했는지 하는 질문을 던져보았다. 이에 대한 답변은 이렇다. 인간의 관심사의 핵심은 바로 인간이라는 고대의 관념이 재탄생한 것이다. 프로타고라스가 무려 25세기 전에 말한 것처럼, 인간은 만물의 척도인 것이다.

프로테스탄트의 종교개혁은 은혜의 개인적 필요성에 대한 강조와 아울러 이 답변을 확증해주었다. 이제는 모든 사람이 성서를 읽을 수 있게 되어서, 그 의미를 스스로 판단할 수 있게 되었다. 인쇄술의 발명은 이를 실현 가능하게 만들었다. 성서가 유럽 각국어로 번역되면서 이는 더욱 손쉬워졌다. 이제는 모든 사람이 저마다 신학자가 되었고, 하느님은 모든 기독교인의 가슴속으로 내려왔다.

현대의 역사학자들이 보여준 것처럼, 이런 새로운 자기중심성은 다른 효과도 가져왔다. 독일의 사회학자 막스 베버(1864~1920)와 영국의 역사학자 R. H. 토니(1880~1962)는 프로테스탄티즘과 자본주의의 발흥 간의 관계가 특별히 긴밀하다고 보았다. 인간이 국제적인 교회의 지원으로부터 스스로 떨어져 나온 이후에는 반드시 전력을 다해 살아남아야 했는데, 이것은 자본주의경제에서의 성공을 위해 필요한 자기 신뢰와 유사한 데가 있었다. 이것이야말로 또한 민주적 정체에서 훌륭한 시민을 만드는 특성이기도 하다.

정말 그런지 여부와는 무관하게, 유럽 르네상스 시대의 사람들은 이런 것을 미처 알지 못하고 있었다. 그들이 재발견한 고전 문명 중에서도 어떤 것들이 그토록 흥미로운지에 관한 그들의 생각은 우리와 전혀 달랐다.

로마의 몰락 이후 1000년 동안 인간은 지상에 있는 하느님의 대리인들 — 로마의 교황, 그 휘하의 주교, 그 휘하의 교구 사제와 성직자 — 에게 각자의 도덕적 삶에 대한 책임을 떠넘기고 있었다. 그들이 이렇게 한 데에는 타당한 이유가 있었으니, 일단 이렇게 할 경우에는 구원과 영원한 축복 모두를 얻을 수 있으리라고 확신했기 때문이다.

그토록 여러 가지 면에서 존경해 마지않았던 고대 그리스인과 로마인이 대체적으로 그런 흥정을 하지 않았다는 사실을 발견한 르네상스 시대 사람들은 적잖이 놀랐을 것이다. 특히 로마인은 비록 하느님을 믿었고, 나아가 위쪽으로, 즉 도덕적 삶으로 향하려고 노력

하기는 했지만, 자신들이 어떻게 살아야 하는지 선택하는 책임만큼
은 스스로가 받아들인 바 있었다. 그들이 생각하기에 그러한 책임은
차마 누구에게도 넘겨줄 수 없는 것이었다.

　르네상스 시대 사람들이 이런 믿음을 더욱 숙고하면 할수록, 그것
은 더욱 놀랍고도 용기 있게 여겨졌다. 고전 시대의 사람들은 스스
로에 대한 책임을 받아들였으며, 혹시나 자신이 오류를 범할 경우의
결과까지도 받아들였던 것이다. 르네상스 시대 사람들이 깨달았듯
이, 그로 인해 고전 시대 사람들이 감수해야 하는 위험은 매우 큰 것
으로 드러났다. 그렇다면 그들이 받을 수 있는 보상도 마찬가지로
매우 큰 것이었을까?

　르네상스 시대 사람들 역시 그렇다고 생각했고, 이것이야말로 신
정정치 국가를 버리고 세속 국가와 사회로 대체한 다음, 그때 이후
로 그 국가와 사회에 대한 완전한 책임을 지기로 한 이들의 집단적
결단에서 가장 중요한 이유가 되었다. 물론 그들은 여전히 종교적
조언자들에게 상담을 하기는 하지만, 결코 그들의 지도력에 의지하
지는 않을 것이었다. 우리 현대인은 그들의 결단을 물려받았으며,
몇 가지 예외의 경우(제12장을 보라.)를 제외하면 그때 이후로 줄곧
이 믿음에 매달려 왔다.

제7장

유럽의 대외 진출

콜럼버스가 태어난 1451년의 세계를 한번 생각해보라.
여러분이 유럽인이라고, 가령 그 당시 유럽의 어느 나라 가운데
한 곳에서 태어났다고 생각해보라.
여러분이 바라본 세계는 과연 어떠했을까?
다른 무엇보다도 그 당시의 세계는 결코 둥글어 보이지 않았을 것이다.
콜럼버스는 모든 사람의 머릿속에 들어 있는 세계의 그림을 바꿔놓았다.
이제껏 살았던 사람 중에 어느 누구도
그런 일을 그토록 철저히 성취하진 못했다.

기독교 시대 초기의 세계 인구는 3억 명가량이었다. 1500년에 세계 인구는 4억 명가량으로, 그 분포는 대략 다음과 같았다.

중국, 일본, 한국	1억 3000만 명
유럽(러시아 포함)	1억 명
인도아대륙	7000만 명
동남아시아 및 인도네시아	4000만 명
중앙아시아 및 서아시아	2500만 명
아프리카	2000만 명
남북아메리카	1500만 명

1500년부터 1800년 사이에 세계 인구는 무려 두 배로 뛰었고, 1900년에는 다시 두 배로 뛰어서 약 16억 명이 되었다. 1960년에는 다시 두 배로 뛰었고, 2000년에는 아마 다시 두 배로 뛰어서 지구상

의 인구는 대략 60억 내지 70억 명이 되지 않을까 예상된다.[37]

농업에서의 새로운 발견 및 기술이 지구 전역으로 퍼진 것이야말로 1500년부터 1800년 사이에 인구가 두 배로 뛴 주원인이었다. 워낙 많은 식량을 이용할 수 있게 되었으므로, 이전보다 훨씬 더 많은 사람이 살 수 있게 되었던 것이다. 1500년에는 전 세계의 경작 가능한 땅 가운데 실제로 농사가 이루어지는 곳은 4분의 1도 채 못 되었다. 그 나머지 땅에 살아가는 사람들은 채집 및 수렵, 초원에서의 유목, 또는 손 농사 — 가령 잉카의 경우처럼 — 등을 통해 생계를 유지했다. 이처럼 원시적인 방법은 쟁기 농사에 비해 훨씬 덜 효율적인 것으로 판명되었다. 더 나아가 반복적인 기근 때문에 인구가 제한되기도 했는데, 이런 기근은 주로 토착 농작물의 흉작 때문이었지만, 간혹 생소한 식량이 생기더라도 사람들이 그걸 먹기 거부함으로써 더욱 악화되곤 했다.

1500년 이후, 세계 경제의 시작에서 가장 두드러진 특징은 가축화된 동물과 식량 작물의 확산이었다. 소, 양, 말이 신세계에 도입되어 금세 번성하게 되었다. 근동 원산인 밀은 처음에는 아시아 전역으로, 나중에는 전 세계로 퍼져나갔다. 아시아 원산의 작물 중에서는 바나나, 얌, 쌀, 사탕수수 등이 그 뒤를 따랐고, 아메리카 원산의 작물 중에서는 옥수수, 감자, 토마토 등이 그 뒤를 따랐다.

세계 인구가 1500년에 이르러 4억 명 수준에 이르기까지는 약 10만 년의 세월이 필요했다. 하지만 1995년부터 2000년 사이에만 해

---

37 미국 인구조사국의 통계에 따르면, 2010년 현재 전 세계의 인구는 약 68억 명이다.

도 지구상의 인구 증가량은 오히려 그보다도 많을 것으로 예상된다.[38] 물론 오늘날의 폭발적인 인구 증가 요인이 단순히 농사 습관의 변화뿐만은 아니다. 하지만 그런 폭발이 힘을 얻게 된 것은 1500년경이었고, 이때는 인간의 역사에서 그야말로 분수령에 해당하는 기간이 아닐 수 없었다.

몽골 제국

오늘날 몽골은 아시아에서 여섯 번째로 큰 나라이지만 인구밀도는 가장 낮은 나라 가운데 하나로, 이곳의 인구는 200만 명도 채 되지 않는다.[39] 황량하고 바람이 거센 사막과 초원 지역으로 이뤄진 몽골은 예나 지금이나 결코 많은 사람을 먹여 살릴 수 있는 땅이 아니다. 하지만 그 땅에서 산출된 것들은 이후 다른 세계에 중대한 영향을 끼쳤다.

A.D. 4세기에 흉노, 또는 훈족이 서쪽으로 이동하기 시작하면서 그로부터 200년 뒤에 수많은 민족들의 연이은 이동이 야기되고, 결국 로마 제국의 몰락이라는 결과를 낳았음을 우리는 앞에서 살펴보았다. 그 시기 이후에 몽골은 1000년 동안 조용히 있었다. 중국에서 무력과 외교를 조합시켜가며 최대한 잘 이들을 구슬려두었기 때문이다. 하지만 13세기 초에 이르러 몽골에서는 흉포하고도 잔혹한

---

38 1995년 당시 세계 인구는 약 56억 명이었고, 2000년 당시는 약 60억 명으로 집계되어, 저자의 예측처럼 5년 사이에 4억 명가량이 늘어났다.

39 이후 2000년에 집계된 몽골의 인구는 약 265만 명이었다.

기마인의 새로운 파도가 솟아났고, 머지않아 몽골인은 세계 역사상 가장 거대한 제국을 만들게 되었다.

이때 활약한 몽골 지도자들의 이름은 세계 역사에 길이 남아 있다. 칭기즈 칸(1167~1227)은 1206년에 몽골 여러 부족을 통일했고, 이후 20년에 걸쳐 중국 북부와 캅카스 산맥 서쪽의 아시아 전역을 정복했다. 오고타이 칸(1185~1241)은 중국과 한국을 침략했고, 서쪽 원정을 계획하여 몽골인을 아드리아 해까지 진출시켰다. 1241년 4월, 오고타이의 대군은 레그니차와 모히에서 폴란드인, 독일인, 헝가리인 군대를 대파했고, 빈의 지척에 와 있었다. 그해 12월에 오고타이가 사망함으로써 유럽은 이 새로운 야만족의 위협에서 간신히 벗어날 수 있었다.

쿠빌라이 칸(1215~1294)은 원(元) 왕조를 세움으로써 907년에 당나라가 몰락한 이래 처음으로 중국을 재통일한 최초의 황제가 되었다. 마지막으로 〔소개할 인물은 중국에서 원이 몰락할 즈음, 몽골 제국의 후손으로 중앙아시아를 제패한 티무르 제국의 창시자다.〕 티무르(1336~1405)는 한쪽 다리가 불구였기 때문에 "절름발이 티무르"라고 불렸는데, 그는 전무후무한 야만성을 발휘하여 러시아 남부와 몽골을 비롯하여 인도, 페르시아, 메소포타미아에 인접한 방대한 제국을 건설했다. 하지만 그의 사후에 왕국은 사분오열되고 말았다.

마르코 폴로

마르코 폴로는 1254년에 베네치아에서 태어나 놀라운 모험으로 점철된 생애를 마치고 1324년에 베네치아에서 사망했다. 그의 가문은 오랜 세월 동양과 무역을 했으며, 〔마르코의 아버지 니콜로는〕 1260년에 콘스탄티노플에서 출발해 아시아로 여행을 떠났고, 마침내 칸의 여름 궁전에 도착해서 쿠빌라이 칸을 직접 만났다. 그 궁전의 이름은 상도(上都, Shang-tu)였는데 훗날 콜리지의 시에 재너두(Xanadu)라는 이름으로 등장해 유명해졌다. 쿠빌라이는 마르코의 아버지 니콜로를 유럽에 대사로 보내면서, "일곱 가지 (교양) 학문에 정통한" 지식인 100명을 보내달라는 내용의 편지를 교황에게 전달하게 했다. 니콜로는 1269년에 베네치아에 도착했고, 이때 처음으로 자기 아들을 보게 되었다. 그 당시 마르코는 열다섯 살이었다.

교황 클레멘스 4세가 세상을 떠난 직후여서, 니콜로가 쿠빌라이의 명령을 이행하기 위해서는 새로운 교황이 선출될 때까지 기다려야만 했다. 그런데 2년이 지나도록 후임 교황은 선출되지 않았다. 결국 폴로 부자는 더 기다리지 못하고 다시 여행을 떠날 수밖에 없었다. 팔레스타인에 도착했을 때, 그곳의 교황청 대사가 칸에게 보내는 편지〔— 교황의 서거와 그로 인해 일이 지체되었음을 설명하는 —〕를 써서 이들에게 건네주었는데, 이 만남이야말로 폴로 부자에게는 딱 그들이 원하던 것으로 드러났다. 왜냐하면 그 교황청 대사가 머지않아 교황 그레고리오 10세로 선출되었기 때문이다. 하지만 100명의 지식인을 보내달라는 요청은 받아들여지지 않았다. 폴로 부자는 1271년 말에 수사 두 명과 함께 아크레에서 출발했지만, 이 수사들은 아시아 여행의 어려움을 이겨내지 못하고 중도에서 발길을 돌렸다. 그럼에도 불구하고 폴로 부자는 여행을 계속했다.

여러 해가 지나서 베네치아로 돌아온 마르코는 『일 밀리오네』[40]

에서 자신의 여행에 관해 서술했다. 당대의 베스트셀러였던 이 '마르코 폴로의 여행기'는 오늘날까지도 탁월한 여행기 가운데 하나로 손꼽히지만, 마르코의 동시대인 가운데 상당수는 이 작품을 완전한 날조라고 간주했다. 최근의 학술적 연구에 따르면 이 책의 역사적이고 지리적인 정보는 확고한 근거가 있다고 한다.

폴로 부자는 3년이나 걸려서 아크레를 떠나 몽골 황제의 여름 궁전이 있는 상도에 도착했다. 그토록 시간이 지체된 까닭은 한편으로 이들이 질병을 앓았기 때문이며(어느 한쪽, 또는 양쪽 모두 말라리아에 걸렸을 가능성이 있다.) 또 한편으로는 일찍이 소문으로만 들은 바 있던 구경거리를 찾아가 보기 위해 제법 긴 곁다리 여행을 즐긴 까닭이기도 했다. 마르코의 아버지를 다시 만난 것은 물론, 예루살렘에서 가져온 성유병이며, 신임 교황의 편지까지 받게 된 쿠빌라이 칸은 무척이나 기뻐했다. 칸은 무엇보다도 마르코 폴로를 보게 되어 기뻐했으니, 왜냐하면 그가 머나먼 나라의 기이한 사람들에 관한 이야기를 해서 군주를 기쁘게 해주었기 때문이다.

쿠빌라이는 이 젊은 베네치아인을 일종의 무임소 순회대사로 삼았고, 제국의 머나먼 지역으로 사실 확인차 여러 번 파견했으며, 마르코는 돌아올 때마다 귀중한 정보와 아울러 흥미진진한 이야기를 내놓았다. 마르코는 또한 쿠빌라이의 신임을 얻어 소금 무역 관련 행정 업무를 다루는 한편, 작은 도시의 지사로도 임명되었던 것 같다.

---

40 '폴로'(Polo)라는 성(姓)이 워낙 흔했기 때문에 마르코의 가문 사람들은 종종 '에밀리오네'(Emilione)라는 이름을 사용했는데, 바로 여기서 '일 밀리오네'(Il Milione)라는 제목이 비롯된 것으로 추정된다. 하지만 이 책은 오늘날 '마르코 폴로의 여행기'로 널리 알려졌고, 우리나라에서는 특히 '동방견문록'이라는 이름으로 알려져 있다.

마르코와 그의 아버지는 칸의 궁전에서 최소한 15년간 머물렀고, 그 와중에 이들은 무역을 통해 적게나마 재산을 모으고, 수많은 놀라운 모험을 겪었다. 마르코가 임종 시에 주장한 바에 따르면, 그런 모험 가운데 자신의 책에 수록된 것은 절반도 못 된다고 한다. 1290년경에 이들 부자는 베네치아로 돌아오고 싶어서 몸이 달았고, 결국 쿠빌라이에게 돌아가게 해달라고 요청했다. 처음에 칸은 마르코를 돌려보내지 않으려 했다. 이후 1년이 넘도록 폴로 부자는 자신들의 고국행을 황제에게 유리한 일로 만들 수 있는 기회가 오기를 기다렸다. 전통적으로 알려진 날짜에 따르면 그 기회는 바로 1292년에 찾아왔다.

몽골의 한 공주가 뱃길을 통해 페르시아로 가서 당시 그곳의 몽골인 지배자였던 아르군 칸과 결혼을 할 예정이었다. 약 600명의 수행원이 따라갈 예정이었는데, 폴로 부자는 자신들이 이미 그 길을 지나온 적이 있으므로 함께 따라가면 도움이 될 것이라고 해서 쿠빌라이의 허락을 받았다. 하지만 실제로 공주 일행은 인도아대륙을 우회하는 해로로 여행할 계획이었고, 폴로 부자는 페르시아를 지나 중국으로 오는 육로로 여행했으므로, 사실 그 경로에 관해서는 공주 일행이나 마찬가지로 아는 바가 없었다.

마르코는 자신이 칸과 어떻게 작별했는지에 관해서는 책에 쓰지 않았지만, 아마도 그 광경은 상당히 감동적이지 않았을까. 80세에 가까워진 황제는 다시는 그 젊은 친구를 만나지 못하리라는 것을 알았을 테고, 마르코도 자신이 결코 다시는 돌아오지 못하리라는 것을 알았을 것이다. 몽골 정부의 분위기가 외국인을 그리 환영하지 않는 쪽으로 바뀌고 있었기 때문이다. 또한 마르코도 40세에 가까웠으며, 그 당시로서는 상당한 나이였기 때문에, 말년을 고향 베네치아에서 보내고 싶었던 것이다.

중국에서 페르시아까지의 여행은 무려 1년 이상이 걸렸다. 선단이 목적지에 도착했을 때, 공주의 정혼자는 이미 사망한 다음이었다. 아르군의 아들인 마흐무드 가잔이 페르시아의 지배자였다. 공주는 결국 정혼자의 아들과 결혼했다. 폴로 부자는 이 결혼식 행사에 참석한 다음, 갖가지 선물을 싸 들고 유럽을 향해 떠났다.

흑해의 남쪽 해안에 위치한 트라브존을 마지막으로 이들은 몽골의 영향권을 벗어나 자신들이 태어났던 유라시아 문명권으로 들어갔다. 곧이어 이들은 도적 떼를 만나서 값진 물건은 모두 빼앗기고 간신히 목숨만 부지했다.

이것이야말로 적잖이 아이로니컬한 사건이 아닐 수 없었다. 태곳적부터 유럽인이 극동까지 육로로 여행한다는 것은 그야말로 불가능한 일로 간주되었다. [여행에 따르는 갖가지 위험 때문이었는데, 서양인은 그래도 동양보다는 서양의 여행길이 더 안전하다고 여겼다. 그러나 실제로는 그 반대였다.] 1200년에서 1400년경에 이르는 황금기 동안 몽골의 역대 칸들은 안전한 육로 여행을 보장해주었다. 물론 이들의 힘도 트라브존 서쪽까지는 미치지 못했지만, 트라브존 동쪽에 있는 여행자는 누구라도 안전을 보장받을 수 있었던 것이다.

동쪽에서의 안전도 물론 일시적인 것에 불과했다. 원은 1368년에 중국의 제어권을 완전히 잃고 말았으니, 토착 중국인 정권인 명(明)이 다시 전국을 장악한 까닭이었다. 몽골의 힘이 약해지면서 명의 힘과 영향력은 점점 커져만 갔다. 초기의 명 왕조는 해외로 발을 뻗었다. 유명한 환관 제독 정화(1371~1435)는 인도양을 탐사하고 돌아왔다. 1431년에 62척의 함대와 3만 명에 달하는 중국인이 아프리카 동부 해안에 도달했다. 그로부터 반세기만 더 지났더라면 중국인은 거기서 더 나아가 아예 유럽을 발견했을지도 모른다.

그러다가 갑자기 정책이 변화되면서, 명 황제들은 알 수 없는 이유로 인해 모든 항해를 중지시키고 반외세 보수주의의 태도를 취했다. 그로 인해 과학은 침체되었다. 무역도 활기가 없어졌다. 해양에서의 발견은 무시되거나 망각되었다. 중국은 이후 500년 가까이 스스로를 봉인하고 있었다. 머지않아 중국은 뻗어나가는 나라가 아니라 착취당하는 나라가 되었다.

1405년에 티무르가 사망하고, 그로부터 한 세대 뒤에는 원정 함대가 없어짐으로써, 유럽과 아시아 사이에는 다시 한 번 장막이 드리웠다. 양쪽 간의 여행은 사실상 중단되었고, 쿠빌라이 칸은 오로지 소수의 베네치아인들만이 믿는 낭만적인 전설로 남아 있었다. 폴로 가문 사람들은 세상에서 가장 큰 부가 있는 장소인 극동까지 육로나 해로를 통해 갈 수 있음을 알았으니, 왜냐하면 자신들이 이미 그 경로로 다녀왔기 때문이었다. 하지만 시간이 흐르면서 이 가문의 전설은 점차 혼동되고 왜곡되었으며, 다른 유럽인들은 여행의 위험을 과장한 나머지 애초에 있지도 않은 갖가지 장애물을 꾸며내기에 이르렀다. 15세기 중반에 들어서자 유럽인이 동양까지 갈 수 있는 경로는 전혀 없다는 견해가 마치 '상식'처럼 되었다. 제아무리 강인한 무역상이라 하더라도 괴물과 귀신과 다른 극악무도한 장애물들이 길을 가로막고 있다는 데에는 두려움을 품지 않을 수 없었다. 한편으로는 경제력이 점점 더 집적되면서 그런 경로를 하나쯤 찾아내야 하는 필요성이 점점 더 절박해졌다.

발견의 항해

수 세기 동안이나 북유럽의 농부들은 길고 추운 겨울 동안 가축을 기껏해야 몇 마리밖에는 먹여 살릴 수가 없었고, 그 결과로 매년 가을마다 대부분의 가축을 도살해서 가공할 수밖에 없었다. 이 경우에 향료, 특히 후추를 넣지 않고 가공하면 고기가 금세 변질되고 말았기에, 후추는 단순히 맛의 미묘함을 더하기 위한 선택 사항이 아니라, 반드시 들어가야 하는 재료였다. 식품 공급업자들은 경제적으로 파멸을 맞이하지 않기 위해서라도 반드시 후추를 사야 했는데, 그때까지 알려진 유일한 공급원은 낙타 등에 후추를 가득 싣고 저 수수께끼 같은 사막을 지나 호르무즈, 아덴, 알렉산드리아까지 찾아오는 아랍 상인뿐이었다. 불행히도 아랍인은 이 물건을 건네주는 대가로 오로지 한 가지만을 원했다. 바로 금이었다. 그런데 당시 유럽 내에서 금은 가뜩이나 희귀한 물건이었다.

그다지 신뢰할 만하지 않은 몇몇 여행자들은 사하라 사막 남부에 금이 가득하다고 주장했다. 하지만 거기까지 어떻게 갈 것인가? 카라반은 사막을 건널 수 있지만, 유럽인은 그럴 수 없었다. 유일한 대안은 대양, 즉 헤라클레스의 기둥 — 오늘날의 지브롤터 해협 — 바깥으로 나가는 것이었다. 하지만 그 당시에만 해도 대양 항해는 불가능하다는 것이 일종의 상식이었다. 거대하고도 위험천만한 대양에는 차마 말로 표현조차 못 할 괴물들이 살고 있어서, 마치 개가 먹이를 집어삼키듯 종종 배와 사람을 집어삼키곤 했기 때문이다.

하지만 포르투갈의 '항해자' 엔히크 대공(1394~1460)은 뭔가 대안이 있을 것이라고 생각했다. 작은 나라 포르투갈은 일단 지브롤터 해협 바깥에 위치해 있었으므로, 이 나라의 어부들은 유럽의 다른 내륙 국가들과는 달리 대양을 두려워하지 않았다. 더군다나 1420년에 포르투갈의 선원 및 병사가 카나리아 제도의 토착민과 전투를 벌인 바 있었는데, 포르투갈의 남단에서 남서쪽으로 800마일 떨어져 있는 그 제도로 말하자면 아프리카 해안과 겨우 몇 마일밖에는 떨어지지 않았다. 그렇다면 카나리아 제도를 일종의 발판으로 삼을 수 있지 않을까? 거기서 배를 타고 해안을 따라 계속 남쪽으로 향하다가 좋은 항구를 찾아낸다면, 금을 갖고 있는 그곳 사람들과 직접 무역을 할 수도 있을 것이었다.

실제로도 그렇게 되었다. 엔히크의 생애 동안, 포르투갈인의 해안 탐사는 오늘날 시에라리온이 위치한 서아프리카의 거대한 만까지 이르렀다. 이후 1480년까지 20년 동안에 걸쳐 포르투갈인은 황금해안 — 후추를 사는 데 들어갈 막대한 금을 발견할 수 있으리라는 희망으로 지은 이름 — 을 탐험했다: 1485년에 디오구 캉은 〔북위 7도의〕 팔마스 곶 너머, 그리고 〔남위 2도의〕 세인트캐서린 곶 너머 남쪽으로 계속 나아갔고, 마침내 남위 22도에 위치한 크로스 곶에 도달했다. 이쯤 되자 무엇보다도 큰 의문은 과연 금을 발견할 수 있느냐 없느냐가 아니라, 이 대륙을 우회하는 길을 발견할 수 있느냐 없느냐가 되었다. 과연 아프리카 대륙에도 끝이 있을까? 배를 타고 이 대륙을 우회해서 인도로, 그리고 향료 제도로 갈 수 있을까? 만약 그렇다면 향료 상인들과의 직접 무역이 가능할 것이고, 덕분에 아랍 중간상에게 금을 건네주어야 할 필요도 없을 것이었다.

바르톨로메우 디아스(c.1450~1500)는 이러한 항로가 있음을 증명했다. 그는 1487년 8월에 리스본을 출발해 남쪽에 위치한 카보베르데 제도로 향했고, 거기서 해안을 따라 계속 내려가 이제는 꽤 친숙한 항로를 따랐다. 1488년 1월, 그는 폭풍에 떠밀려 바다로 나갔다. 바람이 잦아들자 그는 다시 육지를 찾아서 동쪽으로 향했다. 하지만 아무것도 나오지 않았다. 처음에는 당혹스러워했지만, 그는 곧이어 무슨 일이 벌어졌는지 알아냈다. 미처 보지도 못한 상태에서 아프리카의 남단을 통과했던 것이다.(그해 말, 그는 귀향길에야 아프리카의 남단을 보고 그곳을 '희망의 곶'〔희망봉〕이라고 이름 붙였다.) 북쪽으로 배의 방향을 바꾼 그는 1488년 2월 2일에 다시 육지를 발견했다. 그 해안은 북동쪽으로 이어져 있었다. 하지만 선원들은 돌아갈 것을 강력히 요구했고, 디아스는 이후 며칠 더 북쪽으로 항해하다가 결국 부하들의 요구를 받아들였다. 이미 그는 해안을 따라 약 500마일쯤 더 동쪽으로 간 상태였으며, 오늘날의 포트엘리자베스 인근 그레이트피시 강의 하구에 도착한 다음이었다. 해안은 더 이상 남쪽으로 굽어지지 않았다. 인도로 가는 길이 드디어 열린 것처럼 보였다. 아프리카를 배로 우회할 수 있었던 것이다.

바스쿠 다 가마(1460~1514)는 뱃길을 통해 처음으로 인도까지 간 사람이었다. 1497년 7월에 리스본을 출발한 그는 수많은 모험 끝에 이듬해 5월 북위 11도에 위치한 인도의 주요 교역소인 캘리컷(코지코드)에 도착했다. 다 가마는 곧이어 그 항구에 머물던 무슬림 무역상들과 충돌을 빚었는데, 이들은 그가 경쟁자이며 또한 기독교인이라는 이유로 그리 반기지 않았던 것이다. 이에 다 가마는 복수를 맹세하고는 리스본으로 돌아왔다. 1502년, 그는 다시 캘리컷으로 돌아가 그 마을에 포격을 가하고, 그 선장의 태도가 괘씸하다는 이유로 아랍인 남녀와 아이들이 탄 배를 불태워 버렸으며, 무슬림들을 위협해 무역 업무를 포르투갈인에게 넘길 것을 요구했다. 그의 요구가 관철된 지 한 세대가 채 지나기도 전에, 포르투갈인은 향료 무역의 대가로 급부상하게 되었다.

콜럼버스

포르투갈인의 예상과는 달리 이후의 무역은 훨씬 더 복잡해졌으니, 이제는 이익의 상당 부분을 인도인 중간상이 챙겨먹었기 때문이다. 그렇다면 내친김에 향료의 궁극적인 원산지인 동인도까지 가는 길을 발견하기만 한다면, 그 어마어마하게 귀중한 물건을 재배하는 사람들과 직거래를 함으로써 향후 무역과 이익의 독점을 누릴 수 있지 않을까? 그러나 인도양에는 무슬림 해적이 들끓었다. 그리하여 포르투갈과 에스파냐의 탐험가들은 그 모든 위험을 피할 수 있는 서쪽 항로를 꿈꾸기 시작했다.

크리스토퍼 콜럼버스(1451~1506)는 바로 그 꿈을 실현시킨 인물이다. 훗날 이탈리아에서는 그를 자국민이라고 주장했는데, 물론 콜럼버스가 이탈리아의 영토인 제노바에서 태어나기는 했지만, 그 외의 다른 모든 면모에서는 이탈리아인이라 할 수가 없었다. 그는 아마도 가톨릭의 이교도 탄압으로 인해 쫓겨난 유대계 에스파냐인 부모에게서 태어났을 것으로 추정된다. 혈통이 어떻든지 간에, 그는 1476년 8월 13일에 불타는 배에서 뛰어내려 해안까지 헤엄쳐 옴으로써 포르투갈에 도착했다. 세계 무대에 이처럼 신비롭게 등장한 것이야말로 콜럼버스다운 모습이었고, 그는 이를 훗날 자신이 위대해

지리라는 전조로 받아들였다.

콜럼버스는 매우 명석한 인물이었다. 동시에 그는 아마도 광기 어린 사람이었으리라. 그의 명석함은 여러 방면으로 표명된 바 있었다. 탁월한 항해가이며 유능하고 숙련된 뱃사람이었던 그는 '인도 제도'까지 가는 항로를 구상했는데, 이는 여러 가지 측면에서 정확했던 것으로 드러났다. 다만 그는 상당수의 오산도 범했는데, 한편으로는 무지 때문이었고 또 한편으로는 자신이 진실이라 믿고 싶은 것은 정말 진실이라고 믿는 특유의 편집증 때문이었다. 항해 기술에 편집증이 더해지면서, 그는 '인도'가(비록 '중국'까지는 아니더라도) 카나리아 제도에서 서쪽으로 3900마일 되는 지점에 있다는 절대적인 확신을 품게 되었다. 하지만 정작 그곳에서 그는 인도도, 중국도 찾지 못했으며, 다만 아메리카 대륙만 발견했을 뿐이다. 그렇다면 이것을 명석함이라고 불러야 할까, 아니면 광기라고 불러야 할까, 아니면 소 뒷걸음질 치다 쥐 잡은 격이라고 해야 할까?

자신에게 가장 중요한 것에 관해서는 자신이 항상 옳다고 생각한 콜럼버스의 편집증적인 확신은 그에게 어마어마한 성공뿐만 아니라, 심지어 비극적 실패와 손실을 가져다준 원인이기도 했다. 바닷가로 헤엄쳐 온 그날로부터 2년이 채 지나지 않아서, 그는 포르투갈의 저명한 가문을 설득해 그곳의 혼인 적령기 여성 가운데 한 사람과 결혼을 허락받았다. 그때 이후로 콜럼버스는 서쪽 항로로 인도와 중국까지 가는 자신의 계획을 후원해줄 만한 포르투갈, 또는 에스파냐의 유력자들을 설득하기 위한 기나긴 여정에 나섰다. 그의 어마어마한 확신 때문에 많은 사람들이 관심을 가졌다. 그토록 의심이라곤 한 톨도 없는 사람의 말이라면 정말 맞을지도 모른다고 생각했던 것이다.

콜럼버스는 자신의 확신이 일반적인 근거에 기인하지 않고 있다는 사실을 후원자들에게 결코 숨기지 않았다. 이성이건, 수학이건, 심지어 지도조차도 서쪽으로 항해하고자 하는 그의 결심의 근거가 되지는 못했다고, 그는 1502년에 페르디난도 왕과 이사벨라 여왕을 만난 자리에서 말했다. 그의 확신은 오히려 성서의 한 구절로부터, 가령 「이사야」 11장 10~12절이라든지, 〔외경〕「제2에스드라」 6장 42절 같은 데에서 비롯된 것이었다.[41] 오늘날과는 전혀 달리 그 당시의 재정 후원가들은 이처럼 허무맹랑한 지리적 근거에도 기꺼이 설복당하곤 했다.

수년 동안의 협상 끝에 콜럼버스는 1490년에 마침내 에스파냐의 왕과 여왕에게 제안서를 제출해도 된다는 허락을 받았다. 왕과 여왕

---

41 저자가 본문에서 소개한 성서 구절 가운데 첫 번째 구절은 다음과 같다. "그 날 이새의 뿌리에서 돋아난 새싹은 만민이 쳐다볼 깃발이 되리라. 모든 민족이 그에게 찾아들고 그가 있는 곳에서 영광이 빛나리라. 그 날 주께서 다시 손을 드시어 그의 남은 백성을 되찾아오시리라. 아시리아, 이집트, 바드로스, 에티오피아, 엘람, 바빌론, 하맛과 바다에 있는 여러 섬에서 되찾아오시리라. 야훼께서 모든 민족을 향하여 깃발을 드시고." (「이사야」 11:10~12) 원래 본문에서 저자는 두 번째 구절을 외경 「제2에스드라」(불가타 성서에서는 「제4에스드라」로 분류되었지만 내용은 같다.)의 3장 18절이라고 소개했는데, 이는 저자의 착오인 듯해서 수정했다. 왜냐하면 콜럼버스가 신대륙 탐험 항해를 떠나기로 결심하게 된 계기를 제공한 구절은 오히려 「제2에스드라」 6장 42절의 다음과 같은 대목이라는 것이 대체적인 견해이기 때문이다. "그리고 사흘째에 당신은 물을 향하여 땅의 제7의 부분에 모이도록 명령하셨습니다. 한편 당신은 다른 여섯 부분을 마르게 하여 구분하셨습니다. 그것은 그중의 일부가 별도로 씨앗이 뿌려지고 또 가꾸어서 당신 앞에 봉사하는 것이 되기 위해서였습니다."(「제2에스드라」 6:42, 『외경위경전서 6: 구약위경 III』, 편집부 옮김, 성인사, 1980) 콜럼버스는 지구가 창조되던 당시에 땅이 일곱 부분으로 나뉘고, 그 가운데 한 부분에 물이 모두 모였다는 구절의 내용에 근거하여, 지구의 땅과 바다의 비율은 6 대 1이라고 추론함으로써, 결국 지구 둘레 길이의 7분의 1만 배를 타고 지나가면 새로운 땅이 나올 것이라는 결론을 내렸다는 것이다.

은 콜럼버스의 요구 사항을 보고 깜짝 놀랐으니, 비록 허무맹랑할 정도까지는 아니었어도 상당히 과도한 데가 있었기 때문이다. 그 어떤 탐험가도 감히 자신을 귀족으로 만들어달라고, 그것도 자기 가문에 영원무궁하게 존속할 만한 작위를 내려달라고 요구하지는 않았으며, 또한 자신의 영토에서 일어나는 모든 거래에서 10퍼센트를 영구히 커미션으로 달라고 요구하지도 않았기 때문이다. 제안은 당연히 거절당했고, 1492년 초에 콜럼버스는 프랑스나 영국을 찾아가기로 작정하고 에스파냐의 궁전을 나왔다. 그 직후에 궁전에 남아 있던 콜럼버스의 친구들이 페르디난도와 이사벨라를 설득했고, 왕과 여왕은 결국 이 탐험가를 도로 불러서 그의 요구를 모두 들어주기로 했다.

콜럼버스는 소극적이 아니라 적극적인 천재였고, 그의 정력이라든지 임무에 관한 분별력은 세 척의 선박을 가득 채운 물품을 감독하는 과정에서 큰 장점으로 작용했다. 그는 친구인 마르틴 알론소 핀손의 도움을 크게 받았으니, 핀타호를 지휘한 이 사람이야말로 이 전체 사업에서 콜럼버스가 애초에 예상한 것보다도 훨씬 더 크게 기여했던 것이다. 원정대는 당시의 모든 사람이 예상했던 것보다도 훨씬 더 짧은 시간 내에 준비를 완료했고, 1492년 8월 3일, 동이 트기 반 시간 전에 산타마리아·핀타·니냐호로 이루어진 선단은 팔로스를 출발했다.

선원들은 워낙 서둘러 모집된 데다, 그 당시의 여느 뱃사람 못지 않게 무지하고 미신적이었다. 콜럼버스는 이런 선원들을 데리고 매일 또 매일, 매주 또 매주 망망대해를 지나 서쪽으로 항해해야만 하는 힘겨운 과업에 직면했다. 동시에 그는 항로는 물론이고 매일의 항해 거리조차도 선원들에게는 정확히 알려주지 않았으니, 왜냐하면 그들이 자신의 비밀을 다른 탐험가들에게 팔아넘길지도 모른다는 두려움 때문이었다. 이러한 갈등에서 비롯된 갖가지 불확실성은 훗날 그의 공식 항해 일지와 개인 일지를 비교해보아도 완전히 해소되지 않을 정도다. 혼동을 더욱 가중시킨 원인은 그가 북극성의 고도 측정에 놀라우리만치 서툴러서, 종종 특정한 시간에 자기 배의 위치를 상당히 잘못 계산했기 때문이다.

어쨌거나 그렇게 계속 전진하기는 했으니 그가 아메리카를 발견하지 못할 도리가 있었겠는가? 남아메리카와 중앙아메리카와 북아메리카는 남위 57도에서 북위 70도에 걸쳐서 무려 8700마일이나 길게 뻗어 있으니 말이다. 남북의 큰 대륙이나 그 양쪽을 잇는 한가운데의 좁은 육지를 구태여 발견하지 못하려면 배를 타고 아예 남단의 케이프혼을 우회하거나, 또는 거의 영구 빙원이나 다름없는 북극권을 우회해야만 한다. 콜럼버스는 물론 어느 쪽에도 해당되지 않았다. 그리하여 특유의 광기에 지리적 불가피성이 결합되면서 그는 1492년 10월 12일 처음으로 육지를 봄으로써 아메리카를 발견하게 되었다. 오늘날의 바하마 제도 가운데 한 곳인, 멋진 작은 섬인 이곳을 그는 산살바도르라고 불렀다. 오늘날 이곳은 과나하니라고 불린다.

한 가지 놀라운 아이러니는 콜럼버스가 죽을 때까지도 자신이 신세계를 발견했음을 전혀 몰랐다는 점이다. 그는 모두 합쳐서 네 번이나 서인도제도에 다녀왔지만, 여전히 자신이 동인도제도에 있으며, 일본과 중국이 멀지 않고, 인도는 바로 저 수평선 너머에 있다고 믿어 의심치 않았다. 그는 정말 그렇다고 확신했다. 성서에 그렇다고 나와 있기 때문이었다. 하지만 콜럼버스 본인의 사생활을 제외한다면, 이런 오류는 아무에게도 별다른 문제를 끼치지 않았다. 이후의 다른 사람들은 금세 자신들이 있는 곳이 실제로 어디인지를 알아냈다. 가는 곳마다 놀랍고도 기이한 것투성이였고, 금과 은을 거의 아무 힘도 들이지 않고 얻을 수 있었다. 훗날 유럽으로 전해진 담배와 면화도 바로 그곳에서 처음 발견되었다. 이 두 가지 물건이야말로 구세계의 생활 방식에 금보다도 훨씬 더 큰 영향을 끼쳤다.

그야말로 어마어마한 실수를 저질렀음에도 불구하고 그보다 훨씬 더 어마어마한 운이 따라준 덕분에 항해가로서는 놀라운 성공을 거둔 콜럼버스였지만, 그의 사생활은 그야말로 비참한 실패인 것으로 드러났다. 탁월한 뱃사람이기는 했지만 최악의 행정가였던 그의 약점을 페르디난도와 이사벨라는 금세 간파했다. 하지만 그들은 그와 이미 약속을 했고, 훗날 자신들을 그 못지않게 유명 인사로 만들어준 이 기묘하고도 광기 어리고도 놀라운 인물에게 관대하고도 애정 넘치는 태도를 줄곧 보여주었다. 그러나 마치 자신이 서양 전체의 왕이며, 두 군주는 기껏해야 에스파냐의 총독에 불과한 듯 구는 콜럼버스의 독단적인 확신을 이들도 결국 견디지 못했다.

1500년, 콜럼버스의 세 번째 신대륙 체재 동안, 두 군주는 에스파놀라 — 콜럼버스가 명명한 이 섬은 오늘날은 아이티와 도미니카 공화국으로 나누어져 있다 — 의 산토도밍고로 전권대사를 보냈다. 수개월에 걸친 쓸쓸한 협상이 지속되었지만, 사실은 일개 총독에 불과했던 콜럼버스는 감히 두 군주를 이길 수 없었고, 마침내 체포되어 차꼬를 찬 상태로 에스파냐로 끌려갔다. 여왕은 그를 풀어주고 자기 앞으로 출두시켰다. 여왕 앞에 나타난 그 위대한 인물은 무릎을 꿇고 펑펑 눈물을 흘렸다.

일각에서는 콜럼버스가 신대륙의 진짜 발견자가 아니라는 주장이 있다. 유럽의 어부들은 그가 도착하기 수 세기 전부터 서쪽 대양에 있는, 지도에도 안 나온 땅의 존재를 알고 있었기 때문이다. 어쩌면 어부들은 자신들의 이익을 위해 아메리카의 존재를 비밀에 부쳤는지도 모르고, 그 기원은 10세기에 있었던 아이슬란드인의 항해로, 또는 어쩌면 그보다 더 오래전으로 거슬러 올라갈 수도 있다. 반면 콜럼버스는 아메리카를 공개하고, 전 세계 앞에 선보이는 것에 관심을 두었다. 비록 본인은 그곳이 아메리카라는 것을 죽을 때까지 몰랐지만 말이다. 어부들은 끝내 그 비밀을 지키는 일에서 성공을 거두지 못했지만, 콜럼버스는 결국 그 비밀을 폭로하는 일에서 더욱 큰 성공을 거둔 셈이다. 그리고 일단 그 비밀이 폭로된 이후, 이 세계는 더 이상 과거와 같지 않았다.

세계 일주 항해

크리스토퍼 콜럼버스의 아메리카 발견은 아마도 역사상 단 한 사람이 인간의 지식에 기여한 것으로서는 가장 커다란 업적이 아닐 수 없으리라. 콜럼버스는 지구가 둥글다고 주장했고, 서쪽으로 배를 타고 나가면 결국 다시 집에 돌아올 수 있다고 주장했다. 하지만 과연 그게 진실일까? 누군가가 정말 그렇게 하기 전까지는 어느 누구도 확신할 수 없었다. 그리고 서인도제도는 결국〔콜럼버스가 애초에 목표로 정했던〕동인도제도가 아니라는 사실을 시인할 수밖에 없었다. 새로운 땅은 비록 자원이 풍부하고 흥미로운 곳이기는 했지만, 유럽인이 오랜 세월 직접 접촉하기 위해 애썼던 향료 제도는 아니었다.

포르투갈의 항해가 페르디난드 마젤란(c.1480~1521)은 에스파냐와 손잡고 이 문제를 해결하기로 했다. 그는 남아메리카 남단을 우회하여 동인도제도로 가는 남서쪽 항로를 찾고 있었다. 과연 그런 길을 찾을 수 있을까? 아니, 그 대륙에 남단이란 것이 있긴 할까? 마젤란은 1519년 9월에 에스파냐를 떠나서 비교적 용이한 항해 끝에 그해 12월, 리우데자네이루 만에 도착했다. 그는 1520년 초의 몇 달 동안 여러 강 하구를 탐사하며 그 대륙을 통과하는 길을 찾았다. 그해 11월이 되어서야 그는 마침내 그 길을 찾아냈다. 오로지 남쪽으로만 향한 끝에 발견한 마젤란 해협을 통과한 함대는 11월 28일에 '남쪽 바다'에 들어섰다. 함대가 남아메리카에서 필리핀까지 가는 내내 바다는 잔잔했고, 신선한 바람이 꾸준히 불어주었다. 그래서 이들은 나중에 이 바다에 '태평양'이라는 이름을 붙여주었다.

배를 몰기는 비교적 용이했지만, 이 항해는 사실 무척이나 힘겨웠다. 원래 다섯 척에서 세 척으로 줄어든 함대는 12월 18일까지 오늘날의 칠레 해안을 따라 북쪽으로 향하며 무역풍을 찾았다. 그 이후에 마젤란은 넓은 바다로 나가 북서쪽으로 향했다. 과연 얼마나 먼 거리를 가야 하는지 모르기는 마젤란이나 부하들이나 마찬가지였지만, 물과 식량이 터무니없이 부족하다는 사실만큼은 머지않아 깨닫게 되었다. 심각한 갈증에 시달리고, 괴혈병으로 고생하며, 쥐가 파먹은 비스킷을 먹고, 심지어 돛대의 활대에서 가죽을 벗겨 먹었다. 그럼에도 불구하고 이들은 뱃머리를 돌리지 않았으니, 그 모두가 마젤란의 철석같은 의지 때문이었다.

함대는 1521년 3월 6일에 마리아나 해구에 위치한 괌에 도착함으로써 99일 만에 처음 육지에 내렸다. 이곳에서 선원들은 3개월 넘는 기간 만에 비로소 신선한 음식과 물을 맛보았다. 계속해서 전진하기에 여념이 없었던 마젤란은 그 섬에 겨우 사흘밖에 머물지 않았고, 3월 9일에 다시 서남서쪽으로 항해하여 훗날 필리핀으로 이름 붙여진 제도로 향했다. 그는 그 땅을 에스파냐의 소유로 선언했고, 여러 추장들을 기독교인으로 개종시켰지만, 그의 이런 승리는 오래가지 못했다. 1521년 4월 27일, 필리핀에 도착한 지 겨우 한 달밖에 되지 않은 상황에서, 마젤란은 막탄 섬에서 토착민과 싸우다가 그만 피살되고 말았다.

마젤란이 〔죽어가는 와중에서도〕 부하들을 향해 어서 떠나라고 재촉하지 않았더라면, 나머지 함대는 더 큰 손실을 입었을지도 모른다. 이제 남은 두 척의 배는 말루쿠 제도에 도달했다. 하지만 그중에 결국 에스파냐로 귀환한 배는 단 한 척뿐으로, 그 배는 마젤란의 부관이었던 바스크인 항해가 후안 세바스티안 엘카노가 지휘를 맡고 있었다. 비토리아호는 물이 줄줄 새는 상태로 간신히 귀환에 성공했다. 그 안에는 값비싼 향료가 잔뜩 실려 있었고, 어쨌거나 사상 최초로 전 세계를 한 바퀴 돈 배였다. 훗날 엘카노의 문장(紋章)에는 둥근 지구 모양 위로 걸쳐진 다음과 같은 말이 덧붙여졌다. "나를 처음으로 일주한 자 그대이니라."(*Primus circumdisti me.*)

세계무역의 탄생

모든 대양이 서로 연결된다는 사실이 밝혀졌으므로, 이제는 어느 누구라도 지구가 둥글다고밖에는 생각할 수 없게 되었다. 대양이 사방 어디로든 열려 있었기 때문에, 이론적으로는 모든 배가 지구를 한 바퀴 돌 수 있었다. 하지만 좁은 마젤란 해협을 통과하는 항로는 오로지 12월에서 4월까지(즉 남반구의 여름 동안)만 가능했고, 아무리 날씨가 좋아도 그곳을 지나가기는 어려운 일이어서, 반드시 누군가가 안내를 해주어야 했다. 1세기 동안이나 에스파냐와 포르투갈은 무력과 간계를 이용해 서양과 동양 간의 남쪽 무역로를 독점하려고 애썼다. 이에 불만을 품은 영국, 프랑스, 네덜란드는 에스파냐와 포르투갈 군함의 위협 없이 자유롭게 지날 수 있는 북쪽 항로를 찾기 시작했다. 그 결과는 또 한 가지 놀라운 발견, 바로 북아메리카의 발견으로 이어졌다. 유럽 여러 나라는 머지않아 이곳에 잠재된 막대한 부를 깨닫게 되었다. 그리하여 이제는 제아무리 다수의 개별적인 정치 단위가 있다 하더라도, 궁극적으로는 전 세계를 하나의 경제적 실체로 엮어줄 새로운 종류의 무역이 탄생했다.

불과 100년이 되기도 전에 이러한 무역은 더 이상 사치품만을 주로 다루지 않게 되었다. 가령 의복, 설탕, 럼주 같은 흔한 물건을 대량으로 옮기기만 해도 큰 이익을 얻을 수 있었다. 이것이야말로 낙타 등에 귀중한 향료와 약품을 조금씩 실어서 나르던 과거의 육로 무역과는 전혀 차원이 달랐다. 어느 누구도 이러한 변화에 불평하지 않았으니, 왜냐하면 그로 인해 얻는 부는 비교할 수 없을 정도로 막대했기 때문이다. 게다가 무역 경로 — 해로 — 역시 이쪽 끝에서 저쪽 끝까지 유럽인이 모두 제어할 수 있었다. 더 이상은 아랍인이건 누구건 간에 중간상이 전혀 필요 없었다.

곧이어 담배와 쌀 같은 다른 막대한 짐이 운반되기 시작했고, 19세기에는 화강암과 얼음도 운반되기 시작했는데, 원래 배의 균형을 잡기 위한 밸러스트(바닥짐)로 실은 이 물건들 덕분에 뉴잉글랜드 출신 선장들이 훗날 한 재산씩을 마련하게 되었다. 값싼 중국제 도자기를 동양에서 가져다가 아메리카와 유럽에 수출하는 일도 있었다. 이 물건들은 이후 여러 세대에 걸쳐 서양인의 취향을 결정했다.

이 신세계에서는 설탕과 노예제가 불가분의 관계를 맺게 되었다. 1500년 이전까지만 해도 서양에서 단것을 좋아하는 사람들을 만족시킨 식품이란 꿀 아니면 동양의 어느 이국적인 원산지에서 오는 몇몇 희귀한 설탕 절임뿐이었다. 처음에는 에스파냐인이, 그리고 나중에는 영국인이 카리브 해의 여러 섬과 중앙아메리카에 설탕 플랜테이션을 만들었다. 포르투갈의 모험가들은 브라질에 설탕 플랜테이션을 만들었다. 설탕은 소금만큼이나 풍부해졌고, 또한 그만큼이나 수지맞았다. 하지만 이런 플랜테이션에서는 항상 노동력이 부족했다. 일은 고되어 사람을 녹초로 만들었다. 가뜩이나 드물었던 토착민의 인구는 유럽인의 맹공으로 인해 더욱 줄어들었으니, 이는 단순히 잔혹한 무기 때문만이 아니라 토착민이 아직 면역성을 지니지 못했던 낯선 질병 때문이기도 했다. 해결책은 아프리카인을 이용한 노예제였다. 이후 3세기 동안, 아프리카인 노예는 그 무엇보다도 값진 화물이 아닐 수 없었다. 비록 서아프리카 해안에서 화물선에 실린 노예 가운데 산 채로 아메리카 해안을 밟은 사람은 겨우 절반에 불과했지만 말이다. 만약 누군가가 인간을 사고파는 일에 이의를 제기할 경우, 이른바 자연적인 노예에 관한 아리스토텔레스의 교의를 들먹여 정당화하면 그만이었다. 게다가 피부색이 검은 인간만큼이나 '자연적인' 노예가 세상에 또 어디 있단 말인가? 그리하여 19세기가 되도록 이 논증의 '논리'에 의문을 제기한 사람은 거의 없다시피 했다.

사상의 교역

1492년 이후 3세기 동안 세계의 대양을 오간 선박들은 모든 사람의 눈에 보이는 화물뿐만 아니라, 눈에 보이지 않는 화물도 싣고 다녔다. 지식과 사상, 그리고 종교 신앙이라는 그 화물들은 서양에서 동양으로뿐만 아니라, 거꾸로 동양에서 서양으로도 흘러갔다. 그리고 그런 상호 교환의 와중에서 사상은 변모했다.

A.D. 1000년경에 중국에서 발견된 화약은 이러한 변화의 좋은 사례다. 중국인은 화약을 주로 폭죽이나 다른 평화로운 목적에만 사용했다. 중국인으로부터 화약을 입수한 아랍인 용병은 사상 최초로 총을 만들었다. 유럽인은 이를 더욱 완벽하게 만들었다. 더군다나 유럽인은 총과 대포를 유난히 강력하게 사용하는 기술을 연구했다. 1500년에 유럽의 군사전략은 해상에서나 지상에서나 우월한 화력을 보유하고 유지하는 개념에 근거하고 있었다. 오늘날까지도 서양에서는 화력의 우위가 인력이나 전술에 비해 군사적 사고의 핵심 발상으로 여전히 자리 잡고 있다.

서양의 군사 지도자들은 이러한 원칙의 우월성에 항상 동의해왔으며, 서양 강대국 간의 전쟁에서 승리는 거의 모두 무기와 탄약에서 우위를 점한 편에 돌아가곤 했다. 때로는 더 약한 편이 잘 싸우는 경우도 있었다. 대표적인 사례가 미국의 남북전쟁이라 하겠는데, 이때 북부와 달리 공장이 없었던 남부는 병기의 생산능력 면에서는 비교가 불가능할 정도로 불리했지만, 그럼에도 불구하고 더 탁월한 전술을 동원해 4년 가까이 이런 불리함을 이겨냈다. 객관적으로 생각해보면 적어도 병력에서는 남북의 역량이 동등했다고 볼 수 있는데,

그 전쟁에서 때로는 형제가 졸지에 양편으로 나뉘어 싸우기도 했기 때문이다. 결국에는 막대한 양의 총과 탄약을 동원할 수 있었던 북부가 전쟁에서 이겼고, 그리하여 여러 세월에 걸친 편견을 다시 한 번 입증해주었다.

이런 편견이 확실하게 반박된 것은 겨우 20세기에 들어와서의 일이었다. 가령 미국은 베트남 전쟁 당시 화력에서 어마어마한 우위를 점했음에도 불구하고, 폭탄과 전함 대신 소총과 수류탄으로 무장한 비정규 부대에게, 그리고 큰길로만 다닐 수 있는 탱크 대신 자전거를 타고 정글의 오솔길을 질주하는 사람들에게 패하고 말았다. 그 결과로 이 전쟁은 역사상 가장 중요한 전쟁 가운데 하나가 되었으니, 이는 그 정치적 반향 때문만이 아니라, 군사 관계자들로 하여금 생각의 방식을 바꾸게 만들었기 때문이다.

하지만 이 분명한 교훈에도 불구하고 소련 전략가들의 사고방식에는 전혀 변함이 없었다. 왜냐하면 베트남 전쟁이 끝난 지 불과 몇 년 만에 이들은 아프가니스탄에서 그와 유사한 전쟁에 휘말렸기 때문이다. 베트남에 갔던 미국인 장성들과 마찬가지로, 소련군 장성들은 더 육중한 탱크와 더 커다란 발사 무기가 있는 아군이 패배할 리는 없다고 자신하고 있었다. 하지만 결국 이들 역시 패배하고 말았다.

막강한 화력이 주는 이득에 관한 믿음이 항상 편견에 불과한 것만은 아니다. 다른 모든 조건들이 동등하다면, 더 크고 더 빨리 나가는 총을 지닌 쪽이 거의 항상 이기게 마련이다.(더 옛날에도 더 날카로운 칼과 더 튼튼한 갑옷을 지닌, 또는 더 좋은 화살과 더 튼튼한 말을 지닌 쪽이 유리하게 마련이었다.) 그리고 유럽이 밖으로 뻗어나가 나머지 세계를 발견했던 이 주목할 만한 시기 이후로 여러 세기 동안, 다른 모든 조건들은 '실제로' 동등했기 때문이다. 그 당시에만 해도 동양의 병사들은 서양의 병사들보다 더 나을 것도 못할 것도 없었다. 그렇다고 해서 어느 한편의 전략이 각별히 더 막강한 것도 아니었다. 따라서 서양이 계속해서 더 큰 총을 갖게 되었다는 사실은 결국 동양의 적들과 줄곧 싸워서 거의 항상 이겼다는 의미가 된다.

다시 말해서 1502년에 있었던 바스쿠 다 가마의 행위는 결코 우발적인 일이 아니었다는 점이다. 그가 아랍인의 배를 향해 더 큰 총으로 잔혹하게도 발포를 했을 때, 그는 승리를 거둔 자기편에 무역 독점권을 보장해준 셈이었다. 그러한 행위, 그리고 그러한 결과는 일상적이었다. 그리하여 서양과 싸워서는 "이길 수 없다"라는 신화가 자라났다. 나중에는 서양과 동양 모두 이를 믿게 되다 보니, 이 신화야말로 서양의 병기고에서도 가장 강력한 무기가 되고 말았다.

그런 신화에 대항할 수 있는 것은 또 다른 신화뿐이었다. 중국과 인도를 방문했던 유럽인은 양쪽 국가가 워낙 넓은 까닭에 꽤나 오랫동안 그 복잡성을 미처 간파할 수 없었다. 그런 국가들 — 특히 중국의 경우 — 이 지닌 힘의 비밀이 무엇인지 서양인들은 도무지 알 수 없어 했다. 그들로선 왜 2000년 전의 책에 나온 지식이 지금까지도 몇몇 노인들에게는 여전히 지고한 힘을 발휘하며, 왜 그런 노인들이 황제의 대리인에게 기꺼이 순종하는지를 이해할 수가 없었다. 물론 그때까지만 해도 유럽인 가운데 중국 황제를 직접 만나본 사람은 없었다. 따라서 유럽인은 중국을 지배하는 자가 남자인지 여자인지, 또는 한 사람인지 여러 사람인지 알 수가 없었지만, 그런 지식이 없어도 사업이야 할 수 있었으므로, 어느 누구도 군이 알려고 들지는 않았다. 이처럼 '신비로운' 동양에 관한 신화는 동양과 서양이 처음

만났을 때에 생겨났고, 이후 여러 세대 동안 지속되었다. 그처럼 억측된 신비야말로 서양의 커다란 총에 대항해 동양인이 지닌 유일한 방어책이었다.

그 당시에 서양이 동양에 관해 확실히 안다고 자부하는 것은 두 가지였다. 첫째는 동양에는 어엿한 종교, 즉 일신교가 없다는 것이었다. 둘째는 동양이 믿을 수 없을 만큼 부유하다는 것이었다. '동양의 부'에 관한 문제는 잠시 후에 다시 살펴보도록 하자.

모험의 후원을 받기 위해 페르디난도와 이사벨라를 설득하는 과정에서 콜럼버스는 다른 무엇보다도 위의 두 가지 논점을 항상 강조했다. 신세계를 차지하기만 한다면 금을 얻을 수 있었다. 아울러 기독교를 그곳 토착민에게 전파하는 것이 가능하고도 또 당연했으니, 왜냐하면 그들은 의심의 여지없이 무지한 이교도일 것이기 때문이었다. 황금을 얻을 수 있다는 가능성도 물론 무시할 수는 없었겠지만, 진정으로 경건한 기독교인이었던 왕과 여왕으로서는 새로 발견한 땅에 복음을 전파할 수 있다는 생각이 더욱 큰 호소력을 지녔을지도 모른다.

동양에서 기독교가 좋은 평판을 얻기에는 불리하게도, 콜럼버스가 신세계를 발견했을 즈음 이 종교는 대립하는 여러 파벌로 나뉘기 시작한 참이었다. 가령 페르디난도와 이사벨라는 로마 가톨릭 기독교야말로 순진한 토착민에게 이득이 되고, 그들을 구원해줄 수 있다고 ─ 필요하다면 총구를 들이대면서라도 ─ 믿어 의심치 않았다. 그로부터 1세기 뒤, 북아메리카에서는 영국인과 네덜란드인이 저마다 프로테스탄트 성직자를 데려와 인디언을 개종시켰다. 인디언은 대부분 개종을 했으니, 왜냐하면 유럽인의 화력을 결코 이길 수 없었기 때문이다. 하지만 새로운 개종자들은 평화의 사도를 자칭하는 유럽인들이 자신들로선 차마 이해할 수도 없는 교리 문제로 서로 싸우는 걸 보고 오히려 눈이 휘둥그레졌다.

구원이야 일단 제쳐두고라도, 과연 토착민들은 그런 새로운 종교로부터 정말 어떤 이득을 얻긴 했을까? 물론 [어느 정도는] 그랬다. 만약 병사들과 무역상들을 따라온 선교사들이 아니었더라면, 토착민들은 실제로 벌어진 것보다도 훨씬 더 가혹한 대우를 받았을지 모른다. 물론 그렇다고 해서 대우를 아주 잘 받았다는 것은 아니다. 왜냐하면 선교사들은 대개의 경우 비교적 힘이 없는 축이었기 때문이다. 하지만 아주 힘이 없는 것은 아니었기 때문에, 선교사들은 종종 토착민에게 더 나은 대우를 해주라고 [식민지 경영자들에게] 요구할 수 있었다.

오늘날 제3세계에 해당하는 국가들은 극심한 가난에 시달리는 것으로 여겨진다. 그러나 1500년 이후 1세기 동안에만 해도 그 국가들은 대부분 어마어마하게 부유한 것으로 여겨졌다. 그렇다면 이런 국가들의 경제 사정은 수백 년 사이에 정말 그토록 급격하게 변한 것일까? 서양에 비해서는 물론 어느 정도 변화한 것도 사실이지만, 그것만 가지고는 이런 변화를 설명하기에 충분하지가 않다. 다행히 오늘날의 우리는 이른바 부와 빈곤에 관해 우리의 선조보다는 훨씬 더 잘 이해하고 있기 때문에, 이 문제에 관해 보다 올바른 설명이 가능하다.

동양을 처음으로 방문한 유럽의 선원과 병사와 상인 역시 워낙 정치적으로는 세련되지 않았기에, 동양이 마치 부유한 듯 보이는 까닭은 오로지 막대한 인구 가운데 극히 일부분이 모든 부를 독식하고 있기 때문이라는 점을 미처 깨닫지 못했다. 유럽인은 심지어 대부분의 동양인이 겪고 있는 가난을 인식하지도 못했다. 또한 그들은 이처럼 비참한 가난이 태생적으로 생겨나고, 관습적으로 유지되며, 합법적으로 명령된다는 사실도 이해하지 못했다.

그들이 동양의 빈곤을 이해하지 못한 이유 가운데 하나는 자신들의 고향에서도 그보다 더 현저한 빈부 격차 — 그 원인만 놓고 보면 동양의 경우와 크게 다르지 않은 — 가 있었기 때문이다. 하지만 대부분의 유럽 국가에서는 경제 계급 간에 보다 큰 변동성이 존재했고, 게다가 16세기 중반이라는 이른 시기부터 이미 사회적이고 경제적인 평등이라는 사상이 널리 퍼져서 유럽인의 사고 대부분을 물들이고 있었다. 동양에서는 그런 사상이 전혀 없다가, 프랑스 혁명 직후 19세기의 시작과 더불어 서양인이 세계 다른 곳으로 그런 사상을 수출하기 시작하면서 생겨났다. 콜럼버스가 아메리카를 발견한 지 300년이 흐른 뒤의 일이었다.

결국 이것이야말로 서양과 동양 간의 무역을 지배하는 사상이 될 것이었다. 하지만 그 당시에만 해도 이걸 아는 사람은 아무도 없었다.

콜럼버스에게 바치는 경의

콜럼버스가 태어난 1451년의 세계를 한번 생각해보라. 여러분이 유럽인이라고, 가령 그 당시 유럽의 어느 나라 가운데 한 곳에서 태어났다고 생각해보라. 여러분이 바라본 세계는 과연 어떠했을까?

다른 무엇보다도 그 당시의 세계는 결코 둥글어 보이지 않았을 것이다. 지구가 둥글다는 수학적 발상은 무려 고대 그리스로까지 거슬러 올라가지만, 대부분의 세상 사람들에게는 그야말로 추상에 불과했다.(배가 수평선 너머로 사라지는 모습을 종종 보던 뱃사람들은 최소한 바다가 평평하지 않다는 사실만큼은 알고 있었다.)

지구가 둥글다는 것은 오늘날 우리에게는 결코 추상이 아니다. 우리가 만약 지구를 돌아 여행하기로 작정하기만 한다면, 어느 방향이건 간에 — 동서남북 어디건 간에 — 조만간 우리가 출발한 장소로 돌아오게 되리라 확신하고 있다. 만약 우리가 이미 정해진 경로를 따라간다면 그리 오래 걸리지도 않아서, 길어야 사나흘이면 충분할 것이다. 더군다나 우리는 정치적 평온, 또는 격동의 차이는 있을망정, 지구 어디서든지 마치 집에 있는 것처럼 안전할 것이다. 즉 우리는 우리가 지구를 일주하지 못하게 막는 괴물이나 다른 신비적인 장벽 같은 것은 없음을 확신하는 것이다.

하지만 1450년에만 해도 이 세계를 둥글다고 볼 수 없었을 것이, 콜럼버스 같은 천재가 아닌 한 우리의 정신은 지금처럼 지구가 둥글다고 애초부터 인식할 수는 없었을 것이기 때문이다. 콜럼버스는 모든 사람의 머릿속에 들어 있는 세계의 그림을 바꿔놓았다. 이제껏 살았던 사람 중에 어느 누구도 그런 일을 그토록 철저히 성취하진 못했다.

그런 탐험가들, 그런 발견자들은 하나같이 위대한 인물들이었다. 항해자 엔히크 대공, 바르톨로메우 디아스, 바스쿠 다 가마, 페르디난드 마젤란, 그리고 다른 사람들도 마찬가지였다. 그들 모두는 사람들의 정신을 깜짝 놀라게 만들 기회를 잡았다. 그러나 대부분은 고향에 돌아와 자신의 위대한 발견의 결실을 만끽하지 못했다. 1519년에 마젤란을 따라 다섯 척의 배에 나눠 타고 에스파냐를 떠난 270명 가운데 2년 뒤에 돌아온 사람은 겨우 18명에 불과했다. 낙오자도 몇 명 있었지만, 그 대부분은 굶주림과 질병과 부상으로 인해 사망했다. 물론 초창기 항해의 생존 확률이야 1969년에 닐 암스트롱이 달로 향할 때의 생존 확률에 비하면 아무것도 아니었지만, 그래도 그 당시 사람들의 눈에는 정말 아슬아슬하고 대담한 모험이었다. 하지만 16세기에 에스파냐와 포르투갈의, 그리고 훗날 영국과 프랑스와 네덜란드의 여러 항구를 떠나던 배들의 꾸준한 행렬을 살펴보면, 항해에 따르는 어마어마한 위험에도 불구하고 선원은 물론이고 그들을 인도할 선장들도 결코 부족한 적은 없었다.

그들은 경솔하지 않았다. 닐 암스트롱이나 다른 우주비행사들과 마찬가지로, 그들은 그 당시에 전 세계에서 가장 뛰어난 기술적 지원을 받고 있다고 확신하고 있었으리라. 달리 말하자면 그들은 저마다 가능한 한 최고의 기회를 붙잡고 있다고 확신했으리라는 것이다. 어쨌거나 그들은 떠났고, 대개는 떠나기 전에 결혼하고 아이를 낳음으로써 비록 본인의 육체까지는 아니더라도 이름만큼은 계속 살아남을 수 있게 했고, 십중팔구는 미리 유언장을 작성했다. 그들은 두려움에도 불구하고 떠났고, 세상 무엇도 그들을 막을 수 없었다.

그들은 왜 떠났을까? 상당수에게는 막대한 부에 대한 약속이야말로 — 실제건 상상이건 간에 — 고향을 떠나 배를 타고 나가기에 충분한 이유였다. 최초의 위대한 발견이 이루어진 다음에 그 뒤를 따르는 사람에게는 부의 추구야말로 가장 큰 유혹이 아닐 수 없었으리라. 하지만 나는 탐험가들 본인만큼은 그렇지 않았으리라 본다. 그리고 콜럼버스 역시 결단코 그렇지 않았으리라 본다.

명석함과 동시에 광기를 지니고 있었음이 분명한 크리스토퍼 콜럼버스야말로 이 세상에 살았던 사람 가운데서도 가장 탁월한 인물이었다. 그 역시 부의 기회를 굳이 옆으로 밀어 두지는 않았다. 하지만 그가 추구했던 목표, 또는 그가 자기 목숨이라도 기꺼이 내놓으려던 목표는 단순히 부만이 아니었다. 그가 추구했던 목표는 영원한 명성, 바로 신세계의 발견이 자신에게 가져다준 바로 그것이었다. 본인은 물론 알고 있었겠지만, 그 당시의 어느 누구도 이 사실을 깨닫지는 못했으리라.

명예나 명성을 바라고 거들먹거리는 욕망을 가리켜 시인 존 밀턴은 "고귀한 정신의 마지막 결점"이라고 불렀다. 이 구절은 종종 잘못 이해된다. 밀턴은 인간을 충동질하는 모든 동기 가운데서도 이른바 명예나 명성을 바라는 욕망보다도 더 큰 것은 오로지 하나뿐임을 의미했던 것이다. 그것은 바로 구원을 향한 열망, 즉 기독교의 축복받음이다. 바꿔 말해서 명성을 향한 욕망은 높은 순수성을 지니며, 이를 능가하는 것은 오로지 성자들이 바라거나 아는 것뿐이다. 콜럼버스는 물론 성자가 아니었다. 누가 알겠는가. 하지만 그는 너무 위대한 나머지 차마 죄인조차도 될 수 없었다. 하지만 이른바 세속의 성자, 즉 성자와 신성에서 약간 모자라는 정도의 마음과 의지의 순수함을 지닌 사람이 있을 수 있다면, 콜럼버스야말로 바로 그중 하나가 아닐까 싶다.

제8장

과학적 방법의 발견

이 세상에는 물론 과학적 지식 이외의
다른 종류의 지식도 많지만,
그 어떤 것도 현재의 단계에서는 물론이고
예상 가능한 미래에도 과학적 지식에 버금가는 위력과 명성과
가치를 지니진 못할 것이다.
과학은 인간의 활동 중에서도 가장 현저한 활동이 되었으며,
오늘날 지구상에 거주하는 수십억 명의 생존을 위한
그야말로 불가결한 도구다.

서양이 전 세계에 선물한 모든 종류의 지식 중에서도 가장 가치 높은 것은 새로운 지식을 획득하는 방법이었다. 이른바 "과학적 방법"은 대략 1550년부터 1700년 사이에 유럽에서 활약한 일련의 사상가들에 의해 고안되었다.

과학적 방법의 기원은 물론 고전 그리스 시대로 거슬러 올라간다. 다른 모든 선물들과 마찬가지로 이것 역시 주목할 만한 가치가 있다. 비록 과학적 방법이 한동안은 유익한 만큼이나 위험한 것으로 간주되기도 했지만, 오늘날 우리는 더 이상 그것 없이 살아갈 수 없게 되었다.

이 책에서 지금까지 우리는 '지식'이라는 단어를 보통은 '누구나' 아는 것을 의미한다고 사용했다. 중세 라틴어에서 '지식'에 해당하는 단어는 '스키엔티아'(*scientia*)였고, 모든 사람은 이것을 일부, 또는 전부 지닐 수 있었다. 바로 이 라틴어에서 '과학'(science)이라는 현대의 용어가 유래했다. 하지만 '과학'은 이제 더 이상 누구나 지닌, 또는 지닐 수 있는 지식을 의미하지는 않게 되었다.

이제 이것은 가령 시인의 지식, 또는 목수의 지식, 또는 철학자의 지식, 또는 신학자의 지식을 의미하지는 않게 되었다. 또 대개는 수학자의 지식을 의미하지도 않게 되었다. 오늘날의 '과학'은 오로지 '과학자'만이 지니는 특별한 종류의 지식이다. 과학자는 특별한 사람들이다. 그들은 결코 '누구나'라고 할 수 없다.

과학의 의미

물론 명백해 보이는 것도 상당수 된다. 하지만 '과학'의 의미 안에는 정말이지 해명하기가 어려운 복잡성이 여러 가지 있다. 우선 몇 가지 문장에서 '과학'이라는 단어를 사용해보자.

1. 과학은 결코 생명의 비밀을 이해하지 못할 것이다.
2. 조만간 과학자들은 AIDS 치료법을 발견할 것이다.
3. 과학과 예술은 닮은 구석이 전혀 없다.
4. 난 과학 수업을 듣고 있지만, 역사도 좀 공부할 생각이야.
5. 수학은 과학의 언어다.
6. 과학자들은 셰익스피어가 저자로 여겨지는 희곡을 그가 실제로 썼는지 여부를 판정하려고 시도하고 있다.
7. 문학비평은 진정으로 과학적이라고 할 수 없으니, 왜냐하면 그것은 예견적이지 못하기 때문이다.
8. 대부분의 시인은 수학 공식을 만나면 멍한 눈빛이 된다. 대부분의

과학자는 시를 만나면 멍한 눈빛이 된다.

9. 이중 언어 구사자가 된다고 해서 그 언어에 관해 모든 것을 다 안다는 뜻은 아니다.

10. 나는 그 답을 알지만, 설명할 수는 없다.

이 문장들은 모두 '사실'이라고 할 수 있는데, 왜냐하면 이것들은 모두 기존에 간행된 저술에서 취한 것이며, 또한 존경받는 저자들이 쓴 것이기 때문이다.(이 가운데 4, 9, 10번 문장은 존경받는 인사들과의 대화 내역에서 취한 것들이다.) 그렇다면 내가 "존경받는"이라고 말한 의미는 무엇일까? 이는 곧 이 저자들과 화자들이 상당히 교육을 잘 받았고, 진지한 뜻으로 이런 말을 했다는 의미다. 즉 이들은 자신이 한 말이 이해 가능하며, 또한 진실이라고 생각했다는 것이다. 더 나아가 위의 모든 문장은 지난 10년 사이에 작성되었다는 의미에서 매우 현대적이라고 하겠다. 이 문장들은 이른바 '과학'이라는 단어의 의미(물론 마지막 두 문장에서는 이 단어가 직접 등장하지는 않지만, 내용상으로는 분명히 암시되어 있다. 즉 감춰져 있거나, 또는 '안다'는 단어에 묻혀 있다.)에 관한 일종의 현대적 동의를 나타내고 있다.

이 문장들 가운데 몇 가지를 살펴보자. 첫 번째 문장은 이렇다. "과학은 결코 생명의 비밀을 이해하지 못할 것이다." 이것은 사실인가? 명백히 최근 들어서, 그리고 어떤 경우에는 그리 최근도 아닌 시절에, 과학자들은 생명의 '비밀' 가운데 상당수를 발견한 바 있다. 가령 세포의 구조와 진화, 면역계의 기능, 유전에서 DNA의 역할, 그 밖에도 상당히 많은 것을 말이다. 그리고 우리는 과학자들이 계속해서 생명을 연구하고, 그 비밀을 발견하리라고 기대할 수 있다.

하지만 이 문장에서 사용한 '비밀'이라는 단어에는 이 문장을 진실인 동시에 논쟁의 여지가 없게 만드는 뭔가가 들어 있다. 정의상으로 과학은 이른바 '생명의 비밀'이 암시하는 바와 같은 종류의 비밀을 이해할 수는 없으니, 왜냐하면 그런 비밀은 그야말로 측정 불가능한 수수께끼와 관계가 있음을 암시하기 때문이다. '그런' 수수께끼를 풀기 위해서는 뭔가 다른 종류의 지식이 필요하다. 과학자들이 생명에 관해 지금, 또는 나중에 가서 지닌 지식이 얼마나 많은지와는 상관없이 말이다.

아니면 다섯 번째 문장을 보자. "수학은 과학의 언어다." 이는 수학과 과학이 긴밀한 관계를 지니고 있음을 분명히 선언하고 있지만, 두 가지가 결코 똑같은 것은 아님을 마찬가지로 분명히 선언하고 있다. 과학자들은 수학을 '이용'할 수도 있지만, 그렇다고 수학을 '하는' 것은 아니다. 그리고 과학적 방법이나 결과에 관해서라면 수학자들도 일반인과 마찬가지로 무지할 수 있다. 알베르트 아인슈타인은 위대한 이론가였지만, 그렇다고 위대한 수학자까지는 아니었다. 궁지에 몰릴 때마다 그는 수학자 동료를 찾아갔고, 두 사람은 그런 궁지에서 벗어날 수 있는 묘안을 만들어냈다. 하지만 그의 동료는 그런 솜씨에도 불구하고 상대성이론을 고안해내지는 못했다.

동시에 이 문장은 수학이 가령 프랑스어나 중국어 같은 언어, 또는 신체의 동작이나 기보법(記譜法) 같은 언어와는 전혀 다른 종류의 언어라고 말하는 것 같다. 이 모든 것들은 일종의 언어이지만, 그 중 어느 것도 '과학의 언어'라고 일컬어질 수는 없다. 비록 과학자들 중에서 그중 어느 하나를 배운 사람이 있더라도 말이다.

일곱 번째 문장인 "문학비평은 진정으로 과학적이라고 할 수 없으니, 왜냐하면 그것은 예견적이지 못하기 때문이다"는 상당히 묘하다. 예견적이지 못한 과학은 과학도 아니라는 것은 그야말로 케케묵은 표현이다. 즉 이런 상황이나 저런 상황에서 뭔가가 어떻게 작동하는지 예견하지 못하는 한, 우리는 자연이 작동하는 방식에 관해 진정으로 알지 못하는 셈이라는 것이다. 묘한 점은 문학비평의 한 가지 주요 기능이 (가령 일간지의 서평 같은 경우에는) 다름 아닌 독자가 어떤 책을 좋아할(또는 관심을 가질) 것인지 아닌지 말해주기라는 점이다. 물론 그런 예견이 항상 확실한 것은 아니다. 또한 비평가의 판단이 어떤 수학적 공식을 취하는 것도 아니다.

그 용어의 보편적인 의미에서라면, 나는 기꺼이 문학비평이 과학이 아니라는 사실을 시인하는 최초의 사람이 될 의향이 있다. 하지만 나는 문학비평이 단지 예견을 하지 못한다는 이유 하나만으로 과학이 아니라고는 생각하지 않는다. 그럼에도 불구하고 이 문장은 우리가 과학에 대해 지니고 있는 감정을 담고 있으며, 따라서 '과학'이라는 단어의 의미〔를 이해하는 데〕에 기여한다.

아홉 번째 문장인 "이중 언어 구사자가 된다고 해서 그 언어에 관해 모든 것을 다 안다는 뜻은 아니다"는 우리가 과학에 대해 지닌 또 한 가지 근본적인 감정을 담고 있다. 물론 우리가 그런 감정을 지닐 수도 있고 아닐 수도 있지만 말이다. 즉 이 문장은 가령 두 가지 언어를 말하는 것처럼 뭔가를 모순 없이 잘하기 위해 사람이 반드시 가져야 하는 종류의 지식은 과학적 지식이 아님을, 상당히 간접적인 방식으로 주장하는 것이다. 이 문장에 암시된바, 과학적 지식은 그 자체로 실용적이거나 유용하지가 않다. 이 문장은 과학에 대해 좋은 이야기는 전혀 하지 않는다. 과학적 언어학자에 비하자면 대부분의 사람은 훨씬 더 이중 언어적이라고 할 수 있을 것이다. 이중 언어 사용은 사실 두뇌에는 좋은(이는 두뇌를 더 잘, 그리고 더 빨리 작동하게 한다.) 데 반해서, 언어학에 관해 안다는 것은 가령 대학 교수가 될 사람이 아니라면 거의 쓸모가 없다. 과학자들이 지닌 지식은 비록 항상은 아니더라도 종종 특수하다는 것, 즉 일반인에게는 상대적으로 쓸모없다는 것이 이 문장의 함의다.

하지만 두 번째 문장인 "조만간 과학자들은 AIDS 치료법을 발견할 것이다"는 과학에 대한 우리의 깊은 믿음을, 나아가 우리가 직면한 진정으로 어렵고 긴박하고 실제적인 문제들을 해결하기 위해 과학에 의존할 수 있다는 우리의 느낌을 표현한다. 이 문장은 또한 오로지 과학자들만이 AIDS 치료법을 발견할 수 있으리라는 우리의 느낌을 암시한다. 가령 시인, 목수, 철학자는 그런 치료법을 전혀 발견하지 못하리라 우리는 확신한다. 또한 일반인 역시 그 문제를 생각한다고 해서 치료법을 직관적으로 알아내지는 못할 것이다. 이것이야말로 우리가 이 단어를 보며 떠올리는 개념 중에서도 가장 널리 알려진 것 가운데 하나이리라.

지금과 같은 과학의 시대에는 대부분의 교사들이 학생들로부터 열 번째 문장인 "나는 그 답을 알지만, 설명할 수는 없다"라는 말을 들어본 경험이 있을 것이고, 그때마다 "설명할 수 없다면, 너는 그 답을 모르는 거야!"라고 답변하고픈 충동을 느껴보았을 것이다. 나아가 그 학생의 뻔뻔스러운 행동에 F 학점을 주고픈 충동까지도 말이다. 표현할 수도 없고, 의사소통을 할 수도 없는 지식은 수학적인 것이건 무엇이건 간에 지식이 아니다. 다시 말해서 이것은 물론 과학적 지식도 아닌데, 왜냐하면 과학적 지식이란 다른 과학자들이 실험을 통해 그 유효성을 확인할 수 있도록 서술이 가능하고, 또 응당 그래야만 한다는 의미에서 (아마도 탁월한) 공개적인 지식인 것처럼 느껴지기 때문이다.

하지만 그렇다고 치면, 과학적 지식이 당연히 지닌다고 간주되는 것과 같은 종류의 본래적인 확실성을 지니지 못한 인간의 수많은 정신적 상태며 활동을 졸지에 과학 — 우리가 앞에서 살펴보았듯이, 한때는 모든 종류의 지식을 의미했던 — 으로부터 배제시키는 결과를 가져오게 된다. 최고의 탐정은 — 비록 소설 속에서만 그렇긴 하지만 — 항상 자신들이 설명하지 못하는, 그럼에도 불구하고 옳은 것으로 밝혀지는 어떤 것을 예감하게 마련이다. 탁월한 운동선수는 어디로, 또는 어떻게 뛰거나 공을 던져야 하는지 아는 데에서는 그야말로 설명 불가능하고 표현 불가능한 천부적 재능을 지니고 있다. 전투에서 살아남은 병사는 종종 위험에 대한 일종의 육감을 지니게 마련이다. 그리고 성인(聖人)은 하느님이 자신들에게 한 말에 관해, 또는 다른 어떤 방식으로 자신들이 하느님에 관해 아는 바에 관해서라면 다른 어떤 과학자들보다도 더 큰 확신을 가지고 있다.

하지만 우리는 그 문장이 잘못되었음을 증명하려고 하는 것은 아니다. 사실 그 문장이 잘못되지는 않은 것이, 우리가 과학에 관해서 느끼는 뭔가를 표현하기 때문이다. 즉 비록 직관이 어떤 중요한 과학적 발견이나 돌파구와 어떻게든 연관되어 있음은 사실이라 하더라도, 그렇다고 해서 과학이 전적으로 직관적일 수는 없음을 표현하기 때문이다.

마지막으로 세 번째 문장인 "과학과 예술은 닮은 구석이 전혀 없다"는 어쩌면 과학 — 그리고 예술 — 에 대한 우리의 가장 깊은 선입견인지도 모르는 것을 밝혀주는 동시에, 적어도 외관상으로는 그것이 분명코 사실은 아님을 밝혀주고 있다. 즉 과학과 예술은 여러 가지 면에서 닮은 구석이 있다는 것이다. 가령 양쪽 모두 가장 유능한 사람들 가운데 일부와 연관된 행동이라는 점, 양쪽 모두 계몽과 고통의 중단을 우리에게 제공한다는 점, 양쪽 모두 성공하기 위해서는 어마어마하게 어렵고 철저한 노력과 지성을 필요로 한다는 점, 양쪽 모두 오로지 인간만이 한다는 점 등등이 그렇다.

하지만 세 번째 문장은 또 다른 의미에서는 진실이며, 이는 여덟 번째 문장에서도 또한 암시되고 있다. 과학자와 예술가가 하는 일 가운데 상당수가 유사하기는 하지만 — 가령 야금학자와 조각가가 금속을 가지고 하는 일을 생각해보라 — 이들이 각자의 일을 전혀 다른 방식으로 바라보며, 또한 전혀 다른 이유 때문에 한다는 것을 우리는 잘 알고 있다. 그들의 서로 다른 관점이야말로 '과학'이 무슨 의미이며 '과학자'가 무슨 일을 하는지에 관한 거의 모두를 우리에게 알려준다.

과학의 세 가지 특징

그리하여 과학이란, 그 단어의 일상적인 의미에서 보자면, 다음과 같은 세 가지 특징을 지닌 인간의 활동이라고 하겠다. 첫째로 과학은 특수한 세계관을 지닌 특별한 사람들이 수행하는 것이다. 과학자는 객관적, 비감상적, 비감정적이 되기 위해 노력한다. 그들은 본인의 감정이 그들의 말마따나 실물, 또는 사실에 대한 관찰을 저해하도록 내버려 두지 않는다. 그들은 종종 실험실, 또는 자신들이 연구하는 것을 조심스레 제어할 수 있는 다른 장소에서 연구한다. 그들은 가령 시인이 그러듯이 해 질 무렵에 부둣가를 거닐며 경이에 차서 이 세계를 바라보지는 않는다. 이상적인 경우, 그들은 정직하고도 겸손하다. 그들은 자신들의 발견을 보고하고, 그리하여 다른 사람들이 그것을 확인한 다음 각자의 연구에 이용할 수 있도록 하기 위해 항상 노력한다. 그들은 자신이 증명할 수 있는 것 이상을 주장하지는 않으며, 종종 그 이하를 주장하기도 한다. 하지만 그들은 자신의 소명에 매우 자부심을 지니고, 다른 누구보다도 동료 과학자와 이야기하는 것을 더 즐긴다. 시인과 이야기하기를 좋아하지 않으니, 왜냐하면 이런 사람은 과학자를 불편하게 만들며, 또한 과학자를 깎아내리기 일쑤이기 때문이다.(물론 시인 역시 과학자에게 비슷한 대우를 받는다고 느끼지만.)

둘째로 과학은 생각이나 감정을 다루는 것이 아니라, 거의 전적으로 사물을 다룬다. 또한 과학은 내적 상태와 그 작동이 아니라 외부 세계와 그 작동을 다룬다. 물론 일부 심리학자의 노력은 과학적이거나, 또는 과학적으로 보이기도 하지만 말이다. 신체는 외부 세계의 일부분으로 간주된다. 반면 영혼은 그렇지 않다고 간주된다. 따라서 과학자는 영혼이 아니라 신체를 이해하기 위해 연구한다. 대부분의 과학자는 영혼의 존재 자체에 대해서도 의구심을 품는다. 태양계와 우주 역시 외부 세계의 일부분이다. 물론 우리는 그것들의 존재 양상에 관한 직접적 증거를 극히 조금밖에는 갖고 있지 못하지만 말이다. 과학자들은 지구상의 자연의 기본 조건이 우주 어디에서나 똑같다고 가정하는 경향이 있다.

이런 면에서 인간은 오로지 의심스럽게만 외부 세계의 일부분이다. 과학자는 큰 무리의 인간의 행동을 다루는 것을 일반적으로 마뜩지 않아 한다. 따라서 과학자로 인정받고자 하는 경제학자의 노력은 십중팔구 헛수고에 그친다. 과학자의 외부 세계에는 가령 양자, 쿼크, 퀘이사처럼 신비롭기는 천사와 맞먹고 대개는 눈에 보이지 않는 어떤 것들이 들어 있다. 하지만 그들은 이에 괘념치 않는 것이, 이처럼 눈에 보이지도 않는 기본 입자를 불확실성의 원칙 — 이 원칙에 따르면 그들은 기본 입자를 결코 볼 수가 없다 — 에 따라서 효과적으로 다룰 수 있다고 믿기 때문이다. 반면 그들은 천사를 다룰 수는 없다고 보는데, 어쩌면 과학자야 애초에 천사를 믿지도 않으므로, 결코 천사를 볼 수 없기 때문이 아닐까.

한마디로 말해서, 외부 세계란 과학자가 측정하고 수학적으로 서술할 수 있는 것을 말하며, 그럴 수 없는 모든 것들은 거기서 배제된다. 이것은 외부 세계가 오히려 흐릿한 개념이라는 것을, 그러나 그 배후의 생각은 결코 흐릿하지 않음을 의미한다.

셋째로 과학자는 무엇을 다루든지 간에 특별한 방식으로 다루며, 특별한 방법과 아울러 결과를 보고하는 데 사용되는 독특한 언어를 차용한다. 가장 잘 알려진, 그러나 반드시 항상 차용되지는 않는 방법으로는 다음과 같은 것이 있다. 우선 어떤 발상 — 이런 발상이 과연 어디에서 나오는지에 관해 대부분의 과학자는 물어보지 않는다 — 을 실험 가능한 가설로 틀 잡은 다음, 그 가설을 제어된 환경에서 실험하여 그 타당성 여부를 알아내는 것이다. 이때 환경은 반드시 신중하게 제어됨으로써, 외부의 요인이 끼어들어 실험을 무효로 만들지 않도록 해야 한다. 다시 말해 다른 사람들 역시 그 실험을 반복할 경우에 똑같은 결과에 도달하리라 여겨져야 하는데, 이것이야말로 그 신빙성의 가장 좋은 증거가 된다.

하지만 과학에서 가장 현저한 특징이라면 무엇보다도 그 결과를 보고하고, 연구 자체를 수행하고, 실험을 제어하는 언어 — 즉 수학 — 라고 하겠다. 대부분의 과학자는 자신이 하는 일을 수학적 용어로 서술하지 못하는 사람은 사실 과학을 하는 게 아니라고 단언할 것이다. 그들은 그 결과를 수학적 용어로 보고하기를 선호하는데, 왜냐하면 그렇게 하는 쪽이 (그들에게는) 더 쉽고 빠르며, 나아가 전 세계의 과학자가 이해할 수 있기 때문이다.

또 한 가지 중요한 것은 그 연구 자체가 수학적으로 이루어진다는 점인데, 이것은 연구되는 관찰이 반드시 맨 먼저 숫자로 변환 — 또는 환원 — 되어야 한다는, 그리하여 합리적인 태도로 연구될 수 있어야 한다는 뜻이다. 최초의 그리스 과학자들의 오래된 발상(이 세계는 본질적으로 이해 가능하다. 왜냐하면 그것은 여하튼 인간의 정신과 부합되기 때문이다.)은 이로써 피타고라스적 견해(최소한 과학의 대상이 되는 외부 세계는 본질적으로 수학적이며, 따라서 이해 가능하다. 왜냐하면 인간의 정신 역시 본질적으로 수학적이기 때문이다.)로 변환되는 것이다.

인간이 사물을 측정할 수 있는 — 다시 말해 사물을 숫자로 변환, 또는 환원시킬 수 있는 — 곳이라면 어디서나 사물을 이해하고 제어하는 데에서 대단한 진보가 실제로 이루어졌다. 인간이 측정 방법을 발견하지 못한 곳에서는 성공도 덜했으며, 이것이야말로 심리학이나 경제학이나 문학비평이 차마 과학의 지위를 얻지는 못한 이유를 부분적으로나마 설명해준다.

과학은 17세기의 중대한 발견, 또는 발명이었다. 그 당시의 인간은 어떻게 하면 자연현상을 오늘날 우리가 과학적이라고 부르는 방식으로 측정하고, 설명하고, 이용할 수 있는지 배웠다. 이것은 정말로 대단한, 그야말로 혁명적인 발견이었다. 17세기 이래로 과학은 크게 발전했고, 과거에만 해도 전혀 몰랐던 여러 가지 진리를 발견했으며, 여러 가지 이득을 제공했다. 하지만 자연적 진리를 발견하는 새로운 방법을 발견하지는 못했다.[42] 이러한 이유 때문에 17세기는 아마도 인류 역사상 가장 중요한 세기일 것이다. 이 시기는 인류가 지구상에서 살아가는 방식에 돌이킬 수 없는 변화를 야기했기 때문이다. 가령 우리는 결코 다시 르네상스 시대에 살던 방식으로 돌아갈 수는 없을 것이다. 다만 이러한 변화가 줄곧 더 나은 쪽으로 전개되었는지 여부가 궁금할 따름이다.

아리스토텔레스의 과학 : 물질

과학적 방법을 발견하기 위해 17세기의 사상가들은 우선 그 당시까지 영향력을 발휘하던 가장 위대한 과학자의 세계관을 전복시켜야 했다. 그 과학자란 다름 아닌 아리스토텔레스였다. 따라서 그 당시에 벌어진 일이 무엇인지를 알려면 우선 아리스토텔레스가 바라보고 서술한 세계에 관해 알아야 한다. 그 세계에서는 특별히 두 가지 측면이 우리에게 중요하다. 바로 물질과 운동이다.

모든 물질적 사물은 물질(질료)적 측면과 형태(형상)적 측면을 지

---

42 진리를 발견하는 새로운 방법을 '전혀' 발견하지 못했다고 말하는 것은 엄밀하게 따져서 정확하지 않을 수도 있겠다. 이 책의 제15장을 참고하라. — 원주

니고 있다. 물질은 어떤 의미에서 사물의 가능성이다. 이런 의미에서의 물질은 그 스스로 존재하지는 않는다. 또 다른 의미에서 물질은 사물을 만드는 재료다. 아리스토텔레스주의자가 종종 차용한 오래된 이미지를 빌려 말하자면, 물질이란 밀랍이며 바로 그 위에 형태를 눌러 찍는 것이다.

우리의 지상 세계, 즉 달 아래 세계 — [과거에는] 달 너머에 있는 것은 지상과 상당히 다르다고 여겨졌다 — 에는 사물을 만드는 네 가지 종류의 재료가 있다. 아리스토텔레스주의자의 말을 빌리자면 네 가지 원소가 있는 것이다. 바로 흙 원소, 물 원소, 공기 원소, 불 원소다. 이런 원소 가운데 어떤 것도 우리의 불완전한 세상에서는 순수한 형태로 존재하지 않는다. 가령 흙이 많거나 적고, 물기가 많거나 적으며, 공기가 풍부하거나 희박하고, 불길이 세거나 약한 등의 혼합 상태로만 존재한다.

무거운 사물은 항상은 아니더라도 대개의 경우 흙 원소로 만들어진다. 가벼운 사물은 물 원소, 공기 원소, 심지어 불 원소 — 다른 원소와 마찬가지로 이것 역시 다른 원소와 혼합된다 — 로 만들어진다. 네 가지 원소는 결코 단독으로 나타나지는 않으므로, 본질적으로 순수한 상태에 있는 원소를 측정하기란 매우 어렵다. 어떤 면에서 그런 원소는 눈에 보이지 않는다. 하지만 아리스토텔레스의 말에 따르면 사람 안에 상당량의 흙 원소가 들어 있음은 명백하니, 왜냐하면 이 원소는 사람을 무겁게 하고, 사람 뼈의 강도를 높이는 등의 역할을 하기 때문이다. 또한 사람 안에 상당량의 물 원소가 들어 있음도 분명하니, 이 원소는 피와 다른 체액을 만들기 때문이다. 공기 원소 역시 들어 있으니, 사람은 이를 숨으로 들이쉬고 내쉬기 때문이다. 불 원소 역시 들어 있으니, 그로 인해 사람에게는 체온이 생기며, 이것은 어떤 면에서 그의 생명의 본질이다. 달 아래 존재하는 다른 물질적 사물 역시 이러하다는 것이다.

반면 달 너머에는, 그러니까 태양과 행성, 항성과 그 별들이 모두 움직이는 거대한 천구에는 다섯 번째의 원소, 이른바 제5원소라는 것이 있다. 태양과 다른 천체는 바로 이 제5원소 — 순수한 상태로 존재하는 — 로부터 만들어진 것이다. 달은 대부분 제5원소로 만들어졌지만, 거기에는 달 아래의 원소들이 약간이나마 혼합되어 있다. 달은 지상과 가깝고, 지상(땅)은 대부분 흙 원소로 만들어졌기 때문이다. 이를 보여주는 증거로는 달〔의 표면〕에 새겨진 〔울퉁불퉁한〕 흔적을 들 수 있겠다. 이것은 세월의 파괴에 시달린 아름다운 얼굴과도 비슷하다. 여기서는 천체를 만드는 순정한 원소 역시 여전히 물질이라는 사실을 기억하는 것이 중요하다. 가령 천사는 이것으로 만들어지지 않았으니, 왜냐하면 천사는 비물질적이기 때문이다. 하느님의 경우에도 마찬가지다.

아리스토텔레스의 운동

아리스토텔레스에게 근본적인 사실, 즉 그의 물리학에서 훌륭하게, 그리고 일관성 있게 구축된 기초적이며 근원적인 가정은 모든 달 아래 사물 — 물질적이건 비물질적이건 간에 — 의 자연적 상태가 바로 정지라는 것이다. 따라서 운동은 항상 난폭하거나 부자연스러운 것이며, 또는 그 이전의 불균형 상태에 대한 자연적 교정, 다시 말해서 신체의 입장에서 그 정지의 위치를 향한 추구다. 일단 정지의 위치에 도달하면 운동은 멈춘다.

흙 원소, 물 원소, 그리고 어느 정도의 공기 원소는 자연적으로 아래쪽의, 즉 지구 중심부를 향한 장소를 추구하며, 할 수만 있다면 거기에 도달할 것이다. 다시 말해서 가령 지구 자체처럼 어떤 불침투성 표면으로 인해 가로막히지만 않는다면 그러하리라는 것이다. 불 원소는 위쪽으로 날아가 그 자연적인 정지의 장소로 향하는데, 바로 우리의 위에 있지만 그렇다고 무한히 멀지는 않은 그 장소란 바로 달의 천구에서 한참 아래다. 공기 원소는 종종 — 어쩌면 항상 — 불 원소와 뒤섞이고, 다른 더 무거운 원소들과도 뒤섞이기 때문에, 그 행동은 변덕스럽고 예측 불허다. 공기 원소는 위로 올라가고, 아래로 내려가는 등 그 운동이 매우 혼란스러운데, 바로 그 안에 들어 있는 원소들의 기묘한 조합 때문이다. 만약 공기 원소가 순수하다면, 이것은 그 자연적 장소를 우리 주위에서 찾을 것이고, 그 아래에는 물 원소와 흙 원소가 있으며, 그 위에는 불 원소가 있고, 바람이라곤 한 점도 불지 않을 것이다.

이러한 세계의 그림을 쉽게 비웃고 내던지기 전에, 이것이 외관상 얼마나 타당해 보이는지, 그리고 이런 결론에 도달한 것이야말로 얼마나 천재적인 솜씨인지 한번 생각해보라. 우리의 경험에서는 만물이 '실제로' 정지하고 있다. 다만 예외가 있다면 만물이 그 정지를 찾을 수 있는 자연적인 장소를 추구할 때 — 가령 강이 바다를 추구하고, 불길이 우리 위의 제자리를 추구하는 것처럼 — 또는 다른 무언가에 의해 움직이도록 강제될 때뿐이다. 우리가 어떤 것을 움직이도록 강제할 때 — 가령 공을 던질 때 — 그 공은 머지않아 구르기를 멈추고, 우리가 나중에 찾아서 집어 들고 다시 던질 때까지 그 발견된 장소에 그대로 머물러 있는 것이다. 영혼을 결여한 물질적 사물은 모두 이러하다. 정지할 수 있는 장소를 찾으려 '열망하지' 않는 그 어떤 것에 대해서도 ─ 그 어떤 것에 대해서도 전혀 ─ 우리는 아무런 직접적 감각 경험을 지니지 못한다.

그렇다면 영혼을 지닌 것들, 가령 동물과 인간은 어떠한가? 이들 역시 자연적인 장소를 추구하는 것처럼 보이는데, 그 장소란 보통 자기 집이고, 궁극적으로는 무덤이다. 그렇다면 모든 살아서 분투하는 것들의 목적과 목표는 결국 무덤인 것인가? 육체는 목표를 추구한다. 하지만 인간의 영혼은 다른 무언가를 향해 분투하니, 그것은 바로 하느님과의 화해, 즉 오로지 하느님만이 줄 수 있는 평화다. 이것이야말로 영혼의 가장 높고 가장 강한 욕망이다. 물론 단테가 「연옥편」의 제16곡에서 설명한 것처럼 비록 때로는 영혼이 올바르지 않으려는 의지를 발휘하지만 말이다.

"나의 사랑은 나의 무게."[43] 성 아우구스티누스의 이 말은 아리스토텔레스의 우주를 이해하기 전에는 도무지 이해할 수 없지만, 그 우주를 이해하고 나면 비로소 명백해진다. 내 몸은 땅을 추구하니, 왜냐하면 내 몸은 흙으로 만들어졌기 때문이다. 흙 원소가 그 안에서 가장 우세하기 때문이다. 하지만 내 영(靈)은 보다 높은 정지할 곳을 추구한다. 그것이 바로 내 영이 사랑하는 것이기 때문이다. 내 몸의 무게는 나를 아래로 끌어 내린다. 내 영혼의 무게는 가볍고, 공

---

43 『고백록』 제13권 제9장.

기 원소보다 가볍고, 불 원소보다 가볍고, 그 가벼움 덕분에 영은 그 자연적인 정지할 곳을 향해 위로 올라가는 반면, 내 몸은 그 오랜 집에 쉬는 것이다.

달 아래의 세계에서는 정지와 아울러 두 가지 종류의 운동이 있다. 하나는 자연적인 운동인데, 이것은 항상 그 적절한(여기서 "적절한"이란 곧 "자신의"란 뜻이다.) 장소를 추구하는 어떤 사물의 '무게'로부터 비롯되었기 때문이다. 그리고 부자연스러운, 또는 난폭한 — 아리스토텔레스의 말마따나 — 운동이 있는데, 이것은 어떤 사물에 적용되는 힘의 결과이기 때문이다. 하지만 달 너머의 세계는 어떠한가? 거기에도 물론 운동이 있다! 태양과 행성이 움직이고, 항성은 24시간에 한 바퀴씩 세계를 돈다. 이런 종류의 운동은 무엇일까?

이것은 어려운 질문이었으니, 왜냐하면 달 아래에서의 운동은 어떤 난폭한 힘이 물체를 올바른 길에서 돌려세우도록 강제하지 않는 한, 모두 직선운동이었기 때문이다. 그런데 달 너머에 있는 태양, 행성, 항성은 명백히 원을 그리며 운동했다. 그렇다면 뭔가가 그런 운동을 강요하는 것일까? 아리스토텔레스와 훗날의 기독교인 추종자들은 우리가 그런 것을 가정할 수 없다고 말했으니, 왜냐하면 천체는 완전한 것이므로, 뭔가가 그걸 떠밀게 되면 불완전한 것이 되기 때문이다. 따라서 그 원운동은 어떤 식으로건 반드시 자연적인 운동이 되어야 한다는 것이었다.

이에 대한 해결책은 쉽게 나왔다. 제5원소의 자연적 운동은 균일한 원운동이었고, 이는 달 아래의 사물의 운동과는 전혀 달랐으니, 왜냐하면 천체는 지상의 사물과 전혀 달랐기 때문이다. 이로써 모든 문제가 단박에 설명되었다. 천체, 또는 천체가 움직이는 곳인 천구는 영원히 돌아간다. 그것이 천구의 본성이기 때문이다. 우리는 하늘을 바라볼 때마다 그 결과를 보는 것이다.

때로는 또 다른 이론이 나오기도 했다. 가령 사실은 천사가 행성을 그 길로 몰고 다니며, 그야말로 아무 힘도 들이지 않은 채 행성이 영원히 정해진 원운동을 하게 만든다는 것이다. 이 이론은 중세 초기에 널리 받아들여졌다. 그로부터 1000년 뒤에 아리스토텔레스가 재발견되면서, 이른바 자연적으로 순정한 실체가 역시나 자연적으로 순정한 운동을 한다는 그의 가정이 [천사를 도입한 가정보다] 얼마나 훨씬 더 나은지가 분명해졌다. 이러한 방식으로 해서 이 세계는 훨씬 더 이치에 맞게 되었다. 훨씬 더 잘 들어맞았고, 훨씬 더 아름다웠고, 훨씬 더 완전했고, 하느님이 분명 그렇게 만드셨을 방식에 훨씬 더 가까워졌다. 나중에 가서 행성이 그런 방식으로 운동한다는 이론은 결국 교리로 변했다. 따라서 이러한 믿음에 의문을 제기한다는 것은 이 세계를 향한 하느님의 설계에 의문을 제기하는 것으로 여겨졌다.

아리스토텔레스에 대한 반란

갈릴레오는 아리스토텔레스의 운동 이론에 도전했으며, 그리하여 역사상 가장 유명한 순간의 주인공이 되었지만, 그런 사건은 결코 이때가 처음은 아니었다. 그런 의문은 갈릴레오가 태어나기 최소한 2세기 이전에 이미 시작된 바 있었다.

어째서 그런 의문이 시작되었을까? 아리스토텔레스의 운동 이론은 사물이 자연적으로 떨어지는 것과 내리막을 굴러 내려오는 것 —

가령 탑 위에서 떨어트린 공과 바다로 흘러가는 강물 — 을 설명했지만, 아리스토텔레스가 격렬한 운동이라고 부른 것을 설명하는 데에서는 별로 성공을 거두지 못했다. 그것은 가령 투석기나 대포 같은 일종의 기계에 의해 발사되거나 던져진 물체가 겪는 것과 같은 종류의 운동이었다. 사실 이러한 의문이 애초에 생겨나게 된 까닭은 투석기가 발명되어 종종 사용되었기 때문이다. 그러나 기존의 이론으로는 이것이 어째서 그렇게 작용하는지 설명할 수 없었던 것이다.

지금으로선 오히려 이해하기가 힘들 수도 있는데, 왜냐하면 오늘날 우리는 과거와 전적으로 다른 운동 이론을 지니고 있기 때문이다. 하지만 아리스토텔레스의 관성 법칙이 정지의 원칙에 근거했음을 기억하는 사람이라면, 무엇이 문제인지를 깨달을 수 있으리라. 그의 이론에 따르면 그 어떤 것도 절대 움직이지 않으며, 예외는 가령 물체를 밀거나, 또는 물체가 자연적인 운동을 수행하는 경우 — 가령 어떤 물체가 지구 중심을 향해 떨어지는 경우나, 또는 천체의 균일한 원운동의 경우처럼 — 뿐이다.

투석기에서 발사된 투사체는 자연스럽게 운동하지 않는다. 투석기가 던지는 방향으로 날아가기는 하지만, 그건 어디까지나 떠밀려서 그러는 것이 분명하다. 하지만 투석기를 떠난 다음에도 투사체가 계속해서 운동하는 까닭은 무엇일까? 더 이상은 떠밀리지도 않는데 말이다. 어째서 땅에 곧바로 떨어질 수 있는 자유가 생기자마자 정말 그렇게 떨어지지 않는 것일까?

아리스토텔레스주의자들은 이런 질문에 대한 답변을 갖고 있긴 했지만, 그 답변이란 불완전한 것이라기보다는 오히려 부적절한 것이었다. 관성적 정지라는 그 놀라우리만치 상식적인 이론조차도 격렬한 운동에 오면 여지없이 깨지고 말았다. 가령 투사체 앞에 있는 공기는 교란되어서 투사체의 옆과 뒤로 몰려가는데, 이는 투사체가 그 경로에서 야기한 진공을 채우기 위해서이고, 그 까닭은 "자연은 진공을 싫어하기 때문"이다. 진공을 피하려는 공기 쪽의 이처럼 필사적인 노력이 투사체를 앞으로 밀어내서 날아가게 한다는 것이다. 이처럼 훨씬 더 공상적인 설명도 있었다.

여러 사상가들은 이런 설명을 잘못된 것이라고 생각해 포기해버렸다. 비록 격렬한 운동을 설명하기는 어렵지만, 그래도 아리스토텔레스의 이론은 상당 부분 올바르기 때문에, 그런 사소한 난점은 무시해도 그만이라는 것이었다. 하지만 파리 대학의 몇몇 저명한 신학자들은 훨씬 더 회의적이었다. 이들은 신학 분야의 권위자로 인정되었기 때문에, 아리스토텔레스의 이론 가운데 일부분에 대해 의문을 제기하고도 무사할 수 있었다. 왜냐하면 이들은 그 일부분 말고 나머지를 어떻게 하면 구제할 수 있을지 잘 알았던 까닭이다. 이것이야말로 훗날의 갈릴레오는 하고 싶지도 않았고, 어떻게 할 수 있는지도 몰랐던 일이었다.

장 뷔리당(1300~1358)은 그런 파리의 신학자 가운데 하나였다. 니콜 오렘(c.1325~1382)도 마찬가지였다. 이들은 문제를 명확히 인식하고 한 가지 해결책을 고안했다. 즉 투석기가 투사체에 어떤 '추진력'을 부여하고, 따라서 그 투사체는 그 추진력이 소진될 때까지 계속해서 운동한다는 것이었다.

다시 말해서 격렬한 운동은 사물에 본래적이라는 것이다. 자연적 운동과 마찬가지로, 그 원리는 운동하는 물체 내부에 들어 있다. 일단 격렬한 힘에 의해 투사체에 추진력이 부여되면, 투사체를 더 이상

밀 필요가 없는 것이다. 투사체는 땅에 떨어질 때까지 계속해서 나아가는 것이다.(가령 대포알이나, 또는 투석기의 투사체의 경우처럼.)

이런 설명은 나름대로 진전된 것이긴 하지만, 그렇다고 아주 멀리까지 나아간 것은 아니었다. 〔항성의〕 균일한 원운동에 관한 문제는 여전히 남아 있었으며, 신학자들은 자신들의 통찰을 그 문제에 어떻게 적용해야 할지 몰랐기 때문이다. 또한 그러기 위해서는 위험한 땅을 밟고 지나가야 할 수도 있었다.

천체가 움직이는, 또는 움직인다고 여겨지는 방식에는 몇 가지 심각한 문제가 있었다. 첫째로, 흔히 말하듯이, 균일한 원운동에 대한 가정은 그 현상을 구제해주는가? 즉 천문학자들이 하늘에서 관측되는 현상을 설명해주는가? 그 당시로부터 1200년 전에 살았던 프톨레마이오스에게 균일한 원운동은 그가 관측한 바는 물론이고, 그의 선구자들이 관측을 통해 그에게 전수해준 바를 설명하기에도 충분히 적절했다. 하지만 그 이후로 아랍인과 그리스인, 인도인과 이탈리아인을 비롯한 천문학자의 대군이 수 세기 동안이나 하늘을 보다 훨씬 주의 깊게 관측한 바 있었다. 그 관측 내역을 모두 모아 대조해본 결과, 이제는 균일한 원운동의 이론은, 비록 여러 개의 운동을 교묘한 방법으로 조합할 때조차도 그 현상을 구제해주지 '못하는' 것처럼 보이기 시작했다.

균일한 원운동의 조합은 때때로 필수적이었다. 고대 그리스의 천문학자는 가령 하늘에서 금성의 겉보기 경로가 지구를 도는 균일한 원이 아니라는 사실을 똑똑히 볼 수 있었다. 이 현상은 가령 지구를 균일하게 회전하는 〔궤도상의〕 이상적인 점을 하나 가정하는 방법으로 설명할 수 있었다. 이때 그 점은 금성의 이상적인 자리이고, 실제로 그 행성 자체는 그 이상적인 점 주위를 균일하게 도는 것이다. 이러한 견해는 때로는 금성이 다른 행성보다도 그 궤도를 훨씬 더 빨리 앞질러 나가는 것처럼 보이고, 또 때로는 금성이 그 궤도에서 오히려 뒤로 물러나는, 즉 역행하는 것처럼 보인다는 관측된 사실을 설명해주었다. 그 이상적인 점 주위를 도는 금성의 균일한 원궤도는 금성의 주전원(周轉圓)이라고 불렸다.

이후 수 세기에 걸쳐 여러 천문학자들이 보다 더욱 정확한 관측을 함에 따라서, 그런 관측을 설명하기 위해 더 많은 주전원이 필요하게 되었다. 결국에는 모든 행성이 저마다 주전원 하나씩을 가져야 하게 되었다. 화성은 두 개의 주전원을 필요로 했으니, 왜냐하면 그 행성이 주전원상의 한 점 주위를 균일하게 돌고, 그 주전원은 또다시 화성 주위를 도는 이상적인 점 주위를 균일하게 돈다고 가정하고 나야만, 그 행성의 관측에서 나타난 궤도의 교란을 설명할 수 있기 때문이었다. 그렇게 하고 난 뒤에도 주전원의 이론이 완벽하게 기능하지는 않았으니, 왜냐하면 관측의 정확성은 계속해서 향상되었기 때문이다. 게다가 주전원은 과학적으로 명쾌하지가 않았다. 그토록 아름답지 못한 방식으로 돌아가는 하늘을 생각해야 한다는 것만 해도 충분히 불쾌한 일이었다.

하지만 행성이 균일한 원을 그리며 지구 주위를 움직이지 않는다면, 행성은 도대체 어떻게 움직이는 것일까? 그런 현상을 설명할 수 있는, 그러면서도 "자연적"이라고 부를 만한 또 다른 종류의 간단한 운동이 있는 것일까? 하지만 그런 운동이 있는 것처럼 보이지는 않았다. 최소한 어느 누구도 그렇다고 상상하지는 못했다.

시간이 흐르면서 여전히 풀리지 않는 다른 문제들도 여럿 생겨났다. 가령 균일한 원이건 다른 방식이건 간에, 도대체 천체는 애초에 왜 움직이는 것일까? 한때는 보편적으로 받아들여졌던 답변 — 천체가 움직이기를 하느님이 원하셨으므로 천체가 움직인다는 — 이 대부분의 모험적인 지식인에게는 문제투성이로 보이게 되었다. 제5원소가 있다는 가정 역시 받아들이기 힘든 것은 마찬가지였다. 순정한 운동 그 자체의 경우에는 특히나 그러했다. 많은 사상가들은 지구상에서 결코 관측되지 않는 유형의 운동에 대해 불편함을 느끼기 시작했다. 왜냐하면 지구에서는 그 어떤 것도 균일한 원을 그리며 자연적으로 움직이지는 않았기 때문이다.(지구에서 어떤 것이 원을 그리며 움직이면, 그것은 그런 방식으로 움직이도록 '강제'된 까닭이었다.) 만약 천사나 지성이 태양과 행성과 항성을 움직이지 않는다면 — 즉 그것들이 스스로 움직이는 것이라면 — 과연 그런 운동의 원인은 무엇일까?

아울러 천체가 움직이는 곳으로 알려진 수정 천구의 문제도 있었다. 천체는 결코 텅 빈 공간을 움직일 수는 없었으니, 왜냐하면 텅 빈 공간이란 몇 가지 이유로 인해 — 가령 자연은 진공을 싫어했다 — 생각조차 할 수 없었기 때문이다.(아리스토텔레스는 이 문제를 놓고 데모크리토스와 논쟁을 벌였다.) 이 거대한 천구는 사람의 눈에 보이지 않았고, 그 천구가 돌아가는 동안 만들어내는 하늘의 음악 역시 사람의 귀에는 들리지 않았다. 거기까지는 좋았다. 우리는 분명히 그걸 못 보았으니까. 하지만 주전원들 — 어떤 것은 다른 것의 위에 있었던 — 역시 제각기 수정 천구들이므로, 그렇게 되면 천구들이 또 다른 천구들을 간섭하는 것처럼 보이는 것이다. 하지만 이것은 불가능했으니, 그것들의 재료가 된 순정한 물질은 침투가 불가능하고, 변화가 불가능하며, 파괴가 불가능하다는 등으로 가정되기 때문이다.

마지막으로 항성에 관한 특수한 문제가 또 하나 있었다. 항성은 토성의 천구 바깥에 있는 수정 천구에 붙어서 움직이는 것으로 가정되었다.(그리고 항성 너머에는 하느님의 거처인 최고천이 있었다.) 프톨레마이오스 이후에 별의 시차에 관한 관측은 이 천구와 거기 붙어 있는 별들이 반드시 아주 멀리 있어야만 함을 보여주었다. 하지만 그 별들이 그토록 멀리 있다고 하면, 그 천구가 24시간마다 한 번씩 지구 주위를 돌기 위한 속도는 그야말로 상상할 수 없을 만치 빨라야만 했다. 어떤 면에서 이것은 문제가 아니었으니, 왜냐하면 하느님은 그 천구를 당신이 원하는 만큼 얼마든지 빨리 돌릴 수 있기 때문이다. 하느님의 권능에는 아무런 제한이 없기 때문이다. 비록 그렇다 하더라도 그 [현상을 설명하기 위한] 이론은 어려워 보였다. 그리고 여러 나라에서 여러 사람들이 이 문제에 관한 훨씬 더 간단한 해결책을 추구하고 있었다.

코페르니쿠스

니콜라우스 코페르니쿠스는 1473년에 태어나 생애 대부분을 폴란드에서 보냈다. 그는 유럽 동부의 여러 대학에서 훌륭한 교육을 받았으며, 1500년에는 이미 당대의 모든 과학 지식 ― 의학과 법학은 물론이고 수학과 천문학까지 ― 에 숙달했다는 평판을 얻었다. 어떤 분야에서도 직업을 얻을 수 있었지만, 그는 결국 천문학을 선택했다.

그 당시에 지배적이었던 프톨레마이오스 및 아리스토텔레스의 하늘 이론을 연구하고 숙고하면 할수록, 그는 점점 더 고민에 빠졌다.

그 이론은 지나치게 복잡한 듯 보였다. 혹시나 불필요하게 복잡한 것은 아닐까? 가령 지구가 자전한다고 치면, 왜 항성이 매일 지구를 한 바퀴씩 도는지가 설명되는 것은 물론이고, 항성의 빠른 운동의 문제 역시 해결될 것이었다. 항성은 전혀 움직일 필요가 없을 것이었다. 그리고 태양이 지구 주위를 도는 것이 아니라, 만약 지구가 태양 주위를 돈다면, 행성궤도를 설명해야 하는 문제 역시 훨씬 더 간단해질 수 있었다.

코페르니쿠스는 옛날 그리스의 천문학 관련 문헌을 구할 수 있는 대로 구해 모조리 연구했다. 그는 자전하는 지구, 그리고 태양 중심 체계에 관한 생각을 제안한 고대 그리스의 천문학자가 한두 명이 아니었음을 발견했다. 그렇다면 기본 가정에 약간의 변화를 줌으로써 결과가 크게 향상될 수 있을까? 코페르니쿠스는 그렇다고 생각하기 시작했다.

하지만 그는 소심한 까닭에 저서 『천체의 회전에 관하여』를 선뜻 간행하지 않았다. 그는 이를 미루고 또 미루었다. 그러다가 사실상 임종을 맞이해서야 원고를 인쇄업자에게 넘기도록 허락했다. 그 위대한 저술의 완성본이 도착한 것은 1543년, 그가 사망한 바로 당일의 일이었다.

그는 종교적 논쟁을 두려워했고, 정통 아리스토텔레스주의자들이 자신의 생각에 관해 뭐라고 말할지를 두려워했다. 사실 아리스토텔레스주의자들은 그의 생각에 관해 놀라우리만치 거의 말을 안 했는데, 이는 부분적으로 그의 책에 수록된 서문에서 한 친구가 이 이론은 오로지 가설이며, 다만 특정한 수학적 어려움을 단순화하기 위해 고안한 것뿐임을 유난히 강조했기 때문이다. 코페르니쿠스는 지구가 '진짜로' 하루 한 번 자전한다고, 또는 '진짜로' 1년에 한 번 태양 주위를 공전한다고 말한 것은 아니라고 서문은 주장했지만, 이 책을 주의 깊게 읽어본 사람은 코페르니쿠스가 '진짜로' 그런 이야기를 하고 있음을 깨달았다. 그리하여 새로운 이론은 코페르니쿠스가 비록 생전에 제시하기를 두려워하기는 했지만, 속으로는 은근히 바랐음 직한 지적 혁명을 산출하지는 못했다.

아마도 코페르니쿠스가 이른바 '코페르니쿠스 혁명'을 정작 실천에 옮기지 못한 주된 이유는 그가 아리스토텔레스주의 체계의 두 가지 중요한 특징을 여전히 견지할 정도로 신중했기 때문이었으리라. 그중 하나는 균일한 원운동이었다. 또 나머지 하나는 순정한 물질로, 이런 물질의 경우에는 그런 [특이한] 운동이 오히려 자연스러운 것으로 여겨졌다. 따라서 [이 책이 출간된 뒤에도] 신학자들은 물론이고 일부 천문학자조차도 정말 중요한 것은 전혀 변하지 않았다고 믿어 의심치 않았던 것이다.

튀코브라헤

그러나 이 위대한 덴마크의 천문학자만큼은 이미 많은 것이 변했음을 잘 알고 있었다. 1546년에 태어난 튀코는 어린 나이에 자녀가 없고 부유한 숙부에게 유괴되었다. 집안을 발칵 뒤집어놓은 이 소동이 잠잠해지고 나자 숙부는 이 소년을 잘 키우고 좋은 교육을 받게 한 다음, 자기 후계자로 삼았다. 하지만 튀코는 한 가지 점에서 은인을 크게 실망시켰다. 제발이지 변호사가 되라는 숙부의 소원에도 불구하고, 결국 천문학자라는 직업을 갖기로 고집을 피웠던 것이다. 25세가 되기도 전에 친부와 숙부 모두에게서 유산을 물려받은 그는 독립적이고도 부유하게 되어서 자신의 삶을 원하는 대로 꾸려나갈 수 있게 되었다.

덴마크 왕으로부터 추가로 재정 지원을 받아낸 튀코는 코펜하겐 인근의 한 섬에 천문대를 세웠고, 그곳에서 스스로가 일생일대의 과제로 간주한 일에 착수했다. 바로 어마어마하게 부정확한 기존의 천문학 기록 전체를 올바르게 수정하는 것이었다. 아마도 그의 삶에서 가장 극적인 사건은 1572년에 있었던 카시오페이아 별자리의 신성 발견이었을 것이다. 그는 밝은 새 별을 수개월간이나 관측했고, 1573년에 이에 관한 모노그래프를 간행함으로써 즉각적인 명성과 아울러 즉각적인 논란을 불러일으켰다.

아리스토텔레스와 기독교의 세계에서는 새로운 별이란 것 자체가 생겨날 수가 없게 되어 있었다. 달 아래의 세계는 혼란스럽고 불완전하고 예측 불허로 변화무쌍했다. 비록 매우 바람직한 상황까지는 아니어도, 그런 상황은 어느 정도 용인할 만했다. 근본적으로는 그 모두가 마귀 ― 일찍이 하와와 아담을 유혹해서 죄를 짓게 함으로써 하느님의 원래 완벽했던 세계를 교란시켰던 ― 의 소행으로 여겨졌기 때문이다. 하지만 달 너머의 하늘은 결코 변화하지 않는다고 여겨졌다. 그 세계는 계속해서 세계와 인류를 향한 하느님의 변치 않는 사랑을 반영하는 것이었기 때문이다. 따라서 튀코의 모노그래프를 꼼꼼히 읽어본 신학자들은 이 글은 물론이고 그 저자 역시 오류를 범했다고 결론 내렸다. 새로운 별은 사실 새로운 별이 아니라는 것이다. 다만 예전에는 관측되지 않았을 뿐이라는 것이었다.

튀코는 이런 반응에 놀라지도 않았고, 크게 실망하지도 않았다. 그는 원래 부유한 인물이었고, 덴마크는 루터파가 지배적인 나라였다. 국왕 역시 철저한 프로테스탄트였기 때문에, 로마 가톨릭 성직자들의 비판 따위를 들은 척도 안 하기는 튀코와 마찬가지였다. 여하간 튀코는 미래 세대가 자신의 연구 결과를 옹호하는 데에 사용할 수 있도록, 충분히 정확한 천문 관측 기록 모음을 후세에 남겨주는 것을 일생의 바람으로 삼았다.

1588년 이후, 새로운 국왕이 재정 지원 규모를 줄이자, 튀코는 마침내 사랑하는 천문대를 떠나 프라하에 정착했으며, 이전보다는 훨씬 더 제한된 상황에서 젊은 제자 요하네스 케플러의 도움을 받아 자신의 연구를 마무리할 수 있었다. 튀코는 1601년에 세상을 떠나면서 자신의 모든 천문학 자료를 케플러에게 물려주었다. 그의 제자가 이 자료를 가지고 무슨 일을 했는지는 잠시 뒤에 다시 살펴보도록 하자.

길버트

영국인 윌리엄 길버트는 고정되고 불변하는 아리스토텔레스의 세계 그림을 궁극적으로 전복시키고 다른 것으로 대체하게 될 중요한 정보 한 조각을 점점 더 늘어나는 기존의 지식에 덧붙였다. 심장이 인체의 동맥과 정맥 속으로 혈액을 펌프질하는 방식을 알아낸 동시대인 윌리엄 하비(1578~1657)와 마찬가지로, 길버트(1544~1603)는 외과 의사로 개업해 상당한 성공을 거두었다. 하지만 그를 유명하게 만든 것은 다름 아닌 그의 과학적 취미였다. 그는 천연자석에 매료되었는데, 오늘날은 자철석(마그네타이트)이라고 부르는 이 광물은 자연적 자기를 지니고 있으며, 전 세계 여러 지역에서 발견된다.

길버트는 갖가지 종류와 모양과 자력을 지닌 천연자석을 연구했다. 그의 가장 중요한 발견은 지구 자체가 하나의 자석이라는 것으로, (북반구에서) 나침반의 바늘이 자북을 발견할 때에 아래로 까딱하는 모습을 관측하면서 추론한 사실이었다. 길버트는 또한 지구의 중력과 그 자기가 어떤 방식으로건 연결되어 있지 않나 추측했지만, 과연 어떤 방식으로인지는 결코 이해하지 못했다.

당시 영국은 덴마크와 마찬가지로 프로테스탄트 국가였고, 길버트는 또 다른 프로테스탄트 군주 엘리자베스 1세의 후원을 받았다. 따라서 그는 자신의 놀라우리만치 현대적인 생각을 이 세계에 선포할 수 있었다. 그는 코페르니쿠스의 태양 중심적 태양계 그림을 강력하게 옹호했으며, 항성이라고 해서 모두 똑같은 거리만큼 떨어져 있는 것은 아니라고 주장했다. 하지만 그의 가장 도발적인 발상은 바로 행성이 일종의 자력에 의해 그 궤도를 유지하고 있음이 분명하다는 제안이었다. 그 당시까지만 해도 이러한 제안에 담긴 함의를 이해한 사람은 하나도 없었다. 심지어 길버트 본인조차도 자신이 제안하고 있는 바를 아주 잘 이해한 것은 아니었다.

케플러

요하네스 케플러는 1571년 뷔르템베르크에서 태어나 1630년에 사망했다. (귀족이기는 하지만) 가난한 부모에게서 태어났음에도 불구하고, 그는 루터파 학교와 튀빙겐 대학에서 훌륭하고도 폭넓은 교육을 받았다. 그는 교회에서 경력을 쌓기를 희망했지만, 천문학에 관한 주제로 쓴 논문이 그 당시 프라하에 있던 튀코 브라헤의 눈에 띄게 되었다. 튀코는 이 젊은이를 초청하며 조수 자리를 제안했다. 상당한 숙고 끝에 케플러는 이 제안을 수락했고, 이듬해인 1601년에 튀코가 사망하면서 케플러는 스승이 남긴 막대한 양의 정확한 천문 관측 기록을 물려받음과 동시에 왕실 수학자로 지명되었다.

케플러는 분명 자신이 단순히 데이터 이상의 것을 물려받았음을 직감했으리라. 그는 또한 튀코의 비정통적인 견해를 보다 긍정적으로 바라보기 시작했으니, 그런 견해 가운데 일부는 그로서도 난생처음 인식한 것이었다. 튀코는 이른바 행성이 매달려 움직인다는 수정천구에 관한 이론을 반박하는 논문을 여럿 간행한 바 있었다. 케플러는 이를 뒤이어 행성이 우주에서 자유롭게 움직인다는 주장을 펼쳤으며, 그 주장을 자신의 저술에 편입시켰다. 튀코와 마찬가지로 케플러도 코페르니쿠스의 태양 중심 이론을 단순한 가설 이상의 것으로 보게 되었고, 태양이 아니라 지구를 중심에 놓은 세계에 관한 기술은 결코 받아들일 수 없는 것임을 주장하는 논문을 간행했다. 하지만 그의 가장 큰 기여는 행성 운동의 세 가지 법칙을 만들어낸 것으로, 이 법칙은 주전원과 편심 궤도에 관한 문제를 단 한 번에 말끔히 해결해주었다. 이 세 가지 법칙은 지금도 여전히 유효하며, 이른바 '케플러의 법칙'으로 불리고 있다.

이 새로운 법칙 가운데 첫 번째는 아리스토텔레스의 체계에 상당한 변화를 만들어냈으니, 왜냐하면 행성의 운동이 균일한 원을 그리지는 않음을 주장했기 때문이다. 행성은 편심원을 그리며 여행하는 것이 아니라 타원을 그렸고, 태양은 이 타원의 두 초점 가운데 어느 한쪽에 위치했다. 케플러의 타원은 물론 원과 아주 흡사했으며, 이 것이야말로 관측이 상대적으로 부정확했던 시절에는 과거와 같이 원궤도를 가정하는 것만으로도 그 현상을 충분히 설명할 수 있었던 이유였다. 반면 케플러 당시에는 관측의 정확성이 더 높아짐에 따라서 새로운 가정이 더 정확하게 여겨졌다. 더 이상은 조정이나 편심이나 주전원 같은 보조 수단이 없어도 충분했다.

케플러의 행성 운동 두 번째 법칙은 한 행성과 태양을 연결하는 동경(動徑)이 같은 시간 동안 같은 면적을 쓸고 지나간다는 것이다. 다시 말해서 특정한 시간 동안, 한 행성은 그 궤도상에서 태양과 더 가까운 곳에서는 더 빨리 여행하고, 태양과 더 먼 곳에서는 더 천천히 여행한다는 뜻이다. 이 명민한 통찰로부터 크나큰 영감을 받은 뉴턴은 더 나아가 행성뿐만 아니라 모든 물체가 역장 속을 움직인다는 데까지 이 통찰을 적용하게 되었다. 이것은 천문학적 이론과 관측 간의 불일치 가운데 대부분을 설명해주었다. 불행하게도 그 발상은 케플러의 머릿속에서 직관으로만 남아 있었다. 그는 이것이 옳다는 것은 알고 있었지만, 어째서 그러한지를 실제로는 이해하지 못했다.

세 번째 법칙은 행성의 공전주기와 태양으로부터의 거리 간의 수학적 관계를 설명한 것이다. 이 법칙의 발견이야말로 그 당시에 케플러가 사용한 원시적 장비를 생각해보면 정말 주목할 만한 업적이 아닐 수 없다.

케플러는 여러 해에 걸쳐서 이 세 가지 법칙에 관한 자신의 생각을 진일보시키는 한편, 튀코의 관측 표를 간행하기 위해 준비했으며, 나아가서 행성 운동에서도 여전히 해결되지 않고 남아 있는 한 가지 큰 문제를 인식하게 되었다. 즉 행성들이 태양 주위를 회전하게 된 동기가 무엇이냐 하는 것이었다. 도대체 무엇이 행성들을 저마다의 궤도에 붙잡아 두는 것이며, 도대체 무엇이 행성들을 계속해서 앞으로만 나아가게 하는 것일까?

그는 지구를 하나의 자석으로 간주한 길버트의 추측이 이 질문에 대한 답변과 모종의 관계가 있음을 깨달았지만, 도대체 그 답변이 무엇인지는 끝내 깨닫지 못했다. 그는 아리스토텔레스의 천문학적 인습 — 행성을 영원히 돌게 인도하는 지성이 있다는 — 을 거의 대부분 벗어던졌다. 심지어 그는 태양과 그 지배를 받는 행성들 사이에 아무런 물리적 실체가 없어도, 원거리에서 행성에 가해지는 힘이 있다는 발상 역시 받아들일 수 있었다. 하지만 그는 아리스토텔레스의 가정 중에서도 중대한 한 가지는 차마 벗어던질 수 없었으니, 그건 바로 관성적 정지에 관한 발상이었다. 그는 뉴턴을 이른바 과학자 중에서도 최고로 만든 원인인 바로 그 비밀을 거의 발견할 찰나까지 갔지만, 어떤 힘이 계속 밀어주지 않는 한 행성은 결국 정지하리라 생각한 까닭에 결국 그 비밀을 놓치고 말았다. 그가 생각하기에 행성을 밀어주는 힘이란 길버트의 자력 말고는 없었던 것이다. 이 두 가지 문제에서 케플러는 아주 약간 틀린 것에 불과하며, 따라서 뉴턴 이전의 과학자로서는 지금도 여전히 중요한 인물로 기억된다. 그러나 불행히도 뉴턴 이상의 존재가 되지는 못했던 것이다.

갈릴레오

갈릴레오 갈릴레이는 1564년에 피사에서 태어나, 1642년에 피렌체 근처의 아르체트리에서 사망했다. 그는 로마 가톨릭 국가에 사는 로마 가톨릭 신자였다. 갈릴레오가 튀코나 길버트나 케플러와 달랐던 한 가지 중요한 차이라고는 바로 그것뿐이었다.

그는 피사에서 공부하고 훗날 파도바에서 수학을 가르쳤다. 그는 당대의 주도적인 수리물리학자였는데, 단순히 기하학에 매우 뛰어났다는 사실 때문에 그런 것은 아니었다. 그는 또한 수학이 물리 세계를 진정으로 서술할 수 있다는 사실을 이해한 최초의 근대인이기도 했다. "자연의 책은 수학으로 작성되었다." 그의 말이다.

젊은 시절에 갈릴레오는 격렬한 운동에 관한 아리스토텔레스의 이론이 부적절함을 보여주는, 과학적으로 우아한 실험을 수행했다. 그는 뷔리당의 관성 이론을 받아들여, 총에서 발사된 발사체가 포물선 경로를 따르다가 결국 땅에 떨어진다는 것을 증명했다. 또한 진자를 관찰하고 나서, 진자가 행성과 마찬가지로 똑같은 시간 동안 똑같은 면적을 쓸고 지나간다는 것을 증명했다. 이 모두는 이론적 작업이었고, 따라서 그로선 아무런 곤란도 겪지 않았다. 정작 곤란이 시작된 것은 1609년 봄에 베네치아에서였으니, 그 당시에 그는 망원경의 발견이라는 최신의 소식을 접하게 되었다. 파도바로 돌아온 그는 직접 망원경을 제작했으며, 금세 그 기능을 향상시켜서 기존의 어떤 망원경보다도 더 뛰어나게 만들었다. 1609년 여름과 가을, 그리고 1610년 겨울 동안 그는 일련의 관측을 수행했다.

갈릴레오가 망원경으로 처음 관측한 대상은 바로 달이었다. 놀랍게도 그는 달의 표면이 매끄럽지 않다는 사실을 발견했다. 달에는 산과 계곡이 있었고, 그로 인해 달의 표면에는 오래전부터 누구나 봐왔지만 도무지 무엇인지 알 수가 없었던 무늬가 나타났던 것이다. 이는 무척이나 충격적이었다. 그 이전까지만 해도 달은 당연히 전적으로 순정한 물질로 만들어졌을 것이라고 여겨졌기 때문이다. 다음으로 그는 목성을 관측하고 그 위성들을 발견했다. 결국 목성 그 자체가 더 큰 태양계를 돌고 있는 작은 태양계인 셈이었다. 마지막으로 그는 망원경을 태양으로 돌려서 그 표면에 나타난 특이한 점들을 발견했다. 이 어두운 영역은 항상 있는 것이 아니었다. 그는 이 어두운 영역의 모습과 위치가 밤마다, 그리고 달마다 바뀌는 것을 알 수 있었다.

따라서 하늘은 변하지도 않고 파괴되지도 않는 것과는 거리가 멀었다. 십중팔구 지구에서 벌어지는 것과 유사한 작용을 통해 달에도 산과 계곡이 생겼으리라고 갈릴레오는 결론 내렸다. 목성은 그 자체로 작은 행성계였고, 따라서 여전히 원시적인 그의 장비로는 차마 관측하지 못한 다른 유사한 행성계가 더 있을 것이었다. 태양은 변화가 가능하며 실제로 그의 눈앞에서 변화하는 등, 한마디로 살아 있었다.

1611년에 갈릴레오는 로마로 가서 교황청의 법정에서 자신이 본 것을 서술했다. 그는 망원경도 함께 가져갔다. 많은 사람들은 그의 발견에 감탄했지만, 그 의미가 무엇인지를 처음에는 인식하지 못했다. 하지만 갈릴레오는 사람들에게 그로 인한 결과를 직시하도록 촉구했다. 다른 무엇보다도 그는 태양이 지구 주위를 도는 것이 아니라 지구가 태양 주위를 도는 것이며, 프톨레마이오스가 틀리고 코페르니쿠스가 옳다는 것을 자신이 수학적으로 증명할 수 있다고 말했다. 그리고 그는 하늘이 달 아래의 세계와 기본적으로 다르지 않다는 사실이 자신의 망원경 관측으로 증명되었다고 주장했다. 즉 제5원소 같은 것은 전혀 없다는 이야기였다. 모든 물질은 어디에서나 반드시 같아야만, 또는 최소한 매우 유사해야만 한다는 것이었다.

당시 로마 가톨릭의 최고 신학자인 로베르토 벨라르미노 추기경(1542~1621)은 수학으로 그런 것을 증명할 수는 없다고 갈릴레오에게 일침을 놓았다. 그러면서 수학적 가설은 물리적 실재와 아무런 관계가 없다는 오랜 믿음을 다시 한 번 갈릴레오에게 상기시켰다.([역설적이게도] 교회가 수 세기 동안 지켜온 이런 믿음 때문에 코페르니쿠스의 저서는 간신히 망각되지 않을 수 있었던 것이다.) 물리적 실재란 수학에 의해서가 아니라 성서와 교부에 의해서 설명되는 것이라고 추기경은 말했다.

그러자 갈릴레오는 자기 망원경을 직접 들여다보고 판단하라고 응수했다. 벨라르미노는 망원경을 들여다보았지만 아무것도 보지 못했다.

그렇다면 갈릴레오는 물론이고 오늘날의 우리라면 누구나 그 망원경을 통해 볼 수 있었던 것을 유독 벨라르미노 추기경은, 또는 그를 도와 갈릴레오를 반대하는 운동에 나섰던 도미니크회 설교자들은 보지 못했던 이유는 무엇일까? 그들의 눈은 물리적으로 우리와 전혀 다를 바 없었을 터인데, 우리가 볼 수 있는 것을 그들은 못 보았으니 말이다.

그들은 프톨레마이오스의 체계와 아리스토텔레스의 세계 질서를 그야말로 깊이 믿어 의심치 않았다. 물론 그들은 물리학자도 아니었고, 따라서 그런 이론들이 그런 현상을 더 잘 설명한다고 생각해서 믿은 것도 아니었다. 그들이야 아예 그런 현상 자체에 관해 거의, 또는 전혀 아는 바가 없었다. 다만 바로 그 옛날 이론이 보다 깊은 믿음을 뒷받침해 주었기 때문에 신봉했을 뿐이다. 이처럼 깊은 믿음에 의문을 제기하는 것이야말로 그들의 세계를 머리 위로 산산이 무너져 내리게 만드는 것이나 다를 바 없었다. 그들은 이런 가능성을 감히 직면할 수 없었다.

그로부터 1000년도 더 전에 성 아우구스티누스는 『하느님의 도시』에서 천상과 지상의 두 가지 도시를 구분했으니, 이것은 인간의 삶과 인간 영혼의 순례 여행을 규정한 것으로 이야기할 수 있다. 아우구스티누스의 구분은 물론 비유적인 것에 불과했다. 다시 말해서 그는 누군가가 인간의 도시나 하느님의 도시를 실제로 — 마음의 눈을 통해서가 아닌 다른 방법을 통해서 — 볼 수 있다고는 생각하지 않았다.

하지만 수 세기가 지나는 동안 이 훌륭한 이미지는 일종의 현실로, 급기야 사람이 자기 눈으로 보는 것보다도 훨씬 더 뚜렷이 증명된 현실로 간주되었다. 그리하여 인간의 도시는 바로 여기, 그러니까 달 아래에 있는 것이었다. 이곳은 세속적이고 물질적이고 강한 맛과 강한 냄새를 지녔다. 이곳은 인간의 일상적인 삶이었다. 하지만 밤이면 하늘에서 하느님의 도시가 모든 사람의 눈앞에 펼쳐지곤 했다. 거기 보이는 도시는 변화하지 않았고, 파괴되지도 않았으며, 항상 아름다웠다. 그곳은 하느님이 신앙심 깊은 자에게 주는 약속이었고, 기독교인의 — 유대인이 아니라 — 언약궤였다.

이는 우주에서도 가장 사랑스럽고 가장 바람직한 것이었다. 이에 대해 의문을 제기한다는 것, 이를 파괴한다는 것, 이를 무너트린다는 것은 그야말로 생각조차 할 수 없는 일이었다. 그렇게 하겠다고 위협하는 사람은 무슨 수를 써서라도 막아야 했으며, 필요하다면 장작불에 화형이라도 시킬 수 있었다. 비록 그 장본인이 당대 최고의 과학자라 하더라도 말이다.

성 아우구스티누스가 말한 하느님의 도시에 관해 갈릴레오는 거의, 또는 전혀 관심이 없었다. 물론 훌륭한 기독교인이기는 했지만, 그의 수학이 미묘하고도 복잡한 것과는 대조적으로 그의 신앙은 단순하기 짝이 없었다. 교회에 다녔고, 영성체를 했지만, 설교 동안에는 머릿속으로 계산을 했다. 그는 성당에 걸려 있는 등잔이 산들바람에 천천히 흔들리는 모습을 보고는 진자에 관한 이론을 고안했다. 하늘은 갈릴레오에게도 대단한 경이의 대상이었지만, 그것은 벨라르미노 추기경의 성스러운 도시가 지닌 경이와는 전혀 다른 종류의 경이였다. 하늘은 갈릴레오에게도 약속을 제안하고 있었지만, 그것은 전혀 다른 종류의 약속이었다. 그 경이와 약속은 연구하고, 이해하고, 심지어 어떻게든 제어할 수 있는 것이었다. 적어도 갈릴레오는 그렇기를 꿈꾸었다.

벨라르미노는 갈릴레오를 이해하려 노력하지 않았던 것은 물론이고, 갈릴레오가 전혀 새로운 종류의 인간임을 인식하지 못했다는 점에서도 큰 잘못을 저지른 셈이었다. 벨라르미노가 두려워한 것과는 달리, 선량한 가톨릭 신자인 갈릴레오는 결코 교회에 의도적으로 해를 가할 생각은 없었고, 프로테스탄트의 꼬임에 넘어갈 생각도 없었다. 오랜 세월 동안 지켜진 또 한 가지 원칙을 갈릴레오는 적극 지지했으니, 그것은 바로 성서와 과학적 사실이 충돌할 경우, 성서를 반드시 비유적으로 해석함으로써 "그걸 믿는 것 자체가 죄가 되는 어떤 것의 증거를 확신함으로써 사람들이 입게 되는 영혼의 끔찍한 손상"을 피하라는 원칙이었다. 갈릴레오의 친구 중 하나였던 어느 신학자도 이미 그처럼 정교한 논증을 제안한 바 있었다. 이 과학자 혼자였다면 결코 그런 생각을 떠올리지 못했으리라. 하지만 훌륭한 대안적 입장을 제공할 수도 있었을 이러한 논증을 벨라르미노는 완전히 무시해버렸다. 그는 계속해서 밀고 나갔으며, 자칫 갈릴레오가 기소되고 유죄 선고를 받아 사형에 처해지는 정치적 결과가 나올 수 있음에도 불구하고 아랑곳하지 않았다.

갈릴레오 역시 벨라르미노를, 그리고 그 추기경과 비슷하게 생각한 다른 사람들을 이해하지 못했다는 점에서 큰 실수를 저지른 셈이었다. 이 논쟁은 단순히 과학적인 것이 아니었다. 가령 태양이 지구 주위를 도느냐, 아니면 지구가 태양 주위를 도느냐처럼 특정한 과학적 사실에 관한 내용은 당연히 아니었다.

이것은 과학 그 자체에 관한 논쟁이기도 했고, 인간의 삶에서 과학이 마땅히 해야 할 역할에 관한 논쟁이기도 했으며, 나아가 과학자가 현실에 관해 절대적 자유를 누리며 사색하도록 용인되어야 하는지 여부에 관한 논쟁이기도 했다. 나아가 이것은 하느님의 도시에 관한 논쟁이기도 했다. 만약 갈릴레오가 옳다고 할 경우, 사람들은 그 도시를 결코 다시는 예전과 똑같은 방식으로 바라볼 수 없을 것이었다.

또는 하다못해 갈릴레오가 말하고 싶은 방식에 따라, 자신이 옳다고 말할 수 있도록 용인되기만 해도 상황은 마찬가지일 것이었다. 어떤 면에서 갈릴레오가 옳다는 것을 사람들은 누구나 알고 있었다. 그의 가설은 다른 누구의 것보다도 훨씬 더 만족스러웠다. 하지만 갈릴레오는 단순한 가설 이상으로까지 가고 싶어 했다. 그는 자신이 수학을 통해, 그리고 관측을 통해 증명한 것은 '사실'이며, 자기보다 더 뛰어난 수학자나 더 뛰어난 관측자를 제외하고는 어느 누구도 이에 관해 의문을 제기할 수 없다고 주장했다.

물리적 실재의 서술에 관해서 교회는 아무런 권한도 없다고 그는 주장했다. 하지만 그렇다면 교회에는 과연 어떤 권위가 남게 될까? 만약 교회가 영(靈)의 천구에서뿐만 아니라 모든 천구에서도 무엇이 그렇고 무엇이 아닌지에 관해 더 이상 아무 말도 할 수 없다고 하면, 결국 교회는 단순히 영혼의 조언자로 위축되는 것이 아닐까? 만약 그런 일이 일어나게 된다면, 수백만의 영혼이 더 이상은 교회의 조언을 요청하지 않게 될 위험이 있었다. 그렇게 된다면 그중 상당수는, 그리고 아마도 모두는 지옥에 가게 되지 않을까?

벨라르미노 추기경의 논증은 이런 식이었다. 인간이 직면한 선택에 관한 그의 이해는 명백했다. 갈릴레오는 침묵하라는 판결을 받았고, 남은 생애의 상당 부분을 그렇게 지냈다. 벨라르미노는 일약 성자가 되었고, 실제로 1930년에 시성되었다. 하지만 장기적인 관점에서 보자면 당연히 갈릴레오 쪽이 최후의 승자였다. 교회의 역할은 결국 영혼의 조언자로 위축되었으며, 그것도 어디까지나 서양에서만 국한된 반면, 과학은 그야말로 [세계 어디서나] 지존의 권위라는 지위로까지 급상승했다.

벨라르미노가 실패한 까닭은 그가 충분히 뛰어난 신학자는 아니었기 때문이다. 아우구스티누스를 좀 더 제대로 읽기만 했더라도, 그는 두 도시가 단지 비유에 불과했다는 사실을 깨달았으리라. 그것은 사람이 망원경을 통해 본 것과 마찬가지 방식으로 현실적이지는 않았다. 성 아우구스티누스는 물론이고 그를 더 잘 이해한 다른 많은 사람들은 항상 두 가지 종류의 현실 — 두 가지 종류의 도시에 상응한다고 말할 수 있는 — 을 가지고 곡예를 벌였다. 갈릴레오는 인간의 도시에서 권위자가 되도록 내버려 두고, 대신 교회는 하느님의 도시에서 권위자로 남아 있으면 되는 것이었다. 그러나 교회는 이 두 가지 권위 모두를 원했기 때문에 결국 어느 것도 얻지 못하고 말았다.

이제 우리가 맑고 깜깜한 한밤중에 하늘을 올려다보면, 우리는 경이로운 광경을 보게 된다. 하지만 그 광경은 일찍이 인류가 저 하늘에서 본 것과는 또 다른 광경이다. 그런 면에서 우리는 얻은 것도 있는 반면, 잃은 것도 있는 셈이다.

데카르트

르네 데카르트는 1596년에 프랑스 라에(La Haye)에서 태어났다.(이 도시는 오늘날 '라에-데카르트'[La Haye-Descartes]로 이름이 바뀌었다.) 그는 1650년에 스웨덴에서 사망했는데, 북유럽의 겨울 내내 새벽 5시에 일어나 철학 강의를 해야 하는 의무를 수행하던 중 걸린 심한 감기가 원인이었다고 전한다. 물론 본인은 항상 침대에 누워 있는 것을 좋아했으며, 게다가 추운 날씨도 무척 싫어했다. 그러나 후원자인 크리스티나 여왕이 굳이 새벽 5시에 철학 강의를 들어야 한다고 고집을 피우자, 감히 안 된다고 말할 수가 없었던 것이다. 그런 아이러니 덕분에라도 과학의 역사는 더욱 흥미진진한 연구 주제가 되게 마련이다.

또 다른 아이러니는 르네 데카르트의 생애를 더욱 찬란하게 빛내준다. 그는 독실한 가톨릭 신앙을 지녔지만, 그의 저술은 다른 누구의 말보다도 더 크게 교회의 권위를 잠식했다. 그는 과학뿐만 아니라 이 세상에서 인간이 살아가는 방식 자체에 혁명을 가져온 과학적 방법론을 창안했다. 하지만 사물을 바라보는 그의 견해는 종종 틀렸고, 어떤 경우에는 애초에 워낙 잘못 고안된 나머지 프랑스의 과학 발전을 무려 2세기나 막아서는 결과를 가져왔다. 그 이후의 프랑스 사상가들이 데카르트의 말이라면 이해를 하건 못 하건 간에 일단 무턱대고 믿는 경향이 있었기 때문이다. 이와 유사한 경우로는 영국에서 이른바 미적분에 대한 뉴턴의 용어법이 라이프니츠의 것보다도 더 낫다고 — 물론 둘 중에서 확실히 뉴턴 쪽이 미적분을 처음으로 발견한 인물이긴 했지만, 용어법은 라이프니츠 쪽이 훨씬 더 나았다 — 고집한 까닭에 영국의 수학이 무려 1세기 이상 뒤처진 것을 들 수 있겠다. 무엇보다도 아이로니컬한 점은 데카르트의 확실성 추구가 다름 아닌 만사를 의심해보아야 한다는 원칙에 근거하고 있었다는 점이다. 기이해 보이는 발상이지만, 실제로는 제대로 기능했다.

데카르트는 당대에 유럽에서는 최고 수준의 예수회 교육을 받았고, 이 교육에는 아리스토텔레스의 논리학과 물리학에 관한 철저한 연구도 포함되어 있었다. 하지만 졸업 직후에 20세의 데카르트는 그만 절망하고 말았으니, 자신이 만물에 관해 알고자 열망했던 것 가운데 어느 것 하나도 확실히 알지 못한다고 생각했기 때문이다. 또는 그는 몇 가지 수학적 진리 말고는 어느 것 하나도 확실히 알지 못한다고 생각했으리라.

수학에서는 사물을 아는 것이 가능하다고 그는 생각했으니, 왜냐하면 의심의 여지가 없이 확실한 공리에서 출발하고, 거기서부터 한 걸음씩 나아감으로써 결국 똑같은 성격을 지닌 체계를 건설할 수 있기 때문이었다. 그는 그런 확실성은 다른 어느 곳에서도 찾아볼 수 없는 것이며, 가령 역사나 철학이나 심지어 신학 — 물론 이 학문은 그 자체가 인간의 정신이 경험할 수 있는 최상의 확실성이라고 주장했지만 —

같은 다른 학문에서도 결코 찾아볼 수 없다고 생각했다.

1633년까지 수많은 여행과 폭넓은 독서, 그리고 유럽 전역의 가장 진보적인 사상가들과의 방대한 서신 교환 끝에 데카르트는 자신의 철학에 관한 일종의 대작을 쓸 준비가 되었다. 이 책에서 그는 확실성으로 이끄는 보편적 방법에 의거하여 모든 지식을 하나의 거대한 구조로 체계화할 작정이었다. 하지만 바로 그해에 갈릴레오의 단죄 소식을 듣자, 차라리 '그런' 책을 쓰지 않는 편이 낫겠다고 판단했다. 대신 그는 『방법서설』이라는 책을 썼으니, 여기서는 오로지 방법만을 집중적으로 다루었으며, 그것을 응용하여 논쟁의 여지가 있는 새로운 진리를 발견하는 일은 다른 사람에게 남겨두었다. 그럼에도 불구하고 『방법서설』은 데카르트를 심각한 곤경에 빠트리고 말았다.

이 책은 그야말로 놀라운 작품이다. 여기서 저자는 사고의 명료함과 독특함을 잘 보여주는 특유의 프랑스어를 구사해가면서, 본인의 지적 발전의 역사를 다시 설명한다. 즉 어떻게 해서 자신이 배운 것이 진리인지 아닌지를 의심하게 되었으며, 오로지 한 가지를 제외하고는 모든 것이 의심될 수 있다는 간단한 결론에 이르렀는지를 말이다. 그 한 가지는 바로 본인, 즉 의심하는 사람이 그렇게 의심하는 '까닭에' 존재한다는 사실이었다.("생각한다. 따라서 나는 존재한다.〔Cogito ergo sum〕") 그런 다음, 그는 다른 영역에서도 이와 유사한 확실성을 성취하는 방법을 발견하는 데로 나아갔으며, 이때 모든 문제를 수학적 형식과 해답의 형태로 환원하는 것을 기반으로 삼았다. 따라서 그는 하느님의 존재를 수학적으로 증명했으며, 동시에 하느님이 이 세계를 마치 거대하고 복잡하고 화려한 시계처럼 당신의 도움 없이도 영원히 돌아갈 수 있도록 만들었음을 보여주었다. 그리고 이 모두를 불과 25쪽이라는 극히 적은 분량 안에서 해냈다. 정말 대단한 일이 아닐 수 없다.

방법이란 상당히 중요하다. 어떤 현상, 또는 현상들의 모음을 이해하기 위해서는 첫째로 우리의 마음에서 온갖 선입견을 제거해야만 한다. 이것은 결코 쉬운 일은 아니며, 심지어 데카르트조차도 항상 그렇게 하는 데 성공을 거두지는 못했다. 둘째로 문제를 수학적 형식으로 환원하고 최소한도의 공리, 또는 자명한 명제를 차용하여 구체화한다. 그런 다음, 데카르트가 이런 용도를 위해 창안한 분석기하학을 이용하여, 그 현상에 관한 서술을 일군의 숫자로 다시 환원한다. 마침내 그 결과로 나온 방정식을 대수학의 법칙을 응용해 풀면, 우리가 찾던 확실한 지식을 얻게 되는 것이다.

갈릴레오는 '자연의 책'이 수학이라는 문자로 적혀 있다고 말한 바 있다. 데카르트는 그 수학이라는 문자가 단순히 숫자에 불과함을 보여주었으니, 왜냐하면 모든 현실의 점은 데카르트 좌표 — 라이프니츠가 명명한 대로 — 로 나타낼 수 있었으며, 곡선과 직선을 비롯한 모든 현실의 선, 그리고 단순하고 복잡한 것을 비롯한 모든 물체는 수학적 방정식에 상응했기 때문이다.

인간은 물론 수학적 방정식이 아니라고 데카르트는 시인했지만, 여러 가지 용도를 위해서는 일단 그렇다고 서술하는 것만으로도 충분하다고 했다. 우리가 동물이라고 부르는 기계의 경우 — 그는 동물이 영혼을 결여한 까닭에 기계에 불과하다고 말했다 — 그런 방정식은 그 어떤, 그리고 모든 용도를 위해서도 충분하다. 가장 거대한 기계인 우주를 비롯한 다른 모든 기계의 경우, 그런 방정식은 분명히 적절했다. 다만 그걸 풀어야 하는 과제가 남아 있을 뿐이었다. 물론 매우 어렵겠지만, 정의상으로는 충분히 풀 수 있다고 했다.

데카르트의 세계관은 모든 사람에게 영향을 끼쳤으며, 하다못해 그를 증오하고 단죄한 사람에게도 마찬가지였다. 파스칼은 애초에 우주가 시작되게 만들 때를 제외하고는 하느님을 필요로 하지 않는다는 주장 때문에 데카르트를 용서할 수 없었고, 가톨릭 신학자들 ─ 한때 데카르트가 졸업식 당일에 그랬던 것처럼 절망적인 상태에 빠진 ─ 은 그를 열댓 가지의 이단 죄목으로 단죄하고 『방법서설』을 금서 목록에 올려놓을 필요가 있다고 생각했다. 하지만 이들조차도 데카르트와 그의 방법이 약속한 확실성만큼은 부러워하지 않을 수 없었다. 만약 신학이 그처럼 기하학적 형태로 환원될 수만 있다면!

스피노자가 정말 그렇게 하려고 시도한 바 있지만, 물론 그런 일은 불가능했다. 신학은 수학이 들어갈 수 없는 비물질적인 세계를 다루었기 때문이다. 이것이야말로 1000년 동안 최고의 사상가들의 열렬한 관심을 끌어모았던 신학의 주요 특징이라 할 만했다. 하지만 이제 갑자기 신학은 더 이상 매력이 없게 되었다. 한때는 극도로 흥미로웠던 비물질적인 것의 세계가 갑자기 전혀 흥미롭지 않게 된 것이다. 이것이야말로 사상의 역사에서 가장 급격한 변화 가운데 하나였다.

이로부터 중대한 결과들이 뒤따랐다. 데카르트의 승리는 물질세계를 효과적으로 다룰 수 있는 방법의 창안으로 이루어져 있었다. 동시에 그의 크나큰 실패는 그의 방법이 오로지 물질세계만을 효과적으로 다룰 수 있다는 점에서부터 비롯되었다. 따라서 그의 위대한 발명의 결과에 의거해 살아간다는 점에서, 우리는 결연히 물질적인 세계에, 바꿔 말하자면 여러 면에서 영의 사막에 살아가고 있는 셈이나 마찬가지다.

데카르트 이전까지만 해도 신학은 모든 학문의 여왕이었고, 수리 물리학은 그 가난한 친척에 불과했다. 하지만 데카르트 이후에는 그 위계질서가 사실상 뒤바뀌었다. 〔그때 이후로는〕 단 한 순간도 균형 잡힌 지식의 우주라는 것이 있지 않았다. 과연 그런 일이 가능할까? 이것이야말로 향후에 판정되어야 할 중대한 질문이 아닐 수 없었다.

뉴턴

장담컨대 만약 데카르트가 없었더라면, 아마 뉴턴도 없었을 것이다. 역사상 가장 저명한 과학자 가운데 하나인 아이작 뉴턴은 1642년 크리스마스에 영국 링컨셔 주의 울소프에서 태어났다. 그는 케임브리지 대학을 졸업하고 수학 교수 자리를 제안받았다. 스승이며 전임자인 아이작 배로가 이 특출한 제자를 위해 자리를 양보했던 것이다.

졸업도 하기 전에 뉴턴은 이항정리를 발견했다.(즉 증명 없이 서술만 했다.) 다른 수학자였다면 이것만 가지고도 평생의 업적으로 삼았을 것이다. 하지만 뉴턴에게는 단지 시작에 불과했다. 1666년에 런던을 휩쓸었던 전염병이 케임브리지를 덮치자, 뉴턴은 이를 피해 시골집으로 내려갔다. 그는 농사에는 관심이 없었고, 방 하나에 빛에 관한 실험을 할 수 있는 장비를 갖춰두었다. 이때 그가 발견한 혁명적인 결과물은 그로부터 40년 뒤에 『광학』에서 서술되었다. 하지만 이해에 뉴턴은 그보다도 훨씬 더 혁명적인 발상을 떠올렸다.

그 이전까지 닦인 모든 지적인 도로가 링컨셔에 위치한 뉴턴의 방으로 집결되었다. 길버트는 천연자석에 관한 자신의 실험을 수행했고, 지구가 마치 자석처럼 끌어당기는 힘을 발산한다는 가설을 세웠다. 갈릴레오는 목성의 위성을 관측했을 뿐만 아니라, 낙하하는 물체를 연구함으로써 해수면 높이에서 중력의 힘을 정확하게 측정했다. 데카르트는 어떻게 하면 수학적인 방법을 물리학적 문제에 적용할 수 있는지 보여주었다. 케플러는 행성의 타원 경로를 서술했고, 태양으로부터 발산되는 어떤 기이한 힘이 행성을 저마다의 경로로 끌고 간다고 가정했다. 파리의 신학자들은 관성적 정지에 관한 아리스토텔레스의 가정에 의문을 제기하는 격렬한 운동의 추진력 이론을 제안했다. 지금 와서 돌이켜 보면 뉴턴이 한 일은 그다지 어려웠을 것 같지 않아 보일 수도 있다. 그런 모든 조각들이 바로 앞에 놓여 있는 상황에서라면, 어느 누구라도 그 정도는 쉽게 맞추었을 것처럼 여겨질 수도 있다.

하지만 아무리 그렇다 한들 뉴턴의 천재성을 결코 깎아내릴 수는 없다. 비록 퍼즐의 모든 조각이 바로 앞에 놓여 있는 것은 사실이었지만, 그리하여 그 모든 조각을 한데 맞추기만 하면 그만이었지만, 정작 그러기 위해서는 전통적인 편견으로부터 완전히 자유롭고 우주를 새로운 방식으로 볼 수 있는 정신이 필요했기 때문이다. 이 세상에는 그런 사람이 극히 드물고, 특히 과학계에서는 더더욱 드물었다.

게다가 이 일에서는 단순히 퍼즐의 조각을 가지고 노는 것 이상의 능력이 필요했다. 우선 뉴턴은 그 당시로서도 과학교육을 매우 잘 받은 인물이었다. 게다가 그는 실험이나 장비 사용에도 매우 익숙했다. 무엇보다도 그는 데카르트와 마찬가지로 예외적으로 탁월한 수학자였으며, 따라서 자신이 스스로 제기한 문제를 해결하기 위해 필요한 새로운 수학을 직접 만들어낼 수 있었다. 데카르트의 분석기하학은 정적인 우주를 다루는 데에는 매우 효과적이었다. 하지만 현실 세계는 계속해서 움직였다. 뉴턴은 그런 현상을 다루기 위해 미분과 적분 계산법을 만들어냈다. 역사상 과학에 주어진 수많은 선물 가운데서 이보다 더 가치 높은 것은 또 없었으리라.

길버트 더하기 갈릴레오 더하기 케플러 더하기 데카르트가 바로 뉴턴역학이었다. 새로운 일련의 운동 법칙이 그 과정의 첫 번째 단계였다. 그 법칙들은 뉴턴의 위대한 저서 『자연 철학의 수학적 원리』(보통 "뉴턴의 『프린키피아(원리)』"로 통칭한다.)의 서두에서 극도로 단순하게 서술된다. 그 법칙들은 우주를 아리스토텔레스와는 전적으로 다르게 규정했다.

첫 번째 법칙은 어떤 힘, 또는 여러 힘들이 그 물체에 가해짐으로써 그 상태를 바꾸도록 강요되지 않는 한, 모든 물리적 물체는 그 정지의 상태, 또는 직선의 균일한 운동을 지속한다고 주장한다. 가령 공기의 저항으로 인해 방해를 받거나, 또는 인력으로 인해 그 경로가 아래로 휘지 않는 한, 움직이는 투사체는 계속해서 직선으로 움직인다. 회전하는 팽이의 꼭짓점이 표면의 마찰에 의해 방해를 받지 않는 한, 회전하는 팽이는 계속 회전한다. 행성과 혜성 같은 거대한 물체는 텅 빈 우주에서 저항을 덜, 또는 어쩌면 전혀 안 받기 때문에, 훨씬 더 오랜 시간 동안 직선으로건 곡선으로건 계속해서 운동한다.

이러한 법칙은 아리스토텔레스의 관성 개념을 말살해버렸다. 어떤 물체의 "자연적 정지의 상태" 따위는 전혀 없었다. 만약 어떤 물체가 정지하고 있으면, 그것은 움직여지지 않는 한 영원히 정지한 상태로 남아 있을 것이었다. 만약 어떤 물체가 움직이고 있으면, 가령 다른 어떤 힘이 가해짐으로써 그 물체가 정지되거나, 그 운동의 속도나 방향에서 변화가 생기지 않는 한, 그 물체는 계속 움직일 것이다. 따라서 어떠한 운동도 "자연적"이지 않으며, 이른바 "격렬하다"고 표현되는 어떤 다른 종류의 운동에 반대되지 않는다. 또한 한 가지 종류의 운동이 다른 종류의 운동과 전혀 다르게 설명되지도 않는다. 당연한 일이지만, 여기에서부터 이른바 순정한 운동, 즉 "자연적으로 균일하고 원을 그리는" 운동 같은 것은 없다는 결론이 나온다. 원을 그리는 균일한 운동은 가능하지만, 그것 역시 다른 운동에 비해 더 자연스럽거나 덜 자연스러울 것은 없다는 것이다. 더 나아가, 다른 모든 운동과 마찬가지로, 그것은 물체의 관성과 거기에 가해지는 힘의 방식으로 설명될 수 있다.

뉴턴의 두 번째 운동 법칙은 운동의 변화가 그 물체에 가해지는 힘에 비례하며, 그 힘이 가해지는 직선 방향으로 이루어진다고 주장한다. 더 큰 힘은 운동에 더 큰 변화를 야기하며, 다수의 힘은 서로 다른 세기와 방향을 지닌 힘이 조합된 변화를 산출한다. 힘의 조합에 관한 분석은 일반적인 유클리드기하학을 이용하여 언제나 가능하다.

일반적인 유클리드기하학은 직선으로 운동하는 물체에 가해진 지속적인 힘이 어떻게 해서 그 물체를 곡선 경로 ― 가령 타원 같은 ― 로 움직이게 할 수 있는지를 설명하지 못한다. 타원의 사례는 무엇보다도 큰 중요성을 지니고 있으니, 왜냐하면 태양계의 모든 궤도는 곡선 형태이기 때문이다. 뉴턴은 곡선 궤도를 수학적으로는 무한히 많고 무한히 짧은 직선들이 그 궤도의 중심(또는 초점) 둘레의 선에 의해 하나로 합쳐져 있는 것으로 이해할 수 있다는 가정을 내놓았다. 수학적 용어로 말하자면 곡선 궤도는 환원, 또는 미분의 과정에서 "극한"으로 간주될 수 있으니, 여기서 각각의 호는 워낙 작아서

— 원하는 대로 — 거의 하나의 점에 가깝게 된다. 또한 곡선 궤도는 적분의 과정에서 "극한"으로 간주될 수 있으니, 여기서 모든 호의 합은 — 원하는 대로 — 궤도의 매끈한 곡선에 가깝게 된다. 이 계산 방법을 수학기호 없이 오로지 말로만 설명한다고 치면 대략 이렇다.

세 번째 운동 법칙은 모든 작용에는 그와 똑같은 반작용이 나온다고 주장한다. 또는 두 물체의 상호작용은 비록 반대 방향을 향하더라도 항상 똑같다. "손가락으로 돌 하나를 누를 경우, 이는 돌이 손가락을 누르는 것이기도 하다." 뉴턴의 말이다. 이 세 번째 법칙에 따라서, 만약 제트엔진이 뒤쪽으로 뜨거운 공기를 내뿜으면, 그 엔진이 달려 있는 비행기는 반대 방향인 앞쪽으로 움직일 것이다. 나아가 첫 번째 물체가 두 번째 물체의 주위를 회전하는 경우, 이는 곧 두 번째 물체가 첫 번째 물체의 주위를 회전하는 것도 된다. 결국 두 가지 물체는 서로의 주위를 회전하는 셈이다. 하지만 속력은 똑같을 필요가 없다. 한 물체가 다른 물체보다 훨씬 더 클 경우, 더 큰 물체는 매우 천천히 움직일 것이고, 더 작은 물체는 상대적으로 매우 빨리 움직일 것이다. 하지만 전체 운동은 똑같을 것이다.

흥미롭게도 이 법칙은 고대로부터 내려오는 수수께끼에 최종적 해답을 제공했다. 바로 태양이 지구 주위를 도는 것인가, 아니면 지구가 태양 주위를 도는 것인가 하는 문제였다. 결국 두 가지 천체는 서로의 주위를 도는 셈이니, 프톨레마이오스와 코페르니쿠스의 주장 모두가 맞았다고 할 수 있겠다. 물론 양쪽이 제시한 이유는 틀렸지만 말이다.

이 세 가지 법칙을 염두에 두고, 행성의 운동을 한번 생각해보자. 행성은 어떤 힘에 의해 방해를 받기 전까지는 계속 운동하는 상태로 남아 있을 것이다. 이때 가해지는 힘이란 반드시 행성을 완전히 딱 정지시켜야 할 필요까지는 없다. 이 힘은 그 관성적 경로의 직선에서 벗어날 정도로만 행성을 빗나가게 할 수도 있다. 또는 행성을 타원 경로 안으로 빗나가게 할 수도 있다. 전통 기하학에 따르면, 만약 가해지는 힘이 구심적인 경우라면 — 즉 만약 가해지는 힘이 행성을 '안쪽으로' 끌어들인다면, 즉 중심에서 직선으로 멀어져 나가려는 관성적 성향과는 반대라면 — 그리고 만약 이 구심력이 행성과 거기에 힘을 가하는 물체 간의 거리의 제곱에 역비례하여 달라진다면, 그 힘은 행성을 타원 경로로 비껴 나가게 할 것이다.

만약 힘을 가하는 물체가 바로 태양이라고 가정해보자. 그렇다면 그 구심력은 어떻게 될까? 길버트와 케플러는 그것이 지구의 천연 자기와 관계가 있을 것이라고 추측했지만, 갈릴레오와 달리 그들은 해수면 높이에서 중력의 힘을 측정한 연구 결과를 지니고 있지 못했다. 이제 그 측정치의 원인, 즉 수수께끼의 힘이 발견되었다. 그것은 다름 아닌 인력, 즉 달이 꾸준히 지구 주위를 돌게끔 붙잡아 두고 있는 힘이며, 또한 달이 바다의 조석을 제어하게 허락하는 힘이고, 나아가 태양계를 위엄 있게 돌아가게 만드는 힘이며, [물론 사실과는 다르지만 훗날 널리 알려진 전설에 따르면] 이 수학자가 아무 생각 없이 나무 아래 누워 있을 때에 땅으로, 또는 그 머리 위로 잘 익은 사과를 떨어트린 힘이기도 했다.

뉴턴은 1666년에 [전염병으로 인해] 부득이하게 링컨셔에서 머무는 동안 이 모두를 이해하게 되었다고 주장했다. 하지만 본인에게는 워낙 간단하게 여겨졌기에, 이후 20년이 지나도록 아무에게도 그 내용에 관해서는 이야기하지 않았을 뿐이라고 말했다. 그 세월 동안 그는 자신이 더욱 관심을 가진 분야를 연구했다. 1687년에 마침내 출간된 『프린키피아』는 전 세계를 깜짝 놀라게 만들었다. 그때까지 과학의 역사상 가장 커다란 문제, 즉 우주가 도대체 어떻게, 그리고 왜 지금과 같이 작동하는지 하는 문제가 마침내 해결되었기 때문이다. 시인 알렉산더 포프는 이렇게 썼다.

> 자연이며 자연의 법칙은 어두운 밤 속에 숨겨져 있었네.
> 하느님 말씀이, 뉴턴이 있으라. 그러자 모두 밝혀졌다네.

이성의 규칙

비록 과학계의 동료들과 종종 다툼을 벌이는 심술궂은 면모도 없지는 않았지만, 아이작 뉴턴은 천성적으로 겸손한 사람이었다. 언젠가 그는 전기 작가에게 이렇게 말했다. "내가 세상에 어떻게 보일지는 모르겠습니다만, 나 스스로는 마치 바닷가에서 노는 소년 같다고 생각합니다. 간혹 평범한 것보다 더 매끄러운 조약돌이나 더 예쁜 조개껍데기를 발견하면 즐거워하지만, 실상 진리의 거대한 바다는 내 앞에서 줄곧 발견되지 않은 채 남아 있다고 말입니다."

이 이미지는 유명한 만큼이나 흥미를 자아낸다. 그리고 이것은 아마도 뉴턴이 생각한 것보다도 훨씬 더 정확한 비유일 것이다. 그로 말하자면 당대의 어느 누구보다도 더 많은 것을 알았지만, 더 알 수 있는 것에 비하자면 자신이 실제로 아는 바는 터무니없이 적다는 사실을 시인했다는 점에서 옳았다. 또한 무지의 상태에서 자신이 편안하다고 판단했다는 점에서도 옳았다. 진리의 거대한 바다는 그의 앞에 줄곧 놓여 있지만, 그는 그 건너편에 도달하기 위한 목표를 지닌 채 바닷가를 거닐기는커녕, 하다못해 그 안에 자기 발가락 한번 담그지 못했던 것이다.

『프린키피아』의 제3부에는 다음과 같은 근사한 제목이 달려 있다. '세계의 체계.' 처음 두 쪽에는 '철학에서 추론의 규칙'이라는 표제하에 어떤 내용이 수록되어 있다. 여기서 우리는 일단 뉴턴이 말한 "철학"이란 곧 '과학'임을 이해해야 한다. 또한 바로 거기 들어 있는 내용이란 다름 아닌 데카르트에게 보내는 뉴턴의 답변, 다시 말해 『방법서설』에 대한 뉴턴의 방대한 주석이라는 점도 이해해야 한다.

과학에서 추론의 규칙이란 무엇인가? 단지 네 가지뿐이다. 첫 번째는 이렇다. 우리는 진리인 동시에 현상을 설명하기에 충분한 것 이상으로 자연적 사물의 원인을 시인해서는 안 된다. 이것은 14세기에 오컴의 윌리엄이 처음으로 발표한 논리학의 원칙을 재천명한 셈이었다. "더 적은 것으로 할 수 있는데도 더 많은 것으로 하면 무익하다." 뉴턴은 약간 시적인 분위기까지 섞어가면서 이를 다음과 같이 설명했다.

이런 뜻에서, 철학자들은 다음과 같이 말한다. 즉 자연은 무엇이건 간에 경솔하게 행하지는 않는다. 그리고 더 적어도 될 때에 더 많은 것은 낭비다. 왜냐하면 자연은 단순함을 좋아하고 쓸데없는 원인의 허식을 싫어하기 때문이다.[44]

---

44 이하의 뉴턴 관련 인용문은 다음 책에서 가져왔고, 문맥에 따라 약간씩 수정했다. 『프린시피아 3』 (조경철 옮김, 서해문집, 1999), 799쪽.

두 번째 규칙은 이렇다. 따라서 똑같은 자연의 결과에 대해 우리는 가급적 최대한 똑같은 원인을 부여한다. "예를 들자면, 인간의 호흡과 동물의 호흡, 유럽에서의 돌 낙하와 미국에서의 돌 낙하, 부엌의 불빛과 태양의 빛, 지구에서의 빛 반사와 행성에 대한 빛 반사의 경우와 같이 말이다."[45] 뉴턴은 이렇게 덧붙였다.

세 번째 규칙은 수 세기 동안이나 아리스토텔레스주의자를 괴롭혔던 질문에 대한 답변이다. 이 규칙은 우리의 실험의 범위 내에 있는 모든 물체에 속해 있는 것으로, 발견된 물체의 특성은 세상 모든 물체의 보편적 특성으로 간주되어야 한다고 주장했다. 가령 외관상으로 그렇게 보이듯이, 만약 인력이 태양계 내에서 작용하는 것으로 발견될 경우, 우리는 "모든 물체는 상호 인력의 소인(素因)이 주어졌다는 것을 보편적으로 인정"[46]할 수 있다고 — 사실은 반드시 그래야 한다고 — 뉴턴은 말했다.

추론의 네 번째 규칙은 뉴턴의 견해에 따르면 아마도 가장 중요하다고 할 수 있을 만한 것이었다. 그 규칙을 서술한 부분을 그대로 인용하자면 다음과 같다.

실험철학[즉 '과학']에서는, 여러 현상에서부터 일반적인 귀납법에 의하여 추론된 명제는 가령 어떠한 반대 가설이 생각된다 하더라도, 그것들이 보다 더 정확한 것으로 된다든가, 또한 제외되지 않으면 안 되는 다른 현상이 일어나기 전까지는 진실한 것, 또는 진실에 아주 가까

45 같은 곳.
46 같은 책, 801쪽.

운 것으로 보아야 한다.[47]

뉴턴은 이렇게 적었다. "귀납법에 의한 추론이 가설에 의하여 회피되는 일이 없게끔 이 규칙에 따라야만 한다."[48]

뉴턴은 가설을 싫어했다. 그는 가설 속에서 과거의 온갖 터무니없고 유해한 오류를 발견했다. 그가 말한 "가설"이란 가령 스콜라 철학자들이 자연현상을 설명하기 위해 꿈꾸었던 4원소의 이론이나 제5원소에 대한 가정 같은 것, 이른바 격렬한 운동에 관한 억지스러운 설명 — 그리고 파리의 신학자들 스스로도 받아들일 수 없었던 — 같은 것들이었다. 그리고 뉴턴은 자신이 모르는 것을 얼마든지 기꺼이 시인할 태세가 되어 있었다.

그가 모르는 것 중에서도 가장 중요한 것은 인력의 원인, 또는 여러 원인들이었다. 지구와 다른 행성이 태양의 중력에 의해 각각의 궤도에 붙들려 있다는 사실에 대해서는 전혀 의심하지 않았지만, 그는 어째서 그런지를 알지는 못했다. 하지만 "나는 가설을 만들지 않는다"라고 그는 말했다. "실제로 현상에서 꺼낼 수 없는 것들은 모두가 가설이라고 불려야 하기 때문"이며, 가설은 "실험철학에서는 아무런 위치도 차지하지 못하는 것이기" 때문이라고 했다.[49]

이 네 가지 추론의 규칙, 그리고 이에 덧붙여 가설 — 즉 실험에 의해 직접적으로 뒷받침되지 않는 설명을 제공하는 것 — 에 대한 금지는 뉴

---

47 같은 책, 802쪽.
48 같은 곳.
49 같은 책, 1072쪽.

턴의 시대 이후로 줄곧 시행되었고, 대개의 경우 오늘날까지도 여전히 시행되는 과학적 방법을 규정한 것이라고 말할 수 있다.[50] 저명한 과학 사가인 토머스 S. 쿤이 『과학혁명의 구조』(1962)에서 사용한 용어를 빌려 표현하자면, 뉴턴의 규칙들은 새로운 패러다임을 수립한 셈이 되었다. 새로운 패러다임은 과학의 시대를 개막했다. 지금까지 발명된 것 중에서도 지식을 얻는 데에서 가장 가치 있고 유용한 이 도구는 금세 많은 사람들 사이에 퍼져나갔다. 사람들은 이를 가지고 자신들이 눈으로 볼 수 있는 것들, 그리고 미처 눈으로 볼 수 없는 많은 것들까지도 이해하려고 시도했으며, 나아가 이전까지는 전혀 상상조차 못 했던 방식으로 자신들 주위의 세계를 제어하려고 시도했다.

뉴턴은 그 명민함에도 불구하고 어째서 중력이 그렇게 작용하는지를 이해하지는 못했다. 즉 그는 중력이 실제로 무엇인지를 몰랐던 것이다. 그걸 모르기는 우리 역시 마찬가지다. 다만 그는 중력이 그런 방식으로 작용한다는 사실만 알았을 뿐이다. 그 점에서는 그가 옳았고, 이는 충분히 그의 명예가 될 만하다. 하지만 사물의 이유 — 파스칼이라면 아마 그렇게 불렀음 직한데 — 는 여전히 어두운 밤 속에 숨겨져 있었다.

이것은 부분적으로 데카르트의 잘못이었으니, 왜냐하면 그는 사물의 이유에 대한 탐색을 줄곧 인기가 없도록 만들었기 때문이다. 또한 이것은 부분적으로 뉴턴의 잘못이기도 했다. 그의 놀라우면서도 휘황찬란한 성공 덕분에 눈이 부신 나머지, 이 세계는 아직도 스

---

50 아주 최근에는 이에 대한 예외도 생겨났다. 제15장을 참고하라. — 원주

스로가 여전히 모르는, 그리고 아마도 영영 모를 수도 있는 것들을 직시하지 못했던 것이다. 하지만 이것은 대부분 이 세계 자체의 잘 못이었으니, 그것이야말로 인간이 기꺼이 믿고 싶어 하는 것에 비해 서는 훨씬 더 이해하기 힘든 것이었기 때문이다.

갈릴레오-데카르트 혁명

정치적 혁명의 시대로 넘어가기 전에, 온갖 종류의 혁명에 주어진 이름들에 관해 한마디 해야겠다. 뭔가 엉뚱한 사람이 명예, 또는 비 난을 한 몸에 받게 되는 경우는 비일비재하다. 다음 장에서 우리는 이런 사례를 좀 더 살펴보게 될 것이다. 하지만 한 가지 주목할 만한 경우는 오히려 이 장에서 찾아볼 수 있다.

17세기에 벌어진 혁명 — 과학을 물리적 실재에 관한 궁극의 권위 로 수립하는 것으로 귀결된, 앎의 방법에서의 혁명 — 은 이른바 코 페르니쿠스 혁명으로 부르는 것이 일반적이다. 하지만 내 생각에 이 것은 부당한 명칭이다.

설령 이 세계에 관한 생각에서 중대한 변화를 야기하고 싶은 마음 을 지니고 있었다 하더라도, 코페르니쿠스는 자신의 연구 결과를 생 전에 발표하기 두려워했다. 어쩌면 그는 변화를 야기하고 싶은 마음 자체를 평생 지니지 않았을 수도 있다. 나아가 태양이 지구 주위를 도는 것이 아니라 지구가 태양 주위를 돈다는 그의 제안 자체는 결 코 혁명적이라 할 만한 것까지는 아니었다. 고대 그리스의 사상가 가운데 그와 똑같은 주장을 내세운 사람이 대여섯은 되기 때문이다.

다른 사람들 역시 그런 발상을 고려해본 적이 있었다. 따라서 〔지동설이란〕 그 자체만 놓고 보면 아주 중대한 변화까지는 아니었다.

물론 어떤 사람들은 그것이 중대한 변화였다고 주장한다. 그러면서 그 증거로, 코페르니쿠스 이전까지는 인간이 우주의 중심이라는 중요하게 여겨진 개념을 지니고 있었지만, 그 이후로는 그런 개념을 지니지 않게 되었다는 사실을 환기시킨다. 하지만 이것 역시 사실과는 거리가 있다. 우리가 이미 살펴본 것처럼, 인간이 〔진정한 의미에서〕 우주의 중심이 된 것은 이미 르네상스와 함께(가령 회화에서 원근법의 발견과 함께) 시작되었다고 봐야 하며, 결코 17세기 말에 뉴턴의 『프린키피아』의 출간과 함께 중단된 것은 아니었다. 사실 그 책은 이후의 모든 과학적 진보가 그러했듯이, 인간이 이미 차지한 중심적 지위를 보다 확고히 하는 역할을 했을 뿐이다.

오늘날 우리는 밤하늘을 올려다보고 수십억 개의 별들과 은하들을 발견하며, 우리의 태양이 얼마나 작으며 행성계는 얼마나 더 작은지를 깨닫고, 우리의 지구는 가장 큰 행성과는 거리가 멀다는 것을 실감하지만, 그렇다고 해서 우리 스스로를 작다거나, 또는 보잘것없다고 생각하지는 않는다. 대신 우리는 오히려 스스로를 강하고 훌륭하다고 생각하니, 왜냐하면 우리는 그 모든 사실을 이해하고 있기 때문이다. 과학이 우리를 드높여준 것이다. 과학은 결코 우리를 깎아내리지 않았다.

갈릴레오는 코페르니쿠스와 전혀 다른 인물이었다. 한편으로 그는 자신의 새로운 발상이 불러올 것이 뻔했던 논쟁을 두려워하지 않았다. 그는 또한 자신이 하는 말의 진정한 의미를 상당 부분 이해했다. 그는 교회의 권위를 또 다른 권위로 대체하고자 했는데, 그런 새로운 권위 — 즉 과학의 권위 — 가 여러 면에서 더 선호할 만하다고 믿었던 까닭이다. 그는 사물에 관해 인간이 생각하는 방식에서 혁명적 변화를 가져오기를 진정으로 원했다.

데카르트 역시 마찬가지였다. 비록 갈릴레오처럼 용감무쌍하지는 않았어도, 여러 면에서 그와 비슷한 정신적 특성을 지니고 있었다. 오히려 데카르트는 그보다 더 완고했으니, 그런 까닭에 아주 호감이 가는 인물까지는 아니었다. 하지만 데카르트는 자신이 하는 일이 무엇인지를 잘 알았고, 갈릴레오도 마찬가지였다. 다만 코페르니쿠스는 차마 그것까지는 알지 못했다.

만약 17세기의 혁명에 반드시 어떤 한 사람의 이름을 갖다 붙여야 한다면, 그것은 오히려 '갈릴레오 혁명'이라고 불러야만 마땅할 것이며, 또는 차라리 '갈릴레오–데카르트 혁명'이라고 부르는 게 더 나을 것이다. 그러나 뉴턴의 이름을 갖다 붙여서는 안 된다. 그는 결코 자신이 사상에서 아주 대단한 변화를 야기한다고 생각하지는 않았기 때문이다. 그는 다만 자기보다 이전에 살았던 위대한 인물들의 연구를 전면으로 끌어냈을 뿐이고, 비록 그가 위대한 과학자 중에서도 가장 위대해 보이는 것이 사실이기는 하지만, 본질적으로는 별다를 바 없었다.

불행히도 "갈릴레오–데카르트 혁명"은 당장 발음하기에도 아주 편리하지는 않다. 발음의 문제는 결코 간과될 수가 없다. 왜냐하면 "코페르니쿠스 혁명"이라고 하면 훨씬 더 그럴싸하게 들리기 때문이다. 어쩌면 역사가들이 이 이름을 선호하고 줄곧 사용한 까닭도 그 때문인지 모른다. 하지만 내 생각에 코페르니쿠스보다는 오히려 갈릴레오와 데카르트 쪽이 더욱 명예를 얻어 마땅하지 않을까 싶다.

제9장

혁명의 시대

결국 이성의 시대는 여러 가지 면에서
이성적인 시대가 '전혀' 아니었다.
오히려 열정과 폭발적으로 대두한 꿈으로 가득한 시대였다.
광기와 살인의 시대였다.
그것은 급격한 변화의 시기였다.
그것은 혁명의 시대였다.

아이작 뉴턴의 『프린키피아』가 1687년에 라틴어로 간행된(영어 번역본은 1729년에야 나왔다.) 사건은 하나의 종말이자 또 하나의 시작이었다. 우리는 이 책이 인류의 사고에서 거대한 모험을 어떻게 요약하고 결론 내렸는지를, 즉 자연 세계의 마치 결정적인 듯한 기계적 원칙을 어떻게 인류에게 밝혀주었는지를 살펴보았다. 그리고 이 세계에 관한 관념과 이미지 ─ 기계적인 것으로 새로이 고안된 ─ 는 또한 사고와 행동의 새로운 길을 열어주었다.

　르네상스 시대에 외부 세계에 관한 호기심의 극치로서 『프린키피아』가 지닌 중요성조차도 그 책이 일의 세계 자체에 던진 빛에 비하자면, 아울러 그 책이 발명가와 탐험가에게 제공한 도전에 비하자면 정말 아무것도 아니었다. 특히 후자의 사람들은 그 책의 원리를 차용해 이 세계를 보다 효율적으로, 또한 보다 개선되어서 ─ 적어도 그렇게 간주되었다 ─ 작용하게끔 만들었다.

산업혁명

　적어도 다섯 가지 간단한 기계(지레, 쐐기, 바퀴와 축, 도르래, 나사)의 경우는 만들어진 지가 수천 년은 넘었을 것이다. 지금으로부터 수십만 년 전의 원시인은 지레를 이용해 돌멩이를 움직였고, 손도끼와 쐐기를 이용해 나무나 뼛조각에 모양을 새겼다. 바퀴와 축, 그리고 도르래의 기원은 오래전에 이미 잊혀버렸다. 대피라미드를 건설한 고대 이집트의 건축가들은 양쪽 모두를 십중팔구 잘 알고 있었으리라. B.C. 3세기의 아르키메데스는 기계나사의 작동을 이해했다.

　이후 1000년 동안 이런 간단한 기계들은 더욱 정련되고 향상되고 여러 가지로 조합되어 다른 기계들을 낳았고, 이제 그런 기계들은 더 이상 간단하지 않았으며, 여러 가지 운동을 제어하고 지향하는가 하면, 힘을 배가하기도 했다. 그리하여 1600년의 유럽과 아시아에서는 수 세기에 걸친 실용적 지식의 느리지만 꾸준한 진화의 결실이라 할 수 있는 여러 종류의 장치들이 생겨났다. 하지만 그런 기계들 가운데 상당수는 다루기가 어려웠고, 힘의 사용에서도 비효율적이었으니, 왜냐하면 그 작동의 근거가 되는 원칙들이 아주 잘 이해되지는 않았기 — 그리고 어떤 경우에는 전혀 이해되지 않았기 — 때문이다.

　그로부터 100년 뒤인 1700년에 와서는 갈릴레오, 데카르트, 뉴턴, 그리고 이들의 동시대인인 일련의 과학자들이 이러한 무지를 지식으로 바꿔놓았다. 실용적인 사람들은 '왜' 기계가 그렇게 작동하는지를 문득 깨달았다. 그리하여 이들은 어떻게 하면 기계를 더 훌륭하게 만들 수 있는지를 알아냈다. 역학에서의 발견은 놀라우리만치 빠르게 하나하나 찾아왔으며, 각각의 새로운 발견은 또 다른 발견을 불러왔다.

보다 효율적인 기계를 만들어내는 유일한 방법은 더 나은 동력원을 이용해 추진하는 것뿐이었다. 머지않아 더 나은 동력원임이 밝혀진 석탄으로는 물을 끓여 증기를 만들었고, 그 증기는 또다시 피스톤을 움직였으며, 머지않아 철로 위에서 기차의 바퀴를 움직이게 했다. 이후 오랫동안 증기는 산업혁명의 동력을 제공했다. 증기는 지금까지도 산업계에서 여러 가지 동작을 수행하고 있는데, 다만 이제는 물을 끓이는 수단이 석탄 말고 다른 것 — 가령 원자로라든지 — 으로 바뀌었을 뿐이다.

그 부속이 보다 정확하게 맞아떨어지고 더 오래 지속되기만 한다면 어떤 기계든지 더 잘 작동하게 마련이다. 따라서 새로운 종류의 철이 석탄과 코크스를 때는 아궁이에서 제작되었고, 그 중요성도 매우 높아졌다. 철은 고대 스파르타인이 우수한 무기와 갑옷을 만들면서 처음으로 알려졌다. 하지만 새로 만들어진 더 단단한 철은 기계의 오차 허용도를 기계 제작자들이 일찍이 꿈꿔본 것보다도 훨씬 더 크게 감소시켰다. 철제 축과 다른 회전 부품을 지닌, 그리고 철제 베어링을 지닌 새로운 기계는 더 오래 버텼고, 오차 허용도를 낮게 유지했으며, 굳이 새것으로 바꾸지 않아도 더 많이 생산하고 더 오래 작동했다.

인간 기계와 기계 인간

인간 자체도 일종의 기계로, 즉 기계적 원칙에 따라 더 잘 작동하게 만들 수 있는 대상으로 인식되었다. 그로 인한 한 가지 결과는 현대적이고 과학적인 의학의 탄생이었다. 심지어 우주 자체도 일종의 기계이며, 하느님은 그 조종자라는 시각이 나오게 되었다. 물론 그토록 훌륭한 기계를 가동하기 위해 굳이 하느님이 필요하다고 치면 그렇다는 이야기였으니, 인간이라는 기계는 워낙 완벽하게 창조된 까닭에 그 자체만으로도 가동할 수 있을 것 같았다.

아마도 18세기의 가장 중요한 기계적 발명품은 바로 공장이었으리라. 이 거대한 기계는 인간과 기계의 요소를 조합하여 이전까지는 전혀 꿈꾸지도 못했던 막대한 양의 상품을 생산했으며, 아울러 그 상품을 흡수하는 시장 역시 기계적인 관점에서 파악되었다. 운명적인 해인 1776년에 간행된 유명한 저서 『국부론』에서 애덤 스미스(1723~1790)는 소박한 핀 제조 공장에서 이룩한 놀라운 성취에 관해 경탄을 드러냈다.

> 첫째 사람은 철사를 잡아 늘이고, 둘째 사람은 철사를 곧게 하며, 셋째 사람은 철사를 끊고, 넷째 사람은 끝을 뾰족하게 하며, 다섯째 사람은 핀 머리를 붙이기 위해 끝을 간다. 머리를 만드는 데도 두세 개의 다른 공정이 필요하다. 머리를 붙이는 것도 특수한 직업이며, 핀을 하얗게 하는 것도 그러하며, 핀을 종이로 싸는 것까지도 하나의 직업이다. (……) 나는 이러한 종류의 작은 제조소를 본 적이 있다. 그들은 매우 빈곤했고, 따라서 필요한 기계를 거의 가지지 않았지만, 힘써 일할 때는 하루에 약 12파운드의 핀을 만들 수 있었다. 1파운드는 중간 크기의 핀 4000개 이상이 된다. 그러므로 열 명이 하루 4만 8000개 이상의 핀을 만들 수 있었고 (……) 그러나 그들이 각각 독립적으로 완성품을

〔만든다면〕 (……) 각자 분명히 하루 20개조차 만들 수 없었을 것이며, 아마 하루 한 개도 만들 수 없었을 것이다.[51]

인간과 비인간 부품 모두를 이용해 만든 이런 새로운 종류의 기계는 스미스가 보기에 당대의 경이인 동시에 "보편적 부유"의 잠재적인 원천이 아닐 수 없었다. "공장 기계"가 불가피하게 산출할 새로운 부가 나오는 까닭은 한 공장 안에서 일하는 노동자 사이에서만 노동이 분화되었기 때문만이 아니라, 또한 한 나라 안에서도 분화되었기 때문이며, 심지어 나라 너머에서까지도 분화되었기 때문이다. 가령 스미스는 코트 한 벌을 만드는 것을 예로 들어 이렇게 말한다.

번영하는 문명국의 가장 일반적인 수공업자, 또는 일용 노동자의 생활용품을 관찰해보면, 그에게 이러한 생활용품을 제공하기 위해 노동을 조금이라도 투하한 사람의 수는 헤아릴 수 없을 만큼 많다는 것을 알게 될 것이다. 예컨대 일용 노동자가 입고 있는 울 코트는 비록 거칠게 보일지 모르지만 다수 노동자들의 결합 노동의 생산물이다. 양치기, 양모 선별공, 소모공, 염색공, 방적공, 직포공, 끝손질공 등이 이 거친 생산물을 완성하기 위해 그들의 상이한 노동을 결합시켰음에 틀림없다. 그 밖에도 원료를 한 노동자로부터 매우 먼 곳에 살고 있는 다른 노동자에게 수송하는 데 얼마나 많은 상인들과 운송인들이 관련되었던가! (……) 얼마나 큰 무역과 항해가 필요했으며, 얼마나 많은 선박

51 애덤 스미스 관련 인용문은 다음 책에서 가져왔고, 문맥에 따라 약간씩 수정했다. 애덤 스미스, 『국부론 (상)』(김수행 옮김, 동아출판사, 1992), 14쪽.

제조업자며 밧줄 제조업자가 필요했던가![52]

  노동의 분화라는 원칙이 18세기에 와서 처음으로 밝혀진 것은 물론 아니었다. 그 발견은 이로부터 여러 세기, 심지어 1000년도 더 전에 이루어졌다. 하지만 그 원칙을 실용적인 문제에 적용해야 하는 필요성만큼은 이 시대의 특성이라 할 만했다. 실제로 그렇게 행한 대부분의 실용적인 인간은 데카르트에 대해 전혀 들어본 적도 없었을 수 있지만, 18세기가 이해한 그 원칙은 데카르트의 "기하학적 방법"으로 거슬러 올라갈 수 있는 것이다. 이 방법에서는 어떤 상황이나 작용을 가장 작은 구성단위로 해체한 다음, 그 각각을 수학적으로 다루려 시도하기 때문이다. 데카르트는 만약 그 부분들이 충분히 작기만 하다면, 이러한 과정이 항상 가능할 것이라고 믿어 의심치 않았다. 실제로 애덤 스미스의 핀 제조 공장은 매우 작은 단계들이 매우 많이 합쳐져서 목표를 향한 꾸준한 진전을 이룬다는 면에서 수학적 작용과 유사한 데가 없지 않다.

  데카르트는 이런 사고방식에서 아무런 위험도 감지하지 못했으며, 이는 애덤 스미스도 마찬가지였고, 나아가 18세기의 어느 누구라도 마찬가지였다. 하지만 오늘날의 우리는 이런 사고방식에 관해 의구심을 품는다. 우리는 과연 어떤 인간이 하루 종일 (그것도 단 하루가 아니라, 그야말로 끝없는 나날 동안) 비슷한 상태로 채용된 다른 아홉 명의 동료와 함께 하루 최대 4만 8000개의 핀을 생산하며, 그중

---

52 같은 책, 19~20쪽.

한 사람은 핀 머리를 붙이기 위해 핀 끝을 갈아야 하는 것이 업무인 상황이 반드시 필요한지 궁금한 것이다.

그리고 울 코트의 경우, 우리는 애덤 스미스와는 전혀 다른 방식으로 사물을 바라볼 수도 있다. 코트 한 벌이 "비록 거칠게 보일지 모르지만" 수십, 수백, 또는 심지어 수천 명의 개인의 노력이 조합된 결과로 생산될 수 있다는 것은 사실이다. 그런 개인들은 작은 일부분에 속하는 각자의 임무를 수행하되, 그 최종 생산품이 무엇이 될지에 관해서는 사실상 알지 못한다. 하지만 그런 코트는 단 한 사람이나 두 사람에 의해서, 가령 남편과 아내가 양을 기르고 털을 깎고, 울을 고르고 빗고, 염색하고 실을 뽑고, 천을 짜고 재단하고, 마침내 운 좋은 어느 고객에게 미소를 지으며 배달하는 방식으로 생산될 수도 있는 것이다.

물론 애덤 스미스는 그러한 공정에서 특별한 장점을 찾지 못했다. 농사꾼의 노동으로도 물론 코트와 다른 물건을 생산할 수는 있지만, 이는 매우 비효율적이라고 보았다. 그런 고된 노동은 또한 농사꾼의 영혼을 파괴하기 때문에, 농사꾼은 자신의 삶을 증오한 나머지 언제 어디서든 가능하기만 하다면 농사로부터 도피하여 그보다도 더 혹독하고 위험한 공장에 가서라도 기꺼이 일하게 마련이다. 이처럼 모든 사람이 ― 한편에서는 착취하는 자본가가, 또 한편에서는 착취당하는 노동자가 ― 원하지 않았더라면 산업혁명은 결코 성공을 거두지 못했을 것이다.

하지만 인간은 공장이 낳은 특화된 노동이 인간을 오로지 기계의 부속인 양 간주함으로써 〔농사와 마찬가지로〕 인간의 영혼을 파괴하게 되리라는 것까지는 미처 몰랐던 셈이다.

이성과 혁명의 시대

이 세계에 관한 탈레스의 독창적인 통찰에는 사물의 질서에 관한 18세기의 개념이 이미 스며들어 있었다. 탈레스와 그 뒤를 따른 그리스인들은 외부 세계와 내부 정신에는 반드시 공통점이 있어야 한다는 것을 제1원리로 주장했다. 그렇지 않고서야 어찌 내부 정신이 외부 세계를 이해할 수 있겠는가? 이러한 공통적 요소의 이름은 다름 아닌 이성이었다. 이것은 18세기 사람들이 즐겨 사용했던 단어이니, 그들은 그 출처도 정확히 모른 상태에서 탈레스의 이러한 발상을 적극적으로 차용했던 셈이다.

인간은 기껏해야 이성적인 피조물에 불과하다는 생각은 널리 받아들여지고 있었다. 그가 이해하고자 노력하는 세계 역시 이성적이며, 또한 그 세계는 이성적인 창조주의 피조물인 것이다. 그 증거는 이른바 기계론적 원리가 진실이라는 데에서 찾을 수 있었다. 그리고 그 원리가 진실이라는 증거는 그 원리가 기능한다는 데에서 찾을 수 있었다. 이러한 추론의 순환성은 ― 그 자체로도 기계론적인 ― 오로지 그 결론을 확증할 뿐이었다. 18세기가 시작된 지 불과 3년 만에 인간은 자신의 시대를 일찌감치 '이성의 시대'라고 부르기 시작했다. 그리고 이 이름은 오늘날 가장 깊이 지켜온 믿음 가운데 하나를 표현하게 되었다.

가장 심오하고도 널리 지켜진 믿음들조차도 한 시대의 진정한 본성을 항상 밝혀주는 것은 아니다. 그런 믿음들은 도리어 한 시대의 편견을 밝혀줄 수도 있다. 18세기는 데카르트의 수학적 방법과 뉴턴의 기계론적 원칙을 가령 핀 만드는 데에 적용하는 것이야말로 그 시대가 할 수 있는 가장 중요한 일이라고 생각했다. 그러나 지금 와서 돌이켜 보는 우리는 의구심을 갖게 된다.

결국 이성의 시대는 여러 가지 면에서 이성적인 시대가 '전혀' 아니었다. 오히려 열정과 폭발적으로 대두한 꿈으로 가득한 시대였다. 광기와 살인의 시대였다. 그것은 급격한 변화의 시기였다. 그것은 혁명의 시대였다.

18세기의 사람들은 이러한 역설을 충분히 침착하게 받아들였다. 한편으로 이들은 그 시기를 삶이 편안한 패턴 — 합리적인 동시에 영구한 — 을 획득한 시기로 생각했다. 이들의 상징은 바로 기계였고, 기계의 특성은 동일성이지 결코 변화가 아니었다. 기계는 하루하루 작동 상태가 달라지지는 않는다. 만약 그렇다고 치면, 그 기계는 망가지고 있는 것이다. 결국 그 기계는 못 쓰는 것이 되고 만다.

다른 한편으로 이들은 그 시기를 어마어마한 변화가 모습을 드러내는 시기로 생각했으며, 그 변화란 대부분 더 나은 변화를 의미했다. 진보의 관념 그 자체는 18세기의 발명품이었다. 고대인만 해도 진보의 개념 같은 것은 지니고 있지 않았으며, 최소한 수 세기 또는 1000년에 달하는 꾸준한 향상이라는 의미에서의 진보의 개념 같은 것은 없었다. 고대인 역시 조건이 변한다는 사실을 자각하기는 했지만, 전반적으로 그들은 그런 변화가 주기적이라고 생각했다. 다시 말해서 어떤 때는 더 나을 수도 있지만, 또 어떤 때는 더 나쁠 수도 있다는 것이었다. 18세기는 진보를 믿었을 뿐만 아니라, 심지어 '필연적인' 진보를 믿기까지 했다. 사물은 '반드시' 더 나아져야만 했으니, 왜냐하면 그것이야말로 사물의 본성이었기 때문이다.

바로 여기에 또 한 가지 역설이 있었다. 만약 향상이 불가피한 것이라고 진정으로 믿어 의심치 않는다면, 우리는 왜 군이 그걸 가져오려고 고생해야 한다는 말인가? 우리가 어떻게 행동하든지 간에 향상은 마땅히 찾아올 것인데 말이다. 하지만 18세기 말의 충분히 합리적인 사람들은 사물을 자신들이 생각하기에 더 낫다고 여겨지는 상태로 바꾸기 위해 기를 쓰고 노력했다. 그들은 분투했으며, 심지어 필연적이고도 불가피한 진보의 대의를 위해 스스로 목숨을 버리기도 했다. 그들은 스스로에 대항해, 스스로의 가장 깊은 믿음에 대항해 싸우고 있다는 사실을 결코 자각하지 못한 듯했다.

하지만 그러한 종류의 불일치야말로 — 다른 어떤 기계론적 필연성보다도 더욱 — 진정으로 인간사의 본성이었다. 게다가 진보를 위한 그들의 전투는 비록 비합리적인 데가 있기는 했지만, 결국 인류를 위해 거대한 선을 낳았다.

존 로크와 1688년 혁명

우리는 '산업혁명'이라는 말을 18세기 후반에 — 특히 영국에서 — 시작된 노동과 생산 조직에서의 거대한 변화를 지칭하는 데에 사용하고 있다. 말 그대로 이러한 변화는 혁명적인 것이었다. 그로 인해 수많은 것들이 전복되었고, 새로운 계층의 부유하고 영향력 있는 사람들이 나왔으며, 인간과 다른 동물이 살아가는 자연환경이 아마도 향후 영구적으로 변화하기 시작했고, 그 외에도 다른 주목할 만한 결과들이 나왔기 때문이다. 하지만 이 시기에는 또 다른 종류의 혁명이 더욱 특징적이었다. 그것 역시 산업혁명과 마찬가지로 영국에서 시작되었지만, 금세 다른 여러 나라로 전파되었다.

이 또 다른 혁명 ― 경제적인 것이 아니라 정치적인 ― 은 1642년에서 1651년에 있었던 잉글랜드의 내전 기간에 처음으로 분출되었다. 분쟁의 와중인 1649년에 찰스 1세가 처형되었고, 국회가 잉글랜드의 최고 권력기관이 되었으며, 승리를 거둔 장군 올리버 크롬웰(1599~1658)을 통해 나라를 다스렸다. 왕이 사망하고 크롬웰이 새로운 영국연방의 호민관에 임명되자, 크롬웰의 부하 가운데 일부가 이에 항의하여 목소리를 높였다. "우리 역시 그 승리를 나누어 가져야겠다"라고 말한 것이다. 이는 곧 "우리 역시 지배권을 나누어 가져야겠다"라고 말한 것이기도 했다.

"안 된다"라고 크롬웰은 딱 잘라 말했다. "왜냐하면 당신들은 아무런 재산도 지니고 있지 않지만, 통치는 이제껏 항상, 그리고 앞으로도 계속해서 재산의, 재산에 의한, 그리고 재산을 위한 통치일 것이기 때문이다." 이에 병사들은 이렇게 대답했다. "비록 각자의 재산은 없지만, 좋은 법률의 통과에 관해서는 우리도 그것을 통과시키는 사람만큼이나 지대한 관심을 지니고 있다. 우리 역시 그러한 법률하에서 살아야 하는 사람들이기 때문이다." 그러자 크롬웰은 이렇게 대답했다. "당신들은 우리를, 즉 재산을 지닌 사람들을 믿어야 한다." 그는 점차 분노를 느끼고 있었다. "우리는 스스로의 이익은 물론이고, 당신들의 이익까지도 고려하면서 다스릴 것이다."

이러한 논쟁은 한동안 계속되었지만, 결국에는 크롬웰이 승리를 거두었다. 장교들 ― 그중 상당수는 재산을 지닌 사람이었다 ― 가운데 상당수가 그를 지지했기 때문이다. 이에 항의하는 몇몇 병사들은 처형되었으며, 나머지는 툴툴거리며 제대하고 말았다. 1658년에 크롬웰이 사망하자, 1660년 찰스 1세의 아들이 망명 중이던 프랑스에서 돌아와 찰스 2세가 되었다. 한동안은 재산 없는 사람의 권리라든지, 또는 전반적인 권리에 관한 이야기 자체가 더 이상 이루어지지 않았다. 하지만 이 주제는 아주 사라진 것이 아니라, 다만 침묵하고 있었을 뿐이다. 아이작 뉴턴의 『프린키피아』가 간행되던 것과 비슷한 시기에 이 주제는 다시 한 번 부각되었다.

크롬웰의 병사들은 자신들의 급진적인 견해를 대변할 능변가를 발견하지 못하고 있었다. 하지만 그런 대변자는 분명히 있었으니, 다만 너무 늦게 태어나는 바람에 〔크롬웰이 조직한〕 신모범군의 병사들에게는 아무런 이득도 끼치지 못했을 뿐이다. 그가 바로 존 로크(1632~1704)였다. 로크가 종교에서 새로운 관용을 제안한 것에 관해서는 이미 앞에서 살펴본 바 있다.

서머싯에서 태어난 로크는 웨스트민스터 스쿨과 옥스퍼드 대학에서 공부했지만, 당대의 여러 사람들이 그랬듯이 대학에서 여전히 가르치던 스콜라 철학에 거부감을 느꼈다. 그는 정신의 작용, 정신의 본질과 생명력, 그리고 생득적 능력을 스콜라 철학자들보다 훨씬 더 간단하게 설명할 수 있다고 보았다. 아이는 이른바 "타불라 라사" (*tabula rasa*), 즉 빈 서판의 상태로 태어난다고 그는 말했다. 바로 그 위에 경험이 단어를 적으면, 감각의 상호작용 및 감각이 지각하는 모든 것을 통하여, 마침내 지식과 이해가 생겨난다는 것이다.

처음에만 해도 로크의 활동 범위는 비교적 제한되어 있었고, 그의 견해는 비교적 온건한 편이었다. 그러다가 1666년에 훗날 새프츠베리 백작이 되는 앤서니 애슐리 쿠퍼 경을 만난다. 이후 15년 동안 로크는 새프츠베리(1621~1683)의 주치의이자 비서 겸 조언자로 일했다. 이 기간 동안 섀프츠베리의 경력은 그야말로 유성과도 같았다. 찰스 2세를 다시 영국으로 데려와 왕위에 올리기 위해 파견된 사절 가운데 하나였던 그는 훗날 이 신임 군주의 가장 가까운 고문이 되었으며, 1672년에 대법관에 임명되어 사실상 왕의 최고대신이 되었다. 하지만 그는 출세한 것만큼이나 순식간에 몰락하고 말았다. 그의 몰락을 가져온 원인은 통치의 본성 자체에 관해 왕과 의견을 달리한 까닭이었다.

1670년대에 이르러 정치 활동에서 일련의 소동이 부각되었으니, 찰스 2세를 암살하고 왕위를 그의 동생 — 로마 가톨릭 신자인 훗날의 제임스 2세 — 에게 물려주려는 계획을 경고하는 소문이 떠돌았다. 철저한 프로테스탄트 신자였으며, 하늘 아래 왕은 단 한 명이라는 신조의 소유자였던 섀프츠베리는 향후 로마 가톨릭 신자를 왕위 계승에서 배제시키는 내용의 법안을 제안했다. 어쩌면 왕으로부터 비밀리에 부추김을 받은 까닭인지, 그의 정적들은 이른바 왕권신수설을 옹호하는 논증을 펼치며 이에 맞섰다. 그러한 왕의 권리에는 어떤 종교든지 자신이 선택할 수 있다는 권리도 포함되는 것으로 간주되었다. 자신들의 주장을 뒷받침하기 위해 이들은 로버트 필머 경 (1588~1653)의 『가부장권론(家父長權論)』이라는 옛날 책을 재간행하기도 했다. 이른바 친족의 절대적인 권리를 옹호한 저술인 이 책은 무려 40년 넘게 아무도 크게 주목하지 않았던 작품이었는데, 그 간행 자체가 잉글랜드의 내전 당시 일종의 논쟁적 저술로 나온 까닭이었다. 하지만 이제는 많은 독자들이 필머에 의해 설복당하는 것처럼 보였으니, 이는 아마도 사람들이 기존 정부와 다시 한 번 갈등을 빚게 되는 결과를 두려워했기 때문이었으리라. 과거의 내전은 유혈이 낭자하고 잔인무도했으며, 당시의 정치가들은 그때의 일을 생생하게 기억할 만큼 충분히 나이가 많았다.

바로 이 중요한 상황에서 섀프츠베리는 필머에게 보내는 답변을 준비해달라고 로크에게 요청했다. 그야 어려운 일도 아니었던 것이, 필머로 말하자면 정치 이론가가 전혀 아니었던 반면, 로크는 그 분야의 달인이었기 때문이다. 『시민 통치에 관한 첫 번째 논고』에서 로크는 효과적으로 필머를 박살냈다. 하지만 로크는 거기서 멈추지 않았다. 『시민 통치에 관한 두 번째 논고』에서 그는 보다 일반적인 관점에서 시민 통치에 관한 논의를 펼치는 데까지 나아갔다.[53]

왕이 이 두 편의 선동적인 저술을 읽었는지 여부는 알 수 없지만, 섀프츠베리가 이 가운데 최소한 첫 번째 글에 관해서 왕에게 이야기를 건넸음은 의심의 여지가 없다. 두 편의 저술 모두 1680년에 완성 — 아직 간행은 아니었지만 — 되었다. 1681년 중반에 섀프츠베리는 왕위 계승 문제를 놓고 왕에게 도전했다. 왕은 의회를 해산함으로써 섀프츠베리에게서 정치적 기반을 빼앗은 다음, 그를 런던탑에 가두고 반역 혐의로 기소했다. 섀프츠베리는 간신히 석방되었지만, 이제 남은 방법이라곤 자발적인 망명밖에는 없었다. 그는 보다 자유로운 분위기였던 네덜란드로 달아났으며, 이때 로크도 대동했다.

로크의 『두 번째 논고』는 세 가지 거대한 관념 — 재산, 통치, 혁명 — 의 상호관계를 다루고 있다. 그는 통치는 바로 재산 때문에 존재

---

53 이 가운데 『두 번째 논고』가 우리나라에서는 로크의 『통치론』이란 제목으로 소개되었다. 이 대목에서의 인용문은 다음 책에서 가져왔고, 문맥에 따라 약간씩 수정했다. 존 로크·존 스튜어트 밀, 『통치론/자유론』(이극찬 옮김, 삼성세계사상 13, 삼성출판사, 1990).

한다고 말했다. 만약 재산이 없다면 그걸 보호하기 위한 통치도 필요 없을 것이었다. 내가 만약 내 물건을 전혀 갖고 있지 않다면, 나에게 굳이 국가의 여러 기구 — 법률과 재판관, 경찰과 형무소 — 가 필요하겠는가?

물론 재산은 당연히 존재하게 마련이다. 로크의 질문은 재산이 합법적이냐 여부와 연관된다. 이것은 결코 쉬운 질문이 아닌데, 왜냐하면 '합법적'이라는 단어는 상당히 멀리까지 미치는 뜻이 함축되어 있기 때문이다. 이것은 라틴어의 '레게스'(*leges*), 즉 '법률'에서 나왔지만, 그렇다고 해서 의회가 통과시키는 것이라든지, 판사가 해석하는 것 같은 일반적인 종류의 법률을 의미하지는 않는다. 법률 그 자체는 합법적이거나 불법적이거나 둘 중 하나다. 따라서 하나의 법률은 일반적인 적법성의 원칙보다도 분명히 더 높은 어떤 원칙에 따라서 비합법적일 수 있다. 이러한 원칙은 올바름과 관계가 있으며, 여기서 올바름이란 물론 추상적인 개념이다. 올바름(right)은 또한 권리(rights)와 관련이 있으며, 여기서 권리는 결코 추상적인 개념이 아니다. 최소한 인간은 권리를 위해 싸우고, 또 죽기까지 하기 때문이다.

재산, 통치, 그리고 혁명

그다음 질문은 이 세상에 재산에 대한 권리라는 것이 있는지 여부였다. 로크는 "그렇다"라고 말했지만, 오로지 합당한 정도 내에서만 그렇다고 했다. 특정한 상황에서는 한 사람이 정당하게 소유 가능한 것보다도 훨씬 더 많은 것을 법적으로 소유할 수 있다.(이러한 급진적인 교의는 1세기 동안이나 동면 상태로 놓여 있었다.) 재산이 합법적이 되면, 통치 역시 합법적이 된다. 정당하게 재산을 소유한 사람은 또한 재산을 보호할 권리도 지니고 있으며, 통치는 권리를 호위하고 보호하기 위한 제도이기 때문이다.

그렇다면 통치는 항상 합법적인가? 때로는 합법적인 것이 분명한데, 가령 통치자와 피치자가 한 가지 기본적인 사실에 동의할 경우가 그렇다. 즉 그들 모두가 함께라는 사실에 동의하는 것이다. 합법적인 통치자는 오로지 자신의 선을 위해서 통치하는 것이 아니라, 반드시 피치자의 선을 위해 통치해야만 한다. 이런 일이 벌어질 경우, 피치자는 통치받는 데에 동의하게 되는데, 왜냐하면 그들의 주위는 물론이고 그들의 위쪽에서도 정의를 볼 수 있기 때문이다.

그렇다면 피치자가 합법적으로 자신들의 동의를 거두어들일 수도 있을까? 이것 역시 "그렇다"라고 로크는 말했다. 통치자가 폭군이 되었을 경우, 즉 "그 통치자에게 어떠한 자격이 부여되건 간에 법률이 아니라 자기 자신의 의지를 규범으로 삼아, 그가 명령을 내리고 행동을 하는 동기가 인민의 재산의 보존에 있는 것이 아니라, 오히려 자기 자신의 야심이나 복수심이나 탐욕이나 기타의 변덕스러운 격정의 만족에 있는"[54] 경우, 혁명은 합법적인 것이 된다. 그러한 경우, 피치자는 스스로 봉기하여 통치를 바꿀 수 있는 권리를 지니며, 이들이 정당하게 주장할 수 있는 통치는 반드시 그들 자신의 선을

54 같은 책, 176쪽.

도모해야만 한다.

로크는 이러한 결론에 도달해놓고서도 마음이 그리 편치는 않았을 것이다. 이로 인한 결과를 두려워한 듯, 실제로 그는 10년 동안이나 네덜란드에 머물면서 원고를 정식으로 간행하지 않았다. 하지만 그가 한 말들은 마치 대리석 위에 내던진 커다란 놋쇠 고리처럼 우렁차게 울려 퍼졌다.

찬탈이라는 것이 다른 사람의 권리에 속하는 권력을 빼앗아서 행사하는 것임에 반하여, 전제라는 것은 권리를 초월한, 그리고 어느 누구도 그와 같은 권리를 가질 수 없는 권력을 행사하는 것이다.[55]

그런데 이와 같은 잘못이 오직 군주제에서만 보이는 것이라고 생각하는 것은 옳지 못하다. 다른 통치 형태에서도 군주제에서와 마찬가지로 이러한 잘못이 보이기 쉽다.[56]

법이 침해됨으로써 다른 사람에게 해가 미치게 된다면, 법이 그 마지막 숨결을 거두게 되는 경우에는 언제나 전제가 시작된다.[57]

그렇다면 군주의 명령에 반항할 수가 있을까? (……) 이러한 의문에 대해서는 나는 다음과 같이 대답하려고 한다. 힘에 대해서 반항할 수

---

55 같은 곳.
56 같은 책, 177쪽.
57 같은 책, 178쪽.

있는 것은, 오직 그것이 공정하지 못한 불법적인 힘인 경우에 한한다.[58]

여기에서는 아마 다음과 같은 평범한 상식적인 의문, 즉 그렇다면 군주나 입법부가 신탁에 위배하여 행동하고 있는가의 여부에 관해서는 대체 누가 그 재판관이 되어야 할 것인가 하는 의문이 생길 수 있다. (……) 이러한 의문에 대해서 나는 인민이 그 재판관이 되어야 한다고 대답하려고 한다.[59]

과거에도 통치가 전복되고, 왕이 타도된 적이 있으며, 똑똑한 철학자들이 이러한 행위를 정당화한 바 있다. 하지만 그 이전에 열거된 숱한 논증 가운데서도 로크의 논증처럼 일반적인 권리 — 재산에 대한, 통치에 대한, 그리고 혁명에 대한 권리 — 의 개념에 근거한 것은 하나도 없었다. 그 논증의 핵심은 바로 통치에 대한 권리라는 관념에 놓여 있었으니, 여기서 그 권리는 통치자가 아니라 피치자에게 있는 것이었다. 수천 년 동안, 왕은 통치할 권리를 지녔으며, 인민은 반드시 왕의 통치를 감내하는 한편, 그런 통치가 너그럽기를 바라야 한다고 여겨졌다. 그런데 이제 로크는 선하고 '합법적인' 통치에 대한 권리를 지닌 쪽은 바로 인민 — 왕도 인민 가운데 하나라고 했다 — 이며, 왕은 그처럼 선하고 '합법적인' 통치를 반드시 제공해야 하고, 그렇지 않을 경우에는 '합법적으로' 타도될 것이라고 말하는 것이다.

---

58 같은 책, 179쪽.
59 같은 책, 206쪽.

일반적인 상식을 지닌 사람이라면, 왕이 권력을 소유하고 있는 한, 인민이 좋아하든 말든 계속 통치할 것임을 분명히 알 수 있다. 사실 로크의 그 우렁찬 외침이 이 지구상에서 폭정을 깡그리 없애버린 것은 아니었다. 폭정은 여전히 번성했고, 심지어 20세기 말까지도 여전했으며, 아마 세상 끝나는 날까지 그러하리라. 그럼에도 불구하고 그의 말 덕분에 폭군이 폭정을 하기는 더욱 어렵게 되었다. 이제는 — 그리고 앞으로도 영원히 — 폭군을 반대할 권리가 있음을 확신한 그 정적들의 세력이 더욱 강력해질 것이기 때문이다.

머지않아 『두 번째 논고』에 로크의 원래 의도를 넘어서는 의미를 부여하는 사건들이 일어났다. 찰스 2세가 1685년에 사망하자, 동생인 제임스 2세가 그 뒤를 이었다. 오래가지 않아 제임스의 로마 가톨릭 신앙은 대부분의 영국인에게 결코 용인할 수 없는 것이 되었고 — 이미 사망한 섀프츠베리가 예견한 대로 — 그리하여 그를 왕위에서 물러나게 하려는 계획이 착착 실행에 옮겨졌다.

제임스 2세는 1688년 퇴위했고, 선량한 프로테스탄트였던 네덜란드인 오렌지 공 윌리엄과 그의 아내였던 잉글랜드인 메리가 왕위를 계승했다. 로크도 1689년에 메리 여왕과 같은 배편으로 잉글랜드로 돌아왔다. 그는 두 가지 원고를 가지고 돌아왔다. 두 권 모두 그해 말에 간행되었으며, 수많은 정치가들이 그 책을 읽고 몸을 떨었거나, 또는 영감을 받았으니, 둘 중 어느 쪽인지 여부는 그들이 폭정에 얼마나 가까이 서 있는지 여부에 따라 달랐다.

두 가지 혁명

로크는 또 한 가지 중요한 구분을 해냈다. 그는 이렇게 썼다. "정부의 해체에 관해서 조금이라도 명료하게 말하고자 하는 사람이 있다면, 그는 무엇보다도 먼저 사회의 해체와 통치의 해체를 구분해야 마땅할 것이다." 1688년의 명예혁명은 영국인의 사회를 해체시키지는 않았으며, 실상 영국인 대부분은 그 혁명 이전이나 이후에나 상당 부분 똑같았다.

하지만 변화는 많은 사람이 생각한 것보다 훨씬 더 깊이 나아갔다. 이제는 단순히 군주의 이름만 달라진 것이 아니었다. 군주와 그 인민의 관계 역시 찰스 2세나 제임스 2세 시대와는 달랐으며, 또한 찰스 1세나 제임스 1세나 엘리자베스 시대와는 더더욱 달랐다. 그때 이후로 의회는 잉글랜드의 지배자가 되었다. 왕이 어떤 상태를 열망했든지 간에, 그리고 왕이 일시적으로나마 어떤 권력을 소유했든지 간에, 이런 전통은 줄곧 계속되었다. 윌리엄은 단순히 이름뿐인 왕이 되지는 않을 것이라고 경고했지만, 그럼에도 불구하고 사실 그는 이름뿐인 왕에 불과했으며, 그의 계승자들 역시 마찬가지였다. 따라서 "88년"의 혁명은 진정한 혁명이었던 셈이다. 물론 그 가능성에 비하자면 결코 멀리까지 나아간 것은 아니었음에도 불구하고 말이다.

여기서 또 다른 문제가 제기된다. 만약 의회가 통치하면, 과연 그 의회는 누가 통치하는가? 이에 대해서 가령 '인민'이라고 답변을 내놓을 경우, 이것은 절반만 맞는 답변이다. 왜냐하면 당시 영국인 가운데 의회의 의원을 선출하는 사람은 기껏해야 한 줌의 성인 남성에 불과했으며, 그들은 종종 파렴치하게도 자신의 표를 사고팔았기 때문이다.

하지만 그렇게 표를 사서 당선되는 후보자라 해도 알고 보면 훌륭한 의원(MP)으로 드러날 수 있었으며, 사실 18세기 동안 잉글랜드의 의회정치의 일반적 수준은 그 시대의 도덕적 수렁을 고려한다면 비교적 높은 편이었다. 그로부터 1세기 이상이 더 흐를 때까지는 이 문제에 대한 개혁이 이루어지지 않았다. 1920년대 말까지도 영국 인민 가운데 여전히 소수만이 자신들의 대표자를 직접 선출할 수 있었다.

영국에서 의회정치의 수준이 그토록 높게 유지될 수 있었던 부분적인 이유는 의회가 로크의 용어를 이용하여 가동되었기 때문이다. 그 어떤 정파의 정치가든지 간에, 그들은 로크가 자신들에게 선물한 위대한 말들 — 재산, 권리, 합법성, 혁명 등등 — 을 사용하지 않고는 거의 발언조차 할 수 없음을 깨달았다. 이 말들은 힘이 있었으며, 어떤 논의조차도 진지하고 무게 있게 만들어주었기 때문이다.

토머스 제퍼슨과 1776년 혁명

아메리카의 막대한 부, 또한 그보다 더 거대한 가능성 때문에 상당수의 영국인들은 거짓말을 하고 싶은 유혹을 느꼈다. 비록 로크의 말을 사용하면서도 말이다. 그들은 스스로에게 또한 서로에게 거짓말을 했으며, 무엇보다 중요하게는 아메리카인에게 거짓말을 했다.

영국의 신세계 탐험은 세 가지 서로 다른 방면으로 이루어졌다. 우선 북쪽으로는 캐나다가 있었으니, 이곳의 자연은 워낙 거대해서 어지간한 상상력으로도 다 포용할 수 없을 정도였다. 하지만 거기에는 털가죽을 지닌 짐승과 인디언을 제외하면 그리 쓸 만한 것이 없었다. 영국은 그래도 계속해서 캐나다를 보유했다.

　남쪽으로는 카리브 해의 섬들이 있었으니, 여기서는 노예를 수입해서 설탕을 만들었다. 토착 인구는 깡그리 쓸려 나갔으며, 수입된 아프리카인은 자신들이 받는 처우에 항의할 능력을 아직 지니지 못하고 있었다. 서인도제도는 영국인에게 막대한 부를 낳아주었고, 이러한 부와 상대적인 통치의 용이함으로 인해 카리브 해는 실제보다도 더욱 가치 있어 보이게 되었다.

　한가운데로는 아메리카 식민지가 있었다. 당시 이곳은 대서양 연안의 뉴햄프셔 주에서 시작해 조지아 주까지만 뻗어나가 있었고, 거주민의 상당수는 영국인이었다. 무엇보다 후자의 사실은 큰 말썽의 원인이 되었다. 명예혁명 이후 모든 영국인이 자신의 정치적 권리를 분명히 의식하게 되었기 때문이다. 이들 식민지 영국인은 싸움도 좋아했고 요구도 많았다. 그리고 종종 플리머스록만큼이나 커다래 보이는 판돈을 어깨에 올려놓고 있었다.

　그 대륙이 존재하고, 탐험 및 이용이 가능한 한, 아메리카 식민지인과 영국 총독 사이의 곤란은 얼마든지 억누를 수 있었다. 하지만 1763년에 7년전쟁이 끝나자, 영국은 인디언과의 말썽을 피하기 위해 이미 도달한 미시시피 강 유역에서 더 서쪽으로는 가지 않기로 결정했다.

　이러한 조치야 그저 일시적인 것으로 증명되었지만, 1763년에 법률에 필적하는 효력을 지닌 포고령이 선포되자 아메리카인은 격분해 마지않았다. "도대체 영국인이 무엇이기에, 우리가 사는 정착지의 가장자리 너머에 놓여 있는 미개척지로 가는 것까지도 금지한단 말인가?" 영국인이 더 이상은 인디언과의 말썽을 원치 않기 때문이라고 말하자, 아메리카인은 그런 말썽을 어떻게 다루어야 할지는

"당신보다 우리가 더 잘 안다"라고 응수했다. 포고령을 선포한 결과 아직 정착이 이루어지지 않은 땅에 대한 투기는 줄어들었지만, 아메리카인이 느끼는 짜증과 좌절의 정도는 높아졌다.

1763년의 포고령에 관한 논쟁은 통치의 합법성에 관한 또 다른 논쟁을 전면으로 이끌어냈다. 영국 정부는 아메리카 식민지인도 진정한 영국인이기는 하지만, 아메리카는 너무 멀리 떨어져 있기 때문에 영국 의회에 대표를 보내서는 안 된다고 주장했던 것이다. 의원과 그 선거구 주민 간에 효과적인 의사소통의 어려움이 너무나도 큰 것으로 증명될 것이기 때문이라는 것이었다. 영국인은, 식민지인이 비록 의회에 대표를 보내지는 못하지만 그들이 진정한 영국인이라는 원칙은 세금에도 적용되어야 한다고, 과세는 합법적이라고 말했다. "아니!" 하고 식민지인은 말했다. "대표 없는 과세는 폭정이다!" "우리를 믿어달라." 영국 정부는 말했다. "우리는 무엇이 당신들에게 이익인지도 알고, 어떻게 하면 그걸 지켜줘야 하는지도 아니까."

하지만 아메리카인이 믿을 수 있었던 영국 정치가는 극소수에 불과할 수밖에 없었고, 실제로도 그러했다. 가령 에드먼드 버크(1729~1797) 같은 사람은 식민지에 대해 지속적이고도 동정적인 대우를 지지했는데, 왜냐하면 그것이야말로 정치적으로도 좋으며, 또한 올바르다고 여겼기 때문이다. 반면 대다수의 영국인은 전혀 다르게 생각했다. 아메리카인은 워낙 싸우기를 좋아하는 성격이니, 그들에게 교훈을 주기 위해서라도 가혹하게 대우하는 방법밖에는 없다고 믿었다.

아메리카인은 이와는 다른 교훈을 배웠다. 그것은 로크에게서 이끌어낸 영국의 법률과 역사의 원칙에 근거하고 있었다. 그들은 영국인에게는 기본적인 권리인 혁명의 권리가 식민지인에게도 반드시

적용되어야 한다고 생각했다. 그 생각은 물론 무시무시했다. 하지만 이런 상황에서 반란보다 더 끔찍한 것이 있다면 바로 반란을 일으키지 않는 것뿐이었다. 그리하여 1775년에 영국인과 식민지인 사이의 전쟁이 시작되었다.

「독립선언서」

1688년에 있었던 〔영국〕 정부의 교체와 마찬가지로, 이번의 반란 역시 정당화될 필요가 있었다. 1776년 봄에 소집된 의회에서 아메리카인은 토머스 제퍼슨(1743~1826)에게 주목했다. 버지니아에서 태어나기는 했지만, 제퍼슨은 항상 영국인으로 자처했다. 하지만 더 이상은 그럴 수 없었으니, 왜냐하면 로크를 연구하고 나서 그 저자의 표현이며 문장에 아주 정통하게 되었기 때문이다. 이런 사실은 그가 대륙의회를 위해 작성한, 그리고 그 의회에서 거의 아무런 수정 없이 승인한 「독립선언서」에 잘 반영되어 있다.

제퍼슨은 로크의 핵심 용어 가운데 하나인 "해체"를 언급하는 것으로 선언을 시작한다. "인류 역사에서 한 민족이 다른 민족과 정치적 결합을 해체 (……) 하는 것이 필요해졌을 때, 우리는 인류의 신념에 대한 엄정한 고려에 의거하여, 독립을 요청하는 여러 원인을 선언하지 않을 수 없게 된다."[60]

---

60 이하의 「독립선언서」 인용은 다음을 참고했으며, 문맥에 따라 약간씩 수정했다. 한국
미국사학회 엮음, 『사료로 읽는 미국사』(궁리, 2006), 65~69쪽.

나중에 가서 일일이 열거되겠지만, 이 원인들의 배후에는 어떤 근본적인 원칙들이 놓여 있었다. 첫째로, 모든 인간은 평등하게 창조되었을 뿐만 아니라, 또한 "양도할 수 없는", 즉 그 무엇으로도 떼어놓을 수 없는 어떤 권리를 부여받았다는 것이다. 물론 충분한 힘을 지닌 사람이라면 그런 권리를 얼마든지 무시하고 짓밟을 수는 있겠지만 말이다. 생명, 자유, 행복의 추구가 바로 그런 권리라고 제퍼슨은 말했다. 일찍이 로크도 생명, 자유, 그리고 재산의 권리를 말한 바 있었다.

둘째로, 통치가 사람들 사이에 수립된 까닭은 이러한 권리를 보장하기 위해서다. 로크도 통치의 첫 번째 임무가 재산을 보장하는 것이라고 말한 바 있었다.

셋째로, 통치는 이러한 권리를 계속해서 확보하고, 따라서 피치자의 찬성을 계속해서 얻을 때에만 오로지 합법적이다.

넷째로, 통치가 이러한 목표를 파괴할 경우, 그런 통치를 바꾸거나 폐지하고 새로운 통치를 수립하는 것은 인민의 권리다.

이 모든 놀라운 수사는 당대의 교양 있는 영국인이라면 익히 아는, 또는 자국의 역사를 공부한 사람이라면 마땅히 알아야 하는 내용을 반복한 것에 불과하다. 하지만 제퍼슨의 논증에서 다섯 번째 단계는 영국인이 받아들이기에 그리 쉬운 것이 아니었다. 「독립선언서」는 그들에게 로크가 한 말을, 그리고 그들이 거의 1세기 동안 굳게 믿어왔던 어떤 것을 상기시켰다. "오랜 시간 계속된 학대와 착취가 변함없이 동일한 목적을 추구하고[모두 로크식 표현이다.] 인민을 절대 전제정치 밑에 예속시키려는 계획을 분명히 했을 때, 이러한 통치를 타도하고 미래의 안전을 위해서 새로운 보호자를 마련하는 것이 인민의 권리이자 의무다." 나아가 "영국의 현재 국왕"의 이력을 보면, 그러한 학대의 유형이 드러나고, 이는 "이 땅에 절대 전제정치를 세우려는 데"에 목적이 있었다고 제퍼슨은 덧붙였다.

물론 논증의 핵심은 이른바 학대의 사례로 주장되는 것들이었다. 제퍼슨은 이에 관한 기나긴 목록을 제시하는데, 그 가운데에는 다음과 같은 격분한 항의도 포함되어 있었다.

> 국왕은 우리를 자신의 보호 밖에 둔다고 선언하고, 우리와 전쟁을 벌임으로써 식민지 통치를 포기했다.

> 국왕은 우리 바다에서 약탈을 자행하고, 우리 해안을 습격하고, 우리 도시를 불사르고, 우리 주민들의 생명을 빼앗았다.

능변으로 서술된 이 기나긴 목록은 적어도 아메리카인에게는 설득력을 발휘한 것으로 증명되었다. 문제는 과연 이런 학대가 실제로 일어났다는 사실에 영국인이 동의하느냐 아니냐였다.

만약 그들이 동의한다고 치면, 제퍼슨의 논증은 진정으로 반박 불가능한 것이었으리라. 그 내용을 주의 깊게 읽은 몇몇 영국인은 그렇다는 사실을 확신했다. 하지만 조지 3세와 그의 고문들은 그런 확신을 얻지 못했으니, 이들은 비록 식민지인이 이론상으로는 옳을지 몰라도, 그렇다고 해서 지금 그들이 의심의 여지없이 벌이고 있는 일, 즉 지배자에 대항하여 무기를 드는 일은 사실상 묵인할 수 없다고 주장했다. 따라서 양측은 이 전쟁에서 모두 필사적으로 싸웠다. 왕은 대부분 외국인 용병을 고용해 대신 싸우게 했다. 그들은 매우 탁월한 군인이었다. 게다가 영어를 몰랐으므로, 제퍼슨의 말에 현혹

될 가능성도 없었다.

하지만 전쟁에서는 아메리카인이 승리했으니, 여기에는 몇 가지 이유가 있었다. 우선 아메리카는 영국에서 매우 멀었고, 따라서 그 방대한 영토에서 싸우는 방법에 관해서라면 일찍이 다양한 환경에서 전투를 벌이도록 훈련받은 용병보다 오히려 그곳 토박이들이 더 잘 알았다. 다음으로는 18세기 내내 영국과는 불구대천의 원수지간이었던 프랑스가 이 전쟁에서 식민지인을 지원하는 것이 유리하다고 판단했기 때문이다. 한편으로는 자신들의 오랜 적을 괴롭히기 위해서였지만, 또 한편으로는 수년 뒤에 자신들에게 돌아올 이득을 생각해서였고, 이러한 계산은 정확했던 것으로 판명되었다.

서인도제도의 상대적인 가치에 관해 영국인이 지니고 있었던 환상 역시 아메리카 식민지인이 영국을 물리치는 데에 부분적으로나마 기여했다. 상당수의 영국인은 성가신 아메리카인과 아예 관계를 끊어도 그만이라고 생각했는데, 대부분의 아메리카인들이 모국에 이득보다 항의를 더 많이 보내왔기 때문이다. 한편으로는 '영국의 법률이 보장하는' 아메리카의 정치적 입지가 지닌 본질적 정당성이야말로 아메리카의 승리에 부분적으로나마 기여했다.

그 승리는 또다시 영국과 로크의 정치적 교의의 정당성을 확증해주었으며, 그때 이후로 그 교의는 세계 무대에서 지배적인 것이 되었다. 지난 2세기 동안 어느 누구도 이 논제들—통치가 합법적인지 아닌지를 판정하는 것은 바로 인민이지 통치 그 자체가 아니라는, 또한 피지배자의 동의를 잃은 까닭에 불법화된 통치는 합법적으로 전복될 수 있다는—에 반대하는 '타당한' 논증을 만들어낼 수 없었다.

이러한 논제에 대한 부정 가운데 유일하게 효과를 거둔 것은 (그리고 슬프게도 종종 그러했던 것은) 바로 폭군의 총구가 인민을 향한 경우였다. 마오쩌둥의 말마따나 권력이란 곧 총구에서 나오는 셈이다. 하지만 권력이란 또한 말에서도 나오는 것이며, 장기적으로 보면 말이 총을 이기고 승리를 거두게 마련이다.

권리라는 재산

제퍼슨과 로크는 재산에 관해 의견이 불일치했던 것일까? 그렇게 생각할 만한 이유가 있다. 로크가 "재산"이라는 단어를 사용한 곳에서 제퍼슨은 "행복의 추구"라는 단어를 사용했기 때문이다. 여기서는 후자가 훨씬 더 넓고 관대한 개념인 것처럼 보인다. 재산 덕분에 ― 반대로 재산을 보호하고 지키기 위해서가 아니라 ― 통치가 존재하게 되었다는 개념은 오히려 냉혹한 느낌도 없지 않다. 그렇다면 로크의 말은, 재산을 지닌 사람은 그들의 권리를 박탈당했을 경우에 혁명을 일으킬 권리가 있지만, 그 외의 사람들은 그렇지 않다는 뜻이었을까?

그리고 만약 ― 이것이야말로 훨씬 더 성가신 문제일 텐데 ― 그들의 재산에 노예도 포함되었다고 하면 어떨까? 노예 역시 엄연히 인간이므로, 이른바 '모든' 인간은 평등하게 창조되었고 권리를 부여받았다는 제퍼슨의 총괄적인 선언의 대상에 마땅히 포함되어야 하는 것이니 말이다. 제퍼슨 본인도 노예를 소유하고 있었으며, 죽을 때까지 과연 흑인이 백인과 동등한지 여부를 궁금해했다. 과연 노예들에게도 권리가 있을까? 사실상 그들은 아무런 재산도 없었다. 그렇다면 이와는 약간 다른 방식으로 이해될 필요가 있는 또 다른 종류의 재산권이 있을까?

제임스 매디슨(1751~1836)은 신생 미국 정부에서 제퍼슨의 후임으로 국무장관을 역임했으며 훗날 대통령에 당선된 인물로, 1792년에 한 신문에 기고한 에세이에서 위와 같은 재산권 문제의 어려움을 해결하려 시도했다. 매디슨에 따르면 '재산'이라는 용어는 "그 특유의 용법상으로는" 한 사람이 세계의 외적인 것들에 대해 "다른 모든 개인을 배제하고" 가할 수 있는 지배권을 의미한다. 즉 이것은 내 집이고, 내 토지고, 내 은행 계좌이지 다른 누구의 것도 아니다. 이러한 개념은 보편적으로 받아들여지고 있었다. 하지만 매디슨은 여기서 보다 넓은 논점으로 나아간다. "보다 넓고 보다 정당한 의미에서 보자면," 재산은 "한 사람이 어떤 가치를 덧붙일 수 있고 권리를 지닐 수 있는 모든 것까지도 포괄한다. 그리고 다른 모든 사람에게 이와 유사한 이득을 남겨줄 수 있는 것까지도 말이다."

일차적인 의미에서 인간은 자기 땅, 자기 돈, 자기 물건 등의 형태로 재산을 소유한다. 이차적인 의미에서는 자기 의견, 특히 자기 종교적 믿음, 그리고 "자신의 안전과 자유", 그리고 "자신의 재능을 자유롭게 사용하고, 그 재능을 발휘하는 대상을 자유롭게 선택하는" 것 등의 형태로 재산을 소유한다. 매디슨은 이렇게 결론 내린다. "인간은 자기 재산에 대한 권리를 지니고 있다고 말할 수 있는 것처럼, 자기 권리라는 재산을 지니고 있다고도 말할 수 있다."

매디슨은 덧붙인다. 통치는 모든 종류의 재산을 보호하기 위해 설립되며, "아울러 개인의 다양한 권리 안에 들어 있는 재산도 마찬가지이니, 이것은 그 용어 자체가 특별히 표현하는 바와 같다. 이것은 통치의 목표가 되며, 모든 사람이 '자신의' 것으로 여기는 대상이라면 무엇이든 '공평하게' 보장해주는, 오로지 그런 정부만이 '정당한' 통치다."

맨 마지막 문장의 강조 표시는 매디슨이 직접 한 것이다. 그는 '자신의'라는 단어를 강조한 점에서 옳았다. 영어에서 '재산'(property)은 원래 프랑스어의 '프로프르'(propre)와 어원이 같으며, 이는 바로 '나 자신'이라는 뜻이다. 제퍼슨과 다른 사람들이 선언한바, 우리의 권리는 우리 자신과 떼려야 뗄 수 없는 것이다. 정치적으로는 우리가 '곧' 우리의 권리인 것이다. 그것이야말로 우리가 소유에서 가장 크게 신경 쓰는 부분이다.

실제로건 또는 외관상으로건, 제퍼슨과 로크 사이에 벌어진 갈등을 해결한 매디슨의 해결책은 결국 급진적으로 혁명적인 정치적 교리를 덧붙였기에, 나로선 그 이상 나아가기가 도무지 불가능한 것처럼 보인다. 18세기 말에 벌어진 아메리카의 반역 이후의 여러 혁명은 거기까지 가는 데에 실패했거나, 또는 거기까지 가기를 두려워했다. 심지어 러시아 혁명조차도, 제아무리 사회적이고 경제적인 개혁은 멀리까지 갔다 하더라도, 일찍이 매디슨이 아메리카에 꼭 필요하다고 단언했던 마지막 단계까지 도달하는 데에는 실패하고 말았다. 바로 "재산에 대한 권리(rights of property)와 권리라는 재산(property in rights) 모두를 동등하게 존중한 것" 말이다.

20세기에 소련은 이 가운데 첫 번째 종류의 재산을 완전히 뒤엎어, 재산을 전혀 갖지 못한 사람에게 재산을 주었으며, 재산을 모두 갖고 있던 사람에게서 재산을 빼앗았다. 비록 경제적으로는 처참하리만치 잘못된 방향으로 나아갔지만, 소련의 사유재산 몰수 및 재분

배에는 일종의 소박한 정의(正義)가 들어 있다. 하지만 20세기의 소련에서는 어떤 남자, 또는 여자, 또는 아동의 권리조차도 보장되지 않았던 반면, 매디슨의 나라에서는 오늘날까지도 그런 권리가 대부분 보장되고 있다.

소련 사람들은 혁명에 성공하기 위해서는 사유재산을 모조리 없애야 한다고 믿었다. 아마도 그들이 의도한 바는, 통치 존재의 근거가 된 재산이라고 로크가 주장한 바 있었던 바로 그 재산만을 없애려는 것이었으리라. 그러나 이들은 다른 재산, 즉 권리라는 재산까지도 없애버렸다. 따라서 그들의 혁명은 결국 실패할 수밖에 없었다. 그들이 이 사실을 이해하고 단점을 고쳤더라면 오히려 성공을 거두었으리라.

공산주의 국가들의 검열관은 매디슨의 교의가 지닌 의미를, 그리고 그런 교의가 미국에서는 실행되고 있음을 자국민에게 숨기려고 노력했다. 그럼에도 불구하고 중국과 동유럽, 그리고 다른 여러 국가의 사람들, 특히 젊은이들은 이런 사실을 알았다. 그리고 이들은 권리라는 재산을 위해서는 기꺼이 목숨까지 버릴 수 있음을 보여주었다.

로베스피에르, 나폴레옹, 그리고 1789년 혁명

미국독립혁명은 기존의 통치를 해체하고 또 다른 통치로 대체한 것에 불과했을까 — 가령 1688년의 명예혁명이 그랬던 것처럼 — 아니면 그것은 또한 "사회의 해체"이기도 했던 것일까? 학자들은 이 문제를 놓고 1세기가 넘도록 논쟁을 벌여왔다. 영국과의 전쟁으로 인한 경제적 변화는 거의 없다시피 했다. 전쟁 전에 재산을 소유했던 바로 그 개인들이 전쟁 후에도 마찬가지로 재산을 소유하고 있었다. 그리고 참정권은 심지어 전쟁 뒤에도 크게 확대되지는 않았다. 입법자와 대통령을 선출하는 일은 그 후로도 오랫동안 소수의 전유물이었다. 재산이 없는 남성, 모든 여성, 모든 노예, 그리고 기타 여러 사람은 참정권에서 완전히 제외되었다.

그럼에도 불구하고 여기에는 한 가지 차이가 있었다. 투표를 하고 지배자를 선출하는, 그리고 선출할 수 있는 사람들, 따라서 스스로를 지배한다고 말할 수 있는 사람들이 나타난 것은 역사상 최초의 일이었기 때문이다. 그리하여 미국독립혁명은 앞서 영국에서 벌어진 여러 혁명에 비해 진정한 혁명의 모습에 더욱 가까웠다고 할 수 있다. 하지만 이것조차도 이론상의 진정한 혁명의 수준에는 아직 미치지 못했으며, 또한 그로부터 불과 몇 년 뒤에 벌어진 프랑스 혁명에도 훨씬 미치지 못했다.

1650년부터 1750년까지만 해도 프랑스는 전 세계에서 가장 부유한 나라였으며, 나아가 가장 많이 부러움을 사고 또한 가장 많이 모방되던 나라였다. 그러다가 1756년에 영국과 프랑스 사이에 대규모 전쟁, 또는 일련의 전쟁들이 발발했고, 한동안 중지와 재개를 반복하며 1815년까지 이어졌다. 그 와중에 산업혁명이 일어났고, 덕분에 영국은 프랑스와 거의 맞먹는 세계 제2위의 강대국으로 부상했다. 그 떠들썩한 1세기 동안 영국은 자력으로 명성을 얻어서 프랑스의 강력한 힘에 도전하게 되었으며, 반대로 프랑스는 권력의 정점에서 서서히 아래로 내려서고 있었다.

이러한 변화의 이유에 관해서는 학자들 간에 논란이 적지 않다.

그 이유는 물론 한두 가지가 아니다. 하지만 그중에서도 프랑스가 그 세월 내내 한 가지 이념 — 영국과 아메리카에서의 혁명으로 인해 이미 거짓이라는, 그리고 궁극적으로는 작동 불가능하다는 사실이 만천하에 드러난 이념 — 을 고수하며 살아가기로 작정했다는 점이야말로 결코 무시할 수 없는 이유가 아니었을까 싶다. 그 이념이란 바로 국가의 주권이 오로지 한 개인, 즉 군주에게만 부여될 수 있고, 사실상 반드시 그러해야 한다는 것이었다. 또한 군주는 절대적인 실권을 지니며, 나아가 인민이야 알건 모르건 간에 그 권력은 본질적으로 항상 인민의 선을 위해서 실행되게 마련이[니, 인민은 불평하지 말]라는 것이었다.

가령 회사나 가족의 경우처럼 통치에서도 우두머리가 단 한 사람이어야지, 그렇지 않으면 못쓰게 된다는 것이다. 이런 이념에 따르면, "인민이 다스릴 것"이라는 주장은 전혀 이치에 닿지 않았다. 도대체 인민이 뭐란 말인가? 그거야말로 서로 다른 욕망과 견해를 지닌 개인의 무리에 불과할 뿐이 아닌가? 결국에 가서는 어느 '한 사람'이 결정을 내려야 하게 마련이었다. 그리고 효율성을 위해서라도, 똑같은 사람이 항상 그런 결정을 내리게 하는 것이 더욱 이치에 맞았다. 오로지 그런 통치라야만 합법적이고 타당하다고 간주될 수 있다며 프랑스의 정치적 호교론자들은 역설했다. 그 외의 나머지는 아무리 잘되어봤자 혼란에 불과하고, 최악의 경우 무정부 상태가 되리라는 것이었다.

프랑스의 정치적 호교론자들이 루이 14세의 절대성을 옹호하기 위해 내놓은 온정적 독재의 정당화는 이른바 "존재의 대연쇄"라는 이름하에 진행되는 전체 우주의 체계화에 관한 개념에 근거를 두고 있었다. 머지않아 정치적으로는 뒷받침이 불가능한 것으로 밝혀지게 된 이 관념은 상당수의 철학적 관념이 그러하듯이 역시나 플라톤에 뿌리를 두고 있으며, 또한 플라톤의 추종자이며 이른바 신플라톤 학파의 대표 주자인 플로티노스에도 뿌리를 두고 있다.

플라톤과 플로티노스에 따르면 우주는 너그러운 신에 의해 창조되었는데, 이 신은 피조물에 대한 사랑으로 말미암아, 이 우주를 존재로 가득 채웠다. 이러한 풍부함의 교의에 따르면 존재할 수 있는 것은 반드시 존재해야 한다. 가장 하등한 것들 — 돌멩이나 모래알 등등 — 에서 식물과 동물과 인간, 그리고 인간 너머의 존재인 천사를 거쳐서 마침내 존재의 대연쇄의 정점에 있는 하느님까지 이어지는 상승의 단계에는 아무런 간극도 없는 것이다.

중세와 르네상스 동안에 발전한 이런 관념은 18세기에 이르러 활짝 꽃을 피웠다. 하지만 후대의 사상가들이 깨달은 것처럼 여기에는 여러 가지 흠이 있었다. 특히 이것은 또 다른 위대한 관념인 진화 과정의 관념과 상충되는 것처럼 보였다. 만약 풍부함의 교의가 존재 가능한 것은 무엇이든지 반드시 존재할 것을 요구한다고 하면, 그리고 여기서 한 발 더 나아가서 심지어 존재하는 것은 반드시 최대한 완벽하게 존재할 것을 요구한다고 하면, 전체로서의 우주는 어떻게 해서 전반적인 완벽성에서 개선되고 있는, 또는 자라나고 있는 것으로 인식될 수 있단 말인가? 이처럼 깊숙이 자리 잡은 모순은 마침내 존재의 대연쇄라는 관념 자체를 파괴하고 말았으며, 그리하여 이 관념은 19세기에 이르러 더 이상 철학적 중요성을 지니지 못하게 되었다.

그럼에도 불구하고 그 관념이 상상력에 불러일으키는 이미지 — 가장 하등한 것에서 가장 고등한 것에 이르는 거대한 연쇄, 또는 사다리 ― 는 워낙 강력했기 때문에, 모든 합리적인 정치조직에서는 일종의 패러다임으로 채택되었다. 만약 존재와 가치의 정도에 따른 위계질서에 의거해 우주를 만드는 것을 하느님도 합당하게 여겼다고 치면, 인간 역시 국가를 만들 때에 하느님의 구조를 모방해야 마땅하다는 것이었다. 따라서 단 한 명의 군주로 이루어진 통치가 정당화되는 것이다.

이렇게 하기는 훨씬 더 용이했다. 기존의 관습이 워낙 오랫동안 있어왔기 때문이다. 우리는 어떻게 해서 고대의 여러 제국들이 각자의 오랜 지혜에 따라 막강한 위계질서를 지니게 되었는지를 앞에서 살펴본 바 있다. 그 위계질서에서는 하느님, 또는 신들이 맨 꼭대기에 있고, 왕이나 황제는 지상에서 하느님의 대리자로 간주되며, 그 아래에 있는 인민은 각자에게 어울리는 자리를 차지한다. 반면 그리스의 도시국가, 로마 공화정, 그리고 후대의 중세 자치도시의 존재는 마치 이러한 관념에 대한 강력한 의문을 제기하는 것처럼 보이지만, 사실은 이런 정체 역시 이 관념의 법칙성을 확증해주는 예외라고 할 수 있다. 가령 그리스의 도시국가는 알렉산드로스 대왕이라는 인물로 상징되는 페르시아식 군주제의 한 가지 유형에 편입되었다. 로마 공화정은 결국 로마 제정으로 발전했고, 자치도시는 현대의 민족국가로 발전했으며, 그 모두에서 국왕은 절대적으로, 그리고 신성한 권리에 따라서 지배했다.

물론 모든 사람이 이러한 패러다임을 받아들인 것은 아니었고, 이는 프랑스에서도 마찬가지였다. 한편으로는 프랑스인 중에도 로크와 제퍼슨을 읽을 수 있는, 그리고 실제로 읽은 사람이 있었기 때문이다. 하지만 대개의 경우 그런 사람들은 매수를 당하거나, 또는 무자비하게 탄압받았다. 국왕은 병사를 보유하고 있었다. 반면 인민은 그렇지 못했다. 권력은 결국 총구에서 나오는 것이었다.

하지만 미국독립혁명 당시 아메리카인을 도와주었던 사람들이 귀국해서 이제는 자국의 왕과 그 장관을 괴롭히게 되었다. 프랑스 병사, 그리고 심지어 장교 가운데 일부는 자유와 독립을 위해 싸우고 결국 쟁취한 인민을 본 경험이 있었다. 그러니 자신들이 익히 알고 있던 전제정치를 향한 태도를 바꾸지 않고 고국으로 돌아가기란 사실상 불가능한 일이었다. 나아가 볼테르, 루소, 디드로 같은 정치 철학자들이 이른바 전제정치, 또는 독재정치의 '합법성'이라는 개념 자체를 향해 계속해서 공격을 가하고 있었다. 그들은 전제정치나 독재정치가 '과연' 합법적일 수 있는지에 관해 의문을 제기하라고 인민을 부추겼다. 그렇게 함으로써 압력이 생겨났다.

만약 그 당시의 프랑스 시민을 잘 달랠 수 있는 다른 방법만 있었다 하더라도 1789년의 혁명 같은 것은 일어나지 않았을지도 모른다. 어쩌면 그보다 훨씬 나중에 일어났을지도 모르거나 또 어쩌면 전혀 일어나지 않았을지도 모른다. 하지만 그런 역사적 사건은 바로 그때 실제로 일어났으니, 왕과 그 장관들이 통치에 관한 각자의 관념을 충분히 재빠르게 바꾸지 못한 까닭이었다.

결국 프랑스 정부를 무너트린 프랑스인은 결코 학식 있고 교양 있는 소수가 아니었으며, 이런 점에서 영국이나 아메리카의 경우와는 달랐다. 대신 평민이 바스티유 감옥으로 행진했고, 곧이어 국왕과 왕비가 있던 베르사유 궁전으로 행진했다. 곧이어 이들은 수 세기에 걸친 업적을 내던지고, 단지 새로운 정부만 세운 것이 아니라, 낡은 사회를 대체하는 새로운 사회도 세웠다.

그 새벽에 살아 있다는 것은 축복이었노라,

하지만 젊다는 것은 천국과도 같았느니라!

　윌리엄 워즈워스(1770~1850)는 1789년의 영광스러운 사건을 돌아보면서, 나아가 그 혁명이〔갓 시작되어〕젊었을 때의 열기와 기대를 돌아보면서 이렇게 생각했다. 여기서는 단지 통치에서의 변화뿐만 아니라, 사회에서의 진정한 변화도 있었다. 여기서 마침내 인민은 통치를 제 손아귀에 쥐었으며, 이제는 ─ 그로 인한 당연한 권리로서 ─ 법률과 입법자의 선과 악을 이후 모든 시대에 걸쳐 판정하게 되었다. 여기서 마침내 통치가, 즉 그 어떤 정치 철학자에 의해서도 그 합법성이 부인될 수 없는 통치가 생겨난 것이다.(물론 왕이나 정복자가 자신의 부당한 지배를 정당화하기 위해 고용한 정치 철학자야 여전히 그 합법성을 부인할 수 있었지만.) 그리고 여기서 마침내 새로운 세계가, 즉 인간이 모두 평등한, 그리고 필연적으로 과거보다는 훨씬 더 밝은 미래를 향한 희망과 에너지에 사로잡힌 새로운 세계가 생겨난 것이다.

　대개의 경우에 미국인은 프랑스에서 벌어진 일을 보면서 박수갈채를 보냈다. 이들은 이른바 권리라는 재산이 재산에 대한 권리보다도 훨씬 더 중요하다는 자신들의 주장에 자코뱅도 동의했다고 이해했다. 실제로 1789년 8월에 자코뱅이 공표한 「인간 및 시민의 권리 선언문」은 미국의 「권리장전」[61]을 앞서는 것이었다. "법률에 의해 금지된 것을 제외하면 그 어느 것도 금지되지 않으며, 법률이 규정하

---

61 1791년에 미국 헌법에 추가된 수정 조항들을 가리키며, 유명한 수정헌법 제1조항(언론 및 출판의 자유)을 비롯해서 모두 10개 조항으로 이루어져 있다.

지 않은 그 무엇을 하도록 그 누구도 강제당하지 않는다." 왜냐하면 "자유는 다른 사람을 해하지 않는 한 그 무엇이든지 행할 수 있음으로 이루어져 있기 때문이다." 이러한 교의는 실정법에 막대한 부담을 안겼으니, 왜냐하면 이는 가령 관습법 역시 사람의 행동에 어떤 효과를 지녀야 마땅하다는 개념 자체를 깡그리 부정했기 때문이다.

프랑스 혁명은 궁극적으로 실패한 셈이었는데, 그 이유는 여러 가지가 있다. 그중 일부는 전략적인 것이었다. 프랑스와는 오래전부터 원수지간인 영국의 경우, 도버 해협을 사이에 두고 대립하는 이웃 나라에 강력한 전제주의 대신 강력한 혁명 국가가 수립되었다고 해서 그리 더 좋을 것은 없었다. 따라서 영국은 이른바 '에미그레' (emigrés), 즉 '망명자'의 대의를 옹호하는 일에 착수했다. 대부분 귀족인 그들은 단두대를 피해 프랑스를 떠나서 혁명을 분쇄하기 위한 병력을 모으고 있었다.

오스트리아와 러시아의 군주 역시 새로운 정권하의 프랑스를 공격했는데, 이는 다른 무엇보다도 이념적인 데에 원인이 있는 도발이었다. 그들은 전제군주에 대항하는 반란의 성공을 자국 인민이 목도할 수도 있다는 발상 자체를 좋아하지 않았다. 그런 사건은 자칫 또 다른 도화선에 불을 댕길 수도 있었기 때문이다. 곧이어 나폴레옹 치하의 프랑스는 다시 한 번 확장을 도모하여 에스파냐나 이탈리아에까지 혁명을 퍼트리려고 했지만, 정작 그런 나라들은 아직 혁명을 할 준비가 되어 있지 않았다.

다른 이유들도 물론 있었다. 「인간 및 시민의 권리선언문」은 또한 다음과 같이 공표하고 있었다. "모든 주권의 원천은 본질적으로 국가에 있다. 그 어떤 법인, 그 어떤 개인도 국가로부터 명백히 발산되는 것이 아닌 권위를 결코 발휘하지 못한다." 이것은 위험한 교의였으며, 프랑스인 역시 머지않아 그 사실을 발견하게 되었다. 그렇다면 가령한 지도자가 자신이, 그리고 오로지 자신만이 국가를 대변하며, 또한 국가로부터 발산되는 권리를 지니고 있다고 주장할 경우, 과연 누가거기에 반대할 것이며, 또한 어떤 근거에 의거해 반대할 것인가?

로베스피에르(1758~1794)가 바로 그러한 지도자였다. "청렴결백한 인물"이라는 별명으로 알려진 그는 혁명의 적으로 간주되는 사람들 모두에게 사형 판결을 내렸다. 이것이야말로 통치는 물론이고 사회까지도 해체시키는 혁명의 일반적인 결과다. 즉 과거 사회의 구성원 가운데 새로운 사회를 받아들이려 하지 않는 듯한 사람들 모두를솎아내기 위해 숙청이 자행되는 것이다. 결국 1793년부터 1794년 사이의 수개월 동안 수천 명의 사람이 '공포정치'의 단두대에서 목숨을잃었다. 루이 16세는 1793년 1월에 처형되었다. 그의 아내인 마리앙투아네트는 그해 10월에 목이 달아났다. 로베스피에르 본인도 1794년 7월에 실각하여 결국 이들과 똑같은 운명을 맞았다.

이러한 죽음은 과거의 정권을 무너트린 한편, 새로운 정권에 막대한 부담을 안겨주었다. 혁명 광장 한가운데 놓인 대형 단두대에서이루어진 왕비의 죽음이 뿜어내는 악취는 머지않아 지구 전역의 정치 회의에까지 풍기게 되었다. 자기 적의 아내의 목을 기꺼이 벨 수있는 사람이라면, 자기 목을 지킬 채비도 되어 있어야 하는 법이다.

프랑스는 물론 그런 채비가 되어 있었다. 유럽 역사상 가장 탁월한 군인이었던 나폴레옹 보나파르트(1769~1821)를 두었기 때문이다. 하지만 나폴레옹은 로베스피에르와 마찬가지로 선언문의 바로그 조항에 그만 유혹을 당하고 말았다. 머지않아 그는 자신이 국가를 대변하고 있음을, 그리고 거기서부터 나오는 권위를 지니고 있음을 발견했다. 그는 스스로를 제1집정관에 임명했다. 이 명칭은 사실 로마 제정이 아니라 로마 공화정의 관직을 의미하는 것이었다. 그러나 나폴레옹은 황제가 되는 편을 선호했다. 그는 교황에게 왕관을 수여받도록 준비했지만, 막판에 가서〔성급하게도〕자기 손으로 왕관을 건네받아 직접 머리에 썼다. 이 상징적인 행위의 의미를 어느 누구도 결코 잊지 않았다.

따라서 프랑스는 다시 한 번 전제군주를 갖게 되었고, 그는 역대의 어느 프랑스 국왕보다도 더욱 절대적이었다. 그 결과는 프랑스에는 물론이고 혁명에도 파괴적이었다. 10년 동안 프랑스의 농부 겸 병사들은 용감히 싸웠고, 더 이상은 자유를 위해서가 아니더라도 적어도 조국애 때문에라도 그러했다. 하지만 이들은 러시아를 비롯해 각지에서 유럽의 반동 연합군과 싸워서 패배하고 말았다.

나폴레옹 황제는 토스카나 해안에서 얼마 떨어진 엘바 섬에 비교적 안락한 상태로 유배되었다. 하지만 그는 1815년 초봄에 그곳을 탈출해서 과거의 부하들을 불러 모은 다음, 모든 것을 새로 시작한다는 각오로 파리를 향해 행진했다. 1815년 6월 18일, 그는 벨기에의 워털루에서 반(反)프랑스 연합군의 총사령관인 웰링턴 공작을 만났고, 역사상 가장 중요한 전투 가운데 하나인 이 전투에서 처절한 패배를 당했다.

연합군은 이제 나폴레옹을 어떻게 다루어야 하는지 확실히 알게 되었다. 그는 배 한 척 지나가지 않는 대서양 남부의 세인트헬레나 섬에 다시 유배되었다. 또한 음식에 들어간 비소에 중독되어 폐인이 되었다. 1821년에 그가 사망했을 때, 빈회의에서 반동 정책의 주창자였던 메테르니히 백작은 유럽의 구(舊)정치질서를 이미 부활시킨 다음이었다. 이런 질서는 1817년까지 대체적으로 유지되었다.

평등의 대두

하지만 험프티 덤프티는 이미 담장에서 떨어져 박살이 난 상태였고, 제아무리 메테르니히 백작이 왕의 모든 말들과 부하들을 동원해도 결코 완벽하게 도로 붙여놓을 수가 없었다.[62] 왜곡된 프리즘을 통해서나마 유럽의 인민은 프랑스 혁명에서 인간의 새로운 질서를 보았던 것이다. 1815년 이후 수십 년 동안 이들은 반자유적이고 전제적인 통치를 한편으로는 마뜩지 않아 하면서도 또 한편으로는 기꺼이 받아들였다. 하지만 그들은 1789년이라는 영광스러운 해에 쟁취한 사회적 평등에서의 이득을 결코 포기하지 않았다.

알렉시 드 토크빌(1805∼1859)은 1835년에 미국의 민주주의 발전이라는 위업에 관한 글을 썼는데, 거기서 그는 평등을 향한 진보가 저항 불가능하고 역전 불가능한 움직임이며, 그 어떤 왕이나 황제보다도 더 강력하다는 사실을 당대의 어느 누구보다도 더 명료하게 직시했다. 그는 또한 이러한 저항 불가능한 전진의 와중에서 무엇을 얻을 수 있으며 또 무엇을 잃을 수 있는지를 대부분의 민주주의자보

---

62 험프티 덤프티는 영국 동요에 등장하는 의인화된 계란을 말한다. "험프티 덤프티가 담장 위에 앉았네 / 험프티 덤프티가 떨어져서 깨졌네 / 왕의 모든 말들이며 모든 부하들도 / 험프티를 두 번 다시 붙여놓지 못했네."

다도 더 명료하게 직시했다.(토크빌 본인은 '앙시앵레짐'[ancien régime, 구체제]의 일원인 귀족이었으며, 나중의 저서에서 이에 관한 일종의 묘비명을 작성한 바 있다.)

부정할 수 없는 사실은, 이제 정의가 만연해야만 했다는 점이다. 과거의 사회질서는 그야말로 불의했으며, 토크빌은 과거의 질서는 죽어야 마땅함을 시인한 최초의 인물이었다. 그는 또한 과거의 질서가 그 자체의 명백한 불의에 의해 무너져 내렸음을 잘 알았다. 가령 귀족과 중산층의 특정 공무원에게 과세를 면제해준 관습은 프랑스의 농부를 격분시킨 결과, 그들을 저지 불가능한 사회적 동력으로 만들었던 것이다. 이후로는 어디에서나 평등이 계속해서 증대하고, 따라서 정의가 인류의 삶 속에서 이루어질 것이라고 토크빌은 예견했다.

그와 동시에 토크빌은 무엇이 없어질지도 잘 알고 있었다. 바로 프랑스와 다른 유럽 '앙시앵레짐'에서 특권계급이 해온 중요한 정치적 역할이 없어질 것이었다. 즉 특권계급은 그 위에 있는 군주의 절대적 폭정과 그 아래에 있는 인민 사이에서 일종의 중재 역할을 했던 것이다. 그런 특권 덕분에 그들은 정의를 수호했고, 이는 오로지 그들 자신을 위해서뿐만 아니라 인민을 위해서이기도 했으며, 대개는 제법 효과를 거두었다. 이제 과거처럼 전통적 제도에 의해 더 이상 보호받지 못하는 민주주의적 인간은 스스로 만들어낸 국가의 절대적 폭정에 노출될 위험에 놓여 있음을 깨닫게 되었다. 토크빌이 묘사한 것과 같은 정치적 상황은 훗날 전체주의라는 이름으로 일컬어지게 되는데, 그는 자신이 직접 보지는 못했던 이 체제가 실제로 존재하기 무려 1세기 전에 그 모습을 놀라우리만치 정확하게 예견했다.

그 외의 다른 뭔가도 없어질 것이라고 토크빌은 예견했다. 즉 점점 더 많은 사람들이 핵심 규범 주위에만 매달리게 됨으로써 사회적·경제적·문화적 삶의 극단이 없어질 것이었다. 최하층 계급의 과도한 부절제도 없어지겠지만, 최상층 계급의 교양도 없어질 것이었다. 과거에 비해서 훨씬 폭넓게 학식을 쌓은 인구 사이로 정보가 퍼져나가면서, 구체제에서 나타났던 절망적인 무지는 머지않아 과거의 이야기가 되겠지만, 천재는 오히려 찾아보기가 어려워질 것이었다. 가장 고상하고, 가장 명석하며, 가장 순수한 기질의 미덕은 더 이상 최고의 인간 속에서 나타났던 것만큼의 위대함을 드러내지는 못할 것이다. 물론 한편으로는 다른 인간 속에서 나타났던 것만큼 최악의 상황도 완화되겠지만 말이다.

"이 모든 다양한 종류의 특징 중에서 가장 일반적이고 쉽게 눈에 띄는 것을 찾아내려고 할 때, 나는 지금 인간의 운명 속에서 발생하고 있는 것이 수천 가지의 다른 형태로 나타날 수 있음을 알 수 있다." 이어서 토크빌은 다음과 같이 결론을 내린다.

> 극단적인 것은 거의 다 완화되거나 무디어진다. 즉 가장 잘 눈에 띄는 것은 세상에 나타난 어떤 것보다 더 고상하지도 더 저속하지도 않으며, 또 더 화려하지도 더 음침하지도 않은 어떤 중간 정도의 것으로 대체된다.[63]

가장 비인간적이었던, 그러나 또한 가장 정당했던 1789년의 혁명에서 이루어진 보편적인 인간의 평등을 향한 위대한 발걸음은 분명

---

63 A. 토크빌, 『미국의 민주주의 II』(박지동 외 옮김, 한길사, 1997), 904쪽.

히 새로운 지식과 보다 명료한 이해에서 비롯된 결과였다. 모든 인간이 태생적으로 평등하고, 어떤 양도할 수 없는 권리를 부여받은 것은 사실이다. 로크와 제퍼슨 이후, 로베스피에르와 당통 이후, 심지어 괴물인 동시에 위대한 새 제도의 창안자이기도 했던 나폴레옹 이후로도, 합리적 인간이라면 어느 누구도 더 이상 그런 명제를 부정할 수 없었다. 다만 손에 든 총구를 지금 내 가슴팍에 겨누고 있는 어떤 사람만이 그걸 부정할 수 있을 뿐이며, 또한 수백만 개의 총구를 똑같은 곳에 겨누고 있는 국가만이 그걸 부정할 수 있을 뿐이었다.

갈릴레오, 데카르트, 뉴턴이 중세의 지적 질서를 전복하고 이른바 하늘에 있는 것으로 여겨졌던 '하느님의 도시'의 이미지를 깨트려버렸을 때에 뭔가 아름답고도 특이한 것이 사라져버렸음을 우리는 앞에서 이미 살펴보았다. 우리는 그때의 시각으로 돌아갈 수도 없고, 또한 대부분의 사람은 그러고 싶어 하지도 않을 것이다. 그러나 한때는 어땠는지를 아는 한편, 다시는 그때로 돌아갈 수 없음을 실감하는 순간, 우리는 일종의 향수를 느끼게 된다. 유럽의 카스트 제도, 즉 우리가 '앙시앵레짐'이라는 이름으로 알고 있던 사회질서가 전복되었을 때, 거기서도 정말 뭔가 아름답고도 특이한 것이 사라져버렸을까? 아니면 얻은 것과 잃은 것에 관해서 서글프면서도 희망적인 이야기를 했을 때의 토크빌은 다만 감상적이고 어리석은 늙은이에 불과했던 것일까?

한마디로 말해서, 지식을 진일보시키는 데에는 항상 값비싼 대가를 지불해야 하는 것일까? 나는 반드시 그렇다고 생각하며, 또한 그런 대가를 지불하지 않는 방법은 전혀 없다고 생각한다.

모차르트의 〈돈 조반니〉

앞 장에서 우리는 존 로크가 17세기에 종교적 차이에 대한 관용만이 유일하게 진정한 기독교인적인 태도임을 주장하는 한편, 이 주장을 갖고 자신의 동포와 다른 나라의 동시대인을 설득하기 위해 어떤 타당한 수단을 동원했는지를 살펴보았다. 무려 1000년 이상 지속되었던 하느님에 대한 강박이 그토록 쉽게 회유되지는 않았으며, 정치적 혁명의 시대 내내 불관용이 격렬하게 일어났다. 단순히 가톨릭 국가에서만 그런 것도 아니었다. 프랑스 혁명을 전후해 나타난 또 다른 열정으로 말하자면, 일찍이 로마 가톨릭교회가 이단을 박멸하려 했던 열정적인 태도와 별 차이가 없었다. 프로테스탄트 국가에서도 이와는 또 다른 종류의 이단이 처벌을 받았으며, 이때에도 역시 똑같은 열정이 작용했다.

그와 동시에 조직화된 종교가 휘두르는 편협한 권력에 관한 공격은 날이 갈수록 더욱 강력해졌고, 어떤 의미에서는 더욱 상상력이 풍부해졌다. 관용을 옹호하는 가장 유효한 법적 조치는 바로 미국 헌법의 「권리장전」이었는데, 여기서는 국가가 차후로 시민의 종교 생활에 간섭하는 것을 금지했다. 개인은 예나 지금이나 이를 금지당한 적이 없었으므로 여전히 종종 남의 종교 생활에 간섭하지만, 적어도 국가만큼은 법적으로 이를 금지당한 셈이었다. 일찍이 건국자들이 그 땅의 기본 법률 속에 이러한 기본적 자유를 포함시키자고 주장한 이래 2세기가 넘도록, 미국인을 향해 국가가 뭘 믿어라, 또는 믿지 말라 하고 이야기하려 시도한 적은 없었다.

토머스 제퍼슨은 「권리장전」의 기초에도 일조했으며, 사실상 미국의 정치 생활에서 거의 모든 혁신적인 것마다 일조했다. 초창기 미국 정부의 여러 동료들과 마찬가지로 그 역시 이신론자였다. 그는 하느님을 믿었지만, 그렇다고 해서 어떤 한 가지 종교를 믿지는 않았다. 이신론자들은 하느님을 섬기고 하느님의 뜻을 따르는 방법에는 여러 가지가 있다고 생각했으며, 그 방법이 무엇인지는 어디까지나 각자가 결정하기에 달렸다고 생각했다. 그리고 심지어 어떤 사람이 잘못된 길을 따르는 바람에 결국 지옥에 가는 한이 있더라도, 국가는 어떤 한 가지 길만을 그 시민에게 강요해서는 안 된다고 생각했다. 실수를 저지를 수 있는 자유조차도 누리지 못한다면, 도대체 시민이 어떻게 자라날 수 있단 말인가?

영국은 미국보다 더 먼저 정치적 자유를 얻었지만, 진정한 종교적 자유에 도달하는 데에는 오히려 더 오랜 시간이 걸렸다. 프랑스에서는 한때 혁명 도중에 벌어진 도발적인 반종교적 열기가 가시고, 나폴레옹이 몰락하자마자 종교적 보수주의의 새로운 파도가 밀려왔다. 이탈리아에서는 제2차 세계대전 이후 공화국이 성립할 때까지도 종교적 자유가 보장되지 않았다. 종교적 관용은 [20세기에 들어서] 새로 건국된 유럽과 동양의 여러 공산주의 국가에서도 찾아볼 수 없었다. 그런 나라들에서는 '모든' 종교가 배척되었고, 어떤 식으로건 종교를 숭상하고 싶은 희망을 표현하는 사람은 누구를 막론하고 처형당했다.

국교의 혹독한 통제로부터 인간을 자유롭게 하기 위해 싸운 사람은 단지 정치가만이 아니었다. 예술가들 역시 그 싸움에 가담했다. 그들은 종종 싸움을 주도하기도 했다. 예술가인 까닭에 그들은 종종 놀라운 방식으로, 심지어 조롱하는 방식으로 의사를 표현했다. 모차르트 역시 그중 하나였으니, 오페라 〈돈 조반니〉는 종교적 불관용에 대한 격렬하면서도 기발한 공격이었다. 또한 이것은 지식을 유일무이한 종교로 삼은 한 인간의 비극이기도 했다. 본질적으로 이 오페라는 인간이 — 본인이 원하는 곳이라면 어디에서든지 — 지식을 추구하기 위해 반드시 자유로워야 한다고 선언했다. 하지만 이 오페라는 또한 인간이 마땅히 추구해야 할 것이 오로지 지식 하나뿐인지에 관한 질문도 던지고 있다.

돈 후안의 이야기는 매우 오래되었다.[64] 그 기원은 과거 중세의 안개 속에서 그만 사라져버렸다. 이것은 자유사상이 여전히 위험하고도 두려운 관념으로 여겨지던 시대에 나온 자유사상에 관한 신화다. 돈 후안은 원래 1630년에 에스파냐의 극작가 티르소 데 몰리나가 쓴 것으로 알려진 『세비야의 유혹자』라는 비극에 나오는 등장인물이었다. 이 연극을 통해서 돈 후안은 그야말로 전 세계적인 인물이 되었으며, 돈키호테나 햄릿이나 파우스트처럼 널리 알려지게 되었다. 물론 이들은 하나같이 허구의 존재임에도 불구하고 대대로 불멸의 삶을 누려왔으며, 지금도 또한 누리고 있다.

전설에 따르면 돈 후안은 상습적으로 젊은 여성들을 유혹하는 난봉꾼이었다. 그런 난봉꾼 이력이 절정에 이르렀을 즈음, 그는 어느 귀족 집안의 아가씨를 유혹했고, 딸의 복수를 위해 결투를 신청한 그녀의 아버지를 죽이고 만다. 훗날 고인의 무덤에 세워진 석상을 본 돈 후안은 대뜸 그날 저녁 자신의 집에서 식사나 하자며 호기를

---

64 원래는 에스파냐에서 시작된 '돈 후안'의 이야기가 이후 유럽 각국에서 공유되면서 나라마다 그를 가리키는 호칭이 약간씩 달라졌다. '돈 조반니'(Don Giovanni)는 그 이탈리아식 변형이다.

부린다. 그날 밤 석상의 유령이 그의 집에 찾아와 저녁 식사를 하면서, 그 죄인의 죽음과 천벌을 예언한다.

티르소 데 몰리나가 창조한 인물은 용기와 거친 정열을 지니고 있기 때문에, 이 비극도 상당한 위력을 지니게 되었다. 이 희곡에 묘사된 돈 후안은 또한 탁월한 유머 감각을 지니고 있었으므로, 결말에 등장하는 그의 몰락에서도 기존의 전설에서는 결여되었던 새로운 차원이 덧붙여졌다.

볼프강 아마데우스 모차르트(1756~1791)는 잘츠부르크에서 태어났다. 훗날 이 도시가 낳은 최고의 유명 인사가 된 그는 음악가인 아버지에게 훈련받아 꼬마 천재로 자라났다. 겨우 스물다섯 살이던 1781년에 그는 이미 수백 편의 작품을 작곡했으며, 후원자였던 잘츠부르크 대주교와의 불화를 겪고 나서 부유한 귀족들의 도움 없이도 자력으로 음악 경력을 이루어나갈 수 있을지 알아보려고 나선 참이었다. 자유롭기 위한 이 시도에서 그는 결국 실패하고 말았다. 불과 10년 뒤에 그는 극도의 가난 속에서 사망해 빈의 빈민 묘지에 묻혔고, 그의 마지막 안식처를 표시하는 비석조차 세우지 못했다. 그의 대단한 성공은 사후에야 이루어졌으며, 그때부터 오늘날과 마찬가지로 역사상 가장 위대한 작곡가 가운데 한 사람으로 추앙되었다.

모차르트는 체구가 작고 유쾌한 기질의 소유자였던 것으로 전한다. 그의 동시대인은 그를 '얼간이 천재', 즉 도무지 설명이 불가능한 재주와 광대 기질을 동시에 지닌 천재로 간주했다. 그는 철학자와는 거리가 멀었지만, 근대 세계가 전통적 종교에 가한 도전에 관해서만큼은 당대의 누구 못지않게 잘 알았다. 그가 남긴 최후의 오페라 세 편은 모두 하나같이 그 주제에 관한 것이었다. 특히 〈돈 조반니〉는 이 주제를 그야말로 섬뜩한 방식으로 다루었다.

로렌초 다 폰테(1749~1838)의 대본에 근거한 이 오페라는 1787년 10월에 프라하에서 처음 무대에 올려졌다. 그때에는 어마어마한 성공을 거두었지만, 이듬해에 분위기가 좀 더 보수적인 빈에서는 실패하고 말았다. 조국에서 이 오페라가 실패했다는 사실에 모차르트는 아마 크게 상심했으리라.

모차르트의 돈 조반니는 명석함과 매력을 모두 지닌 인물이다. 그는 일련의 젊은 여성을 유혹하는데, 이는 사랑 때문이라기보다는 ─ 물론 여자들에게는 사랑이 자기 마음을 가득 채웠다고 말하지만 ─ 오히려 여성을 알고 싶은 욕구 때문이었으며, 이런 욕구는 유혹 말고는 다른 어떤 방법으로도 해결이 불가능했기 때문이다. 그의 호기심은 워낙 금세 만족되었기 때문에 그는 자기가 만난 여성 모두를 저버림으로써 그들의 가슴을 아프게 한다. 그가 마지막으로 만난 한 여성의 아버지는 [나이 많은 기사장인데] 이 유혹자를 찾아와 결투를 신청한다. 돈 조반니는 허허 웃고 나서 적수인 노인을 죽여버린다. 사망한 노인은 일찍이 돈 조반니에게 저녁 식사 초대를 한 바 있었다. 그 불쌍한 노인이 사망하자, 돈 조반니는 평소에 하던 냉소적인 예절대로 상대방에게 그 보답으로 저녁 식사 초대를 제안한다. 심지어 하인인 레포렐로조차도 주인의 이런 불경스러운 행동에 충격을 받는다.

돈 조반니는 도대체 무엇 때문에 그 노인을 그토록 잔인하게 대한 것일까? 그는 자기 내면에서 일말의 감상주의를 감지했고, 차마 거기에 저항할 수 없었던 것이다. 돈 조반니 본인은 감성 자체가 완전 메마른 인물이었다. 그는 여성의 영혼에 관한 실험을 수행하는 과학자였다. 그는 희생자들 속에서 위대함의 소질을 찾아보지만, 그들은 전혀 그런 것을 지니고 있지 않았다. 결국에 가서는 모두들 그를 실망시킨다. 그가 마지막으로 유혹한 여성의 아버지는 심지어 도전으로 여겨질 것도 없었다. 돈 조반니가 그 노인을 내버리는 행위는 마치 어느 연인으로부터 온 연애편지를 내버리는 것과도 유사하다. 그런 편지는 아무것도 밝혀주지 않는다. 왜냐하면 더 이상 아무것도 밝힐 것이 없기 때문이다.

돈 조반니에게는 수많은 적들이 있다. 그들은 이제 그를 둘러싸고, 그를 붙잡아 심판받게 하려 한다. 그는 물려받은 재산을 이미 다 써버렸고, 하인 레포렐로와 함께 단칸방에서 보잘것없는 저녁 식사를 하는 처지가 된다. 갑자기 누군가가 마치 천둥 같은 소리를 내며 문을 두들긴다. 레포렐로는 두려움에 얼어붙지만 돈 조반니는 전혀 굴하지 않고 문으로 성큼성큼 다가가 활짝 연다. 그러자 기사장이 창백한 유령의 몰골로 그 앞에 서 있다. 저녁 식사에 온 것이다.

유령은 마치 얼음 같은 손으로 돈 조반니의 손을 붙잡는다. 산 사람은 결코 그 손을 놓을 수가 없다. 유령이 그를 끌어당기자, 하인 레포렐로는 주인을 향해 얼른 그 손을 놓으라고 소리소리 지른다. 하지만 돈 조반니는 설령 손을 놓을 수 있다 하더라도 선뜻 그러려고 하지 않는다. 그는 앞으로 자신을 기다리고 있는 일에 매료되어 있다. 마침내 본인에게 가치 있는 도전을 찾아낸 것이다. 그는 지식을 향한 탐색을 계속할 것이며, 심지어 지옥에서도 그럴 것이다. "참회하라!" 유령이 호통을 치지만, 돈 조반니는 냉정한 투로 대답한다. 자신은 결코 참회할 것이 없다고. 이것이야말로 서양 예술의 역사에서 가장 위대한 순간 가운데 하나다. 오케스트라는 강렬한 포르티시모로 마무리하며, 지옥 불길이 솟구치고, 피를 얼어붙게 하는 비명 소리가 나면서, 주인공은 사라지고 막이 내린다.

그렇다면 오페라 〈돈 조반니〉는 희극인가, 아니면 비극인가? 조지 버나드 쇼(1856~1950)는 희곡 『인간과 초인』(1905)에서 희극적인 모차르트적 지식인이 지옥의 악마까지 매료시킨다는 자신의 구상을 드러내 보였다. 지옥이야말로 돈 후안이 진정으로 편안함을 느낄 만한 유일한 장소라는 것이다. 하지만 쇼는 오로지 언어로만 이것을 표현할 수 있었다. 모차르트의 음악은 이 유명한 전설의 다른 어떤 각색물에도 들어 있지 않았던 한 가지 차원을 덧붙여준다. 돈 조반니의 마지막 저녁 식사 장면은 오케스트라의 대단한 화음, 기사장의 고귀한 '바소'(basso, 베이스), 그리고 돈 조반니의 치솟는 용기 등으로 인해서 압도적이고 잊지 못할 것이 된다. 그는 자신의 질문에 대한 답변을 줄 수 있는 하느님 없이도 살아갈 수 있다고 선언한다. 즉 그는 답변을 혼자 힘으로 찾아내고 싶었던 것이다. 비록 이러한 주제넘음의 대가가 영원한 지옥 불길이라 하더라도 말이다.

만약 모차르트가 구상한 돈 조반니의 삶과 죽음이 비극적이라면, 이것은 새로운 종류의 비극이며, 고대 그리스나 셰익스피어의 희곡과는 매우 다른 비극일 것이다. 돈 조반니는 조소적이고 냉소적이며, 그 무엇도 두려워하지 않고, 전통적 가치를 전혀 존중하지 않는다. 그의 비극은 — 만약 이것이 정말 비극이라고 치면 — 자신이 비웃어 마지않는 사회로부터 그가 완전히 소외된다는 사실에 놓여 있다. 그 사회에서 오랜 세월 이어져 온 관습은 그의 마음에 아무런 위력도 발휘하지 못한다. 더군다나 그는 이 관습이 사회의 다른 여러 구성원의 마음에도 아무런 위력을 발휘하지 못한다는 것을 알고 있었다. 비록 다른 사람들은 무지 때문에, 또는 두려움 때문에 차마 그런 사실을 시인할 수 없었지만 말이다. 그의 낭만적인 한숨에 매료된 젊은 여성들을 유혹하기가 그토록 쉬웠던 이유가 바로 그것이다. 그 젊은 여성들은 그 못지않게 새로운 종류의 자유와 모험을 원했던 것이다. 물론 그런 한편으로 그 여성들은 그가 자신들에게 전통적인 방식으로 구혼하기를 원했다. 여성에게는 결코 남성과 똑같은 종류의 자유를 허락하지 않는 당시의 사회에서는 오로지 그가 구혼을 한 뒤에야 비로소 그들도 그에게, 그리고 자신의 욕망에 감히 굴복할 수 있었기 때문이다. 여성이라는 이유 때문에 그들은 스스로의 '부도덕함'에 대한 죄의식과 처벌의 고뇌를 겪어야 했던 것이다.

돈 조반니는 무슨 일이 벌어지고 있는지를 제대로 자각했던 유일한 사람이었다. 반면 그의 하인 레포렐로만 해도 — 어쩌면 유독 레포렐로만이 — 실제로 무슨 일이 벌어지고 있는지를 전혀 이해하지 못한다. 물론 레포렐로 역시 옛날식으로 말하자면 난봉꾼의 부류에 속한다. 즉 그 역시 아름다운 여성을 유혹하기를 좋아한다는 뜻이다. 다만 그는 게임을 벌이더라도 어디까지나 옛날식으로 한다.

돈 조반니는 그런 게임을 전혀 새로운 방식으로 했으니, 자신의 애인이 된 여성들이 각자의 욕망을 — 그녀들의 어머니들이 했던 것보다도 더 잘 — 직시하게끔 하려 노력했던 것이다. 하지만 그의 애인들은 그렇게 할 수 없었기에, 그는 무척이나 실망한 나머지 항상 또 다른 희생자를 찾아 나설 수밖에 없었다. 물론 "희생자"라는 표현은 잘못이다. 돈 조반니는 자신과 동침한 여성 모두가 자발적으로 그렇게 했음을 잘 알고 있었기 때문이다. 그런 까닭에 그는 석상의 유령을 향해 완벽히 정직하게 말할 수 있었던 것이다. "나는 참회할 것이 전혀 없다!"

이것이야말로 모차르트 오페라의 마무리가 그토록 언짢은 이유이기도 하다. 이 작품은 우리를 뒤흔들고, 우리의 등골을 서늘하게 만든다. 돈 조반니가 영원한 지옥 불이라는 천벌을 받는 것이 한편으로는 얼마나 부당한지를 알게 되기 때문이다. 하지만 그가 저버린 애인들이 겪는 고난 — 전통적인 남성 중심적 사회에서 그들이 불가피하게 당해야 하는 가혹한 고난 — 역시 부당하기는 마찬가지이리라.

괴테의 『파우스트』

파우스트 전설 역시 돈 후안 전설만큼이나 오래된 것이다. 비교가 가능하다면 둘 중에서 오히려 파우스트 쪽이 더 잘 알려진 편이다. 심지어 1540년경에 사망한 실존 인물 파우스트도 있으니, 그는 자신의 마법적 간계를 이용해 남자와 젊은 여성을 함정에 빠트리고, 그의 사악한 마음이 원하는 것이라면 무엇이든지 그들에게서 끄집어낸 것으로 유명한 마법사였다.

1587년경에 과거의 마법사 — 비학(오컬트)에 능숙한 현자들 — 에 관한 일련의 이야기들이 등장했다. 그 이야기들은 중세 시대 내내 유행했는데 가령 멀린, 알베르투스 마그누스, 로저 베이컨 같은 저명한 마법사들이 주인공이었다. 하지만 최초의 『파우스트서(書)』에서는 이들의 행위가 모조리 파우스트의 것인 양 이야기되었다. 파우스트는 메피스토펠레스라는 사악한 마귀와 손을 잡았다. 이 책의 곳곳에는 파우스트의 희생자들을 제물로 삼은 야비하고도 사악한 유머가 채색되어 있다. 하지만 파우스트도 궁극적으로는 천벌을 받을 것에는 의문의 여지가 없었다. 그 이야기에 따르면, 파우스트는 자기 영혼을 악마에게 팔았으며, 영원한 천벌을 받음으로써 이승에서의 승리에 대한 대가를 지불해야 하는 것이었다.

최초의 『파우스트서』는 여러 언어로 번역되었다. 영어판의 경우에는 크리스토퍼 말로의 『파우스트 박사의 비극』(완성 연도보다 뒤늦은 1604년에 발표되었다.)에 영감을 주었으며, 이 작품으로 인해 이 전설적인 등장인물의 명성은 한층 더 올라갔다. 이후 200년 동안 파우스트 이야기에 관한 다양한 책들이 등장했으며, 심지어 파우스트의 이름을 전면에 내세운 마법 지침서까지 나왔다. 이런 지침서 가운데 일부는 가령 악마와의 협약을 어떻게 피하는지, 또는 일단 협약을 맺은 뒤에 어떻게 깨트릴 수 있는지 등의 조언을 담고 있었다.

원래의 파우스트는 다른 무엇보다도 쾌락, 부, 권력을 욕망했지만, 점차 전설이 퍼져나가면서 다른 차원과 의미까지도 지니게 되었다. 파우스트는 또한 지식을 열망했지만, 이것은 어디까지나 자신의 사악한 목표를 위해서였다. 독일의 작가 고트홀트 레싱(1729~1781)은 파우스트의 지식 추구를 고귀한 행위로 보았으며, 미완성 희곡에서 하느님과 파우스트 간의 화해를 도모했으니, 이로써 파우스트는 악마의 손아귀에서 벗어날 수 있을 것이었다. 이와 유사한 구상이 파우스트 전설의 다른 각색물에도 등장하는데, 가령 엑토르 베를리오즈, 하인리히 하이네, 폴 발레리, 토마스 만 같은 사람들이 이를 시도한 바 있다. 하지만 가장 유명한, 그리고 가장 불편한 파우스트는 바로 괴테의 파우스트다.

이른바 "독일 민족의 위대한 정신"으로 일컬어지는 요한 볼프강 폰 괴테는 1749년에 프랑크푸르트암마인에서 태어나 1832년에 바이마르에서 사망했으며, 82년의 삶 내내 대체적으로 길고도 지속적인 성공을 거두었다. 그는 과학자, 철학자, 소설가, 평론가로서는 물론이고 서정시인, 극작가, 서사시인으로도 나폴레옹 이후 시대에서 가장 주도적인 인물이었다. 어쩌면 나폴레옹 이전 시대까지 통틀어서도 마찬가지일 것이다. 이 두 사람은 딱 한 번 만난 적이 있다. 그때 나폴레옹은 경외감을 느끼기는 했지만, 많은 사람들이 자기 말을 듣고 있음을 의식한 나머지 이렇게 말했다. "여기 한 인간이 있다!" (Vous êtes un homme!)

『파우스트』는 괴테가 평생에 걸쳐 쓴 대작으로, 그는 1770년대에 집필을 시작해서 그로부터 약 60년 뒤에야 완성했다. 그 단편은 1790년에 간행된 바 있었다. 이 걸작은 여러 번에 걸쳐 집필이 중단되었다. 제1부는 1808년에 가서야 비로소 완성되었는데, 괴테의 친구인 시인 프리드리히 실러(1759~1805)의 끈질긴 독촉 때문이었다. 그때 이후로도 이런저런 일들로 집필이 지연되었고, 그리하여 제2부가 간행된 것은 괴테가 사망하기 겨우 수개월 전의 일이었다. 물론 단순히 이런저런 일들의 압력 때문에 완성이 지연된 것만도 아니었다. 괴테는 이 작품이 자신의 상상력과 지식과 경험을 모조리 요구할 것임을 잘 알고 있었고, 따라서 자신의 평생을 이 작품에 담고자 했던 것이다.

제1부는 중세 시대를 배경으로 하는데, 중세의 세계를 파괴하고 근대의 세계로 대체하는 것이 이 작품의 서브텍스트이기도 하다. 파우스트는 천장이 높은 고딕풍의 서재에 앉아서 처참한 기분을 느끼고 있다. 그는 돈 조반니가 추구한 지식을 모두 얻었지만, 역시나 그 에스파냐인이 겪은 것과 똑같은 소외를 그 대가로 지불했다. 이때 메피

스토펠레스가 등장하는데, 처음에는 검은 삽살개로 변신한 모습이다. 그는 파우스트에게 지식 너머로까지 도달할 수 있는 기회를, 즉 쾌락과 부와 흥미로운 사람들과의 교제와 자연을 지배하는 힘을 향유할 기회를 주겠다고 제안한다. 파우스트는 이 제안을 받아들이지만, 전통적인 파우스트적 거래는 거부한다. 그는 자신이 이미 지옥에 있는 셈이나 마찬가지이므로 더 이상의 형벌은 필요 없다고 말한다. 그리하여 메피스토펠레스는 계약 조건을 바꾼다. 만약 파우스트가 이제 만족했다고, 이제 질렸다고, 이제 고뇌하는 자기 영혼이 휴식을 취해야겠다고 말한다면, 그때는 악마의 승리가 되리라는 것이었다. "좋다!" 파우스트가 이렇게 대답함으로써 일생일대의 대결이 펼쳐진다.

『파우스트』의 제1부 가운데 일부는 우선 1790년에 『파우스트 단편』이라는 제목으로 간행되었고, 그 사랑 이야기는 이후 독일 전역에서 유명해졌다. 1808년에 제1부 전체가 간행됨으로써 이 작품은 유럽 전역에서 유명해지게 되었다. 파우스트는 순진한 처녀 그레첸과 사랑에 빠지는데, 그녀는 전통적 가치에 따라 전제적으로 지배되는 어느 작은 마을의 작은 집에 살고 있다. 그녀는 한 번도 애인을 둔 적이 없었다. 또한 그녀는 한 번도 남자에게 선물을 받은 적이 없었으며, 파우스트가 그녀를 달래고 유혹하기 위해 메피스토펠레스에게서 얻어 선물한 아름다운 보석들을 받은 것이 난생처음이었다. 그녀는 그 보석들을 걸치고 거울에 자기 모습을 비춰 본다. 그녀는 그 모습이 자신과는 전혀 다른 사람의 모습임을, 그리고 자신에게는 항상 그런 잠재력이 있었음을 깨닫는다.

여자라면 누구나 알다시피, 그레첸은 그 선물의 의미를 본능적으로 알아채고, 그 위험과 약속 모두를 깨닫는다. 위험이란 그녀가 이미 애인으로 생각하는 그 남자에게 유혹을 당한 뒤에 결국 버림받는 것이었다. 메피스토펠레스는 파우스트를, 그가 한때 그랬던 것처럼 잘생기게 만들었으며, 나이도 30년 젊게 만들었다. 파우스트는 평생을 보낸 좁은 방에서 달아나자고, 그 오래된 마을의 봉건적인 집에서 달아나자고 그녀에게 말한다. 그녀는 오래 생각하지도 않는다. 그녀는 자기 몸을 파우스트에게 내맡기고, 온 마음과 영혼을 바쳐 그를 사랑하게 된다.

마셜 버먼의 말마따나, 새롭고 더 풍요한 약속에 대한 승낙은 그야말로 불가피하다.[65] 가난하지만 고귀한 그레첸에게 가해지는 그런 압력은 1300년부터 — 단테, 페트라르카, 보카치오가 르네상스의 막을 올리고, 인간을 중세 세계의 그림 속에 가두어놓았던 창살을 떼어내려 시도했던 때로부터 — 무려 500년 동안이나 구축되어 온 것이다. 1800년에 이르러서도 대부분의 유럽인은 협소하고, 봉건적이고, 전통적인 환경에서 살면서, 어떤 종파나 신조든 간에 그 성직자나 목사가 부과하는 오래된 사회규범에 순종하고 있었다. 그 500년 동안 우리가 앞에서 서술한 바 있었던 모험적인 정신들은 인간을 편견과 두려움의 감옥으로부터 자유롭게 하려 시도했다.

이 세상에는 그레첸 같은 용기 있는 젊은 여성이 항상 있었으며, 그들은 — 그 사실을 알았건 몰랐건 간에 상관없이 — 항상 파우스트 같은 사람을 찾고 있었다. 모험을 좋아하는 그 이방인은 어느 날 문

---

65 마셜 버먼의 책 『모든 단단한 것들은 공기 속에 녹아버린다』를 읽은 독자들이라면 본문의 이 단락이 이 책을 상당 부분 참고했음을 알 수 있으리라. — 원주 [우리말 번역본은 다음과 같다. 『현대성의 경험』(윤호병 외 옮김, 현대미학사, 1994). — 옮긴이 주]

득 그 마을에 나타나, 결국 마을 최고의 미인을 데리고 그곳을 떠나는 것이다. 물론 그때 그 미인은 살아남을 수도 있고, 살아남지 못할 수도 있다. 살아남는다는 것은 보통 남자 쪽에 달린 문제였다. 시간이 흐르면서 점점 더 많은 파우스트들과 점점 더 많은 그레첸들이 생겨났다. 실제로 대부분의 미국인은 바로 그런 인물들의 후손이니, 왜냐하면 봉건적이고 여전히 본질적으로 중세적인 자신들의 어린 시절 세계로부터 탈출하고픈 열망을, 또한 바다를 건너가서 더 낫고 더 자유로운 삶 — 신세계의 이민자들을 점점 더 많이 끌어들이게 된 최우선 요인이었던 — 을 발견하고픈 열망을 지녔기 때문이다.

그레첸은 파우스트에게 너무 쉽사리 자신을 허락하는 — 이런 이야기에서 흔히 반복되는 — 실수를 범한다. 그녀가 매력적인 여성으로 변했다는 사실에 짜릿함을 느끼기는 했지만, 그는 이제 그녀가 줄 수 있는 것보다도 더 많은 것을 원하기 시작한다. 이는 부분적으로 메피스토펠레스의 작용이기도 했고, 또 부분적으로는 파우스트가 지닌 성격의 자연스러운 작용이기도 했다. 그는 결코 만족할 줄을 몰랐던 것이다. 그리하여 그는 결국 그녀를 저버린다. 파우스트가 그녀를 보호해주지 않게 되자, 그레첸은 절망에 빠져 어쩔 줄을 모른다. 오빠인 발렌틴까지 그녀를 비난한다. 머지않아 그 오빠는 메피스토펠레스의 도움을 얻은 파우스트와의 결투 도중에 피살된다. 그레첸이 낳은 아이도 죽고, 그녀는 유아 살해 죄로 감옥에 갇혀 사형 판결을 받는다. 그녀가 사형 집행을 기다리고 있을 때 파우스트가 돌아와서, 또다시 메피스토펠레스의 도움을 받아 감방 안으로 들어간다.

처음에 그녀는 그를 알아보지 못한다. 그녀는 그가 사형집행인인 줄로만 알고, 불쌍하게도 도끼에 자기 몸을 맡길 채비를 한다. "아니오!" 파우스트가 소리친다. "나는 당신을 구하러 왔소! 이 감방에서 걸어 나오기만 하면 당신은 자유요!"

그레첸은 이 제안을 거절한다. 그녀는 파우스트가 자신을 사랑하지 않으며, 그의 제안은 다만 죄의식 때문임을 잘 알고 있다. 또한 지금 그가 자유로운 것과 똑같은 방식으로 자유로워지는 것을 그녀는 결코 원하지 않는 것이다. 비록 자신이 사는 편협한 봉건적 세계가 지닌 야만적인 잔인성에 관해서라면 파우스트보다 오히려 더 잘 알지만, 또한 그녀는 그 세계 안에 영속하는 선에 대해서도 인식했다. 즉 이상을 향한 그 세계의 몰두, 그리고 충성과 사랑에 바쳐진 삶을 향한 그 세계의 헌신을 말이다. 비록 그 세계가 자신을 배신한다 하더라도, 그녀는 결코 그 세계를 배신하지 않을 것이다. 또한 그녀는 파우스트를 향한 자기 사랑을 배신하지도 않을 것이다. 그녀는 그를 용서하고, 그의 모든 죄를 자기가 대신 사면해준다. 그녀가 자리에서 일어서자, 그는 그녀가 자신을 악마와의 거래로부터 자유롭도록 도와주었음을 느낀다.

괴테의 『파우스트』 제2부는 19세기에 쓴 것이므로 그 시대의 맥락에서 논의되어야 마땅하다. 따라서 이에 관한 언급은 다음 장으로 잠시 미루어두도록 하자.

이 희곡의 제1부는 〈돈 조반니〉에 대한 자연스러운 보충물이 된다. 이 작품은 오페라보다 훨씬 더 심오하니, 왜냐하면 괴테는 로렌초 다 폰테보다 훨씬 더 훌륭한 작가였기 때문이다. 이 작품은 또한 다 폰테보다는 오히려 모차르트가 시작한 의미의 노선을 진일보시켰다.

파우스트와 그레첸의 사랑 이야기는 단순히 전통적 종교에 대한 도전만이 아니었으며, 이는 〈돈 조반니〉가 단순히 난봉꾼은 누구나 지옥으로 가게 마련이라는 교훈을 전해주는 것만이 아니었음과 마찬가지다. 하지만 두 작품은, 그리고 특히 『파우스트』는 새로운 세계가 탄생하고 있음을 인식해야 한다고 요구한다. 당장은 이러한 진리를 이해하고, 이로부터 이득을 얻을 수 있는 사람은 오로지 소수에 불과하다고 양쪽 모두는 말한다. 〈돈 조반니〉의 경우에는 오로지 한 사람, 즉 돈 조반니 본인만이 이를 깨달았고, 그는 대가를 지불한다. 하지만 심지어 파우스트조차, 그 모든 명석함에도 불구하고 결국 악마의 도움을 필요로 했던 것이다. 그는 혼자 힘으로 스스로를 자유롭게 할 수 없었다.

거의 2000년 동안 기독교인은 진정한 자유가 하느님으로부터 온다고 믿어왔다. 단테는 "하느님의 뜻이 우리의 평화"라고 선언했고, 1000여 편의 설교에서는 만약 사람들이 하느님의 온화한 요구에 순종하기만 하면 영원한 축복을 얻게 되리라고 약속했다. 하지만 2000년 동안 세계는 그야말로 벗어날 수 없는 길 위에서 맷돌처럼 돌아가면서, 수많은 사람들의 몸과 마음을 부수고 뒤틀었으며, 선을 향한 사람들의 시각을 왜곡시켰다. 새로운 계약이 필요했다. 하느님과의 계약은 제대로 가동되지 않았다. 유일한 대안은 악마와의 계약뿐이었다.

모차르트는 이러한 사실을 공공연히 이야기할 수 없었고, 다만 음악을 통해 이야기했다. 괴테는 메피스토펠레스의 입을 빌려 이렇게 말하게 했다.

나는 항상 부정하는 정령이외다!
그것도 당연한 일인즉, 생성하는 일체의 것은

필히 소멸하게 마련이기 때문이지요.[66]

하지만 동시에 악마는 "언제나 악을 원하면서도 / 언제나 선을 창조하는 힘의 일부분"[67]이다. 하느님은 인간을 향한 거만한 사랑으로 인해 인간의 창의적 에너지를 파괴하는 역할을 한다. 파괴를 향한 악마적인 욕망은 창의적이다. 새로운 것으로 나아가기 위해 우리는 반드시 낡은 것을 지워버려야 한다. 그러지 않으면 진보는 불가능하다.

그렇다면 진보는 악마와의 계약이지, 하느님과의 계약은 아니다. 이것은 참으로 기묘한 결론이다. 하지만 이 세계는 마치 이 결론이 이후 2세기 동안 의심의 여지없는 진실인 양 행동했고, 20세기가 끝난 지금까지도 이러한 견해가 달라졌다는 징후를 전혀 보여주지 않았다.

66 제1부 1338~1340행, 요한 볼프강 폰 괴테, 『파우스트』(이인웅 옮김, 문학동네, 2006), 41쪽.
67 제1부 1335~1336행, 같은 곳.

제 10장

19세기 : 근대의 서곡

19세기는 역사의 대부분에서 인간의 삶의 특징이 된
낡은, 산업화 이전의, 비화폐적인 경제와
오늘날 우리가 살아가는 새로운, 산업화 및 후기 산업화가 이루어진,
화폐적인 경제 간의 전반적인 분기점, 또는 분수령으로 볼 수 있다.
19세기를 20세기의 서곡으로 간주할 수 있는 이유가 있다면
다른 무엇보다도 이런 점 때문이다.

19세기라는 소란스럽기 그지없던 100년 동안 유럽은 나머지 세계에 자기 브랜드를 완전히 각인시켰고, 따라서 그 당시에 이른바 대영제국에는, 또는 에스파냐 제국에는, 또는 포르투갈 제국에는, 또는 프랑스 제국에는, 또는 네덜란드 제국에는 결코 해가 지지 않는다고 장담할 만도 했다. 점차 성장하고 있었던 '거대한 미래의 나라' 미국은 이런 나라들과는 달리 굳이 제국을 만들 필요성을 느끼지 못했다. 1823년의 먼로독트린 공표는 미국이 〔유럽에 위치한〕 열댓 개의 작은 나라들 일에 신경을 써야 하는 부담에서 면제되는 한, 서반구에서 이 나라의 영향력은 의문의 여지없이 계속될 것임을 보증한 것이었다. 일본은 대부분의 다른 나라보다도 더 재빨리 미래의 바람이 불어오는 것을 직감하고 1868년에 서양에 문호를 개방했으며, 이로써 중국처럼 강요에 의하지 않고도 서양 기술의 혜택을 습득했다. 반면 중국은 문호를 개방한 이후로도 한동안 원자재와 노동력의 제공자로만 남아 있었다. 비교적 평화로웠던 1세기 동안에는 식민지 종주국 지위를 놓고 몇 번의 작은 전쟁이 일어났을 뿐이어서, 1815년부터 1914년까지 이 세계는 그 풍부한 에너지를 사치품이 아닌 생필품을 거래하는 전 지구적 시장의 발달에 쏟을 수 있었다. 이 변화는 존 메이스필드의 시 「화물」을 통해 상징적으로 엿볼 수 있다.

> 머나먼 오피르에서 온 니네베의 함선,
>
> 노를 저어 햇볕 쬐는 팔레스타인의 항구로 가져오나니,
>
> 그 화물인즉 상아며,
>
> 유인원과 공작이며,
>
> 백단향과 삼나무와 달콤한 백포도주라.
>
> 수에즈에서 에스파냐의 돛배가 당당하게 도달하니,
>
> 종려나무 우거진 바닷가의 열대지방을 지나오도다.
>
> 그 화물인즉 다이아몬드며,
>
> 에메랄드며, 자수정이며,
>
> 석류석이며, 계피며, 금화라.
>
> 소금기 가득 연기 자욱 지저분한 영국의 연안 무역선이,
>
> 악천후의 3월에 도버 해협을 지나가도다.
>
> 그 화물인즉 타인 강의 석탄이며,
>
> 철로며, 납덩이며,
>
> 장작이며, 철물이며, 값싼 양철 쟁반이니라.

　19세기에는 석유며 전기 같은 새로운 동력원도 발견되었다. 이 시

기에는 전신이나 전화 같은 전 세계적이며 지역적인 규모의 통신을 위한 새로운 장비가 이용 가능해졌다. 또 전깃불에서 값싼 무쇠 스토브에 이르기까지 보다 안락한 삶을 위한 새로운 수단도 생겨났다. 잔디밭 장식용 철제 사슴이라든지, 거실과 침실을 위한 대량생산된 가구처럼 공장에서 제조된 물건들이 수공예 장식품을 대체하게 되었으니, 수공예가 다시 그 명망을 되찾은 것은 20세기 후반에 들어서의 일이었다. 대중문학과 언론은 몇몇 선진국에서 보편적인 문자 사용 능력을 요구했으며, 그 나라 선교사들은 지구 곳곳에 배움의 불을 실어 날랐다. 철도는 숲을 지나고 평원과 강을 넘어서 뱀처럼 길게 이어져, 수 세기 동안이나 분리되어 있었던 공동체들을 합쳐주고, 과거의 사회적 관념을 파괴하는 동시에 새로운 사회적 관념을 만들어냈다. 그리고 19세기 말에 이르러 독일과 미국의 선견자들은 갓 발명된 자동차야말로 역사상 가장 혁신적이며 가장 수지맞는 탈 것으로 증명되리라고 예견했다.

전반적으로 19세기는 그 스스로를 "새롭다"라고 생각하고 불렀던 시대였다. 이 단어는 상당히 적절하다. 하지만 이 시대의 가장 현저한 새로움은 위에 열거한 사례가 아닌 또 다른 것이었다.

돈이 만드는 차이

몇 가지 기본적인 점에서 인간은 지난 5000년, 또는 1만 년이 넘도록 변하지 않았다. 고대 이집트인은 대개 자녀를 사랑했지만, 간혹 그렇지 않은 경우도 있었다. 그런 점이야 오늘날의 우리와 다를 바 없다. 고대 그리스인은 먹고 마시고 따뜻한 햇볕을 쬐며 철학적 주제에 관해 이야기하기를 좋아했는데, 그런 점은 오늘날의 우리도 마찬가지다. 물론 우리가 나누는 이야기의 주제는 철학적이라고 할 정도까지는 아니지만 말이다. 로마의 부인네들은 공동 빨래터에 모이면 이런저런 남의 뒷이야기를 즐겼다. 오늘날의 우리도 동전 세탁소에 가서 역시 남의 뒷이야기를 즐기지 않는가. 고대인은 나이가 들면 아프고 죽고 했다. 우리 역시 마찬가지다. 그들은 때로는 관대했지만 때로는 잔인했다. 우리 역시 마찬가지다. 그들은 때로는 자만하고 자기중심적이었지만 때로는 스스로를 있는 그대로 바라보기도 했다. 우리 역시 마찬가지라고 이야기할 수 있다. 전반적으로 보자면 그들은 우리와 다른 점보다는 우리와 비슷한 점이 훨씬 더 많았다.

우리와 다른 면도 있다. 가령 그들은 냉장고와 TV와 전자레인지와 자동차와 컴퓨터를 소유하지 못했지만 우리는 소유하고 있다. 이것은 아주 큰 차이까지는 아니다. 그들은 '휴가'를 다녀오지도 않았고, '여가 시간'을 어떻게 활용할지를 놓고 고민하지도 않았다. 이것은 비교적 큰 차이라고 하겠다. 그들은 자신의 아이가 유년기의 온갖 질병에도 끄떡없도록 면역력을 키워주지도 못했고, 아이들이 그래도 자신들보다는 '삶을 더 잘 살리라' 기대하지도 못했다. 이것 역시 좀 더 큰 차이라고 하겠다. 그들은 돈이 아주 중요하다고는 생각하지 않았다. 이것이야말로 선뜻 이해하기 어려울 정도로 아주 큰 차이다.

돈을 상대적으로 덜 중요하게 여긴 사람이 단지 고대인뿐만은 아니었음을 인식하고 나면, 그 차이를 이해하기는 더욱 어려워진다. 중세 시대에만 해도 모든 나라에서, 대부분의 사람이 돈을 상대적으로 덜 중요하게 여겼다. 르네상스 시대에도 마찬가지였다. 17세기며 심지어 18세기에도 그러했다. 바로 엊그제에 불과한 18세기 말에 이르기까지도 대부분의 사람은 돈이 얼마나 중요해질 수 있는지를 여전히 발견하지 못한 채였다. 그 결과 그들의 삶은 우리의 삶과 매우 달랐다. 물론 심리학적으로야 우리와 다른 면보다는 오히려 우리와 비슷한 면이 더 많았지만 말이다.

만약 우리가 상당히 최근의 과거에 살았던 사람들과 우리 자신 사이의 깊은 차이를 이해할 수만 있다면, 우리는 19세기가 인간의 지식 전반에 남긴 주된 기여 가운데 하나를 이해할 수 있는 셈이 된다. 1800년대를 우리가 살아온 20세기의 서곡으로 간주할 수 있는 이유가 있다면 다른 무엇보다도 바로 이런 점 때문이다.

물론 19세기가 돈이라는 것을 처음 발명한 시대는 아니었다. 교환의 수단으로, 또한 상품이나 서비스의 구매자와 판매자 간의 득실을 상쇄하는 도구로서 돈은 매우 오랜 역사를 지녔다. 제아무리 원시적인 부족이라 하더라도, 돈에 관한 개념을 일부분이라도 지니지 않은 경우라든지, 또는 뼈나 금속 조각처럼 돈을 상징하는 뭔가를 전혀 사용하지 않은 경우는 사실상 거의 발견되지 않았다.

마찬가지로 제아무리 돈을 어떻게 인식하고 간주하건 간에, 돈을 원하지 않는 사람은 이제껏 한 번도 발견되지 않았다. 따라서 다른 여러 면에서는 오늘날의 우리와 그토록 흡사한 대부분의 사람이 오늘날의 우리한테는 그토록 명백하기 그지없는 '어떻게 돈을 벌 것인가' 하는 개념 자체를 결여하고 있었음을 깨닫게 되면, 그것도 아주 최근까지만 해도 그랬음을 깨닫게 되면 우리는 놀라지 않을 수 없다. 과거의 사람들은 "돈을 벌어 먹고산다"라는 표현을 결코 이해하지 못했을 것이다. 물론 오늘날은 거의 모든 남자, 여자, 그리고 아이까지도 그게 무슨 표현인지를 안다. 심지어 그렇게 하기가 힘들다는 것을 아는 사람도 상당수다.

1800년 이전의 경제생활: 소농

1800년 이전에 있었던 특정한 경제 집단, 또는 계급의 삶의 방식을 한번 생각해보자. 물론 반드시 이 연도에 국한시켜 생각할 필요까지는 없다. 그런 집단 가운데 일부는 1800년이 되기도 전에 가령 영국이나 미국 같은 몇몇 개발국에서는 이미 중요한 경제주체로서 존재하기를 멈추었던 반면, 다른 나라에서는 거의 현재라고 할 수 있는 제2차 세계대전 이후까지도 살아남았기 때문이다. 하지만 1800년은 역사의 대부분에서 인간의 삶의 특징이 된 낡은, 산업화 이전의, 비화폐적인 경제와 오늘날 우리가 살아가는 새로운, 산업화 및 후기 산업화가 이루어진, 화폐적인 경제 간의 전반적인 분기점, 또는 분수령으로 볼 수 있다.

가령 소농의 지위에 관해 논해보자. 여기서 '소농'이란 1800년 이전에 거의 모든 나라에 살았던 인간의 대다수를 차지하며, 토지에 의거해 살아가고 평생을 토지에 바치며, 자신들이 생산한 약간의 잉여물을 가지고 사회의 전체 상부구조를 떠받치는 한편, 사회로부터 이득이라곤 거의 보지 못한 사람들을 의미한다. 어떤 나라에서는 이러한 경제 계급을 농노라고 불렀고, 또 어떤 나라에서는 노예라고 불렀으며, 또 어떤 나라에서는 불가촉천민이라고 불렀다. '소농'은 이들 모두를 지칭하기에 유용한 일반적인 명칭이다.

소농은 하루 종일 일했고, 매일같이 일했으며, 가장 간단한 도구를 들어 올릴 힘이 있을 때부터 일하기 시작해서 너무 늙고, 병들고, 약해져서 더 이상 일할 수 없을 때까지 일했고, 그런 다음에야 죽었다. 남자나 여자나 마찬가지였다. 이들이 지닌 돈이라곤 약간뿐이어서 기껏해야 경화 몇 개 정도에 불과했다. 하지만 이들 소농은 그 약간의 돈, 또는 다른 돈을 위해 일하는 것이 아니었다. 그들이 일한 까닭은 삶이 곧 일이고, 일이 곧 삶이었으며, 이 두 가지는 결코 떼어놓을 수 없는 것이었기 때문이다. 특히 돈은 삶과 일 사이에서 나오는 것이 아니었고, 시장에서 노동을 교환하는 수단으로 사용된 것도 아니었다.

달리 표현하자면 그 당시의 사람은 '직업'을 갖지 않았다는, 즉 임금이나 봉급을 받는 대가로 하는 일이 없었다는 것이었다. 따라서 혹시나 다른 기회가 생길 경우에 자신의 '지위'를 버리고 더 높은 임금을 받을 수 있는 다른 지위로 옮길 수도 없었다. 대개의 경우 소농은 자신이 태어난 땅에, 그리고 남은 평생 고된 노동을 하기로 예정된 땅에 붙들려 있었다. 그들은 자기 땅과 그 영주를 떠나서 다른 영주를 위해 일할 수도 없었다. 다만 영주들이 서로 합의를 해서, 그렇게 하는 편이 '자신들'에게 더 낫다고 했을 때만이 예외였다. 소농은 자기 일의 대가로 더 많은 돈을 요구할 수도 없었다.

엄밀하게 말해서 그들은 스스로를 위해 일했고, 동시에 영주를 위해 일했다. 그들의 일은 식량을 생산하는 것이었다. 그들 자신이나 그들의 자녀, 또는 다른 사람들 — 가령 그들에게 의지하는 늙은 부모 — 에게는 그것이 바로 삶이었다. 영주는 그들이 생산한 것 가운데 적은 몫을 갖도록 허락했고, 그들은 그걸 가지고 시장에 나가서 땅을 소유하지 못했거나 경작하지 않는 도시 사람에게 판매했다. 그 돈의 일부는 다시 영주에게 돌아가야 했으니, 영주는 자신의 영역에서 이루어진 모든 시장 거래에 과세할 권리를 지니고 있었기 때문이다. 나머지 돈은 가령 소금이나 쇠, 또는 책의 경우처럼 그들의 땅에서 — 즉 그들의 영주 땅에서 — 나오지 않는 물품들을 사는 데에 소비되었다.

그렇다면 소농은 삶에서 무엇을 고대했을까? 주로 그들은 평화롭게 살아가기를, 자녀를 낳아 기르기를, 가급적 고통은 적게 겪기를, 잘 죽기를 바랐다. 그들에게는 아무 간섭도 받지 않는 것 역시 중요했다.

소농은 사회질서의 맨 밑바닥에 있었고, 수많은 적들이 주위를 에워싸고 위협했다. 그 모든 적들은 그들이 지닌 얼마 안 되는 돈이며, 또는 값어치가 있을 만한 물건을 강탈하려고 했고, 훔치려고 했다. 그들의 노동은 가치가 있었기에, 그들의 적들 — 그들의 영주가 가장 대표적이었던 — 은 항상 그것을 훔치려고 노력했다.

따라서 소농들은 자신들이 태어날 때보다 더 가난해지지 않은 상태에서 죽기를 고대했다. 그들은 더 부유해지기를 바라지도 않았다. 또한 그들은 본인보다 자녀가 더 부유해지기를 바라지도 않았다. 자녀를 향해 그들이 고대하는 바라고는 — 물론 그런 고대가 있었다고 친다면 — 스스로를 향해 고대하는 바와 별다를 것이 없었다.

영주

이것 역시 또 다른 일반적인 명칭이다. 지주를 일컫는 명칭은 여러 가지가 있었으니, 가령 남작, 나리, 주인, 또는 어르신 등이었다.

소농과 마찬가지로 영주 역시 현금이 거의 없었으니, 물론 소농보다야 많긴 했지만 경화 몇 개와 지폐 몇 장 더 가졌을 뿐이었다. 소농과는 달리 영주는 토지를 소유했지만, 그들 각자는 또 다른 방식으로 누군가에게 속박되어 있었다.

영주가 자기 의향에 따라 자기 토지에서 떠나 있는 것은 물론 합법적인 일이었지만, 그 주위에 포진한 적들을 고려해보면 이런 일은 종종 경솔한 행동으로 여겨졌다. 가재(家財) 노예가 소농을 겸하는 경우를 제외하면 영주는 원칙적으로 소농을 소유할 수 없었고, 다만 소농의 노동력에 의존해서 살아갈 뿐이었다. 다시 말해서 소농은 영주와 영주의 가족을 위해서, 또한 본인과 본인의 가족을 위해서 토지에서 일해야만 했으며, 그리하여 양쪽 모두를 위한 식량을 생산해야 했다. 그 대가로 영주는 소농을 그 적들 중에서도 가장 잔인한 자들 — 가령 해적, 산적, 여타의 무법자들 — 로부터 보호해주었다.

그렇다면 영주는 삶에서 무엇을 고대했던 것일까? 첫째는 자신의 토지 가운데 어느 것 하나도 잃지 않고, 그걸 고스란히 아들들에게 물려주는 것이었다. 둘째는 — 상당수의 경우에는 아주 우선적인 둘째까지는 아니었지만 — 더 많은 토지를 획득하는 것이었다. 하지만 다른 땅이 이미 다른 남작, 또는 국왕의 소유인 상황에서 어떻게 하면 토지를 더 획득할 수 있었겠는가? 한 가지 방법은 자녀를 결혼시켜서 얻는 지참금으로 땅을 늘리는 것이었다. 하지만 딸의 경우에는 도리어 지참금으로 땅을 떼어 주어야 했기 때문에, 결과적으로는 가문의 땅 보유량이 감소될 수 있었다. 그리하여 항상 딸보다는 아들쪽이 훨씬 더 가치 있게 여겨지게 마련이었다.

국왕은 한 영주에게서 땅을 빼앗아서, 자신에게 뭔가 주목할 만한 봉사를 한 다른 영주에게 선사할 수도 있었다. 영주의 입장에서는 이것이야말로 '출세'의 지름길이었으므로 항상 시도할 만한 가치가 있었다. 그런 시도의 와중에 국왕의 시종에게 뇌물을 먹이고 관직을 불법으로 사들이기 위해서는 돈이 유용했다. 그런 영주는 그렇지 않은 영주를 희생물로 삼아서 훗날 땅을 더 획득할 수가 있었다. 이런 점에서는 국왕조차도 어려움에 직면하게 마련이었으니, 그의 주된 정치적 역할은 휘하의 남작들이 저마다 땅을 소유하게 보장하는 것이었으며, 만약 그가 이런 일을 해줄 수 없거나, 또는 이런 일을 썩 내켜하지 않으면, 훗날 위기 상황에 직면했을 때 어느 누구도 국왕의 편을 들어주지 않을 위험이 있었다. 따라서 더 많은 땅을 획득하는 최선의 방법은 다른 누군가로부터 강탈하는 것, 즉 명목상으로는 '정당한' 전쟁을 통해서 '정복'해 얻는 것이었다.

고위 영주들은 자신의 시간 대부분을 다른 고위 영주와 싸우는 데 사용하게 마련이었으니, 이는 그가 남의 땅을 원했거나, 또는 남이 그의 땅을 원한 까닭이었다. 이것이 그들의 일이었으니, 그들은 이 일에 전념했으며, 이 일에 적잖은 — 비록 소농이 농사일에 들이는 시간과 노력만큼은 아니라 하더라도 — 시간과 노력을 들였다. 따라서 영주 역시 돈을 위해서가 아니라 토지를 위해서 일한 셈이었다. 그들은 기회가 있을 때마다 돈을 훔치거나, 또는 '정복'해서 얻었다. 이들은 돈을 갖게 되면 무척 기뻐했으니, 왜냐하면 그 돈으로 할 수 있는 여러 가지 좋은 일 때문이었다. 하지만 대개의 경우 돈은 토지에 비해서는 그리 중요하지 않게 여겨졌다.

성직자

이것 역시 사제, 목사, 또는 유사한 직책을 모두 일컫는 일반적인 명칭이다. 성직자는 영주와 마찬가지로 소농의 노동력에 의존해 살아갔다. 성직자는 소농의 생산물 가운데 10분의 1, 또는 십일조를 요구할 수 있도록 법으로 정해져 있었다. 종종 그 십일조는 10분의 1을 더 넘기기도 했다. 성직자는 소농으로부터 직접 돈을 우려내지는 못했기 때문에, 자신이 받은 현물 가운데 잉여분을 판매함으로써, 자신이 필요로 하지만 소농이 생산하지는 못하는 물건들을 사는 데 드는 돈을 얻으려고 했다. 그가 필요한 물건들이란 가령 예복을 만드는 데 사용할 비단과 여러 좋은 옷감, 제단을 장식할 금이며 은, 교회에 와서 무릎을 꿇은 소농들에게 읽어줄 하느님의 말씀이 적혀 있는 아름다운 책 등이었다. 그 대가로 성직자는 소농에게 내세를 향한 안전한 여행을 제공해주었다.

그렇다면 성직자가 삶에 고대하고 기대하는 바는 무엇이었을까? 그의 신앙의 성격과 깊이에 따라 중요성이 달라지는 구원과는 별개로, 그는 교회 내에서의 출세와 권력을 원했다. 산업혁명 이전의 구체제에서 교회는 유일무이한 능력주의 사회였다. 그 구성원은 각자의 능력 여하에 따라 위계질서를 오르내릴 수 있었다. 물론 그런 오르내림이 항상 능력 여하에 따르는 것은 아니었다. 상당수는 태생에 따라 이루어졌으니, 이것은 영주와 소농 간에 흔히 일어나는 바와 똑같았다. 가톨릭교회에서 유난히 명석한 사제가 있을 경우, 그는 귀족 태생이 아니라 하더라도 주교나 추기경이 될 수 있었으며, 이탈리아인일 경우에는 교황까지도 될 수 있었다. 교회의 고위직이 되면 대단한 부를 얻을 수 있었으니, 거기에는 돈뿐만이 아니라 토지와 보석과 모피와 예술품도 흔히 포함되어 있었다. 하지만 그 어떤 성직자도 돈을 위해서 일하지는 않았다. 그런 관념은 19세기 이전까지만 해도 전혀 이해가 불가능했으며, 심지어 그 이후로도 쉽사리 파악되지 않았다.

국왕

마지막으로 국왕이 있다. 어떤 명칭으로 불리건 간에, 그는 사회적 위계질서에서 맨 꼭대기를 차지했다. 그는 다른 모든 사람의 노동을 이용해 살아갔다. 물론 본인도 가령 사냥(국왕 특유의 운동으로서), 정의 실현(국왕 특유의 의무, 또는 '노블레스 오블리주'로서), 전쟁(국왕 특유의 전공으로서)을 수행하느라 나름대로 바쁘게 살았지만 말이다. 그는 돈이 상당히 많았지만, 씀씀이 역시 상당히 컸고, 보통은 자신의 수입보다도 더 많이 써서, 항상 신민에게, 또는 다른 국왕에게 돈을 애걸하거나, 빌리거나, 훔치거나, 종종 세 가지 모두를 하곤 했다. 그의 야심은 다른 국왕들을 최대한 많이 정복하는 것이었다. 만약 성공한다면 전 세계의 찬사라는 보상을 받게 될 것이었다. 결국 그는 영광을 위해 일했다.

국왕도 물론 돈을 필요로 했다. 우선 병사를 고용하기 위해 필요했으니, 병사야말로 그가 가장 원하는 것인 명예와 명성을 얻어줄 수 있었기 때문이다. 돈이 필요한 이유는 또 있었는데, 만약 국왕에게 돈이 없을 경우에는 병사가 떠나게 되고, 그러면 국왕은 적들, 그러니까 병사를 보유한 다른 국왕들 앞에서 무력해지기 때문이었다. 그러면 그는 정복되거나 어쩌면 피살될 수도 있었으며, 이것은 오늘날의 기업이 적대적 인수 합병을 당하거나 도산하는 것에 상응하는 사건이었다.

상인

구체제의 여러 계급 가운데 적어도 한 계급만큼은 돈을 근대적인 방식으로 이해하는 데 성공한 것처럼 보이지만, 실제로는 그렇지도 않았다. 물론 이 집단은 돈을 주로 다루었으며, 어떻게 하면 돈을 얻는지는 물론이고, 어떻게 하면 돈에서 돈을 더 얻어내는지도 잘 알고 있었으며, 다른 어떤 세속적인 물건보다도 돈을 더욱 갈망했다. 이 계급은 바로 도시의 상인, 무역업자, 대부업자로 이루어져 있었다.

1800년대까지만 해도 이들의 수는 상대적으로 많지 않았다. 하지만 숫자에 비해서는 막대한 영향력을 지녔으니, 왜냐하면 이들은 국왕이나 고위 귀족이 종종 간절히 필요로 하던, 따라서 그 고귀한 양반들이 살인적으로 높은 이자율에도 불구하고 기꺼이 빌려 가던 막대한 돈을 지니고 있었기 때문이다. 1700년대까지만 해도 대부분의 나라에서는 연 50퍼센트의 이자가 별로 높은 정도가 아니었다. 그런 거래 덕분에 독일의 푸거 가문이나 피렌체의 메디치 가문은 막대한 재산을 쌓았다. 하지만 이 사업은 위험한 것으로도 증명되었으니, 왜냐하면 국왕들은 종종 빚 갚기를 거절한 반면, 은행가들은 자신들의 채무를 강제로 받아낼 수 있는 수단을 지니지 못했기 때문이다. 물론 그들은 나중에 다시 돈 빌려 주기를 거절할 수도 있었지만, 이것 역시 위험하기는 마찬가지였다. 왜냐하면 왕은 병사를 보유하고 있는 반면, 은행가는 그렇지 못했기 때문이다.

18세기 이전에 대부업자들이 물리던 이자는 대개 불법적이었다. 교회의 입장에서 고리대금업, 즉 이자를 물리고 돈을 빌려 주는 것은 자연과 하느님 모두를 거스르는 죄로 간주되었다.

그 이유는 멀리 아리스토텔레스까지 거슬러 올라가는데, 그는 두 가지 경제활동을 구분한 바 있다. 하나는 가계적인 것으로, 인간이 살아가기 위해 필요한 모든 것들의 생산 및 소비와 관련이 있었다. 사람이 '필요로 하는' 식량의 양은 자연적 필요에 의해 한도가 결정되지, 결코 욕망에 의해 한도가 결정되는 것은 아니었다. 즉 사람이 먹을 수 있는 식량의 양에는 자연적 한계가 있게 마련이라는 것이다. 따라서 아리스토텔레스는 식량의 생산, 분배, 소비는 자연적인 인간의 활동이며, 그렇기 때문에 자연스럽고, 그렇기 때문에 좋은 것이라고 주장했다. 의복, 주택, 그리고 기타의 필수품에 관해서도 이와 유사한 주장이 나올 수 있었다. 이런 모든 경우에서 욕망은 인간이 실제로는 적은 양만을 필요로 하는 것을 과도하게 요구하도록 강제하고 이끌어 간다. 하지만 대개의 경우 필요가 곧 한도이며, 또한 그런 필수품의 매매가 자연적으로 선함을 보장한다.

아리스토텔레스는 나머지 하나의 경제활동을 가리켜 소매라고 불렀다. 비록 그 명칭은 오늘날에는 부적절해 보이지만, 그 관념 하나만큼은 충분히 명료하다. 아리스토텔레스의 견해에서 소매라는 것은 자연적 한계의 대상이 전혀 아니었다. 이러한 거래의 한도는 돈이었지 결코 필요가 아니었으며, 따라서 한 사람이 원하는 돈의 양에는 한계가 없었다. 그리하여 아리스토텔레스는 소매가 자연스럽지 않다고 결론을 내렸다. 소매 중에서도 최악은 돈 자체를 거래하는 것이라고 했다. 만약 어떤 사람이 식량을 거래하는데, 가령 본인이나 가족이 먹을 수 있는 것을 얻기 위해서가 아니라 오로지 돈을 얻기 위해서 식량을 사거나 판다면, 그건 나쁜 일이었다. 적어도 그 생산품〔인 식량〕 자체는 다른 사람에게 유용한 것이어야 했다. 따라서 그 최종 수혜자에게 식량은 — 비록 그 거래자에게는 단순히 돈을 얻기 위한 수단에 불과하더라도 — 자연적 필요, 즉 굶주림을 만족시켜주는 수단이 된다.

하지만 돈은 그 자체로는 쓸모가 없는 것이라고 아리스토텔레스는 말했다. 그리고 돈을 거래하는 것 — 가령 이자를 받고 빌려 주는 것 — 은 그 어떤 선을 성취하지도 못하며, 따라서 그런 활동은 전적으로 자연스럽지 않으니, 왜냐하면 그것은 자연적 필요에 근거하지 않기 때문이다. 그런 거래자는 오로지 욕망에 의해 움직이며, 따라서 돈을 향한 욕망에는 한계가 없다.

이와 반대로 교회는 소매가 자연스럽다는 주장을 기꺼이 받아들일 태세였지만, 어디까지나 그 소매가 최대한 현물로 이루어질 때에만 그러했다. 하지만 고리대금은 아리스토텔레스의 분석에 의거해 어김없이 자연스럽지 않은 것으로 여겨졌다. 따라서 폭식, 동성애, 근친상간 같은 다른 부자연스러운 행위와 마찬가지로, 고리대금 역시 죄로 선언되었다. 그런 행동을 하는 사람은 누구나 〔죄를 고백하고〕 사면을 받아야 했으며, 그런 일을 너무 많이, 또는 너무 자주 행하는 사람은 최대 사형에 처해질 수도 있었다.

고리대금이 불법인 동시에 죄로 여겨짐에 따라서 몇 가지 결과가 생겨났다. 첫째로 이자를 물리고 돈을 빌려 주는 일 가운데 대부분을 유대인이 담당하게 되었으니, 이들은 고리대금에 대한 편견이 전혀 없었기 때문이다. 이들은 돈을 빌려 주고 이자를 받는 것을 가령 땅을 빌려 주고 임대료를 받는 것 — 기독교인도 이것만큼은 자연스럽다고 여겼다 — 과 마찬가지로 생각했다. 여러 나라에서 유대인은 토지 소유가 종종 법적으로 금지되어 있었는데, 사실 토지는 돈을 제외하면 그야말로 유일무이한 부의 수단이었기 때문에, 유대인은 자연히 금융업에 각별한 노력과 재능을 집중한 결과로 그 분야에 매우 능숙하게 되었다.

그럼에도 불구하고 고리대금은 유대인의 율법에는 줄곧 합법적이었던 것만큼이나 기독교인의 율법에는 줄곧 불법적이었고, 따라서 일부 채무자는 이를 핑계 삼아 자신의 채무를 이행하지 않는 경우도 있었다. 그러나 돈은 계속해서 필요했기 때문에, 이런 모든 수금 방해와 채무 불이행으로 인한 최초의 결과는 대금업자들이 이전보다 더 높은 이자율을 물리는 것으로 나타났다. 고객을 믿을 수 없어 한 그들은 위험 부담만큼이나 높은 대가를 요구했던 것이다. 그 최종 결과는 사용 가능한 자본 양의 감소였다. 유일한 예외는 [국왕의] 군사 유지 비용뿐이었는데, 군사는 다른 용도로 써야 할 돈을 전용해서라도 반드시 유지해야 했기 때문이다.

만약 온 사회가 그 가치에 찬동하는 경우라면, 평화적인 활동을 위해서도 상대적으로 많은 양의 자본을 확보할 수 있었다. 이에 관한 최상의 사례는 1150년부터 1250년까지 프랑스에서 찾아볼 수 있으니, 그 기간에 수십 개의 거대한 성당이 전국에 건립되었으며, 총공사비는 같은 기간의 국민총생산의 4분의 1에 상응할 정도였다.

그리하여 온 도시마다 성당이 세워졌다. 거의 모든 사람이 이 일에 기꺼이 돈을 보탰고, 그러면서도 대개는 즐거워했다. 성당 건립의 시대는 13세기 중반에 이르러 끝나버렸으며, 그 이후로 19세기까지는 세계 어디에서도 이에 상응할 만한 대공사가 일어난 적이 없다. 그리고 19세기 이후로 또다시 그런 일이 흔해졌다. 이것이야말로 돈이 만들어낸 대단한 차이 가운데 하나다.

구체제의 산업혁명 이전 경제에서 돈을 직접적으로 다루던 계층은 상인과 은행가만이 아니었다. 전통적으로 농노는 영주와 그 땅에서 도망친 이후에 붙잡히지 않고 1년 하고도 하루를 버티면 자유를 얻게 되었다. 11세기와 12세기에는 상대적으로 평화롭고 풍년이 들었기 때문에 인구가 증가했다. 이탈리아와 유럽 북부에서는 소농의 아들인 상당수의 젊은이가 고향을 떠나 새로 세워진 도시, 즉 자치도시(코뮌)로 진출했으니, 이는 속담의 말마따나 "도시는 그 공기부터 자유롭다"라는 이유 때문이었다. 자치도시의 상인들은 그 출신 배경을 군이 따지지 않고 젊은이들을 채용해서 일을 돕게 했으며, 자유를 얻기까지 필요한 기간 동안 이들을 안전하게 보호해주었다. 이런 젊은이들은 종종 화폐경제에서 활동했고, 일을 해서 고정 임금을 받았으며, 자유를 획득한 이후에는 한 직업에서 다른 직업으로 종종 옮겨 갔다.

14세기 중반에 흑사병으로 인해 유럽의 인구가 급감한 직후, 해방된 농노들 가운데 일부도 이와 유사한 자유를 누렸다. 하지만 이 시기는 이례적인 것이었다. 대개의 경우는 소농이 그 영주를 떠나서 자유노동자가 된다는 것 자체가 매우 어려웠고, 또한 자유노동자의 삶이라고 해서 소농에 비해서 각별히 더 부러움을 살 만한 정도까지는 아니었다. 유럽에서는 18세기 말까지도, 그리고 세계 다른 대부분의 지역에서는 심지어 오늘날까지도 지구상의 인구 가운데 상당수가 산업혁명 이전의 경제에서 살면서, 극히 적은 수입을 얻고, 돈으로 살 수 있는 것이며 할 수 있는 것의 혜택을 전혀 누리지 못하고 살아가고 있는 것이다.

노동시장의 성장: 경제

앞의 여러 단락에서 서술한 삶의 조건들을 오늘날 우리가 살고 있는 삶의 조건들과 비교해보자. 20세기 이후에 들어서는 거의 모든 나라의 거의 모든 사람이 돈을 위해서 일하고, 그렇게 번 돈을 가지고 좋은 삶을 살기 위해 자기가 필요로 하는, 원하는 것을 구입한다. 돈이 없다면 어느 누구도 좋은 삶을 살 수 없다. 돈을 더 많이 지닌 사람은 돈을 더 적게 지닌 사람으로부터 부러움을 사고, 사실상 모든 사람이 지금보다 더 많은 돈을 버는 방법을 항상 물색한다.

하지만 어떤 사람들의 경우, 돈에 관해서는 별로 신경 쓰지 않는다는 사실을 우리는 잘 알고 있다. 그들은 오히려 자신이 일함으로써 얻는 돈보다는 자신이 하는 일에 관해서, 또는 자신이 사는 곳에 관해서, 또는 '과도한 경쟁'을 회피하는 것에 관해서 더 관심을 가진다. 그러나 이처럼 비교적 보기 드문 사람들조차도 살아가기 위해서는 약간이나마 돈을 필요로 한다.

한때는 토지의 소유권이 〔곧 재산이었지만〕 이제는 금전적 수입으로 대체되었다. 오늘날에는 만약 우리가 너무 불운한 나머지 땅은 있는데 그걸 유지할 돈은 없는 경우, 우리는 결국 과거의 제일 가난한 소농보다 더 가난해질 수도 있다. 만약 우리가 왕이었다면, 즉 백성의 노동과 기부로 살아갔다고 하면, 우리는 불명예스러운 기분이 들 것이고, 최소한 불편해질 것이다. 만약 우리가 정직한 사제로서 자기 교구민을 도왔다고 하면, 우리는 교구민 가운데 대부분이 우리를 동정한다는 사실을 자각했을 것이다. 비록 우리는 주님의 일을 하기 때문에 스스로를 부유하다고 생각할지라도, 그들은 우리가 워낙 가난하다고 생각해서 동정하는 것이다.

1800년 이래 오늘날까지의 변화는 그야말로 이례적이다. 1800년에는 세계 대부분의 지역에서 돈이 거의 눈에 보이지 않았다. 오늘날은 돈이 그야말로 도처에 편재(遍在)한다. 일은 그때나 지금이나 있지만, 일이 곧 삶이고 삶이 곧 일이라는 개념은 사실상 사라져버렸다. 우리는 먹고살기 위해 일하면서도, 한편으로는 우리가 더 이상 일할 필요가 없어지고, '진정으로 살아갈' 시간을 얻게 될 날이 오기를 꿈꿀 수도 있다. 일과 삶은 우리 존재의 불가분한 부분들이 되는 대신, 오히려 상충되고 거의 모순적인 개념이 된 것이다.

지구상의 인간 대부분에게 이러한 변화는 20세기에 일어났다. 이는 전 세계의 산업 발전이 완수되기 위해서 1세기가 아니라 2세기가 꼬박 걸렸기 때문이다. 1700년대 후반기에 시작되어, 1900년대 후반기에 완료된 것이다. 하지만 본질적으로 이 변화는 오로지 19세기의 작품이며, 유럽의 구체제의 종식이 목도된 1815년부터 제1차 세계대전이 발발한 1914년 사이에 일어났다. 1914년에 이르자 개발국 사람들 대부분은 화폐경제에서 살아가게 되었다. 이는 '개발'국의 정의에서 일부분을 차지하기도 한다. 20세기에 개발이 다른 나라로도 전파되면서, 화폐경제도 함께 전파된 것이다.

　19세기에 벌어진 인간의 삶의 기본 유형에서의 이 거대한 변화를 상징하는 것은 한 가지 새로운 학문의 발견, 또는 발명이었다. 바로 경제학이다. 흔히 "음울한" 학문이라고 불리는 경제학은 인간사에 관한 비관론적인 견해를 공유하는 일군의 음울한 사상가들에 의해 수행되었다. 즉 이들은 인간에 관해 생각하는 일이 가령 밀 부대나 무쇠 덩어리에 관해 생각하는 일과 근본적으로는 전혀 다를 바가 없다는 데에 동의했다. 한 명의 사람은 한 덩어리의 빵과 마찬가지로 사고팔 수 있는 경제적 실체였다. 반면 인간의 영혼은 경제적 실체가 아니었고, 따라서 과연 그것이 정말 존재하는지 여부에 관한 의구심이 제기되기 시작했다.

　애덤 스미스는 저서인 『국부론』(1776)에서 이른바 노동시장이라는 이 주목할 만한 현상을 서술한 최초의 인물이었다. 그가 이것을 명명하고, 이것이 어떻게 작동하는지를 이야기하기 전까지만 해도, 노동시장이란 어떤 면에서 존재하지 않았던 셈이다. 삶이 곧 일이고, 일이 곧 삶인 곳에서는 한 사람이 일을 스스로에게서 분리시킬 수도 없었고, 스스로를 판매하지 않는 한은 그 일을 다른 누군가에게 팔 수도 없었던 것이다. 스미스는 산업혁명이 만들고 있는 이 새로운 세계에서는 노동이 다른 무엇과도 마찬가지인 일용품이며, 따라서 판매를 위한 것임을 깨달은 최초의 인물 가운데 하나였다. 사실은 모든 것이 곧 판매를 위한 것이었다. 삶은 일에 있는 것이 아니라 사고팔기에 있었고, 돈은 시장의 생혈(生血)이었다. 시장 위에는 스미스의 말마따나 "보이지 않는 손"이 작용하고 있어서, 경제적 효율성이 만연하게 보장해준다고 했다. 더 나아가 인간의 행복은 효율적인 사고팔기에 있었다. 효율성의 상징은 이윤이었고, 이것은 돈으로 측정되었다. 따라서 돈은 모두가 얻으려고 분투하는 목표가 되었다. 그리하여 근대 세계가 나타났던 것이다.

애덤 스미스의 뒤를 이은 경제학자 가운데 유명한 사람을 몇 들어 보자면, 경제학자를 통틀어 가장 비관적이었을 법한 인물인 토머스 로버트 맬서스(1766~1834)를 위시하여, 데이비드 리카도(1772~1823), 제임스 밀(1773~1836)과 그의 아들인 존 스튜어트 밀(1806~1873), 헨리 조지(1839~1897), 존 메이너드 케인스(1883~1946) 등이 있다. 우리의 시대에는 상당수의 강단 경제학자들이 새로운 발견들을 함으로써 오래된 문제에 새로운 빛을 비춰주었다. 그들은 또한 경제활동의 새로운 측정 방법을 창안하기도 했으니, 가령 M1과 M2(화폐 공급의 척도), 그리고 GNP(국가 생산성의 척도) 등이 대표적이었다.

이러한 진보는 우리로 하여금 경제적 삶에 관해 훨씬 많은 것을 알게 해주었다. 하지만 아직도 우리가 무지한 영역은 상당히 크다. 1987년 10월의 주식시장 붕괴는 1929년의 주식시장 붕괴만큼이나 상당히 놀라운, 외관상 예측 불가능한, 그리고 극히 이해 불가능한 일이었지만, 그 직전까지만 해도 수많은 경제학자들은 1929년과 같은 사건이 반복되는 일은 결코 없을 것이라고 무려 60년 가까이 호언장담하고 있었다. 더욱 불편한 사실은 그로부터 또 한참이 지난 지금까지도 경제학자들 사이에서는 1987년의 주식시장 붕괴의 원인이 무엇인지에 대해 의견이 일치하지 않는다는 점이다.

경제학이 '훌륭한 학문'인지 여부를 따지는 것은 사실 요점을 벗어난 일이다. 경제학자들은 물론 진실인 것을 상당수 알고 있다. 그렇다고 해서 무려 3세기에 걸친 뉴턴역학의 든든한 보장을 지닌 물리학자만큼의 확실성을 지니고 있진 못하지만 말이다. 요점은 그래도 우리가 경제학 덕분에 일찍이 조상들은 알지 못했던 여러 가지 중요한 것들을 안다는 점이다. 맨 먼저, 그리고 가장 중요하게, 우리는 오늘날의 세계에서, 그리고 우리가 상상 가능한 다른 모든 세계에서 노동과 전문 기술과 경험이 판매 가능하다는 것을, 또한 삶이란 우리 자신의 노동과 전문 기술과 경험을 가급적 가장 높은 가격 — 즉 특정한 규정 가능한 조건과 일치하는 — 에 판매하는 방법을 배우는 것으로 이루어진다는 것을 안다.

우리는 또한 이것이 사물의 자연적 질서라고 믿는다. 아마도 이것은 지금도 그러하며, 앞으로도 영원히 그러할 것이다. 하지만 지금으로부터 2세기 전까지만 해도 이것이 자연적 질서로 여겨지지는 않았음을 잊어서는 안 된다. 어쩌면 우리는 이 사실을 상당히 의아하게 생각해야 마땅할지도 모르며, 평소에 우리가 알고 있는 다른 사실에 관해 의아하게 생각하는 것보다도 더욱 의아하게 생각해야 마땅할지도 모른다.

19세기의 음울한 학문인 경제학은 다른 지식의 영역까지 침공했다. 마르크스 — 그에 관해서는 잠시 후에 더 자세히 살펴보도록 하자 — 는 경제학자이며 역사가였다. 오늘날 모든 진지한 역사가 곧 경제사나 마찬가지 — 비록 가끔은 다른 생각을 띤 것처럼 나타나기는 해도 — 가 된 것도 상당 부분 마르크스의 덕분이다. 즉 굳이 언급할 만한 가치가 있는 역사라면 다른 어떤 요인보다도 더 먼저 경제적인 요인을 다루어야 마땅하다는 것이다. 반면 애덤 스미스 이전에 집필된 역사의 경우는 굳이 이런 내용을 다루지 않아도 충분히 훌륭한 역사로 간주되었다.

더 나아가 이제는 과학에도 경제적 측면이 있고, 예술에도 경제적 측면이 있으며, 심지어 여가의 경제학까지 있다. 예전에만 해도 여가란 경제적 사실과는 거의 정반대의 것으로 간주되었는데도 불구하고 말이다. 그리고 돈은 성공의 척도가 되었으며, 외관상으로는 가장 비경제적인 활동의 경우에도 그렇게 되었다. 우리는 이른바 부에 명성이 따르고, 평판조차도 돈으로 살 수 있는, 부유한 사람들의 생활양식에 매료되었다.

영국에서는 구체제 시기에도 돈의 승리가 이미 벌어졌으니, 그 시기인 1840년대 중반에 찰스 디킨스(1812~1870)는 『돔비 앤드 선』이라는 작품을 썼다. 디킨스 역시 다른 대부분의 사람들과 마찬가지로 이런 현상에 깜짝 놀랐고, 자신이 일찍이 알았던 세계가 영영 사라졌다는 사실에 마뜩지 않고 불쾌한 생각이 들었다. 그는 이런 불만을 감추지 않았다.

돔비 씨는 영향력 있는 무역 회사의 대표이며 부자다. 그의 아들은 비록 머리는 좋지만 몸이 허약하기 짝이 없다. 하루는 꼬마 폴이 아버지에게 묻는다. "아빠! 근데 돈이 뭐예요?"

돔비 씨는 당황한다. '자기' 아들이 묻는 질문치고는 너무나도 이상야릇했기 때문이다! "돈이 뭐냐고 묻는 거냐, 폴?" 그가 되묻는다. "돈 말이야?"

"그러니까요." 폴이 말했다. "돈이라는 게 도대체 뭔데요? 그러니까 그게 뭘 할 수 있는데요?"

"너도 나중에 알게 될 거다." 돔비 씨는 아들에게 이렇게 말하며 머리를 쓰다듬었다. "돈이란 말이다, 폴. 그건 뭐든지 할 수 있게 하는 거란다."

폴은 이런 답변에 만족해서 물러나지 않고, 계속해서 돈에 관해 궁금해한다. 소년의 어머니는 이미 세상을 떠났다. 아이를 낳고 몇 시간 뒤에 사망했던 것이다. 소년은 이렇게 묻는다. 만약 돈이 그렇게 좋은 거라면, 왜 자기 엄마를 살리지 못했던 것이냐고. 소년 역시 워낙 몸이 허약했다. 그런데 돈이 소년을 강하고 튼튼하게 만들어주지는 못했다. 그렇다면 돈이 도대체 무슨 소용인가?

이 소설의 결말 부분에서 우리는 돈이 꼬마 폴을 구해주지 못하며, 돔비 앤드 선 무역 회사도 구해주지 못함을 알게 된다. 회사가 무너짐과 동시에 돔비 씨가 지녔던 모든 지고한 희망도 무너지는 것이다. 그는 아들을, 아내를, 그리고 돈 전부를 잃어버린다. 이제 남은 것이라고는 그가 평소에 아무런 가치도 없다고 여겼던 딸 하나뿐이다. 하지만 사실은 그 딸이야말로 이 세상의 모든 돈이며 명성이며 영광보다도 더 가치가 있음을 그는 비로소 깨닫는다.

파우스트적 발전

괴테의 『파우스트』는 1808년 제1부가 간행되었다. 앞에서 살펴본 것처럼 이 작품은 괴테가 태어났던, 오래되고 편협한 고딕의 세계에 조종을 울렸다. 그로부터 24년 뒤인 1832년, 즉 저자가 사망하기 몇 달 전에야 완성된 제2부는 제1부를 보완하는 역할을 했다. 저자는 이미 죽어가고 있는 세계를 안타까운 마음으로 정확하게 서술하는 대신, 이제 태어나고 있는 또 다른 세계를 풍부한 상상력으로 묘사했다.

파우스트 전설에 따르면, 파우스트는 인간이 꿈꿀 수 있는 모든 좋은 것들(크리스토퍼 말로의 희극에서는 이른바 여성이 표상하는 모든 것의 상징이라 할 수 있는 트로이의 헬레네까지도 이 좋은 것들 안에 포함된다.)을 제시하는 악마에게 유혹을 받는다. 괴테의 메피스토펠레스 역시 파우스트를 데리고 시간과 공간을 넘나드는 여행을 떠나고, 그에게 헬레네를 반려자로 제공하고, 그 외의 다른 사치스러운 선물도 제공한다. 하지만 괴테의 파우스트는 권태를 느낀다. 그는 여전히 더 많은 것을 원하지만, 그런 와중에서도 자신이 정확히 무엇을 원하는지를 알지는 못한다.

제4막의 시작에서 파우스트는 끝없는 바다를 마주 보는 높은 바위산에 혼자 우울하게 앉아 있다. 메피스토펠레스가 마법 장화 — 한 걸음에 무려 7리그(21마일)를 갈 수 있는 — 를 신고 나타난다.(악마가 장화를 벗자마자, 장화는 혼자 알아서 달려가 버린다.) 악마는 도대체 무엇 때문에 고민이냐고 파우스트에게 묻는다.

파우스트 본인도 알지 못한다. 그때 갑자기 그는 자신이 무엇을 열망하는지 이해한다. 저 아래 펼쳐진 바다는 조석의 영구한 운동에 따라서 물이 들어왔다 나갔다 하지만, 그로 인해 아무것도 성취하지는 못하고 있다. 그 모든 에너지가 허비되는 것이다. "나는 그것을 제어하겠다!" 그는 외친다. "부디 나를 도와다오!"

이것이야말로 메피스토펠레스가 좋아해 마지않을 만한 종류의 사업이었다. 어떤 인간도 감히 할 수 없는 그런 일을 파우스트가 성취할 수 있도록 돕는 것이 이 악마의 역할이었기 때문이다. 그는 우선 파우스트에게 어느 황제가 전쟁에서 승리하도록 도우라고 조언한다. 그 대가로 황제는 파우스트에게 넓은 땅을 하사하고, 그 전체 해안을 개발하도록 허락해줄 것이었다. 이 계획은 말이 떨어지기가 무섭게 이루어진다. 이제 파우스트는 전망대에 앉아서 자신의 웅장한 계획이 구체적으로 실현되는 모습을 만족스럽게 바라본다. 한때 밀림, 즉 자연적 혼돈이었던 곳이 거대한 평지가 되고, 그곳에서는 훌륭한 건물과 공장이 유용한 물건을 생산하고, 수천 명의 사람을 고용하여 유용한 일을 하게 한다.

그런데 그가 원하는 일은 또 하나 있었다. 파우스트의 시선이 닿는 땅 한가운데에는 오래되고 아름다운 린덴 나무로 둘러싸인 작은 집이 한 채 있었다. 그는 풍경을 망치는 그 집에 사는 사람이 누군지 묻는다.

메피스토펠레스는 그곳에 바우키스와 필레몬이라는 노부부가 살고 있다고 대답한다. 그리고 두 노부부를 다른 곳으로 이사 가게끔 할 수가 없었다고도 한다. 노부부는 친절하고 너그러운 사람들이긴 하지만, 노령인 관계로 메피스토펠레스가 제안한 대안, 즉 거기서 멀지 않은 곳에 새로 조성된 영지 — 파우스트의 눈이 닿지 않는 곳 — 에 더 넓은 땅과 더 멋진 집을 주겠다는 조건에도 넘어가지 않았다.

파우스트는 짜증을 부리며 고뇌한다. 그는 이미 모든 것을 가졌다. 권력, 성공, 그리고 수천 명에 달하는 동포들에게 도움을 줌으로써 얻는 만족까지도 말이다. 그런데 이 어리석은 노부부가 그의 앞길을 막아선 셈이다.

파우스트는 잔인한 사람까지는 아니었다. 적어도 그는 자신이 그렇지 않다고 생각했으리라. 배려와 너그러움 덕분에 모든 사람들에게 사랑받는 노부부를 감히 해치려는 생각은 없었다. 하지만 사업은 완료되어야만 했다! 그의 꿈의 성취가 어느 노부부 때문에 좌절된다는 것은 생각하기만 해도 참을 수 없는 일이었다. 파우스트는 노부부를 내쫓고, 그 낡은 집과 오래된 나무들을 없애라고 메피스토펠레스에게 지시한다. 그 일은 반드시 다음 날 날이 밝기 전에 해치워야 한다고, 그러지 않으면 자신은 결코 다시는 마음 편히 잠들지 못할 것이라고!

머지않아 메피스토펠레스가 다시 등장한다. 하지만 파우스트는 저 멀리 나무들 사이에서 깜박이는 노란 불빛을 응시하느라 정신이 없다. 불이 난 모양이라고 파우스트가 말한다. 메피스토펠레스는 맞다고 대답한다. 바로 바우키스와 필레몬이 사는 집에 불이 났다는 것이다. 두 사람이 도통 집을 떠나려 하지 않기에, 그 집에 불을 질러 잿더미로 만들었다는 것이다. 파우스트의 몸이 휘청거린다. "그렇다면 그들이 다쳤다는 뜻인가?" 메피스토펠레스는 어깨를 으쓱한다. "그들이 사라졌으면 하고 바라시지 않았습니까? 그러니 죽이는 것밖에는 방법이 없었습니다. 내일 아침 해가 뜨면 그 장소는 말끔히 정리되어 사방이 탁 트여 있을 것입니다."

파우스트는 자신이 한 짓을 한탄하지만, 메피스토펠레스는 도리어 그를 질책한다. 오믈렛을 만들려면 반드시 달걀을 깨트려야 하는 법이라고 악마는 말한다.(『파우스트』가 나온 이래 1세기 반 동안, 대규모의 개발 사업을 벌인 그 얼마나 많은 건설업자들, 개발업자들, 경영자들이 이와 똑같은 말을 주워섬겼던가?) 파우스트는 호통을 쳐서 메피스토펠레스를 쫓아 보내지만, 물론 그는 당연히 악마를 완전히 내쫓지 못하고, 솔직히 본인도 그러고 싶은 생각까지는 없다. 미래를 향해 나아가기 위해서는 모든 것을 부정하는 영(靈), 이미 있는 것의 파괴자인 그 악마가 반드시 필요하다는 것을 파우스트는 잘 알고 있다. 이 세계에는 한계라는 것이 있지만, 인간의 꿈은 그야말로 무한하다. 낡은 것은 반드시 깨어지고 짓눌리고 말살됨으로써 새로운 것을 위한 공간을 만들어야만 한다. 계속해서 늘어만 가는 추세로, 어제의 새로운 것들은 내일의 새로운 것들에 반드시 길을 내주어야만 한다.

그렇다면 이는 항상 그러했던 것일까? 인구가 거의 변동 없이 유지되던 때에는, 인간이 지은 것이 한 세대뿐만 아니라 1000년 동안 유지되던 때에는, 어떤 제도가 세상 마지막 날까지 영속될 수 있으리라 의도했을 때에는, 결코 그렇지 않았다. 이 세상에는 항상 변화가 있게 마련이었다. 또한 변화란 인간의 삶에서나 자연에서 불가피한 것이기도 했다. 하지만 산업혁명 이전까지만 해도, 즉 19세기 이전까지만 해도, 변화 자체가 목표가 되지는 않았다. 그러다가 그때 이후로, 변화는 일종의 법률이 되고 그 자체가 목표가 되었다. 만물은 반드시 변화되어야만 했으니, 왜냐하면 과거는 근본적으로 바람직하지 않으며 만족스럽지 않기 때문이었다. 새로운 것은 좋은 것이었고, 낡은 것은 나쁜 것이었다. 낡은 것을 팽개치고, 새로운 것을 가져오라!

가까운 과거를 향한 향수가 지금처럼 분출되는 상황에서도 이런 추세는 결코 무효화되지 않았다. 내가 이 글을 쓰는 지금도 미국에서는 1950년대를 향한 열광이 일어나고 있다. 독자가 이 글을 읽을 때쯤이면 벌써 또 10년이 지나가서, 이제 1950년대는 이미 관심 밖이 되었을지도 모르겠다. 이런 생각의 변화조차도 괴테를 벗어나지는 못하니, 그는 벌써 100년 하고도 60년 전에 이를 이해했던 것이다. 따라서 이 희곡의 말미에서 이미 늙은 데다 눈까지 먼 파우스트는 자신이 태어났던 작은 마을로 돌아가서, 그레첸의 좁은 방을 다시 찾아가고 싶어 한다. 하지만 이것 역시 말하자면 구체제로부터 1830년대식의 테마파크를 만들기 위한 것이었다. 과거의 봉건적인 삶의 방식은 살아가기 위한 장소가 아니라 어디까지나 방문하기 위한 장소가 되었던 것이다. 살아가기 위한 장소는 오히려 미래였다.

괴테가 남긴 걸작의 결말 부분은 제아무리 좋게 말해도 수수께끼 같다. 나이 많은 시인은 특유의 정력이나 솜씨를 전혀 잃지는 않았지만, 이제 그의 논점은 한때 그랬던 것처럼 명료하지는 않았다. 파우스트는 바우키스와 필레몬을 처리한 것 때문에 고통을 받는 한편으로 승리를 즐겼다. 무엇보다 중요한 사실은 그가 결코 패배를 시인하지는 않았다는 점이다. 일부의 사람들에게는 미래가 다소간 잔인할 수도 있지만, 대부분의 사람들에게는 미래가 오히려 더 나으리라는 그의 생각이야말로 모든 사람의 눈앞에 나타나기 시작한 — 비록 모든 사람이 그걸 보지는 못한다 하더라도 — 새로운 세계에 관한 적절한 묘사라고, 괴테는 말하고 있는 것만 같다. 그리고 파우스트는 이 시의 맨 마지막 줄에서 그 결과로 저주를 받는 것이 아니라, 도리어 구원을 받는다.

괴테와 그의 작중인물 파우스트에게 스며들었던 예언의 정신은 괴테의 사망과 파우스트의 시적 신격화와 함께 사라지지 않았다. 그 횃불은 이제 일군의 사상가들 손으로 넘어갔으며, 대부분 젊은이였던 그들은 스스로를 사회주의자 — 이것이야말로 새로운 단어였다 — 라고 일컬었으며, 사회 노동에 근거하며 정의를 위해 헌신하는 새로운 세계에 관한 유쾌한 비전을 만들어냈다. 이런 새로운 예언자들의 무리 가운데서도 가장 언변이 뛰어나고 영향력 있었던 인물은 바로 카를 마르크스였다.

마르크스주의 : 이론과 실천

미국 남북전쟁 직전의 여러 해 동안 남부의 정치적 변증론자들이 내놓은 부정직한 노예제 옹호 주장은 다음과 같은 식이었다. 가령 가재(家財) 노예제가 한 지역에서 실시되고 있는데, 이는 주로 경제적인 이유 때문이라는 것이다. 하지만 검둥이는 주인에게 좋은 대우를 받는다. 노예 소유주로서는 노예를 잘 대우하는 것이 경제적으로 이익이기 때문이다. 검둥이는 자연적으로 더 열등하기 때문에, 노예 상태로 있는 것이 자유로운 상태로 있는 것보다 잘 사는 것이니, 이는 이러한 너그러운 대우 때문이라는 것이다. 북부의 '자유로운' 노동자는 그러한 종류의 너그러움을 누리지 못한다고 이 논증은 주장했다. 그런 노동자 역시 이름만 다를 뿐이지 사실상 노예나 다름없으며, 심지어 주인도 아닌 고용주의 이익을 위해서 잔혹한 대우를 받는다는 것이다. 따라서 북부의 '자유로운' 사회에도 일종의 '급여를 받는 노예'가 있으며, 이는 남부에서 실시되는 진짜 노예제보다도 더 나쁘다는 것이다.

《뉴욕 트리뷴》의 해외 특파원 역시 이러한 논증에 동의했지만, 그렇다고 그가 가재 노예제를 정당화하고 싶어서 그런 것은 결코 아니었다. 그의 이름은 카를 마르크스였으며, 그가 정말로 하고 싶었던 일은 이 세계를 완전히 뒤집어엎는 것이었다.

1815년에 나폴레옹의 마지막 전투가 벌어진 이후, 보수적인 유럽 정치 체계는 재구성되자마자 균열을 드러내기 시작했다. 1830년에 프랑스에서 소규모 봉기가 일어나더니 1848년에는 독일에서 대규모 봉기가 일어났다. 이 봉기는 다른 나라로도 퍼져나갔다. 런던에 머물던 마르크스와 그의 친구인 프리드리히 엥겔스(1820~1895)는 이에 열광한 나머지 『공산당 선언』을 내놓았고, 전 세계에, 또는 최소한 유럽 전역에 혁명이 박두했다고 기대해 마지않았다. 1848년의 혁명은 잔인무도하게 진압당했지만, 마르크스와 엥겔스는 꿈꾸기를 멈추지 않았다. 그리고 예언하기도 멈추지 않았다.

마르크스주의는 역사에 관한 이론인 동시에 혁명을 위한 실천 계획이기도 했다. 이 두 가지 요소를 조합시켰다는 사실에 바로 그의 천재성이 있다. 마르크스 이전 사람들 가운데 상당수는 혁명을 위한 계획을 내놓거나, 또는 그 이론적 설명을 내놓거나, 둘 중 하나를 하는 데에 불과했다. 마르크스는 양쪽 모두를 내놓았으며, 이것이야말로 그가 역사상 가장 유명한 동시에 가장 영향력 있는 혁명가인 까닭이라 하겠다.

마르크스는 결코 행복한 사람까지는 아니었고, 그의 삶 역시 결코 행복한 것만은 아니었다. 그는 1818년에 독일 서부 트리어의 중산층 집안에서 태어났다. 이후 베를린 대학에서 법률을 공부했지만 학위를 얻지 못하고 그만두었다. 그는 '청년 헤겔파', 또는 좌파 공화주의에 가담했으며, 파리로 가서 정치 언론계에서의 오랜 경력을 시작했다. 1845년에 파리에서 쫓겨난 그는 경찰을 피해 브뤼셀로 갔다가, 그곳에서 엥겔스를 만났다.

마르크스의 사상에 가장 큰 영향을 준 것은 G. W. F. 헤겔(1770 ~1831)의 철학이었다. 마르크스가 태어난 해에 헤겔은 베를린에서 강의를 시작했었다. 헤겔의 방법은 본질적으로 모든 것을 형이상학화하는 것이었으니, 다시 말해서 구체적인 현실에서 어떤 이념, 또는 보편 정신의 움직임을 식별하는 것이었다. 인간의 역사에 관한 극도로 넓은 견해를 받아들여 헤겔은 모든 변화, 모든 진보는 거대한 힘들 간의 갈등에 의해 생겨난다고 주장했다. 세계사적 인물, 또는 국가, 또는 사건은 도전을 제기한다. 그는 이를 정립이라고 일컬었는데, 이제 여기에 대해 반정립이 제기된다. 둘 사이의 갈등이 불가피하게 해결되는 것은, 보다 높은 존재의 국면상에서 두 가지 힘의 종합에 의해서다.

가령 프랑스 혁명은 구체제에 도전을 가했다. 구체제는 '에미그레'로 이루어진 군대를 가지고 혁명을 패퇴시키는 것으로 응답했다. 하지만 그 갈등의 해결책은 새로운 사회질서였고, 이것은 그 이전에 있었던 어떤 것과도 달랐고, 갈등에서 예견되었던 어떤 쪽과도 달랐다.

이것은 혁명에 대한 이론적 설명이었다. 하지만 위의 사례에서처럼 이미 벌어진 사실을 설명하는 데에는 유익해도, 적용하는 데에는 어려웠다. 다시 말해서 혁명가들을 위한 실용적인 계획까지는 아니었다.

마르크스는 이러한 사실을 깨닫고 헤겔과 그의 관념론적 변증법을 경멸적으로 비판했지만, 그런 한편으로 자신이 헤겔에게 많은 것을 빚지고 있음을 시인했다. 그는 종종 자신이 "헤겔을 거꾸로 돌려놓았다"라고 즐겨 말했다. 즉 자신은 이념에서 시작한 것(그는 헤겔이 그렇게 했다고 간주했다.)이 아니라, 오히려 구체적인 물질적 현실에서 시작했다는 것이다. 따라서 마르크스는 자신의 역사철학을 변증법적 유물론이라고 불렀다. 역사를 마치 자신이 한 일처럼 잘 알았기에, 그는 왜 어떤 일이 지금과 같이 일어났는지를 설명할 수 있을 뿐만 아니라, 미래에는 무슨 일이 일어날지를 예견할 수도 있다고 주장했다.

역사적 '힘들'의 갈등에 관한 헤겔의 비교적 모호한 개념은 마르크스에 와서 사회 및 경제 계급 간의 투쟁으로 변모되었으며, 그는 이런 투쟁이 역사 내내 계속되다가 오로지 공산주의의 최종적인 승리와 함께 끝나게 된다고 믿었다. 그는 자기 주위에서 갓 싹트기 시작한 산업 세계의 조건들에 관한 근면한 관찰자였으며, 탁월한 작가이기도 했다. 그는 가난한 영국 노동자들이 살아가는 방식이며, 그들이 일하는 조건을 서술했다. 그는 또한 부유한 자본가들이 살아가는 방식을 서술했다. 자본가의 이익이 노동자의 이익과는 전혀 다르다는 사실은 명백했다. 그리고 어떤 면에서 노동자는 그가 일하는 토지나 기계의 소유주와 갈등을 빚었고, 그런 갈등은 항상 있게 마련이었다.

　그럼에도 불구하고 마르크스의 계급 갈등은 이 세상에는 영구한 사회경제적 계급들이 실제로 있다는 가정에 근거하고 있었기에, 관건은 과연 유럽 여러 국가에 그런 계급들이 정말로 있었는지 여부였다. 만약 그런 계급들이 없었다고 한다면, 즉 그 갈등이 잠시 동안의 것이며, 결코 영구하거나 본질적인 것까지는 아니었다면, 마르크스는 결국 헤겔을 거꾸로 돌려놓은 것까지는 아닌 셈이다. 그는 다만 헤겔의 교설에 사소한 수정을 가한 것뿐이다. 그런 계급이 정말로 있었건 없었건 간에, 결과적으로 마르크스는 노동자와 자본가 모두에게 그게 정말로 있다고 확신하도록 만들었다.

　이런 수사학적 개가는 마르크스는 물론이고 그 이후의 레닌에게도 전형적이라 할 만하다. "유럽에 유령이 하나 출몰하고 있다!" 『공산당 선언』은 이렇게 시작된다. "바로 공산주의라는 유령이다!" 이것은 사실이 아니었다. 물론 당시의 노동자들은 불만을 품었고, 그들로선 마땅히 그럴 법도 했다. 그들은 자신들이 착취당하고 있다고 생각했고, 이에 대한 개선을 원했다. 간혹 그들은 자신들이 일하는 가혹한 조건 때문에 격노한 나머지, 이에 항의하여 — 다소간 비효율적으로 — 봉기하기도 했다. 하지만 그중에서도 공산주의를 원한, 또는 그게 무슨 의미인지를 이해한 사람은 오로지 소수에 불과했다. 오히려 대다수의 노동자는 그저 약간 더 나은 삶을 원했을 뿐이고, 자신들의 노동으로 인한 수익을 약간 더 나누어 주었으면 하고 바랐을 뿐이다. 그들은 스스로를 하나의 계급으로 생각하지도 않았고, 자기 계급이 이 세계를 지배하고 자본가를 대체하기를 바라지도 않았다.

마르크스는 이런 사실을 다른 누구보다도 더 잘 알았다. 그는 노동자들이 아직 믿지 않는 것을, 그리고 노동자들이 결코 이해하지도 못할 것을 말로써라도 그들에게 확신시켜야 한다고 생각했다. 그와 엥겔스는 쉬지 않고 갖가지 선언, 논문, 비평, 기사를 만들어냈다. 이들이 전달하려고 한 핵심은 프롤레타리아트, 즉 어떠한 자본도 소유하지 못한 노동자계급의 승리가 불가피하리라는 것이었다.

이러한 새로운 질서는 결코 불가피한 것까지는 아니었으니, 실제로 이런 일은 『공산당 선언』이 세상에 나온 지 1세기 하고도 반이 지난 뒤까지도 몇몇 단편적인 경우를 제외하면 결코 이루어지지 않았다. 그리고 실제로 이런 일이 이루어진 곳에서는, 최근 들어서 오히려 역전이 일어났다. 그럼에도 불구하고 혁명가는 자신이 일종의 역사적 롤러코스터를 타고 있다고, 그리고 시간 속에서 그 롤러코스터의 진행은 거대한 힘에 의해 제어된다고 생각함으로써 위안을 얻을는지도 모르겠다. 마르크스만 해도 공산주의 혁명은 불가피한 것이라는 주장을 쉬지 않고 반복했으며, 이번에도 역시 그는 많은 사람들에게 확신을 심어주었다.

수사적인 측면에서 마르크스의 가장 탁월한 재능은 "부르주아에게 충격을 주자"(épater le bourgeois)라고 주장할 때에 특히나 잘 발휘되었다. 『공산당 선언』은 그 적들을 도발해서 광분하게 만드는 데에는 탁월하리만치 성공을 거두었다. 이 유명한 문서 안에는 온갖 출처가 의심스러운 관념이 총망라되어 있는데, 심지어 공산주의자들이 여자까지도 공유하리라는 궁극적인 위협까지도 들어 있다. 마르크스는 결코 이러한 위협을 실제로 의도하거나 바란 적이 없었지만, 적어도 그렇게 함으로써 독자들을 크게 놀라게 만들 수 있음은 잘 알고 있었다.

그 결과로 인해 보통은 부르주아 자본가들이 자충수를 놓게 마련이었다. 즉 그들이 먼저 무력을 사용하는 것이다. 그러면 프롤레타리아트는 반항적인 사회경제적 계급에 걸맞게 ― 심지어 자신들이 그런 계급에 속한다는 것을 믿지 않는다 하더라도 ― 반응하리라는 것이다.

전 세계의 반항가들은 이런 식으로 행동하는 방법을 마르크스로부터 배웠으며, 그 외에도 다른 모든 것을 마르크스로부터 배웠다. 그들은 항상 적 ― 가령 경찰 ― 을 도발함으로써 과도한 무력을 사용하게 만들고, 그 와중에 가장자리에서 TV 카메라맨이 그 모습을 찍게 만드는 것이다.

『공산당 선언』이 나올 수 있도록 자극제 노릇을 한 1848년의 혁명은 금세 진압되었고, 그 결과로 자본가가 입은 피해는 어디까지나 제한적이었다. 이보다 더 큰 도전은 1870년, 그러니까 프랑스의 나폴레옹 3세가 충동적으로 독일에 전쟁을 선언함으로써 촉발되었다. 이 전쟁에서 오토 폰 비스마르크가 이끌던 독일은 불과 3개월 만에 프랑스를 패퇴시켰다.

나폴레옹이 퇴위하자, 급진적인 공화주의 정부는 독일 침략자들에 대항하는 전쟁을 수행하려 시도했다. 이 전쟁은 머지않아 가망성이 없는 것으로 증명되었고, 1871년 1월에 프랑스는 독일에 항복했다. 군주제 쪽으로 기운 새로운 정부가 선출되자, 국가는 과거와 같은 방식으로 굴러가려고 시도했다. 하지만 마르크스에 따르면 바로 여기서 반정립이 활동에 들어갔다.

파리 시민들은 여러 강대국이 프랑스를 좌지우지하는 것에 모욕을 느끼고 상처를 받은 나머지 폭동을 일으켰고, 자신들만의 정부를 선출함으로써 아예 국가에서 분리되고자 했다. 파리코뮌(자치 정부)은 당시 대통령으로 선출된 아돌프 티에르의 명령에 복종하기를 거절했다. 늙고 간교했던 티에르는 독일인에게 수천 명의 프랑스인 포로를 풀어달라고 요청했고, 곧이어 파리코뮌을 분쇄하기 위한 막강한 부대를 조직했다.

1871년 5월 한 달 동안 파리 시내에서는 유혈이 낭자한 전투가 벌어지며 수많은 시신을 남겼다. 5월 28일에는 최후의 '코뮈나르' (communard, 코뮌 지지자)들이 페르 라셰즈 공동묘지에 있는 '코뮈나르의 벽' 앞에서 총살당했다. 프랑스 좌파는 프랑스 군인들이 프랑스 노동자들을 이 벽 앞에 줄지어 세워놓고 잔혹하게 죽인 그날을 결코 잊지 않는다.

기다림과 기대 속에서 이 사건을 지켜보던 마르크스는 '코뮈나르'들이 프롤레타리아 혁명의 최전선에 있다고 선언했다. 그들은 결코 그런 부류가 아니었다. 하지만 여기서도 마르크스의 말이 그럴싸하게 들릴 정도의 근거는 있었다. 예언자로서 그의 명성이 자라남과 동시에, 그의 이름은 자본가를 도발하는 데에도 유용해졌다.

마르크스는 1883년에 사망했다. 1917년에 V. I. 레닌(1870~
1924)은 러시아에서 마르크스의 이름을 내세우며 혁명가들을 이끌
었다. 또한 레닌은 마르크스와 유사한 수사적 재주를 이용하여 승리
의 기회를 얻었다. 레닌은 이런 반항자들 중에서도 극좌파에 속하는
소수집단의 지도자였다. 그는 당시 혁명가들 가운데 다수를 차지한
집단의 지도자인 알렉산드르 케렌스키(1881~1970)와 대립했다. 케
렌스키의 추종자들은 중도파였으며, 사실 중도파는 어느 집단에서
나 다수를 차지하게 마련이다.

   레닌은 권력이란 것이 이름 속에 놓여 있을 수도 있음을 케렌스키
보다 더 잘 알고 있었다. 짧은 시간 안에 그의 추종자들은 혁명 위원
회에서 다수를 차지하게 되었다. 그는 극좌파에 속하는 자기 집단을
볼셰비키, 즉 "다수"라고 불렀다. 케렌스키는 그런 허풍 따위야 충
분히 이길 수 있다고 생각한 나머지, 레닌이 그렇게 하든 말든 상관
하지 않았다. 곧이어 볼셰비키는 정말로 다수가 되었는데, 다만 오
로지 지배 집단 속에서만 그러했다. 그 결과로 전체 인구 중에서도
극소수에 불과한 사람들이 이른바 위대한 프롤레타리아 혁명이라는
이름하에 러시아를 다스리기 시작했다.

   공산주의는 단순히 이름에 불과한 것만은 아니었으며, 또한 출몰
하는 유령에 불과한 것만도 아니었다. 한때는 지구상의 전체 인구
가운데 4분의 1가량이 공산주의 정부 치하에서 살았지만, 20세기
가 끝나감과 동시에 그 숫자는 급격히 줄어들었다. 비록 결점이 많
은 것은 사실이지만, 공산주의는 정부에 관한, 그리고 사회경제적
조직에 관한 진지한 이론이다.

   마르크스와 레닌 모두가 꿈꾸었던 진정한 공산주의는 여전히 미

래의 약속으로만 남아 있으며, 이는 어쩌면 앞으로도 영원히 그럴 것이다. 하지만 지금으로선 10억 명이 넘는 사람들이 여전히 아직 존재하지도 않았고, 앞으로도 영원히 존재하지 않을지도 모르는 어떤 것의 이름으로 지배를 받고 있는 실정이다.

마르크스의 통찰

지금으로부터 몇 년 전, 여러 출판사의 책 판매 통계를 통해 드러난 바에 따르면 카를 마르크스는 애거사 크리스티 다음으로 책이 가장 많이 판매된 작가로 나타났다. 그러나 마르크스의 책을 구입한 사람 가운데 상당수, 어쩌면 대부분은 정작 그 책을 읽지 않았을 것이다. 전 세계 각지의 공산주의자들은 책장에 반드시 마르크스의 책을 비치해놓게 마련이다. 실제로 읽건, 또는 읽지 않건 간에 말이다. 만약 어떤 공산주의자가 마르크스를, 특히 『공산당 선언』을 읽지 않는다고 치면, 그는 뭔가를 잃어버린 셈이다. 마르크스는 위대한 역사가였고, 자기가 사는 세계에 대한 비평가였다. 그는 다른 어느 누구보다도 이 세계를 더 명료하게 인식했다. 그 결과로 그는 심지어 일각의 주장처럼 미래를 예견할 수도 있었으며, 그 정도까지는 아니더라도 최소한 일반적인 용어로 미래를 서술했다고 말할 수는 있으리라.

마르크스의 정치적 예측이 항상 정확한 것은 아니었다. 공산주의는 대체적으로 실패했으며, 내 생각에는 미래에도 공산주의가 성공을 거둘 가능성은 거의 없을 것만 같다. 가령 통치의 이념이라는 면에서 보더라도 〔공산주의는〕 너무나도 많은 권력을 소수의 손에 쥐어준다. 그 소수로 말하자면, 그들이 귀족이건 프롤레타리아트건 간에, 사실 그럴 만한 자격은 없는 것이다. 〔이런 상태에서는〕 그 어떤 통치도 정당할 수는 없으며, 따라서 장기적인 관점에서 보자면 성공할 수도 없는 것이다. 적어도 그 권력을 다수, 즉 이상적으로는 모두의 손에 넘겨주는 방법을 발견하지 않는 한에는 말이다. 공산주의 국가의 지배자들은 '인민'이라고 할 수 없다. 다시 말해서 가령 영국이나 프랑스나 미국처럼 '인민'이 지배하는 나라에서와 똑같은 의미에서의 '인민'은 아닌 것이다. 공산주의 국가마다 그야말로 전지전능한 비밀경찰이 있다는 사실, 그리고 진정한 민주주의가 결여되었다는 사실이 곧 그 증거다. 만약 그런 나라를 진정으로 '인민'이 다스린다면, 또한 '인민'이 그 사실을 익히 알고 있다면, 군이 누군가를 통제할 비밀경찰을 필요로 하지는 않을 것이다. 비밀경찰이라니, 과연 누구를 통제하기 위한 것일까? 인민 자신을?

사실 정치적 사건은 정치가들이 기꺼이 믿고 싶어 하는 것보다도 훨씬 더 부차적인 현상이다. 행정부, 또는 정부는 바뀌지만, 지배하는 정당의 이름보다는 오히려 그 근저의 변화가 더욱 중요하다. 마르크스는 19세기 중반에 유럽에서 벌어지던 근저의 변화를 당대의 어느 누구보다도 더 잘 이해했다. 물론 정치적 미래에 관해서는 그가 틀렸다. 하지만 그 당시에 대두하던 세계의 성격에 관해서는 틀리지 않았다.

마르크스는 『공산당 선언』에서 이렇게 썼다. "부르주아지는 역사에서 극히 혁명적인 역할을 수행하였다."[68] 이 얼마나 기이한 진술인가. 과연 마르크스 말고 다른 누군가가 이런 진술을 만들어낼 수나 있을까? 즉 부르주아지가 애초부터 혁명적인 계급이었다는 사실을 과연 어느 누가 이해하기나 했느냐는 말이다. 그리고 최근에, 그러니까 마르크스가 글을 쓰던 1848년이 포함된 세기에, 부르주아지는 "이집트의 피라미드, 로마의 수로 및 고딕식 성당과는 완전히 다른 기적들을 성취하였으며, 민족대이동과 십자군 원정과는 전혀 다른 원정들을 수행하였다"[69] 또한 부르주아지에 스며들었던 것과 똑같은 에너지와 함께 분출되는 문장에서, 마르크스는 이러한 성취를 모두 더해보려 시도한다.

> 부르주아지는 100년도 채 못 되는 그들의 계급 지배 속에서 과거의 모든 세대들을 합친 것보다 더 많고 더 거대한 생산력들을 창조하였다. 자연력의 정복, 기계, 공업 및 농업에서 화학의 응용, 기선 항해, 철도, 전신, 전 대륙의 개간, 하천의 운하화, 땅 밑에서 솟아난 듯한 전 주민들. 이와 같은 생산력들이 사회적 노동의 태내에서 잠자고 있었다는 것을 과거의 어느 세기가 예감했을까?[70]

마르크스의 동시대인 가운데 어떤 사람들은 부르주아 자본가들이 완성한, 또는 가까운 미래에 완성하기로 예정된 프로젝트의 목록을 직접 작성해보았을지도 모를 일이다. 하지만 마르크스의 수사에서 핵심은 이것이 아니었다. 그는 이와 같은 부르주아지의 성취가 아니라, 오히려 부르주아지가 발명한 '과정'을 강조하고 있다. 사실 부르

---

68 칼 맑스·프리드리히 엥겔스, 「공산주의당 선언」, 『칼 맑스-프리드리히 엥겔스 저작선집 1』(최인호 외 옮김, 박종철출판사, 1991), 402쪽.
69 같은 책, 403쪽.
70 같은 책, 405쪽.

주아지는 가령 피라미드나 수도교나 성당으로 상징되는 것과 같은 종류의 성취에는 결코 관심을 갖지 않았다. 그들은 오로지 돈을 버는 데에만 관심이 있었다. 그들은 오로지 건축을 위해 건축을 하지 않고, 다만 자신들의 자본을 늘리기 위해 그렇게 했다. 따라서 그들은 한 해 전에 지어놓은 건물조차도 얼마든지 기꺼이 무너트리고 ─ 그 건물은 완공과 동시에 이미 그 목표를 이룬 것이었으니 ─ 그 자리에 새로운 건물을 지을 수도 있었다. 한 가지가 또 한 가지로 이어지면서, 파괴와 건설, 그리고 건설과 파괴가 번갈아 가며 나타나는 끝없는 흐름이 생겨났고, 그 과정에서는 이전까지와는 전혀 다른 새로운 방식으로 수백만 명의 힘과 재간이 활용되었다.

심지어 그 과정은 아직 고정되지도 않았음을 마르크스는 깨달았다. 그 과정은 반드시 항상 개선되어야만 하며, 또한 혁명을 일으켜야만 했다. 그가 동시대인과 구분되는 점은 바로 이러한 인식이며, 또한 그를 1세기 반 이전과 마찬가지로 오늘날까지도 살아 있는 근대인으로 만들어준 것도 바로 이러한 인식이다. 또 다른 놀라운 단락은 어떤 일이 반드시 일어나야 하는지를 서술한다.

> 생산의 끊임없는 변혁, 모든 사회 상태들의 부단한 동요, 항구적 불안과 격동이 부르주아 시대를 이전의 다른 모든 시대와 구별시켜준다. 굳고 녹슨 모든 관계들은 오랫동안 신성시되어온 관념들 및 견해들과 함께 해체되고, 새롭게 형성된 모든 것들은 정착되기도 전에 낡은 것이 되어버린다. 모든 신분적인 것, 모든 단단한 것들은 공기 속에 녹아버리고, 모든 신성한 것은 모독당한다. 그리고 사람들은 마침내 자신의 생활상의 지위와 상호 연관들을 냉정한 눈으로 바라보지 않을 수 없게 된다.[71]

한마디로 말해서, 부르주아지는 영구적인 혁명을 개시했고, 그들은 이러한 혁명이 멈추는 것을 결코 허락하지 않으리라는 것이다. 아무리 우리가 내리고 싶다 한들, 이 세계를 멈출 방법은 없다. 혁명적 과정이 요구하는 끝없는 변화는 또한 새로운 종류의 인간을 요구한다. 변화를 그 자체로 좋아하는 사람, 성미가 급한 사람, 참을성 없는 사람, 가동성과 속도를 즐기는 사람, 그 존재의 모든 국면과 양상에서 향상을 추구하는 사람, 한마디로 말해서 이 혁명은 지금의 우리 같은 사람을 요구했던 것이다. 우리가 그걸 좋아하건 말건 간에 상관없이 말이다. 우리의 조상들은 혁명을 시작했고, 우리는 지금도 여전히 그 안에서 살고 있다. 우리가 원한다고 해도 결코 멈출 수는 없다.

내 생각에는 대개의 경우, 우리 대부분은 이러한 과정이 끝나기를 원치 않는다는 점을 인식하는 것이 극도로 중요하지 않을까 싶다. 향수는 즐겁다. 우리는 아이들을 테마파크에 데려가기를 좋아하는데, 그곳은 일찍이 우리가 살았던 방식을 위생적인 방식으로 예찬하고 있기 때문이다. 하지만 우리는 진정 과거로 돌아가고 싶어 하지는 않는다. 즉 우리가 10세에서 60세 사이의 나이에 속했을 때에는 결코 과거로 돌아가고 싶어 하지 않는 것이다. 그보다 더 어리거나, 또는 더 늙은 사람은 아마도 그레첸의 고딕 마을을 더 선호할지 모른다. 그 모든 시야와 기회의 편협함을 더 좋아할지도 모른다는 것이다. 아이들에게는 기회라는 것이 필요 없다. 아이들은 자기만의

---

71 같은 책, 403쪽. 인용문 가운데 일부를 문맥에 맞춰 수정했다.

기회를 직접 만들기 때문이다. 그리고 노인들은 영구적 혁명이 산출하는 것과 같은 종류의 스트레스로 점철된 삶을 살고 나서, 이제는 '존경할 만한 관념들과 의견들의 연쇄'로, '고정되고 단단히 냉각된 관계들'로 특징지어지는 사이에 은퇴할 채비를 갖춘다. 하지만 청년과 중년은 전혀 이와 거래를 하지 않는다. 그들은 변화하고 싶어 하고, 이전까지 그렇게 했던 누구보다도 더 빨리 변화하고 싶어 한다. 그들은 완전히 새로운 세계를 꿈꾼다. 비록 그들조차도 그 세부 사항을 마무리할 수는 없다고 해도 말이다.

달리 말하자면, 우리는 단순한 향수(일종의 부드럽고 순한 마약으로 대부분의 사람들이 중독되지만 어디까지나 잠시 동안에 불과한 향수)와 아주 오래전의 삶의 방식(가령 돈이 아주 중요하지는 않았던 시절의 방식)으로 되돌아가고자 하는 진정한 열망을 항상 신중히 구분해야만 한다. '더 간단한' 삶의 방식으로 돌아가고자 진정으로 원하는 사람들이 언제나 소수는 있게 마련이다. 하지만 대다수는 과거와 마찬가지로 돈이 거의 없다시피 하고, 손빨래를 해야 하고, 농작물을 직접 길러야 하고, 어디 가려면 걷거나 말을 타야만 하는 삶이라고 해서 진정으로 단순하지는 않다는 것을 깨달을 정도로는 충분히 현명하다. 과거에만 해도 전혀 없었던 스트레스, 불안, 갖가지 위험의 위협에도 불구하고, 현대의 삶은 과거의 삶과는 달리 훨씬 더 단순하고 편안한 것이 사실이다.

경제적 사실: 증기력

19세기는 사실에, 특히 경제적 사실에 전념했다. 그 외의 나머지 모두가 변하더라도, 사실만은 변하지 않았기 때문이다. 변화하는 세계에서도 사실만은 여전히 핵심이다. 사실은 차마 의문을 제기할 수 없는 것이다. 그저 그런 것이다. "사실은 사실이다." 사람들은 서로 이렇게 말하곤 했다. 마치 이 한마디가 모든 것을 설명해준다는 듯 말이다.

하지만 내 생각에 우리가 사실을 이해하거나 믿는 방식은 19세기의 방식과는 다른 것만 같다. 우리는 심지어 사실도 변할 수 있다는 것을 배웠으니, 밤이고 낮이고 우리를 에워싼 계속되는 변화의 흐름에 사실조차도 가담했기 때문이다. 하지만 우리는 사실이 불러낼 수 있는 힘, 또는 두려움의 감각까지 잃어버리지는 않았다. 특히 경제적 사실의 경우가 그렇다.

증기력은 경제적 사실이었을까? 19세기는 그렇다고 생각했다. 어떤 면에서는 그들이 맞았다. 증기력은 잔인한 사실이고, 모든 경제적 사실은 잔인하게 마련이니, 바꿔 말하자면 무정하고, 불가피하고, 냉혹한 것이다. 증기력은 도시와 국가를 변화시켰고, 삶과 일에 혁명을 가져왔으며, 전쟁에서나 평화에서나 여러 나라를 한데 묶어주었다. 증기력은 막대한 부를 만들어냈다. 몇몇 철도 거물은 왕이나 황제보다도 더 부유해졌다. 증기력은 또한 수백만 명의 일자리를 만들어주었으니, 이들은 그 덕분에 임금 — 물론 현대적인 의미의 최저생활비까지는 아니었지만 — 을 받아 생활할 수 있게 되었다. 증기 엔진은 그로부터 비롯된 두 가지 후손인 철도와 발전기와 함께 힘, 장대함, 잔인함, 그리고 그 시대의 신비의 상징이 되었다.

조부와 증조부 모두가 미국 대통령이었던 역사가 헨리 애덤스는 1838년에 태어났는데, 나이로 따지자면 그는 카를 마르크스보다 겨우 스무 살 연하였다. 마르크스가 이미 개척한 길로부터 도움을 받을 수만 있었더라도, 자기 시대의 변화하는 세계 속에서 의미를 탐구하려는 애덤스의 평생에 걸친 추구는 성공을 거두었을지도 모른다. 왜냐하면 그는 지적이고도 인내심이 있었기 때문이다. 그러나 애덤스의 노력은 수포로 돌아갔고, 그의 탐구는 실패로 귀결되었다. 그의 시각은 마르크스만큼의 명료함을 지니지는 못했기 때문이다. 한편으로는 그가 너무 많은 것을 알고 있었기 때문이고, 또 한편으로는 어린 시절부터 기계의 힘과 신비적 상징에 지나치게 매료되었기 때문이다.

자서전인 『헨리 애덤스의 교육』(1906)에 따르면, 1900년에 파리에서 열린 대박람회가 11월에 끝날 때까지 그는 이 전시회를 종종 방문했으며, 과연 그것이 돈이며 지식이며 힘이며 인간의 삶에 의미하는 바가 무엇인지 알고 싶어 안달했다. 그를 가장 당혹스럽게 만든 것은 힘이었으니, 왜냐하면 그는 자신의 평생 동안 평균적인 영국인이나 미국인이 제어할 수 있는 힘의 총량이 10년마다 약 두 배로 늘어나는 것을 보았으며, 따라서 이용 가능한 힘의 이러한 기하급수적 증가가 장차 그것을 제어하기 위해 인간이 발명할 수 있는 모든 장치를 능가할 수밖에 없으리라 생각했던 것이다.

현재가 무엇을 의미하며 미래가 어떻게 다가올지에 관한 깊은 당혹감과 무지 속에서, 애덤스는 머지않아 '무한의 상징이 된' 발전기가 놓인 커다란 전시장에 우연히 들어갔다. 그는 이때의 경험을 일종의 버릇처럼 제삼자의 시선에서 묘사한다.

기계들이 놓인 커다란 전시장에 점차 익숙하게 되면서부터, 그는 40푸트짜리 발전기를 도덕적 힘으로 느끼기 시작했으니, 이는 가령 초기 기독교인이 십자가에 대해 느낀 바와 같았다. 이 커다란 바퀴가 사람 팔 길이 내에서 현기증 나는 속도로 돌아가면서도 소음이라고는 거의 없어서 — 그 힘을 주의하여 조금이라도 더 떨어져 서라며 간신히 귀에 들릴 정도의 웅웅대는 경고를 줄 뿐이니 — 그 뼈대 옆에 가까이 누운 어린애조차도 깨우지 않을 정도임에 비하자면 구식이고, 유유하고, 매년 또는 매일 회전을 하는 이 지구조차도 오히려 덜 경이로운 것만 같았다. 가동이 차마 끝나기도 전에 사람은 그 기계를 향해 기도하게 된다. 이는 사람이 물려받은 본능에 따라 조용하고도 무한한 힘 앞에서 하는 자연스러운 표현인 것이다. 궁극적인 에너지의 수천 가지 상징 중에서도 발전기야말로 다른 것들만큼 아주 인간적이지는 않지만, 그래도 가장 인상적이기는 하다.

현대의 과학자를 보면서 애덤스는 다음과 같이 느꼈다. "발전기 자체는 신중하게도 우리 눈에는 보이지 않는 지저분한 차고에 숨겨진 보잘것없는 석탄 몇 톤 속에 감춰진 열기를 다른 어디론가 이동시키는 교묘한 경로에 불과하다." 이러한 실용적인 견해는 매력적이다. 최소한 이것은 문제를 회피하기 때문이다. 그러나 애덤스는 계속해서 문제를 회피하는 것이 분별 있는 행동이라고는 생각하지 않았다.

증기력이 제기한 문제는 힘들, 즉 인간이 최근에야 속박에서 풀어내는 법을 배우게 된 종류의 힘들을 어떻게 하면 통제할 수 있느냐 하는 것이었다.(오늘날의 원자력발전소에 내재된 문제도 이와 똑같으며, 다만 더 긴박하다는 차이가 있을 뿐이다.) 이 문제에 관해서는 애덤스가 옳았다. 이것은 마치 문을 활짝 열어서 우리 안에 있던 사자를 바깥으로 내보내는 것과 마찬가지였다. 이것은 매우 흥분되는 일이 아닐 수 없다. 사자가 그 강력한 근육을 뻗으며 울부짖는 모습을 보면, 누구나 이렇게 생각할 수밖에 없을 것이다. 저 모든 에너지에 일종의 마구(馬具)만 채울 수 있다면!

하지만 우리는 또 이렇게 생각하게 된다. '아니, 내가 도대체 저 사자를 데리고 뭘 할 수 있지?' 한 가지는 분명하다. 우리는 결코 사자를 다시 우리 안으로 들여보낼 수는 없다는 것이다. 왜냐하면 이제 사자는 너무 커진 나머지 문을 통해 들어갈 수 없기 때문이다. 결국 여러분은 애덤스가 말한 것처럼 그 사자를 향해 기도하는 데에서 멈추게 된다.

디킨스의 소설 속 주인공 돔비 씨는 일련의 손실 중에서도 맨 처음인 아들의 죽음 직후에 철도 여행을 떠난다. 그는 우울했고, 황폐했으며, 죽음에 대한 강박에 사로잡힌다. 여행 중에 타고 있는 기차는 그의 슬픔의 상징이 된다. 디킨스는 이렇게 쓴다.

> 그는 이 여행에서 아무런 기쁨이나 안도를 찾을 수 없었다. 이런 생각으로 인해 괴로움을 겪는 한편, 그는 단조로움을 지닌 채로, 쏜살같이 흘러가는 풍경을 지나서 서둘러 앞으로만 달려갔다. 풍요하고 다양한 시골이 아니라, 시들어진 계획과 정신을 갉아먹는 질투심의 황야를 지나갔던 것이다. 기차가 회오리치듯 달려가는 속도 그 자체는 그 때 이른 종말을 향해 그토록 꾸준하고도 그토록 무정하게 나아간 어린 생명의 신속한 경로를 조롱하고 있었다. 모든 길과 도로에 아랑곳 않고, 모든 장애물의 한가운데를 꿰뚫는 철로 ― 자기만의 길 ― 위에 그 스스

로를 가하는 힘, 온갖 계급과 연령과 등급의 살아 있는 피조물을 실어 나르는 그 힘이야말로 의기양양한 괴물, 즉 죽음의 한 유형이었다.

이 책의 뒷부분에서 돔비의 적이 기차에 치여 죽는다. (기계는) 그를 "쓰러트리고, 붙들어서, 톱니 달린 바퀴에 걸고서 빙글빙글 돌리고 또 돌렸으며, 팔다리를 갈기갈기 찢었으며, 그 강한 열기로 그의 생명의 액체를 핥아 먹었고, 잘려나간 살의 파편을 공중에 흩뿌렸다." 여기에는 무시무시한 정의(正義)가 있다.

하지만 그런 정의는 아무런 즐거움도 주지 않으며, 돔비나 디킨스나 심지어 독자에게도 아무런 만족감을 주지 못한다. 기차는 의기양양한 괴물, 즉 죽음의 상징에 지나지 않는 것은 아니다. 이것은 또한 인간이 수 세기 동안이나 투쟁의 대상으로 삼아왔던 모든 비인간적인 힘의 상징이기도 하다. 그 우리에서 풀려난 것은 살아 있는 괴물이 전혀 아니었던 것이다.

증기 엔진, 발전기, 철도는 ― 강력한 자동차나 비행기는 굳이 말할 것도 없고 ― 일종의 황홀한 영감의 원천인 동시에, 싹을 틔운 두려움의 원천이기도 하다. 애덤스의 기도 대상이었던 바퀴, 밤낮을 가리지 않고 웅웅거리며 도는 그 바퀴는 장대한 환상이었다. 한밤중에 들려오는 증기 엔진의 경적 소리는 이 세상에서 가장 낭만적인 소리 가운데 하나이며, 오래전의 만남과 헤어짐의 기억을 일깨운다.

모든 기계와 엔진은 그 대단한 유용성 너머에 어떤 매력을 지니고 있다. 그것들은 가동되는 중에도 우리에 관해서는 아무런 관심도 지니고 있지 않은 것 같지만, 그럼에도 불구하고 우리에게 순종적이다. 그놈들은 우리가 손잡이를 돌리면 가동하고 멈추고 한다. 어쩌면 현대 세계가 해마다 수천 명에 달하는 사람의 목숨을 그 의기양양한 괴물들, 우리와 지구를 공유하는 그 거대한 기계들에게 희생물로 바치는 것도 놀라운 일은 아니다.

총구 앞에서의 평등

그 이름을 옛날 서부에서는 콜트 45구경이라고 불렀다. 그들은 이를 '평형장치'(The Equalizer)라고도 불렀으니, 왜냐하면 젊었건 늙었건, 강하건 약하건, 착하건 악하건, 옳건 그르건 간에 모든 사람을 평등하게(equal) 만들었기 때문이다.

우리는 알렉시 드 토크빌이 사회적 평등의 냉혹한 발전 ― 높고 낮음의 차이를 줄이는 쪽으로 향하는 ― 을 이해한 최초의 사람 가운데 하나였음을 살펴보았다. 그는 물론 연발 권총에 관해서는 이야기하지 않았다. 하지만 광활한 미국 서부에서는 사회적 세력(힘)을 찾아보기가 훨씬 쉬웠다. 그곳에서는 보잘것없고 앙상하고 악랄한 악당조차도 총만 들고 있으면 진지한 대접을 받았다. 오늘날은 주말의 명화에서 똑같은 인물이 어둡고 조용한 도시의 거리를 배경으로 날뛴다. 누구든지 강도를 당할 수 있다. 누구도 예외가 아니다. 현대 거대 도시의 평등은 이 세계의 미래를 예시하는 셈이다.

콜트 45구경은 기계였으며, 따라서 이를 둘러싸고 로맨스와 신화가 생겨난 것은 놀라운 일도 아니었다. 어떻게 해서인지, 선과 악의 치환에 의해, 각자의 상상 속에서 우리는 하나같이 기차를 기다리는 무법자가 되어버렸다.

그 묵직한 연발 권총 가운데 하나를 붙잡아 보라. 그 매끄럽고 차가운 쇠 표면을 만져보라. 그걸 들어 올리고 웃어보라. 그러면 우리는 마치 황제와도 같이 삶과 죽음을 결정하는 힘을 지니게 된 셈이다. 우리 손이 그 손잡이에 얼마나 잘 맞는지, 우리 손가락이 방아쇠를 어떻게 잡아당기는지 보라. 그리고 무기를 당장 내려놓아라. 그러지 않으면……

물론 권총이 19세기에 발명된 것은 아니지만, 이 시기에 들어서보다 완벽해지고 일반인에게 널리 보급된 것이 사실이다. 이제는 일반인도 총을 갖고 있다고 해서 스스로를 악당처럼 느끼지는 않게 되었다. 19세기에는 이보다도 훨씬 더 끔찍한 무기가 발명되었으니, 그 무기에 대한 공포는 무려 1세기가 지난 지금까지도 결코 줄어들지 않았다. 그 무기란 바로 기관총이다. 덕분에 이제는 모든 군대의 실력이 평준화되었다.

중세 말기에 화기가 처음 도입된 이래로 재장전하지 않고도 한 발이상을 발사할 수 있는 무기를 만들려는 다양한 시도가 있었다. 제임스 퍼클이라는 사람은 1718년에 기관총으로 특허를 얻었는데, 이때는 사각형의 총알을 발사하기 위해 회전 블록을 이용했다. 미국남북전쟁 당시에 사용된 개틀링 기관총은 바로 이 퍼클 기관총을 개량한 것이었다. 이 기관총은 분당 여러 발을 발사할 수 있었는데, 이것은 소총을 한 방 쏘고 재장전하는 것보다는 훨씬 나았지만, 물론현대식 기관총에 비하자면 아직 한참 먼 것이었다. 이것 역시 직접손으로 돌려주어야만 했다.

현대식 기관총을 만든 인물은 하이럼 스티븐스 맥심(1840~1916)으로, 원래는 미국 메인 주 생어빌에서 태어났지만, 1899년에 영국

국민이 되고 1901년에 빅토리아 여왕에게 작위를 받았다. 맥심은 그 창의적인 시대에서도 가장 많은 성과를 남긴 발명가 가운데 하나였다. 그의 첫 번째 발명품은 머리카락을 둥글게 마는 철제 기구였다. 그는 미국과 영국에서 수백 건의 특허를 획득했는데, 거기에는 쥐덫, 기차 헤드라이트, 램프용 탄소 필라멘트 제조법, 자동 살포 기구 등이 포함되어 있었다. 1890년대 내내 그는 비행기 실험을 했으며, 가벼운 증기 엔진으로 동력을 제공받는 비행기를 만들어서 실제로 땅에서 떠오르게 했지만, 머지않아 성공을 위해서는 내연기관이 필요하다는 사실을 깨닫고 결국 이 계획을 포기하고 말았다.

맥심의 아버지는 완전 자동 기관총을 만들고자 하는 꿈을 품고 있었는데, 맥심은 1884년에 이 계획으로 관심을 돌렸다. 그는 런던에 가서 실험실을 차리고 실험에 돌입하여, 수개월 뒤에 최초의 진정한 기관총을 만들었으니, 이것은 총신의 반동을 이용하여 탄피를 내보내고 새로운 총알을 재는 방식이었다. 총신은 물을 이용해 냉각시켰고, 총알은 수천 발을 담을 수 있는 띠를 통해서 공급되었다.

맥심의 1884년식 기관총은 초당 11발을 발사할 수 있었지만, 그는 여기에 만족하지 않았다. 총의 기계장치를 가동시키는 가스를 방출하는 장약의 안정적이고 점진적인 연소를 보장하기 위해서는 기존의 것보다도 더 좋은 무연화약이 필요했다. 머지않아 그는 그 당시로선 최고의 무연화약인 코다이트를 발명했다. 그의 동생인 허드슨 맥심(1853~1927)은 그보다 더 좋은 무연화약을 발명했고, 이것은 대포용 발사체나 어뢰에 사용되었다.

1884년 말에 맥심은 기관총의 대량생산을 시작했다. 나중에 그의 회사가 비커스 회사와 합병함으로써, 맥심의 기관총은 세계의 주요 국가에 공급되었다. 제1차 세계대전의 발발과 함께 각국의 군대는 다양한 사람들 — 맥심, 호치키스, 루이스, 브라우닝, 모저 등등 — 이 제작한 기관총으로 무장하게 되었다.

기관총은 그 전쟁에서 그야말로 독보적인 명성을 획득했다. 그중 상당수는 인간과 동물을 상대로 한 끔찍스러운 살육 덕분이었고, 그로 인해 프랑스 벌판에는 수백만 구의 썩어가는 시체가 남았다. 기관총의 총좌는 낮은 능선의 꼭대기에 세워졌고, 사수는 대략 60센티미터 정도로 땅에 바짝 붙여서 쏘도록 훈련을 받았다. 뭔가가 움직이기만 하면 기관총이 불을 뿜었다. 그 뭔가가 바로 사람이었다고 한다면, 무릎을 기준으로 두 동강이 나게 마련이었다. 본격적인 공격 이전에 중포대의 포격을 이용하면 기관총 총좌 가운데 일부를 파괴할 수는 있었지만, 그렇다고 해서 모두 파괴할 수는 없었다. 게다가 기관총은 가격이 싸고 사용이 간편해서(어느 누구라도 그저 방아쇠를 당기기만 하면 그만이었으니까.) 무기는 물론이고 사용자도 얼마든지 쉽게 바꿀 수 있었다.

다른 무엇보다도 기관총은 제1차 세계대전 발발 직후 수개월 동안의 특징이나 마찬가지였던 신속한 기동을 소모적이고 정적인 전쟁으로 바꿔놓았다. 수백만 명의 병사가 진흙투성이 참호에 들어가서, 혹시나 그 끔찍한 살인 기계에 머리가 날아갈까 봐 차마 고개도 똑바로 들지 못했다. 기관총은 양측, 그러니까 연합국과 동맹국 모두의 군대를 평준화시켰기 때문에, 만약 1917년에 미국이 참전함으로써 균형이 기울어지지 않았다면, 전쟁은 지지부진한 상태로 더 오랜 세월 지속됐을지도 모른다.

1918년에 독일이 항복을 선언함으로써 전쟁은 마침내 끝났다. 발명가들은 곧바로 기관총을 개선하는 일에 뛰어들었으니, 다음번 전쟁을 준비한 것이다. 하지만 이는 실수였다. 다음번 전쟁에서는 기관총이 주 무기가 되지 않았기 때문이다. 독일은 이런 사실을 다른 나라보다 훨씬 일찍 깨달았고, 그 덕분에 1939년과 1940년에 전 세계를 깜짝 놀라게 한 승리를 거둘 수 있었다. 하지만 양차 대전 이후의 시대에 기관총은 새로운 역할을 담당하게 되었다. 소련, 이스라엘, 그리고 다른 여러 나라에서는 극도로 가볍고 정확하며 휴대가 간편한 무기를 개발했으며, 테러리스트들이 이 무기를 이용하여 치명적인 효과를 얻었다. 이 효율적인 살인 기계 가운데 하나를 지닌 사람 하나가 공항 전체에 테러를 가할 수 있었으니, 가령 1985년에 로마에서 있었던 사건도 그중 하나였다.[72] 총구 앞에서의 평등이라는 관념은 콜트 45구경 이래로 참으로 오랜 길을 걸어온 셈이다.

전기의 마법

19세기의 발명품이 모조리 파괴적이기만 했던 것은 아니었다. 전깃불이 바로 대표적인 경우다.

고대 그리스인도 전기라는 존재를 알기는 했지만, 그 원리까지는

---

72 1985년 12월 27일에 이탈리아 로마의 다빈치 국제공항에 나타난 테러리스트 네 명이 기관총을 난사하고 수류탄을 투척해 16명이 사망하고 99명이 부상당한 사건을 말한다. 같은 날 오스트리아 빈 국제공항에서도 유사한 테러가 자행되어 두 명이 사망하고 39명이 부상당했다. 이 사건은 팔레스타인 테러리스트 지도자 아부 니달의 지시로 이루어진 것이었다.

이해하지 못했다. 그러다가 1750년대에 들어서 똑똑하고도 호기심 많은 여러 사람이 전기현상을 탐구하기 시작했다. 벤저민 프랭클린 (1706~1790)은 1750년경 천둥 번개가 치는 와중에 연을 하나 날려 보냄으로써 번개가 전기의 일종이라는 사실을 입증했다. 그런 실험을 하고 나서도 살아남았다는 점에서 프랭클린은 대단한 행운아였다. 감전사하고 싶어 안달하는 사람이 아니라면 절대로 그런 실험을 따라 해서는 안 된다. 프랭클린은 훗날 과학 대신 정치에 전념했지만, 그 말고도 무수히 많은 사람들이 온갖 종류의 매력적인 가능성을 향한 수많은 길을 따라갔다.

알레산드로 볼타(1745~1827)는 1800년에 전기 더미, 또는 전지의 원리를 증명했다. 전지는 머지않아 전류의 실용적인 공급원이 되었다. 1808년에 험프리 데이비 경(1778~1829)은 공간적으로는 떨어진 상태에서 아크로만 연결된 두 개의 전극 사이에서 전기가 열이나 빛을 산출할 수 있음을 보여주었다. 1820년에 한스 크리스티안 외르스테드(1777~1851)는 전류가 전도체 주위에 자기장을 만든다는 사실을 발견했다. 그로부터 11년 뒤, 한때 데이비와 함께 일했던 마이클 패러데이(1791~1867)는 움직이는 전도체 안에서 자기장이 전류를 유도하는 전도 작용을 발견했다. 이 발견으로부터 발전기, 전기모터, 변압기가 나왔다. 이러한 탐구의 계열에서 절정이라 할 만한 업적은 1864년에 제임스 클러크 맥스웰(1831~1879)이 내놓았다. 그는 전기적, 자기적, 그리고 시각적 현상 모두가 단 하나의 보편적인 힘, 즉 전자기에 통합되어 있음을 보여주었다.

클러크 맥스웰의 장 방정식이 과학계를 놀라게 만든 이래로, 이제 이론적으로는 더 이상 할 일이 없었다. 하지만 실제적으로는 여전히 할 일이 많이 남아 있었고, 토머스 앨바 에디슨 역시 그런 사실을 깨달은 인물이었다. 그는 전기를 잘 다스려 사용하기만 하면 주위를 밝히고, 온도를 높이고, 심지어 즐거움을 줄 수도 있음을 다른 누구보다도 먼저 깨달았다. 에디슨은 수많은 발명과 특허 덕분에 막대한 부자가 되었지만, 맥심과는 달리 그가 정당하게 얻은 것을 시기하는 사람은 거의 없었다.

1847년에 오하이오에서 태어난 에디슨은 겨우 열 살 때 아버지의 집에 작은 실험실을 차렸고, 포트휴런과 디트로이트를 오가는 기차에서 신문과 사탕을 팔아서 번 돈을 가지고 실험 재료를 구입했다. 그는 전신에 관심을 갖게 되어서 이동 전신원으로 일했다. 덕분에 에디슨은 그 장치가 어떻게 움직이는지에 관해 모든 것을 이해했으며, 나중에는 금 거래소에서 금 시세 표시용 전신기 담당 기술자로 일하게 되었다. 중대한 순간마다 고장 나는 바람에 몇 번인가 소란을 야기했던 기계를 그가 고칠 수 있었기 때문이다. 나중에 그는 증권 시세 표시기를 제조하기 시작했고, 그 사업을 다른 사람에게 팔아넘기고 더 큰 실험실을 차렸다. 1877년에는 축음기를 발명했다. 1878년에는 전구를 연구했고, 이듬해에는 탄소 필라멘트 램프를 만들었다.

실용적인 전깃불을 만들려고 시도한 발명가들은 그 이전에도 여럿 있었다. 가령 맥심도 성공에 가까이 다가가긴 했지만, 기관총 연구 때문에 그런 한가한 일에는 더 이상 신경 쓸 수가 없었다. 성공만 한다면 막대한 돈을 버는 것은 당연지사였다. 인류는 줄곧 빛에 굶주려 있었기 때문에, 그걸 얻을 수만 있다면 기꺼이 돈을 내고도 남을 것이었다. 그 이전까지만 해도 수 세기 넘도록 부유한 집은 촛불이 밝혀주었고, 가난한 집은 고래기름을 사용한 냄새 고약하고 연신 펄럭이는 등잔 불빛이 밝혀주었다. 이에 비하면 전깃불은 깨끗하고 저렴했다. 그것만 있다면 세상이 바뀔 것이었다.

19세기 말에 전깃불이 대량생산 및 배포에 들어가게 되자, 정말로 세상은 바뀌고 말았다. 전깃불은 낮과 밤의 차이를 없애버렸고, 계절의 변화까지도 뒤덮어 가려버렸다. 그 이전까지 무려 25만 년 동안 인류는 봄이 올 때마다 환영해 마지않았으니, 봄은 온기뿐만 아니라 빛도 가져다주어서 긴 저녁과 이른 아침이 가능했기 때문이다. 그런 환영의 정반대는 바로 겨울의 공포였으니, 이런 감정은 고대인의 여러 가지 제의에 잘 표현되어 있다. 겨울은 추울 뿐만 아니라 어둡기도 했다. 어둠 속에 그 어떤 악령이 숨어 있는지는 아무도 모를 일이 아닌가? 동지가 지나고 낮이 길어지기 시작하면, 사제들과 학자들은 머지않아 빛이 다시 나타날 것이며 악마는 떠날 것이라고 무지한 민중을 납득시킬 수 있었다.

전기가 밤을 밝히고, 기꺼이 돈을 낼 사람만 있다면 심지어 낮까지도 밝혀주게 되면서부터, 그 모든 공포는 단순한 미신이 되었다. 오늘날은 수백만에 달하는 도시 거주민이 어두운 밤을 전혀 경험하지 못한 채 살아간다. 가령 그들은 별을 전혀 보지 못한다. 그들이 뭔가 잃어버렸음을 누군가가 이야기해준다고 해도, 그들은 무슨 말인지를 이해하지 못할 것이다. 세상에 누가 어둠을 좋아할 수가 있겠느냐고 그들은 도리어 어리둥절해할 것이다. 오히려 그들에게는 코페르니쿠스적 혁명이 가했음 직한 어마어마한 심리적 타격이야말로 오히려 얼토당토않아 보일 것이다.

전기는 한 전극에서 또 다른 전극으로 뛰어서, 즉 아크를 통해서 옮겨 가거나, 아니면 필라멘트 ─ 지금은 탄소가 아니라 텅스텐으로 만든다 ─ 를 통해서 흘러가는 와중에 저항으로 인해 밝은 빛을 낸다. 저항 매질은 또한 열을 내기 때문에, 비교적 값비싼 방법이긴 하지만 원한다면 전기를 이용해서 난방을 할 수도 있다. 변압기를 이용하면 고압선을 이용해서 먼 거리까지 전력을 보낼 수도 있다. 이것이야말로 마법이며, 최소한 아리스토텔레스가 보기에는 정말 마법이었으리라. 발전소에서 만들어낸 동력이 가느다란 전선을 통해 무려 1000마일이 넘는 거리를 지나서 우리 집까지 오는 것이다. 우리 집에 온 전기는 곧바로 여러 가지 용도에 사용할 수 있다. 집을 밝힐 수도 있고, 난방을 할 수도 있다. 토스트를 만들 수도 있고, 저녁 식사를 요리할 수도 있다. 깡통을 딸 수도 있고, 쓰레기를 압축할 수도 있다. 심지어 시간을 몇 분의 1초까지도 절약해주는가 하면, 그와는 반대로 20세기에 들어서 '여가'라는 단어의 새로운 의미가 발견되기 전까지만 해도 흔히 사용되지는 않았던 다양한 장치를 가지고 시간을 헛되이 보내게 만들기도 한다. 또한 우리 집을 침입자로부터 지켜주기도 한다. 심지어 부주의하게 건드렸다가는 나를 죽일 수도 있다.(물론 그런 일이야 상당히 드물게 일어나지만.)

다른 동력원에 비해 전기는 소음도 적고, 부작용도 적다. 사실 전 세계가 스위스 같다면, 다시 말해서 화석연료를 태워서가 아니라 높은 산에서 떨어지는 물의 낙차를 이용해서 전기를 생산할 수만 있다면, 전기야말로 거의 완벽하게 깨끗한 동력원이 아닐 수 없으리라.

불운하게도 지구상의 상당 부분은 지대가 너무나도 낮아서 수력 발전을 할 수가 없으며, 따라서 전기는 석탄 같은 연료를 태워서, 또는 우라늄 원자를 쪼개서 만든 열로 물을 덥히고 증기를 만들어서 발전기를 돌리는 방식으로만 만들 수 있다. 이때 연소 과정에서 나온 연기는 그곳에서 1000마일 떨어진 곳에 내려앉아서 호수의 물고기를 죽이는가 하면, 심지어 평지가 아니어서 물의 낙차를 이용해 동력을 생산할 수 있는 지역의 언덕에 자란 나무를 죽이기도 한다. 하지만 지금 단락에서 여기까지 이야기하는 것은 지나치게 시대를 앞서 나가는 셈이다. 왜냐하면 이런 아이러니는 19세기에만 해도 아무도 몰랐기 때문이다.

마법의 수학

전기 장치의 마법 같은 특성은 다른 무엇보다도 전기가 눈에 보이지 않는다는 사실로부터 비롯된 것이다. 이 현상을 가리키는 말인 전류, 즉 전자의 빠른 흐름은 결코 사람의 눈에 보이지 않는다. 20세기에 들어서 우리는 그런 사실을 이해하게 되었지만, 패러데이만 해도 그렇다는 사실을 모른 나머지, 나중에 더 성능이 뛰어난 현미경이 나오면 전류를 눈으로 볼 수 있으리라 생각했다. 전기 자체가 눈에 보이지 않는 까닭에, 전기를 제어하는 장치 역시 여타의 동력원을 제어하는 장치와는 전혀 성격이 다를 수밖에 없다. 가령 말채찍, 증기 피스톤, 내연기관의 실린더 같은 것은 지극히 눈에 잘 보이는 장치들이다.

그 새로운 장치란 바로 수학이었고, 그것도 새로운 종류의 수학이 필요했다. 기이하고도 아름다운 과학 — 아니면 '시'(詩)라고 표현해야 할까? — 인 수학은 보이는 것과 안 보이는 것 사이의, 물질의 세계와 비물질적인 인간 정신 사이의 간극에 다리를 놓아줄 수 있었다. 클러크 맥스웰의 승리는 곧 새로운 종류의 수학이 거둔 승리이기도 했다. 이 사건은 이전까지는 전혀 없었던 방식으로, 하다못해 뉴턴의 발명조차도 경험하지 못했던 방식으로 수학자의 권위를 확립해주었다.

이 새로운 수학은 다른 눈에 보이지 않는 힘들과 물체들도 아울러 제어하려 시도했다. 무려 2000년 넘도록 모든 학생들이 배워왔던 유클리드기하학이 실제 우주의 정확한 그림이 아니라는 사실은 1830년대까지만 해도 대단히 충격적인 이야기처럼 들렸다. 우주는 이차원적이지도 않고 완벽한 원이나 사각형이나 삼각형을 지니고 있지도 않았다. 대신 우주는 매우 복잡한 무엇이었고, 단순히 그걸 서술하려고만 해도 고도로 복잡한 수학이 필요했다. 새로운 비유클리드기하학에서는 평행선이 서로 만났으니, 이것은 실제 세계와 똑같았다. 기차가 다니는 철로를 내려다보면 쉽게 알 수 있지 않은가. 원들은 이런저런 방식으로 기울여놓은 영사막 위에 투영하는 방법을 통해 손쉽게 타원이나 포물선이나 쌍곡선으로 변형되었고, 심지어 직선이나 점으로도 변형되었다. 1870년 이후 한동안은 그때까지 고안된 온갖 종류의 기하학을 총망라한 사영기하학이야말로 정확한 서술 도구로 여겨졌고, 따라서 우주의 제어 도구라고 여겨졌다. 하지만 이러한 지적 풍선 역시 금세 펑 터져버렸다.

1870년 이후로는 W. K. 클리포드(1845~1879)와 앙리 푸앵카레 등이 우주의 관념에 관한 더 이상의 탐구를 이룩했고, 그리하여 우주는 너무나도 복잡한 나머지 수학적으로 완벽히 해결할 수 없다는 주장이 나왔다. 오히려 우주는 일종의 가정이며, 오로지 우리가 가정하는 한까지만 서술하고 제어할 수 있다는 것이다. 달리 말하자면 우주라는 것은 이 세상에 없다는 뜻이다. 대신 수학자와 수학자 아닌 사람들의 숫자만큼이나 많은 우주들이 있으며, 따라서 그 숫자는 최소한 수십억 개라는 것이다. 심지어 수십억이라는 숫자도 터무니없이 적은 셈이니, 한 사람이 상상할 수 있는 우주의 숫자는 그야말로 무한하기 때문이다. 물론 그 한 사람이 각각의 우주를 다루는 데에 필요한 수학까지는 창안하지 못한다 하더라도 말이다.

그야말로 기묘하게 들리는 이야기이지만, 충분히 현실적이다. 왜냐하면 눈에 보이지도 않고 차마 상상할 수도 없지만, 기이한 수학적 스위치와 도체와 절연체를 이용하여 서술할 수 있는 그 가정된 우주 속에서 전기가 흐르기 때문이다. 마치 음악이 계속해서 돌고 돌면서 거기서 나오는 것과도 비슷하다. 음악이 계속해서 튜바의 관 안을 돌고 도는 동안, 과연 그것이 음악이겠는가? 전기가 풍경 속을 달려갈 때, 다시 말해서 저 아래서 평온하게 풀을 뜯는 암소들에게 완전히 무시당할 때에도 과연 전기이겠는가? 아니면 오로지 그 흐름을 분출시켜서 초인종을 울리고 엘리베이터를 끌어 올릴 때에만 비로소 전기이겠는가?

오늘날의 우리는 양쪽 모두의 경우에 사실상 답이 전혀 없음을 잘 알고 있다. 하지만 19세기의 기계론자들은 이런 진술을 선뜻 받아들이지 않았을 것이다. 아마 그들은 자신의 조상님이 한때 유인원이었다는 주장을 들었을 때와 마찬가지로 충격을 받았을 것이다. 여기서는 그 이유가 특별히 중요한데, 왜냐하면 이로써 19세기가 적어도 한 가지 면에서는 우리 시대의 서막이 아니었음이 드러나기 때문이다.

1914년에 와서 끝나버린 그 시대의 특징은 이 세계에 관한 과학적 지식에서 놀라운 발전이 있었다는 점이다. 그 시대는 또한 믿음의 시대였으니, 그것은 새로운 믿음, 즉 진보의 불가피성에 대한 믿음이었다. 그 믿음의 근거는 상당히 오래되고 신뢰할 만해 보이던 어떤 것에 대한 단단한 확신이었으니, 그 기원은 무려 고대 그리스 인에게까지 거슬러 올라간다.

그 어떤 것이란 바로 탈레스와 그 이후의 여러 철학자들이 창안한 진리였다. 다시 말해서 우리가 충분히 결연하게만 시도한다면 주위 세계를 이해할 수 있으리라는 것이었다. 이러한 개념은 진정한 진리 이기도 했지만, 그와 동시에 뭔가 의문의 여지가 있었고, 심지어 가 짜일 수도 있었다. 우리 정신 속에 있는 뭔가가 자연 속에 있는 뭔가 와 합치한다는 사실, 그리고 그 뭔가의 정체인 정합의 법칙이 곧 수 학이라는 사실은 충분히 근거가 있다. 그렇지 않았다면 자연의 과정 을 이해하고 예견하고 제어하는 데에서 우리가 거둔 성공을 어떻게 설명할 수 있겠는가? 그 어떤 동물도 우리 인간이 하는 것처럼 하지 못한다. 그 결과로 동물은 자연을 있는 그대로 받아들이고, 자연의 법칙을 마치 자신의 법칙인 양 받아들인다. 하지만 우리는 자연의 법칙을 받아들이지 않는다. 우리는 스스로의 이익을 위해 그걸 바꿀 수 있다고 생각한다. 그리고 우리가 그렇게 할 수 있다는 데에는, 또 는 그 법칙을 이해함으로써 스스로의 이익을 위해 이용할 수 있다는 데에는 의심의 여지가 없다.

19세기 과학자들의 새로운 믿음에서 의문의 여지가 있는 측면은 바로 자연을 '완전히' 이해할 수 있으리라는 확신에 찬 기대에 있었 다. 그렇다면 우리는 혹시 지금까지도 그런 믿음을 지닌, 또는 그런 기대를 표명하는 것일까? 지금은 그렇지 않은 것 같다. 우리 중 일 부가 그렇게 한다 하더라도, 그건 아마 잘못된 생각일 것이다.

탈레스의 가정에서는 뭐가 문제인 것일까? 혹시 우리 인간의 정신적 기관 자체가 우리가 살아가는 자연 세계를 완전히 이해하는 과제를 수행하기에는 부적절하기 때문일까? 하지만 이것은 정답이 아닌 것 같다. 왜냐하면 컴퓨터라는 수단을 이용한다면 우리의 정신적 힘은 거의 무한하게 확장이 가능해 보이기 때문이다. 아니면 자연 세계 자체가 너무 복잡한 까닭에 인간의 정신으로는 차마 이해가 불가능한 것일까? 그것도 정답은 아닌 것 같다. 왜냐하면 우리가 스스로에게 제기할 수 있는 문제는 무엇이든지 간에 일단 우리가 해결할 수 있어 보이고, 또한 우리는 최소한 자연을 완전히 이해하는 문제 자체를 제기할 수는 있기 때문이다. 그렇다면 도대체 왜 우리는 그 문제를 해결하지 못하는, 또는 해결할 수 없는 것일까?

또 다른 뭔가가 그 길을 막아선 것만 같다. 그 다른 뭔가는 계속해서 우리를 당혹스럽게 만든다. 19세기에만 해도 그것은 대부분의 사람들에게 전적으로 이해가 불가능한 문제였다. 다시 말해 그 시대는 모든 것에 관해, 심지어 그 어떤 것에 관해서도 확실한 지식을 얻을 수 있다는 느긋한 기대에 의거하고 있던 최후의 시대였기 때문이다.

새롭게 보는 방법

최초의 성공적인 사진은 1826년에 프랑스의 석판화가인 니세포르 니엡스(1765~1833)가 만들었다. 그로부터 10년 뒤에 자크 다게르(1787~1851)는 훗날 자신의 이름으로 불리게 된 과정 ─ 다게레오타이프(은판사진술) ─ 을 실험했다. 곧이어 다른 개선도 재빨리 일어났다. 1888년에 조지 이스트먼(1854~1932)은 유명한 상자형 카메라와 함께 간편한 음화필름 롤, 그리고 저렴하기 때문에 널리 퍼질 것처럼 보이는 현상 과정을 세상에 소개했다. 그때 이후로 사진은 대중의 예술 형태가 되었다.

사진의 도입은 그림과 회화의 기술을 혁신시켰다. 또한 우리가 사물을 보는 방법도 바꿔놓았다. 다게르가 처음으로 만든 사진을 본 사람들은 원래의 광경에서는 자신들이 한 번도 본 적이 없었던 갖가지 세부 사항을 관찰하고 깜짝 놀랐다. 오늘날 사용되는 음화와 양화 방식을 발명한 장본인인 윌리엄 H. F. 탤벗(1800~1877)은 1840년대에 이런 현상을 가리켜 이렇게 말했다.

> 이런 일은 종종 일어나고 (……) 이것이야말로 사진의 매력 가운데 하나다. 즉 사진 기사 본인은 한참 뒤에 사진을 다시 검토하고 나서야, 자신이 촬영 당시에는 전혀 생각도 못 했던 뭔가가 묘사되었음을 알게 되는 것이다. 때로는 건물 위에 새긴 글씨와 날짜가 발견되기도 하고, 또는 그 벽에서 매우 부적절하게도, 인쇄된 플래카드가 발견되는 것이다. 때로는 멀리 떨어진 계기의 계기판이 보이고, 거기 더해서 그 광경이 찍힌 때가 하루 중의 언제인지가 — 무의식적으로 기록되어 — 보이는 것이다.

얼핏 보기에는 바로 여기에 또 한 가지 종류의 눈에 보이지 않는 실체가 있는 듯하다. 즉 우리가 어떤 광경을 볼 때에 미처 보지 못한 뭔가를 카메라는 보고, 그 존재를 우리에게 알려주는 것이다. "카메라는 거짓말을 하지 않는다"라는 말도 있지 않은가. 그렇다면 우리 눈은 거짓말을 한다는 뜻인가? 왜 우리는 어떤 광경의 일부분을 선택하여 의식적으로 자각하고, 나머지 것은 무시해버릴까? 만약 우리의 눈으로 뭔가를 보지 않는다면, 또는 볼 수가 없다면, 결국 카메라가 사물을 보는 방식만이 진정한 방식인 것일까? 무엇이 진실인지는 우리도 알 수 없다.

사진의 발명 이전까지만 해도, 그림으로 그려진 이미지는 거의 대부분이 초상화였고, 기념으로 목걸이의 로켓에 넣어가지고 다닐 정도로 크기가 작았다. 그런데 갑자기 그림은 이처럼 단조로운 방식으로 '의사소통'해야 하는 필요성을 면제받게 되었다. 그 결과 — 거의 즉각적인 — 는 새로운 양식과 기법의 폭발이었다. 인상주의는 그 시대에 최고의 영광을 누렸다. 곧이어 입체파, 다다이즘, 초현실주의, 추상표현주의가 그 뒤를 이었고, 우리 시대의 다른 운동들도 마찬가지였다. 그중 하나인 포토리얼리즘의 경우, 화가가 그린 이미지는 멀리서 보아서는 사진과 전혀 구분이 가지 않을 정도였다.

그와 동시에 사진은 '현실'을 기록할 뿐만 아니라 심지어 왜곡하는 여러 가지 방법들을 개발했으니, 그 목적은 감상자가 이전까지는 한 번도 상상해본 적이 없었던 새로운 것들을 보게 만드는 것이었다. 그 결과로 우리의 보는 능력에서 상당한 확장이 일어났다.

예술에서의 커다란 변화는 당연히 항상 이러한 효과를 지니게 마련이다. 이미 우리가 앞에서 살펴본 것과 같이, 15세기 르네상스 화가들의 원근법 도입은 인간 중심의 세계를 만드는 한편, 거기에서 하느님의 에워쌈과 만물을 바라보는 시선을 제거하는 데에 일조했다. 더 나은 물감이 개발되자 이젤화가 프레스코화를 대체하게 되었다. 그리하여 예술은 교회 벽에서 그보다 훨씬 수수한 집으로 옮겨오게 되었다. 19세기에 이루어진 다른 기술적 진보 덕분에 화가들은 이제 야외에 나가 자연에서 소재를 취해 그릴 수도 있게 되었다.

이것 역시 인상주의를 낳은 혁명적 변화의 원천이었다. 그러나 사진으로 인해 이 세계에 벌어진 인식의 변화야말로 다른 어떤 변화보다도 더욱 급진적이었다.

카메라 역시 거짓말을 '할 수 있다'는 데에는 의문의 여지가 없다. 수백만의 광고 사진이 이미 그렇다는 사실을 증명했다. 그럼에도 불구하고 사진의 발명 때문에 이 세계에 관한 감상적인 시각을 유지하기는 더욱 어려워졌다. 훌륭한 사진가는 항상 우리가 가장 소중히 간직한 환상 — 가령 가난한 사람은 가난에도 불구하고 행복하다는, 또 고통은 항상 고귀하다는 등등 — 조차도 파헤치기 위해 노력한다. 사진은 전쟁의 냉혹하고 험악한 공포를 우리에게 밝혀주었고, 그 결과로 인해 우리는 여전히 전쟁을 기꺼이 받아들이기는 하지만, 이전에 비하자면 상당히 덜 열광적이 되었다.

카메라는 인간이 되기 위한 활동 속에서 우리를 포착한다. 그런 종류의 진실과 지식은 제아무리 충격적이고 혐오스럽다 하더라도 항상 가치가 높은 것이다. 비록 항상 그 가치를 인정받지는 못하더라도 말이다.

노예제의 종식

매슈 브래디는 1823년에 뉴욕 주 북부에서 태어났고, 전신의 발명자 새뮤얼 F. B. 모스에게 은판사진술을 배웠다. 브래디는 1844년에 뉴욕 시에 처음으로 사진관을 열었다. 1861년에 남북전쟁이 터지자 그는 이 전쟁에 관한 완벽한 사진 기록을 만들기로 결심했다. 그는 여러 직원을 고용해 전쟁이 벌어지는 지역으로 파견했다. 앤티텀과 게티즈버그 같은 격전지에서는 본인이 직접 사진을 찍었다. 피켓의 유명한 공격이 지나간 뒤에 게티즈버그 경사면에 쓰러진 사망자를 찍은 그의 사진은 훗날 이 전쟁에서도 가장 기억에 남는 이미지로 손꼽혔다.

그런 공포조차도 전쟁을 중지시키지는 못했다. 사실 그 당시에만 해도 거의, 또는 전혀 효과가 없었다. 마치 그때까지는 인간이 사진을 어떻게 봐야 하는지를 배우지도 못한 것 같았다. 아니면 싸움 그 자체의 공포와 필요성이 워낙 압도적이었던 나머지, 그 어떤 이미지도 그 끔찍한 공포를 건드릴 수 없는 것처럼 보였는지도 모른다.

1864년에 보건위생위원회 박람회에서 에이브러햄 링컨 대통령(1809~1865)이 누군가의 서명첩에 쓴 글에는 그 전쟁의 원인에 대한 간결한 판단이 담겨 있다. "어느 누구도 스스로 노예가 되고 싶어 하지는 않을 것이다. 어느 누구도 스스로 열망하지는 않는 다른 어떤 '좋은' 것을 당신이 안다고 생각해보라."

다른 여러 편의 길고 짧은 글에서 링컨은 남북전쟁에서 자신의 관심사는 단순히 노예제만이 아니라 오히려 연방이 살아남을 수 있는지 여부라고 거듭해서 강조했다. 1862년에 신문사 편집장 호러스 그릴리에게 보낸 편지에서 그는 이렇게 말했다. "이 투쟁에서 내 최우선의 목표는 연방을 구하는 것이지, 노예제를 구하는 것도 아니고 파괴하는 것도 아닙니다. 만약 노예를 자유롭게 하지 않고도 연방을 구할 수 있다면, 나는 기꺼이 그렇게 했을 것입니다. 만약 노예를 모두 자유롭게 함으로써만 연방을 구할 수 있다면, 나는 기꺼이 그렇게 했을 것입니다. 만약 노예를 일부만 자유롭게 하고 일부는 내버려 두어도 연방을 구할 수 있다면, 나는 역시 기꺼이 그렇게 했을 것입니다."

결국 링컨은 자신이 언급한 정책 가운데 세 번째 것을 채택했다. 1863년의 노예해방령 때문에 풀려난 노예는 사실상 전혀 없었으니, 왜냐하면 이 조치는 전선 후방 지역에 사는 사람들에게만 적용되었기 때문이다. 하지만 우리는 링컨이 그릴리에게 보낸 유명한 편지의 마지막 구절을 잊어서는 안 된다. "여기서 나는 어디까지나 내 공적인 의무에 관한 견해에 의거하여 내 목표를 서술한 것뿐이며, 내가 종종 표현한 바 있듯이 세상 모든 사람이 자유로워야 한다는 내 개인적 신념에는 아무런 변화가 없습니다." 노예제가 미국에서 없어진 것은 링컨도 사망하고 전쟁도 끝난 뒤인 1865년, 그러니까 미국 의회가 제13차 헌법 수정조항을 채택하면서부터의 일이었다.

전 지구적인 평등의 확산이 멈출 수 없는 역사적 추세라고 생각했다는 점에서 토크빌은 옳았다. 하지만 프랑스 혁명을 비롯해서 1700년 동안의 다른 정치적 혁명들은 단순히 평등하고만 연관된 것이 아니었다. 프랑스에서 혁명론자들의 부르짖음은 "자유, 평등, 우애"였다. 이 대단한 말들 가운데 첫 번째는 자유였다. 그리고 이것은 19세기 동안에 모든 인간의 가슴속에서 열정적인 반응을 일깨워 준 뭔가를 상징했다.

아메리카 식민지에서 노예제에 대한 최초의 항의는 무려 1688년으로 거슬러 올라가니, 어느 메노파 교도가 펜실베이니아 주 저먼타운에서 흑인 노예제를 향한 진실한 반대 의사를 나타낸 비망록을 썼던 것이다. "비록 그들의 피부가 검기는 하지만, 그들을 노예로 삼을 수 있는 자유가 우리에게는 없으며, 이는 우리가 다른 백인을 그렇게 할 수 없는 것과 마찬가지다."

물론 이런 글이 나왔을 당시에만 해도, 백인이나 흑인 모두를 노예로 삼는 관습은 그 유래를 기억할 수 없을 정도로 오래된 것이었다. 물론 노예제가 항상 있었던 것은 아니지만, 머지않아 고도로 조직화된 인간 사회마다 노예제를 채택하게 되었으니, 왜냐하면 그런 사회에서 필요로 하는 힘들고 불쾌한 일을 처리할 수 있는 다른 방법이 없었기 때문이다. 노예제에 대한 아리스토텔레스의 유명한 정당화와 '자연적인' 노예에 관한 그의 교설 이후로는 그런 필요성을 받아들이기가 더욱 용이해졌기 때문에, 지구상 어디에서나 노예제가 번성하게 되었다.

수 세기 동안 노예제에 반대한 사람은 극히 드물었다. 하지만 15세기와 16세기 동안 신세계의 여러 유럽 식민지에서의 흑인 노예를 이용한 플랜테이션이 생겨나자, 머지않아 처음에는 유럽에서, 나중에는 미국에서도 격심한 항의가 나오게 되었다. 그런 노예제는 비인간적이며 잔인무도했다. 제2차 세계대전 중에 나치의 강제수용소가 나오기 전까지는 이 세상에 그와 비견할 만한 것이 없었을 정도였다.

1688년에만 해도 아메리카 식민지에는 흑인 노예가 소수에 불과했다. 그러다가 1861년에 남북전쟁이 발발할 즈음에는 노예가 무려 400만 명이 되었는데, 그들 모두는 남부 여러 주에 집중적으로 분포해 있었다. 노예무역은 1808년에 금지되었고, 1833년에는 서인도제도의 영국 식민지에서 노예제가 종식되었다. 하지만 미국 남부에는 필요에 의거한 노예제 옹호 논증이 오랫동안 계속되었으며, 이에 대한 반대의 목소리는 거의 없다시피 했다. 이런 논증에는 흑인이 자연적으로 더 열등하기 때문에, 따라서 천성적으로 노예가 되기 십상이라는 식의 믿음이 결부되었다.

하지만 「독립선언서」에서는 — 비록 그것 역시 어느 노예 소유주가 쓴 것이기는 했지만 — 모든 인간이 평등하게 창조되었다는 주장이 등장한다. 이러한 모순을 과연 어떻게 해결해야만 할까?

결국 이 모순은 평화적인 수단을 통해 해결되지는 못했다. 마침내 발발한 남북전쟁은 다른 상당수의 전쟁과 마찬가지로 상당히 오래 지속되었고, 누구도 예상 못 했을 정도로 끔찍하기 짝이 없었다. 마침내, 거의 4년 뒤에야 남부는 지친 나머지 항복했다. 그리하여 지구상에 마지막으로 남은 주요 장소에서의 노예제는 종식되고 말았다.

하지만 인류 역사에서 노예제가 완전히 종식된 것까지는 아니었다. 제2차 세계대전 당시 히틀러 치하에서는 노예제가 부활되었고, 오늘날까지도 제3세계 몇몇 지역에서는 노예제, 또는 유사 노예제가 일부나마 남아 있다. 세습 채무 노역 역시 사실상의 노예제로서 여러 나라에서 근절하기가 어려운 것으로 증명되었다.

하지만 미국 남북전쟁 동안에 바쳐진 수많은 희생 덕분에 노예제는 마침내 거의 종식되다시피 했다고 말해도 큰 무리는 없을 것이다. 오늘날 노예제를 용인하는 나라는 국제연합에 가입할 수 없다. 세계 전체는 노예제를 합법적인 것으로 받아들이기를 거부한다. 무려 5000년이 넘어서야 정의에 대한 가장 거대한 모욕 가운데 하나가 인간의 사고에서 마침내 근절된 것이다. 비록 오늘날까지도 사실상의 노예는 남아 있다고 하지만 말이다.

나는 노예제의 법적 폐지야말로 19세기의 가장 위대한 업적이라고 생각한다. 이것이야말로 북아메리카의 역사상 가장 잔혹하고 끔찍했던 전쟁에 의해서만 마침내 분쇄가 가능했던 그 제도의 어마어마함에 딱 어울리는 평가가 아닐까. 노예제는 경제적인 사실이었다. 전쟁은 또 다른 사실이었다. 따라서 이 갈등은 공평한 것이었다. 이것은 극도로 공평했으며, 이는 링컨이 두 번째 취임 연설에서 말한 바와 같았다.

> 만약 우리가 미국의 노예제를 하느님의 섭리 속에서 반드시 올 필요가 있었던 범죄 가운데 하나로 간주한다면, 그러나 그분이 정한 시간 동안에만 지속되었고, 이제 그분은 그걸 없애고자 뜻하셔서, 그 범죄의 원인이 되었던 사람들에게 내리는 재난으로서 우리 남과 북 모두에 이 끔찍한 전쟁을 주신 것이라고 간주한다면, 그렇다면 우리는 과연 이런 일 안에서, 살아 계신 하느님을 믿는 사람들이 항상 그분께로 돌리는 그런 성스러운 속성들로부터의 이탈을 찾아볼 수 있다고 판단해야 하겠습니까? 다만 우리는 전쟁이라는 이 어마어마한 천벌이 신속히 지나가기를 바랄 ─ 우리는 열심히 기도할 ─ 뿐입니다. 하지만 만약 하느님께서 이를 지속하려 뜻하신다면, 즉 200 하고도 50년 동안 노예들이 아무런 대가도 받지 못하고 한 노고로 인해 쌓인 부가 소진될 때까지, 그리고 채찍질로 인해 떨어진 핏방울을 검으로 인해 떨어진 핏방울로 갚을 때까지 그리하려 뜻하신다면, 지금으로부터 3000년 전에 사람들이 한 말처럼, 우리는 지금도 이렇게 말해야 마땅할 것입니다. "야훼의 법령은 참되어 옳지 않은 것이 없다."[73]

---

73 맨 마지막의 인용문은 『구약성서』「시편」 19편 9절에 나온다.

이 연설은 1865년 3월 15일에 행한 것이었다. 그해 4월 9일, 버지니아 주 애퍼매턱스 법원에서 남군의 로버트 E. 리 장군이 북군의 율리시스 S. 그랜트 장군에게 항복함으로써 사실상 전쟁이 끝났다. 4월 14일에는 에이브러햄 링컨이 워싱턴의 포드 극장에서 연극 관람 도중에 존 윌크스 부스의 총에 맞았다. 대통령은 다음 날 아침에 사망했다.

링컨은 노예제라는 것이 노예뿐만 아니라 주인에게도 해를 끼치는 질환이라고 말하지는 않았다.(물론 그렇다는 사실이야 잘 알고 있었지만.) 그런 사실은 오히려 심리학자 C. G. 융(1875~1961)이 1928년에 발표한 논문에서 훨씬 더 설득력 있게 서술되었다.

> 모든 로마인은 노예에 둘러싸여 있었다. 노예의 분위기 속에서 살면 무의식적인 영향을 통해 노예 심리에 물들기 때문에, 노예와 노예 심리가 옛 이탈리아에 만연했으며, 모든 로마인은 자기도 모르는 사이에 내면적으로 노예화되었다. 그러한 영향력으로부터는 아무도 자신을 보호할 수 없다.[74]

결국 노예와 그 후손뿐만 아니라, 사실상 우리 모두가 1861년부터 1865년까지 노예제를 폐지하기 위해 싸웠던 그 용감한 사람들에게 크게 빚진 셈이다.

---

74 C. G. 융, 「유럽의 여성」, 『인간과 문화』(융 저작집 번역위원회 옮김, 솔, 2004), 43쪽.

부르주아지에게 가한 충격

19세기의 부르주아지에게 충격을 가하려는 열망을 지닌 사람은 카를 마르크스 혼자만이 아니었다. 20명가량의 다른 저자들 역시 부르주아와 그 문명을 조롱하고 비난했지만, 〔마르크스가 성공한 것과는 달리〕 부르주아를 거만한 자기만족에서 깨어나 격노한 반응을 보이도록 자극할 정도까지는 아니었다. 부르주아의 이러한 자기만족 ― 종종 충분한 수입을 수반한 ― 은 도리어 그런 저자 가운데 몇 사람을 격노하게 만들기도 했다. 스스로가 도덕의 감옥에 갇혀 있다고 생각한 까닭에, 그들은 삶에서의 성공을 위해서는 그들이 믿고 싶어 하지 않았던 것을 믿는 것이 필요하다고 보았고, 그 결과로 불타는 듯한 시와 산문 이미지를 내놓았지만, 그들의 공격 대상으로부터는 그저 무시당했을 뿐이다.

미국에서는 시인 월트 휘트먼(1819~1892)과 소설가 허먼 멜빌(1819~1891)이 분투했지만, 각자 원하던 인정을 얻는 데에는 거의 실패하고 말았다. 두 사람 모두 저서를 간행하는 데에는 성공했지만, 정작 자신들이 감동시키거나 변화시키려고 한 사람들로부터는 존경을 받지 못했다. 오로지 휘트먼만이 노년에 들어서야, 그것조차도 엉뚱한 이유로 인해서 청중을 얻게 되었고, 결국 위대한 미국 작가로 받아들여지게 되었을 뿐이다.

멜빌의 최고 걸작인 『모비 딕』(1851)은 단지 해양 모험소설로 간주되고 말았다. 멜빌은 완전히 잊힌 채로 생을 마감했으며, 사후 한 세대가 지난 뒤에야 재발견되었다. 당대의 독자들에게 새로운 세계를 보여주려던 두 사람의 시도는 전적인 실패였다.

프랑스의 샤를 보들레르(1821~1867)가 쓴 책은 독자의 외면을 받았을 뿐만 아니라 심지어 공식적으로 판매 금지당했다. 그의 저서는 외설스럽다고 판정되었고, 그는 보잘것없는 정신병자 정도로 간주되었다. 어쩌면 정말로 그랬을지도 모른다. 하지만 보들레르는 또한 당대의 프랑스에서 가장 날카로운 비평가였으며, 부르주아의 벽장 속에서 나와 19세기 후반의 열광적인 빛 속으로 들어선 무시무시한 새로운 삶을 인식할 수 있었던 사람이기도 했다.

귀스타브 플로베르(1821~1880)는 『보바리 부인』(1857)에서 부르주아 생활의 사소한 결점들을 아주 세세한 데까지 밝혀내는 한편, 그레첸의 좁은 방의 업데이트된 버전으로, 갇힌 상태에서 더 넓은 세계로 탈출하려는 한 여성의 비극적인 노력을 묘사했다.

에밀 졸라(1840~1902)는 여러 권의 극도로 사실적인 소설에서 세기말의 양심을 일깨우려 시도했지만, 결국 버림받은 상태에서 프랑스 중산층 존재의 끔찍한 타성과 권태를 혼자 직면하는 신세가 되었다.

프리드리히 니체는 그 세기의 위대한 독일 철학자 세 사람 가운데 마지막 사람으로 — 오로지 헤겔과 마르크스만이 그에 비견될 수 있으리라 — 아버지도 정신병자였고 본인도 55세에 광기에 사로잡히게 되었다. 질환의 원인으로는 여러 가지가 지목되지만, 적어도 한 가지는 분명하다. 니체는 동시대인의 온화하고 부정직한 자기만족에 의해 광기로 내몰렸던 셈이니, 그들은 가령 오늘날로 치자면 만화 속 주인공에 해당하는 작가들은 드높이는 반면, 정작 니체는 무시했던 것이다. 무시당하면 당할수록 니체는 기독교와 그 공허한 도덕적 요구에 대항해 힘껏 양팔을 흔들고 고성을 질렀다. 그의 저서 중에서도 최상의 것이 모두 나온 10년(1879~1889) 동안 그는 완전히 혼자였으며, 1900년에 씁쓸한 실망으로 가득한 생애를 마쳤고, 이후 조국인 독일과 프랑스에서는 몇 세대에 걸쳐서 때늦은 찬사를 받았을 뿐이다.

영국의 부르주아지 역시 이런 공격에서 자유롭지 못했다. 조지 엘리엇(1819~1880)의 소설 『미들마치』(1871~1872)는 완전히 성인을 위한 최초의 소설이라고 할 만하며, 저자는 단순히 그런 글을 썼을 뿐만 아니라 당대의 대다수와는 정반대되는 삶을 살았다. 존경받는 계층 사람들은 그녀는 물론이고 그녀의 동반자인 G. H. 루이스를 영국에서 한동안 몰아냈으니, 왜냐하면 두 사람은 정식으로 결혼하지 않고 동거 생활을 했기 때문이다. 하지만 그녀는 일련의 저서를 통해 일종의 복수를 감행했으며, 그중에서도 『미들마치』가 가장 무자비했다. 이 작품은 빅토리아 시대 생활의 커튼을 찢어발기고 그 씁쓸한 졸렬함을 모두의 눈앞에 드러내 보였다.

하지만 정작 많은 사람이 그걸 제대로 보지는 못했다. 영국에서나 다른 어디에서나 부르주아지는 명백하게 자기 눈앞에 있는 것에 대해서도 주의를 쏟지 않는 주목할 만한 능력의 소유자임이 증명되었다. 이들은 조지 엘리엇의 소설을 구입하고, 심지어 재미있게 읽기는 했지만, 정작 그게 무슨 의미인지를 이해하지는 못했다.

토머스 하디(1840~1928)는 『더버빌가의 테스』(1891)와 『비운의 주드』(1895) 같은 소설을 통해 저마다의 믿음이라는 끔찍한 협잡에서 깨어나라고 촉구했다. 그러나 이런 시도가 실패에 돌아가자 우울한 운명을 예감한 듯, 긴 생애의 후반을 자신의 고뇌하는 예견을 표현한 시를 쓰는 데에 바쳤다. 오스카 와일드(1854~1900)는 여러 가지 면에서 반항아였고, 결국 바보를 조롱하는 데에 일익을 담당하게 되었다. 그는 동포가 결코 깨어날 줄 모른다고 생각하며 좌절했다. 하지만 그의 동포인 영국인은 실제로 깨어났을 뿐만 아니라, 그의 조롱에 분노한 나머지 그를 감옥에 가두어서 인생을 망쳐버렸다.

이 작가들과 그 외의 열댓 명의 다른 작가들은 서로 매우 달랐지만, 적어도 한 가지 면은 공통적이었다. 마르크스가 『공산당 선언』에서 새로운 도덕과 지적 세계 — 모든 단단히 얼어붙은 관계에서 그 의미가 벗겨져 나가고, 아무런 경고조차도 없이 모든 단단한 것들은 공기 속에 녹아버리는 — 를 묘사했을 때에 목격한 한 가지를 이들도 목격했던 것이다. 이 작가들은 부르주아지가 그 상황을 이해하는 데 실패했음을, 하지만 지금이라도 그들 자신과 그들의 문명을 구하기 위해서는 반드시 그 상황을 이해해야 하며, 그렇지 않으면 말살에 직면하게 될 것임을 알았다. 이 사람들은 부르주아지를 부르주아지로부터 구출하는 임무에 나섰다. 이들의 비판은 증오보다는 사랑에 더 근거한 것이었다. 이들은 마치 타락한 아버지를 둔 반항적인 자녀와 같았다. 그리고 상당수의 자녀가 그렇듯이 이들은 아버지를 실망시키는 것 외에는 성취한 바가 거의 없다시피 했으며, 자녀가 아버지를 사랑하는 것만큼이나 아버지는 자녀를 사랑하지만, 세대 차이의 독기 때문에 양쪽은 결코 연결되지 못한 것이다.

다윈과 프로이트

위의 반항적인 저술가들이 하는 일은 무엇이든지 어디까지나 자유를 위해 하는 것이었으며, 종종 독립적으로 하는 것이었다. 여기서 소개할 또 다른 두 저술가의 경우, 결코 이 반항적인 집단의 일부라고는 스스로 생각하지 않았으면서도 결국 똑같은 싸움을 했다. 양쪽 모두 과학자였으며, 이들은 기껏해야 동시대인에게 단순하고도 사실적인 진실을 밝히고자 하는 것 이상의 열망을 지니고 있지는 않았다. 하지만 이들 역시 부르주아지에게 충격을 주었으며, 사실상 마르크스를 제외한 다른 누구보다도 더 큰 충격을 주었다. 어쩌면 이 두 사람이 마르크스보다 더 큰 충격을 주었을지도 모른다. 빅토리아 시대의 허식 앞에서 이들의 단순한 진실은 마치 식초를 삼키는 것과도 비슷했으니, 이 시대는 이들을 향한 격렬한 분노를 나타냈으며, 이런 분노는 오늘날까지도 여전히 남아 있다.

찰스 다윈은 1809년에 영국에서 태어났으며, 그의 할아버지인 이래즈머스 다윈 역시 괴짜 진화론자라는 평판을 얻었었다. 찰스는 워낙 평범한 학생이었기 때문에, 그의 아버지는 그런 아들에게 일면 실망하고 있었다. 그렇기 때문에 아들이 박물학자로 지명되어 남아메리카의 자연을 탐사하러 가기 위해 비글호를 타겠다고 하자 선뜻 승낙했던 것이다. 아버지 입장에서는 그가 그 여행에서 뭔가를 가져오리라 기대했겠지만, 사실 그 뭔가가 정말 무엇일지까지는 미처 예측하지 못했으리라.

비글호에서 보낸 5년 동안의 세월 덕분에 다윈은 진화와 종의 기원에 관한 생각을 발전시켜서 1859년에 책으로 간행했으며, 이로써 조지 엘리엇을 외국으로 쫓아 보낸 그 존경받는 계층을 그야말로 소스라치게 만들었다. 만약 다윈이 초창기 관심사였던 조개삿갓이나 지렁이에만 꾸준히 매달렸다면, 그의 생각은 그토록 논쟁적이 되지는 않았으리라. 하지만 그는 모든 종이 자연선택의 근거 위에서 진화를 통해 나온 것이라고 끈질기게 주장했다. 심지어 사람조차도 그렇다고 했다. 이것이야말로 사람들로선 받아들이기 힘든 주장이었다.

어떤 면에서 진화란 명백한 사실이었다. 또한 어디에서나 뚜렷이 나타나는 사실이기도 했다. 가령 국가도 진화했으니, 다른 나라들이며 자연으로부터의 도전에 대응함으로써 그렇게 되었다. 기업도 진화했으니, 시장에서의 상황에 대응함으로써 그렇게 되었다. 우정도 진화했고, 생각도 진화했다. 특정한 동물 종도 진화했다는 것은 명백한 사실이다. 그 결과로 우리는 일찍이 한두 가지 품종에 불과했던 개들을 지금은 수십 가지나 키우는 것이 아닌가.

그럼에도 불구하고 진화가 모든 종의 발달 밑에 깔려 있는 원칙이며, 일종의 동물인 인간 역시 원래는 인간이 아닌 동물 조상으로부터 진화했다는 다윈의 제안은 동시대인을 충격에 빠트렸다. 여기에는 몇 가지 이유가 있다.

종이 지금으로부터 수천 년 전의 어느 한 순간에 창조된 것이 아니라 오히려 진화했다는 생각은 — 일찍이 갈릴레오의 주장이 그랬던 것과 마찬가지로 — 종교계로선 도무지 대처 자체가 불가능한 도전들 가운데 하나였다. 다윈주의는 성서와 모순되는 것처럼 보였다. 하지만 그런 모순을 만들어낸 사람은 다윈이 아니었다. 일찍이 갈릴레오가 그랬던 것처럼, 다윈은 그저 이렇게 말하고 있을 뿐이었다. "눈을 뜨고 똑똑히 보시오! 당신들도 알다시피 이것이야말로 명백하지 않습니까."

그런 내용을 차분하고도 온화한 태도로 말했다는 사실조차도 다윈에게는 별로 도움이 되지 않았다. 그의 적대자들은 오히려 그의 태도에 더욱 화가 났을 뿐이었다.

가령 지렁이가 진화했다는 사실까지는 받아들일 수가 있어도, 인간이 짐승, 특히 고등 유인원의 후손이라는 사실은 도무지 상상조차도 불가능했다. 왜냐하면 동물원을 가본 사람이라면 누구나 유인원이 사람들 앞에서 서슴없이 드러내는 갖가지 지저분한 버릇을 잘 알고 있었기 때문이다. 인간과 대형 유인원의 어떤 먼 조상 — 잃어버린 고리인 — 으로부터 현대의 인간이 진화하기까지는 무려 수백만 년 이상의 시간이 걸렸다는 사실을 다윈이 아무리 반복해서 강조해도 전혀 소용이 없었다. 적대자들은 다윈이 자신들의 할아버지를 향해 유인원이라는 비난을 가하고 있다고 주장했다. 그들은 이런 모욕을 오히려 즐기는 듯 억지를 부렸으며, 다윈이 아무리 설명을 하려고 해도 듣지 않았다.

우리와 다른 동물 간의 가까운 관계를 시인하는 — 또는 자랑하는 — 것 자체를 불가능하게 만들었던 그 허영은 참으로 슬프고도 처량했다. 그와 반대로 찰스 다윈(1882년 사망)의 저술과 삶은 쾌활하고 자유로웠다.

그는 협소하고 임시적인 감옥에서 인류를 해방시켰다. 그는 또한 생물학적 변화의 기본 메커니즘 가운데 하나를 밝혀냈다. 그의 생각 가운데 일부는 물론 의문의 여지가 있었다. 하지만 근본적인 진화론적 가설은 마치 지브롤터 해협처럼 견고하기만 했다.

지그문트 프로이트는 1856년에 모라비아에서 태어났다. 그는 빈에서 의학을 공부했고, 신경학과 정신의학을 전공했다. 1890년대에 그는 히스테리 환자에게 자유연상을 독려함으로써 치료하는 기술을 발전시켰고, 몇 번인가는 주목할 만한 완치를, 또는 최소한 증상의 완화를 이루어냈다. 이 기간 동안 그는 무의식을 발견했다.

그야말로 얼마나 놀라운 발견이었던지! 무의식이란 얼마나 이상하고도 당혹스러운 것이었는지! 애초에 눈을 감지 않은 채 거울에 자기 모습을 비춰 볼 의향이 있는 사람이라면 누구나 자신이 무의식을 지니고 있음을 알게 마련이며, 어쩌면 이를 항상 알고 있었을지도 모른다. 하지만 의식적으로 그는 항상 그 사실을 부정했다. 그리고 지금도 그렇게 한다.

우리의 제어를 벗어나서 그 자체로 기능하는 것처럼 보이는 이런 정신은 도대체 어떤 종류의 것일까? 실제로 누가 과연 한 사람의 마음을 제어할 수 있을까? 누가 과연 다른 잡생각이 끼어드는 법 없이 어떤 한 가지를 다만 몇 초라도 계속해서 생각할 수 있을까? 누가 과연 가령 성적 쾌락이나 복수나 개인적 영광을 전혀 생각하지 않도록 자기 마음을 다잡을 수 있을까? 그런 생각들이 일단 끼어들게 놓아두면, 그다음부터는 그런 생각들을 물리치기가 거의 불가능해진다.

그러다가 그런 생각들은 갑자기 우리를 떠나고 다른 생각들로 대체된다. 앞서와 마찬가지로 예기치 못했던, 역시나 마찬가지로 대개는 원치 않았던 생각들로 말이다.

이 모두는 인류의 보편적인 경험이다. 프로이트의 위대함은 이 현상에 관해 집요하고도 체계적으로 생각을 거듭한 끝에 마침내 그것을 이해하기 시작했다는 데 있다.

프로이트의 경우는 다윈보다도 훨씬 더 논란이 많았다. 빅토리아 시대 사람들에게는 모든 사람의 정신 표면 바로 밑에 성욕과 공포가 놓여 있다는 그의 주장이야말로 우리가 궁극적으로는 유인원을 닮은 조상의 후손이라는 다윈의 주장보다도 더 충격적으로 여겨졌다.

이 경우에는 단순히 허영심을 거스른 것만이 아니었다. 모든 사람은 프로이트가 한 말이 적어도 자신에게는 진실이라고 은밀하게나마 인식하고 있던 바였다. 성적인 생각이라는 것이 항상 의식의 표면 밑에 숨어 있다가, 그것도 가장 이상하고도 어쩌면 가장 부적절한 순간에 툭 튀어나올 채비를 갖추고 있다는 사실이야말로, 평범한 인간이라면 누구나 다 아는 사실 아닌가?

불행히도 매사에 버젓함을 추구했던 빅토리아 시대 사람들은 다른 사람들만큼은 본인과 다를 것이라고 믿어 의심치 않았다. 남편들은 아내들이 성적인 생각을 결코 지니지 못했을 것이라고 가정했다. 여성들도 자녀들에 대해 똑같은 생각을 했다. 모든 자녀들은 부모들에 관해 이와 같은 종류의 순진한 생각을 하고 있었다. 실제로는 그렇지 않음이 명백했음에도 불구하고.

프로이트의 문제점은 다만 성에 대한 집착 — 적어도 남들의 눈에는 그렇게 보였다 — 뿐만이 아니었다. 그는 또한 명석한 비평가이기도 했으며, 그의 비평 대상은 문학과 사회 전반에 걸쳐 있었다. 그는 자신의 시대가 옳다고 믿었던 새빨간 불길뿐만이 아니라, 현실의 차가운 빛 역시 계속해서 보고 있었던 것이다.

제1차 세계대전이 발발하자 모든 사람은 그 공포와 잔인성, 즉 사회적 공손함의 표면 바로 밑에 줄곧 놓여 있었던 잔인성을 보고 충격을 받았다. 프로이트 역시 다른 사람들과 마찬가지로 충격을 받았다. 하지만 그는 놀라지 않았다. 그런 잔인성이 거기 숨어서 때를 노리고 있었음을 이미 알고 있었기 때문이다.

나치가 유대인을 죽이기 시작하고, 곧이어 프로이트까지 죽이려 시도했을 때에도 그는 역시 놀라지 않았다. 그는 재산의 20퍼센트를 몸값으로 지불한 다음에야 딸 안나와 함께 빈을 탈출해서 런던으로 갈 수 있었다. 하지만 이미 늙고 병들어, 이듬해에 세상을 뜨고 말았다.

프로이트는 외과 의사이자 과학자였으며, 본인도 이 사실을 항상 강조해 마지않았다. 그의 삶과 저술에서 가장 큰 아이러니는 비록 그가 심리학(psychology) 분야에서 일했고, 이 분야의 이름은 본래 영혼을 뜻하는 그리스어 ─ 프시케(psyche) ─ 에서 유래했음에도 불구하고, 정작 본인은 인간 영혼의 불멸성을 믿지 않았다는 점이다.

프로이트는 기계론자이며 결정론자였다. 그는 신체 내에서 정신의 작용에 관한 설명을 물색했고, 정신의 건강과 질환은 곧 물리적 힘의 균형, 또는 불균형에 달린 문제라고 믿었다. 비록 1939년까지 살았지만, 그는 항상 19세기의 사상가였다. 따라서 그는 인간이 기껏해야 기계와 다름없다고 계속해서 믿어 의심치 않았다. 또는 기계가 아니라면, 분명히 다른 동물과 똑같은 동물에 불과하다고 말이다.

그는 또한 지극히 용감했으니, 이전까지의 어느 누구도 간 적이 없었던 곳, 바로 우리 정신의 저 아래 깊은 곳, 다시 말해서 우리가 낮 동안에는 감춰두었다가 오로지 밤에만 절반쯤은 내키지 않아 하면서 드러내는 곳을 기꺼이 탐험하려 했기 때문이다.

다윈과 프로이트. 이 두 사람은 우리가 결코 알고 싶어 하지도 않았던 사실, 즉 우리 인간의 본성을 똑바로 바라보라며 강요한 폭로자들이었다. 오늘날의 우리는 분명히 이런 새로운 종류의 지식을 더 잘 받아들일 수 있다. 비록 우리 중 상당수는 그런 지식을 우리에게 가져왔다는 이유 하나만으로 이 두 사람을 여전히 증오하지만 말이다.

제 11 장

1914년의 세계

현대 이전까지만 해도,
지구상의 한 장소에서 벌어지는 일이
다른 장소에서의 사건들에 영향을 준 적은 없었기 때문에,
1914년에 시작된 전쟁을 '세계대전'이라고 부르게 된 것이다.
어째서 새로운 문명이 도래하기 위해서는
전쟁을 통해 과거의 문명이 파괴되어야만 했던 것일까?

1914년에 이르러 유럽은 인류 역사에서 정점이 된 문명을 낳았다. 마치 희망의 등대처럼 빛났던 유럽의 문명은 지구 곳곳에서 모방되었으며, 세계의 상업과 금융과 지식과 문화 전반을 지배했다.

　하지만 유럽인 중에서도 가장 똑똑하고, 교양 있고, 민감한 사람들은 자신들의 과시적인 문명의 성취에 매우 불만스러워하고 있었다. 그들은 뭔가가 크게 잘못되어 있음을 알고 있었다. 그들의 생각은 정확했다.

　곧이어 대전이 일어났고, 유럽과 전 세계가 빠져든 충돌은 몇 번인가 짧은 평화의 시기까지 포함해서 20세기의 3분의 1 가까운 기간 동안 이어지고 말았다. 불과 4년 사이에 유럽 문명은 용해되어 폐허가 되었고, 서양은 이제 새로 시작해야 할 필요가 있음을 깨달았다. 그렇게 파괴된 문명은 최소한 14세기의 시작부터 줄곧, 즉 600년 이상 만들어온 것이었다. 따라서 우리가 그것을 대체하는 커다란 임무, 아직까지도 완료되지 않은 임무에 여전히 종사하고 있다는 사실은 놀라울 것도 없다.

그렇다면 1914년에 유럽 문명은 도대체 무엇이 잘못되어 있었을까? 그것은 왜 역사상 가장 파괴적인 전쟁, 결국 지구상의 거의 모든 나라가 관여하고 수억 명의 생명이 희생되고 또 수억 명의 말할 수 없는 고통을 야기했던 전쟁을 낳았던 것일까?

경제적 구분

1914년의 세계는 네 개의 경제 지역으로 구분될 수 있었다. 첫 번째 지역에서는 산업 노동력이 농업 종사자의 수를 훨씬 웃돌았다. 영국은 1820년에 이러한 위치에 도달했다. 독일과 미국은 1880년에 도달했다. 벨기에, 일본, 그리고 다른 몇 안 되는 나라들은 20세기 초의 10년 동안에 도달했다. 프랑스는 1914년까지도 이 수준에 도달하지 못했으며, 1945년 이후까지도 여전히 도달하지 못했다. 세계의 나머지는 그보다 훨씬 뒤에 머물러 있었다.

두 번째 지역에서는 농업인구가 산업 노동력보다 대략 두 배나 더 많았다. 스웨덴, 이탈리아, 오스트리아가 여기에 해당되었다. 하지만 세계의 나머지 나라들에 비하자면 이들은 경제적 강대국이었다.

세 번째 지역에는 산업화를 시작하기는 했지만 여전히 원시적인 산업화 이전 상태라고 할 수 있는 다수의 국가가 포함되었다. 러시아가 대표적인 사례였다. 이 나라에는 영국이나 독일에 비견할 만한 현대적인 공장들이 몇 군데 있었다. 하지만 국민 절대다수는 여전히 소농 사회에서 살아가고 있었다.

네 번째 지역에는 가령 그리스나 불가리아 같은 발칸 국가들, 아시아와 아프리카의 식민지 국가와 속령, 라틴아메리카 국가 대부분을 비롯한 이른바 제3세계 국가들이 포함되어 있었다. 몇 군데 예외를 제외한다면 이 나라들은 여전히 거의 전적으로 가내수공업, 공예, 비숙련노동에 의존하고 있었다.

　국력을 어떻게 정의하건 간에, 첫 번째 나라 전부와 두 번째 가운데 몇몇 나라야말로 지구상에서 최고 강대국들이다. 우선 그들은 전세계의 자본 가운데 대부분을 소유하고 있다. 투자 가능한 잉여 자금, 또는 가장 크고 가장 값비싼 기계·공구·공장 등의 생산도구 말이다.

　세계 인구의 대부분에 가해진 강대국의 정치적 지배는 압도적이었다. 이러한 제어는 식민지의 행정을 통해서, 또는 군사력의 위협을 통해서 발휘된다. 특히 후자의 경우에는 강대국이 다른 나라들 — 가령 중국처럼 — 을 멋대로 다루기 위해 항상 서슴지 않고 사용하게 마련이다.

　문화적으로 강대국은 누구에게나 — 말 그대로 지구상의 거의 모두에게나 — 자국의 언어, 문화, 양식과 디자인 감각, 문화 예술품 등을 강요했다. 비록 일부에서는 격렬한 저항이 있었지만, 이제는 그 어떤 토착 문화조차도 원래 그대로의 모습대로 살아남지 못했다. 나중에 가서는 서양의 문화 보유자들이 오히려 타국의 토착 문화를 모방했기 때문이다.

　마침내 첫 번째와 두 번째 집단에 속하는 국가들은 지구상의 무기 가운데 대부분을, 그것도 주요 무기의 전부를 보유하게 되었고, 막강한 육군과 해군을 지휘하고 배치했다. 그 이전까지만 해도 지구상의 전체 인구 가운데 적은 비율이 그토록 막강한 힘을 보유하고, 지구상의 다른 살아 있는 사람들에게 그런 제어를 발휘한 적은 없었다.

이런 상황의 당연한 결과는 이랬다. 만약 지구를 지배하는 소수의 국가 — 그중 대부분은 유럽 국가인데 — 가 평화를 열망한다면 전 세계는 평화를 누리게 될 것이었다. 반대로 만약 그들이 전쟁을 선택한다면, 전 세계는 전쟁의 고통을 겪게 될 것인데, 나머지 국가들은 이 문제에 관해 사실상 발언권이 없었다.

전쟁의 연구

때때로 우리는 전쟁과 지식의 진보 사이의 밀접한 관계에 주목하게 된다. 바로 앞 장에서 우리는 기관총의 발명이 군대의 역량을 평준화시킨 것에 관해 논의했고, 또한 노예제의 폐지가 이루어지기 위해서는 결국 처참한 전쟁의 발발을 기다려야 했다는 사실을 확인한 바 있다. 하지만 전쟁과 지식의 결합에 관해서라면 이야기할 것이 더 많다.

수천 년 동안이나 인간은 전쟁을 연구해왔으며, 또한 전쟁이야말로 가장 흥미로운 연구 주제임을 확신해왔다. 인류는 항상 전쟁을 두려워한 나머지 그 공포로부터 뒷걸음질하는 한편, 그와 동시에 전쟁의 흥분과 모험에 매료된 나머지 기꺼이 달려들기도 했다. 수천 년에 걸쳐 사람들은 뛰어난 군인을 존경했으며, 심지어 숭배하기까지 했다.

이는 놀라운 일도 아닌 것이, 뛰어난 군사 지도자들은 우리를 적에게서 지켜주거나, 또는 우리에게 매우 가치 있는 것들 — 토지,

돈, 또는 다른 전리품 — 을 가져다주기 때문이다. 그에 대한 고마움은 말로 다 표현할 수 없을 정도다.

그러다가 뛰어난 군인들 역시 우리에게 이상적인 삶의 방식에 관해 생각해보도록 강요했다. 규율과 미덕 — 특히 용기의 경우는 군인 아닌 사람들 중 상당수가 자신에게 결여되었다고 믿어 의심치 않는 미덕이었다 — 과 대의를 향한 헌신에 근거하는, 이런 삶의 방식이야말로 매우 바람직하게 여겨졌다. 비록 우리 대부분은 훌륭한 군인의 높은 이상에 부응하여 살 수는 없다고 생각했을지 몰라도, 그럼에도 불구하고 이런 이상은 우리를 고양시켰으며, 심지어 우리를 고취시키기까지 했다.

마침내 전쟁은 진보의 단지를 부글부글 끓어오르게 만들었다. 전쟁은 상상력을 가속화시키고 재간에는 보상을 해주었으니, 이는 여러 가지 기본적인 문제들에 대한 해결책이 되어주기도 했다. 전쟁에는 대개 유전자 풀(gene pool)의 폭력적인 혼합이 수반되게 마련이었다. 마르스와 베누스는 함께 다니게 마련이어서, 강간에 의해서건 또는 그보다는 덜 폭력적인 방법에 의해서건, 먼 지역에서 온 병사들이 임신시킨 여성들은 비록 사생아라고 불리는 아이를 낳았지만, 그럼에도 불구하고 그 아이들은 유전적으로 더욱 강건했다.

19세기는 전쟁의 연구를 포기하지 않았다. 오히려 그 정반대였다. 전쟁은 가장 주도적인 탐구의 주제였으며, 그 격렬한 지적 작업으로부터 전쟁 시에는 물론이고 평화 시에도 가치 높은 수많은 발명품이 나왔다. 알프레드 노벨의 다이너마이트도 그중 한 가지 예였다. 하지만 1815년에 나폴레옹 전쟁이 종결된 이래 1914년까지만 해도 미국의 남북전쟁을 제외하면 대규모의 충돌은 없었다. 그동안 전쟁 연구자들은 전쟁에 관해서 여러 가지 새로운 것들을 알았거나, 또는 알았다고 생각했다. 방어와 공격 모두에서 어떻게 하면 그걸 수행할 수 있는지, 어떻게 하면 그걸 제어할 수 있는지, 어떻게 하면 그것으로부터 이득을 얻을 수 있는지까지도. 하지만 그들은 이런 이론을 검증할 수 있는 기회까지 누리지는 못하고 있었다.

다만 놀라운 결과를 낳은 작은 전쟁이 있었다. 1905년에 러시아가 승리를 낙관하고 일본을 공격한 사건이다. 그러나 결과는 오히려 일본의 낙승이었다. 여기에는 전술적인 이유가 있었다. 한편으로는 일본의 후방 병참선이 훨씬 더 짧았기 때문이지만 그보다 더 중요한 요인이 있었다. 금세 알려진 것처럼, 일본은 국가의 생존을 위해 서양을 모방하기로 한 1868년의 의도적인 결정 이래로 급속히 발전했던 것이다. 이 승리와 함께 일본은 갑자기 강대국으로 인식되었다.

이 사건 — 나중에 가서는 그 당시 누가 했던 예견보다도 더한 해악을 끼쳤던 — 과는 별개로 세계는 오랜 기간 동안 전쟁을 회피하는 데 성공했다. 전투에 대한 갈증은 결국 더 이상 참을 수 없을 정도로 커졌다.

식민주의

팽창주의적 정책으로서의 식민주의는 매우 오래된 것이다. 고대 그리스인만 해도 그리스도가 태어나기 7세기 전에 소아시아에 식민지를 여럿 건설했음은 이미 살펴본 바와 같다. 카르타고인과 로마인 역시 지중해를 제패하기 위해 분투했다. 대부분의 유럽 국가는

1492년 이후에 서쪽으로 진출해서 신대륙에 여러 식민지를 건설했다. 하지만 현대의 '식민주의'라는 용어는 사실 그런 사건들을 지칭하는 것이 아니다. 식민주의는 19세기에서 20세기 초까지 대개는 아프리카와 동남아시아 등지에서 유럽 강대국 사이에 이루어진 협정과 다툼 같은 종류를 의미한다.

그런 새로운 식민지는 가령 과도한 인구를 외부로 배출하기 위해, 또는 종교적이거나 정치적인 대의를 진작하기 위해 만들어진 것이 아니었다. 그것은 세계시장을 만들고 제어하기 위한 것이 주된 목적이었다. 19세기 후반기에 유럽은 산업혁명의 결과로 내수 시장의 제조품이 포화 상태였다. 카를 마르크스의 지적처럼, 주기적인 금융공황은 유럽 부르주아 자본가가 사업에서 안정성을 누리고자 한다면 지속적으로 소비자를 증가시킬 필요가 있음을 보여주는 신호였다.

전 세계에는 아직 수백만 명의 새로운 고객이 있었다. 대개는 극도로 가난했지만, 일단 숫자가 막대하다 보니 그런 단점을 벌충하고도 남았다. 게다가 고객 측은 군사력이 약하기 때문에 생산자가 원하는 것은 무엇이든지 강요할 수 있었다. 비록 공산품을 구입할 수 있는 돈은 없다고 해도 고객 측 나라에는 원자재 — 담배에서 크롬까지, 쌀에서 보크사이트까지, 커피에서 오렌지며 면화며 고무며 황마까지 — 가 상당했으므로, 유럽의 공장에서 돌아가는 기계가 망가지지 않는 한 어디엔가 반드시 분배해야 하는 생산품과 맞바꿀 수 있었다.

1914년에 이르러 식민지의 그림은 완전히 바뀌었다. 신세계의 자유주의 봉기로 인해 식민지 가운데 대부분을 잃어버린 에스파냐는 아프리카를 무대로 한 식민지 경쟁에서 결코 주요 선수가 되지는 못했다. 포르투갈은 아프리카의 서해안과 동해안에 위치한 앙골라와 모잠비크의 거대한 고립 지역을 지배함으로써 중요성을 유지했다. 비교적 소국인 벨기에조차도 신비스러운 콩고 강 유역의 넓은 영토를 다스렸다. 네덜란드는 여전히 동인도에 보유한 넓은 영토에서 막대한 이득을 추출할 수 있었기에, 보어 전쟁 이후로는 아프리카에 거의 관심을 쏟지 않았다. 러시아는 식민지가 없었지만, 자국의 동부 변경에 얼마든지 차지할 수 있는 땅이 있었다. 러시아는 이미 시베리아와 남동부의 무슬림 영토를 정복하는 문제만으로도 충분히 정신이 없었다. 오스트리아 역시 러시아와 마찬가지로 아프리카나 동남아시아나 라틴아메리카보다는 오히려 자국의 이웃 영토와 민족에게 더 관심을 쏟았다. 그리하여 결국 네 군데 국가만 남았다. 바로 이탈리아, 프랑스, 영국, 독일이었다.

시칠리아에서 튀니지까지는 지도상으로 엎어지면 코 닿을 만큼의 가까운 거리였다. 지중해를 가로질러 불과 100마일도 되지 않았다. 이탈리아는 지리적으로 가까운 북아프리카에서 오래전부터 영향력을 주장해왔다. 하지만 프랑스가 튀니지를 선점한 까닭에 결국 리비아로 만족해야만 했다. 이탈리아의 영토 주장은 소박한 정도였기 때문에, 주요 선수들도 기꺼이 그 요구를 받아들일 의향이 있었다. 리비아는 국토 대부분이 사막이었고, 그때 당시에만 해도 석유는 발견되지 않았기 때문이다.

프랑스는 튀니지와 알제리 모두를 영토로 주장했고, 또한 좁은 지브롤터 해협 너머에 있는 모로코까지도 원했다. 이것은 오로지 시작에 불과했다. 프랑스는 또한 서아프리카(오늘날의 세네갈, 모리타니, 말리)와 중앙아프리카(오늘날의 차드, 중앙아프리카 공화국)의 넓은 지역을 영토로 주장했고, 지배했고, 관리했다. 이 가운데 세네갈을 제외하면 당시까지만 해도 하나같이 인구밀도가 낮고 아직 개발이 되지 않은 나라들이었다. 그럼에도 불구하고 뭔가 얻을 만한 것이 많아 보였는지, 프랑스는 이들 지역을 획득하기 위해 격렬하게 싸웠다.

영국은 2세기가 넘도록 가장 성공적인 식민 종주국이었으며, 아프리카에서 영국이 차지한 영토는 다른 나라의 영토보다도 훨씬 더 가치가 높았다. 북부에는 이집트가 있었으니, 아프리카의 토착 문명 중에서도 가장 발전한 곳이었고, 이 대륙의 가장 풍부한 상품이라 할 만했다. 그 아래에는 넓지만 여전히 미답지로 남아 있던 수단이 있었다. 수단 아래로는 영국령 동아프리카의 풍부한 식민지들 — 오늘날의 우간다, 케냐, 잠비아, 짐바브웨(구〔舊〕로디지아) — 이 있었다. 서부에 있는 영국의 영토는 이에 비하자면 더 작기는 했지만 여전히 가치가 높았으니, 거기에는 오늘날의 나이지리아가 포함되었다. 그중에서도 가장 잠재력이 높은 식민지는 대륙의 남단에 있었으니, 당시 남아프리카에서 영국의 영역은 북쪽으로 오늘날의 보츠와나와 스와질란드까지 이르렀다.

아프리카의 몇 군데 지역, 특히 아프리카 북동부는 독립국으로 남아 있었다. 다른 지역들, 가령 소말릴란드(오늘날의 소말리아와 지부티)는 여러 유럽 강대국의 영토 주장으로 인해 여러 지역으로 분단되는 불편한 상태가 한동안 유지되었다. 따라서 이제는 아프리카의 거의 모든 지역이 강탈당한 셈이 되었다. 하지만 여전히 가능성은 남아 있었고, 탐욕스러운 한 선수가 뒤늦게 이 경쟁에 뛰어들고 싶어 했다.

그 선수는 바로 독일이었으니, 이 나라는 19세기 말에 이르러 유럽뿐만 아니라 전 세계에서 가장 강력한 국가로 대두했다. 17세기가 프랑스의 세기이고 18세기가 영국의 세기였다면, 19세기는 사실상 독일의 세기였다.(마찬가지 방식으로 16세기는 에스파냐의 세기이고, 15세기는 이탈리아의 세기였다고 해도 무방하리라. 물론 그보다 더 이전으로 거슬러 올라가자면 아예 그런 국가별 명칭조차도 무의미해지고 말겠지만 말이다.) 독일은 산업적 역량에서 세계의 선두였으며, 군사력 면에서도 영국을 따라잡고 있었다. 하지만 동아프리카에 몇 군데 영토를 지닌 것을 제외한다면, 아직 아프리카에 식민지를 두고 있지 못했다. 독일은 어떤 방법을 썼을까?

다른 유럽 강대국들은 차례차례 독일에게 뭔가를 내놓게 되었다. 특히 영국은 가장 많은 식민지를 갖고 있었던 관계로 가장 많이 내놓게 되었지만, 그것만으로는 결코 충분하지 않았다. 독일은 그 강력한 힘에 걸맞게끔 커다란 소유를 열망했던 것이다. 하지만 독일은 식탁에, 또는 보다 정확히 말하자면 구유에 너무 늦게 당도한 셈이었다. 이제는 먹을 것이 전혀 남아 있지 않았다. 유럽의 균형 잡힌 힘이 완전히 변화하지 않는 한은 말이다. 하지만 그런 일은 생각조차 할 수 없어 보였다. 정말 그랬을까?

1889년부터 1914년에 이르는 25년 동안에 아프리카와 소아시아의 여러 지역에서는 일련의 진지전(陣地戰)이 벌어졌다. 이런 충돌은 국경을 결정하고 압력을 발휘하는 데에 기여했다. 그 와중에 사망한 유럽인은 극소수였다. 대부분은 사실상 토착민 병력을 동원해 싸웠다. 그리하여 이런 전쟁들은 지구 전역의 전략가들의 관점에서는 썩 만족스럽지가 못한 것으로 증명되었다. 여전히 중대한 — 즉 유럽의 — 경쟁에서 새로운 발상과 무기를 검증해보지 못하고 있었기 때문이다.

보어 전쟁

아프리카에서 벌어진 한 가지 작은 전쟁은 누구도 예상 못 했을 정도로 큰 충격을 주었다. 1899년 10월에 남아프리카 공화국(트란스발)과 오렌지 자유국의 네덜란드인 정착민(보어인)들이 남아프리카에서 영국의 지배를 받아들이지 않겠다고 케이프 식민지에 있는 영국인을 향해 경고한 것이 전쟁의 시작이었다. 영국 측은 병력만 해도 5 대 1로 훨씬 막강했지만, 보어인의 게릴라 전술 앞에서는 속수무책이었다. 1902년에 이르러 영국군은 막강한 화력까지 더함으로써 잔혹한 소모전을 시작했고, 사령관 키치너 경은 보어인에게 항복을 요구했다.

키치너의 초토화 정책은 유럽 전역에서 대대적인 항의를 낳았으며, 특히 그의 조국인 영국에서도 그러했다. 그는 아프리카인과 보어인의 농장을 똑같이 불태워 버렸으며, 여성과 어린이 수만 명을 초원 한가운데에 설립된 부주의하고 비위생적으로 운영되는 집단 수용소에 넣어버렸다. 2만 명 이상이 사망했고, 그들의 딱한 처지와 죽음에 관한 이야기가 전해지자 전 세계는 경악해 마지않았다. 이 당시의 영국에서 보어 전쟁이란, 반세기 뒤의 미국에서 베트남 전쟁이 그랬던 것처럼 큰 논란의 대상이 아닐 수 없었다. 급기야 거리에서 시위가 벌어졌고, 자유주의적인 성명서와 애국주의적 분노가 치밀어 올랐다.

영국은 훨씬 더 약한 적을 맞이했음에도 불구하고 초반에 고전을 거듭하다가 마침내 조국을 위한 전쟁에서 승리했다. 조국을 위한 전쟁이기는 보어인도 마찬가지였을 것이다. 영국은 이제 남아프리카가 완전히 자국의 소유라고 생각했다. 한때 그 영토를 소유했다고 말할 자격을 지녔던 아프리카인은 더 이상 이 문제에서 할 말이 없었다. 보어 전쟁은 수많은 전략가들의 이목을 끌었으며, 그중에는 독일인도 있었다. 그러나 세계는 그 충돌로부터 충분히 배울 수 있었던 교훈을 전혀 배우지 못했다.

유럽의 화약고

유럽의 커다란 땅덩이에서 남쪽으로 지중해를 향해 뻗어 있는 세 개의 반도가 있다. 서쪽에서 동쪽으로 이베리아 반도, 이탈리아 반도, 그리고 발칸 반도다. 터키어로 '산맥'이라는 뜻의 발칸 반도는 수 세기 동안이나 이런저런 문제를 일으켜왔다. 그리고 이런 문제는 여전히 끝나지 않았다.

이 지역은 별로 넓지도 않아서, 기껏해야 텍사스 주 정도의 크기다. 오늘날의 인구는 7500만 명 정도다. 1900년 당시에만 해도 인구는 오늘날의 절반도 되지 않았다. 따라서 그 지역은 인구가 과밀한 것도 아니었다. 하지만 거기 사는 사람은 그야말로 현저한 다양성을 보여주었다. 다섯 가지 주요 인종 집단과 산재된 몇몇 소수 인종 집단이 그 반도를 차지하고 있었던 것이다.(지금도 마찬가지다.) 그들이 사용하는 주요 언어도 최소한 다섯 개 이상 — 슬라브어 몇 가지를 비롯해서 루마니아어, 그리스어, 터키어, 알바니아어 등 — 에 달했다. 그들이 신봉하는 종교도 사정은 마찬가지다. 상당수는 그리스 정교지만, 로마 가톨릭도 적지 않고 이슬람교도 소수나마 있다. 이들의 유일한 공통점은 가난뿐이다. 거의 모두가 매우 가난하며,

반면 대지주는 아주아주 부유하다.

또 한 가지 공통점은 하나같이 자부심이 강하고 성격이 예민하다는 점이다. 이는 멀리 투키디데스와 펠로폰네소스 전쟁 시대부터도 기록되어온 사실이다. 그들은 화를 잘 내고, 자기 권리를 지키는 데 열심이며 — 이것 역시 지금도 마찬가지다 — 심지어 자기 권리가 아직 확실히 규정되지 않았을 경우는 더더욱 열심이었다. 1914년에 발칸 반도에 살았던 사람은 대략 3000만 명이었는데, 당시 그들은 누가 되어도 좋으니 다른 지배자가 나오기만을 바랐다. 이것 역시 지금까지 사실로 남아 있다. 이 글을 쓰고 있는 상황에서, 유고슬라비아는 그 구성 요소인 여러 인종 집단으로 분리되고 있는 중이고, 루마니아와 알바니아에서도 분리의 가능성이 있기 때문이다.[75]

발칸 반도에서는 소규모이지만 처절한 전쟁이 흔히 벌어졌다. 1912년과 1913년에도 연이어 두 번이나 전쟁이 벌어졌지만, 이런 사소한 충돌은 심각한 위해를 가하지 않은 상태에서 강대국에 의해 진화되었다. 하지만 화재가 잦다 보니 나중에는 소방수들도 의구심을 품게 되었다. 다음번에 또다시 불길이 피어오르면, 그때는 차라리 그냥 타버리게 내버려 두는 게 더 나을지도 모른다고 생각했던 것이다. 많은 사람의 생각처럼, 화재에는 일종의 청소 효과도 있었

75 저자가 이 책을 펴낸 1991년에 슬로베니아와 크로아티아가 독립을 선언했고, 세르비아가 이에 반발함으로써 유고슬라비아 내전이 벌어졌다. 1992년에는 내전이 보스니아로 확산되었고, 1995년에 가서야 마침내 종식되었다. 1996년부터 1999년까지는 코소보 전쟁이 일어났다. 2010년 현재 유고슬라비아는 슬로베니아, 보스니아-헤르체고비나, 세르비아, 몬테네그로, 크로아티아, 마케도니아, 코소보의 7개국으로 해체되었다.

다. 전쟁도 마찬가지였다.

1914년 6월, 오스트리아는 발칸 반도에 대한 강력한 영향력을 과시하기 위해 오스트리아-헝가리 제국의 왕위 후계자를 보스니아의 수도인 사라예보에 보냈다. 프란츠 페르디난트 대공은 육군의 기동을 순시하기 위해 그곳에 가는 것으로 되어 있었지만, 어쩌면 이미 수천 년 넘게 존속한 발칸 반도 내 여러 국가의 영원한 통합 및 해체를 이끌어낼 비밀 회담을 벌이려고 한 것이었는지도 모른다. 어쨌건 간에 대공 부처는 소수의 열혈 민족주의자들에게는 좋은 표적이 아닐 수 없었고, 급기야 그중 한 사람이 이들 부처를 저격했다. 옛날 영화를 보면 대공은 가만히 서 있다가 곧이어 보좌관의 품으로 쓰러진다. 그와 함께 유럽도 쓰러지고 말았음을 오늘날의 우리는 잘 알고 있다. 전쟁을 피하기 위한 협상이 한 달 동안 지속되었지만 분노와 의분을 잠재울 수는 없었고, 그리하여 〔현대의 새로운〕 30년전쟁이 그 운명적인 해인 1914년 8월 1일에 발발했다.[76]

정확히 말하자면 1914년 8월부터 1945년 8월까지 31년전쟁이라고 해야 옳다. 우리는 전통적으로 제1차 세계대전(1914~1918)과 제2차 세계대전(1939~1945)이라고 나눠 부르지만, 후세의 역사가들은 이 두 가지 충돌을 하나로 통합해서 부를지도 모를 일이다. 가령 오늘날 우리가 전쟁과 전쟁 사이에 불안한 평화가 오래 지속되었던

---

76 정확하게는 오스트리아-헝가리 제국이 세르비아에 선전 포고한 1914년 7월 28일이 제1차 세계대전의 개막일로 여겨진다. 7월 30일에는 독일에서 총동원령이, 8월 1일에는 프랑스에서 총동원령이 내려졌다. 8월 1일에 독일은 러시아에 선전 포고했으며, 8월 3일에는 영국이 독일에 선전 포고했다. 최초의 전투는 8월부터 시작된 것으로 여겨진다.

펠로폰네소스 전쟁을 하나로 일컫듯이 말이다. 하지만 20세기의 30년전쟁은 17세기 독일에서 있었던 30년전쟁과 마찬가지로 평화로운 막간을 그리 오래 누리지는 못했다.

동부와 서부 전선에서의 주요 전투는 1918년 11월 11일에 이르러 중단되었지만, 러시아에서는 이후 3년 동안이나 지저분한 소모전이 계속되었다. 〔러시아 혁명에 반대하는 세력인 이른바〕 백계 러시아인은 일찍이 프랑스 혁명 때에도 그랬던 것처럼 '에미그레'(망명자)와 힘을 합치고, 과거의 교전국 가운데 상당수로부터 지원을 받음으로써 — 독일은 너무 피폐해져서 미처 여기에는 관여하지도 못했다 — 이미 러시아를 차지한 공산주의 혁명을 분쇄하려 시도했지만, 막판에 가서 결국 실패하고 말았다.

1920년대는 마치 길고도 열광적인 파티와 흡사했으니, 가령 워털루 전투 직전에 브뤼셀에서 밤새도록 벌어졌던 파티와도 같았다. 파티에 참석한 영국군 장교들은 여전히 군복 정장 차림으로 말을 타고 전장으로 향했다. 잔인한 전쟁은 1930년대 초에 다시 고개를 들었으니, 이때 일본은 만주를, 그 후 중국을 침공했다. 독일은 1937년에 아돌프 히틀러 치하에서 재무장하고 준비를 갖추었으며, 그리하여 1939년 9월 첫날에 훨씬 더 치명적인 전쟁의 두 번째 국면이 시작되었다.

1914~1918년 전쟁의 성격

독일의 전략은 이러했다. 우선 벨기에를 통해서 서쪽과 남쪽을 재

빨리 휩쓸어버림으로써 프랑스를 신속히 정복하고, 곧이어 이보다
는 더 천천히 동부 전선에서 러시아를 소탕해나간다는 것이었다. 이
렇게 하면 프랑스와 독일 간 국경에 있는 프랑스의 요새를 피할 수
있을 것이었다. 이 계획은 1914년에 거의 성공할 뻔했다가 결국 수
포로 돌아갔다.(똑같은 계획이 1940년에 서부 전선에서는 성공을 거두었
으니, 이는 군인들이 고난과 패배로부터 뭔가를 신속하게 배우지는 못한다는
사실을 시사한다.) 그 계획의 실패는 그때까지 전장에서 벌어진 것 중
에서도 가장 끔찍한 불운으로 귀결되었다. 프랑스와 영국 양측의 영
웅적인 노력 덕분에 독일군은 파리의 북부와 동부에서 진군을 멈추
었다. 하지만 독일군은 뒤로 물러설 수도 없었다. 그리하여 이후 4
년 동안 수백만 명에 이르는 양측의 병사들은 반 마일이라는 거리를
두고 참호와 구멍에 들어앉아 서로를 소총, 기관총, 대포로 쏴서 맞
혔다. 이런 공격은 시간이 갈수록 점점 더 무시무시해졌다.

이 충돌의 첫 번째 국면은 19세기식 전쟁이었다. 이 국면은 이 세
기가 보인 기계에 대한 강박의 정점이었고, 충분히 큰 기계가 충분
히 많다면 버텨낼 수 있다는 믿음의 정점이었다. 전쟁은 인간을 분
쇄해서 쓸모없는 살점 조각으로 만들어버리는 끔찍한 기계가 되었
다. 여기서도 가장 유명한 전투는 몇 시간이나 며칠이 아니라 무려
몇 달씩 지속되었으며, 거기서 나온 사상자는 수천 명 단위가 아니
라 수백만 명 단위였다. 그 이전까지만 해도 이성적인 동물로 자처
하던 인간들이 수십만 명이나 줄지어 늘어선 채로 서로를 마주 보고
끈덕지게 총을 쏴서 맞혔고, 그런 일을 매일같이 몇 년 동안이나 해
댔다. 어째서 이런 일이 벌어지는지, 또는 이게 도대체 뭐하자는 일
인지 어느 누구도 자신 있게, 또는 명료하게 말할 수 없었다.

1918년에 총성이 일시적으로 멈추었을 때, 일종의 광적인 기쁨이 일었다. 그리고 대부분의 파티가 그러하듯이, 이것도 결국 경제적 위기로 끝나고 말았다. 1929년에 역사상 최악의 공황인 대공황이 시작되어 전 세계로 파급되자, 전쟁이 차라리 바람직한 해독제처럼 보이게 되었다. 결국 1939년에 전쟁이 다시 발발했다. 연합군은 또다시 참호전을 준비하고 있었지만, 독일군은 그보다 더 머리를 잘 썼다. 그들의 전략은 '블리츠크리크'(Blitzkrieg), 즉 '전격전'이었다. 이 전략은 처음부터 성공을 거두어서, 독일군의 탱크는 참호에 들어앉은 연합군 사단을 박살냈고, 독일군의 폭탄은 네덜란드와 영국의 여러 유명하고 아름다운 도시를 한낱 잡석 더미로 만들어버렸다.

연합군 역시 일종의 대응법을 배우게 되어서, 결국에는 독일과 일본의 여러 도시가 가장 큰 피해를 보게 되었다.(일본은 1941년 12월에 추축국에 가담함으로써 전쟁에 뛰어들었다.) 드레스덴과 베를린은 거의 완전히 파괴되었고, 도쿄도 마찬가지였다. 이런 도시들은 전통적인 폭격으로 인한 화재 폭풍의 습격을 받았다. 도시 중심부에서 화재가 발생하면 공기가 연소되어 진공상태가 되고, 그러면 그 자리를 메우기 위해 폭풍과도 같은 바람이 불게 되는 것이었다. 히로시마와 나가사키는 그보다 더 끔찍한 운명을 맞이하게 되었다.

20세기의 또 다른 30년전쟁을 종식시킨 원자폭탄은 뭔가의 끝인 동시에 또 다른 뭔가의 시작이기도 했다. 이것이야말로 화력의 절대적 우위를 향한 오랜 탐구를 요약하는 동시에, 결국 그런 탐구에 종지부를 찍은 사건이었다. 그토록 압도적이고 탁월한 무기를 지닌 나라는 십중팔구 승리를 거두고, 아군의 사상자는 거의, 또는 전혀 나오지 않으리라 예상되었다. 서양의 전략가들이 지닌 이 오랜 꿈은

1945년 8월 6일에 히로시마에서 당당하게 실현되었다. 숫자만 보아도 알 수 있었다. 일본인 사상자는 20만 명, 미국인 사상자는 사실상 전혀 없었다.

더군다나 일본은 사용 가능한 자원이 전혀 없었으므로, 곧바로 무조건 항복하지 않을 수 없었다. 전쟁의 역사상 이처럼 완전한 승리는 이전까지만 해도 없었다. 그날 함께 있었던 사람들의 증언에 따르면, 트루먼 대통령은 거의 히스테리 상태가 되어서 백악관에서 이리저리 뛰어다니며 말했다고 한다. "우리가 해냈어! 우리가 해냈다고!"

미국의 절대적 우위는 오래 지속되지 않았다. 머지않아 소련도 핵무기 분야에서 미국과 대등하게 되었으므로, 완벽하고 깔끔하며 최종적인 군사적 승리라는 것은 이루어지지도 않았고, 이루어질 수조차 없었다. 사실상 오래지 않아서 여러 나라가 ― 크건 작건, 가난하건 부유하건 간에 ― 핵무기 클럽에 가입하거나, 또는 가입하고자 하였다. 이것이야말로 총구 앞에서의 평등이라는 원칙의 최종적인 적용인 셈이었다.

전쟁과 죽음에 관한 생각

20세기 대전 가운데 첫 번째 국면이 여전히 새로워 보이던 1915년에 지그문트 프로이트는 「전쟁과 죽음에 대한 고찰」이라는 제목의 글을 발표했다. 당시 프로이트는 1900년에 간행된 『꿈의 해석』을 비롯해서 여러 권의 독창적인 저술로 인해 점점 더 많은 사람들에게 사랑받기 시작하고 있었다. 물론 대부분의 사람들이 그를 사랑하는 것은 아니었다. 그가 한 말에 충격을 받은 사람이 여전히 많았기 때문이다. 그래도 그가 인류, 특히 유럽과 독일이 직면한 시련에 관해 귀중한 통찰을 지니고 있음은 모두가 잘 알았다. 전쟁과 죽음에 관한 그의 논문은 지혜를 가득 담고 있었지만, 버나드 쇼의 희곡 제목을 인용해 표현하자면, 너무나도 사실적이었기 때문에 좋아 보이지 않았고, 너무 현명했기에 독자들 사이에서는 인기가 없었다.

프로이트는 수많은 사람들이 느끼는 환멸을 서술했다. 이런 환멸은 비단 독일에서만 나온 것도 아니었으니, 사람들은 이전까지만 해도 문명화된 국가며 개인이었던 사람들이 자행할 수 있는 잔인성과 야만성을 발견했던 것이다. 모든 참전국 병사들에 관한 이야기가 여기저기서 나왔다. 병사들이 어린 소녀들을 윤간하고 죽였으며, 임산부를 총검으로 난자했고, 그저 재미 삼아 포로를 총으로 쏴서 불구로 만들거나 죽였고, 비명 소리를 듣는 것이 재미있다는 이유로 아이와 짐승을 고문했다는 등의 이야기는 전쟁을 경험한 사람들이 본 진실에 워낙 가까웠기 때문에 차마 부정할 수 없었다.(물론 그것이 아군이 아니라 적군 병사의 만행이라고 치면 믿기가 훨씬 더 쉬웠지만.)

잔인하고 야만적인 살인으로도 충분하지 않았는지, 모든 교전국 정부는 자국 시민을 향해 문명화된 삶의 법률에 계속 순종해야 한다고 주장하는 한편, 적국 정부와 개인을 향해서는 법률이나 문명화된 관습을 전혀 고려하지 않는 행동을 아무런 거리낌 없이 자행했다. 각국 정부는 사실상 거짓말을 했으며, 독가스나 비무장 민간인에 대한 폭격의 경우처럼 유례가 없이 끔찍한 무기들을 개발하고 배치하는 데에 열성을 보였다. 너 나 할 것 없이 야만인처럼 무자비했으며, 이러한 사실에도 전혀 부끄러워하지 않았던 것 같다.

그 전쟁 이전에는 세상이 얼마나 달랐던가! 과거에만 해도 문명화된 유럽인 — 특히 독일인 — 은 인류가, 또는 최소한 그중 특별한 일부만이라도 영겁의 시간 끝에 비로소 특정한 수준에 이른 문명을 성취했다고 믿었다. 그런 문명에서는 오늘날 일상화가 되다시피 한 것과 같은 종류의 행동을 금지하고도 남을 것이었다. 단순히 금지할뿐만 아니라, 다른 국가에도 이런 금지를 강요할 수도 있을 것이었다. 다른 무엇보다도, 인간은 전쟁 — 특히 그들이 벌이고 있는 것과 같은 종류의 전쟁 — 에 대한 몇 가지 합리적인 대안을 발견할 수 있을 것이었다.

특히 당시의 독일 문명은 독일인뿐만 아니라 다른 문명화된 유럽인들조차도 인간의 성취에서 정점으로 간주하던 것이었다. 독일 과학, 독일 음악과 미술, 독일 학문, 독일 윤리철학 등은 나머지 세계에 그 어느 때보다도 더 높은 것으로 간주되던 표준을 제시했다.

그런데 이제는 거의 모든 독일인이 전 세계로부터 원시적이고 야만적인 미개인 취급을 받게 되었다. 독일인 모두가 졸지에 훈족으로 일컬어지게 되었으니, 동쪽에서 유럽으로 물밀 듯 들이닥쳐서 비잔틴 제국을 황폐화시킨 그 민족의 증오스러운 이름은 수 세기 넘도록 전적으로 문명화되지 않고, 잔인하고, 인간 이하인 존재로 간주되었던 것이다.

"그들이 틀렸기를 바라자"라고, "우리 독일인은 그들이 생각하는 것만큼 나쁘지 않았기를 바라자"라고, 프로이트는 썼다. 하지만 "우리는 남들에게 좋은 평판을 기대할 만큼 실제로 착하지는 않다"라고 덧붙였으니, 이것이 그의 주장에서도 핵심이었다. 우리는 인간이고, 그들 역시 인간이었다. 그리고 프로이트는 문명화되어 행복하다고 말했지만, 인류 전체가 그렇게 느끼는 것은 결코 아니었다. 심리학적으로 보자면, 문명화된 인간은 사실상 그 능력을 넘어서서 살아가는 인간이다. 왜냐하면 인간에게는 ─ 누구에게나 마찬가지겠지만 ─ 더 깊은 자아, 일종의 원시적인 야만성이 있어서, 문명의 속박으로부터 자유롭게 되기를 소망하기 때문이다. "나는 그렇다는 사실을 알고 있다." 프로이트는 말했다. "왜냐하면 내 환자들 모두에게서 예외 없이 그런 모습을 보았기 때문이다. 남자건 여자건, 노인이건 젊은이건, 교양 있는 사람이건 못 배운 사람이건 간에. 따라서 나는 전쟁으로 인해 밝혀진 사실에 전혀 놀라지 않으며, 여러분도 마찬가지로 놀라서는 안 된다."

문명의 관념이 대부분의 사람들에게, 심지어 독일인에게도 견딜 수 없는 부담이라는 생각은 1915년까지만 해도 큰 호응을 얻지는 못했지만, 그래도 일종의 설명이 되었다. 실제로도 독일인은 ─ 다른 모든 동맹국 사람들이며 모든 적국 사람들과 마찬가지로 ─ 그 전쟁의 처음 국면 내내 자신들은 전혀 문명화되기를 원치 않는다는 듯 행동했다. 정말 이상한 점은 1918년, 그러니까 총성이 멈추고 난 다음에는, 어느 누구도 과거와 같은 방식의 문명화로 복귀하기를 원치 않는 듯 보였다는 점이다. 그들은 이후 70년 넘는 시간이 지나도록 여전히 과거와 같은 문명화를 재개하지 않고 있다. 1914년 이전까지 유럽이 알고 있었던 고도의 문명이 20세기 대전으로 인해 파괴되었다는 생각이 의미하는 바가 바로 이것이다.

이 문명은 환상에 불과했다는 프로이트의 이야기는 달갑지 않은 위로인 셈이었다. 그는 줄곧 아니라고 말하고 있었다. 사람들은 사실 아주 착한 게 아니라고 말이다. "사람들은 이 모든 것 뒤에 숨어 있는 진실을 부인하는 경향이 있지만, 인간은 사랑받기를 원하는, 또한 설사 공격을 받아도 기껏해야 자신을 방어할 수 있을 뿐 상대를 반격하지는 못하는 유순한 동물이 아니다." 그는 자신이 1915년에 제시했던 생각을 보다 신중하게 체계화한 또 다른 저술에서 이렇게 적었다. "반대로 인간은 강력한 공격 본능을 타고난 것으로 추정되는 동물이다." 그는 이렇게 덧붙였다. "'인간은 인간에게 늑대다.' (Homo bomini lupus.) 인생 경험과 역사에 관한 지식 앞에서 누가 감히 이 주장을 반박할 수 있겠는가?"[77]

20세기에 나타난 그 모든 증거 앞에서, 실제로 누가 감히 이 주장을 반박할 수 있겠는가?

프로이트는 1915년에 발표한 논문에서 또 한 가지를 지적했는데, 이것은 전쟁이 가져온 죽음을 바라보는 태도의 변화에 관한 것이었다. 평화로운 시절에만 해도 죽음은 제법 멀리 있었다. 심지어 죽음을 부인할 수도 있었으니, 최소한 죽음에 관해 언급하지 않거나, 또는 아예 생각조차 하지 않음으로써 가능했다. 하지만 전쟁 중에는 그런 부정 자체가 불가능했다. 죽음은 그야말로 가장 짜증스럽고 견딜 수 없는 방식으로 모두의 삶에 침입했다. 하지만 이것은 나쁜 일이 아니라고 프로이트는 말한다. 왜냐하면 원시적이고 무의식적인 자아 깊은 곳에서 우리는 죽음을 충분히 자각하고 있으며, 비록 표면에서는 그 존재를 부정하더라도 그러하기 때문이다. 우리는 적의

---

77 『문명 속의 불만』(1930). — 원주 [인용문은 다음 책에서 가져왔고, 문맥에 맞게 약간 수정했다. 지그문트 프로이트, 『문명 속의 불만』(김석희 옮김, 열린책들, 2003), 289쪽. — 옮긴이 주]

죽음을 열망하지만, 이것은 우리가 사랑하는 사람이라든지 우리 자신의 죽음에 대한 두려움과는 상반되는 것이어서, 우리는 〔전자를 믿는 동시에 후자의 경우를〕 차마 진정으로 믿으려 들지는 않는 것이다.

여기서 또다시 차라리 없는 편이 나은 환상들이 있다. "삶을 견디고 싶으면 죽음에 대비하라."(*Si vis vitam, para mortem.*)[78] 프로이트는 이렇게 결론을 내린다. 이러한 조언 역시 받아들이기 힘든 것은 마찬가지다. 하지만 이것 역시 지금 무슨 일이 벌어지고 있는지를 설명하는 데에는 도움이 된다.

전쟁의 원인들

그 전쟁은 왜 벌어졌을까? 논리적으로만 따져보면 반드시 필요했던 것은 아니다. 사실 전쟁이란 어느 때건 완전히 피할 수 없는 것만은 아니다. 1914년 이전에도 열댓 차례에 걸쳐서 전면전이 임박했었지만, 실제로 시작되지는 않았다. 아프리카 식민지에 대한 독일의 '합법적인 영토 주장'이 점차 증대되며 압박이 가해지자, 이를 만족시켜줄 필요가 있었던 것은 사실이다. 또한 발칸 반도의 내부 갈등

---

78 이 대목의 원래 맥락은 다음과 같다. "삶을 견디는 것은 결국 모든 생물의 첫 번째 의무다. 환상이 삶을 견디기 어렵게 한다면, 그 환상은 가치가 없어진다. '평화를 지키고 싶으면 전쟁에 대비하라'(*Si vis pacem, para bllum.*)라는 옛 격언이 생각난다. 이 격언을 시대에 맞도록 고치면 이렇게 될 것이다. '삶을 견디고 싶으면 죽음에 대비하라.'(*Si vis*

이 그 어느 때보다도 더 과열된 것도 사실이었다. 그리고 모든 교전국의 인내심이 그 어느 때보다 짧아진 것도 사실이었다. 하지만 분명히 지적되고 검토될 필요가 있는 다른 두 가지 원인이 있다.

하나는 프로이트의 설명이다. 참을 수 없는 문명의 짐을 벗어던지기 위해서라도 인간은 전쟁을 필요로 한다고 그는 말하는 듯하다. 전쟁의 대안은 신경증(노이로제)이며, 개인과 집단 모두에게 그러하니, 그것만 해도 참을 수 없을 정도로 파괴적이 될 수 있다. 누구든 마치 문명화가 된 듯 무한정으로 연기를 할 수는 없다. 그들은 살인적인 더 깊은 욕망을 배출할 수 있도록 허락받아야 한다. 꿈은 충분하지가 않다. 행동이 필요하다. 그렇다면 전쟁의 대체물이 될 만한 타당한, 다시 말해서 효과적인 행동이 있을까?

인간에게 뭔가를 죽이도록, 무의식적으로 항상 원해왔던 방식으로 잔인하고도 야만적으로 죽이도록 허락하는 행위는 비단 전쟁뿐만이 아니다. 놀라우리만치 모순적인 방식으로, 전쟁은 또한 인간에게서 최선의 것을 이끌어낸다. 삶과 죽음이 위태로워졌을 때, 그 게임은 다른 때에만 해도 결코 얻지 못했을 의미를 지니게 된다. 전쟁에서 돌아온 군인은 십중팔구 자신이 어떻게든지 간에 참회를 했다는 느낌을 갖게 된다. 즉 자신이 이전까지는 도달하지 못했던 행동과 감정의 절정에 도달한 적이 있었다는 생각을 갖게 되는 것이다. 베트남 전쟁의 한 가지 비극은 참전 용사 가운데 그런 느낌을 가진 사람이 극도로 적었다는 점이다. 대신 그들은 더럽혀지고, 속고, 조롱당한 듯한 느낌을 얻었다.

이런 식으로 해석하자면, 전쟁은 비록 극도로 위험하기는 하지만 차마 저항이 불가능한 유혹이다. 인간은 거기에 마음이 끌리고, 역사상 항상 그렇게 느껴왔다. 어쩌면 유혹으로서의 전쟁은 이제야 비로소 그 매력을 잃고 있는지도 모른다. 만약 그렇다면, 그리고 만약 (최소한 미국의 경우에는) 베트남 전쟁의 비극적인 실패가 그 이유라면, 그 전쟁이야말로 미국인이 수행한 지금까지의 어떤 전쟁보다도 가장 훌륭했던 전쟁이라고 말할 수도 있으리라.

1914년의 전쟁이 왜 시작되었는지에 관해서는 또 다른 설명이 있다. 바로 단순한 권태 때문이라는 것이다.

나는 A.D. 5세기에 서로마 제국이 몰락한 것에 대한 한 가지 설명을 제시한 바 있는데, 그것 역시 권태였다. 깊고 치료 불가능한 권태가 마치 산(酸)처럼 영혼을 잠식해 들어왔던 것이다. 제국은 500년 동안이나 지속되었지만, 그 문제는 한 번도 해결된 적이 없었다. 제국은 통치자를 선출하는 효율적인 방법 ― 좋은 방법은 둘째 치고 ― 조차도 찾지 못했으며, 그 결과로 인해 안토니누스 시대라는 황금기의 몇몇 예외를 제외하자면 황제 가운데 대부분은 어리석고 무지하고 잔인무도한 괴물이었다. 부자는 더 부유해지고, 빈자는 더 가난해졌지만, 그렇다고 해서 부자가 빈자보다 더 행복해지지는 않았다. 따라서 야만인이 몰려왔을 때, 그리스 시인 콘스탄티노스 카바피스(1863~1933)의 말마따나 "최소한 그들은 일종의 해결책이기는 했던" 것이다.

1914년 이전의 50년 동안 명석하고 능변이고 필사적인 예술가들이 유럽의 지배층 부르주아를 치명적인 혼수상태에서 깨우려고 노력한 바 있었다. 부르주아는 차마 자신들이 혼수상태임을 믿으려 하지 않았으니, 왜냐하면 돈을 버느라 여념이 없었기 때문이다. 돈을 버는 것은 결코 영웅적인 인간의 활동이 아니라고 예술가들은 소리

를 질렀다. "돈을 벌다 보면 결국 당신들은 권태로 인해 죽어버리고
말 것이다!"

어떤 면에서는 이런 견해도 상당히 타당하다. 지배층 부르주아,
자본가와 사업가를 아우르는 가장 교양 있는 계급은 마치 더할 나위
없이 권태로운 것처럼 행동했다. 돈은 그들을 권태롭게 만들었지만,
더 나쁜 사실은 평화 역시 마찬가지였다는 점이다. 마침내 그들은
더 이상 권태를 견디지 못했고, 결국 전쟁이 시작되도록 방치했다.

마법사의 제자와 마찬가지로, 그들은 이 전쟁이 그토록 끔찍하리
라고는, 또는 그토록 오래 지속되리라고는 생각하지 못했다. 전쟁이
라는 것은 대개 이런 식이지만, 우리는 항상 그 핵심을 망각하곤 한
다. 결국에 가서는 모든 사람들이 그런 전쟁은 애초에 시작되지 말
았어야 한다고 생각한다. 하지만 전쟁은 충분히 많은 사람들이 그걸
원했기 때문에 시작된다. 인류에게 벌어지는 일의 대부분이 바로 그
런 식으로 생겨나게 마련이다. 좋건 나쁘건 간에 말이다.

제 12장

20세기와 민주주의의 승리

어쩌면 우리 인간에게서는
인종적 증오가 완전히 없어지지 않을 수도 있다.
그렇다고 하더라도 우리가 이룬 진보를 결코 잊어서는 안 된다.
우리는 이 시대에 이르러
진정한 도덕적 진보를 이루었다고 자부할 수 있는 것이다.

이제 20세기의 마지막 10년이 시작되었다.[79] 21세기까지는 10년
도 남지 않은 셈이다. 이 10년은 그야말로 마법 같은 성격을 띤다. 이
기간이야말로 역사상 가장 위험한 기간 가운데 하나일지도 모른다.

밀레니엄의 마지막에 도달한다는 생각은 그 자체로도 뭔가 두려
운 마음이 드니, 1999년 12월 31일은 생각만 해도 뭔가 끔찍한 결
말처럼 느껴지는 것이다. 평소에는 종교적이지 않았다 하더라도, 과
연 하느님이 세계가 이처럼 오래 지속되도록 애초부터 의도한 것인
지 궁금할 수 있을 것이다. 우리에게는 또 한 번의 밀레니엄을 시작
할 역량이 있는가? 우리에게는 그러기 위한 힘과 용기가 있는가?
우리에게는 그러기 위한 의지가 있는가?

---

79 이 장은 저자가 1991년에 쓴 것이기 때문에 20년이 지난 지금에 와서는 이미 과거의
이야기가 되었다. 하지만 두 번째 밀레니엄(2000)을 맞이하며 사람들이 느끼던 불안감
을 달래기 위해 첫 번째 밀레니엄(1000) 전후의 역사를 설명하는 대목이기 때문에 굳
이 내용을 변경하지는 않았다.

A.D. 10세기가 끝날 때에 유럽인은 과연 자신들이 〔또 한 차례의 밀레니엄을 맞이할 만한〕 의지를 지니고 있는지 여부를 확신하지 못했다. 950년부터 1000년까지 유럽에 살던 우리의 조상은 우울증에 시달렸다. 도시며 마을마다 미친 사람이 뛰어다니며 세계는 종말을 맞이하게 되었다고 외쳤다. 미치지 않은 사람들은 그 미친 사람의 말이 맞을지도 모른다고 생각하며 두려워했다. 재간이며 발명이 부족해졌다. 수많은 문제가 마치 해결 불가능한 것처럼 보였다. 사람들은 버티려고 했고, 삶이 더 나빠지지만 않았으면 좋겠다고 바랐다. 그들은 삶이 더 나아질 수 있다는 희망은 아예 접어둔 것만 같았다.

무법자들이 사방을 활보하며 도둑질을 하고, 불을 지르고, 사람들을 노예로 삼았다. 사제들은 슬프고도 우울한 설교를 늘어놓고, 최후의 심판이 임박했다고 경고하고서, 올바른 삶을 살고 이웃들과 화해하라고 촉구했다. 대부분의 사람들이 오래 걸리는 사업에 종사하기를 꺼렸다. 어느 누구도 미래, 최소한 이 세상에서의 미래에 대한 계획을 세우지 않았다.

밀레니엄이 당도하여 별다른 사건 없이 지나간 다음, 유럽 사람들은 안도의 한숨을 내쉬었다. 그리고 수백만 명의 가슴속에서 원시적인 에너지가 끓어오르게 되었다. 오래된 문제에 대한 새로운 해결책이 뚜렷하게 나타났다. 어째서 이전까지는 어느 누구도 그런 생각을 못 했던 것일까? 상상력 넘치는 정치 및 사회적인 조치가 시험 삼아 실시되었고, 종종 제대로 가동하는 것으로 밝혀졌다. 예술가들은 새로운 종류의 예술을 만들었고, 시인들은 새로운 종류의 노래를 썼으며, 철학자들은 온갖 종류의 새로운 사상을 생각해야 한다는 사실을 발견하고 깜짝 놀랐다.

이러한 에너지 급증의 결과로 11세기는 활짝 꽃을 피웠다. 12세기는 그보다 더 나은 것으로 증명되었다. 어쩌면 13세기야말로 최고의 기간이었는지도 모른다. 거대한 성당들이 완공되었고, 대학들이 설립되었으며, 사람들은 새로운 장소를 방문하고 새로운 친구를 만나기 위해 여행에 나섰고, 마을과 도시는 지난 1000년 동안 성장한 것보다도 훨씬 더 빨리 성장했다. 매년 여름마다 스칸디나비아의 어부들은 아이슬란드에서 서쪽으로 항해했고, 물고기뿐만 아니라 새로운 땅의 바닷가에서 딴 포도도 가져왔다. 그들은 좋은 어장을 잃어버리고 싶지 않았기 때문에 그 새로운 땅에 관해서는 철두철미 입을 봉했다.

10세기의 마지막 10년 — 990년부터 999년까지 — 은 그야말로 위험한 시기였다. 많은 사람들이 점차 유행처럼 되던 부주의한 무자비함 때문에 고통을 입었고, 전반적인 절망감이 전반적인 비탄을 낳았다. 하지만 그 당시에는 핵무기 같은 것은 없었다. 한 개인이 제아무리 사악하다 하더라도 결코 전 세계를 파괴하지는 못했던 것이다.

오늘날에는 한 줌의 개인이 지닌 잠깐 동안의 순수한 악의, 또는 그보다는 더 크지만 여전히 작다고 할 수 있는 집단이 범한 순간적인 단순 부주의로 인해 세계가 종말을 맞이할 수도 있다. 가뜩이나 우울한 시기에는 악의와 부주의가 더욱 악화되게 마련이다. 그런 이유에서 나는 이번 밀레니엄의 마지막 10년 동안이 위험하다고 보는 것이다.

하지만 만약 인류가 이번 10년을 잘 보내고 밀레니엄을 맞이한다면, 그리고 별다른 사건 없이 넘어간다면, A.D. 1000년 이후의 수십년 동안 벌어졌던 일과 유사한 일이 벌어지리라고 기대할 수도 있으리라. 에너지의 분출, 재간과 발명의 급증, 인간사를 조정하는 데에 새로운 방법이 있다는 생각, 오래된 문제에 새로운 해결책을 차용하고자 하는 의향, 또는 열의. 나는 이 모두가 현저하게 드러나리라 생각한다. 따라서 만약 우리 모두가 무사히 살아남아서 그때를 목도하게 된다면, 21세기는 인류 역사상 가장 영광스러운 시기, 가장 흥분되고 희망차고 생산적인 시기가 될 것이다.

밀레니엄 이후는 이미 시작되었는지도 모른다. 물론 시간으로 따지자면 2000년 1월 1일부터라고 해야겠지만 말이다. 밀레니엄 이후의 성격을 보여주는 사건들, 그야말로 비범하고도 놀라운 일들이 이미 벌어지고 있다. 동유럽의 사람들은 자유를 요구했고, 그들로서도 크게 놀랐을 정도로 어느 누구도 그런 요구를 거절하거나 퇴짜놓지 않았다. 그들은 이제 운명을 스스로 결정할 수 있을 것이다. 혹시나 2000년 이전에, 또는 그 이후에 무너진다 하더라도, 그들은 결코 20세기 대전의 종식 이래로 살아왔던 감방으로 다시 돌아가려는 의향은 없을 것이다.

소련의 시민, 또는 신민 대부분도 똑같은 방식으로 느끼고 있다. 그들이 분명히 열망하고 있을 — 그렇다는 사실이 이미 명백한 — 자유를 얻을 의지와 기회 모두를 과연 그들이 지니고 있는지 여부를 아직 우리는 알지도 못하고, 또한 예견할 수도 없다. 여기서는 의지와 기회 모두가 필요하다. 그중 어느 하나가 결여될 경우, 그들이 얻어내는 것은 거의 없을 것이다. 하지만 언젠가는 소련 사람들이 결국 자유롭게 되리라고 말해도 지금으로선 무방할 것이다.[80]

우리는 거대한 나라 — 지구상의 총인구 가운데 4분의 1 이상을

---

80 소련은 이 책이 나온 1991년에 해체되었고, 이듬해에 러시아를 비롯한 12개 공화국이 독립국가연합(CIS)을 결성했으며, 나머지 구소련 출신 공화국은 독립을 선언했다.

차지하는 ― 인 중국에 관해서도 이와 유사한 확신을 갖고 말할 수 있으니, 그 나라는 가까운 미래에 정치적이고 경제적인 자유를 획득하게 될 것이다. 1989년 봄에 수백만 젊은이의 희망이 짓밟히고 말았지만, 그들은 결코 자신들이 그토록 열망했던, 그리고 그중 상당수가 목숨까지 내던졌던 것을 잊지 않을 것이다. 당시 베이징의 천안문 광장 한가운데에 세워진 자유의 여신상은 바로 그런 열망의 상징이었다. 그 석고상은 정부의 탱크에 의해 박살나고 말았지만 그 상이 상징했고 고취했던 희망은 그렇지 않았다.

이 세상은 희망으로 가득하다. 예전의 밀레니엄의 마지막 10년이 예상했던 것에 비해서는 훨씬 덜 위험했던 것도 바로 그 때문이다. 희망 없음, 즉 절망은 곧 죽음에 이르는 병이다. 희망은 절망의 해독제 노릇을 한다. 치료는 즉각적이다. 희망이 없으면, 아무것도 이룰 수가 없다. 희망이 있으면, 이루지 못할 것이 무엇이겠는가?

1989년은 프랑스 혁명의 개막이었던 바스티유 감옥으로의 행진이 일어난 지 200년이 되는 해였다. 훗날 1989년을 가리켜 쓴 시가 있다면, 아마 워즈워스가 1789년에 관해 쓴 시와 비슷하지 않을까.

그 새벽에 살아 있다는 것은 축복이었노라,
하지만 젊다는 것은 천국과도 같았느니라!

민주주의의 진보

B.C. 6세기부터 B.C. 5세기까지 몇몇 그리스 도시국가에서는 최

초의 민주 정부가 수립되었다. 하지만 오래 지속되지는 못했다. 외부의 적에 의해서 전복되거나, 그보다 더 자주는 과두제 지배자 — 즉 부유한 소수가 타고난 귀족으로 자처하는 것 — 의 내부 혁명에 의해서 전복되었기 때문이다. 아리스토텔레스의 시대인 B.C. 4세기에 이르러서, 민주주의는 결국 실패한 실험처럼 보였다.

로마 공화국은 그리스적인 의미에서의 민주주의까지는 아니었다. 선거권은 매우 제한적이었고, 인민은 비록 상당한 정도의 정치적 자유를 누리기는 했지만, 엄밀하게 말하자면 국가의 지배자로 여겨진 것은 아니었다. 11세기와 12세기의 이탈리아 자치도시는 기본적으로 과두제였고, 거기에다가 민주주의적 요소를 약간 가미했을 뿐이었다. 이때에도 상당한 정도의 자유가 있었고, 특히 경제적 자유가 있었지만, 인민의 지배를 위한 헌법적 기반을 찾을 수는 없었다. 17세기 말과 18세기의 정치적 혁명이 있기 전까지만 해도, 진정으로 민주적인 정부는 이 세상에 존재한 적이 없었다. 따라서 온갖 통치 형태 중에서도 민주주의란 가장 최근에야 나타난 것인 셈이다. 만약 우리가 민주주의의 진정한 의미를 이해했다고 하면 그렇게밖에는 말할 수 없으리라.

민주주의의 관념은 몇 가지 부분을 지니고 있다. 제임스 2세를 퇴위시키고, 그보다는 더 책임감 있게 행동하기로 — 즉 의회의 말에 귀 기울이기로 — 합의한 군주를 왕위에 올림으로써, 1689년의 영국 의회와 영국인은 최초로 진정한 법에 의한 통치를 수립했다고 할 수 있으리라. 최소한 그것은 최초의 근대적인 법에 의한 통치였으니, 왜냐하면 로마 공화국이 몰락한 이래로 모든 통치는 — 단순히 사실상 그런 것이 아니라, 헌법적으로도 — 사람에 의한 통치였기 때문이다. 윌리엄과 메리도 '허울뿐인 군주'가 되기를 바라지는 않았겠지만, 입헌군주라고 해서 항상 무력하지도 않았다. 본인의 의지나 변덕이 아니라 법률을 따르더라도, 막대한 권력을 지니고 다스리는 우두머리가 될 수 있었다. 사람이 하는 통치에서는 한 사람이나 여러 사람의 의지나 변덕보다 우월한 법률이 없었지만, 법률에 의한 통치에서는 그런 것이 있었다. 법이 전부였다.

윌리엄과 메리가 준수하기로 동의했던 법률은 본래 의회에서 제정된 것이었으며, 의회는 그 구성원을 선출한 인민에게 최선을 다하게 마련이었다. 인민이 과연 누구인지는 완전히 명료하지가 않았던 것 같으며, 그 지배자의 정당성을 판단하는 데에서 "인민이 그 재판관이 되어야 한다"던 존 로크의 우렁찬 선언이 1689년에 있었음에도 불구하고 그랬던 것 같다. 그렇다면 '그가 말한' 인민은 누구였을까? 가령 모든 사람이었을까? 아니면 단지 남자만이었을까? 재산을 지닌 남자만이었을까? 로크가 맨 나중의 것을 의미했을 수도 있다. 하지만 그 제한된 집단은 민주주의를 구성하지 못한다.

"모든 인간은 평등하게 창조되었으며," 토머스 제퍼슨은 1776년에 있었던 또 다른 우렁찬 선언에서 이렇게 말했다. "조물주는 몇 개의 양도할 수 없는 권리를 부여했"[81]다. 여기서 사상 처음으로 "모든"이라는 단어가 울려 퍼졌다. 그는 정말로 모든 인간이라는 단어를, 모든 남자뿐만 아니라 심지어 여자까지도 포함되었다는 뜻으로 사용한 것일까? 아마도 아니었을 것이다. 하지만 큰 틀에서 보자면,

---

81 「독립선언서」, 한국미국사학회 엮음, 앞의 책, 65쪽.

18세기의 개인이었던 제퍼슨이 의미한 바가 무엇이었는지는 그리 중요하지 않다는 사실을 깨닫는 것이 오히려 중요하다. 그는 분명히 "모든"이라고 썼으며, 그 단어를 써서 모든 사람이 읽을 수 있도록 했다. 미래 세대는 이 단어를 저마다 원하는 대로 해석할 수 있었으니, 이 선언에서는 그 '모든'이라는 단어에 어떤 뚜렷한 한계를 정하지 않았기 때문이다. 만약 사람들이 원하는 것이 정말 그것이라면, "모든"은 정말 모든 것을 의미하는 것으로 밝혀질 수도 있다. 그리고 사람들은 정말 그걸 원했다.

1789년(역시 운명적인 해였던!)에 그 기초자들이 지고의 법률로 수립한 헌법의 전문에도 그러한 열망이 깃들어 있다. "우리 합중국의 인민은 (……) 이 헌법을 제정한다."[82] 이는 결국 국가가 아니라 인민이 헌법을 제정한다는 의미다. 하지만 여기 사용된 단어들 역시, 그걸 직접 썼던 사람들이 완전하게 이해했던 것보다 더 많은 것을 의미하게 되었다.

> 우리 합중국의 인민은 더욱 완벽한 연방을 형성하고, 정의를 확립하고, 국내의 안정을 보장하고, 공동의 방위를 도모하고, 국민의 복지를 증진하고, 우리와 우리 후손에게 자유의 축복을 확보하고자 미합중국을 위해 이 헌법을 제정한다.[83]

여기서 또다시 어떤 제한이 있는가? 기초자들이 의미한 바가 무

---

82 「미국헌법」, 같은 책, 554쪽.
83 같은 곳.

엇이건 간에, 과연 이 글 어디에 〔저 '인민'이라는 단어가〕 인민 모두 — 하나하나 모두 — 를 의도한 것까지는 아니라는 사실을 보여주는 확실한 근거 같은 것이 단 하나라도 있는가?

어느 누구도 에이브러햄 링컨보다 더 주의 깊게 이 글을, 그리고 제퍼슨의 글을 읽은 적은 없었으니, 그는 우연하게도 — 이것은 보는 관점에 따라 불행일 수도 있고 다행일 수도 있는데 — 자칫 국가의 존재 자체를 위협하는 내전에 직면한 상황에서 민주주의의 의미를 해석해야 하는 과제를 안고 있었다. 그의 또 다른 의무 가운데에는 1863년 11월에 펜실베이니아 주 게티즈버그 — 그해 7월에 남북 전쟁에서 가장 중대한 전투가 벌어진 장소 가운데 하나 — 에 있는 군인 묘지의 개막식에서 에드워드 에버렛의 주 연설 다음에 몇 마디 연설을 해야 하는 것도 있었다.

링컨은 이렇게 말했다. "우리의 선조들은 이 대륙에 새로운 국가를 수립했으니, 그 국가는 모든 인간이 평등하게 창조되었다는 주장을 신봉하고 있었다."

"이제 우리는 내전을 벌이고 있으니, 이 전쟁은 과연 그런 나라가 짧은 시간 이상 지속될 수 있는지 여부에 대한 검증일 것이다. 앞서 말한 것 같은 주장을 신봉하는 국가는 과거에만 해도 종종 외부나 내부의 충돌에 의해 파괴되기 일쑤였다. 그러나 우리나라에서만큼은 그런 일이 벌어지게 내버려 두어서는 안 된다."

그는 이렇게 결론 내렸다. "여기서 분투한, 특히 여기서 죽은 용감한 사람들을 기려서, 우리는 그들이 죽으면서 미완으로 남겨놓은 과제에 반드시 헌신해야만 한다. 그 과제는 '인민의, 인민에 의한, 인민을 위한 통치'가 이 땅 위에 영속되도록 보증하는 것이다."

미국 역사상 이보다 더 유명한 구절은 없었다. "인민의 통치"는 말 그대로 인민의 통치를 의미했으며, 더 나아가 모든 인민 — 모든 사람 — 에 대한 통치를 의미했다. 인민 가운데 한 사람도 제외되지 않았다.

"인민에 의한 통치"는 인민이 곧 통치자임을 의미했다. 지배자로서의 역량을 지닌 까닭에, 그들은 법률을 만들고 집행할 실무자와 대표자를 선출했다.

"인민을 위한 통치"는 인민 가운데 일부, 특히 지배자 자신을 위해서가 아니라 인민 모두의 이득 — 전반적인 복지 — 을 위해서 활동하는 통치를 의미했다. 물론 공직에 선출된 실무자와 대표자 역시 인민의 한 사람인 한에는 그들이 일시적으로나마 참여한 통치로부터 이득을 얻을 수 있고, 또 얻어야 마땅하겠지만 말이다.(물론 인민이 그들을 계속해서 공직에 있게 해주는 동안에는 말이다.)

민주주의의 정의는 이 세 가지 요소 이상을 필요로 하지 않는다. 1689년에 사람이 아니라 법률에 의거한 통치를 수립하기로 한 영국의 결정, 1776년과 1789년에 모든 인간은 평등하게 창조되었으며 전체로서의 인민은 어떤 한 사람보다도 더 우월한 법률을 제정할 수 있다고 한 헌법 제정자들의 선언, 그리고 민주주의적 통치의 세 가지 기본적인 목표를 구분한 링컨의 연설. 이것이야말로 지난 200년 동안 미국인이 이해하게 된 민주주의이며, 여러 다른 기간 동안 — 그러나 어떤 기간도 200년은 채 못 되었던 — 나머지 세계가 이해하게 된 민주주의이기도 하다.

민주주의가 무엇을 의미하는지를 이해하는 것과 그런 이해를 실천으로 옮기는 것은 전혀 별개의 일이다. 심지어 미국 — 이 용어의 가장 완전한 의미에서의 민주주의를 제창한 — 에서도 1900년에는 인민의 절반 이상이 선거권을 부여받지 못해서 투표를 할 수가 없었다. 여성 전체, 남부에 사는 흑인 대부분, 또는 경제적인 이유로 그렇게 된 사람에 이르기까지, 선거권을 부여받지 못한다는 것은 이 땅의 가장 높은 공직에서 배제된다는 의미였으며, 그 용어의 완전한 의미에서의 '시민'에서 배제된다는 의미였다. 왜냐하면 어떤 사람이 '시민'인 한에는 그 자신이 통치의 모양, 태도, 성격을 결정하는 장본인이게 마련이기 때문이다. 여성, 흑인, 그리고 빈민 가운데 일부는 여전히 다른 사람들에 의해, '다른 사람들의 선을 위해서' 지배당했다. 이것은 충분히 나쁜 일이었다.

대부분의 다른 국가들은 미국보다도 훨씬 더 뒤처져 있었다. 지금으로부터 100년도 안 되었을 때까지만 해도, 주요 국가 가운데 어느 한 곳도 우리가 — 링컨이 — 의미하는 바의 민주주의를 시행하지는 못하고 있었다.

20세기 대전은 수많은 결과를 낳았다. 그중 몇 가지는 좋은 결과였다. 하나는 지구 대부분에 보통선거권의 원칙이 빠른 속도로 퍼져 나갔다는 것이다. 오늘날 모든 시민에게 자신들의 대표자나 통치자를 투표로 선출할 수 있는 권리를 헌법적으로 보장하지 않은 나라는 거의 찾아보기 힘들다.

하지만 그렇다고 해서 모든 국가에서 이러한 권리가 실질적으로 보호된다는 뜻은 아니다. 공산주의 정부는 무려 50년 이상이나 오로지 한 명의 후보자 — 즉 집권당의 후보자 — 만이 출마한 선거가 진정한 선거라는 구실을 내세우고 있다. 그들은 모든 시민에게 투표를 의무화했고, 비교적 최근까지도 거의 모든 시민이 투표를 하게끔 만듦으로써 이러한 견해를 '증명'했다. 이런 종류의 선거는 사실 민주주의적 통치, 즉 링컨이 말한 "인민에 의한 통치"를 흉내 내는 데에 불과하다.

자유세계의 국가에서는 모든, 또는 거의 모든 시민의 투표권을 보호한다.(바로 그런 권리가 전반적으로 보호되기 '때문에' 그런 국가들을 가리켜 자유세계라고 하는 것이다.) 하지만 이런 국가 가운데 일부에서는 선거권을 지닌 사람들 가운데 상당수가 자신들의 대표자를 직접 선출하지는 않기로 선택한다. 그들은 오히려 자기 대신 다른 사람들이 선출해주기를 흔쾌히 허락하려 든다. 그렇다면 그런 나라는 덜 민주주의적인가? 말하기 힘든 문제다.

정부가 인민 전체의 전반적인 복지를 위해 존재한다는 것은 오늘날 지구상의 헌법 가운데 대부분에 담긴 또 다른 훌륭한 공언이다. 그러나 상당수의 경우에 이러한 주장은 명백히 기만적이다. "인민을 위한 통치"는 단지 몇 마디 말로 존재하게 된 것은 아니며, 제아무리 솔직하게 의도했다 하더라도 마찬가지다. 그 어떤 국가에서도 정부가 모든 시민을 평등하게 통치한다고 말할 수는 없다. 즉 어떤 국가에서도 모든 시민이 정부로부터 평등하게 이득을 얻지는 못한다는 것이다. 일부 국가에서는 그 이상에 상당히 근접해 있다. 다른 국가에서는 그런 의향이 분명히 있다. 그러나 최근 100년 전까지만 해도 세계 대부분의 국가에서는 상황이 그렇지 않았다.

정부의 보호망의 범위를 인민 모두의 머리 위까지 늘린다는 것은 — 링컨이 말한 "인민의 통치"가 된다는 것은 — 경우에 따라 축복일 수도 있고 아닐 수도 있다. 오늘날의 미국에서는 어느 한 사람도 제외되거나, 정부의 외면을 받지는 않는다. 이것은 좋은 일이다. 반면 최근까지만 해도 아이티에서는 어느 누구도 정부로부터 자유롭지 못했다. 이것은 아주 나쁜 일이다. 전제적인, 심지어 독재적인 정부는 모두의 가정, 모두의 직장, 또는 사업체, 심지어 모두의 마음과 정신에까지 침투할 수 있으니, 정부가 정교한 전자 감시 장비를 갖추기만 하면 충분히 그럴 수 있다. 양쪽의 차이란 과연 누구를 배제시킬 것인지 여부다. 미국에서는 빈민 가운데 일부, 불법 이민자 가운데 상당수, 약자 가운데 일부가 배제된다. 때로는 의도하지 않은 상태에서 그렇게 되고, 또 때로는 불법적이고 비헌법적(위헌적)이라서 그렇게 된다. 아이티에서, 그리고 다른 전제적 정권하에서는 오히려 '지배자'가 제외되는데 그들은 법률보다 위에 있고, 따라서 국가 밖에 있기 때문이다. 그들은 거의 배타적으로 정부의 혜택을 즐긴다. 바로 그들이 그런 혜택을 몰수하기 때문이다. 실제로 그들은 범법자다. 비록 그들이 법의 심판을 받게 하기는 유난히 어렵지만 말이다.

20세기 말에 나타난 이러한 실천의 실패는 그 세기 초에 우리가 살펴보았던 민주주의의 결점과는 또 전혀 다르다. 과거에는 민주주의가 오로지 꿈에 불과했으며, 몇몇 국가에서만 실현될 수 있는 것이었고, 다른 국가에서는 그것을 차마 가능성으로 인식조차 하지 못했다. 따라서 그런 변화는 대단한 것이었다.

그 새로운 사회를 서술하는 한 가지 간단한 방법이 있다. 1900년에는 지구상의 대다수 사람이 민주주의가 무엇인지 이해하지 못했으며, 따라서 민주주의를 열망하지도 않았다. 심지어 민주주의를 이해한 사람 중에서도 모두가 그걸 열망했다거나, 또는 실천 가능하다고 믿은 것까지는 아니었다.

1991년에는 지구상의 대다수 사람이 민주주의가 무엇인지를 이해한 것은 물론이고, 그중 일부는 다른 사람보다 더 명료하게 이해했다. 그리고 그렇게 이해한 사람이라면 누구나 민주주의를 열망했으며, 나아가 조만간 민주주의를 실현하고 또 실천할 수 있으리라 믿어 의심치 않았다.

그런가 하면 자국의 인민은 민주주의를 추구하지 않으며, 그럴 준비도 되어 있지 않아서, 스스로 선거를 해야 하는 자유 정부 치하에서는 살아가지 못할 것이라고 주장하는 지배자들도 있다. 1989년까지만 해도 동유럽의 공산주의 정부는 그런 말을 했다. 제3세계의 독재국가 지배자들의 견해도 거의 이런 식이었다. 이것이야말로 두 번째 밀레니엄의 마지막 10년 전까지 살아남은 몇몇 신정정치 절대지배자들의 주장이었다. 하지만 인민에게 물어보면, 자유롭게 대답할 수 있는 경우라면 언제 어디서나, 그들은 이에 동의하지 않았다.

인민은 어디서나 민주주의를 열망하는데, 여기에는 충분히 그럴 만한 이유가 있다. 철학자 모티머 J. 애들러는 민주주의야말로 완벽하게 정당한 통치 형태로는 유일무이한 것이기 때문이라고 말한다. 그 외의 다른 모든 통치 형태는 예외 없이 몇몇 시민으로부터 그 통치자를 선택할 권리를 박탈하도록 헌법에 명시하거나, 또는 몇몇 시민으로부터 그들의 통치자가 제공하는 혜택을 배제하도록 헌법에 명시해놓는다. 민주주의적 이상을 실현하는 것에 관해서라면 그 어떤 민주주의도 아직 완벽하지는 않다. 어쩌면 그 어떤 민주주의도 그런 의미에는 도달하지 못할 것이다. 하지만 다른 통치 형태로 말하자면, 심지어 민주주의만큼의 이상적인 완벽함조차도 없는 실정이다. 이런 까닭에 인민은 어디서나 민주주의를 열망하는 것이다.

가만 생각해보면, 이것은 매우 놀라운 변화가 아닐 수 없다. 지금으로부터 200년 전만 해도 영국인 — 본토와 식민지를 통틀어 — 을 제외하면 어느 누구도 근대적인 민주 정부가 어떠해야 하는지에 대한 개념을 거의 지니고 있지 못했다. 100년 전만 해도 전 세계 인구 가운데 민주주의적인 통치 형태를 이해하고 열망하는 사람은 극소수에 불과했다. 오늘날은 사실상 지구상의 모든 사람이 민주주의를 열망한다. 그리고 수많은 정부가 민주주의의 관념을 자국민에게 숨기려고 치열하게 노력함에도 불구하고 이런 열망은 엄연히 존재한다.

민주주의를 질식시키려는 시도 중에는 철저한 검열, 왜곡, 거짓말 등이 포함된다. 하지만 그중 어느 것도 효과를 거두지는 못했다. 1989년에 중국과 동유럽에서, 1991년 8월에 모스크바에서 인민은 그런 거짓말과 왜곡을 꿰뚫어 보았고, 검열을 피해 갔다. 그들은 심지어 민주주의적 선전에도 왜곡이 있음을 알았고, 언제 어디서 그런 것이 일어나는지를 이해했다. 여기서 다시 한 번 에이브러햄 링컨은 옳았다. "여러분은 항상 인민 가운데 일부를 속일 수도 있고, 가끔은 인민 전부를 속일 수도 있습니다. 하지만 항상 인민 전부를 속일 수는 없습니다."

공산주의

정부 형태의 하나로서 민주주의는 20세기 내내 다른 세 가지 주요 경쟁자와 씨름해왔다. 그 세 가지란 공산주의, 전체주의, 그리고 신정정치다.

정부에 관한 이야기로 오면, 공산주의의 이론과 공산주의의 실천 사이에는 어마어마한 차이가 있다. 그 차이가 얼마나 큰지, 과연 이 두 가지 사이에 연결이 가능하기나 할지 궁금할 정도다. 마르크스와 레닌이 꿈꾸었던 — 또는 그들이 꿈꾸었다고 이야기되던 — 것과 같은 종류의 공산주의 정부는 정말 존재할 수가 있을까? 만약 그렇지 않다면, 공산주의는 항상 1917년 이래로 우리가 알고 있던 것과 같은 종류의 사회로 귀결될 수밖에 없는 것일까?

마르크스와 엥겔스가 프롤레타리아트의 혁명을 촉진하기 위해 노력했을 때, 그리고 한두 세대 뒤에 레닌이 실제로 폭동을 이끌었을 때, 이들이 목표로 삼은 이상은 — 적어도 추종자들의 눈에는 — 너무나도 고귀해 보였다. 프롤레타리아트는 역사 속에서 항상 못 가진 사람이었다. 그들은 항상 사회의 일 가운데 전부, 또는 대부분을 떠맡았지만 그로 인한 이득은 거의, 또는 전혀 얻지 못했다. 그런데 공산주의는 완벽하게 타당한 다음과 같은 이야기를 하고 있었다. '여러분은 다수다. 지금부터 여러분은 국가의 경제력을 제어하게 될 것이고, 따라서 그 경제적 이득을 받게 될 것이다. 여러분은 심지어 한동안 독재 권력도 소유하게 되겠지만, 이러한 권력은 사실상 모두의 이득을 위해 있는 것이다. 결국에는 — 아주 금방일 거라고 우리는 예상하지만 — 국가도 쇠퇴해 없어지고, 일종의 유토피아가 되어서, 모두의 이득을 위해 모두가 지배하게 될 것이다. 그리고 그런 낙원은 영원히 지속될 것이다.'

내 말은, 공산주의가 〔부분적으로나마〕 타당한 약속을 했다는 것이다. 특히 첫 번째 부분은 상당히 일리가 있어 보인다. 하지만 영원한 낙원 운운하는 두 번째 부분은 전혀 타당해 보이지 않는다. 물론 이야기만 들어서는 상당히 그럴싸하지만 말이다.

그렇다면 공산주의의 실천은 어떻게 작용했을까? 최초의 공산주의 국가인 러시아에서 스탈린(1879~1953)이 그 사례를 보여주었다. 쿨라크(kulak), 또는 독립 농부 — 농노가 아닌 농사꾼 — 는 계속해서 자기 땅을 소유하고, 자기가 노동해서 생산한 것을 자유 시장에서 판매하고 싶어 했다. 스탈린은 그건 공산주의답지 않은 발상이라고 생각했다. 반드시 하나의 계급으로 활동하는 프롤레타리아트가 모든 생산수단을 소유해야만 하며, 농부의 땅도 마찬가지로 프롤레타리아트가 소유해야 한다는 것이었다. 물론 농부도 여전히 이득을 누리기는 할 것이었다. 노동자의 낙원에서는 어느 누구도 예외가 아니니까!

한동안은 쿨라크도 독립적으로 남아 있을 수 있었다. 그러나 결국에는 '다수'(볼셰비키) 측에서 쿨라크를 가리켜 "그 계급 자체를 숙청해야" 마땅하다고 결정해버렸다. 1929년 말부터 숙청이 시작되었다. 5년 사이에 쿨라크 가운데 대부분이 피살되거나 시베리아의 외딴 지역으로 추방되었고, 심지어 농토의 집산화에 반대하던 수백만 명의 소농까지도 마찬가지 신세가 되었다. 이 당시의 사망자 수는 지금껏 한 번도 정확히 집계되지 못했다. 대략 2000만 명이 사망했으리라는 것이 그나마 정확한 추산으로 여겨진다. 물론 그로부터 수년 뒤, 집산화로 인해 소련 농업이 파멸에 이른 결과 사망한 수백만 명의 추가 희생자까지는 포함하지 않은 숫자다.

제아무리 규모가 크다 하더라도, 단지 다수라는 이유만으로 자신들과 의견이 불일치하는 사람들을 죽일 권리를 지닐 수는 없으며, 제아무리 상대측이 소수라 하더라도 마찬가지다. 이것은 민주주의의 근본적인 전제다. 만약 '다수'가 진정으로 다수였다면, 따라서 집산적 농업이라는 것이 훨씬 더 인간적으로 수행되었다고 친다면, 비록 그 과정에 몇몇 시민에 대한 불의가 있었다 하더라도, 그런 조치는 충분히 받아들일 만한 것으로 간주되었으리라. 하지만 '다수'는 결코 소련 내에서 진정한 다수가 되지 못했다. '다수'는 사실 극도의 소수로 이루어졌으며, 때로는 스탈린 혼자에 불과하기도 했다.

이론상 공산주의는 일시적으로나마 프롤레타리아트의 독재가 되는데, 이것은 결국 불가피하게 정부가 없는 상태 — 일종의 유토피아적 아나키(무정부) — 로 발전하게 된다. 그러나 사실상 공산주의는, 그런 정부 형태가 있었던 나라 어디에서나(즉 공산주의 국가를 자처한 곳 어디에서나) 소수가 나머지 다수 시민, 또는 신민을 억압적으로 다스리는 독재에 지나지 않았다. 전 세계의 눈앞에서 공산주의 정부가 해체되고 말았던 1989년 12월 체코슬로바키아의 사례와 마찬가지로, 어떠한 공산주의 정부라도 이 마지막의 산통을 거치고 나야만 그런 독재가 — 마르크스와 레닌이 말한 것처럼 — 단지 일시적이었다고 말할 수 있으리라. 그리고 사실상 그 어떤 공산주의 국가도 실제로 인민에 의해 통치된 적은 없었기에, 가령 혁명까지 가지 않는 한, 공산주의 정부가 독재적 지배를 포기해야 마땅한 이유 역시 전혀 없는 셈이었다. 20세기의 공산주의 독재에서는 혁명이 거의 불가능하다시피 여겨졌으니, 왜냐하면 지배하는 소수가 경제의 모든 국면을 통제했을 뿐만 아니라, 경찰과 군대까지도 통제했기 때문이다. 그런 상황에서 어떻게 인민이 봉기하여 스스로를 다스릴 수 있었겠는가?

하지만 인민은 그렇게 했다. 동독과 헝가리와 체코슬로바키아와 유고슬라비아와 루마니아에서 그랬다. 인민은 중국에서도 저항을 시도했다. 인민은 소련의 일부 지역에서도 독립을 요구했으며, 1989년에 이어 1991년에도 그러했다. 하지만 그 무엇도 그들을 막지는 못했다. 국가의 무시무시한 기계도, 경찰과 무장 병력도, 검열관과 무시무시한 법률과 재판관도, 사실은 눈을 뭉쳐 만든 것에 불과했음이 드러났다. 태양이 빛나기 시작하자, 눈은 녹아버리고 독재자의 벌거벗은 모습이 만천하에 드러났던 것이다.

전 세계의 다른 공산주의 국가에 살던 나머지 인민 역시 무슨 일이 일어났는지 보았다. 똑같은 일이 그들에게도 벌어질 수 있었다. 앞으로 공산주의는 작동 가능한 통치 형태가 되기를 그칠 것이고, 아마도 20세기가 끝나기도 전에 그러할 것이며, 만약 그렇게 되지 않는다면 21세기가 시작되고 나서 얼마 있지 않아 그러할 것이다.

공산주의적 이상의 명백한 실패 앞에서 혹시 아쉬워해야 할 이유가 조금이라도 있을까? 어쩌면 있을지도 모른다. 비록 실천은 전반적으로 잔인하고 폭력적이었지만, 그렇다고 해서 그 이상 자체가 더 이상 고귀하지 않은 것은 아니다. 공산주의 독재는 제대로 작동하지 않았고, 특히 경제적으로 그러했으며, 따라서 머지않아 실패할 운명이었다. 가령 농업의 집산화는 체계화된 농업을 실시하는 방법으로는 그다지 현명하지가 않았다.

하지만 지상에서 억압된 자들이 그들의 노동으로 얻은 이윤으로부터 공평한 몫을 얻어야 한다는 생각은 지극히 옳은 것이었다. 그리고 민주주의는 이를 받아들였다. 민주주의자는 공산주의자로부터 한 수 배운 셈이다. 여성과 남성을 평등하게 대하고, 양쪽 모두에게 평등한 경제적 기회를 줘야 한다는 생각 — 레닌이 늘 강조했던 주장 — 도 지극히 옳은 것이었다. 여기서 또다시 민주주의자는 공산주의자로부터 한 수 배웠다. 다른 여러 공산주의적 발상 역시 지극히 타당하므로, 민주주의도 그걸 차용했거나, 또는 나중에라도 차용할 것이다. 그렇지 않다면 민주주의도 결국에 가서는 실패할 것이고, 그 실패의 정도는 결코 적지 않을 것이기 때문이다.

20세기에 공산주의 정부는 대단히 좋은 기회를 잡은 셈이었다. 주로 인민이 부당하고 독재적인 지배하에 놓여 있던 나라에서 공산주의 정부가 수립되었기 때문이다.(물론 동유럽에서는 그렇지 않았다. 그곳 사람들은 어쩌면 민주주의자가 되었을 수도 있었겠지만, 소련이 그들의 의사에 반하면서까지 공산주의를 강요했다.) 인민 대부분은 자유롭기를 열망했지만, 정작 자유가 무엇인지에 관해서는 잘 몰랐다. 결국 그들은 자국의 공산주의 지배층에게 속고, 기만당하고, 이용당했다. 지배층은 자유가 무엇인지 물론 잘 알고 있었다. 따라서 자국 인민이 그런 지식을 알지 못하도록 숨겼다. 그럼에도 불구하고 인민은 자유에 관해 배우게 되었다. 자유에 관한 지식은 마치 흘러넘치는 강물처럼 산자락을 따라 흘러 내려와 평야를 범람했다. 결국 자유는 전 세계에 범람하게 될 것이다. 그리고 한때는 찬란했던 공산주의의 약속, 그 덧없는 이상은 결국 몇몇 소수의 편협한 권력욕 때문에 죽어버리고 말 것이다.

전체주의

그래도 공산주의가 어느 정도까지는 성공을 거두었던 까닭은, 그것이 본질적으로 정의에 관한 주장이었기 때문이다. 반면 전체주의가 전적으로 실패로 돌아갔던 것은, 그것이 오로지 권력과 이른바 국가의 명예에 관한 주장이었기 때문이다.

실제로 국가는 명예로울 수도 있고 명예롭지 못할 수도 있지만,

단순히 국가의 힘이 그것을 결정하지는 않는다. 오히려 어떤 국가가 정의로우면 명예로운 것이고, 정의롭지 못하면 명예롭지 못한 것이다. 강력한 국가는 더 약한 국가에게 두려움의 대상이며, 또 어쩌면 부러움의 대상이다. 한쪽에는 명예, 또 한쪽에는 두려움이나 부러움이 있을 경우, 이 양자의 차이는 상당하다.

그러나 불행히도 이런 차이는 종종 무시되고 망각된다. 개인 사이에서나 국가 사이에서는 힘이 곧 정의인 것으로 오해되게 마련이다. 그러나 힘과 부는 진짜 명예가 아니라 오히려 싸구려 모조품에 불과한 명예를 낳을 뿐이며, 이는 가령 "부자와 유명 인사의 생활 방식"이라는 문구에 드러난 것과 같은 맥락의 명성에 불과할 뿐이다. 그런 문구의 대상이 되는 사람들이 명성을 얻은 까닭은 단지 그들이 부유하기 때문에, 그리고 그렇다는 사실을 과시하기 때문이다. 그들은 돈을 주고 명성을 살 수 있음을 잘 알고 있으며, 값을 불문하고 얼마든지 그러할 의향을 지녔기 때문이다.

마찬가지로 국가들은 돈을 주고 명성을 사기 위해 수 세기 동안 노력해왔다. 또한 국가들은 스스로가 국가적 명예라고 부르기 좋아하는 거짓된 명성을 얻는 또 다른 방법을 지니고 있었다. 즉 군사적으로 강해짐으로써, 더 약한 국가들을 지배하는 방법이었다. 주위의 다른 사람을 못살게 굴어서 이러한 종류의 명성을 얻는 능력은 개인 사이에서도 종종 사용되게 마련이다. 세계의 대도시에서건, 문명화되지 않은 사회에서건, 또는 자연 상태에서건, 거리의 문화에서건, 명성과 두려움은 단순히 정당하게 행동한다고 해서 얻을 수 있는 것이 아니다. 명성은 오히려 다른 사람을 지배하기에 충분할 만큼 과시적으로 부유해지고 강해짐으로써 얻는 것이다. 국제사회는 일종의 자연 상태라고 할 수 있기 때문에(이 개념에 관해서는 이 장의 말미에서 다시 한 번 살펴보도록 하자.) 이른바 국가들의 사회에서도 이와 똑같은 관습이 이와 유사한 결과를 낳는다.

국가는 여러 개인으로 이루어져 있지만, 모든 개인이 그 정부의 과시와 약자 괴롭히기에 박수갈채를 보낼 의향을 지닌 것은 아니다. 20세기에 미국은 종종 터무니없을 정도로 그 부를 과시하고 약자를 괴롭혔다. 가령 자국 시민 간에는 결코 묵과하지 않을 법한 비열하고도 치사한 방법으로 다른 나라들을 못살게 굴기도 했던 것이다. 그런 과시와 약자 괴롭히기의 정도가 너무 심해지자, 나중에는 시민이 나서서 정부에게 그만두라고 항의하는 일이 한동안 계속되었다. 세계 대부분의 나라에서도 이와 똑같은 일이 주기적으로 일어났다. 물론 인민에 의해서가 아니라 무책임하고 무신경한 소수에 의해 지배되는 나라에서는 그 정도가 덜했지만 말이다. 그런 소수는 스스로에게 뭔가 어마어마하면서도 부정하기 짝이 없는 명칭을 갖다 붙이게 마련이었으니, 가령 인민의 아버지라느니, 혁명의 지도자라느니, 종신 황제라느니, 평의회 의장이라느니, 총통이라느니 하는 식이었다. 이런 명칭은 결코 존경받을 수가 없다. 하나같이 가짜이고 자의적인 것이며, 지배자 본인이 지어낸 것이지 결코 인민이 부여한 것은 아니기 때문이다.

앞에서 언급한 것처럼, 전체주의는 오로지 힘, 그리고 거짓된 의미의 국가적 명예에만 관심을 쏟는다. 이것이야말로 프랑스 혁명 이래 2세기 동안 평등이 급속히 확산되면서, 20세기에 생겨난 통치의 질환이라고 하겠다. 토크빌이 『미국의 민주주의』(1830~1835)에서 보여준 것처럼, 팽창주의적 인류 평등주의의 국면은 바닥에 있는 인민 — 모두가 평등한 — 과 꼭대기에 있는 정부 — 인민에 의해 선출되었으며, 막강한 힘을 지닌 — 사이에 위험한 진공상태를 만들어낼 수 있다. 이러한 인류 평등주의의 국면 동안에는 구체제의 모든 중재적인 힘이 파괴되었으니, 왜냐하면 그런 힘은 전통적이면서도 아주 오래된 특권에 근거하기 때문이었다. "아주 좋다." 토크빌은 이렇게 말했다. "특권을 없애는 것은 옳다. 하지만 그런 중재적인 힘은 어떤 목적을 위해 봉사한다. 그런 힘은 인민과 그 정부 사이에 놓이며, 정부의 전적인 힘이 일반 개인에게 떨어지지 않도록 막아준다. 그들이 없으면 인민은 어디 하소연할 곳조차도 없이 정부의 분노 앞에 무기력한 상태로 남게 된다."

그렇다면 사회에 전통적으로 있었던 중재적인 힘을 무엇으로 대체할 수 있을까? 토크빌은 묻는다. 미국 같은 민주주의에서는 중앙 정부의 용인 아래 사적 결사가 유사 정부적 기능을, 즉 정부의 힘의 예봉을 막아섬으로써 마치 폭풍우에 활짝 펼친 커다란 우산처럼 인민을 보호하는 기능을 한다. 법인, 교회, 클럽, 자선단체, 이런저런 행위의 방지 또는 증진을 위한 협회 등이 마치 구체제의 전통적인 귀족 중재자와 같은 역할을 하는 것이다. 우리의 근대 세계에서 이런 곳들이 없는 국가에는 큰 화가 있으리라고 토크빌은 이야기한다. 이런 중요한 요소가 없는 국가는 그 체질상 전 세계가 이때까지 봐온 것보다도 더 끔찍한 독재국가가 될 것이었다.

20세기에 들어서 세계에서도 주요 국가 가운데 일부는 그런 중재자가 없어도 된다는 의도적인 결정을 내렸다. 이탈리아와 독일이 가장 악명 높은 사례였지만, 단지 그 두 나라뿐만이 아니었다. 공산주의 국가 역시 대부분은 전체주의 국가였다.

독일의 경우, 이러한 결정이 나온 이유 가운데 하나는 1918년의 패전으로 비롯된 사회적이고 경제적인 참화였다. 20세기 대전의 첫 번째 국면에서 승전국들은 패전국에 배상을 청구했다. 독일은 또한 가치 높은 산업 재산 — 가령 루르 강 유역 — 을 포기해야 했기 때문에, 배상을 지불하는 데에 더욱 어려웠다. 그 결과로 독일 경제는 1920년에 붕괴하고 말았고, 그로써 사회적 혼란이 일어났다. 그런 환경에서는 혼란을 헤치고 나아가 국가의 '명예'를 다시 한 번 끌어올리겠다고 주장하는 어느 광인에게 국가 전체가 관심을 돌리는 것도 어쩌면 이해할 만한 일이었다.

　아돌프 히틀러(1889~1945)는 독일을 약속의 땅으로 인도하겠다고 공언하면서, 한 가지 조건을 내걸었다. 앞으로는 국가가 모든 기관, 조직, 그리고 국민까지도 완전히 통제하겠다는 것이었다. 독일 상황이 워낙 긴박하기 때문에 특별한 방법이 요구된다고 그는 말했다. 독일인 한 사람 한 사람, 나아가 독일의 기업과 교회와 클럽과 조직과 협회 하나하나가 모두 함께 일해야만 자신들이 구원될 수 있다는 것이었다. 예외라고는 없었다. 예외라곤 없어야만 마땅하니, 그렇지 않으면 독일은 실패하고 말 것이라고 했다. 함께라면 그 무엇도 독일을 멈출 수 없으며, 독일은 결국 승리할 것이었다!

　1918년 이래로 독일은 민주주의 국가였지만, 민주주의는 비효율적이라고 히틀러는 말했다. 전 세계의 민주주의가 얼마나 느슨하고 허약하게 되었는지 보라는 것이었다. 그가 제공한 대안은 바로 국가사회주의였다. 여기서 그 이념의 명칭 따위는 중요하지 않다. 모호한 선동적 요소를 조합하기는 했지만, 사실 그것이야말로 아무런 의미도 없는 이념이었기 때문이다. 그 결과로 나타난 정치조직은 세계

무대에서 극도로 강력한 실체가 되었다. 국가사회주의자, 또는 나치 지도자들은 독일 시민 모두의, 그리고 이전까지만 해도 사적 결사였던 것들 모두의 힘을 모아서 하나의 무시무시한 국가적 무기로 만들어냈다. 히틀러는 한 나라를 일종의 검으로 변모시킨 것이다. 그 이전의 로베스피에르와 나폴레옹이 그랬던 것처럼 — 물론 두 사람은 히틀러처럼 미치지는 않았지만 — 히틀러는 자기가 하는 말 한 마디 한 마디가 '국가를 대변하는' 것임을 발견했고, 따라서 국가라는 검을 몸소 휘두르게 되었다.

베니토 무솔리니(1883~1945)의 파시즘은 나치즘보다 오히려 몇 년 더 일찍 나타났고, 그 덕분에 히틀러도 뭔가 한 수 배웠을지 모른다. 물론 히틀러 본인이야 독일인이 이탈리아인에게 가르침을 받을 수 있다는 사실을 결코 시인하지 않았겠지만 말이다. 파시스트 이탈리아의 상징은 파스케스(fasces, 속간[束桿]), 즉 꽉 묶은 막대기 다발이었다.[84] 이것은 이탈리아가 그 구성 요소들 — 개별 시민과 조직 전부 — 의 힘을 모두 모아서 단 하나의 목표를 추구한다는 의미를 지니고 있었다. 이탈리아의 경우에도 그 목표는 국가의 '명예'였다. 이탈리아는 1914년에서 1918년까지 벌어진 전쟁 이후에 승전국이 되었음에도 불구하고, 자국의 정당한 전리품을 그만 속아서 빼앗기고 말았다고 생각했다.(그리하여 이탈리아는 양차 대전 사이 기간 동안에 편을 바꾸는 실수를 범했고, 결국 1945년에는 확실한 패전국이 되었다.)

전체주의 독일과 이탈리아는 1918년 이후로 정말 느슨하고 허약

---

84 원래는 고대 로마에서 집정관의 권위를 표시하는 것이었고, 바로 여기서 '파시즘' (Fascism)이라는 단어가 유래했다.

하게 된 민주주의 연합국 측에 두려운 상대였다. 하지만 지금 와서 돌이켜 보면, 추축국 ─ 여기에는 또 다른 방식의 전체주의 국가였던 일본이 포함된다(자세한 이야기는 잠시 후에 다시 하도록 하자.) ─ 의 막강한 힘은 전체주의로부터 비롯된 것이 아니었음이 분명하다. 이 탈리아, 그리고 특히 독일은 이미 선진 산업국가였으며, 따라서 그런 역량이 전체주의 이념의 영향하에 세계 정복을 위한 무기로 변모되기 이전부터도 충분히 강력한 나라였다. 일본의 경우에도 이와 마찬가지였다. 하지만 나치즘, 파시즘, 그리고 일본의 산업 국가주의가 세계를 차지하겠다고 위협하는 상황에서는 이런 사실을 인식하기가 그리 쉽지 않았다.

소련은 오랜 세월 동안 전체주의의 언저리에 놓여 있었다. 스탈린은, 그리고 어쩌면 레닌조차도 이른바 프롤레타리아트의 독재란 곧 프롤레타리아트를 대변하는 사람들 ─ 즉 그들 자신 ─ 에게 주어진 권리, 다시 말해서 공산주의 사회의 향후 승리를 위하여 국가의 모든 자원을 동원할 수 있는 권리라고 해석했다. 1941년 6월에 독일이 소련을 공격하자, 스탈린은 이 전쟁의 긴박성을 빌미로 모든 사람과 조직을 합체시켜 일종의 기계로 만들 수 있는 구실을 얻었다. 실제로 그 충돌에서도 그야말로 광란의 마지막 몇 년 사이에 참전국은 너 나 할 것 없이 일종의 기계가 되어버렸다. 전쟁이 끝나고 나자 민주주의 국가들은 다시 한 번 민주주의 국가가 되었다. 하지만 스탈린 치하의 러시아는 여전히 일종의 기계로 남아 있었다.

소련에서는 한동안 전체주의가 가령 독일이나 일본에서 했던 것만큼 기능하지는 못했다. 어쩌면 전체주의는 이탈리아에서도 결코 성공하지 못했던 것인지도 모른다. 기계라는 것은 오로지 그 부품이 제대로 된 재료로 만들어지고, 적절한 방식으로 서로 딱 맞아떨어질 때에만 효율적이 되기 때문이다. 하지만 소련의 경우에는 그렇지 않았고, 이를 흉내 낼 것을 요구받은 동유럽 여러 나라의 경우에도 상황은 마찬가지였다. 이런 기계들은 매우 신통찮게 가동되었으니, 왜냐하면 그 부품이 워낙 오래되고, 낡고, 부적절하게 배열되어 있었기 때문이다. 똑같은 은유를 계속 써서 말해보자면, 문제는 기술자가 아니라 정당이 그 기계를 가동시켰기 때문이었다고 할 수 있으리라.

민주주의에 반대하는 유서 깊은 반론 가운데 하나는 그 체제가 전제정치에 비하자면 훨씬 비효율적이라는 것이었다. 전제정치의 경우에는 그 독재 정부가 정당하거나 자유롭지 않아도 잘만 돌아가기 때문이다. 이러한 불평은 무려 200년 넘게 들려왔으며, 특히 지난 반세기 동안 유난히 기승을 부렸지만, 이는 당연히 사실이 아니다. 전체주의 국가의 구성원들은 국가 자체의 성공에는 전혀 관심을 가질 수 없고, 오로지 긴박한 위험 상황, 즉 자신들의 생존이 국가의 생존에 달려 있는 경우에만 예외적으로 관심을 가지게 마련이며, 또 항상 그런 것까지도 아니었다. 민주주의의 구성원은 국가의 성공에 대해 개인적으로는 물론이고 국가적인 관심까지도 갖게 마련이다. 그리고 모든 개인의 이익을 조합할 경우에는 현저한 차이가 발생한다. 그것이야말로 민주주의가 성공하는 경향이 있는 반면, 전체주의는 궁극적으로 실패하고 마는 이유인 것이다.

오늘날의 일본은 민주주의 국가와 준(準)전체주의 경제를 조합시킨 경우라 하겠다. 정치적으로 일본은 근대식 민주주의를 취하고 있으며, 토크빌의 말마따나 근대의 인류 평등주의 국가에는 어디에나 필요하다고 말한 중재적인 사적 결사가 무수히 있다. 하지만 대개의 경우에 일본의 사적 결사 — 주로 기업 — 는 자신들이 공유하고 있는, 그리고 만약 성취될 경우에는 모두가 부유해질 수 있는 어떤 목표를 성취하기 위해 함께 일할 수 있다.

미국은 항상 이러한 결합을 금지하고 있는데, 여기에는 역사적으로 그럴 만한 이유가 있다. 더 나아가 이와는 또 다른 사회 전통으로부터 비롯된 미국 기업들의 경우에는 서로 협조적이기보다는 오히려 경쟁적이기 때문이다. 미국의 신조 가운데 하나는 바로 경쟁이야말로 시장의 생혈이나 마찬가지라는 것이며, 경쟁이 없다면 진정한 발전도 없다는 것이다. 일본은 오히려 협조야말로 진정한 발전으로 가는 길이며, 경쟁은 물론 나쁜 것까지는 아니지만 합리적이고 규율적인 경계 안에서 규제되어야 한다고 생각한다.

어쩌면 양쪽의 견해가 모두 다 옳은 것인지도 모른다. 이것은 단순히 각국이 취하는 방식의 차이 이상의 것인지도 모른다. 중요한 점은 오늘날의 일본이 나치 독일 같은 전체주의가 아니라는, 적어도 더 이상은 아니라는 점이다. 히틀러 치하의 독일에서는 총통이 밝히는 국가의 의지에 순종하라고 모든 시민과 조직을 향해 강요했다. 오늘날의 일본에서는 개인과 기업이 그 지도자를 따르는데, 그렇게 하는 데에 각자의 이익이 놓여 있다고 생각하기 때문이다.

모든 중재적인 조직을 그야말로 전능한 국가로 통합하는 정치적 장치는 20세기 내내 수많은 제3세계 국가에서도 도입되었으니, 왜냐하면 그런 나라들은 민주주의를 실시할 만큼 충분히 성숙하지 못했다는 가정 때문이었다. 이러한 결정은 항상 인민의 아버지, 또는 자칭 너그러운 독재자가 내리게 마련이었다. 이러한 견해에는 물론 일

말의 진실도 있다. 새로운 국가는 정부의 힘에 대항하여 인민을 보호하는 중재적인 조직이 결여된 경우가 많기 때문이다.

하지만 그런 독재자들의 주장은 십중팔구 거짓이었다. 보다 중요한 사실은 특정한 국가의 인민이 민주주의를 실시할 준비가 미처 되지 않아 보인다는 주장 자체야말로 항상 사실이 아니라는 점이다. 그런 주장은 인간의 본성에 관한 잘못된 견해에 근거해 있다. 모든 인간은 평등하게 창조되었으며, 조물주로부터 어떤 양도할 수 없는 권리를 부여받았다. 20세기는 제퍼슨의 그러한 선언이 옳다고 결론 내린 시대다. 바로 거기서부터, 모든 사람은 스스로를 민주적으로 다스릴 역량을 지니고 있다는 — 물론 어떤 사람이 다른 사람보다 더 잘한다는 정도의 차이는 있겠지만 — 주장이 필연적으로 나오게 마련이다.

20세기의 신정정치

신정정치, 즉 하느님의 통치는 서양 기독교 국가에서는 중세 내내 실험된 바 있다. 앞에서 살펴본 것처럼 이 통치 실험은 결국 실패하고 말았다. 일부 신정정치는 수백 년 동안 지속되기도 했지만, 그 이념은 결코 한 번도 제대로 가동하지 못했으니, 왜냐하면 하느님의 뜻이라는 것도 항상 인간에 의해, 즉 오류를 범하지 않을 수 없는 존재에 의해 해석되어야 했기 때문이다. 최종적으로 말하자면, 신정정치는 기껏해야 사람이 하느님의 이름을 빌려서 통치하는 것에 불과했다. 그리고 그렇게 통치하는 사람은 다른 통치자에 비해 더 나을 것도 없었으며, 오히려 종종 더 나쁘게 마련이었다.

기독교와는 달리 이슬람은 신정정치의 이상을 결코 포기하지 않았다. 오늘날 거의 모든 기독교 국가는 종교와 국가 간에 강력한 헌법적 장벽을 세워놓았다. 하느님은 여전히 국가의 운명을 인도하는 존재로 이해될 수 있지만, 그 종들이 국가의 업무에 간섭하는 것은 결코 허락되지 않는다. 반면 몇몇 이슬람 국가에서는 하느님의 종들이나 하느님의 뜻을 해석하는 자들의 행동을 규제하는 장벽이 세워지지 않고 있다.

아야톨라 치하의 이란이 대표적인 경우다. 이란의 샤(군주)인 무하마드 리자 팔레비(1919~1980)는 1979년에 당시 망명 중이던 아야톨라 루홀라 호메이니(1900~1989)가 주도한 혁명으로 인해 축출되었다. 1979년 2월에 이란으로 돌아온 호메이니는 곧바로 새로운 정부를 장악했고, 이후 그 수반으로 임명되어 사망할 때까지 통치했다. 그의 사후에 또 다른 아야톨라가 직위를 계승했지만, 어느 누구도 호메이니만큼 막강한 힘을 지니지는 못할 것이다.

자신의 말이 곧 하느님의 말이라고 신민에게 확신시키는 절대적인 전제군주는 다른 어떤 종류의 지배자보다도 더 많은 권력을 누리게 마련이다. 소규모의 종교 공동체를 절대적인 힘과 권력으로 다스린 사람들에 관한 사례는 20세기에만 해도 무수히 많았다. 1978년 11월 18일, 가이아나의 존스타운에서는 [신흥종교인 인민 사원의 교주] 짐 존스(1931~1978)가 900명 이상의 추종자에게 자살할 것을 명령했다. 추종자 대부분은 수동적이며 아무런 저항도 없이 정말 그렇게 했다. 존스 본인은 총상을 입고 죽었는데, 아마도 본인이 쏜 것은 아닌 모양이었다. 다른 공동체 역시 이와 유사한 경험을 한 바 있다.

하나의 국가로서 이란은 이라크와의 전쟁(1980~1988) 동안에 의용군 모집을 통해 이에 비견할 만한 자살 행위를 조장했다. 상당수가 10대 소년이었던 사상자의 숫자는 100만 명을 훌쩍 뛰어넘는다. "이 아이들은 하느님을 위해 죽었다"라고 아야톨라는 말했고, 인민은 정말 그런 줄로만 알고 있었다.

신정정치에서는 민주주의를 질색하게 마련이다. 따라서 전 세계에서 민주주의 국가의 대표적인 사례로 손꼽히는 미국이 호메이니와 이란의 이맘(이슬람교 지도자)에게 사악한 국가로 간주되는 것도 놀라운 일은 아니다. 종교적 독재자는 그의 추종자가 민주주의의 유혹을 받는 것을 감히 허락할 수가 없었던 것이다. 그는 민주주의 자체가 하느님의 적대자, 또는 사탄의 발명품이라고 주장해야만 했다. 호메이니가 보기에 미국은 거대한 사탄이었다. 그의 추종자들이 이를 사실이라고 믿는 한, 민주주의와 신정정치 사이에는 아무런 대화가 있을 수 없을 것이다. 그리고 대화가 시작되기만 한다면, 신정정치는 불가피하게 해체될 수밖에 없을 것이다. 신정정치는 자유를 감내할 수 없으며, 이는 그 체제가 민주주의에 질색하는 것과 마찬가지다.

아야톨라 호메이니는 그 추종자들에게 절대적 독재를 부과할 수 있었다. 국가의 운영에 약간이라도 자유를 도입하려 시도한 사람은 하느님의 이름으로 피살되었다. 하지만 일련의 신정정치자가 그런 절대적인 권력을 부과하고 누리는 것이 불가능함은 이미 역사적으로 증명된 바다. 살아 있는 인류 가운데 상당수가 민주주의적 자유를 이미 소유하고 있는, 또는 공공연하게 열망하며 요구하고 있는 현재 세계의 상태에서, 1979년에 이란에서 벌어진 것과 같은 예외적인 상황을 제외하면, 신정정치가 오래 존속될 가능성은 극히 적다고 하겠다. 따라서 오늘날의 신정정치는 민주주의에 대한 심각하고도 장기적인 위협이 되지는 못할 것 같다.

하지만 신정정치는 고대 이집트에서도 무려 3000년간 지속되었다는 사실을 잊지는 말아야 한다. 그리고 다른 전제군주들의 주장 중에도 신정정치적 어조는 종종 깃들어 있다. 가령 공산주의에서는 단순히 정부에서뿐만 아니라 아예 사회에서도 하느님을 금지했다. 하느님의 종이며 해석자가 국가에서 어떤 역할을 담당하는 것을 금지하는 것에 그치지 않고, 심지어 국민이 종교를 갖거나, 또는 사적으로 하느님에게 예배를 드리는 것까지도 금지했다. 이것은 많은 사람들의 삶에서 일종의 진공상태를 만들어냈으며, 이는 오로지 국가 자체와 '혁명'의 압도적인 관념으로만 채워줄 수 있었다. 내가 여기서 '혁명'이라는 글자를 강조한 까닭은 그 '혁명'이 일반적인 의미의 혁명과는 전혀 달랐기 때문이다. 그 '혁명'은 일종의 신성이었으며, 또는 적어도 그 국민의 마음속에서는 그러했다. 따라서 몇몇 공산주의 국가, 특히 소련의 경우는 공공연히 비종교적이었음에도, 그리고 사실상 반종교적이었음에도 불구하고 오히려 신정정치적 색조를 띠기 시작했던 것이다.

달리 말하자면 신정정치는 항상 일종의 위협이었다. 중세 동안의 실패에도 불구하고 아직 그걸로 끝이 아니라고 생각하는 사람이 일부나마 있기 때문이다. 신정정치에 의해 제기된 문제에 대한 민주주의의 해결책은 하느님을 정부에서는 금지하는 대신, 사회에서는 최대한 그 역할을 지속하게 허락하는 것이었다. 이는 개인의 자유를 극대화하는 한편으로 신정정치에 내재한 위험을 대부분 회피하는 것이었다. 사회가 어떻게 기능해야 마땅한지에 관한 이러한 견해는 민주주의적 해결책이 종종 제공하는 상식적인 실용성을 제공한다.

경제적 정의

20세기에 민주주의는 공산주의, 전체주의, 신정정치라는 세 가지 주요 경쟁자에게 승리를 거두었다. 이러한 승리가 영구적으로 지속될 운명인지 여부에 관해서는 이 책의 마지막 장에서 다시 한 번 논의하도록 하자. 하지만 민주주의는 그것이 상징하는 보편적인 인간의 열망을 만족시키기 위해 또 다른 위협을 반드시 극복해야만 한다. 그 위협이란 바로 경제적 위협이다.

지금으로부터 1세기 반 전에 토크빌이, 그리고 지금 우리가 그토록 잘 알고 있는 것과 마찬가지로, 민주주의는 평등에 근거한다. 오늘날 평등을 향한 열망은 세상 어디에서나 민주적 혁명을 이끌어 가는 힘이다. 하지만 평등은 단순히 정치적인 것만이 아니다. 다시 말해서 정치적 평등 그 자체만으로는 민주주의적인 인간을 완전히 만족시키지 못한다는 것이다. 경제적 평등의 척도 역시 필요하다.

경제적 평등은 단순히 모든 사람이 똑같은 양의 경제적 상품 — 돈과 자본가의 생산도구 — 을 소유하고 있다는 의미만은 아니다. 과거에만 해도 경제적 정의가 만연하다고 말하려면 그보다 먼저 모든 시민이 똑같은 양의 돈을 소유해야 마땅하다고 주장하는 사람이 있었지만, 오늘날 그런 주장을 하는 사람은 거의 없을 것이다. 정말 필요한 것은 보다 공평한 부의 분배 — 모든 사람이 버젓하게 살 수 있을 만큼 소유할 수 있도록 하는 — 와 거의 절대적인 기회의 평등인 것이다. 절대적인 소유의 평등은 터무니없는 주장이다. 반면 기회의 평등은 기꺼이 희생을 바칠 만한 이상이 아닐 수 없다.

이른바 경제적이라고 일컬을 수 있으면서도, 돈으로 이루어지지는 않은 상품이 여러 가지 있다. 가령 직업, 좋은 교육, 버젓한 가정에 대한 권리가 그렇다. 가장 중요한 것은 각자 나름대로의 행복, 또는 기회를 추구할 수 있는 권리다. 정당한 정부는 이런 권리를 보호하는 한편, 어떤 시민이나 시민 계층으로부터 이런 권리를 의도적으로 박탈할 수는 없다고 본다.

바로 이러한 정의로부터, 이 세상에는 완벽하게 정당한 통치가 있을 수 없다는 결론이 나온다. 민주주의는 오로지 통치의 '형태'로서만 완벽할 뿐, 실제로 완벽한 민주주의 통치란 없다. 그럼에도 불구하고 20세기 내내 이러한 이상을 향한 어마어마한 발전이 있기는 했다.

1900년에는 가장 진보된 민주주의 국가의 시민조차도 대부분 정치적 평등을 누리지 못했으며, 또한 경제적 평등도 누리지 못했다. 기회의 평등은 여전히 대부분의 미국인에게는 오로지 꿈에 불과했으며, 그 나머지 세계의 대다수 억압된 사람들이야 굳이 말할 필요도 없었다. 격심한 역류에도 불구하고, 불과 1세기도 되지 않아서 기회의 평등은 산업국가 및 후기 산업국가 가운데 상당수 — 미국과 캐나다, 서유럽 국가 전체, 오스트레일리아, 일본, 그리고 몇몇 다른 나라들 — 에서 현실이 되었다. 기회의 평등은 또한 다른 여러 나라 사람들에게는 미래의 가능성으로 보였다. 오늘날에 이르러서는 기회의 평등이란 개념을 일찍이 1900년 당시의 대다수 사람들이 바라보던 것과 똑같은 방식으로 바라보는 사람이 그저 소수에 불과하다.

정치적 평등은 보통 경제적 평등보다 한발 먼저 획득되게 마련이다. 정치적 평등, 또는 선거권을 획득한 사람은 상당히 신속하게 경제적 평등, 또는 기회의 평등으로 움직이기 시작한다. 이것이야말로 서구 민주주의에서 사회가 발전하던 방식이었다. 공산주의 국가에서는 경제적 평등의 한 형태가 정치적 평등보다도 앞서야 할 때도 있다. 그러나 궁극적으로는 모든 사람이 정치적 평등과 경제적 평등 모두를 요구하게 되고, 정부도 양쪽 모두를 지원하고 보호하게 될 것이다.

만약 그렇게 된다면, 우리는 비로소 모든 사람이 추구하는 행복을 획득하는 것일까? 대체적으로는 나도 그렇게 생각하지만, 다만 모든 사람이 평등하게 창조되고, 또한 어떤 양도할 수 없는 권리를 부여받았다는 사실이 여전히 사실로 남아 있을 때에만 그렇다. 과연 그런 사실이 언젠가 사실이기를 그치게 될 수가 있을까? 이 문제에 관해서는 이 책의 마지막 장에서 다시 살펴보자.

세계정부는 가능한가?

정당한 통치, 다시 말해 민주주의에 대한 위협은 또 하나가 더 있다. 사실은 이것이야말로 가장 심각한 위협이라 하겠다. 20세기는 이위협을 그토록 거대한 규모에서 처음으로 인식한 시대인 동시에, 이위협에 대해 처음으로 무슨 조치를 취하려고 시도한 시대이기도 하다. 하지만 우리의 시도는 지금까지는 모조리 실패로 끝나고 말았다.

1689년에 존 로크는 우리가 이미 몇 차례 언급했던 바로 그 정치이론에 관한 에세이에서 매우 중요한 구분을 했으니, 그것은 바로 본인이 이른바 자연의 상태와 문명사회의 상태라고 부른 것의 구분이었다. 자연의 상태는 이성의 법률 외에는 다른 아무런 법률도 없는 상태다. 여기서 이성의 법률이란 합리적인 사람은 당연히 순종하는 법률인 한편, 비합리적인 사람이 불순종한다고 해도 강제할 수는 없는 법률을 말한다. 다시 말해서 자연의 상태에서는 모든 사람이 이성의 법률에 순종하도록 보증하는 기구가 전혀 없는 것이다. 그 결과로 인해 그 법률에 순종하는 사람은 거의 없다시피 하니, 왜냐하면 다른 사람은 순종하지 않는 법률에 순종하는 사람은 결국 약해지게 되기 때문이다. 오로지 힘만이 결정적인 요소일 경우, 우리에게는 힘을 적극적으로 이용하느냐, 또는 그 힘이 우리에게 불리하게 작용하느냐 둘 중 하나뿐이기 때문이다.

문명사회의 상태는 로크의 유명한 구절을 빌리자면 "준수해야 할 세워진 규범"이 특색이라 하겠다. 이 표현에 관해서는 앞서 고대 로마인의 12표법에 관해 이야기하면서 언급한 바 있으니, 그들은 그 법률의 내용을 청동판에 새겨서 도시 한가운데 세워놓음으로써, 모든 사람이 그걸 읽고 과연 시민에게 무엇이 요구되는지를 알게 했다. 세워진 규범에 대한 순종은 다양한 공민적 기구에 의해 강행되며, 이 기구에서는 인민이나 그 대표자가 선출한 관리를 채용한다.

세워진 규범을 서술하는 데에는 '실정'이라는 용어가 사용되는데, 왜냐하면 이것은 모두가 받아들이고 동의할 수 있는 형식으로 인민이 입안한 것이기 때문이다. 문명사회의 국가는 항상 일련의 실정법 근거 위에 구축되어야 한다. 그중에서도 맨 처음의, 그리고 가장 중요한 것은 헌법으로, 이는 자리가 채워져야만 하는 관직, 그리고 법률이 만들어져야 하는 방식 등을 서술한다. 그다음으로는 일련의 규정이 있으니, 이는 대부분 특정한 행동을 금지하는 것이다.

문명사회의 상태는 오늘날 거의 모든 인류가 살아가는 상태다. 어떤 일련의 실정법하에서 살아가지 않는 사람은 이 세상에 거의 없다시피 하다. 예외가 있다면 가령 미국 대도시의 뒷골목에 사는 사람들 정도일 것이다. 거기서는 자연의 법률이 만연하는 반면, 이성 ― 강제적인 힘에 비하자면 아무것도 아닌 ― 의 법률이란 결국 강자가 아닌 약자만이 사용하는 무력한 방어책일 뿐이다.

거의 모든 개인이 문명사회에서 살고 있다. 그렇다면 국가는 어디에 속할까? 국가는 과연 어떤 상태에 존재하는 것일까? 자연의 상태일까, 아니면 문명사회의 상태일까?

이른바 국제법이라는 개념이 있다. 또한 국제연합(UN)이라는 것이 존재한다. 여기에는 헌장이 있으니, 이것은 일종의 헌법이며, 이 조직의 모든 구성원은 여기에 충성을 맹세한다. 국제법의 본체는 실정법이다. UN의 헌장도 마찬가지다. 이 두 가지가 합쳐짐으로써 개인이 아니라 국가가 '준수해야 할 세워진 규범'을 구성한다. 정말 그러한가?

규범은 거기 있으니, 모두가 볼 수 있게 하기 위해서다. 하지만 그것을 강요하는 기구는 존재하지 않는다. UN 안전보장이사회의 영구 구성원은 누구나 전체의 다수표에 거부권을 행사해, 졸지에 그것을 무효로 만들 수 있다. 헤이그에 위치한 국제사법재판소가 내린 판결 역시 본질적으로는 강행이 불가능하다. 즉 어떤 판결이 '강행' 가능하려면, 거기 반대하는 당사자가 결국 그 판결을 받아들이게 만들어야만 하는 것이다. 나아가 UN의 구성원 가운데 다수는 '강제 사법 관할권'의 원칙을 받아들이지 않는다. 다시 말해서 대부분의 국가는 다른 국가가 자국을 향해 제기하는 어떤 사건에서 당사자가 되는 것 자체에 애초부터 동의하지 않는다는 의미다. 즉 그들은 사실상 기소되는 것 자체를 거부하는 권리를 지니고 있는 셈이다.

국제사법재판소는 가령 국제 어업권 같은 다툼을 조정하는 데에는 효과적인 것으로 증명된 바 있다. 하지만 어업권은 문명사회에서 형사 법원이 판결해야 하는 종류의 문제가 아니다. 형사 법원은 그보다 훨씬 더 중요한 문제들을 다룬다. 가령 강도, 가중 폭행, 무장 강도, 중절도, 강간, 사기, 그 외에 온갖 종류의 상업적 사취, 속임수, 계약 관련 분쟁이 이에 포함된다. 이런 문제는 어느 것이나 국가 간에도 발생할 수 있으니, 실제로 국가 간의 살인, 강도, 사기 등의 사건은 수천 년 동안이나 지속되어왔다. 문명사회에서는 가령 피고가 법원의 판결을 받아들이지 않겠다고 해서, 또는 법원의 결정에 반감을 품거나 동의할 수 없다고 해서, 살인자가 자유롭게 풀려나거나 하는 일은 있을 수가 없다. 하지만 국가는 충분히 그럴 수도 있고, 실제로도 얼마든지 그런다. 이것이야말로 국가들은 서로에 대해 일종의 자연 상태에서 살아간다고 말하는 것이 올바른 이유다. 다시 말해서 국가들은 국제적인 정글 속에서 살아가며, 이는 원리상 대부분의 대도시 뒷골목이라든지 또는 베이루트나 보고타의 골목에서 살아가는 것과 별다를 바 없다는 것이다. 그런 험악한 뒷골목에는 심지어 경찰조차도 얼씬거리지 않으려 한다. 그곳은 〔로크의 말마따나 강제력이 전무한〕 이성의 법률밖에는 방어책이 없으며, 따라서 힘을 제외하면 사실상 방어책이 없는 것이나 마찬가지다.

마약 밀매꾼 역시 서로서로 일종의 자연 상태에서 살아가고 있으니, 그런 까닭에 뉴욕이나 LA나 〔남미〕 콜롬비아의 메델린 지역에서 자동화기로 무장하고 있는 것이다. 그런 무기는 그들이 살아가고 있는 사회적 정글을 더욱 위험한 곳으로 만든다. 마찬가지로 국제적 정글에서 살아가는 국가는 핵무기로 무장하고 있다.

무법자는 항상 무장을 하게 마련이고, 또 항상 위험하게 마련이다. 지금은 모든 나라가 무법자나 다름없다. 즉 국가는 법률의 외부에 남아 있으니, 왜냐하면 국가 간에는 강제로 집행될 수 있는 법률이 없기 때문이다. 따라서 이 세계에 무엇보다도 더 시급하게 필요한 것은 국가들을 위한 문명사회의 상태 — 아울러 그 국가들 안의 개인들을 위한 유사한 상태 — 인 듯하다. 그럴 경우에만 진정한 세계정부가 생겨날 수 있으며, 거기서는 전 세계 국가가 저마다의 주권을 포기하기로, 즉 자국이 관여된 사건에서 실정법의 적용이 마음에 들지 않을 경우에 실정법을 따르지 않을 '권리'를 포기하기로 동의할 것이다. 모든 근대국가의 시민은 그런 권리를 기꺼이 포기하며, 그렇게 포기한 덕분에 더욱 잘 살아가고 있다. 만약 세계의 여러 국가도 그처럼 무법이 되는 권리를 포기하고 살아갈 수만 있다면, 마찬가지로 전 세계가 결과적으로 더욱 행복해질 수 있을 것이다.

물론 그 권리를 포기할 경우에는 그 '명예' 가운데 일부분을 잃을 수도 있다. 이는 모든 문명화된 국가의 시민도 마찬가지인데, 자신들의 잘못을 바로잡기 위해 강제를 사용하기 때문이다. 만약 어떤 범죄자가 내 식구나 내 집을 대상으로 강도 행위를 한다면, 나는 굳이 가장 가혹한 처벌을 상정하고 '내 손으로 직접 법을 집행하여' 그 범죄자에게 직접 복수하지는 않을 것이다. 오로지 국가만이 내 복수를 대신해줄 수 있다. 내가 보기에는 그야말로 받아들일 수 없어 보이는 방식으로 복수해줄 수도 있겠지만, 나는 기껏해야 그런 조치에

대해 불평하는 데에 그칠 것이다. 법률을 강행하고 잘못에 복수하는
— 즉 범죄자를 처벌하는 — 과정에서 국가도 물론 실패할 수 있고,
어쩌면 성공할 때보다 실패할 때가 더 많을 것이다. 하지만 범죄에
대응하기 위해 개별 시민이 또 다른 범죄를 저지르는 것을 요구하거
나 허락하는 것보다 국가가 대신 벌을 주는 것이 더 낫다는 데 동의
하지 않는 사람은 거의 없으리라 본다. 그렇다면 왜 우리는 국가 간
에도 그런 것을 받아들이지 않는가? 왜 우리는 국가 간에는 이른바
자국의 방위라는 미심쩍은 권리를 계속해서 고집하는가? 개인의 삶
에서는 최후의 수단일 경우가 아니라면 결코 자기방어를 고집하지
않으면서 말이다.

전통은 강력하며, 애국주의는 우세한 감정이고, 정부에 대한 불신
은 널리 퍼져 있다. 가령 제아무리 미국 대통령이라 하더라도, 자기
조국이 전체 세계의 정부를 위해 주권을 포기해야 한다고 말할 경
우, 그 사람은 재선을 결코 꿈도 꾸지 못할 것이다. 그런 주권 포기
조치가 형식으로 보자면 지극히 민주주의적이며, 미국인도 아니고
기독교인도 아니고 백인도 아닌 다수가 우세를 점하는 것인데도 불
구하고 말이다. 하지만 언젠가 어느 대통령이 이런 제안을 내놓지
않는다면, 우리는 계속해서 세계의 험악한 거리에서 살아가게 될 것
이다. 우리의 도시나 마을의 거리를 비교적 안전하게 지켜주는 일종
의 순찰차로부터 보호도 받지 못하는 상태로 말이다. 물론 그런 보
호가 완벽한 안전을 제공해주지는 못한다. 완벽이란 어디서도 찾아
낼 수가 없는 것이니까. 하지만 어느 정도의 안전 — 대부분의 미국
인의 경우에는 사실 상당한 정도의 안전 — 이라 해도 전혀 없는 것
보다는 훨씬 더 낫지 않은가.

세계정부에 대한 관념은 매우 오래된 것이다. 성 아우구스티누스는 A.D. 5세기에『하느님의 도시』에서 그와 유사한 것을 암시적으로 제안한 바 있다. 시인 단테는 14세기 초에 신성 로마 제국 황제가 이끄는 세계정부의 수립을 호소했다. 그는 만약 교황과 동맹만 맺는다면, 황제가 전쟁 상태의 유럽에 (그리고 더 나아가 세계에) 평화를 거뜬히 가져올 수 있으리라고 했다. 18세기에 이마누엘 칸트는 철학 연구 도중에 잠시 시간을 내서 쓴『영구 평화론』(1796)이라는 제목의, 짧지만 힘찬 책에서 상당히 비슷한 이야기를 하고 있다. 20세기 대전이 끝난 직후인 1945년에 UN이 생겨나자, 여러 나라의 낙관적인 사람들은 이것이 진정한 세계정부가 될 것이라고, 다시 말해서 국제연맹이 그랬던 것처럼 단순히 '국가 모임'의 계승자가 되지는 않을 것이라고 믿어 의심치 않았다.

그러나 결과적으로는 어떤 나라도 UN을 위해 자국의 주권을 포기할 의사는 없었으니, 따라서 UN은 그 이전의 조직과 마찬가지로 평화 유지자로서는 효과가 없어지고 말았다. 시카고 대학에서는 세계 헌법을 기초하기 위한 위원회가 결성되었고, 세계 연방주의자의 모임이 몇 군데 국가에서 열렸지만, 정작 모임에 참석한 사람은 현재 세계가 직면하고 있는 위험에 대해 좋은 대처 방안을 지닌 몇몇 외로운 선견자와 석학뿐이었다. 이런 노력 가운데 어떤 것도 실질적인 결과를 성취하지는 못했다.

하지만 1945년 이래로는 대규모의 국제 전쟁이 없었으며, 이제는 너무 많은 국가가 보유하게 된, 무시무시한 핵무기를 폭발시킨 국가도 전혀 없었다. 따라서 우리는 이제 전 세계의 국가들을 진정한 세계정부로 불러 모을 필요가 없다는 확신을, 즉 여러 국가들이 문명사회의 상태로 함께 살아가면서 반드시 필요하기 때문에 직접 만든 법률에 순종할 필요가 없다는 확신을 가질 수 있다.

정말 그런가?

하나의 세계, 하나의 인류

민주주의 정부에 대한 — 사실상 모든 문명국가의 정부에 대한 — 또 하나의 위협에 관해서도 여기서 논의할 필요가 있으리라 본다. 그 위협이란 바로 인종주의다. 인종주의란 인간이라는 종이 지닌 질환 중에서도 가장 심각한 것이라 하겠다. 동물 가운데 다른 종에서는 이와 유사한 질환을 겪는 경우가 하나도 없다는 점도 특기할 만하다.

1940년에 프랭클린 D. 루스벨트에 대항하여 미국 대통령 선거에 출마한 웬델 윌키(1892~1944)는 그 당시까지의 어떤 공화당 대통령 후보보다 더 많은 득표를 기록했음에도 불구하고, 그 위대하고도 노련한 적수를 꺾지는 못했다. 루스벨트는 이때 3선에 성공했다. 패배 직후에도 윌키는 여전히 대중의 시야에 머물러 있으면서, 본인의 말마따나 "충실한 야당"의 역할을 담당하는 동시에, 대통령의 개인 특사 자격으로 영국과 중동과 소련과 중국 등을 방문했다.

이런 여행은 당시 세계 전체가 변화하고 있으며, 전쟁이 끝나고 나면 더욱 신속하게 변화할 것이라는 윌키의 직관을 확증해주었다. 1943년에 그는 『하나의 세계』라는 책을 펴냈다. 이 제목은 지금으로부터 반세기도 더 전인 그 당시에 그의 머릿속에서, 또한 다른 사람들의 머릿속에서 형성되고 있던 생각을 표현하고 있다.

'하나의 세계'는 윌키와 그의 독자들에게는 여러 가지 것을 의미했다. 첫째로 이것은 정치적 발상으로서, 평화를 위해 조직된 하나의 세계, 즉 모든 나라가 서로 힘을 합쳐 자유와 정의를 증진시키는 세계를 제안하고 있었다. 그런 발상은 결코 새로운 것까지는 아니었다. 1919년에 우드로 윌슨이 꿈꾸었던 국제연맹의 근거가 된 것도 바로 그런 생각이었고, 19세기의 몇몇 선구적인 사상가들에게 영감을 주었던 것도 바로 그런 생각이었다. 윌키는 당시에 그러한 정치적 이상을 향한 발전이 이루어지고 있음을 깨달았고, 실제로 그의 책이 간행된 지 불과 2년 만에 UN이 발족했다.

'하나의 세계'는 또한 근대적인 통신 및 교통 수단이 거리를 축소시키고 사람과 사람 사이에 있던 온갖 종류의 전통적 장벽을 극복함으로써 이루어진 전 지구의 통일을 의미했다. 윌키의 시대에만 해도 상업적 비행은 여전히 초창기에 불과했지만, 전쟁이 끝나자 충분한 자원이 투여되기만 한다면, 전 세계적인 항공로가 발전할 것임을 누구나 예견할 수 있었다.

하지만 또 한 가지 주목할 만한 효과의 경우에는 예견하기가 오히려 쉽지 않았을 것이다. 즉 각국의 도시에 있는 국제공항 주변의 건축물이 그야말로 '국제적인 양식'으로 지어진 까닭에 놀라우리만치 똑같아 보이리라는, 그리하여 가끔은 대형 항공사 가운데 하나의 비행기를 타고 도착한 여행객들이 도대체 자신들이 어디에 있는 건지 몰라 순간적으로 당황할 수도 있으리라는 점 말이다. 20세기 말에 이르러서는 지구상의 어느 곳도 다른 곳에서 정말 아주 멀다고 할 정도까지는 아니게 되었고, 관광은 전 세계에서도 가장 주도적인 산업이 되었으며, 심지어 전쟁보다도 더 거대한 산업이 되었다.

이제는 전화를 집어 들어 전 세계 어디의 전화번호라도 누르면, 몇 번 딸깍딸깍 하는 소리와 잡음이 들리자마자, 지구 반대편에 있는 친구와 마치 옆방에 있는 것처럼 또렷한 소리로 이야기할 수 있다. 가령 어떤 뉴요커들에게는 런던 정도야 사업상의 점심 식사를 하러 갈 정도의 거리이고, 주말을 맞아 로마까지 여행하는 것도 그리 어렵게 여겨지지 않을 것이다. 미술 전시회는 종종 한 대륙에서 또 다른 대륙으로 옮겨 가며 이루어지고, 거의 모든 국가에서 대표 선수들이 모여 거행하는 주요 스포츠 행사도 마찬가지다. 미국 드라마는 아이오와 주 디모인에서나 인도 델리에서나 마찬가지로 인기 만점이다.

그런데 '하나의 세계'에는 또 다른 의미가 있으며, 내 생각에는 이것이 다른 몇 가지보다도 훨씬 더 중요하지 않을까 싶다. 그것은 사고에서의 가장 큰 변화를 의미한다. 20세기까지만 해도 프랑스 철학자 자크 마리탱이 "도덕적 삶의 영웅들"이라고 일컬은 사람들을 제외한 나머지 모든 사람은 인류가 똑같고 평등한 영혼들로 이루어진 하나의 단일한 공동체라고 생각하기보다는, 오히려 더 낫거나 더 못한 사람, 우월하거나 열등한 사람, 선택되었거나 저주받은 사람이 잡다하게 뒤섞인 무리라고 생각하게 마련이었다. 이러한 개념을 표현하는 방법은 여러 가지가 있었다. 그리고 그런 표현 방식은 예외 없이 다음과 같은 의견 — 불운하게도 아리스토텔레스가 맨 처음으로 주장한 의견 — 에 도달했으니, 그것은 바로 어떤 인간은 날 때부터 지배할 능력을 지녔고, 또 어떤 인간은 날 때부터 복종할 능력을 지녔다는 것이다. 이 가운데 후자를 그는 "자연적인 노예"라고 지칭했다.

가령 오늘날은 여성이 어디서나 인종 가운데 다수를 차지하며, 또한 항상 그랬던 것처럼 여겨진다. 그런데 역사 전반에 걸쳐, 특히 고대 세계에서만 해도 여성은 아무런 권리 — 남성 같으면 최소한 상당수가 주장할 수 있었던 권리조차도 — 를 지니지 못했다. 시민으로 인정된다 하더라도, 여성은 불가피하게 2등 시민으로 대우받았다. 보아디케아 여왕이나 테오도라 황후, 또는 시바의 여왕처럼 때로는 한 여성이 명성과 권력을 얻게 되는 경우도 있었지만, 이런 예외는 오히려 그러한 법칙을 확증해줄 뿐이었다. 여성에 대한 고대의 편견은 그리 놀라운 일도 아니었다.

이보다 더 놀라운 점은 심지어 미국 「독립선언서」, 인간의 권리에 관한 그 경이로운 수사 속에도 여성에 대한 언급은 전혀 없으며, 어쩌면 "모든 사람은 평등하게 창조되었으며, 조물주는 몇 개의 양도할 수 없는 권리를 부여했는데"[85]라는 우렁찬 선언에도 여성을 포함시키려는 의도는 없었을지도 모른다는 사실이다.[86] 여성은 가령 프랑스 혁명이라든지, 또는 19세기 동안의 열렬한 노력으로부터도

---

85 「독립선언서」, 한국미국사학회 엮음, 앞의 책, 65쪽.

86 저자는 「독립선언서」의 그 유명한 대목에서 "모든 사람"(all men)이라는 대목이 "모든 남성"으로 해석될 수 있다는 점을 의식한 듯하다. 하지만 이에 관해서는 이 장의 앞부분에서 「독립선언서」가 과연 '백인'만의 권리 주장인지 여부를 논할 때 "그렇지 않다"라고 했던 것과 똑같은 논법으로 충분히 대답할 수 있다고 본다. 오늘날 영어권에서는 종종 '인간'을 의미하는 'man/men'이라는 단어 자체가 '남성'을 의미한다고 해서 정치적 공정성에 의거해 가급적 'human', 'person', 또는 'men and women'으로 바꿔 쓰는 추세인데, 물론 나름대로는 의미 있는 일이지만 가끔은 과도하다는 느낌도 없지 않다. 중요한 것은 내적 의식의 전환인데 어쩐지 외적 형식의 준수에만 집착하는 것 같기 때문이다. 가령 우리말에서는 '인간'이나 '사람'이란 단어 자체에 남녀 차별의 기미는 없지만, 그렇다고 해서 전통적인 남존여비 추세가 결코 덜하지는 않았으니 말이다.

그리 많은 것을 얻어내지는 못했다. 일부 여성 참정권론자는 심지어 다음과 같은 표어에 의지하게 되었다. "하느님 어머니를 믿으라. 그러면 그분이 너희를 도와주시리라." 하지만 이런 구호도 전혀 도움이 되지 않았다.

여성은 1914년에서 1918년까지 벌어진 전쟁 동안에 서양 민주주의 국가에서 정치적 평등을 얻어냈다. 수십 년 동안의 동요 끝에 마침내 투표를 하게 되어서, 이론상으로는 자신들만의 특수하고 협소한 이익을 대변하는 〔여성〕 대표자를 선출할 수 있게 된 것이다. 하지만 여성은 실제로 그렇게 하지는 않았으니, 어쩌면 남성과는 달리 여성은 오로지 자신들의 특수하고 협소한 이익에만 골몰하지는 않았기 때문인지도 모른다. 한마디로 말해서, 여성은 자신들이야말로 지금까지 줄곧 투표할 만한 자격을 지닌 사람들이었음을 만천하에 증명한 셈이었다. 그럼에도 불구하고 여성의 정치적 평등이 곧바로 사회적 평등, 특히 경제적 평등까지 이어지지는 못했다.

20세기 말에 이르러서는 남성이건 여성이건 간에 선진국 사람 가운데 여성은 '자연적으로' 남성보다 더 열등한 인간이라는 둥, 여성은 태어날 때부터 지배하는 쪽이 아니라 복종하는 쪽이라는 둥, 여성은 자연적인 노예나 다름없다는 둥의 주장을 공공연하게 내세우는 사람은 거의 없다. 그런 식의 생각은 우리의 현대 세계에서 이미 죽어 없어졌기 때문이다.

바로 얼마 전까지만 해도 인류 가운데 또 다른 소수에 관해서도, 또는 다수에 비해서는 자연적으로 열등하게 여겨졌던 소수에 관해서도 아마 이와 똑같이 말할 수 있었다. 흑인, 유대인, 오스트레일리아 원주민들을 놓고 말이다. 하지만 오늘날 이런 집단에 속한 구성원이 '자연적으로 인간보다 못하다'고 공공연하게 주장하는 입장을 취하는 사람은 거의 없을 것이다. 물론 일부에서는 그런 암시를 담은 주장을 하는 사람도 있다. 하지만 대개는 어디까지나 사적인 이야기에 불과하고, 그런 말을 하더라도 약간의 죄의식을 품게 마련이다. 어쩌면 상당수의 사람들은 여전히 그렇게 생각하고 있을지 모른다. 하지만 정치인 가운데서 노골적이건 암시적이건 간에 오로지 인종주의 이론밖에는 내세울 것이 없는 사람들의 경우, 그들은 오늘날 어디에서도 거의 성공을 거두지 못할 것이다. 인류 가운데 '도덕적 영웅'의 비율은 매우 높다. 이제는 전 세계에서도 이런 사람이 다수일 것이다.

하지만 여기서 만족해서는 안 된다. 《이코노미스트》 최근 호에 따르면 전 세계 여러 나라에서 200만 명 이상이 사실상의 노예 상태라고 한다. 하지만 이들은 '자연적인' 노예로 간주되지는 않는다. 사실상의 노예의 경우, 그 신분은 하루아침에 바뀔 수도 있다. 남아프리카 공화국은 아주 최근까지만 해도 전 세계적인 규범이라 해도 무방한 인권 보호에 대해 차별과 예외를 적용하는 나라였다. 그리고 600만 명의 이른바 '자연적으로 열등한' 유대인의 목숨을 앗아 간 나치의 인종주의에 대한 기억은 여전히 살아 있는 수많은 사람들의 뇌리에 생생히 남아 있다.

그럼에도 불구하고 '자연적인' 노예의 폐지는 주목할 만한 변화였으며, 우리 시대의 가장 큰 성취 가운데 하나다. 근본적으로는 이것이야말로 지식의 증대를 표현한다. 지금으로부터 수십 년 전에만 해도 소수의 사람들만 알던 지식을 오늘날에는 우리 대부분이 알고 있다.

불행히도 우리가 다른 사람들의 자연적 열등함에 대한 신념을 버리지 않는 한, 인종주의는 근절되지 않을 것이다. 심지어 다른 사람들이 우리와 똑같은 인간이라는 사실을 인정하더라도, 어쩌면 우리는 계속해서 다른 사람들을 증오할 수도 있다. 어쩐지 오늘날의 세계에서는 인종적 증오가 줄어들기는커녕 오히려 더 늘어나는 것만 같은데, 그 이유가 무엇인지 발견하기란 대단히 어려워 보인다. 어쩌면 우리 인간에게서는 인종적 증오가 완전히 없어지지 않을 수도 있다. 그렇다고 하더라도 우리가 이룬 진보를 결코 잊어서는 안 된다. 우리는 이 시대에 이르러 진정한 도덕적 진보를 이루었다고 자부할 수 있는 것이다.

제 13장

20세기의 과학과 기술

고대 그리스인은 물질을 탐구할 수 있는 장비가 전혀 없었으며,
기껏해야 자신들의 오감과 정신을 사용할 뿐이었다.
그러니 이 세계가 실제로 어떻게 이루어져 있는지 하는 개념에
그들이 도달할 수 없었던 것은 당연하다.
반면 오늘날 우리는 그들이 전혀 갖지 못했던 여러 장비를 통해
그런 개념이 사실임을 알게 되었다.

고대 그리스의 기하학자인 에우클레이데스(유클리드)에 따르면 점이란 "아무런 부분이 없는 것"이다. 고대 그리스인이 이해한 바에 따르면, 원자에 관해서도 마찬가지로 표현할 수 있을 것이다. 그들이 보기에 원자는 물질의 가장 작은 단위였고, 더 이상 나눌 수 없는 것이었다.('원자'〔atom〕라는 단어 자체가 '자를 수 없다'는 뜻의 그리스어에서 비롯되었다.)

　우리는 고대 그리스 원자론자의 물리 이론이 가령 17세기에 다시 나타난 과학적 발상이라든지, 또는 훗날 히로시마와 나가사키에 떨어진 폭탄을 만들어낸 과학적 발상의 전조에 해당되는 것임을 이미 앞에서 살펴보았다. 고대 그리스인은 물질을 탐구할 수 있는 장비가 전혀 없었으며, 기껏해야 자신들의 오감과 정신을 사용할 뿐이었다. 그러니 이 세계가 실제로 어떻게 이루어져 있는지에 대한 오늘날의 개념에 그들이 도달할 수 없었던 것은 당연하다. 반면 오늘날 우리는 그들이 전혀 갖지 못했던 여러 장비를 통해 그런 개념이 사실임을 알게 되었다.

고대 그리스의 원자론

고대 원자론자들 역시 사물을 바라보는 서양의 방식 한가운데에 놓여 있는 한 가지 발상을 자신들이 도대체 어떻게 하다가 발견하게 되었는지는 전혀 몰랐으리라. 세상을 바라볼 때, 여러분 눈에는 무엇이 보이는가? 그것은 수백만 개의 사물들, 다소간 형태가 뚜렷한 사물들, 그리고 항상 변화하는 사물들이다. 색깔이며 형태가 변하는 것은 물론이고, 자라나고 부패하며, 존재하고 생성되고, 크고 작고, 두렵거나 친숙하고 등등. 1000여 가지의 형용사가 있다 한들, 여러분이 보고 있는 모든 것을 묘사하기에는 부족하다.

그렇다면 이 어마어마한 혼란을 이해하는 방법이 혹시 있을까? 두 가지 방법이 있다. 그 각각은 실제로 지각 가능하지는 않은 일종의 존재를 가정하는 것과 관련되어 있으며, 그렇게 가정할 경우에 실제로 지각되는 것이 설명된다.

한 가지 방법은 사물의 어떤 패턴 — 즉 대개는 거기 정말 있지는 않지만, 우리가 감각적 지각의 혼란에 직면해서 미쳐버리지 않기 위해서는 반드시 있어야 하는 것 — 을 바라보는 것이다. 이것이야말로 사물을 바라보는 가장 오래된 방식일 것이다. 우리는 이러한 접근 방식을 우리의 동물 조상으로부터 물려받았다. 패턴을 인식하고 마치 그것들이 사실인 양 행동하는 것은 본능적인 행동을 서술하는 방식이다. 본능은 인류를 제외한 모든 동물의 행동을 제어하고 지향하고 조절한다.

　본능을 배제하고 나서도 우리는 패턴을 바라보는 오래된 습관을 잃어버리지는 않는다. 눈에 보이는 것을 향해 본능을 투사하는 대신에 각자의 희망과 욕망과 두려움을 투사하기 때문이다. 우리는 자연이 실제로는 지니지 못한 감정적 특성을 자연에 부과한다. 그리고 자연에서 우리와 비슷한 — 비록 더 화려하고 장엄하기는 할망정 — 정신을 바라본다. 그 정신은 우리가 이 세계와 어떻게 상호 작용할지를 정하며, 우주 속의 근본적인 너그러움을 보장한다.

　최대한 무감각하려 노력하는 현대의 과학적 행동주의자들은 이를 가리켜 의인화된 환상이라고 일축하면서, 우주 속에서 인간을 보면, 인간이란 없고 오로지 물질뿐이라고 말한다. 하지만 제아무리 완고한 행동주의자라 하더라도 의인화를 완전히 벗어나지는 못한다. 한편으로는 그런 습관이 우리가 사용하는 말 속에 이미 뿌리 깊게 박혀 있기 때문이다. 인간과 물질을 완전히 분리시켜 생각하는 것이 얼마나 힘든지를 실험해보고 싶으면, 여러분이 없는 세계를 생각해보면 된다. 그러면 과연 이 세계가 어떻게 보이겠는가? 다른 사람에게는 과연 어떻게 보이겠는가? 과연 이 세계가 존재할 수 있겠는가? 여러분이 이 세계를 보고, 만지고, 냄새 맡는 것을 그치자마자 이 세계가 아예 존재하기를 그치는 것은 아닐까? 여러분이 없는 세계가 과연 어떤 의미를 — 만약 그 세계가 어떤 의미를 지니고 있었다면 — 지닐까?

　여러분이 없는 세계를 생각하기가 매우 힘들기는 하겠지만, 진정으로 이 세계를 이해하기 위해서는 이러한 과정을 반드시 거쳐야만 한다. 고대 그리스인은 이러한 사실을 사상 처음으로 깨달은 사람들이었다. 따라서 그들은 사상 처음으로 이런 시도를 한 사람이라는 영예를 얻을 만하다. 그들의 모든 철학적 사변은 진리가 우리의 생각과는 별개여야만 한다는 가정에 근거해 있다. 그렇지 않았다면 그 것은 진리가 아니라 단순히 환상에 지나지 않았을 것이다.

이런 시도를 한 사람이 오로지 철학자들뿐만은 아니었다. 초기 신학자들 역시 세계의 어떤 다른 패턴을 발견하려 노력했으며, 한편으로는 그 패턴이 어떠했으면 하는 바람도 지니고 있었다. 그들은 오로지 혼돈밖에는 없어 보이는 곳에서 질서를 찾으려 했고, 존재의 가장 높은 층위에서 가장 낮은 층위에 이르는 질서를 찾았다. 한마디로 그들은 어디에서나 신들을 발견했다. 이것 역시 일종의 의인화에 불과했는지도 모른다.

이후의 시대에 들어서는 다신 개념이 포기되기는 했지만, 그렇다고 해서 하느님의 관념, 즉 여럿이 아니라 하나뿐인 절대자가 우주에 의미를 불어넣는다는 관념까지 포기한 것은 아니었다. 과학의 시대인 오늘날까지도 인류 가운데 상당수가 주위 세계에서 거룩한 질서, 즉 "망망대해 같은 느낌"[87] ─ 프로이트의 표현인데 경멸의 느낌이 적잖이 들어 있다 ─ 을 발견하고 있으니, 다시 말해서 우주는 전반적으로 만물이 각자의 자리를 지니고, 또한 각자의 자리에 놓인 장소라는 것이다.

상당히 오래전인 B.C. 5세기에도 눈에 보이지 않는 패턴에 만족스러워하는 사람은 ─ 비록 그런 패턴이 위안을 준다는 것은 사실이

---

87 지그문트 프로이트, 앞의 책, 234쪽.

긴 했지만 — 얼마 되지 않았다. 사람들이 보기에 이 세계에서나 각자의 삶에서는 오히려 우연이 더 큰 역할을 하는 것만 같았고, 그 어떤 신학이 시인하는 것 이상으로 그런 것만 같았다. 그리고 그들은 일종의 군건한 완고함을 공유하고 있었으니, 그로부터 그들은 인간이 우주에서 근본적으로 혼자이며, 자신들을 손으로 붙잡아 인도할 거대한 존재 같은 것은 없다는 가정에 이르렀다. 그들은 또 다른 설명을 추구했다.

앞에서 살펴본 것처럼, 고대 그리스의 철학자들이 즐겨 하던 정신적인 놀이가 하나 있었다. 바로 어떤 두 가지 사물 사이에 공통적인 어떤 것을 찾아내되, 제아무리 불가능해 보여도 무조건 찾아내는 것이었다. 가령 우리가 어떤 공통된 '본질', 또는 다른 어떤 지적인 패턴을 받아들이지 않고, 오로지 물질에만 완고하게 집착한다 하더라도, 적어도 놀이는 할 수 있지 않을까?

가령 거미와 별을 생각해보자. 그 두 가지 사이에는 어떤 공통된 물질적인 것이 있을까? 우리는 간단한 아리스토텔레스적 해결책을 차용하지는 않기로 합의한다. 다시 말해서 "그래, 그 두 가지는 존재를 공유하고 있지, 생성과 소멸도 공유하고 있고, 통일도 공유하고" 등등의 답변은 하지 않겠다는 것이다.

그래도 여전히 이런 놀이를 할 수 있으니, 왜냐하면 우리는 거미와 별을 여러 개의 부분으로 나눠서 상상할 수 있기 때문이다. 우선 거미의 부분들은 '거미 같은 것'이 되고, 별의 부분들은 '별 같은 것'이 된다. 하지만 부분이 더 작아지면, 뭔가 주목할 만한 일이 벌어진다. 어떤 지점에 이르면 거미의 부분들은 더 이상 '거미 같은 것'이 되기를 멈추고, 별의 부분들은 '별 같은 것'이 되기를 멈추는 것이다. 바로 그 지점에서 이 두 가지는 뭔가 다른 것, 뭔가 무차별적인 것이나 것들이 된다. 만약 다른 상황에서라면 거미나 별 이외의 다른 뭔가의 부분이 될 수도 있는 것이 되는 셈이다.

이러한 변모의 지점이 정확히 어디인지 우리는 알지 못하지만, 최소한 어딘가에서 반드시 일어날 것이라는 점은 알고 있다. 그런 작은 부분들이 굳이 눈에 보여야 할 필요까지는 없다. 우리는 그것들이 본래부터 안 보이는지도 모른다는 사실을 충분히 받아들일 수 있다. 하지만 그것들은 반드시 있어야 한다. 왜냐하면 뭔가를 여러 부분으로 나누기 시작할 경우, 그 뭔가가 마침내 다른 뭔가로 변화되는 지점까지 가지는 말아야 하는 이유를 우리로선 찾을 수가 없기 때문이다.

우리는 그런 나누기를 무한히 계속할 수 있을까? 우리는 무한히 작은 것들의 부분들을 만들 수 있을까? 그럴 수는 없다고 가정해야만 하니, 왜냐하면 무한히 작은 부분들로 만들어진 어떤 것은 제아무리 많아 봐야 아무런 크기도 지닐 수 없기 때문이다. 따라서 원자 — 거미나 별의 가장 작은 단위는 아니면서, 물질의 가장 작은 단위인 — 는 반드시 있어야만 한다.

원자론의 부흥

이러한 논리의 연쇄가 지닌 거대한 힘은 수 세기가 지나도록 흩어지지 않았다. 오랜 세월 하느님의 도시에 관한 기독교의 존재론적 시각의 그늘에 가려져 있었지만, 17세기를 거치면서 이런 시각이 그 영향력을 잃게 되자 원자론이 다시 한 번 명성을 얻게 되었다. 오늘날의 우리가 의존하는 현대식 장비는 그때까지도 발명되지 않았지만, 그 비범한 세기 동안 케플러부터 뉴턴에 이르는 주요 과학자들은 원자론자들에게 확증과 확신을 제공해주었다. 영국의 과학자이며 뉴턴의 친구였던 로버트 훅(1635~1703)은 심지어 물질의 성질을 ─ 특히 기체의 경우는 ─ 원자의 활동과 충돌이라는 방식으로 이해할 수 있다고 했다. 훅은 아주 훌륭한 수학자도 아니고, 아주 훌륭한 실험가도 아니었으며, 따라서 자신의 가설을 증명할 방법을 전혀 갖지 못했다. 하지만 뉴턴은 이에 관심을 가지고 원자의 충돌에 관한 이 이론을 뭔가 좀 다른 용어로 서술하여 지지했다.

18세기 내내 몇몇 유럽 국가의 과학자들은 원자론에 관해 계속해서 숙고했다. 점점 더 많이 배울수록 ─ 특히 화학에 대해서 많이 배울수록 ─ 그들은 물질에 관한 원자론적 가설이 정확하다고 가정한 것이 옳았음을 점점 더 확신하게 되었다. 하지만 그들은 이 가설에 수정이 필요하다는 것도 깨닫기 시작했다.

가장 탁월한 수정 가운데 하나는 이탈리아의 화학자인 아메데오 아보가드로(1776~1856) 덕분에 이루어졌다. 그는 1811년에 두 부분으로 된 가정을 내놓았다. 첫째로 원소적 기체의 궁극적인 입자는 원자가 아니라, 오히려 원자의 조합으로 이루어진 분자라는 것이었다. 둘째로 동일한 부피의 기체 안에는 동일한 숫자의 분자가 들어간다는 것이었다. 이 이론은 정확했음에도 불구하고, 20세기 초까지는 받아들여지지 않았다.

19세기 중반에 들어서는 화학 원소의 이론과 아울러 러시아의 화학자 드미트리 멘델레예프(1834~1907)가 발견한 주기율표가 받아들여짐으로써, 그때부터는 물리적 원자를 탐지하여 그 존재를 증명하는 것이 수많은 실험가들의 일차적인 목표가 되었다. 하지만 이 목표는 과학적으로 자신만만했던 그 세기에 어느 누가 예상했던 것보다도 더 성취하기가 어려운 것으로 증명되었다. 사실은 오늘날까지도 원자의 존재는 — 비록 그 존재는 어느 누구도 반박하지 못하지만 — 대부분 추론에 의해 증명된다. 따라서 고대 그리스인의 추론은 어떤 면에서 현대의 실험과학의 전조 노릇을 했다고도 말할 수 있겠다.

하지만 고대 그리스인도 한 가지에 관해서는 완전히 틀렸다. 원자는 자를 수 없는, 또는 오늘날 우리 식으로 말하자면 불가분한 것이 아니었다. 엄밀하게 말하자면 원자의 불가분성은 사실 논리적인 필수 조건까지는 아니었다. 이것은 다만 물질의 가장 작은 단위가 아직 발견되지 않았다는 뜻이었다. 어쩌면 원자의 일부분이라고 맨 처음 발견되었던 것들 — 전자와 양성자 — 이야말로 가장 작은 단위일지 모른다. 하지만 그것들 역시 또다시 나눌 수 있는 듯 보인다.

가장 작은 단위, 또는 단위들 — 고대 그리스인은 이 세상에 여러 가지 서로 다른 원자가 있다고 믿었으며, 그 모두가 물질의 집짓기용 블록이라고 믿었다 — 은 아직까지도 발견되지 않은 셈이다. 그것들은 여전히 탐색의 대상이며 — 논리상으로 당연한 이야기지만 — 막대한 비용과 거대한 원자핵 파괴 장치(가속기)가 동원된다. 그러한 궁극적 단위가 마침내 발견될 것인지 여부는 아직 알려지지 않았다. 논리적 필요성이 확고한 존재를 보장하지는 않기 때문이다.

한마디로 원자과학은 어떤 면에서 아주 새로운 것까지는 아니라는 뜻이다. 원자가 모든 물질의 기반임을 발견한 공로는 현대인이 아니라 오히려 고대 그리스인에게 돌아간다. 그럼에도 불구하고 우리는 원자에 관해 고대 그리스인이 알지 못했던 많은 것들을 배웠다.

아인슈타인이 한 일

알베르트 아인슈타인은 20세기의 새로운 지식 중에서도 가장 중요한 것 가운데 하나를 발견했다. 이것은 단순한 공식이며, 어쩌면 고등 물리학 공식 중에서 일반인조차도 다 아는 유일무이한 공식일 것이다. 바로 $E = mc^2$이다. 이게 무슨 뜻인지를 이해하려면 여기서 일단 몇 단계 뒤로 되돌아가야만 한다.

아인슈타인은 1879년 독일 울름에서 태어났다. 열두 살 때 그는 '거대한 세계'에 관한 수수께끼를 풀기로 작정했지만, 불행히도 성적이 좋지 않아서 열다섯 살에 학교를 그만두고 말았다. 그는 다시 공부를 시작했고, 결국 1900년에 수학 전공으로 대학을 졸업했다. 이때까지만 해도 무명이었던 아인슈타인은 특허 검사관으로 일했다. 그러다가 1905년에 네 편의 비범한 과학 논문을 간행함으로써, 세상의 수수께끼를 푸는 과제에서 이전의 어느 누구보다도 더 멀리까지 나아가게 되었다.

이 네 편의 논문은 하나같이 탁월했기 때문에, 만약 다른 물리학자가 이 가운데 한 편이라도 발표했다고 치면 곧바로 대단한 명성을 얻고도 남았으리라. 첫 번째는 이전까지만 해도 설명이 불가능하다고 여겨졌던 현상인 브라운 운동, 즉 액체 속에서의 작은 입자들의 운동에 관한 설명이었다. 두 번째 논문은 빛의 구성에 관한 3세기 동안의 논란을 매듭지었다. 아인슈타인의 논문은 빛이 광자로 이루어져 있으며, 이것은 때로는 파동 같은 특성을 지니고 때로는 입자 같이 활동한다고 설명했다. 고르디우스의 매듭을 풀기는 물론 쉽지 않았다. 확고한 수학적 추론의 뒷받침하에서, 이 제안은 곧바로 이 커다란 문제에 대한 해결책으로 여겨졌다. 이 제안은 또한 수수께끼 같았던 광전자 효과(빛에 의해 물질로부터 전자가 방출되는 것)를 설명해주었다.

세 번째 논문은 훨씬 더 혁명적이었으니, 왜냐하면 여기서는 이른바 특수상대성이론을 제안하고 있었기 때문이다. 아인슈타인의 말에 따르면, 만약 빛의 속도가 항상 똑같으며, 자연의 법칙이 불변한다고 치면, 시간과 운동은 그 관찰자에 대해 상대적이라는 것이다.

아인슈타인은 자신의 생각을 설명하는 간단한 사례도 제공했다. 사방이 막혀 있는 엘리베이터에 탄 사람은 위아래로의 움직임을 인식하지 못한다.(가령 엘리베이터가 너무 빨리 움직이는 바람에 가슴이 쿵쿵 뛰는 것을 빼면 말이다.) 달리는 두 대의 기차에 탄 승객들은 양쪽 모두의 속도는 알지 못하고, 오로지 양쪽의 상대적인 속도만 안다. 한쪽은 다른 한쪽보다 약간 더 빠르기 때문에, 천천히 상대방의 시야에서 벗어나는 것이다. 물론 물리학자들은 굳이 그런 사례를 들지 않아도 충분히 이 이론의 명쾌함과 경제성을 인식할 수 있었지만 말이다.

이 이론은 많은 것을 설명해주었다. 이 이론을 보다 확장시킨 결과로 나온 1916년의 논문, 즉 아인슈타인이 일반상대성이론이라고 부른 것 역시 많은 것을 설명해주기는 마찬가지였다. 1916년 논문에서 아인슈타인은 중력을 힘이 아니라 — 물론 뉴턴은 중력이 힘이라고 주장했지만 — 질량의 존재로 인해 만들어지는 시공간 연속체의 곡선면이라고 가정했다. 이런 발상은 검증도 가능하니, 개기일식

동안에 태양에 근접해서 지나가는 별빛의 편향을 측정하면 될 것이라고 했다. 아인슈타인은 뉴턴의 법칙으로 예견 가능한 편향의 정도를 두 번이나 예측했다.

1919년 5월 29일, 아인슈타인이 제안했던 실험이 기니 만에 정박한 영국 왕립학회의 조사선에 의해 수행되었다. 그 예측이 아주 정확했다는 발표가 11월에 나오자마자 아인슈타인은 곧바로 유명 인사가 되었다. 1921년에 노벨 물리학상을 받기 전부터 이미 그는 전 세계에서 가장 유명한 과학자였고, 그런 까닭에 어딜 가든지 일종의 구경거리 취급을 받았다. 그는 이 사실을 못마땅해했는데, 그로 인해 연구에 지장을 받았기 때문이다.

1905년에 나온 논문은 마지막으로 또 하나가 있다. 어떤 면에서는 이것이야말로 가장 중요한 논문이라고 할 수 있다. 이전에 나온 상대성 관련 논문의 확장판인 이것은 과연 어떤 물체의 관성이 그 에너지 양에 의거하는 것인지 여부를 물은 다음, 거기에 대해 긍정하는 답변을 내놓는다. 그 이전까지만 해도 관성은 오로지 질량에만 의거하는 것으로 이야기되었다. 그 이후로부터 세계는 질량과 에너지의 등가를 받아들여야만 하게 되었다.

이 등가는 앞에서 설명한 유명한 공식으로 표현된다. 여기서 E는 질량 m을 지닌 특정한 양의 물질의 에너지를 말하며, 따라서 에너지 E는 질량 m에다가 빛의 (불변하는) 속도 c의 제곱을 곱한 것과 똑같다. 여기서 빛의 속도는 또한 자유 공간에서 전자파의 전달 속도이기도 하며, 초속 30만 킬로미터로 매우 빠르다. 이걸 제곱하면 그 숫자는 막대해진다. 따라서 아주 작은 물질의 단위 속에 막대한 양의 에너지가 묻혀 있는 것이다. 나중에 다시 살펴보겠지만, 단 한 번의 폭발로 인해 히로시마에서 20만 명의 목숨을 앗아 갈 정도로 막대한 양의 에너지가 말이다.

아인슈타인은 평화주의자였다. 그는 전쟁을 증오했고, 1918년 이후에는 인류가 안정적이고 지속적인 평화를 누릴 새도 없이 금세 전쟁이 또다시 퍼질지 모른다고 우려했다. 그는 양차 대전 사이 기간에 유행하던 세계정부에 관한 발상을 지지하기 위해 노력했다. 하지만 평화주의자 아인슈타인은 물리학자 아인슈타인만큼 영향력이 있진 않았다.

1933년에 아돌프 히틀러가 독일 정권을 장악하자, 아인슈타인은 독일 국적을 버리고 미국으로 피신했다. 망명지에서 그는 일반상대성이론 연구를 지속하는 한편, 분노한 세계가 합의를 시작하도록 만들 방법을 물색했다. 1939년에 두 명의 독일 물리학자가 우라늄 원자를 분열하는 데 성공했으며, 그 와중에 에너지로 변환된 전체 질량에는 근소한 손실밖에는 없었다는 이야기가 전해지자, 그는 전쟁만이 유일한 위험은 아님을 깨달았다. 여러 동료들의 권고로 인해 그는 결국 자리에 앉아 프랭클린 D. 루스벨트 대통령(1882~1945)에게 편지를 쓴다.

그 문제에 관해서라면 어느 누가 쓴 편지더라도 아인슈타인의 편지만큼 막강한 권위를 지니진 못했으리라. 편지에서 그는 독일의 실험을 서술한 다음, 똑같은 실험이 미국에서도 이미 확인된 바 있다고 언급했다. 그는 유럽의 전쟁이 긴박해지는 것 같다고 관측했다. 그런 상황에서 나치 독일이 우라늄 핵분열을 응용한 무기를 소유한다는 것은 나머지 세계에 대단히 위험할 수 있었다. 그는 대통령에게 "경각심을 갖고, 필요하다면 재빨리 행동에 나서라"라고 촉구했다.

대통령은 정중한 답장을 보냈다. 하지만 그 경고가 접수되었을 즈음, 이미 미국 정부도 행동에 나선 상태였다. 다만 평화주의자인 아인슈타인에게는 어느 누구도 차마 파멸적인 무기 제작 계획, 다시 말해서 그 당시까지 있었던 것 중에서도 가장 거대하고 가장 값비싼 과학 실험이 시작되었다는 이야기를 전하지 않았을 뿐이다. 맨해튼 계획이라고 불리는 그 계획은 1940년 2월에 6000달러짜리 예산을 가지고 처음 발족되었다. 하지만 총 소요 비용은 결국 20억 달러 이상이 되었으니, 오늘날 시세로 따지면 열 배 이상이리라. 1941년 말에 일본이 진주만을 공격함으로써 미국이 참전하게 되자 연구의 보조는 더욱 박차를 가하게 되었다. 1943년까지만 해도 연구는 주로 이론적이었지만, 1945년 초에는 폭탄의 시험 폭발을 계획하기 시작할 정도로 충분한 진전이 이루어졌다. 시험 폭발은 1945년 7월 16일, 뉴멕시코 주 앨버커키 남부에 있는 앨라모고도 공군기지에서 이루어졌다. 이 실험은 성공으로 판명되었고, 폭탄은 TNT 2만 톤에 상응하는 폭발력을 발휘했다. 그로부터 3주 뒤인 8월 6일, 히로시마를 잿더미로 만든 폭탄이 투하되었다.

　아인슈타인은 기뻐한 동시에 가슴 아파했다. 그러나 만약 그 폭탄이 히틀러의 손에 들어갔더라면 전 세계의 자유에는 종말이 찾아왔을 것이고, 유대인은 그야말로 전멸했으리라. 그는 새로 설립된 UN을 실제보다도, 또한 그 가능성보다도 훨씬 더 탁월한 평화의 도구로 만들기 위해 노력했으니, 왜냐하면 그 폭탄이 더 나쁜 이유로 인해 또다시 사용될까 봐 두려웠기 때문이다. 한편으로 그는 계속해서 통일장이론을 연구했다. 이것은 모든 자연법칙이 단 하나의 이론적 구성물, 어쩌면 하나의 방정식으로 표현될 수 있음을 보여주려는 시도였다. 그 외의 나머지 연구에는 무관심하게 대하며 과학계에서 알아서 하도록 내버려 두었기에, 훗날 아인슈타인은 과학계로부터 소외당하는 결과를 맞이했다. 1955년에 사망했을 당시, 그는 우주의 전체적인 구조에 관한 자신의 의견이 옳았음을 확신하는 유일한 사람이었으며, 뉴턴 이후 어떤 과학자보다 더 우주의 구조를 인류에게 잘 이해시킨 인물이기도 했다.

폭탄이 우리에게 가르쳐준 것

원자폭탄이 우리에게 준 가장 중요한 교훈은 공식 없이도 표현할 수 있다. 그 간단한 교훈을 처음으로 알게 된 인류는 바로 우리다. 그 교훈인즉, 이 세계는 파멸될 수 있으며 — 이거야 누구나 아는 사실이니까 — 그것도 인류가 손가락 하나 까딱하는 것만으로도 충분히 그럴 수 있다는 사실이다.

사건은 결과를 갖게 마련이다. 히로시마 원폭 투하로부터 비롯된 한 가지 결과는 20세기 대전이 마침내 끝났다는 점이다. 또 한 가지 결과는 소련 과학자들 역시 자체적으로 원자폭탄 제작에 돌입했다는 점이다. 미국은 수소폭탄, 또는 열핵폭탄이라고도 하는 것으로 맞대응했으니, 여기서는 작은 원자핵이 (분리되는 것이 아니라 오히려) 융합하는 것이 핵심이었다. 융합 과정에서도 막대한 양의 에너지가 방출되었던 것이다. 아인슈타인의 방정식은 여전히 유효했다.

소련은 자체적으로 수소폭탄을 만들었다. 1950년 이후로는 양쪽 가운데 어느 편도 상대편을 완전히 앞지르지 못했다. 그로 인한 또한 가지 결과는 간혹 있었던 국지전을 제외하면 비교적 오랜 평화가 이어졌다는 점이다. 그래도 그건 좋은 일이었다.

군비경쟁 다음으로 새로운 지식의 나쁜 면이 드러났다. 전 세계 무기고에 인류를 열 번은 죽이기에 충분한 양의 핵무기가 존재하게 된 것이다. 물론 핵전쟁에서는 오로지 인류만 죽는 것이 아니다. 모든 곰들도 죽을 테고, 개와 고양이며, 거미와 쥐도 죽을 것이다. 어쩌면 몇 마리 바퀴벌레는 살아남을지도 모른다. 하지만 한 줌의 바퀴벌레만이 살아가는 이 세상이란 하느님이 애초에 에덴동산을 짓고 남자와 여자를 그 안에 두었을 때의 의도와는 전혀 다른 것이 아닐까.

인류가 지구상의 모든 생명을 죽여버릴 수 있다는 것은 실현 불가능한 공상에 불과할까? 냉전의 확실한 종식으로 인한 최근의 국제적인 긴장 완화에도 불구하고, 극도로 위험한 세계에 진정한 세계정부가 없다는 사실은 언젠가 핵전쟁이 벌어질 가능성을 높여주고 있다. 나아가 어떤 선수든 게임을 자기에게 유리하게 이끌게 마련임을 생각해보면, 이는 논리적으로 필연일 수밖에 없다. 물론 우리가 물질의 가장 작은 입자에 대한 탐색의 사례에서 살펴보았듯이, 논리적 필연성이 구체적인 실제를 보장하지는 않는다. 하지만 그런 사실도 위로가 되진 않는다.

지구가 현재 상태로 계속 살아남을 것인지, 그리고 인류뿐만 아니라 곰과 거미도 마찬가지일 것인지에 관한 이러한 질문은 이 책의 마지막 장에서 다시 한 번 살펴보도록 하자. 그리고 지금은 이렇게만 정리해놓자. 20세기에 인류가 발견한 새로운 지식이야말로 자칫 이 세계를 파괴할 수도 있는 것이었다고 말이다.

생명의 문제

숨겨진 패턴의 탐색은 핵물리학 이외의 다른 분야에서도 진행되었으며, 다른 여러 과학에서도 그 방법론을 채택했다. 그 결과로 원자가 실제로 존재하고, 원자핵도 실제로 존재하며, 여러 가지 신기하고 흥미로운 특성을 지닌 입자들이 수두룩하다는 놀라운 사실이 밝혀졌다.

이런 입자들 가운데 일부는 이름이 잘못 붙여진 셈이었는데, 이는 적어도 일반적인 의미에서의 '사물'이 아니었기 때문이다. 효과만 놓고 보면, 이것들은 마치 그림자처럼 움직이는 전하, 또는 작은 파동 다발, 또는 단순히 편미분방정식의 즉시적인 해(解)인지도 모르며, 그야말로 우리가 눈 한 번 깜짝 하기도 전에 나타났다가 사라지는 것인지도 모른다.

그럼에도 불구하고 이 뭔가는 실제였으며, 그것도 모든 사물이 실제인 것과 마찬가지 의미에서 실제의 결과를 낳았다. 이 뭔가는 또한 매우 작았다. 20세기의 세계는 점점 더 작아지는 습성을 지녔지만, 그와 동시에 우리의 상상력은 더 커다란 우주를 포용하는 것이 가능해지게 되었다. 이에 관해서는 잠시 후에 다시 살펴보도록 하자.

실제 사물의 작은 성질에 관한 이해는 제법 오랜 역사를 지니고 있다. 1637년에 데카르트가 『방법서설』에서 우리에게 가르쳤던 내용을 상기해보도록 하자. 그는 어떤 문제를 풀기 위해서는, 일단 그 질문을 한 묶음, 또는 한 계열의 작은 문제들로 나눈 다음, 그 각각의 작은 문제들을 푸는 편이 유용하다고 말한 바 있었다. 데카르트와 17세기의 개막 이래로 과학은 현미경으로 볼 수 있는 세계를 점

점 더 많이 탐사하게 되었고, 이제는 그 너머의 세계, 즉 현미경으로
도 볼 수 없는 존재들이 있는 소우주까지도 탐사하게 되었다. 가장
작은 물질의 경우에는 오히려 가장 큰 물질보다도 상상하기가 더 어
려워 보일 수도 있지만, 우리는 그 크기 면에서 인류는 우리가 아는
바 가장 큰 사물과 가장 작은 사물 사이에 있다고 가정함으로써 스
스로를 위로한다.(이것 역시 무의식적인 의인화의 한 사례라고 하겠다.)

이렇게 해서 발견된 미세하고 새로운 세계가 얼마나 작든지 간에,
거기에도 일종의 패턴이 있으니, 그중 일부는 놀라우리만치 중요하
다. DNA의 이중나선은 그중에서도 가장 중요한데, 생명의 문제 중
에서도 가장 어려운 것을 해결해주었기 때문이다.

그 문제란 무엇일까? 아리스토텔레스는 지금으로부터 무려 20세
기 이전에 그 문제를 언급한 바 있다. 그 문제는 극도로 단순한 질문
으로 이루어져 있다. 왜 고양이는 새끼 고양이를 낳을까?

아리스토텔레스가 알기로 태아라는 것은 원형질 조직의 작은 덩
어리에 불과했고, 눈 좋은 사람이 아닌 이상 인간의 태아와 고래나
쥐의 태아를 뚜렷이 식별하지는 못할 것이었다. 하지만 〔이런 외관
상의 유사성에도 불구하고〕 인간의 태아는 고래나 쥐로 변하지는
않는다. 자연은 그런 종류의 실수를 범하지는 않는다. 어떻게 해서
자연은 그런 실수를 피하는 것일까?

아리스토텔레스는 이 질문에 대해 지극히 그다운 태도로 답변을
내놓았다. 그의 설명에 따르면 여기에는 형식원리가 있으며, 그 법
칙은 부모로부터 태아에게 전해짐으로써, 그 태아가 다른 동물이 아
니라 바로 그 부모와 똑같은 동물이 되도록 결정한다는 것이었다.

이는 충분히 올바른 설명이었다. DNA를 가리켜 형식원리라고 해

도 틀린 것은 아니다. 하지만 그런 원리는 뉴욕 증권거래소의 지수와 그 외의 다른 패턴에서도 마찬가지다. 핵심 질문은 바로 이런 것이었다. 고양이의 새끼를 또 다른 고양이로 만들어주는 특별하게 정해진 법칙은 무엇인가? 거의 모든 어려움으로부터 빠져나갈 수 있는 귀신 같은 능력을 지녔던 아리스토텔레스는 여기에 대해서도 물론 답변을 갖고 있었다. "바로 '고양이다움'이 그 법칙이다." 그는 이렇게 설명했다. 한 가지 놀라운 사실은 이러한 답변이 무려 2000년 넘도록 지식인들에게는 충분히 만족스러운 답변으로 여겨졌다는 점이다.

유전과학

더 나은 답변이 처음으로 고안된 것은 19세기에 들어서였지만, 오스트리아 출신의 식물학자 겸 수도사였던 그레고어 멘델의 업적이 널리 알려지게 된 것은 1900년경의 일이었다.

멘델이 태어난 1822년에 와서는 고양이가 새끼 고양이를 낳는다는 사실이 워낙 자명했기 때문에, 더 이상은 굳이 어떤 해결책을 필요로 하는 문제로 여겨지지 않고 있었다. 자연과학 교사가 되기 위한 시험에는 합격하지 못했지만, 그는 유능한 연구자로서 이후 수년간 완두콩의 유전을 연구했다. 그런 와중에 그는 유전의 법칙을 발견했다.

멘델이 제기한 질문은 왜 완두콩 씨앗이 더 많은 완두콩을 낳느냐 하는 것이 아니라, 왜 서로 다른 종류의 완두콩을 이종 교배해서 나온 잡종은 자신이 사상 최초로 서술한 것과 같은 유형화된 질서를 나타내느냐는 것이었다. 그는 식물 각각의 특성이 한 쌍의 작은 실체 ─ 훗날 유전자라는 이름으로 불리게 된 ─ 가운데 어느 하나에 의해 제어되는, 또는 결정되는 것이 분명하며, 자웅동체 수정의 경우에는 부모 식물 가운데 어느 하나가 각각의 특성 가운데 하나를 위한 유전자를 제공하는 것이 분명하다고 결론을 내렸다. 머지않아 그는 부모 각각이 온갖 특성을 나타내는 유전자들을 지니고 있음이 분명하지만, 그런 유전자들이 후손 속에서 합쳐질 경우에는 오로지 하나의 특성을 나타내는 유전자만이 우세하게 남는다는 사실을 깨닫게 되었다. 서로 다른 식물 한 쌍에서 비롯된 후손을 살펴보면 간단한 통계 법칙의 작용이 뚜렷이 나타났으며, 멘델은 이런 사실을 두 편의 수학 논문으로 서술해서 1866년에 간행했다.

그로부터 2년 뒤에 멘델은 수도원의 원장으로 선출되었다. 그때 이후로는 여러 가지 임무를 처리하느라 시간이 부족하게 되었다. 1884년에 멘델이 사망하고 나서 한참 뒤에야 다른 사람들이 그 발견을 재발견했고, 그제야 멘델을 유전학의 창시자로 인정하게 되었다.

DNA는 어떻게 작용하는가

유전의 개념은 멘델의 발명이 아니었다. 사람이 자녀를 낳으면 십중팔구는 부모를 닮게 마련이라는 사실은 그보다 훨씬 오래전부터 인식되어왔다. 여기에는 한 가지 간단한 법칙이 작용하고 있다고 가정되었다. 가령 키가 큰 아버지와 키가 작은 어머니 사이에서 나온 자손은 중간 정도의 키를 갖는다는 식이었다. 물론 멘델은 유전이라는 것이 이보다는 훨씬 더 복잡하다는 사실을 처음으로 인식한 사람이었다.

하지만 심지어 멘델의 실험조차도 유전이 작용하는 메커니즘을 밝혀주지는 못했다. 그로부터 반세기 넘도록 유전학 분야에서 열띤 활동이 있은 후에야 비로소 그 메커니즘이 이해되었다.

핵심 발견은 1953년에 케임브리지 대학에서 벌어졌으니, 아직 청년에 불과한 미국인 제임스 D. 왓슨(1928~)과 영국인 프랜시스 H. C. 크릭(1916~2004)이 DNA 분자의 구조를 서술하는 데 성공했던 것이다. 이로써 두 사람은 아리스토텔레스의 오래된 질문에 답변한 것은 물론이고, 새로운 세기로 가는 문을 열었다.

DNA 분자는 두 개의 긴 문자열이 서로 둘둘 감겨 있는 이중나선 모양이었다. 그 문자열은 뉴클레오티드라고 불리는, 질소를 함유한 복잡한 화학적 화합물로 이루어져 있었다. DNA의 뉴클레오티드에는 모두 네 가지 서로 다른 종류가 있었으니, 그 염기의 종류에 따라 각각 아데닌, 구아닌, 시토신, 티민 가운데 하나가 된다. 디옥시리보오스의 뉴클레오티드 각각에는 당 부분도 있었다.

하나의 문자열에 들어 있는 뉴클레오티드 각각은 또 하나의 문자열에 들어 있는 상응하는 뉴클레오티드 각각과 화학적으로 연결되어 있다. 하나의 문자열 안에는 수천 개의 뉴클레오티드가 들어 있을 수 있으며, 한 쌍에서 다른 문자열에 들어 있는 거울상과도 같은 또 다른 뉴클레오티드 수천 개와 연결되어 있다.

왓슨과 크릭, 그리고 다른 여러 과학자들은 유전자가 DNA 분자의 한 부분임을 발견했다. 즉 이것은 아래문자열이라 할 수 있는데, 그 길이는 뉴클레오티드 열댓 개에서 수천 개까지 다양했으며, 이런 것들이 각각의 특징을 결정했던 것이다. 어떻게 그런 일이 가능할까? 개별 생물의 세포 각각에는 그 특정한 생물의 DNA 분자가 들어 있다. 이것이야말로 거미부터 인간 모두에 공통되는 유전적 패턴이었다. 세포가 분리되면, DNA 문자열 가운데 하나가 새로운 세포로 넘어가고, 나머지 문자열 하나는 원래의 세포에 남아 있게 된다. 그렇게 해서 이전의 짝을 버리고 새로운 세포로 넘어간 짝 잃은 문자열 하나는 곧바로 새로운 거울상을 만들기 시작한다. 새로운 세포의 핵의 원형질 — 주로 자유롭게 떠다니는 단백질로 이루어져 있는 — 을 이용함으로써, 짝 잃은 DNA 문자열은 모든 필요한 요소를 조합해서 자기와 똑같은 문자열을, 다시 말해서 앞서 잃어버린 짝과 똑같은 문자열을 만든다. 다른 세포에 있는 그 잃어버린 짝 역시 똑같은 일을 수행한다. 그것 역시 자신의 거울상을 만들어내는 것이다. 그 결과로 각각의 새 세포에는 이전의 세포가 가졌던 것과 똑같은 DNA 분자가 있게 된다.

따라서 고양이다움이란 바로 특정한 DNA 분자이며, 그것이 모든 고양이의 세포의 핵마다 들어 있는 것이다. 개별 고양이 간의 차이는 고양이 DNA의 아래문자열마다 미묘한 차이가 있다는 사실로 설명된다. 하지만 고양이 두 마리 간의 가장 큰 차이라 하더라도, 가령 고양이 DNA와 낙타 DNA, 또는 고양이 DNA와 인간 DNA 간의 차이에 비하자면 작은 차이에 불과하다. 따라서 고양이는 결코 사람을 낳을 수 없다. 고양이의 세포가 결코 그런 일을 허락하지 않을 것이기 때문이다.

DNA 분자는 전자현미경을 이용해 눈으로 볼 수 있을 정도로 크다. 그 문자열에 들어 있는 여러 부분들이 가령 사람의 머리카락 색깔, 또는 혈액의 구성 등을 결정하는데, 이런 부분들이 어디인지는 식별이 가능하다. 또한 단순히 식별 가능한 데에서 그치는 것도 아니다. 그 부분들을 잘라내고 변경해서 분자 속에 다시 집어넣을 수도 있다.

어떤 질병은 잘못된 아래문자열로 인해 야기된다. 가령 혈액 관련 질환인 겸상적혈구성 빈혈을 앓는 흑인이 상당수 되는데, 이론상으로는 이 질환을 앓는 환자의 혈액에서 결함이 있는 유전자를 떼어내고, 교정하고, 대체할 수도 있다. 다만 이를 가능하게 해줄 수 있는 기술이 아직까지는 원시적인 단계다. 이 정도만 갖고도 도덕론자들 사이에서는 벌써부터 심각한 우려가 야기되고 있으니, 그들은 가령 인류의 유익을 위해 시험관에서 일종의 괴물을 만들어낼 수 있다는 생각에 공포 비슷한 반응을 보인다.

과학적 유전학은 완전히 새로운 과학이며, 19세기에만 해도 세상에는 전혀 알려지지 않았던 어느 수도사의 선구자적인 업적에 근거해 20세기에 이루어진 진보의 산물이다. 나아가 이것은 확고한 법칙과 명백한 결과를 지닌, 놀라우리만치 명료하고 말끔한 과학이기도 하다. 오늘날 우리는 유전이 어떻게 작용하는지 잘 알고 있다. 물론 특정한 개인의 유전 패턴의 복잡성 또한 잘 알고 있지만 말이다. DNA의 두 개의 문자열이 합쳐지는 경우 — 하나는 아버지로부터 온 것이고, 또 하나는 어머니로부터 온 것이다 — 그 각각에 들어 있는 아래문자열은 수천 개에 달하며, 그 두 가지의 가능한 조합을 확인하기 위해서는 우리가 현재 갖고 있는 것보다도 훨씬 더 큰 컴퓨터가 필요할 것이다.

유전과학은 20세기에 거둔 지식의 승리 가운데 하나다. 유전공학으로 만들어낼 수도 있는 끔찍한 괴물은 20세기에는 아직 나타나지 않았다. 이 문제에 관해서는 이 장의 마지막에서 다시 살펴보도록 하자.

우주의 크기

우주는 과연 얼마나 큰 것일까? 또는 과연 얼마나 큰 것처럼 '보이는' 것일까? 이 가운데 나중 질문은 지금으로부터 2000년 전에만 해도 제법 의미 있게 여겨졌으니, 그 당시에는 달의 '겉보기 크기'가 그 '진짜 크기'로 간주되었기 때문이다. 아울러 항성의 천구는 우주(코스모스)의 '바깥쪽 한계'로 여겨졌다. 그렇다면 과연 그 천구는 지구로부터 얼마나 멀리 떨어져 있을까? 지구로부터 1000펄롱[88]쯤 떨어져 있을까? 아니면 100만 펄롱일까? 아니면 100만의 100만 펄롱일까? 겨우 최근에야 우리는 이런 답변들이 하나같이 무의미하다는 사실을 깨닫게 되었다.

한편으로는 이른바 항성의 천구 따위는 없기 때문이었다. 사실은 별이 아니라 지구가 회전하는 것이었다. 물론 우리가 보기에는 별이 제각기 다른 방향으로, 그것도 거의 상상조차 불가능할 정도의 속도로 움직이는 것처럼 보이지만 말이다. 또 한편으로는 우주가 너무 커서 우리는 그 '바깥쪽 한계' — 물론 그런 게 있는지 없는지는 모르지만 — 를 볼 수 없을 것이기 때문이다. 설령 그런 한계가 있다 치더라도, 너무 멀어서 우리는 볼 수 없을 것이다.

알베르트 아인슈타인은 비록 우주가 유한하지만 경계가 없다고 믿었다. 모든 직선은 충분히 길게 연장하기만 한다면 결코 곧을 수가 없다. 모든 직선은 구부러지게 마련이며, 최소한 이론상으로는 결국

---

[88] 1펄롱은 약 200미터다.

원래 출발한 지점으로 돌아오게 마련이다. 구(球) 역시 '유한하지만 경계가 없다.' 구에는 가장자리가 없으며, '끝'이 없으므로, 경계가 없다. 하지만 구는 — 가령 우리가 손에 붙잡을 수 있는 것의 경우에만 보아도 — 분명히 크기가 한정되어 있다. 혹시 하느님쯤 되면, 이처럼 유한하지만 경계가 없는 우주를 한 손에 붙잡고 있을 수 있지는 않을까. 물론 그렇다고 해서 우주 바깥에 하느님의 손이 놓여 있다는 이야기는 아니며, 현대물리학에 따르면 그런 일은 불가능하다.

어쨌거나 '우리'는 우주의 바깥이 아니라 안에 있으며, 우리의 시점 — 어쩌면 그 중심일 수도 있고 아닐 수도 있는 — 에서 관찰할 경우, 우주는 우리의 눈이 닿는 곳 너머로까지 멀리 뻗어 있다. 단순히 우리의 육안뿐만이 아니라, 우리가 지금까지 만든 것 중에서도 가장 큰 망원경이 닿는 곳 너머로까지 말이다. 한마디로 표현해서, 우주는 아주, 아주 크다.

은하

그렇다면 우주는 얼마나 크게 보일까? 맑은 가을밤에 야외에 나가 페가수스 별자리에 있는 커다란 별의 사각형을 한번 찾아보자. 사각형에서 오른쪽 아래 모퉁이로는 세 개의 별이 아래로 늘어선 것이 마치 별들로 이루어진 연의 꼬리 같다. 이 세 개의 한가운데 지점에는 희미한 얼룩 같은 것이 있다. 쌍안경을 가지고도 이 지점에서 빛을 식별하기는 쉽지 않을 것이, 왜냐하면 그것은 별이 아니기 때문이다. 그것은 안드로메다대성운으로, 우리 은하 말고 사상 처음으로 확인된 다른 은하이며 — 964년에 아랍 천문학자들이 기록한 바 있다 —
우주의 적막함 속에서 우리 은하와 가장 가까운 또 다른 은하다.

성능 좋은 망원경을 통해 보면 안드로메다대성운은 수십억 개의
별들로 이루어진 나선형 접시 모양이다. 따라서 이제 우리는 그것이
우리 은하 — 때로는 '고향 은하'라는 낭만적인 이름으로도 부르는
— 와 매우 흡사하다는 사실을 알게 되었다. 그런 맑은 가을날 밤이
면 은하수도 보인다. 이것은 우리 은하의 중심부 근처를 소용돌이치
며 놓여 있는 별들의 거대한 나선 원반, 또는 접시다. 우리 은하의
중심부는 궁수자리 별자리 방면에 놓여 있으며, 지구에서 약 3만 광
년쯤 떨어져 있다. 1광년은 빛이 1년 동안 갈 수 있는 거리를 말하
며, 빛이 초속 18만 6000마일로 움직이기 때문에, 결국 1광년은 5
조 8780억 마일에 달한다.

은하 중심부에서 바깥쪽으로 뻗어 있는 우리 은하의 여러 팔들 가
운데 한 곳에는 보통 크기의 별인 태양이 놓여 있다. 우리 은하의 다
른 모든 것들과 마찬가지로 우리 태양은 — 따라서 지구와 거기 살
고 있는 우리 모두는 — 저 먼 은하의 중심부를 〔초점으로 삼아〕 돌
고 있는데, 그 속도는 우리 지구의 경우에 초속 150마일에 달한다.

이 정도면 상당히 빠른 것이 아닐까? 물론 빠르다. 그렇지만 우리
는 중심부에서 워낙 멀리 떨어져 있기 때문에, 한 바퀴 돌아서 오늘
있던 곳으로 다시 돌아오려면 약 2억 년이 걸린다. 사실 우리는 결
코 오늘 있던 곳으로 돌아올 수가 없으니, 왜냐하면 은하의 중심부,
나아가 은하 전체도 우주 속에서 움직이고 있으며, 그렇게 움직이는
와중에 회전하고, 항상 변화하며, 차마 예측할 수 없는 운명을 향해
항상 나아가고 있기 때문이다.

우리가 있는 곳, 그러니까 은하의 가장자리 부분은 비교적 어둡고, 별들도 서로 멀리 떨어져 있어서 보기 드물다. 우리는 중심부에서 더 멀어지는, 그리하여 별이 훨씬 더 드문 곳으로 가는 모습을 상상할 수 있다. 그러다가 우리는 — 과연 이것까지 상상이 가능할까? — 우리 은하의 맨 가장자리에까지 도달할 수도 있다. 그때가 되면 우리는 5만 광년가량 떨어진 은하의 중심부를 뒤로한 채, 은하 간 우주의 섬뜩한 어둠을 직면하게 될지도 모른다.

　우리는 그 거대한 어둠 사이로 우리에게서 가장 가까운 이웃 은하인 안드로메다대성운을 찾아볼지도 모른다. 그렇다고 해서 원래의 자리에 있을 때에 비해서 그 성운이 훨씬 더 밝게 보이지는 않을 것이다. 그리고 그 성운은 우리에게서 여전히 100만 광년은 떨어진 곳에 있을 것이다. 만약 우리가 거기까지 절반쯤 다가갔다고, 즉 안드로메다대성운과 우리 은하 사이 지점에 있다고 치면, 우리는 지표면에서 2마일 아래로 내려갔던 탄광 노동자를 제외하면 지구의 역사상 어느 누구도 결코 겪어보지 못했던 어둠을 경험하게 될 것이다. 하지만 우리의 이웃 은하인 안드로메다가 비교적 가까워졌다 하더라도, 그건 어디까지나 은하의 기준에서 그렇다는 것이다. 우리는 안드로메다를 비롯한 수백만 개의 다른 은하들과 함께 — 다시 한번 낭만적인 명칭을 사용하자면 — '고향 은하단'을 구성한다. 서로 다른 은하단 사이의 거리는 한 은하단 내에서 은하와 은하 간의 거리보다 수백, 또는 수천 배는 더 멀다. 한 은하단과 또 다른 은하단 간의 중간 지점은 진짜 어둠이 무엇인지를 보여줄 것이다. 이쯤 되면 우리는 한 가지 섬뜩한 질문을 던져보게 된다. 과연 하느님인들 거기 있는 우리를 찾을 수 있을까?

지구의 협소함

우주에는 얼마나 많은 은하단이 있는 것일까? 어쩌면 10억 개쯤일 것이다. 그렇다면 은하단의 성단을 발견할 수도 있을까? 어쩌면 그럴 수도 있을 것이다. 그렇다면 이 무시무시한 멀어짐을 멈출 수 있는 방법이 있을까? 이런 질문은 사실상 아무런 의미가 없을지도 모른다. 다만 우리는 우주가 아주, 아주, 아주 크다는 사실 하나만큼은 알 수 있으리라.

무엇에 비해 크다는 이야기일까? 물론 지구에 비해 크다는 이야기이며, 따라서 지구는 아주, 아주, 아주 작다. 가령 [우주의 크기에 비하자면] 지구는 창문 틈으로 스며드는 햇살 속에서 춤추는 티끌 하나에 불과하다고 비유하더라도, 이는 지구에 지나치다 싶을 정도의 위엄과 장관을 부여한 셈이라고 봐야 할 것이다. 50억 명의 인간이 살아가고 있는 이 아름다운 지구가 우주 속에서 차지하는 크기야말로, 차라리 우리 태양계 안을 배회하는 전자 하나와 비슷하다고 비유해야 정확하리라.

이 모두는 우리가 최근 들어서야, 그것도 일군의 탁월한 천문학자와 우주학자 덕분에 알게 된 것이다. 지금으로부터 1세기 전에만 해도, 우주의 크기에 관해 어떤 개념을 지닌 사람은 전문 천문학자뿐이었다. 하지만 과학적 지식이라는 것이 으레 그렇듯이, 지금은 이것도 일상적 지식이 되고 말았다.

우리의 미미함, 그리고 우리의 하찮음에 관한 이런 새로운 깨달음이 절망적이라고 주장하는 사람도 일부나마 있다. 하지만 뒤집어 생각해보자면, 비록 크기가 작기는 하지만, 그렇다고 해서 우리가 하찮다고까지 할 수 있을까? 단순히 덩치가 크다고 해서 중요성도 커지는 것일까? 코끼리가 생쥐보다 훨씬 더 중요하다고 할 수 있을까? 그리고 대관절 누구에게 하찮다거나 중요하다거나 하다는 것인가? 우리 말고 다른 판정자가 있을까? 만약 그렇다면, 우리는 과연 우주 질서에서는 미미하기 짝이 없지만, 그 중요도에서는 우리의 고향인 지구보다도 훨씬 더한 어딘가를 상상할 수 있을까?

대폭발과 초기의 원자

1927년에 벨기에의 물리학자 조르주 르메트르 신부(1894~1966)는 윌슨 산 천문대에서 그야말로 휘황찬란한 과학계의 유명 인사들을 모아놓고, 이른바 "최초의 원자"의 폭발로 시작된 팽창우주에 관한 자신의 이론을 설명했다. 마침 그 자리에 있던 알베르트 아인슈타인은 자리에서 벌떡 일어나 박수갈채를 보냈다. "이것이야말로 내가 지금까지 들은 것 중에서도 창조에 관한 가장 아름답고도 만족스러운 설명입니다." 그는 이렇게 말하고는 르메트르에게 다가가 악수를 나누었다.

이 이론을 뒷받침하는 증거는 압도적으로 많았다. 가장 현저한 증거로는 수많은 분광(分光) 관측에 의해 확립된바, 우리가 관찰하고 있는 모든 것이 우리에게서 점차 멀어지고 있으며, 시간이 갈수록 더 빨리, 그리고 더 멀리 멀어지고 있다는 사실을 들 수 있다. 이로써 거리에서나 속도에서나 관찰의 한계가 사실상 수립된 셈이다. 아주 먼 거리에 있는 물체의 경우, 그야말로 빛의 속도에 가까운 것 같은 속도로 우리에게서 멀어지고 있다. 빛의 속도로, 또는 그 너머로 우리에게서 멀어지고 있는 물체 — 물론 그런 일이 만약 가능하다고 치면 — 라면 우리는 결코 볼 수 없는데, 왜냐하면 우리가 알 수 있는 유일한 정보는 빛의 속도로 우리에게 전해질 수밖에 없고, 〔그 물체 자체가 빛의 속도로 우리에게서 멀어진다면〕 그 물체의 빛은 결코 우리에게 도달할 수 없을 것이기 때문이다.

이 이론을 뒷받침하는 증거는 훨씬 더 많으며, 또한 이론적인 뒷받침도 무수히 많다. 그런 이론적 뒷받침 가운데 상당수는 조지 가모브(1904~1968)가 제공한 것인데, 그의 위트와 대중적인 문장 감각 덕분에 우리는 '대폭발'(빅뱅)이라는 표현을 갖게 되었다. 가모브는 우주의 기원과 빅뱅 이론에 관한 여러 권의 대중적인 저술을 펴냈으며, 이 이론을 뒷받침하는 기본적인 이론적 사고 및 연구 가운데 상당수를 제공했다. 그 이론은 이제 거의 논쟁의 여지가 없어졌다. 우주학자치고 여기에 감히 의문을 제기하는 사람은 없는 실정이다.

그 이론에 따르면 지금으로부터 100억, 또는 200억 년 전쯤에 우주는 고도로 압축된 최초의 상태 — 그 밀도와 온도의 현저한 감소로부터 초래된 — 로부터 매우 빠른 속도로 팽창을 시작했다. 그 팽창에서도 처음 몇 초야말로 오늘날 우리가 관측하는 이 우주의 발달에 중대한 역할을 했다. 반물질에 대한 물질의 통계적 우위가 확립되고, 여러 가지 유형의 기본 입자가 나타나고, 특정한 핵들이 형성된 것도 바로 이때로 여겨진다. 그 이론 덕분에 우리는 수소, 헬륨, 리튬(이 세 가지는 주기율표에서 맨 처음의 세 가지 원소다.)이 정확히 얼마만큼 생겨났는지를 예측할 수 있게 되었다. 이 원소들의 풍부함은 오늘날 관찰되는 것과 충분히 잘 합치된다. 100만 년 이후에 우주는 충분히 식어서 가장 단순한 원자가 형성될 수 있게 되었다. 즉 핵이 회전 구름 속으로 전자를 끌어들인 것이다. 원시우주를 가득 채운 복사가 그때부터 자유롭게 움직이면서 어떤 면에서는 우주를 만든 셈이다. 바로 이 복사를 1965년에 이르러 A. 펜지어스와 R. W. 윌슨이 마이크로파 배경 복사로서 처음 감지했다. 이것은 초창기 우주의 잔존물로 여겨지고 있다.

우주가 더 멀리멀리 팽창하면서, 더 무거운 원자가 형성되었다. 이것들은 바로 우리가 잘 아는 원소들로, 가장 가벼운 것이 먼저, 그리고 가장 무거운 것이 나중에 형성되었다. 그다음에 차례로 분자, 분자 덩어리, 기체 구름, 별, 은하, 은하단이 형성되었다. 하지만 우주는 계속해서 팽창했다.

그렇다면 이 모두는 과연 어디서 벌어졌는가? 폭발이 벌어지기 이전에 최초의 물질은 어디서 나타났는가? 이런 의문은 사실상 의미가 없다. 이 이론은 두 가지 가정에 근거해 있는데, 그중 하나는 그야말로 나무랄 데 없지만, 또 하나는 그야말로 수수께끼다. 첫 번째로는 아인슈타인의 일반상대성이론이 모든 물질의 인력 상호작용을 정확하게 서술하며, 과거나 현재는 물론이고 앞으로도 영원히 그렇다고 가정한다. 이런 사실을 부정하거나, 또는 다른 어떤 사실을 가정하기란 어려울 것이다.

두 번째 가정은 이른바 우주론적 원칙이라는 것으로, 우주에는 아무런 중심도 없고 아무런 가장자리도 없으며, 따라서 대폭발은 특정한 지점이 아니라 오히려 우주 전역에서 동시에 벌어졌으며, 우주는 지금도 여전히 창조되고 있음을 암시한다. 사실상 이것은 우주가 팽창함으로써 우주가 창조되었다고 말하는 것이나 마찬가지다. 우주 바깥에는 아무것도 없다. 따라서 지금도 우주 바깥에는 아무것도 없는 것이다.

그렇다면 대폭발 이전에도 시간이란 것이 있었을까? 이런 질문 역시 의미가 없는 것이, 우주의 시공 연속체에서 시간은 우주와 함께 창조되었을 것이기 때문이다. 시간은 사실상 우주의 팽창에 의해 측정된다. 초기에만 해도 우주는 지금보다는 더 작았을 것이고, 나중에는 더 커졌을 것이다. 팽창이 시작되기도 전에 최초 물질의 구성 성분이 무엇인지에 관해 생각하기도 불가능하기는 마찬가지다. 우주가 어떤 존재의 양상을 영위했건 간에, 여하간 뭔가를 영위하기는 했다면, 그것은 우리의 시야를 절대적이고도 영구적으로 넘어서는 것이리라.

그렇다면 우주는 언젠가 팽창을 멈출 것인가? 여기에는 몇 가지 의문의 여지가 있다. 이것은 우주 전체에 얼마나 많은 물질이 있는지에 따라 달라진다. 만약 그 질량이 특정한 임계량보다도 더 크다면, 결국 우주는 그 총중력에 이끌린 나머지, 팽창을 멈추고 다시 그 자체로 붕괴되기 시작할 것이다. 고무줄에 연결된 공이 날아가다가 말고 다시 던진 사람 손으로 돌아오는 것처럼 말이다. 만약 질량이 그 임계량보다도 더 작다면, 우주는 영원히 팽창할 것이고, 그 안의 모든 물체는 서로 점점 더 멀어지다 못해 결국에는 (우주 안에는 한정된, 즉 유한한 양의 물질이 있기 때문에) 서로 무한히 멀어질 것이다. 따라서 어느 순간에 도달하면 우주는 어떤 각도에서 관측하더라도 완전히 어두워지게 될 것이니, 왜냐하면 [관측자가 있는 곳에서는] 다른 모든 것이 거의 무한히 멀리 있기 때문이다.

지금까지 나온 수많은 증거들은 전체 우주 속에 있는 물질이 궁극적인 붕괴가 시작되기에 필요한 양보다는 적다는 것을 보여주었다.

필요한 양 가운데 겨우 2퍼센트만이 관측되었다. 일부 천문학자들은 그런 최후의 소멸을 두려워한 나머지, 지금까지 관측을 용케 피해온 막대한 양의 물질이 있으리라는 희망을 버리지 않고 있다. 하지만 그렇다고 해서 궁극적인 붕괴가 덜 무시무시한 것이 될까?

지금 살아 있는 사람은 굳이 걱정할 필요가 없다. 이런 가능한 운명 가운데 어떤 것이라도 실제로 벌어지려면, 앞으로 수십억의 수십억 년도 더 지나야 할 것이기 때문이다.

내가 말한 것처럼, 그 이론은 압도적으로 많은 증거에 의해 뒷받침된다. 지금은 그걸 의심하는 것이 더 이상 타당하지 않게 되었다. 모든 천체물리학자들이 그 이론을 받아들이며, 또한 그 이론을 이해할 만한 다른 모든 과학자들도 그 이론을 받아들인다. 하지만 그 이론은 여전히 뭔가 좀 골칫거리다. 그렇지 않은가?

물론 이렇게 말하는 것조차도 쉽게 용인되지는 않으리라. 하지만 그 이론에는 뭔가 잘못된 듯한, 뭔가가 인위적인 듯한 감도 없지 않다. 가령 대폭발 '이전'의 시간에 관한 질문은 어떻게 회피할 것인가? 대폭발이 '어디'에서 일어났으며, 그보다 중요하게는 왜 일어났는지를 어떻게 궁금해하지 않을 수 있단 말인가? 대폭발은 — 만약 그것이 어떤 '사건'이었다고 치면 — 반드시 어떤 원인을 지니고 있어야만 한다. 우리가 아는 사건 가운데 어떤 원인을 지니지 않은 사건도 있단 말인가? 하지만 그것이 만약 어떤 원인을 지니고 있다면, 그 원인은 반드시 그 사건보다도 선행해야만 한다. 시간상으로 선행하는 것일까? 아니면 시간이 아닌 다른 기준상으로 그런 것일까? 어떤 쪽이건 간에 우리는 온갖 종류의 딜레마와 직면하게 되고, 그런 딜레마는 하나같이 우리의 빈약하고 혹사당하고 인간에 불과한 정신으로는 받아들이기 힘든 것이다.

하이젠베르크의 불확정성원리

아인슈타인은 르메트르의 독창적이고 매우 소박한 우주론을 듣고 무척이나 기뻐했다. 오랫동안 그는 동료 과학자들로부터 소외당한다는 느낌에 사로잡혀 있었다. 그즈음에 다른 과학자들이 발견하고 있는, 또는 발견하고 있다고 생각하는 것들을 아인슈타인은 그리 좋아하지 않았다.

물론 새로운 보편 역학의 체계인 양자역학으로 말하자면, 아인슈타인도 그 형성에 일익을 담당했다고 할 수 있지만, 이것은 궁극적인 의미에서 결국 우연에 근거하고 있었다. 뉴턴역학을 신봉하던 선조들과는 달리, 양자역학의 신봉자들은 사물의 중심부에 뭔가 예측 불가능한 기본 요소가 있다는 사실을 받아들여야 하는 입장에 처하게 되었다. 독일의 물리학자 베르너 하이젠베르크(1901~1976)는 이런 기본적인 불확정성원리를 서술한 최초의 인물로, 이 원리는 훗날 그의 이름을 달게 되었다. 하이젠베르크 원리는 어떤 물체 ─ 모든 물체 ─ 의 위치와 속도를 똑같은 시간에 정확히 측정하기는 불가능하다고 주장한다. 이러한 불가능성은 측정 도구의 결함에서 비롯되는 것이 아니라 ─ 만약 그렇다고 치면 측정 자체가 정확하다고는 할 수 없을 것이니까 ─ 오히려 사물의 본성, 즉 물질 그 자체에서 비롯된 것이다.

가령 원자나 기본 입자 같은 매우 작은 질량의 경우에는 이런 불확정성이 중대한 의미를 지니게 된다. 뉴턴역학은 가령 사람이나 행성 같은 커다란 물체의 세계에 여전히 적용이 가능하다. 하지만 아주 작은 물체의 경우에는 측정 시도 자체, 다시 말해서 [측정을 위해 발사된] 전자의 속도에 [측정 대상인] 물체가 밀려나기 때문에, 제아무리 이론상으로라도 그 물체의 위치를 측정할 수는 없다는 것이다. 이런 불확정성은 다른 복합적 가측치의 쌍들, 그중에서도 특히 에너지와 시간 등에서도 발견되었다. 만약 우리가 어떤 불안정한 핵에서 발산된 에너지의 양을 정확히 측정하려고 시도한다면, 그 불안정한 계(系)가 보다 안정된 상태로 이행하는 그 일생 자체에도 불확정성이 있는 것이다.

하이젠베르크는 이런 불확정성의 원리에 골치를 앓지 않았지만, 아인슈타인은 이를 무척이나 못마땅해했다. 그는 입버릇처럼 "하느님은 미묘하지만 악의적이지는 않다"라는 말을 했는데, 이는 사물의 본성에 근본적인 이해 불가능성이 존재한다는 주장을 겨냥한 것이었다. 아인슈타인은 생애의 말년 내내 하이젠베르크가 틀렸음을 증명하기 위해 노력했지만 이는 허사로 돌아갔다. 그가 양자역학을 받아들이지 못하자 친구들은 매우 슬퍼했다. 그중 하나인 막스 보른은 이렇게 말했다. "우리 가운데 상당수는 이것을 양쪽 모두에게 비극으로 여긴다. 그의 입장에서는 고독 속에서 길을 더듬어 나가야 했기 때문이고, 우리 입장에서는 지도자이며 기수를 잃었기 때문이다."

나로선 왜 아인슈타인이 불확정성원리에 비해서 대폭발 이론은 훨씬 더 편안하게 대할 수 있었는지가 궁금하다. 내 생각에는 양쪽 모두 하느님은 악의적이라는 사실을 암시하는 듯하기 때문이다. 설마하니 내가 가끔 생각하는 것처럼, 원자와 은하와 우리를 존재하게 만든 최초의 폭발이 일종의 농담에 불과하지는 않을 터인데 말이다.

어쩌면 우리는 단순히 어떤 거인이 만든, 상상조차 불가능하리만치 커다란 불꽃놀이의 폐기물에 불과한 것일까? 그리고 거대한 환호성이 잦아들고 청중이 떠나고 나면, 결국 우리는, 그리고 우리가 알던 모든 것은 어떤 다른 존재의 우주의 차가운 광대함 속에서 삽시간에 흩어져 버리는 것일까?

여기서 진정으로 위험에 처한 것은 신학이 아니라 오히려 모든 과학의 근본적이고 기초적인 가정이다. 이쯤에서 우리는 탈레스의 독창적인 가설을 다시 한 번 언급하게 된다. 즉 외부 세계에는 인간의 내부 정신 및 상상과 합치하는 측면이 있으며, 따라서 이 세계는 인간의 지성으로 알 수 있다는 가설 말이다. 그 이론이 옳을 것으로 믿을 만한 이유가 워낙 많은 까닭에 — 히로시마에 떨어진 핵폭탄에서부터 유전공학의 창조물에 이르기까지 — 이제 와서 그것을 의심하다 보면 우리는 졸지에 미친 사람 취급을 받을 것도 같다. 하지만 대폭발 이론을 접하고 나서, 나는 문득 사물의 핵심을 이해할 수 있는 우리의 능력 자체에 대해 의구심을 품게 되었다. 비록 아름다운 수학적 세부 사항까지 망라해가면서 그 사건을 서술할 수 있지만, 과연 우리는 그 사건을 정말로 이해하고 있는 것일까? 과연 그게 이치에 닿기나 하는 것일까? 만약 그렇지 않다면, 우주는 그 근본에서부터 과연 이치에 닿기나 하는 것일까?

지식의 불확실성

하이젠베르크의 불확정성원리는 인간의 지식, 또는 뭔가를 알고

자 하는 인간의 노력에 관한 불편한 사실을 드러내고야 말았다. 1920년대에 양자물리학자들이 원자와 그 핵의 내부를 연구하기 시작하자, 이 원리는 점차 명백해지게 되었다. 그 미시 세계는 극도로 작았고, 그 안의 사물들 — 즉 전자와 다른 입자들 — 은 그보다 훨씬 더 작았다. 연구가 진전되면서 그 세계가 어떻게 작용하는지를 정확하고도 완벽하게 알고자 하는 시도가 성공할 가능성은 전혀 없다는 사실이 명백해졌다.

어떤 면에서 이것은 정교한 스위스 시계의 작용을 오로지 엄지손가락으로만 더듬어 알려는 시도와도 비슷했다. 어느 누구의 엄지손가락도 그 시계의 부속품을 엉망으로 만들지 않을 정도로 충분히 작거나 섬세하지는 않은 것이다. 게다가 엄지손가락이 시야를 가리기까지 한다. 시계와 내 시야 사이에 내 엄지손가락이 놓이기 때문이다. 그러니 설령 내 엄지손가락이 그 시계를 파손하지는 않는다 하더라도, 나는 내가 무엇을 하고 있는지도 볼 수 없는 상황인 것이다.

하이젠베르크와 그의 동료들이 알아낸바, 상황은 이보다도 훨씬 더 나빴다. 수학을 통해서 그런 불확정성은 단순히 우연한 것이 아니라, 원자의 내부와 그것을 연구하려는 도구 — 제아무리 작은 도구라 해도 — 사이의 어마어마한 크기 불균형에서 비롯된 것임이 증명되었다. 불확정성은 자연 그 자체에 내포되어 있었던 셈이다. 그것은 항상 거기 있었으며, 결코 피할 수가 없었다. 또한 공식으로 서술 가능했으니, 그 공식에서는 위치와 속도의, 또는 위치와 운동량의 불확실성의 산물이 아주 작은 물리적 특성보다는 항상 더 크게 마련이라고 선언했다.

우리가 살고 있는 더 큰 세계, 즉 대우주에서는 이 작은 물리적 양의 미세함 그 자체가 무의미하다시피 했다. 즉 불확실성은 중요하지 않음을 의미했다. 현실에서는 불확정성이 어떠한 도구로도 감지되지 않는 것은 물론이고 사실상 아무런 차이도 없다는 것이었다. 비록 하이젠베르크의 불확정성원리는 우리의 계산 가운데 어느 것도 항상 정중앙에 명중하지는 않으리라고 단언하지만, 그럼에도 불구하고 우리는 인공위성을 수억 마일 궤도로 유도하면서도 그 최종 목적지를 놓치지 않으리라 확신할 수 있다. 물론 원래 의도한 위치에 완전히 딱 맞아떨어지지는 않더라도 최대한 비슷하게 갈 수 있으리라는 것이다.

그럼에도 불구하고 어떤 본래적인 부정확성이 있다는 사실은 생각만 해도 영 불편하다. 우리는 최선을 다하고, 인간의 한도 내에서 최대한 정확하게 계산한다면, 그 결과는 완전히 예측 가능하리라고 생각하는 것을 좋아한다. 그런데 하이젠베르크 원리에 따르면 그런 일은 결코 있을 수가 없다. 어떤 물리적 사실을 절대적으로 정확하게 알려는 시도 자체는 본질적으로, 그리고 근본적으로 강압적이기 때문이다. 우리가 뭔가를 알기 위해 시도할 때마다 우리의 엄지손가락이 가로막고 나서는 것이다.

처음에는 양자물리학자들 사이에서, 그리고 다른 물리학자와 과학계 전반에서도, 최종적으로는 대중 사이에서도 불확정성원리의 진실이 받아들여지기 시작함에 따라, 이제는 더욱 불편한 생각이 대두하기 시작했다. 지식이라는 것이 종종 다소간 강압적인 것이 아닐까 하는 깨달음이 생기기 시작했던 것이다. 이에 관해서라면 수많은 사례가 떠오른다.

가령 우리는 해부를 실시함으로써 동물의 해부 구조에 관해 많은 것을 알 수 있다. 생체 해부는 더욱 많은 정보를 제공한다. 동물의 흉부를 절개했을 때에 심장 등의 기관이 실제로 뛰고 있는 것을 — 비록 그 동물이 금방 죽어서 심장이 결국 멈춘다 하더라도 — 관찰할 수 있기 때문이다. 하지만 이런 절차는 그야말로 강압적인 행위가 아닐 수 없으리라. 지식을 얻기는 하겠지만, 결국 그 동물을 죽이고 말 것이기 때문이다.

인간의 생체 해부는 관습과 법률 모두에 의해 금지되고 있다. 비록 히틀러에게 충성하는 일부 의사들은 다하우와 아우슈비츠의 강제수용소에서 그런 실험을 수행했지만 말이다. 생체를 해부하는 것보다는 더 적은 지식을 얻는다 해도 우리는 사망자의 시신을 해부하는 데에서 만족해야 한다. 사실 시신 해부 역시 충분히 강압적으로 느껴진다. 비록 사망한 사람을 해부한다 하더라도 그것 역시 시신을 훼손하기는 마찬가지기 때문이다.

식물을 가지고 하는 실험 역시 이와 유사하게 강압적인 훼손의 느낌이 없지 않으며, 이는 세포나 그 너머에 이르는 한참 아래의 층위까지 내려가도 마찬가지다. 층위가 더 낮아질수록 그런 강압적인 느낌은 더 커진다. 그러다가 마침내 실험 도구의 날카로운 끄트머리가 우리 엄지손가락의 경우처럼 우리 시야를 방해하게 되는 셈이다. 그러다가 발견하려고 하는 것을 더 이상 볼 수가 없는, 따라서 더 이상 이해할 수가 없는 시간이 오는 것이다.

이 원리가 자연 세계 전체에 걸쳐서, 즉 코끼리부터 세포핵까지, 그리고 은하계에서 입자까지에 걸쳐서 널리 적용된다는 사실을 시인하도록 하자. 그렇다면 우리가 조사하려고 하는 다른 세계, 인간의 세계, 인간의 영혼(심리학)과 인간의 사회(사회학과 경제학과 정치학)의 경우에는 어떤가?

곰곰이 생각해보면, 그런 영역에서도 이와 유사한 불확실성이 발생한다는 것이 점차 명백해진다. 한 사람의 정신의 내부 구조와 작용을 조사하려는 어떠한 시도조차도 불유쾌할 수밖에 없으며, 어쩌면 정신 그 자체 — 그런 강압을 좋게 바라볼 수가 없는 — 때문에 헛수고로 돌아가고 말지도 모른다. 그 결과로 비롯되는 의심이 발견을 왜곡하는 것이다. 게다가 인간 집단을 완벽하게 객관적으로 검토하는 방법이란 전혀 없어 보인다. 조사자 본인 때문에 왜곡과 방해가 항상 끼어들게 마련이니, 조사자는 제아무리 열심히 노력한다 하더라도 그 그림으로부터 스스로를 완전히 제거하지는 못할 것이다.

사회학과 경제학 같은 학문에서의 그런 왜곡과 불확실성은 흥미롭고도 전형적인 20세기의 장치를 이용해 제어가 가능하다. 가령 한 무리의 사람에게 우리가 묻고 싶은, 또는 그들에 관해 묻고 싶은 질문을 제공하되, 애초부터 그런 질문을 충분히 많이 제공함으로써 불가피한 불확실성을 소멸시키도록 하는 것이다. 이러한 노력에서는 통계학이 우리를 인도한다. 통계학은 그런 과학이 할 수 있는 한 확실하게, 특정한 정도의 정확성을 지닌 결과를 위해서는 얼마나 많은 사람들이 표본에 포함되어야 하는지를 우리에게 말해준다. 그렇게 해서 획득된 지식은 거기 명시된 한계 내에서는 신뢰할 만하다. 다만 그런 지식이 아주 정확하지는 않다는 사실을 기억하는 것이 중요하다. 완전히 정중앙에 명중하지는 않더라도, 그렇다고 해서 그 목표에서 아주 벗어나지는 않는 셈이다.

이것만 해도 여러 가지 실용적인 관점에서는 충분히 위안이 된다. 하지만 또 한 가지 의미에서는 극도로 불편하기 짝이 없다. 양자역학적 불확실성에 대한 유비(類比)가 여러 다른 분야에서도 발견되는 바, 지식 자체에 관해서도 불가피한 동시에 불안한 질문이 제기되기 시작한 까닭이다. 이 세상에 절대적으로 확실하고 정확한 것으로 믿을 수 있는 어떤 지식의 분야가 있기는 한 것일까? 아니면 모든 지식은 단 하나의 예외조차도 없이 불확실성으로 얼룩져 있으며, 기껏해야 통계적인 방법에 의존하는 것으로 축소되는 것일까? 우리는 정중앙을 명중시키지 못할 가능성을 항상 받아들일 수밖에 없는 것일까?

우리의 불확실한 20세기가 다루어야만 했던 갖가지 골치 아픈 문제 가운데서도 최고는 다음과 같았다. 즉 수 세기 동안 확실성의 성채인 것으로 간주되었던 수학에서조차도 이런 일이 불가피했다. 1930년대 초에 오스트리아의 수학자 쿠르트 괴델(1906~1978)이 증명한 바에 따르면, 모든 논리 체계 안에는— 그 체계가 제아무리 정밀하게 구축되었다 하더라도 — 확실성을 갖고 답변할 수 없는 문제가 항상 있게 마련이고, 모순이 발견되게 마련이며, 오류가 숨어 있게 마련이라는 것이다. 20세기가 종말을 고하는 시점에 이르자, 그 평결은 명백한 것으로 드러났다. 그 어떤 지식도 확실할 수는 없었다. 지식은 항상 강압적이었다. 우리가 제아무리 열심히 노력한다 하더라도, 뭔가를 완전하고도 완벽하게 알려는 우리의 시도 자체가 항상 엄지손가락처럼 우리의 시야를 가리는 것이었다.

지식의 진보에서 이는 과연 어떤 의미를 지니는 것일까? 결국 지식의 진보란 우리의 시대에 와서 끝나버린 것일까? 인류의 위대한 모험은 끝난 것일까?

그렇지는 않은 것 같다. 우선 통계적 방법 덕분에 우리의 지식은

— 물론 뭔가를 알고자 하는 노력이 극단적으로 강압적인 미시 세계의 경우를 제외하자면 — 전반적으로 우리가 열망하는 만큼은 정확해지게 되었다. 가령 탐사선을 목성으로 쏘아 보내는 것처럼, 어떤 특정한 과제를 위해 필요한 만큼은 정확해졌다는 뜻이다. 따라서 지식은 뉴턴이 발명한 미적분 계산의 특성을 계속해서 채택하게 되었는데, 뉴턴의 그 방법 역시 원래는 '세계의 체계'를 서술하기에 부적절했던 에우클레이데스의 평면기하학을 대체한 것이었다. 그 어떤 미분법도 완전히 정확하게 문제를 해결하지는 못했지만, 그 정도야 전혀 문제가 없는 것으로 받아들여졌다. 왜냐하면 미분법은 항상, 또는 거의 항상 문제를 잘 해결했기 때문이다.

두 번째로 인간의 지식이 완벽하지 않다는, 그리고 '지금껏 단 한 번도' 정확한 적이 없었다는 사실의 발견은 현대인의 영혼을 겸손하게 만드는, 그리고 어쩌면 차분하게 만드는 역할을 했다. 고찰한 바와 같이, 19세기는 우리가 세계를 전체적으로는 물론이고 각 부분에 관해서도 완벽하게 알 수 있으리라고 믿어 의심치 않았던 마지막 세기였다. 이제 우리는 절대적으로가 아니라, 어디까지나 한계 내에서 세계를 알며, 그 한계란 것도 보통은 필요에 따라 조절이 가능한 것이다.

흥미롭게도 이런 새로운 불확실성의 층위로부터 더욱 커다란 목표가 대두했음은 물론이고, 심지어 그 목표를 이룰 수 있을 것처럼 보이기까지 한다. 비록 우리는 세계를 전적으로 정확하게 알 수는 없지만, 그래도 여전히 세계를 제어할 수 있다. 심지어 내재적으로는 결함투성이인 우리의 지식조차도 그 어느 때보다도 더 강력하게 작용하는 것처럼 보인다. 한마디로 우리는 가장 높은 산이 얼마나 높은지 정확하게는 알지 못하지만, 그럼에도 불구하고 그 꼭대기에 도달할 수 있으리라 계속해서 확신할 수 있는 것이다.

커다란 한 걸음

세 명의 용감한 청년 닐 암스트롱, 에드윈 올드린, 마이클 콜린스는 1969년 7월 16일, 아폴로 11호를 타고 케이프커내버럴에서 출발해 달로 향했다. 이들은 25만 마일에 달하는 거리를 무사히 지나 나흘 뒤에 달에 도착했다. 콜린스를 모선에 남겨놓은 채, 암스트롱과 올드린은 착륙선 이글호를 타고 달 표면에 내렸다. 우주 비행사들이 내린 곳은 '고요의 바다'라는 지역의 가장자리였다. 암스트롱은 외계의 천체 위에 발을 디딘 역사상 최초의 인물이 되었다. "한 사람에게는 작은 한 걸음이지만, 인류에게는 커다란 한 걸음이다." 그는 전 세계로 퍼진 라디오 방송에서 이렇게 말했다. 암스트롱 다음으로 올드린이 달에 내렸고, 이 두 사람은 그때부터 하룻낮 하룻밤을 달 위에서 보냈다.

그날 밤 북아메리카의 하늘은 무척이나 맑았고, 밝은 달이 거의 보름에 가까워 있었다. 나는 번화하고도 소란스러운 미국의 도시 한 가운데 있었기 때문에 특별히 외롭다는 느낌은 들지 않았다. 하지만 그 두 사람이 얼마나 외로울지에 관해 생각해보았다. 암스트롱과 올드린은 그 거북한 우주복을 입고, 다른 생물이란 단 하나도 없는 천체 위에 외롭게 서 있는 것이었다. 그들의 머리 위로는 아폴로 모선에 탄 콜린스가 선회하고 있었다. 나중에 집에 돌아가기 위해서 모선과 다시 안전하게 합체할 수 있을까? 그들 주위에는 행성 간 우주의 어둠뿐이었다.(물론 그 어둠이야 태양조차 없는 성간 우주의 더 엄청난 어둠이라든지, 또는 별조차 없는 은하 간 우주의 훨씬 더 엄청난 어둠에 비하면 아무것도 아니겠지만.)

그 임무에서는 만사가 원활하게 이루어졌다. 암스트롱과 올드린은 안전하게 모선으로 돌아왔다. 아폴로 11호는 그 용감한 청년들과 달의 암석이라는 귀중한 화물을 싣고 7월 24일 태평양에 안착했다. 하지만 한동안은 지구의 본질적인 고립을 충분히 상상할 수 있었다.

이제 우리는 이 태양계 안에 혼자임을 잘 알고 있다. 이것 역시 우리가 20세기에 배운 또 하나의 중요한 지식이다. 태양계 내에는 다른 생명체가 없으며, 다른 지적 생명체는 두말할 나위가 없다. 우리는 이제 우리 은하에서, 또 어쩌면 우주에서 우리가 혼자뿐인지 여부를 궁금해하게 되었다. 어쩌면 우리 지구야말로 지금까지 존재한 것 중에 유일하게, 또한 앞으로도 유일하게 생명체가 있는 행성인지도 모른다. 우리가 장차 되돌아갈 수 있는, 또는 필요한 경우에 도움을 제공할 모선이 우리 머리 위 하늘에서 돌고 있지는 않다. 우리의 정신보다도 더 강력한, 그리고 우리의 여정을 인도할 역량을 지닌 다른 정신은 그 어디에도 없는 것이다. 지금의, 나아가 미래의 우리 모습은 오로지 우리 자신에게 달린 것이다.

우리 시대의 선견자들은 우리 세계가 직면한 우주 속에서의 고독에 관한 새로운 지식의 아름다움과 상심을 표현할 수 있는 하나의 이미지를 찾아냈다. 바로 최초의 우주인이 찍은 지구의 사진이었다. 그 사진 속에서 지구는 깊고 파란 바다며, 녹색과 갈색의 대륙이며, 떠다니는 흰 구름 같은 경이로운 모습을 고스란히 보여주고 있다.

하지만 내 생각에 그 사진의 의미를 가장 잘 표현하는 이미지는 오히려 우주선 지구, 즉 아폴로 11호에 비하자면 어마어마하게 크지만, 우주에 비하자면 정말 하잘것없으리만치 작은 우주선 지구다. 지구의 어두운 부분을 찍은 사진에서는 도시가 있는 지점에서 수천 개의 불빛 다발이 드러난 것이, 정말 현창에 불을 켠 채로 항해 중인 배의 이미지를 강화시켜준다.

우주선 지구는 인류와 그 피보호 대상, 즉 동물과 식물과 다른 생물이라는 짐을 싣고, 어느 누구도 알지 못하는 운명을 향한 여정에 나섰고, 이제 우주의 공허를 지나서 용감하게 항해하고 있는 것이다. 어쩌면 이들은 그 목표에 결코 도착하지 못할 수도 있다. 그 짐 안에는 자칫하면 우주선 전부를 파괴할 수도 있는 핵무기가 충분히 많이 실려 있으며, 그 사용을 제어할 방법은 전혀 없기 때문이다.

녹색 반란

우주선 지구의 외로움과 허약함에 대한 자각은 다른 무엇보다도 새로운 국제적인 운동의 대두 속에서 환경보호주의자, 또는 녹색주의자를 낳았다. 몇몇 국가에서는 아예 정당으로도 발전한 이 운동의 강령은 다음과 같다. 환경보호주의자는 지구에 좋은 것은 무엇이든지 지지하고, 지구에 나쁜 것은 무엇이든지 반대한다. 오늘날 이 운동은 지지하는 것보다 반대하는 것이 더 많은데, 지구가 직면한 위험들은 그야말로 강력한 무기를 다루는 인간의 부주의함 말고도 얼마든지 더 있기 때문이다.

과학인 동시에 정치적이고 도덕적인 운동이기도 한 환경보호주의(또는 생태학)는 이 세계 ― 우리는 그 세계 위에서, 또 어떤 의미에서는 그 세계 안에서 살아간다 ― 에 관한 우리의 지식의 총체성에 관심을 둔다. 현재의 시대에서 우리는 이 세계가 놀라우리만치 허약하다는 것을 발견하고 있는 것 같다.

수천 년 동안 인류는 땅과 바다와 대기를 마치 본질적으로 훼손 불가능한 것인 양 대했다. 하지만 지식의 성장에서 가장 최근인 그 풍성한 20세기에 들어서 우리는 그러한 견해가 잘못임을 알게 되었다. 물론 일부 환경보호주의자의 주장처럼, 인간이 하는 행동은 무엇이든지 환경에 영향을 끼친다는 것은 항상 진실까지는 아니다. 하지만 우리의 행동 가운데 일부가 과거에는 중대한 결과를 낳았으며, 미래에도 아마 그러하리라는 것은 충분히 진실이다. 비록 우리의 고향인 우주선을 파괴할 운명까지는 아니더라도, 우리는 지금 그 우주선을 변화시키고 있는 것이며, 게다가 그런 변화는 십중팔구 더 나은 변화까지는 아닌 것이다.

1969년에 토르 헤위에르달(1914~2002)은 이집트산 갈대로 만든 배 '라'호를 타고 대서양을 건넜다. 그 당시에만 해도 그는 바다 곳곳에 쓰레기가 떠다니더라고 보고했다. 그는 대양 전체가 인간의 쓰레기며 파편들로 더럽혀지는 것이 아닌지 궁금해했다. 지구상의 모든 대양은 서로 연결되어 있으며, 하나의 생태계를 이루고 있다. 한 장소에 버린 쓰레기는 곧바로 지구 전체의 물을 오염시키게 마련이다. 이미 수많은 어장이 파괴되었거나 상당히 감소했으며, 수많은 해변이 사용 불가능하게 되었다. 광대하고 아름다운 대양은 수 세기 동안이나 인간의 선망과 공포의 대상이었지만, 무려 30억 년이나 지속되어온 살아 있는 유기체 노릇을 조만간 그만두게 될지도 모른다.

우리 머리 위에 있는 대기 역시 하나의 생태계다. 게다가 대기는 대양보다도 훨씬 더 허약하다. 바다에 내버릴 수 없는 쓰레기를 우리는 소각해서 하늘에 내버린다. 하지만 소각은 아무것도 없애지 못한다. 소각은 단순히 쓰레기를 다른 뭔가로 바꿔버리는 것에 불과하다. 따라서 매일매일 대기는 우리가 내버리는 연기와 재와 유독성 가스로 가득 찬다. 이미 지구 곳곳의 대기는 생물 — 나무와 다른 식물 — 에게 너무 유독해졌다. 그런 유독성 공기를 들이마시는 것이 얼마나 위험한지 우리는 모르고 있다. 화석연료의 연소로 인해 지구의 한편에서 생겨나는 산성비는 며칠 뒤에 지구의 다른 한편에 내려서 나무를 죽이고, 호수를 오염시키고, 그 아름다움과 비옥함을 파괴한다. 우리가 자동차의 가속페달을 밟을 때마다, 우리는 자칫 여기서 수백이나 수천 마일 떨어진 곳에 있는 어떤 아이들의 삶을 더욱 괴롭게 만드는(비록 그 아이들을 죽이지는 않더라도) 유독성 물질을 대기 속으로 내뿜는 것이다. 그리고 에어컨과 냉장고에서 나오는 기체는 우리 머리 위 높은 곳에서 치명적인 태양 광선을 막아주는 오존층을 잠식한다.

지구 온실

우리의 꾸준하고도 가차 없는 연소, 특히 화석연료의 연소로부터 비롯된 결과 중에서도 최악은 이산화탄소가 대기 중으로 계속해서 배출되는 것이라 하겠다. 이 무색무취의 기체를 들이마셔 없애는 작

용을 하는 것이 바로 녹색식물이다. 하지만 지금은 이 모든 이산화
탄소를 들이마셔서 일종의 노폐물 — 이렇게 적어놓으니 좀 이상하
긴 하지만, 그 노폐물이 바로 '우리' 인간이 들이마시는 귀중한 기체
산소다 — 을 만들어낼 수 있는 녹색식물이 지구상에 충분히 많지
않다는 것이 문제다. 결국 대기 중 이산화탄소의 양은 지속적으로
늘어만 가는 것이다. 이산화탄소는 한 가지 흥미로운, 그리고 우리
에게는 중요한 특성을 지니고 있다. 이것은 햇빛과 태양열을 지표면
가까이에 가둬두는 작용을 한다. 태양 광선이 대기권을 통과해서 지
표면으로 내려오면, 그로 인한 복사열 가운데 일부는 위로 반사되어
다시 대기권을 빠져나가게 된다. 그런데 이산화탄소 층이 있으면 복
사열이 통과하지 못하고 계속 아래에 남아 있게 된다. 이런 현상을
온실효과라고 부르는데, 지구가 지금처럼 적당한 온도를 유지하는
것도 바로 이 때문이다.

　화성과 금성은 지구에서 가장 가까운 동시에, 크기도 가장 비슷한
두 행성이다. 하지만 그중 어느 쪽도 생명이 살 수 있는 환경은 아니
다. 화성의 대기는 너무 희박하고, 이산화탄소도 너무 적어서 태양
의 온기를 가둬두지 못한다. 혹시나 화성에 생명체가 있었다 하더라
도, 아주 오래전에 얼어 죽었을 것이다. 반대로 금성의 대기에는 이
산화탄소가 너무 많은 것이 문제다. 결국 이 행성에 도달한 태양열
가운데 상당수가 가스 구름 아래에 가둬진 상태로 있다 보니, 한낮
에는 지표면의 기온이 수천 도까지 오른다. 비록 결정적인 증거까지
는 없어도, 그런 환경에서는 아무것도 살 수 없으리라 생각된다. 지
구 대기의 이산화탄소 비율은 쾌적한 삶을 위해 딱 알맞은 정도다.
이것이야말로 매우 위안이 되는 사실이다.

하지만 미래에는 그렇지 않을 가능성이 있다. 1세기가 넘도록 화석연료의 연소는 꾸준히 증가해왔고, 그로 인해 대기 중의 이산화탄소 양도 꾸준히 증가했다. 그렇게 추가된 이산화탄소 때문에, 우리의 세계를 일종의 낙원으로 만들어놓았던 오랜 균형은 이미 깨져버렸는지도 모른다. 비록 조금씩이지만 이미 세계의 평균기온은 올라가고 있다. 어쩌면 앞으로 수십 년, 또는 1세기 내에는 더 빨리 오를 수도 있을 것이다. 만약 그렇다면, 미국 남동부와 중서부는 일종의 사막으로 변할지 모른다. 반면 캐나다는 한때의 미국 중서부처럼 전 세계를 먹여 살리는 곡창지대가 될 수 있을 것이다. 온난화는 그야말로 불가피한 일일 수도 있다. 그걸 멈출 수 있는 방법은 전혀 없을 것이며, 심지어 우리가 모든 화석연료 연소를 오늘 당장 멈춘다고 해도 — 물론 그런 일은 가능하지도 않겠지만 — 마찬가지일 것이다. 사막은 북쪽을 향해 느린 속도로 꾸준히 넓어지면서, 비옥한 땅을 매년 조금씩 잠식하게 될지도 모른다.

그리고 갈수록 세계 인구는 늘어나고, 따라서 그들의 삶을 풍요하고, 편안하고, 생산적으로 만들기 위해서는 점점 더 많은 화석연료를 소비해야 할 것이다.[89]

단단한 땅 역시 훼손될 수 있다. 유독성 물질로 오염되어 더 나빠질 수 있는 것이다. 우리가 만들어낸 쓰레기며, 핵폐기물이며, 유독성 화학물질을 땅에 묻을 경우, 마치 〔공포 영화에서〕 땅을 뚫고 묘지 위로

---

89 최근의 과학 연구에서는 지구온난화의 긴박성에 관한 가장 우울한 예견 일부에 대해 의문이 제기됐다. 저명한 과학자들은 지구가 그 정도로 신속하게 더워지지는 않을 것 같으며, 따라서 아직까지는 위기 상황이라고 할 수는 없다고 말했다. 하지만 온실효과가 전 세계의 평균기온에 중대한 변화를 낳을 것임은 의심의 여지가 없다. — 원주

숫아오르는 분노의 주먹처럼 언젠가는 다시 공포가 대두하게 마련이다. 땅은 점차 사람이 살 수 없게 되고, 물은 점차 사람이 마실 수 없게 되며, 흙은 콘크리트와 아스팔트에 의해 덮이고, 새로운 건조 지대가 늘어나면서, 한때는 더 적은 인구를 충분히 먹여 살렸던 생명 부여의 보상금을 강탈하고 있다.

이런 모든 것에 대한 우리의 새로운 지식이 할 수 있는 일이라고는 기껏해야 우리의 욕망을 줄이고, 우리의 꿈을 좁히는 것뿐이다. 우리는 이런 지식을 싫어하고 기꺼이 부정하려 든다. 우리는 또한 장기간의 생존이 우리의 유일한 희망임을 알고 있다. 그러나 어떤 사람들은 우리의 환경보호주의자들에게 고마운 마음을 지니지 않는다. 우주선 지구의 계속적인 성공을 위해서는 천생 그들에게 의존할 수밖에 없음을 잘 알면서도 말이다.

디지털 컴퓨터와 지식

20세기의 가장 놀라운 발명이 어떻게 해서 지식의 진보의 역사에 자연스럽게 끼어들게 되었는지를 명료하게 보여주기 위해서는 컴퓨터에 관해 약간은 다른 방식으로 이야기를 할 필요가 있겠다.

우선 한 가지 중요한 구분이 이해되어야 한다. 바로 아날로그 컴퓨터와 디지털 컴퓨터 사이의 구분이다. 대략적으로 말하자면 측정과 계산 간의 차이라고도 비유할 수 있겠다.

아날로그 컴퓨터는 지속적으로 변화하는 입력을 측정하는(즉 입력에 대응하는) 측정 장비다. 가령 온도계는 단순한 아날로그 컴퓨터라고 할 수 있다. 자동차의 속도계는 이보다 좀 더 복잡한 기구다. 그 출력장치, 즉 눈금을 따라 위아래로 오르내리는 바늘은 구동축에 연결된 발전기의 전기 출력의 지속적인 변화에 대응, 즉 변화를 측정한다. 심지어 더 복잡한 아날로그 컴퓨터도 제각기 변화하는 출력의 숫자를 좌표에 대응시킨다. 가령 화학 공장의 처리를 제어하는 컴퓨터라면 그 기온, 유량, 압력 등의 숫자를 측정할 것이다.

어떤 체계에 주어지는 입력의 지속적인 변화를 해결하기 위해 사용되는 수학적 도구는 미분방정식이다. 아날로그 컴퓨터는 여러 벌의 미분방정식을 해결하기 위해 고안된 기계라고 할 수 있으며, 그중 일부는 — 가령 일반적인 창문 온도계 같은 것의 경우 — 놀라우리만큼 단순하다.

인간의 두뇌는 아날로그 컴퓨터, 또는 그와 유사한 것이라고 말할 수 있다. 인간의 오감은 외부 세계에서 비롯되는 지속적으로 변화하는 데이터를 지각하고 측정하며, 두뇌는 동시 발생하는 신호를 처리하고 근육에 지시를 내린다. 두뇌는 막대한 숫자의 미분방정식을 동시 발생적으로, 즉 '실시간으로', 다시 말해 그 상황 자체가 변화하자마자 해결할 수 있다. 인간이 만든 그 어떤 아날로그 컴퓨터도 아직까지는 인간의 두뇌만큼 똑같은 시간에 그처럼 수많은 종류의 입력을 처리하지는 못한다.

그런데 인간이 만든 모든 아날로그 컴퓨터는 한 가지 심각한 결점을 지니고 있다. 충분히 정확하게 측정하지 못하는 것이다. 화학 공장에서의 화합물은 몇 가지 서로 다른 방법으로 신속하게 변화한다. 즉 더 뜨거워지거나 차가워지고, 압력이 증가하거나 감소하며, 유속이 더 빨라지거나 느려진다. 이런 모든 변화는 최종 산물은 물론이고, 그 처리에서 미묘한 조정을 가하기 위해 컴퓨터에게 주어지는 지시에도 영향을 끼칠 것이다. 따라서 그 변화를 측정하는 데 사용되는 장비가 중요하다. 그 장비는 이런 변화를 매우 신속하게 반드시 기록해야 하며, 지속적으로 변화하는 정보를 중앙처리장치로 전달해야 한다. 측정에서의 매우 미세한 부정확성은 결국 현저히 부정확한 결과를 만들어낼 것이다.

뭔가를 정확하게 측정하기 위한 측정 장비의 본래적인 능력 자체가 어려움의 원인은 아니다. 오히려 그 장비가 지속적인 변화를 지속적으로 기록해야 한다는 사실로부터 어려움이 비롯되는 것이다. 그 결과로 장비의 기록에는 미세하나마 모호성이 항상 있게 마련이다. 가령 장비가 기온을 섭씨 100도로 기록하는 엄밀한 순간은 언제인가? 그것이 바로 다른 장비가 1000lbs./sq.in.(제곱인치당 1000파운드)의 압력을 기록하는 것과 똑같은 순간인 것인가? 이런 식이다. 아주 미세한 부정확성이 증폭될 경우 — 반드시 그렇게 되게 마련인데 — 그 결과는 대략 1000분의 몇 정도의 오류가 될 수 있으며, 제아무리 뛰어난 아날로그 처리 제어장치의 경우에도 사정은 마찬가지다.

디지털 컴퓨터는 이런 결함을 전혀 갖고 있지 않다. 이것은 현상을 측정하는 기계가 아니라 숫자를 계산하는 기계다. 아날로그 신호는 수신되는 가장 작은 값에서부터 가장 큰 값에 이르기까지 지속적으로 타당한 해석을 지닌다. 디지털 신호는 오로지 타당한 해석의 불연속 숫자만 지닌다. 대개의 경우, 타당한 해석의 숫자는 둘뿐이다. 즉 0 아니면 1, 또는 꺼짐 아니면 켜짐, 또는 검정색 아니면 흰색이다. 따라서 디지털 신호는 항상 명료하며, 결코 모호하지가 않다. 그러므로 완전히 정확한 결과를 내놓을 수 있도록 계산의 조정이 가능하다.

디지털 컴퓨터는 이진법을 이용해서 정보를 처리하지만, 그 출력은 십진법이나 말이나 그림이나 소리나, 우리가 원하는 대로 뭐든지될 수 있다. 이진법에서는 오로지 0과 1이라는 두 가지 숫자뿐이다. 십진수 0은 이진수 0이다. 1은 1이다. 2는 10이다. 3은 11이다. 4는 100이다.(십진수 2는 이진수 10이므로, 십진수의 2 곱하기 2는 이진수의 10 곱하기 10인 셈이다.) 5는 101이다. 8은 1000이다. 16은 10000이다. 이런 식으로 나아가는 셈이다.

이런 숫자는 금세 무척이나 커지게 된다. (십진법에서는) 제아무리작은 숫자의 곱셈조차도 (이진법에서는) 막대한 숫자 열을 동원하게된다. 하지만 이것은 전혀 문제가 되지 않는 것이, 디지털 컴퓨터는매우 빨리 가동하기 때문이다. 10달러짜리 휴대용 계산기는 (십진수의) 세 자리 숫자 두 개를 곱한 결과를 계산할 경우, 불과 1초도 되기 전에 그 답변을 다시 십진수로 내놓을 수 있다. 그 작고 깜박이는빛을 우리가 바라보는 동안, 문제의 마지막 숫자를 입력하는 것과계산기가 그 결과를 산출하는 것 사이에는 사실상 아무런 지체가 없는 것처럼 보인다.

이진수는 십진수보다 훨씬 더 길기 때문에, 우리가 원하는 답변을내놓기 위한 막대한 숫자의 서로 다른 작업들 — 위에서 들었던 사례에만 해도 아마 수천 가지가 될 텐데 — 을 수행하기 위해서는 기계가 필요하다. 하지만 아무리 작고 값싼 계산기라 하더라도 초당 5만 회, 또는 그 이상의 작업을 수행할 수 있다. 슈퍼컴퓨터는 초당 10억, 또는심지어 1조 회에 달하는 작업을 수행할 수 있다.[90] 그러니 우리의 사소한 계산 정도야 이런 기계들에게는 아무것도 아닌 셈이 분명하다.

그럼에도 불구하고 여기에는 문제가 하나 있다. 앞에서 우리는 아날로그 컴퓨터가 측정을 하고, 디지털 컴퓨터가 계산을 한다고 말한 바 있다. 그렇다면 계산과 측정은 과연 무슨 관계가 있을까? 그리고 만약 아날로그 장비를 가지고서는 지속적으로 변화하는 자연현상을 측정하기가 어렵다고 한다면, 차라리 아날로그 신호의 자유를 어느 정도 축소시켜서라도 디지털 신호처럼 단 두 가지 결과 가운데 하나만을 내놓을 수 있게 하는 편이 도움이 되지 않을까?

이 문제는 상당히 오래된 것이다. 고대 그리스의 수학자들은 바로 이 문제 때문에 고민하다가 결국 수학을 완전히 포기하는 데에 이르렀으니, 그들은 동일 단위로 계량할 수 있는 것과 없는 것 사이의 공통적인 수 단위를 찾고 싶어 했지만 뜻을 이루지 못했던 것이다. 이것은 또한 한때 데카르트가 분석기하학을 고안함으로써 — 따라서 그때 이후로는 물리적 물체, 장소, 관계에 엄밀한 숫자 이름을 부여할 수 있게 됨으로써 — 한때나마 해결했다고 잘못 생각했던 문제이기도 했다. 앞에서 살펴보았듯이 뉴턴은 데카르트가 이 문제의 가장 어려운 부분까지 풀지는 못했음을 잘 알고 있었다. 다시 말해서 데카르트의 분석기하학은 움직이는 물체와 변화하는 관계를 다루는 데에는 아무런 도움이 안 되었던 것이다. 뉴턴은 이런 문제를 다루기 위해 미적분법을 고안했고, 우리가 잘 알다시피 그 결과로 나온 것이 놀라운 정확성을 지니고 가동하는 세계의 수학적 체계였다.

뉴턴은 미적분법을 계발하는 과정에서 데카르트가 그로부터 50년 전에 내놓은 원칙을 잘 활용했다. 즉 어떤 문제가 너무 크고 복잡

---

90 2009년에 개발된 미국 오크리지 국립연구소의 슈퍼컴퓨터 '크레이 재규어'는 초당 1,759페타플롭스(1759조) 회의 계산이 가능하다.

할 경우, 그걸 여러 개의 작은 문제들로 나눈 다음, 그 각각을 해결한다는 것이었다. 미적분법이 한 일이 실제로 그러했다. 즉 어떤 변화나 운동[을 나타내는 곡선]을 수많은 계단으로 나눈 다음, 사실상 그 계단들 — 각각이 매우 작은 — 을 한 번에 하나씩 올라가는 것이다. 아래 그림에서 볼 수 있듯이, 곡선을 더 많은 계단으로 나눌수록, 그 계단을 이은 선도 곡선에 더 가까워진다.

이 계단의 숫자가 무한에 가까워진다고(물론 무한에 도달하지는 못하지만) 상상해보면, 그 계단으로 이루어진 선은 우리가 원하는 만큼 실제의 연속적인 곡선에 가까워진다고 생각할 수 있다. 따라서 적분, 또는 미분 방정식의 해(解)는 '결코 절대적으로 정확하지는 않은' 것이지만, 그래도 항상 '우리가 원하는 만큼 정확하게' 만들 수 있으며, 최소한 그 문제에서 가장 정확한 다른 모든 변수들만큼은 정확하게 될 수 있는 것이다.

이것이야말로 특히나 중요한 수학적 발상 가운데 하나이면서, 수학을 모르는 일반인은 종종 이해하지 못하는 것이기도 하다. 물리세계를 다루는 과정에서 수학자는 순수한 수학적 공간에서 누렸던 절대적 엄밀함 — 즉 기초적인 기하학적 증명에서 가령 원은 절대적으로 둥글고, 선은 절대적으로 똑바르고 등등 — 을 포기한다. 현실은 항상 약간씩은 불분명하게 마련이다. 또는 현실에 대한 우리의 측정이 결코 완벽하게 엄밀하지는 않으며, 수학자는 숫자로 표현된 우리의 그런 측정치를 다루어야 하는 것이다.

미적분법의 매력은 앞에서 설명한 원칙에 따라서, 그 측정치의 정밀도에 맞춰 계산의 정밀도를 조절할 수 있다는 것이다. 만약 측정치가 매우 대략적이라면, 계산 역시 매우 대략적일 수 있다. 즉 곡선 안에 들어 있는 계단의 크기가 상대적으로 클 수 있으며, 그럼에도 불구하고 그 문제를 해결하는 데에서 전반적인 정확성의 상실은 없는 것이다. 만약 측정치가 보다 정확해지면, 계산 역시 거기 맞춰서 — 가령 (더 작은) 계단의 숫자를 늘림으로써 — 조절될 수 있으니, 따라서 역시나 아무런 상실도 없는 것이다.

이에 관한 적절한 유비로는 음악적 신호를 일련의 디지털 입력으로 분해해서 디스크 안에 저장해두었다가, 나중에 CD 플레이어와 앰프와 스피커를 이용해 그 신호를 다시 소리로 바꾸는 것을 들 수 있겠다.

소리의 분해는 원래의 출처 — 가령 바이올린이나 한 쌍의 인간 성대 — 로부터 방출된, 그리고 시간상으로 매우 밀접하게 만들어진 신호의 진폭에서 비롯된 일련의 숫자적 측정치로 구성되어 있다. 측정치가 서로 가까우면 가까울수록, 즉 비유적으로 말해서 계단이 더 작고 서로 더 가까우면, 지속적으로 변하는 음악 신호로부터 만들어지는 그림은 더 정확해진다.

이론상으로 그 신호의 디지털 버전은 우리가 원하는 만큼 얼마든지 정확하게 만들 수 있으며, 실제로 매우 값비싼 장비를 이용한다면 충분히 정확할 수 있다. 실제상으로 그 신호는 시스템의 '구성 요소들이 지닌 최소한의 정확성'보다 더 정확할 필요까지는 없다. 다시 말해서 앰프나 스피커의 한계 이상으로 정확할 필요까지는 없다는 것이다. 거의 완벽한 신호를 입력해서 고물 스피커로 출력한다면 아무 소용이 없지 않겠는가.

정확성을 조절할 수 있는 능력이야말로 뉴턴의 미적분법이 거대 세계에서 매우 잘 가동하는 이유라고 하겠다. 반면 결코 완벽하게 정확할 수는 없는 미적분학의 작은 내재적 부정확성은 가령 원자라 든지 핵입자의 미시 세계를 다룰 때에는 어려움을 야기한다. 거기서 는 해(解)가 완전히 과녁을 벗어날 수도 있는 것이다.

튜링머신

디지털 컴퓨터는 마치 미적분과도 같다. 이것은 어떤 문제를 우리 가 원하는 만큼 작은 여러 개의 부분으로 분해한다. 즉 어떠한 종류 의 지속적인 신호도 우리가 원하는 만큼의 불연속의 입력들로 나눌 수 있으며, 그 각각의 입력들은 컴퓨터에 의해 완벽하고 엄밀하게 다루어질 수 있다. 각각의 입력들은 0 아니면 1이기 때문에 아무런 모호성이 없기 때문이다. 하지만 가령 미적분학을 거대 세계에 적용 했을 때와 마찬가지로, 문제 해결에 대한 접근에도 어떤 내재적 부 정확성이 있는 것은 아닐까?

이 질문에 대한 이론적 답변을 제공한 사람은 영국의 수학자 앨런 튜링(1912~1954)이었다. 런던 출신의 튜링은 케임브리지 대학 킹스 칼리지에서 수리논리학을 공부하던 중인 1935년에 「계산 가능한 숫자에 관하여」라는 논문을 썼는데, 이것은 20세기의 컴퓨터 과학 자들의 업적 가운데서도 가장 탁월한 것으로 간주된다.

1937년에 간행된 이 논문은 오늘날 튜링머신이라고 부르는 다용도 기계가 문제 해결을 위해 설계된 각종 장비의 기능을 수행하고, 작업을 할 수 있음을 보여주었다. 이 다용도 기계의 개념은 이후 수십 년간 이루어진 디지털 컴퓨터의 발달의 근저에 놓여 있다.

보다 중요한 점은, 이론상으로 디지털 컴퓨터가 '모든' 아날로그 컴퓨터의 작업조차도 수행할 수 있도록 설계될 수 있다는 점을 튜링의 논문이 보여주었다는 것이다. 이를 다른 방식으로 설명해보자면 이렇다. 그 논문은 '그 결과상으로' 인간의 정신(아날로그 컴퓨터)과 구별이 불가능한 튜링머신(즉 디지털 컴퓨터)이 설계될 수 있음을 증명했다. 따라서 현대 디지털 계산의 창시자인 튜링은 또한 오늘날 인공지능이라고 불리는 것의 창시자이기도 한 셈이다.

이론적인 설계는 충분히 가능했다. 하지만 그런 기계를 실제로 만드는 것은 또 다른 문제였다. 튜링의 천재적인 이론적 증명에도 불구하고, 컴퓨터 과학자 가운데 대다수는 그런 기계가 사람으로서의 일을 수행할 수 있다고는 믿지 않았다. 즉 생각하고, 감각적 입력에 감정적으로 반응하고, 표면상으로는 뚜렷하지 않은 여러 가지 변수들을 고려하여 직관적인 결정을 내리고, 어떤 상황이나 관계의 내력에 관한 감각을 계발한다고는 믿지 않았던 것이다. 내 생각에 튜링의 도전은 — 만약 그것이 가능하다면 — 어쩌면 다음 세기에나 실현될 것 같다. 따라서 이 문제는 이 책의 마지막 장에서 다시 다루도록 하겠다.

하나같이 튜링머신이라고 할 수 있는 디지털 컴퓨터가 처음으로 사용되기 시작한 것은 20세기 중반이었다. 1960년대까지만 해도 디지털 컴퓨터는 여전히 크고, 육중하고, 느리고, 값비쌌다. 진공관 대신 트랜지스터를 사용한 1960년대의 제2세대 컴퓨터는 오늘날 살아 있는 사람 거의 모두에게 새로운 세계를 열어준 컴퓨터 혁명을 시작했다.

1970년대의 제3세대 컴퓨터는 수천 개의 트랜지스터와 다른 장치를 하나의 칩 안에 결합시킨 집적회로를 사용하기 시작했고, 그 덕분에 소형 컴퓨터와 '인텔리전트' 터미널이 가능해졌다.

1980년대의 제4세대 컴퓨터는 크기의 눈부신 축소와 칩 밀도의 증가 덕분에 크기가 1제곱인치의 4분의 1밖에 되지 않는 '초고밀도 집적회로'(VLSI)에 수백만 개의 부품을 담을 수 있게 되었다. 새로운 기술은 한편으로 값싸면서도 성능이 뛰어난 '개인용 컴퓨터'(PC)를 가능하게 했으며, 또 한편으로 어마어마하게 강력한 '슈퍼컴퓨터'를 가능하게 했다. 후자의 경우 1990년대 초 현재 초당 1조 개의 작업을 수행할 수 있다.

제5세대 컴퓨터는 이른바 병렬처리, 즉 여러 개의 별도 작업들 ― 기억, 논리, 제어 등등 ― 을 동시적으로 수행하는 기능을 채택함으로써 인공지능을 향한 더 이상의 주목할 만한 진보를 약속한다. 인간의 두뇌도 ― 병렬을 제외하면 ― 이와 유사하게 작용하는 것으로 간주되며, 1980년대 말까지만 해도 제4세대 컴퓨터 중에서 가장 빠른 것들은 바로 이런 방식으로 작동했다.

기술에 대한 의존성

최초의 완성품이 개발된 지 반세기도 지나지 않은 오늘날, 컴퓨터는 전 세계 모든 선진국 사람들의 삶에 완전히 스며들어서, 말 그대로 이제 우리는 컴퓨터 없이는 살 수가 없게 되어버렸다. 전문가들에 따르면 핵전쟁의 가장 큰 위험은 컴퓨터 네트워크의 전력 공급이 파괴되고, 그 결과로 모든 통신과 정보 시스템이 고장 나는 것이다. 그럴 경우에는 전화를 걸거나, TV나 라디오를 보고 듣는 것뿐만 아니라, 심지어 돈조차도 ─ 우리 주머니나 침대 밑에 넣어둔 현금을 제외하면 ─ 더 이상은 존재하지 못한다. 오늘날 돈 거래는 대부분 전자자금이체(EFT)의 형태로 이루어지기 때문에, 사실상 모든 금융 기록이 종이가 아니라 컴퓨터 메모리에 저장되어 있다.

만약 한 사람만이 아니라 세상 모든 사람이 더 이상은 수표나 예금 계좌나 투자나 미지급금을 가지지 못하게 될 경우, 과연 어떤 어려움이 생길지 생각해보자. 그러면 상품 모두와 서비스 대부분의 제조와 배포와 지불을 위한 시스템 역시 아예 가동되지 않을 것이다. 따라서 우리는 그 즉시 암흑시대로 되돌아갈 것이다. 우리의 상황은 가령 17세기 유럽에서 가장 가난했던 농부의 상황보다도 더 안 좋을 것이다. 그들과 달리 우리는 그런 삶을 어떻게 살아야 하는지에 관해 경험이 전혀 없기 때문이다. 결국 우리 중 상당수가 죽게 될 것이다.

이와 같이 기술에 대한 의존성은 20세기의 전형적인 현상이며, 디지털 컴퓨터처럼 유익하고도 널리 사용되는 기술의 경우에도 예외는 아니다. 지난 100년 동안 인류를 밝혀주고, 즐겁게 해주고, 풍요롭게 해주고, 위로해준 경이의 기나긴 목록을 작성하기란 어렵지 않을 것이다. 그 대부분은 휘발유나 전기로 가동된다. 하지만 새로운 자동차, 냉장고, TV의 공급에서 차질이 빚어진다면 ─ 비록 전력이나 휘발유가 여전히 사용 가능하다 할지라도 ─ 머지않아 우리는 그런 기계들 없이 살아가게 될 것이다. 우리가 계속해서 기계들을 고치는 데는 한계가 있기 때문이다. 미국인은 한때 남녀 모두가 제법 손재주가 있다고 자부했다. 하지만 지금은 작동 원리도 이해하지 못할뿐더러 수리할 수 있는 사람은 더더욱 드문, 기계들이 제공하는 서비스의 수동적인 수혜자가 되고 말았다.

지금 50세 이상의 사람이라면 기술에 대한 의존성이 아직 절대적인 법칙까지는 되지 않았던 시절을 기억할 것이다. 오늘날에도 계속해서 자급자족의 삶을 살겠다고 고집하는 몇몇 특이한 사람들이 있다. 다시 말해서 자신들이 사용하는 기계의 작동 원리며, 그걸 고치는 방법을 모두 — 특히 부품을 구하기 힘든 기계의 경우에는 더더욱 — 알아야 하겠다는 것이다. 하지만 이런 사람들이 습득하는 기술은 지금으로선 그다지 가치가 높아 보이지 않는다. 물론 나중에 가면 다시 높아질 수도 있겠지만 말이다. 1960년대나 1970년대쯤에 우리는 어쩌면 운명적인 한 걸음을 내디뎠는지도 모른다. 즉 대부분의 사람이 위기 상황에서 자력으로 생존할 수 있었던 시대 — 그러나 지금은 과거의 안개 속으로 사라진 시대 — 를 지나 이제는 소수의 사람만 그렇게 할 수 있는 시대로 건너온 것이다.

그렇다면 이걸 위험하다고 봐야 할까? 이것은 우리가 미래를 두려워해야 한다는 의미일까? 말하기가 참 어렵다. 모든 선진국의 자원은 기술적인 영역을 확장하는 데에 투입되며, 사용하기가 더 쉽고 값싸기 때문에 누구나 구입해서 사용할 수 있는 기계를 만드는 데에 투입된다. 우리는 스스로의 삶을 기술 관료의 손에 맡겼다. 거기에는 그럴 만한 이유가 충분히 있는데, 그들은 우리의 삶을 인류 역사상 과거 어느 때보다도 더 쉽게 만들어주었기 때문이다. 그렇다면 궁극적으로는 그들이 우리의 삶을 실패로 돌아가게 만들 것인가?

그건 아무도 모른다. 하지만 내 생각은 오히려 부정적인 쪽이다.

의학의 승리

20세기의 가장 뛰어난 — 컴퓨터만큼이나 위대한, 나아가 '자연적인' 인종적 열등함의 제거며, '우주선 지구'에 대한 증대되는 자각만큼이나 위대한 — 지식의 진보는 바로 전염성 질환의 정복이었다. 물론 이러한 정복은 최근 들어서 비극적인 여파를 얻게 되었지만 말이다.

이 세기의 시작 무렵, 그리고 심지어 1950년대까지도 가령 디프테리아나 백일해 같은 아동의 전염성 질환은 여전히 생명을 위협하는 두려움의 대상이었다. 그러다가 겨우 몇 년 사이에 의사들은 그런 질환들이 나타나는 것을 인식하지 못하게 되었다. 워낙 드물어진 것이다.

발진티푸스와 장티푸스 역시 똑같은 운명을 맞이했다. 아동과 청소년을 장애인으로 만드는 그 무시무시한 소아마비, 그리고 젊은 천재들을 숱하게 파멸로 이끈 결핵은 이해되었고 극복되었다. 폐렴의 경우는 적진 한가운데에서 번성하는 완강한 '병원성 폐렴'의 경우를 제외하고는 모두 치료할 수 있다. 의학적 공격에 여전히 큰 저항력을 지닌 채 남아 있는 거의 유일한 전염성 질환은 아마도 일반 감기일 것이다. 하지만 일반 감기의 경우, 비록 짜증스럽고 불쾌하기는 할망정 인명을 해치는 경우는 드물다.

우리 시대의 가장 극적인 의학적 정복은 바로 천연두의 정복이었다. 수 세기 동안이나 이 끔찍한 질환 때문에 수백만 명의 사망자가 발생했고, 훨씬 더 많은 사람들의 얼굴에 끔찍한 상처가 남았다. 18세기에 백신이 발명됨으로써 그 해악은 크게 줄었지만, 비교적 최근인 1967년까지만 해도 한 해 동안 전 세계적으로 200만 명이 이 질환으로 사망했다.

1960년대에 여러 가지 종류의 치명적인 천연두를 퇴치할 수 있는 백신을 사용할 수 있게 되자, 세계보건기구(WHO)는 드디어 이 질환을 근절시키기로 작정했다. WHO의 프로젝트는 그 비용이며 규모가 어마어마했으니, 어떤 감염자와 접촉한 사람을 하나하나 모두 추적해가는 방식 때문이었다. 제때에 그들에게 백신 접종을 한다면 전염의 확산을 막을 수 있을 것이었다. 이 프로젝트가 시작된 지 겨우 10년 뒤인 1977년에 이르자 새로운 발병 사례는 보고되지 않았다. 1978, 1979, 1980년에도 아무런 사례가 보고되지 않았고, 다만 실험실 바이러스에서 비롯된 두 건의 사례가 예외일 뿐이었다. 1980년대에 이 질환은 박멸된 것으로 발표되었다. 실상 이 질환은 자연환경에서 멸종되었다. 더 이상 그로 인한 피해자가 나오지 않는 것이야말로, 이 질환이 명백히 사라졌다는 증거다.

인간은 전염병 말고 다른 질환으로도 고통을 받았는데, 그런 질환의 경우에는 항생제로 치료가 가능했으며, 전염성 질환은 대부분 백신으로 예방이 가능했다. 이 세기의 의학적 개가의 결과 가운데 하나는 평균수명 기대치의 급속한 증가였다. 하지만 이유야 무엇이건 사람은 결국 죽을 수밖에 없다. 인간은 아직 불멸하는 방법을 깨치지 못했기 때문이다. 지금 당장 결핵 때문에 죽지 않는다 하더라도, 나중에는 심장병이나 암으로 죽을 수가 있다. 그 결과로 심장병과 암은 인간의 삶에서 새로운 두통거리가 되었다.

물론 두통거리이긴 했다. 하지만 25세에 소아마비나 폐렴이나 결핵으로 죽는 것과 75세에 심장병, 뇌졸중, 암으로 죽는 것 사이에는 분명한 차이가 있다. 그 50년의 차이야말로 우리 세기의 과학 연구자들이 우리에게 준 선물인 것이다.

질환은 단순히 의학 연구의 대상이 되었을 뿐만 아니라, 어떤 경우에는 주목할 만한 승리를 거두기도 했다. 생물공학에서의 첫 번째 혁명 덕분에 백신, 항생제, 신약 등이 나오게 되었고, 두 번째 혁명 덕분에 인공 고관절, 심장박동기, 신장 및 심장 이식수술 등등이 나오게 되었다. 여기서도 주목할 만한 결과가 성취되었다.

만약 어떤 아동이 한쪽 팔이나 손을 잃었다면 충분히 나쁘다고 할 만하다. 하지만 오늘날 착용하기에도 편리하고 실제로도 기능하는, 다시 말해서 원래의 팔이나 손이 하던 일을 거의 다 할 수 있는 의수를 갖게 된다면 그나마 낫다고 할 수 있다.

수백만 명의 사람들이 심장 리듬의 교란을 제어하기 위한 심장박동기를 가슴 속에 넣고 돌아다닌다. 이 심장은 여러 해 동안이나 정상적으로 박동하기 때문에, 그들도 덕분에 정상적으로 살 수 있다.

수천 대의 신장 투석기는 신장 질환을 지닌 환자의 혈액을 깨끗이 해준다. 비록 불편하고 번거로운 면도 있지만, 그들은 이런 방식으로 수년 동안 살 수 있다. 이 기계가 없다면 그들은 죽고 말 것이다. 성공적인 신장 이식수술은 이 문제를 완전히, 어쩌면 영원히 해결해 줄 수 있을 것이다.

한마디로 인간의 몸은 살아 있는 유기체인 동시에 기계다. 그러니 여기에 대해서 감상적인 생각을 품고, 그 결과로 고통을 받는다는 것은 어리석은 일이다. 사람의 무릎은 경첩이었다. 사람의 관절은 구관절이었다. 경첩을 수리하고, 구관절을 철이나 플라스틱 부품으로 대체하면, 걷거나 뛰는 일이 다시 한 번 가능해지는 것이었다.

이것은 마법이 아니었다. 이것은 의학이었다. 바로 생명공학이었다.

약품 문화

약품의 역사는 수천 년도 넘었다. 신석기시대, 어쩌면 구석기시대의 샤먼이나 주술사조차도 여러 가지 식물의 치료 효과에 관해 알고 있었으리라. 와인과 맥주, 그리고 더 강한 술에 들어 있는 알코올의 능력 — 삶을 실제보다도 더 낫게 만들어주는 — 은 최소한 B.C. 2000년 전부터 인식되었다. 수 세기 넘게 사용된 여러 가지 마취제 역시 똑같은 결과를 낳았다. 따라서 약품은 20세기의 발명이 아니다. 마찬가지로 우리는 질병의 치료나 증상의 완화를 가져오는 화학물질의 사용을 새로운 것으로 인식하지도 않는다.

그럼에도 불구하고 오늘날 사용되는 거의 모든 약품과 의술은 이 세기 내내 발견된 것이 아니라 유독 지난 40년 동안, 즉 1939년에서 1945년까지 있었던 전쟁의 종식 이래로 발견된 것이다. 몇 가지 측면에서 가장 중요한 약품은 정말 우연한 발견으로 인해 항생제의 시대의 막을 올린 페니실린이었다.

알렉산더 플레밍(1881~1955)은 스코틀랜드에서 태어났다. 1906년에 의학박사 학위를 얻은 그는 인체 조직에 독성을 발휘하지 않는 항생물질의 연구를 시작했다. 박테리아가 여러 가지 감염의 원인이라는 사실은 익히 잘 알려져 있었다. 또한 박테리아를 죽일 수 있다는 사실도 잘 알려져 있었다. 하지만 박테리아를 죽이는 데에 사용되는 독성 물질 — 가령 석탄산 — 은 너무 유독한 나머지, 그걸 사용한 환자의 생명을 위협할 정도였다.

1928년에 고름을 만들어내는 박테리아인 황색포도상구균(*Staphylococcus aureus*)의 배양 작업을 하던 플레밍은 자신의 슬라이드 가운데 하나를 오염시킨 푸른곰팡이(*Penicillium notatum*) 주위에 박테리아가 없는 공간이 나타나는 것을 발견했다. 그 곰팡이는 오래된 빵에서 종종 보이는 것이어서, 아마도 그가 미처 모르는 새에 배양 접시에 담겼던 모양이었다. 흥분한 플레밍은 그 물질을 추출했다. 그렇게 하는 과정에서 그는 그 곰팡이 안에 박테리아를 죽일 수 있는 — 심지어 800배로 희석할 경우에도 그럴 수 있는 — 뭔가가 들어 있음을 발견했다. 그는 이 물질에 페니실린(penicillin)이라는 이름을 붙였다. 다른 연구자들도 항생물질을 집중적으로 연구했고, 그로 인해서 상업적인 약품 제조가 이루어졌다.

페니실린에 반응하는 박테리아가 야기하는 질환 중에는 급성 인두염, 폐렴, 척수막염, 디프테리아, 매독, 임질 등이 있었다. 이 약품은 모든 박테리아에 대해 효과가 있지는 않았지만, 머지않아 플레밍의 사례에서 영감을 얻은 다른 연구자들이 저마다 일조하면서, 오늘날 새로우면서도 더 특화된 약품을 개발하기 위해 수백만 달러가 투자되었다. 그 결과로 역시나 수백만 달러를 더 뽑아내는 산업이 만들어졌다.

플레밍이 기대했던 것처럼, 알레르기 반응을 나타낸 몇몇 예외를 제외하면, 페니실린은 대부분의 사람들에게 독성이 없는 것으로 나타났다. 우리 시대의 의학적 경이에 일조한 다른 약품 가운데 상당수는 심각한 부작용을 낳았기 때문에, 환자는 약을 복용해서 얻게 되는 이득과 그로 인해 부득이하게 벌어지는 부작용의 경중을 따져 보아야 하게 마련이었다. 가령 환자의 질환이 그것 말고는 방법이 없는 말기 암이라면 선택은 충분히 쉬웠다. 약품을 복용하고 암이 정복되기를 바라는 것이었다. 다른 여러 경우에는 이 선택이 훨씬 더 어려웠으니, 약품의 부작용과 그 질환의 고통 사이에 아주 큰 차이가 없었던 까닭이었다.

한 가지 이론에 따르자면, 모든 약품은 어떤 종류건 간에 부작용을 지닐 수밖에 없다. 따라서 어떤 환자들의 경우에는 끔찍한 암 때문이건, 또는 견딜 수 없는 고통 때문이건 간에, 말기의 경우를 제외한다면 어떠한 약품도 복용하기를 거절한다. 그보다 더 많은 환자들의 경우는 자신들에게 도움이 될지도 모른다고 생각되는 약품이라면 어떤 것이든지 간에 사용하려고 한다. 그렇기 때문에 약품 문화가 존재하게 되었으니, 이것은 삶이 괴롭거나 불쾌할 때에는 언제나 약품을 복용해야 할 필요성이라고 정의할 수 있겠다. 이런 약품 가운데 일부는 본질적으로 중독성이 있으며, 약품 복용은 이미 그 자체로 중독성을 지닌다. 이것이야말로 플레밍의 위대한 발견, 그리고 생명을 살리는 발견의 어두운 이면인 것이다.

AIDS의 도전

전염성 질환 중에서도 한 가지 중요한 종류는 성 접촉을 통해 전염된다. 종종 항생제로 제어가 가능하기는 하지만, 내성을 지닌 변종은 치료하기가 어렵다. 전 세계적으로는 성병 — 심지어 매독의 경우에도 — 으로 인한 사망자가 최근까지만 해도 감소하는 추세였고, 그 문제는 이제 충분히 제어 가능한 것으로 여겨지고 있었다.

그러다가 사상 최초로 1979년에 전혀 새로운 질환이 확인되었다. 후천면역결핍증(AIDS)은 면역계를 감염시켜서, 건강한 사람이라면 충분히 이기거나 감내할 수 있는 질환에 대해서조차 신체가 제대로 저항하지 못하게 만들었다.

AIDS는 면역계의 중요한 구성 요소인 T림프구를 감염시키는 바이러스에 의해 야기된다. 초기 증상 중에는 체중 감소, 열, 피로, 림프선의 비대 등이 있다. 면역계가 약화되면서 AIDS를 지닌 사람은 만성 감염이 되는데, 그 원인이 되는 유기체로 말하자면 AIDS에 감염되지 않은 사람이라면 충분히 감내할 만한 정도다. 이런 만성 감염은 항생제나 다른 약품으로 치료가 가능하지만, 궁극적으로 AIDS 희생자는 여러 가지 유형의 암 가운데 하나라든지, 또는 치료에 반응하지 않는 감염을 지닌다. 그렇게 되면 결국 사망하는 것이다.

똑똑한 바이러스는 그 숙주를 죽이지 않는다. 대신 숙주와 영속적인 관계를 맺음으로써 계속해서 살아남으려 할 것이다. 하지만 AIDS 바이러스는 항상 숙주를 죽인다. 지금까지만 해도 그 희생자 가운데 완치된 사람은 하나도 없었으며, 다만 알 수 없는 이유로 인해서 그 사망이 더 빠르거나 늦거나 하는 차이가 있었을 뿐이다. 바로 그 확실한 사망률이야말로 이 질환을 그토록 무시무시하게 만든 요인이었다. AIDS 진단이야말로 사형 판결이나 다름없었다. 아직까지만 해도 도망갈 길은 전혀 없다.

AIDS 바이러스는 돌연변이다. 분명히 수년 전까지만 해도 전혀 없었던 것이다. 어떤 연구자들은 이런 돌연변이가 1970년대에 일어난 것으로 보는 한편, 천연두의 근절과 관계가 있는 것은 아닌가 생각하고 있다. 혹시 지금으로부터 수백 년 전에 다른 바이러스로부터 돌연변이로 나타난 천연두 바이러스가 위협을 받게 되자 또다시 다른 모습으로 변한 것은 아닐까? 지금까지는 이런 가설을 확증해주는 증거가 없다. 하지만 생각만으로도 섬뜩한 느낌이 드는 것이 사실이다.[91]

AIDS는 보통 성행위로 전염되는 질환이다. 하지만 일부 무고한 희생자의 경우는 감염된 혈액을 수혈받음으로써 감염되기도 했다. 다른 무고한 희생자는 AIDS에 감염된 어머니에게서 태어난 아기들이다. 그보다 더 많은 사람은 여러 번 사용한 주사기 바늘 때문에 AIDS에 걸렸다. AIDS의 사례 가운데 대부분은 성행위에서 비롯된다. 하지만 성행위는 사랑과 마찬가지로 인간의 숱한 즐거움 가운데 하나가 아닌가.

전쟁 후에 피임약이 발명되자 전 세계 수백만 명의 사람들이 이전까지만 해도 제어 불가능했던, 그리고 조만간 지구상에 인구를 범람시키게 되리라 위협하던 출산율을 제어할 수 있게 되었다. 피임약은 또한 성의 폭발을 가능하게 했으니, 심지어 이런 현상을 가리키는 '성 혁명'이라는 말도 나왔다.

대개의 경우에 이것은 건강하고도 행복한 발전처럼 여겨진다. 물

---

91 이 책이 나온 지 20년이 지난 지금까지도 AIDS와 천연두 간의 관련성을 확증할 만한 증거는 나오지 않았다. 아마도 이제는 두 가지가 전혀 별개의 전염병이라고 해도 무방하지 않을까 싶다. 다만 AIDS에 대한 공포 못지않게 천연두를 생화학 무기로 사용할 수도 있다는 가능성은 여전히 불안감을 자아내는 요인이다.

론 지나친 면도 있고, 성의 상업적 남용이 모든 경계를 넘어선 것처럼 보이기도 한다. 하지만 성행위가 더 적던 상황에서 더 많은 상황으로 왔다고 해서 전반적으로 딱히 누구에게 해가 되는 것까지는 아니다. 물론 어떤 사람은 무제한적인 성행위의 도덕적 결과를 두려워하기도 하지만 말이다.

그런데 갑자기 성행위도 해가 될 수 있는 것처럼 여겨지게 되었다. 1960년대와 1970년대의 자유롭고 무제한적인 성이 졸지에 건강과 생명을 위협하는 경험으로 바뀌어버린 것이다. 이제는 성행위에서 즐거움을 도모하는 것이 아니라, AIDS라는 끔찍한 처벌을 피하기 위한 안전한 성행위를 도모하는 것이 유행처럼 되었다. 하지만 AIDS에 대한 아무런 치료법과 예방 백신이 나오지 않는 한, 장기적으로 보자면 어떠한 성행위라 하더라도 안전할 수 있겠느냐는 진지한 질문이 떠오른다. 2000년에 이르면 AIDS 사망자는 수백만 명에 달할 것이다.[92] 다음 세기에도 치료법이 발견되지 않으면 수십억 명이 사망할 것이다. 아니면 결코 태어나지 못하거나.

인간의 커다란 쾌락이며 육체적 즐거움인 성행위는 항상 어떤 종류의 위험을 지니고 있게 마련이었다. 그중 일부는 신체적일 수도 있었지만, 대개는 도덕적이고 사회적인 것이었다. 그중 대부분은(매독을 제외하고는) 결코 치명적인 것까지는 아니고 다만 불쾌한 정도에 불과했다.

인류는 아직까지도 낙관하고 있다. 이런 문제에 관해서라면 의사

---

92 2007년까지 AIDS로 인한 사망자의 누계는 전 세계적으로 200만 명 이상에 달했다.

들이 한 번도 우리를 실망시킨 적이 없다고, 따라서 여기서도 성공을 거두게 될 것이라고 생각하는 것이다. 우리는 AIDS의 치료법을, 또는 그 질환을 방지할 수 있는 백신을 요구한다. 거기에 대해서라면 무슨 대가라도 지불할 것이다. 따라서 우리는 조만간 그런 것을 갖게 되리라 기대한다.

하지만 AIDS는 어쩌면 — 그냥 어쩌면 — 영구적으로 예방이나 치료가 불가능한 것으로 드러날 수도 있다. 그런 경우에 인류는 비극적인 양자택일의 지점에 도달할 수도 있다. 번식을 시도하다 죽느냐, 아니면 그냥 죽느냐 하는 것이다.

그런 가능성을 언급한다는 것은 썩 유쾌하지 않다. 따라서 차라리 그런 일이 벌어지지 않으리라고 가정하도록 하자.

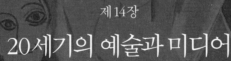

제14장

20세기의 예술과 미디어

'미디어 때문에' 우리는 지금으로부터
1세기 전에 살던 어느 누구보다도 민주주의를 더 잘 이해한다.
'미디어 때문에' 우리는
전쟁에 대한 더 깊은 불신을 지니게 되었다.
물론 아직 충분히 깊은 정도까지는 아니지만, 그런 생각은
대부분의 사람들에게는 매우 새로운 것이다.

미국의 사회학자 해럴드 라스웰(1902~1978)에 따르면 의사소통 이론가는 항상 다음과 같은 질문에 답변해야만 한다. "누가 무엇을 누구에게 말해 무슨 효과를 얻을 것인가?" 이 질문에 완벽하게 답변하기는 종종 힘들다. 특히 효과를 확인하기가 쉽지 않다. 이 질문이 중요하게 인식된 것도 최근의 일이다. 더군다나 의사소통 사업은 점점 더 자의식이 강해졌다. 다시 말해서 그것은 하나의 산업, 그것도 거대 산업으로 인식되는 것이다.

의사소통은 물론 언어만큼이나 오래된 것이며, 어쩌면 언어보다도 더 오래되었을 수 있다. 만약 호미니드가 서로 의사소통을 했다면, 그리고 다소간 효과적으로 수천 년의 세월 동안 그렇게 했다면, 그런 의사소통의 효율성에 대한 측정 시도는 기껏해야 최근 2000년에서 3000년 사이의 일이다. 가령 로마인은 수사학을 교육의 피라미드에서도 정점에 놓았고, 의사소통이야말로 삶의 성공을 위한 가장 중요한 기술이라고 단언했다. 그로부터 2000년 뒤에 전 세계의 선진국에서는 문자 사용 능력을 다른 어떤 지적 성취보다도 더욱 강조하게 되었다. 읽을 수만 있다면 서로 의사소통하는 것이 훨씬 쉬워지기 때문이다.

미디어와 그 메시지들

넓은 대중을 향한 의사소통에 관한 질문을 처음으로 제기한 사상가는 사회학자가 아니라 토론토 대학의 영문학 교수였다. 마셜 매클루언(1911~1980)은 일련의 저서와 논문을 통해서 그 이전까지만 해도 지극히 단순하고 충분히 이해할 만해 보였던 문제를 전혀 새로운 방식으로 고려하도록 했다. 심지어 이런 친숙한 영역에서도 아직 알려지지 않은 것이 무척이나 많음을 그는 우리에게 보여주었다.

매클루언의 근본적인 통찰은 그의 유명한 격언 "미디어는 메시지다"에 표현되어 있다. 이것이야말로 과학자라면 결코 내놓을 수 없는, 다만 영문학 교수에게는 오히려 쉽다고 해야 할 만한 종류의 강조다. 이 진술이 과장된 표현인 까닭에 ― 즉 미디어가 어느 정도까지는 메시지이며, 또한 운반하는 메시지에 항상 영향을 주기는 하지만, 그렇다고 해서 미디어가 메시지 전체는 아니기 때문이다 ― 사회학자며 다른 사회과학자들은 오히려 매클루언을 싫어했고, 전성기에서 20년이 지난 지금에 와서는 그의 사상 자체가 전혀 논의되지 않는 실정이다. 하지만 그의 사상은 예나 지금이나 여전히 진실을 담고 있다.

미디어가 곧 메시지라는 매클루언의 명제의 의미는『미디어의 이

해 : 인간의 확장』(1964)이라는 저서에서 검토되었다. 여기서 매클루언은 여러 가지 과장된 표현을 독자 앞에 내놓는데, 그런 표현은 하나같이 도발적인 동시에 어려운 생각들이다. 그 결과로 인해, 지금은 더 이상 널리 읽히지 않는 이 책이야말로 20세기의 가장 중요한 책 가운데 하나가 되었다.

매클루언은 미디어를 통해서, 또는 미디어에 의해서 의사소통될 경우, 그 미디어가 의사소통의 내용과 효과에 영향을 끼치며, 때로는 심각하게 영향을 끼친다는 사실을 우리에게 이해시키려고 했다. 이는 부인할 수 없는 사실이다. 가령 연극을 영화로 옮겨놓을 경우에는 전혀 다른 작품이 된다. 카메라는 새로운 움직임의 차원을 제공하는 반면, 말은 더 이상 완전한 의미의 짐을 나르지 못하게 된다. 이야기 — 적어도 이야기를 읽는 데에 익숙해진 사람들에게는, 글로 작성된 원래의 형태로도 충분히 영향력 있으리라 여겨지는 — 를 TV 드라마로 바꿔놓을 경우에는 색다른 종류의 힘을 획득하게, 또는 그 효과 대부분을 잃어버리게 된다. 그 외의 다른 예도 무수히 많이 제시할 수 있으리라.

이런 차이는 비단 의사소통의 수신자만이 느끼는 것은 아니다. 송신자, 또는 창조자 또한 똑같은 듯 보이는 것을 의사소통하기 위해 서로 다른 미디어를 차용했을 때에 깊은 차이를 감지한다. 가령 현악사중주단의 경우, 실황 공연에서 청중들의 반응으로부터 일종의 피드백 효과를 얻는다. 다시 말해서 1000여 명의 낯선 사람들과의 음악적인 밀어를 주고받는 과정에서, 스스로도 고양되어 평소 실력을 능가하고 명연을 하게 되는 것이다. 하지만 녹음 스튜디오의 냉랭한 환경에서는 이런 것이 불가능하다. 완벽한 녹음을 추구하는 과정에서 작품의 부분 부분을 계속해서 연주하고, 나중에 가서 그것들을 이어 붙여 실제로는 연주자가 한 번도 연주한 적이 없는 연주를 만들어내기 때문이다. 미디어는 용서를 모르기 때문에 그 최종 산물은 반드시 완벽해야만 한다. 하지만 이런 완벽을 위한 대가로 이들은 실황 공연의 뜨거운, 고양된, 용감한 위대성을 포기해야만 한다.

"미디어는 메시지다"라고 말했을 때에 매클루언은 이러한 종류의 왜곡 이상의 것을 의미했다. 그는 위에서 묘사한 것과 같은 종류의 사소한 차이에는 관심이 없었다. 그는 미디어의 다양한 하위 집단을 뭉뚱그려서 세 개의 커다란 집단으로 나누었다. 구전 전통, 필사 및 인쇄 기술, 전자 미디어가 바로 그것이다. 고대 그리스인이 과학의 대의를 진작시키기 위해 글쓰기를 차용하기 전까지만 해도, "그리스인은 그들만이 사용하는 종족 백과사전의 방식으로 교육을 받았다. 그리하여 살아가는 동안에 발생하는 인생의 대소사를 원만히 처리할 수 있는 지혜를 얻을 수 있었다. 말하자면 시 형태로 쓴 앤 랜더스[93] 인생 상담 칼럼인 셈이다. (……) 표음문자로 정리된 지혜는 호메로스와 헤시오도스와 종족 백과사전의 기능적 지혜를 대신하게 되었다. 그 후 이 분류 정리된 데이터에 의한 교육이 서구 세계의 강령이 된다."[94]

매클루언의 이야기는 계속된다. "그러나 전자 시대에 접어든 오늘

---

93 1943년에 《시카고 선타임스》의 칼럼니스트 루스 크롤리가 만들어낸 독자 상담 칼럼의 담당자 필명으로, 1955년부터 에스터 레더러가 이 필명을 이어받아 쓴 칼럼이 미국의 여러 일간지에 연재되며 폭발적인 인기를 누렸다. 2002년에 레더러가 사망하면서 공식적으로 연재가 중단되었다.

94 마셜 매클루언, 『미디어의 이해: 인간의 확장』(박정규 옮김, 커뮤니케이션북스, 1997), 9쪽. 이 저서의 우리말 번역본은 커뮤니케이션북스와 민음사의 것이 있는데, 앞의 책에는 매클루언의 제2판 서문이 들어 있고, 뒤의 책에는 루이스 래펌의 MIT 출판부 판본

날에서 데이터의 분류는 (……) 패턴 인식으로 나타나고 있다."[95] 데이터는 즉시 움직이고 느긋한 숙고가 끼어들 순간조차도 없이 행동 다음에 반응이 나타나며, 우리로 하여금 자신의 결론을 추론된 사고 보다는 오히려 직관에 의거하여 방어하게 만든다. 각각의 새로운 미디어는 그 자신의 환경을 만들고, 그 환경에 관해서 우리는 대개 인식하지 못한다. 하지만 우리가 인식하건 못 하건 간에, 그런 새로운 환경이 있음은 부인할 수 없다.

실제로는 예술가를 제외하고는 어느 누구도 그런 환경을 인식하지 못한다. 매클루언은 말한다. "진지한 예술가는 차분하게 기술에 직면할 수 있는 유일한 사람이다. 왜냐하면 감각 지각상의 변화를 알 수 있는 전문가이기 때문이다."[96] 피카소, 브라크, 그리고 다른 입체파 화가들은 그런 전문가였으며, 이들은 전자 미디어의 시대가 시작되기 훨씬 오래전부터 그것들이 과거의 선형적이고 문자적인 세계, 즉 직선 기술과 제어된 환상 — 즉 원근법 장치에 의해 제어되는 — 에 의존하고, 또한 그런 기술과 환상에 의해 전달되는 세계를 완전히 파괴하고 말 것임을 알고 있었다. 피카소와 브라크는 원근법의 평면을 산산조각 냈고, 모든 것을 보는 사람의 눈앞에 한꺼번에 내던졌다. 마치 전자 미디어가 수십억의 수동적인 시청자와 청취자에게 그렇게 하듯이 말이다.

서문만 들어 있다. 본문의 인용문은 둘 중에서 더 최신인 민음사의 것에 의거했고, 제2판 서문에서 인용한 부분만 커뮤니케이션북스의 것을 이용했으며, 오역이나 누락을 바로잡고 문맥에 따라 수정했다.

95 같은 곳.

96 마셜 매클루언, 『미디어의 이해: 인간의 확장』(김성기 외 옮김, 민음사, 2002), 51쪽.

미디어로부터의 도피는 우리가 미처 알지 못한 상태에서 움직이는 환경을 만들어내는 그 본래적인 힘을 부정함으로써 이루어지는 것이 아니다. 중요한 것은 미디어가 아니라 그 '내용'이라고 주장하는 것은 "기술에 대한 백치의 감각 마비 상태다. 왜냐하면 미디어의 '내용'이란, 비유하자면 정신을 지키는 경비견의 주의를 딴 데로 돌리기 위해 강도가 사용하는 맛있는 고깃덩어리 같은 것이기 때문이다."[97] 우리는 부정이라는 방어책에 의존할 수 없다. 제대로 가동하지 않기 때문이다. 그렇다면 무엇이 가동할까? 부정이 아니라 완전한 이해, 즉 지식이다. 피상적인 이해조차도 제대로 가동하지 않을 수 있다.

방금 전에 인용한 문장은 미디어 의사소통자가 마치 도둑처럼 자신이 뭔가를 빼앗고 탈취할 희생자의 주의를 흩트릴 준비를 하고 온다는 사실을 암시한다. 하지만 내 생각에는 이것이야말로 매클루언의 착오다. 미디어 예술가들은 새로운 환경 — 과거의 환경과는 전혀 다른 — 을 만들어내는 자신들의 힘을 전혀 인식하지 못하고 있는데, 왜냐하면 새로운 환경의 수동적인 수신자인 우리는 그런 새로운 환경이 어떻게 세계를 변화시켰는지는 전혀 모르고 있기 때문이다. 만약 우리가 진지한 예술가가 아니라고 치면, 그리고 설령 우리가 정말 진지한 예술가라 하더라도, 과연 우리는 그런 변화를 완전히 인식할 수 있을까? 오로지 유비(類比)를 통해서만 가능하다. 다시 말해서, 지금 와서 돌아보면, 우리는 구텐베르크의 새로운 인쇄 기술이 — 즉 그가 이 기술을 순진하게 이 세계에 노출시킴으로써 —

---

97 같은 책, 50쪽.

어떻게 전 세계를 바꿔놓았는지를 알 수 있다. 구텐베르크는 저 경건하고 순종적인 유럽 농부를 졸지에 문자 사용 능력을 지닌 정치적 반항가로 변모시킬 의도는 전혀 지니고 있지 않았지만, 그것이야말로 그의 발명이 성취한 주된 결과 가운데 하나였다. 우리는 이제 무슨 일이 벌어졌는지를 알 수 있고, 유비를 통해서 여전히 매우 미약하게나마 지금 우리에게 무슨 일이 벌어지고 있는지 인식할 수 있다. 그리고 계속되는 21세기에 보다 가속화된 효과를 지니고, 무슨 일이 벌어지게 될지도 말이다.

시각의 혁명: 피카소, 브라크, 입체파

가장 위대한 예술가들은 지금 우리의 삶에 무슨 일이 일어나고 있으며, 미래에는 또 무슨 일이 일어나게 될지를 볼 수 있게 도와준다. 이것이야말로 위대한 예술의 가장 중요한 기여 가운데 하나다.

이 세기의 처음 10년 동안 피카소와 브라크는 파리에서 시각적 혁명의 막을 올렸는데, 이것은 우리가 세상을 바라보는 방식을 결정하는 데에 지금까지도 일조하고 있다. 그게 과연 무엇인지 이해해보도록 하자.

파블로 피카소는 1881년에 에스파냐의 말라가에서 태어났고, 조르주 브라크는 1882년에 파리 근교 아르장퇴유에서 태어났다. 두 사람은 스무 살이 되기 전에 평생의 직업을 선택했고, 긴 생애의 나머지 동안 미술 작품을 창조했다.

1907년 봄에 브라크는 파리 앵데팡당 미술전에 여섯 점의 회화를 전시해서 모두 판매했다. 그해 말에 이르러 그는 작은 현대미술 화랑을 개관한 지 얼마 안 된 화상 D. H. 칸바일러와 계약을 맺었다. 칸바일러는 브라크를 전위파 시인 기욤 아폴리네르에게 소개했고, 아폴리네르는 또다시 브라크를 자기 친구인 피카소에게 소개했다. 그리하여 현대 미술의 역사에서 가장 독특한 협력과 경쟁이 탄생했다.

당시 피카소는 〈아비뇽의 처녀들〉이라는 그림을 그렸는데, 거기서는 심하게 일그러진 여성의 형체가 감상자를 똑바로 보고 있었다. 칸바일러는 그 그림을 사려고 했지만 뜻을 이루지 못하고, 대신 피카소가 그 그림을 그리기 위해 만든 습작만 구입할 수 있었다. 〈아비뇽의 처녀들〉은 화포 틀에서 벗겨 화가의 작업실에 둘둘 말아놓은 상태였다. 피카소가 그 그림을 보여주자, 브라크는 이렇게 말했던 것으로 알려진다. "이것 보게. 자네의 설명에도 불구하고 이 그림은 자네가 꼭 우리더러 〔마치 마술사처럼〕 밧줄을 삼키라고, 또는 휘발유를 입에 머금고 불을 내뱉어 보라고 요구하는 것 같구먼." 그럼에도 불구하고 그 그림에게서 받은 충격 덕분에 브라크는 피카소와 어깨를 나란히 하고 미술계에서 새로운 길을 따라 쏜살같이 달려가게 되었다.

1908년 여름 동안 브라크는 프랑스 남부에서 〈에스타크의 집들〉을 그렸는데, 이 그림은 세잔풍의 두꺼운 질감, 침침한 색깔, 그리고 이상하게도 뒤틀린 원근법을 지니고 있었다. 그는 여름이 끝나자 이 그림을 파리로 가져와서 피카소에게 보여주었다. 이번에는 피카소가 놀라는 한편으로 영감을 얻을 차례였다.

이후 6년에 걸쳐서 두 사람은 거의 매일같이 만났다. 피카소는 브라크의 작업실로 가서 그가 뭘 그렸는지 구경했고, 브라크도 피카소의 작업실을 찾았다. 두 사람은 그렇게 해서 함께 혁명을 가져왔으니,

이는 단순히 그림에서뿐만이 아니라 보는 것에서도 혁명이었다. 평론가 루이 복셀이 앙리 마티스에게 한 언급으로부터, 이 새로운 종류의 미술이자 양식에 '입체파'라는 이름이 부여되었다.

두 사람의 협력은 전쟁 때문에 깨지고 말았다. 프랑스 육군 소속의 예비군이었던 브라크는 1914년에 전선으로 나갔다. 피카소는 기차역에서 멀찍이 떨어진 채 친구를 배웅했다. 브라크는 1915년에 머리에 큰 부상을 입고 수개월간의 입원 치료를 위해 돌아왔지만, 이미 성향이 바뀌어 있었다. 훗날 피카소는 1914년에 작별의 입맞춤을 한 이래로 자기 친구를 결코 다시는 만날 수 없었다고 회고했다.

두 젊은 화가의 경쟁에 파리가 들썩들썩하던 그 멋진 시절에만 해도 피카소와 브라크는 종종 거의 알아볼 수가 없는 그림을 그리곤 했다. 한 사람이 어떤 발상을 얻으면 다른 사람이 그걸 실천에 옮겼다. 그러면 상대방은 거기에 또다시 뭔가 새로운 변화를 가미함으로써 대응하곤 했다. 지나친 단순화일지도 모르겠으나, 두 사람이 그 협력의 기간 동안 하려고 했던 일은 이탈리아 르네상스의 시작 이래로 유럽에서 미술을 지배했던 관념, 즉 그림은 항상 뭔가를 표상해야만 한다는 관념으로부터의 깨끗하고도 완전한 결별이었다. 두 사람의 손에서 그림은 사물의 표상이 아니라 그 자체로 사물이 되었다.

브라크와 피카소는 자신들이 하고 있는 일을 서술하려 시도했지만, 그들의 말은 결코 그들의 작품만큼 유려하지 못했다. 브라크가 남긴 글 중에서는 다음의 것이 아마 그런 서술에 가장 가까운 것이었으리라. "목표는 일화적 사실을 '재구축'(복원)하는 것이 아니라, 회화적 사실을 '구축'하는 것이다."

영국에서는 19세기 말의 화가들로 이루어진 한 집단이 라파엘(라파엘로)과 그 추종자들의 극사실주의(슈퍼리얼리즘) — 본인들이 인식하기에는 그러했다 — 에 대해 반발을 일으켰다. 라파엘 전파(前派)로 자처한 그들은 초기 이탈리아 르네상스 양식의, 다시 말해서 피에로 델라 프란체스카와 산드로 보티첼리 시대풍의 그림을 그렸다. 피카소와 브라크는 어떤 면에서 그보다도 훨씬 더 멀리까지 거슬러 올라간 것은 물론이고, 그야말로 탐사되지 않은 영역으로 뛰어든 셈이었다. 1400년부터 1900년까지 5세기 동안 서양의 화가들은 원근법을 비롯한 다른 여러 가지 장치를 이용해 회화를 현실과 상당히 '비슷하게' 만들었다. 1400년 이전까지만 해도 화가들은 성스러운 사랑과 권능의 현실을 '창조'하기를 원했지, 결코 그런 것들의 표상을 창조하고자 한 것은 아니었다. 이제 1900년 이후로 화가들은 다시 한 번 회화를 — 사물의 그림이 아니라 — 그 자체로 실제 사물로 만들기 위해 노력했다.

피카소와 브라크가 사용한 방법, 그리고 다른 대부분의 진지한 20세기 화가들이 이용하게 된 방법은 그들의 목표보다도 훨씬 더 혁명적이었다. 이미지의 해체와 파괴, 그림의 이차원적 표면의 파괴, 캔버스 위에 이미지뿐만 아니라 글을 삽입하는 것, 추하거나 징그러운 것의 표현 — 실제로 종종 있었다 — 그리고 색채의 '아름다운' 배합이 아니라 충격적이고 불쾌한 사용 등등. 이 모두는 본인들의 말마따나 전혀 새로운 종류의 예술을 창조하고자 했던, 또한 그렇게 함으로써 현대 생활의 혼돈과 혼란과 기묘하고도 좌절된 드라마를 드러내고자 했던 입체파 화가들과 다른 비구상적 화가들의 노력을 반영한다.

13세기에 토마스 아퀴나스는 아름다움을 "보기에 즐거운 것"으로 정의한 바 있었다. 수 세기 동안이나 대부분의 화가는 다른 무엇보다도 자신의 작품에서 아름다움을 창조하기 위해 노력했다. 입체파 이후의 회화에서는 그 명백히 의도적인 추함이야말로 작품을 처음 본 관람객이 가장 충격을 받았던 요소였다.

그런 추함이 대서양을 건너는 데에는 그리 오랜 시간이 걸리지 않았다. 특히 이는 1913년 겨울에 뉴욕의 유명한 현대 예술 전시회인 아머리 전시회를 찾은 관람객들에게 충격을 주었다. 야수파와 입체파 화가들의 작품을 상당수 포함한 이 전시회는 고전적으로 훈련받은 화가들을 격분하게 만들었고 — 시카고의 미술 학도들은 마티스의 허수아비를 만들어서 목매달았다 — 낡은 형식에서 빠져나오고자 하는 필요성을 느낀 화가들을 흥분하게 만들었다. 미국의 화가인 조지프 스텔라, 존 마린, 아서 도브, 조지아 오키프는 이미 시작했던 전위적인 작품을 계속 만들고자 하는 자신감을 얻었다.

이 전시회에서 가장 악명을 떨치고 논란을 자아낸 작품은 〈계단을 내려오는 누드 2〉라는 제목으로 전시된 마르셀 뒤샹(1887~1968)의 입체파 작품이었는데, 이것은 종종 "판잣집 공장에서 터진 폭탄"으로 불린다. 이 표현은 특히나 적절했던 것이, 뒤샹과 다른 입체파 화가들은 실제로 미술과 사고에 폭발을 시작하려 시도했기 때문이다. 19세기 말에 부르주아지에게 충격을 주려 열심이었던 작가들처럼, 그들은 각지의 사람들이 지금 살아가고 있는 새로운 세계에 눈을 뜨게 만들고 싶어 했다. 그들의 행동이 선언한 바에 따르면, 이 새로운 세계는 이전에 있었던 그 어떤 것과도 근본적으로 달랐다.

아이로니컬하게도 이것이야말로 조토, 피에로 델라 프란체스카, 심지어 라파엘로조차 똑같이 하려고 했던 것이었다. 실제로 르네상스 이래 미술사의 사건 중에서도 1908년 가을부터 피카소와 브라크가 서로 벌이기 시작한 경쟁만큼 중요한 사건은 또 없을 것이다. 이 사건은 결국 모든 사람에게 이 세계를 전혀 새로운 방식으로 보는 방법을 가르쳐주었기 때문이다.

폴록, 로스코, 그리고 육각형 방

잭슨 폴록은 1912년에 와이오밍 주에서 태어났다. 그는 가족과 함께, 또는 홀로 방랑을 거듭한 끝에 1930년 뉴욕에 도착했다. 이곳에서 그는 지방주의자[98]인 토머스 하트 벤턴이 이끌던 아트 스튜던트 리그에 들어간다. 그는 벤턴 밑에서 3년 가까이 공부했지만 결코 스승을 모방하지는 않았다. 수년간 알코올의존증 및 마약 복용에서 비롯된 극도의 빈곤과 불행을 겪은 폴록은 1947년부터 '드립 페인팅'이라는 기법을 사용하면서 악명을 떨치게 된다. 캔버스를 바닥에 평평하게 깐 다음, 페인트를 그 위에 붓거나 떨어트리고 나서, 그걸 가만히 바라보되, 때로는 한 번에 몇 주씩 그렇게 하는 것이다. 외관상으로 기행처럼 보이는 그의 행동은 언론의 주목을 받게 되어(《타임》은 그를 가리켜 "잭 더 드리퍼"라고 불렀다.[99]) 경제적 안정도 가져다주었으며, 동시에 미국인 화가가 만들어낸 그림 중에서도 최고작으로 손꼽히는

---

98 1930년대 미국에서 유행한 미술 운동으로 현대의 도시 및 기술 중심 문화에 반발하여 지방색이 뚜렷한 작품을 추구했다.

99 '드리핑'(dripping, 물감 방울 떨어트리기) 기법을 사용하는 폴록의 작품 제작 방식을 19세기 영국의 악명 높은 살인범인 '잭 더 리퍼'(Jack the Ripper)에 빗대어서 붙인 별명이다.

회화를 산출하기도 했다. 그는 1956년에 자동차 사고로 사망했다.

마크 로스코는 1913년에 러시아에서 미국으로 이민 왔을 때 겨우 열 살이었다. 그 역시 젊은 시절에는 방랑을 거듭하다가 1925년에 뉴욕 시에 당도했다. 그는 본질적으로 독학한 미술가였으며, 그의 작품은 항상 극도로 개인적이었다. 1948년에 이르러 그는 오늘날 보편적으로 알려진 양식을 개발했다. 그의 캔버스는 종종 벽처럼 커다랬으며, 고정되지 않은 공간 속을 신비스럽게 떠다니는 색깔 띠들로 이루어져 있었다. 그 단순함은 그야말로 이례적인 것이었다. 하지만 로스코의 회화를 유심히 살펴본 사람이 있다면 또 한 가지를 금세 깨달았을 것이다.

폴록과는 달리 로스코는 생전에 거의 성공을 거두지 못했다. 자신으로부터 많은 것을 빚진 화가들조차도 더 이상 자신을 기억해주지 않는다고 확신한 그는 1970년에 자살했다. 그의 사후에는 유언장의 집행 과정에서 유명하고도 기나긴 법정 다툼이 벌어졌다. 그의 딸이 유언 집행자와 로스코의 화랑 소유주를 공모와 이해 충돌 혐의로 고발했던 것이다. 피고 측은 유죄가 선고되어 막대한 벌금을 물었다. 유산으로 남아 있던 수백 점의 작품은 그의 자녀들과 열아홉 군데 미술관에 분배되었다. 그중에서도 제일 좋은 작품은 워싱턴 DC의 내셔널 갤러리 오브 아트로 갔다.

내셔널 갤러리의 동관은 건축가 I. M. 페이(1917~)의 충격적인 현대식 디자인으로 설계되어 1989년에 개관되었다. 로스코의 대형 작품들은 이 신축 건물의 중앙 전시실에 배정되었다. 여섯 면 모두에 문이 달린 그 육각형 전시실은 이 화가의 작품을 전시하는 데에는 이상적이었다. 여섯 면 중 다섯 면은 그의 작품 중에서도 가장 훌륭한 다섯 점으로 채워졌고, 나머지 한 면에는 폴록의 작품이 있다. 이러한 조합이야말로 특히나 20세기적인 마법이라고 하겠다.

흰색 바탕 위에 검정색과 갈색과 회색의 선이 얽히고설킨 그물을 만들어놓은 폴록의 거대한 작품은 차갑고, 냉정하고, 지적인 느낌을 준다. 다섯 점의 커다란 로스코의 작품은 오렌지색, 자주색, 빨간색의 여러 가지 색조를 이용해 생명의 맹렬한 색깔을 번뜩인다. 폴록의 작품은 몇몇 거대한 무정형 존재의 두뇌였다. 로스코의 작품은 안팎이 다 들여다보이는 그 몸뚱이였다. 폴록의 작품은 수학이고 가설이고 이론이었다. 로스코의 작품은 이론이 제한하고 이해하고자 시도하는 〔그러나 성공을 거두지 못하는〕 단단하고 피로 가득한 현실이었다.

최근 수년 동안 유럽과 아메리카의 몇몇 화가들은 폴록과 로스코 같은 화가들의 추상표현주의 양식에 반대해서, 이른바 포스트모던이라는 사실주의적이고 표상적인 양식을 차용했다. 20세기의 소련 및 사회주의 화가들은 표상주의(표현적 사실주의)를 결코 포기하지 않았다. 아마도 피카소와 브라크가 막을 올린 미술 운동은 오늘날 죽어가고 있거나, 또는 이미 죽었는지도 모른다. 하지만 이 세기 내내 그 운동이 우리에게 뭔가를 가르쳐주었다는 사실은 결코 잊히지 않을 것이다.

도시 혁명: 바우하우스와 르 코르뷔지에

20세기에는 건축에서도 혁명이 일어났으며, 이 혁명은 피카소와 브라크와 다른 입체파 화가들이 막을 올린 회화와 조각에서의 혁명

못지않게 급진적이고도 광범위한 것이었다. 이것은 개별 건물에만 영향을 끼친 것이 아니라, 나아가 도시의 모양과 발상 자체를 바꿔 놓았다.

1919년에 건축가 발터 그로피우스(1883~1969)가 설립한 바우하우스는 독일 바이마르에 있던 두 군데 학교를 하나의 기관으로 합친 곳이다. 그렇게 해서 새로 생겨난 학교, 즉 '건축의 집'은 또한 미술 교육에서 중요한 현대적 경향 두 가지를 가르쳤다. 바로 예술적 훈련과 기술 및 공예였다.

바우하우스의 건축 전공 학생은 고전 및 현대 건축뿐만 아니라 목공과 금속공예와 스테인드글라스와 벽화 같은 공예를 필수로 익혀야 했으며, 그들을 가르친 스승들 중에는 훗날 유명해진 대가도 종종 있었다. 이곳에서는 기능주의와 단순하고 깨끗한 선을 강조한 반면, 장식 등은 배제했다. 1933년에 이르러 나치 정권 때문에 바우하우스가 문을 닫게 되자, 이 학교의 구성원 가운데 몇 사람은 미국으로 이주했다. 라슬로 모호이너지(1895~1946)는 시카고에 새로운 바우하우스를 설립했고, 그로피우스는 하버드 건축대학원의 학과장이 되었으며, 루트비히 미스 반데어로에(1886~1969)는 시카고의 아머 인스티튜트(훗날의 일리노이 공과대학)에 건축학과를 신설해서 훗날 매우 영향력이 커지게 되었다.

바우하우스의 구성원 중에서도 가장 유명한 인물은 아마 미스 반데어로에일 것이다. 유리와 강철로 이루어진 그의 깎아지른 평행육면체, 특히 미시간 호반을 따라 늘어선 시카고 시내의 건물들은 20세기 대전이 끝나고 수십 년 뒤에 수많은 도시 환경에서 모방되었다.

르 코르뷔지에는 본명이 C.-E. 잔느레이며, 1887년에 스위스에서 태어나 1965년에 프랑스에서 사망했다. 그는 30세 때부터 파리에서 살았으며, 건축에 관한 일련의 선언문을 작성해서 발표했다. 이로써 그는 악평만 얻었고 의뢰는 거의 없다시피 했다. 그는 명쾌하게 서술된 원칙들 — 가령 "집이란 사람이 들어가 사는 기계다"와 "구부러진 도로는 당나귀가 다니는 길이고, 곧은 도로는 사람이 다니는 길이다" 같은 — 로 유명해졌다. 그의 저서 중에서도 가장 유명한 것으로는 1925년의 『유르바니즘』과 1948년의 『모듈라』가 있다.

르 코르뷔지에는 특이하게도 어느 설계 공모에 채택된 것이 아니라 오히려 탈락함으로써 명성을 얻게 되었다. 1927년에 그는 제네바의 새로운 국제연맹 건물 설계를 위한 공모에 참가했다. 이때 르 코르뷔지에는 사상 처음으로 거대한 정치적 조직체에 신고전주의 양식의 사원이 아니라 기능적인 사무용 건물을 제안했다. 전통적인 건축가들로 구성된 심사 위원단은 충격을 받은 나머지, 그의 도면이 명시된 규정에 따라 먹물로 그려지지 않았다는 구실을 들어 그 설계안을 탈락시켰다. 르 코르뷔지에는 비록 고배를 마시고 말았지만, 그날 이후로 신고전주의 양식의 사원을 사무용 본부로 짓는 관행은 세계 어디서나 싹 사라져버리고 말았다.

제네바에서의 사건 이후로 르 코르뷔지에는 대규모 도시계획의 설계 의뢰를 종종 받았다. 그가 설계한 건물이 항상 착공된 것은 아니었지만, 적어도 그 설계만큼은 전 세계에 걸쳐 일종의 교의가 되었다. 그의 첫 번째 대규모 도시 건축물은 1952년에 마르세유에서 완공되었는데, 그 18층짜리 '수직 공동체'에 1800명의 주민이 살게 되었다. 부대 복리시설로는 두 군데의 '내부 거리'에다가 상점, 학교, 호텔, 유아원과 유치원, 체육관, 그리고 옥상의 노천극장이 있었다. 이후 30년 동안 세계 대부분의 도시에는 르 코르뷔지에와 그의 제자들이 고안한, 이런 자립 및 자족형의 프로젝트가 더 많이 세워졌다.

15세기 동안 르네상스 시대 건축가는 피렌체에서 훈련을 받았으며, 그 설계에서 원근법과 이성의 법칙에 순종한 '새로운 도시'에 관한 수많은 연구를 내놓았다. 그렇게 그려진 설계 안에는 대개 사람이 전혀 들어 있지 않았다. 그런 초기의 계획 가운데 상당수는 실제로 건설되었지만, 사람의 현존은 이전보다 덜 합리적일망정 더 살기 좋은 방향으로 설계를 변모시켰다.

르 코르뷔지에의 거대한 구상은 도시계획을 극단적으로 바꿔놓았다. 주거지역과 작업장과 공장과 상점이 밀집되고, 사람이 북적거리고, '비합리적인' 19세기의 도시는 그에게는 질색의 대상이었다. 『유르바니즘』이 주장하는 것처럼 그는 이런 도시를 풀과 나무가 심어진 커다란 광장에 의해 분리되는 격리적인 인구 밀집 지구로 대체하기를 열망했다. 그는 주거의 중심지를 만드는 데에는 과거의 배치에 비해서 더 많은 부지가 필요 없다고, 다만 수직으로 조직화되어 하늘 높이 올라감으로써 풍부한 빛과 공기에 에워싸이게 하면 된다고 주장했다.

그 자체로는 매력적이었던 이런 발상은 머지않아 왜곡되었으며, 결국 배반당하고 말았다. 나중의 건축가들은 제한된 부지에서 더 많은 이익을 짜내기 위해, 결국 최소한의 공간에 최대한 많은 사람과 사무실을 욱여넣었기 때문이다. 하지만 이러한 배반은 그리 놀라울 것도 없었으니, 왜냐하면 르 코르뷔지에의 꿈은 본질적으로 반(反)도시적이고, 르네상스 이래로 줄곧 자라온 도시에 관한 발상에 정반대되는 것이었기 때문이다. 그는 군중을 싫어했고, 다른 무엇보다도 남녀와 어린이가 가깝고도 친밀한 공동체를 이루며 살고 일하는 '다

중의 도시'를 없애버리기를 원했다. 그의 비전은 뉴욕 주 올버니라든지, 냉랭하고도 사람이 살 수 없는 브라질의 수도 브라질리아 같은 도시에서 현실이 되었다. 특히 후자의 경우, 인구의 중심지에서 워낙 멀리 떨어진 곳에 건설되다 보니, 지금은 법률에 의해 다른 곳에서 살 수가 없는 공무원만 대부분 그곳에 살고 있다.

여러 가지 이유 때문에, 현대의 도시는 더 이상 지금으로부터 반세기 전에 그랬던 것과 같은 따뜻하고 유쾌한 장소가 아니다. 이런 결과를 낳은 죄인 중에는 르 코르뷔지에와 그의 추종자들도 포함되니, 이들은 자신들의 수직적으로 체계화된 세입자들을 인구의 나머지로부터 격리시키고 보호하기를, 자신들의 수직적 계획을 고속도로로 연결하기를, 그렇게 함으로써 그곳의 거주민이 직장에서 일을 마치고 나서도 전통적인 도시 공간과 부딪치는 일 없이 집까지 차를 몰고 돌아올 수 있기를 도모했기 때문이다. 그 결과로 전통적인 도시 경관은 새로운 종류의 도시 정글이 되었다. 격리된 탑은 점점 더 높이 자라났지만, 어느 누구도 안전하지는 않다. 하늘 속에 있는 자신의 아파트에서나, 이제는 풀도 자라지 않고 사람도 거의 보이지 않는 넓은 광장에서나 상황은 마찬가지다.

문학의 예언자: 예이츠

우리가 지금 살고 있는 새로운 세계 — 우리 대부분은 그저 흐릿하게만 알고 있는 — 에 관해서는 우리 시대의 가장 위대한 문학가 20명가량이 대개는 은유적인 용어를 사용하여 서술한 바 있다. 그런 작가 모두를 살펴볼 수는 없겠지만, 다만 일부라도 이번 장에서 잠시 다루어볼까 한다.

윌리엄 버틀러 예이츠(1865~1939)는 평생 동안 조국 아일랜드에 대한 사랑을, 또 증오와 혐오를 지닌 채로 분열된 삶을 살았다. 신비롭고 비밀스러운 아일랜드의 과거는 그의 가장 깊은 영감의 원천이 되었지만, 한편으로는 아일랜드의 현재, 그러니까 부르주아적 성공을 향한 자기만족적인 추구는 그에게 혐오감을 일으켰다. 그러나 그 것은 그의 가장 위대한 시 가운데 일부를 낳기도 했다. 궁극적으로는 그런 증오와 혐오가 오히려 아일랜드 신화의 어렴풋한 기쁨보다도 더 강력한 영감이 된 것처럼 보인다.

예이츠는 50세가 되어서야 비로소 자신의 진정한 목소리를 찾아냈다. 그는 자신의 이런 탐색이 1916년 부활절에 몇몇 아일랜드인 애국자가 영국인의 손에 처형당한 사건으로부터 도움을 받았다고 생각했다. 그는 「1916년 부활절」이라는 시에서 "무시무시한 아름다움이 태어났다"라고 외쳤다.

1921년에 간행된 『마이클 로바티즈와 춤추는 소녀』는 예이츠가 뒤늦게야 사랑했음을 깨달은 옛 사회를 파괴한 4년간의 처참한 전쟁 동안, 그리고 그 직후에 쓴 시를 모은 것이다. 그중 하나인 「재림」은 아이콘의 지위를 획득했다. 전쟁 동안에 쓰인 다른 작품들 ― 여기에는 우리가 앞서 살펴보았던 프로이트의 논문도 포함된다 ― 과 마찬가지로, 이는 전쟁이 밝혀놓은 새롭고도 무시무시한 세계관을 서술하려 시도했다.

점점 넓어지는 원을 그리며 돌고 있는

매는 매사냥꾼의 목소리를 듣지 못한다.

사물이 흩어지고, 그 중심을 잡을 수 없고,

순전한 무정부 상태만이 세상에 퍼진다.

핏빛 어두운 호수가 퍼지고, 도처에서

순결한 의식은 그 속에 잠겨버린다.

가장 선한 자는 모든 신념을 잃고,

가장 악한 자는 격정에 가득 차 있다.[100]

이러한 묵시록적인 비전으로 인해 괴로워했던 예이츠는 메시아의 재림이 임박했다는 기대, 또는 공포를 품었다. 그렇다면 재림은 과연 어떤 형태를 취할 것인가? "이 무슨 사나운 짐승이, 드디어 제시간이 되자, / 태어나려고, 베들레헴을 향해서 걷고 있는가?"[101]

이 시의 맨 마지막에 나오는 이러한 질문은 단순히 수사학적인 것이 아니었다. 예이츠는 답이 무엇인지 알지 못했다. 그는 오로지 질문을 던질 수만 있었을 뿐이다. 그 답이 "순전한 무정부 상태"가 될 수 없음은 명백하다. 여기서 말하는 무정부 상태(아나키)가 정치적 의미로 좁게 해석된다면 말이다. 하지만 감각과 지성에서의 일종의 무정부 상태는 이미 명백했으며, 최소한 예이츠 같은 천재가 보기에는 그러했다. 이 시가 나온 지 70년이 지난 지금, 우리도 비로소 그런 무정부 상태를 인식하게 되었다. 그리고 마셜 매클루언은 이를

---

100 윌리엄 B. 예이츠, 「재림」, 『W. B. 예이츠 시 전집』(권의무 옮김, 한신문화사, 1985), 244쪽. 인용문은 본문의 문맥에 맞춰 약간 수정했다.
101 같은 곳.

처음으로 분석한 인물 가운데 하나였다.

『인도로 가는 길』

E. M. 포스터는 1879년에 런던에서 태어나 91년 뒤에 코번트리에서 사망했다. 그의 초기 소설은 매력적이지만 어딘가 가벼운 느낌도 있다. 이 작품들은 인간 영혼과 성격의 이상적이고 세속적인 구성 요소 간의 갈등에 관한 그의 관념을 예증하는 것이라 하겠다. 또한 이 작품들은 주요 등장인물을 통해서 전반적으로 사랑과 애정에 관한 낭만적인 견해를 진작한다.

그의 마지막 소설 『인도로 가는 길』은 그가 사망하기 무려 46년 전인 1924년에 간행되었는데, 이것은 또 전혀 다른 문제였다. 비록 포스터의 표준적인 관념들을 연상시키는 요소도 일부분 들어 있지만, 무엇보다 이 작품은 현대의 인간이 직면한 보다 날카로운 갈등 가운데 일부를 사실적으로 검토하고 있다. 매클루언에 따르면 이 책은 "구전적이고 직관적인 동양 문화가 합리적이고 시각적인 유럽식 경험 패턴들과 만날 수 없다는 것을 극화해 고찰한 것"[102]이었다.

이러한 충돌은 마라바르 동굴에서 벌어진다. 이 소설에서 가장 유명한 이 대목에서 젊은 여주인공 아델라 퀘스티드는 바위틈에 깊이 난 이 동굴의 미로 속에서 길을 잃고, 그 와중에 자신이 아지즈 박사

---

102 마셜 매클루언, 앞의 책, 46쪽.

— 이 소설에서는 원시적이고 신비로운 인도 문화의 대표자로 등장하는 — 에게 폭행을 당했다고 생각한다. 동굴에서의 사건 이후, 포스터에 따르면 "삶은 평소처럼 계속되고 있었지만 그 결과물들은 없었는데, 무슨 뜻인가 하면 소리들은 메아리가 없고 생각들은 전개되지 않았다. 만물이 뿌리에서 잘려 망상에 물드는 듯했다."[103]

아델라의 일시적인 당황과 영구적인 지적 혼란은 매클루언의 말마따나 "전자 시대를 사는 서구인의 우화"[104]를 구성한다. "[글을] 보는 것과 [말을] 듣는 것, 존재를 지각하고 조직화할 때 글로 쓰는 것과 말로 하는 것 사이의 궁극적인 갈등은 지금 우리를 덮치고 있다."[105]

어쩌면 정말 그런지도 모른다. 중요한 점은 아델라 퀘스티드가 서양의 엄격하고 직선적인 사고를 상징하고, 인도는 그 원시성과 어마어마한 나이에도 불구하고 전자 기술의 도전을 상징한다는 점이다. 한편으로 서양은 인도의 오랜 구전 및 전통 문화를 정복했다. 또 한편으로 완전히 통합적이고 비공간적이고 비시간적인 인도 문화는 전자 혁명 이전에 통일적이고 지속적이고 연속적인 서양 문화를 지배했다.

그보다 더 중요한 사실은, 최소한 구(舊)동양문화의 입장에서 보자면, 오늘날 서양의 전자 미디어는 문화적 황폐화의 메시지를 실어 나른다는 점이다. 하지만 제3세계 사람들에 비하자면 오늘날은 우

---

103 에드워드 M. 포스터, 『인도로 가는 길』(민승남 옮김, 열린책들, 2006), 180쪽. 정확히 말하자면 (저자의 설명과 달리) 이 문장은 동굴에서의 사건 '이후'가 아니라 그 '직전', 그러니까 동굴로 가는 와중에 주인공의 심리를 묘사하는 대목에 등장한다.

104 마셜 매클루언, 앞의 책, 47쪽.

105 같은 곳.

리 서양 사람들이 오히려 당황과 혼란을 더 겪는다. 사실은 우리가 그런 것들을 야기했음에도 불구하고 말이다.

성과 마술사

토마스 만은 1875년에 독일 뤼베크에서 태어나서 80년을 살았다. 프란츠 카프카는 1883년에 프라하에서 태어나서 40년쯤 살았다. 만은 수많은 작품을 썼지만, 그 어느 것도 카프카의 유명한 두 소설 『심판』과 『성』을 능가하지는 못한다.[106] 그리고 두 사람 모두 인류가 20세기에 살아가기로 선택한 새로운 방식을 기록하고 예견했다.

나는 "살아가기로 선택한"이라는 표현을 썼지만, 상당수의 현대인은 자신들이 살아가는 방식에 관해 불만을 품고, 차라리 지금과는 또 다른 방식으로 살았으면 좋겠다고 말한다. 즉 지금보다 더 예전 시대에 인류가 살았던 방식으로 말이다. 하지만 그런 말이 진심이라고 믿기는 어렵다. 옛날 방식으로 살아가는 것은 비록 힘들기는 할망정 아주 불가능한 일까지는 아니다. 대개는 사람들이 종종 불평해 마지않는 현대 생활의 몇 가지 측면을 포기하고자 하는 결의만 있으면 된다. 즉 현대 생활의 현란함과 광채, 그 긴장과 스트레스, 빠른 속도와 유행하는 천박함을 말이다. 하지만 이런 것들이야말로 정작 사람들이 가급적 포기하지 않으려 드는 삶의 측면들이다.

---

106 카프카의 두 작품 모두 1924년 사망하기 직전에 쓴 것이었지만, 간행은 그의 사후에 되었다. — 원주

『성』의 무대는 어느 산자락에 위치한 마을이다. 하루는 K.라는 사람이 마을에 찾아와서는 당국에서 임명된 측량사라고 신분을 밝힌다. 마을에서 외면당한 K.는 산꼭대기에 있는 성의 당국자들로부터 인정을 얻기 위해 시도한다. 끝없는 노력에도 불구하고, 그는 결코 자신이 구하는 것을 얻지 못한다. 그렇다고 해서 완전히 실패하는 것도 아니다. 그는 계속해서 마을에서 살아가며, 매력적인 술집 여종업원과 사랑에 빠지고, 작은 승리를 몇 가지 거둔다. 이 소설의 줄거리는 전반적으로 비극적이지만, K.는 그런 사실을 전혀 깨닫지 못하는 것처럼 보인다. 그는 불행하지 않다. 비록 그가 추구하는 것은 결코 성공하지 못할 운명이지만 말이다. 사실 이 소설은 비극적인 분위기에도 불구하고 본질적으로는 코믹하다.

『심판』은 어쩌면 방금 설명한 주인공과 같은 인물인지도 모르는 요제프 K.의 이야기인데, 그는 어느 날 아침에 깨어나자마자 자신이 뭔가 심각한 범죄를 저지른 혐의로 기소되었음을 깨닫게 된다. 자신이 저지른 실제 범죄의 성격이 무엇인지를 알아내는 것을 비롯해서, 스스로를 변호하려고 하는 그의 시도는 끝내 성공을 거두지 못한다. 그가 스스로 무죄를 밝히고 용서를 받기 위해서는 뭘 해야 하는지 — 정말 뭘 할 수나 있다고 치면 — 어느 누구도 이야기해주지 않는다. 그는 그 혐의를 벗어야 할 필요를 느끼고 강박적으로 집착하지만, 도대체 그 혐의가 무엇인지에 관해서는 전혀 알지 못한다. 이 책의 말미에서는 그 범죄에 대한 처벌 — 십중팔구 죽음인 듯한 — 의 집행이 무기한적으로 늦춰지기는 하지만, 그가 결코 무죄를 증명할 수가 없다는 사실도 분명해진다. 『심판』은 『성』보다도 더 우울하긴 하지만, 그래도 여전히 코믹한 분위기를 지니고 있다.

두 편의 소설에 대한 해석은 그야말로 끝없이 나온다. '성'은 카프카의 아버지를 상징하는지도 모른다. 〔심약했던〕 카프카는 〔권위적인〕 아버지에게 다가갈 수도 없었으며, 아버지에게 평생 인정받지도 못했다.『심판』에서 주인공이 당한 기소는 어쩌면 카프카의 유대인이라는 정체성인지도 모른다. 20세기 초였던 그 당시만 해도 그 사실이 머지않아 중대한 범죄로 간주되리라는 점을 인식하기 시작한 사람은 오로지 카프카뿐이었다. 하지만 이 두 편의 위대한 소설에 관한 해석은 어떤 것이건 간에 정작 작품 자체를 축소시키고, 그 압도적인 심리학적 진실을 손상시키게 마련이다. 독자라면 누구나 이 소설들이 자신의 삶을 묘사하고 있다는 느낌을 받지 않을 수 없기 때문이다.

동시에 이 소설에 의해 환기되는 삶은 20세기 이전에만 해도 결코 겪을 수가 없었던 것이기도 하다. 카를 마르크스는 무슨 일이 벌어지고 있는지를 정확히 간파하고 이렇게 선언했다. "모든 단단한 것들은 공기 속에 녹아버린다." 과거의 견고한 기반은 무너지고, 모든 것은 떨어져 나가고, 중심은 잡을 수 없고, 우리는 마라바르 동굴 속에서 길을 잃고, 어느 누구에게도 더 이상 존재하지 않는 정당화를 추구한다.

토마스 만의 작품 가운데 상당수는 예술가 본인의 문제를 다루고 있으며, 우리 시대의 어느 누구도, 그리고 어느 시대의 다른 누구도 예술가의 인성을 그만큼 깊이 탐색하거나, 또는 예술적 천재의 작품을 그토록 명료하게 서술한 적은 없었다. 가령『토니오 크뢰거』나『베네치아의 죽음』같은 소설은 보편적인 동시에 어느 시대에도 속하지 않는 것이다. 하지만 만은 20세기 대전이라는 대격변 속에서 자신이 사랑하는 독일, 그리고 그보다는 약간 덜 사랑하는 유럽이 겪을 운명을 무시할 수 없었다.

『마의 산』은 『인도로 가는 길』과 같은 해인 1924년에 간행되었다. 카프카의 『성』은 같은 해 6월에 저자가 사망했을 때에도 여전히 미완성으로 남아 있었다. 만의 소설 제목에 등장하는 산은 카프카의 작품에 등장하는 성과도 비슷하다. 두 가지 모두 영원한 분투의 대상이며, 그 분투는 결코 성공하지 못할 운명인 것이다. 만의 소설 주인공인 한스 카스트로프는 결핵에 걸렸기 때문에 그 산비탈에 도달할 수 있었다. 일단 완치의 길에 접어들고 나면, 그는 다시 한 번 평지로 내려가야 한다. 매슈 아널드의 기억에 남을 만한 구절을 빌리자면 그 평야는, "상대방을 분간 못 하는 군대들이 야간전투를 벌이는"[107] 곳이었다.

『마의 산』은 매우 긴 데다, 카프카의 두 걸작의 특징이라 할 수 있는 일관성이 결여된 것이 단점이다. 하지만 만은 이 작품으로 카프카에 맞먹는 문학적 위상을 성취했으며, 그 외의 다른 여러 단편소설은 물론이고 마지막 소설인 『사기꾼 펠릭스 크룰의 고백』(1954)에서도 마찬가지였다.

우리 시대에 나온 단편소설 가운데 「마리오와 마술사」(1929)만큼 완벽한 작품은 없을 것이다. 이 소설은 과거의, 애정 넘치는, 그리고 정당한 관계를 빼앗겨버린 채로 미래의 광포한 일격에 노출된 삶의 공허함을 드러내고 있다. 이 소설의 주인공은 전형적인 독일의 해수

---

107 매슈 아널드, 「도우버 해협」, 『빅토리아조 영시』(이명섭 옮김, 탐구당, 1976), 170쪽.

욕장에서 빈둥거리는 어느 독일인 가족이다. 태양이 계속해서 내리쬐고, 나태함이 모두를 사로잡는 가운데, 그곳의 호텔에서 일하는 매력적인 급사 마리오는 좋은 인간성과 성격 덕분에 손님들 모두의 사랑을 받는다. 여러 가지 차질에도 불구하고, 주인공 가족은 애초에 의도했던 것보다도 훨씬 더 오래 호텔에 머물러 있는데, 하루는 어느 유명한 마술사의 공연이 공지된다. 아이들은 공연을 보러 가고 싶어 안달하고, 가족은 표를 사서 공연장으로 찾아간다.

마술 공연은 흥미로운 한편 위협적이기도 했다. 십중팔구 사기꾼인 듯한 마술사는 제일 쉬운 묘기 몇 가지 빼고는 그야말로 무능하기 짝이 없지만, 차마 저항할 수 없는 기묘한 힘을 가지고 관객을 사로잡는다. 주인공 가족은 떠나고 싶지만 왠지 그럴 수 없음을 깨닫는다. 뭔가가 그들을 계속해서 의자에 앉아 있게 만드는 것이다. 마침내 마리오가 무대 위로 불려 나가 그날 저녁의 마지막 묘기를 도와주게 된다. 마술사는 [최면을 걸어서] 마리오를 망신 주면서, 그야말로 굴욕적인 방식으로 행동하도록 만든다. 최면에서 깨어난 마리오는 복수의 기회를 얻지만, 본인은 물론이고 그의 쾌활함과 버젓함 때문에 그를 좋아하고 존경한 사람들에게는 결코 만족스러운 복수가 아니었다. 사실 여기에는 아무런 치료법도 없었다. 다만 이 공연이 언젠가는 끝나기를 바라는 바람뿐이었다. 어쩌면 이 공연은 영원히 지속될 수도 있었지만 말이다.

토마스 만은 이 이야기가 그 당시에 이탈리아를 휩쓸고 여러 독일인까지 감염시킨 파시즘에 관한 은유였다고 시인했다. 다른 위대한 단편소설과 마찬가지로 「마리오와 마술사」는 그 소재의 출처보다도 훨씬 더 우뚝 솟아올랐다. 20세기는 현실과 환상을 구분하기가 어려움을 발견했는데, 부분적으로는 과거와 같은 종류의 현실은 덜 현실적이 되었으며, 환상의 창조자는 워낙 숙련되었기 때문이다. '기만의 달인'들은 이미 우리 주위에 가득한 것만 같다.

『고도를 기다리며』

사뮈엘 베케트(1906~1989)는 더블린에서 태어났지만 1937년 프랑스에 정착해서 생애 대부분을 그곳에서 살았다. 그는 프랑스어로 작품을 써서 영어로 번역하거나, 또는 그 반대의 과정을 거쳐 작품을 냈다. 1942년부터 1944년의 전쟁 시기에는 레지스탕스 활동을 했다. 그는 오랫동안, 천천히, 매우 공들여 글을 썼지만, 첫 책이 간행된 것은 1940년대 후반의 일이었다. 『고도를 기다리며』는 1953년에 파리에서 공연되어 대단한 성공을 거두었다. 1956년 뉴욕에서 공연되었을 때에는 더욱 큰 성공을 거두는 동시에 대단한 논란을 불러일으켰다. 수많은 사람들이 이 작품을 조롱하러 극장에 찾아왔다가, 베케트야말로 연극 분야에서 완전히 새로운 목소리임을 깨닫고 돌아갔다. 그를 비웃을 수 있다고 생각한 사람들은 곧이어 그런 행동이 결국 자신들 스스로를 비웃는 것이나 다름없음을 알았고, 눈물을 떨어트렸다.

『고도를 기다리며』에는 동작이 거의 없다. 더군다나 주인공인 에스트라공이나 블라디미르, 또는 이 연극의 두 막 동안 주인공 곁을 지나가는 포조와 럭키가 하는 말 중에는 중요하거나 기억할 만한 내용이 전혀 없다. 디디와 고고는 고도를 기다리지만, 그는 오지 않는다. 어쩌면 그는 영영 오지 않을는지도 모르지만, 두 사람은 매일같이 날이 저물도록 기다리고, 다음 날이 되면 또다시 그곳으로 돌아와 기다린다. 그들은 이것이 우리의 삶과도 비슷하다고 말한다. 지루하고, 혼란스럽고, 반복적이고, 슬픔과 불의와 고통으로 가득하다고 말이다. 어디로도 이어지지 않는 길 위에서 오지 않는 한 사람을, 결코 지켜지지 않는 약속을, 이뤄지지 않는 목표를 기다리며 무엇을 할 수 있을까? 그들은 서로를 즐겁게 하고, 이야기를 하고, 춤을 추고, 불평을 하고, 넘어지면 서로 일으켜준다. 이것이야말로 삶에서 환상과 기만이 사라졌을 때, 그 성취조차도 별 의미가 없는 사소한 목표를 빼앗겼을 때 우리가 살아가는 방식이다.

> 블라디미르: 덕분에 시간은 잘 보냈다.
> 에스트라공: 시간이야 안 그래도 지나갔을 텐데 뭐.
> 블라디미르: 그야 그렇지만 훨씬 더뎠을걸.[108]

1957년에 런던에서 초연된 『막판』에 비하자면 『고도를 기다리며』는 그나마 대사가 많은 편이다. 여기에는 네 명의 등장인물이 나오는데, 햄과 그의 하인(?)인 클로브, 그리고 햄의 아버지(?)와 어머니(?)인 내그와 넬이다. 여기서 괄호 안에 물음표를 적어놓은 까닭은 단순히 독자를 약 올리기 위해서가 아니다. (어디까지나 추측일 뿐, 정말 그런 건지 아닌지는) 나도 모르기 때문이다. 무대 장면은

---

108 사무엘 베케트, 『고도를 기다리며』(오증자 옮김, 민음사, 2000), 80쪽.

그야말로 특이한데, 하얀 상자에 높고 커튼 쳐진 두 개의 창문이 나 있다. 혹시 이것은 사람(즉 햄)의 머릿속을 나타내는 것일까? 두 개의 창문은 그의 눈이고, 세계의 '오물 더미'에서 바깥을 내다보는 것일까? 넬과 내그는 쓰레기통 속에서 살며, 거기서 저마다 머리를 쑥 내밀고, 몇 마디 대사를 한 다음, 다시 안으로 쑥 들어간다. 햄과 클로브는 언쟁을 하고, 싸움을 벌이고, 서로에게 노래를 불러주고, 구조를 요청한다. 마침내 클로브가 떠난다. 그는 돌아오지 않을 것이다. 햄은 손수건으로 자기 얼굴을 덮는다.

삶과 드라마를 최소한의 요소로 축소시킨 이 두 편의 연극이 관객에게 발휘하는 힘이 어느 정도인지는, 직접 본 사람이 아니라면 상상하기가 쉽지 않을 것이다. 한번 경험하고 나면, 그 몇 안 되고 듬성듬성한 대사를 읽는 단순한 행위조차도 그때의 긴장감과 공포를 상기시킬 것이다.

매스미디어와 교육

이 세기 초에 위대한 미술가들에 의해 시작된, 또는 최소한 표현된 시각적이고 도시적인, 또는 사회적인 혁명은 매클루언이 보여주었던 것처럼 매스미디어에 의해 지속되었다.

20세기 말에 들어서 컴퓨터가 일상생활에 널리 스며들었지만, 우리가 직접 컴퓨터를 갖고 일하지 않는 한 그 존재는 대개 눈에 보이지 않는다. 컴퓨터는 우리의 삶을 제어하지만, 대개 우리의 삶을 방해하지는 않는다. 의학 기술 또한 어디에나 있지만, 필요한 경우가 아니라면 별로 신경 쓰지 않는다. 그러나 미디어는 회피하거나 무시할 수가 없다. 마치 LA의 스모그처럼 미디어는 항상 우리 주위에 있다. 우리는 거기서 도망칠 수 없다.

1929년에 에스파냐의 철학자 호세 오르테가 이 가세트(1883~1955)는 『대중의 반역』이라는 책을 썼다. 여기서 그는 정치 및 기술 변화의 결과로 최근에야 권력을 지니게 된 보통의, 교양 없는 개인으로 이루어진 대중에 의한 지배를 당시 유럽 사회의 특징으로 지적했다. 이 생각은 대서양 양편의 지식인들에게 적극적인 지지를 받았다. 그들은 상당 부분 오르테가와 의견을 같이했다. 즉 만약 무엇이 자신들에게 정말로 좋은지만 알게 된다면, 교양 없는 대중은 교양 있는 소수에게 기꺼이 사회적 통제권을 양도하리라는 것이었다.

그 이론에 따르면, 소수는 그 대가로 다수에게 이전까지 받았던 것보다도 훨씬 더 좋은 교육을 제공하는 책임을 수행할 것이고, 그렇게 함으로써 다수는 그들의 멘토로 자처하는 자들이 누리는 높은 수준의 교양까지 올라간다.

이것은 순수하고도 간단한 엘리트주의지만, 그와 동시에 또 다른 무엇이기도 하다. 이 태도는 민주적인 평등의 맹공 앞에서 희미해지는 것 같았던 탁월함에 대한 토크빌의 탄식으로까지 거슬러 올라간다. 그 모든 불의에도 불구하고, 구체제는 우아하고 아름답고 '보기에 즐거운' 건물이며 예술 작품을 생산했다. 현대의 민주주의 및 사회주의 체제에 사는 사람들은 둔중하고 추한 건물들과 황량한 네온사인 번쩍이는 식품점을 만들었다. 전 세계 어디서나 베스트셀러는 만화책이고, 고전음악의 위대한 전통은 이고리 스트라빈스키가 무대에서 사라진 1971년 이후로 종말을 고해서, 그때 이후로는 세계적으로 존경받는 작곡가를 하나도 낳지 못했다. 뉴턴 미노가 지금으로부터 30년 전에 단언한 것처럼, TV는 여전히 "거대한 황무지"다.[109] 정말로 흥미로운 것은 광고뿐이지만, 그것은 진실을 정확히 말하지 않는 사업에 속한다. 좋은 상품과 아이디어의 나쁜 모조품을 값싸게 대중에게 팔아넘기기 원하는 똑똑한 기만의 달인들은 대중에게 거짓말을 하고, 사기며 협잡을 친다. 그중에서도 최악은 대중이 '더 나은 사람들'에게 기만당하는 데 만족해한다는 것인데, 왜냐하면 그들은 인류 역사상 처음으로 행복하다고 생각하기 때문이다.

내가 말한 것처럼, 그런 변화에는 어떤 진실이 있지만, 그렇다고 해서 아주 많은 진실까지는 아니다. 민주주의적 대중 개인을 아주 잘 이해하기 위해 시도해본 사람이라면 누구나 알게 되었듯이, '그'는 결코 이른바 '더 나은 사람들'이 생각하는 것만큼 바보까지는 아니기 때문이다. 그 한 가지 이유는 그가 과거에 살았던 어떠한 인류보다도 정말로 더 행복하다는 점이니, 특히 서유럽과 북아메리카의 선진 개발국에 사는 사람들이 그러했으며, 다른 장소에서도 마찬가지였다. 비록 평등이 지상의 모든 사람들에게 임박한 것까지는 아니더라도, 거의 모두의 시야에 들어올 정도로 가까운 것은 사실이었다. 정치적 평등과 함께 경제적 평등, 즉 대부분의 사람이 경험했던 것보다도 더 나은 삶을 살아갈 수 있는 기회도 도래했다. 보다 편안하고, 안전하고, 건강하고, 길고, 창의적 가능성에서 풍요한 삶을 말이다.

---

109 미국의 법조인 뉴턴 N. 미노(1926~　)는 1961년부터 2년간 연방통신위원회(FCC)의 위원장으로 재직하면서 본문에 언급한 바와 같이 TV의 상업방송을 비판하는 발언으로 인해 큰 논란을 불러일으킨 바 있다.

우리 시대의 대중 교육은 아마도 역사상 어떤 인류도 누리지 못한 최고의 교육까지는 아닐 것이다. 한 가지 이유는 20세기가 다른 문제에도 정신이 빼앗겨 있었기 때문이다. 하지만 지구상의 상당 부분에서 대중이 이용할 수 있었던 교육은 그 이전의 것에 비하자면 더 낫고, 더 풍부하고, 더 영감을 주는 것이었다. 대중 개인은 학교에 다니거나, 또는 자녀를 학교에 보냈다. 학교는 비록 최선의 상태까지는 아니었지만, 그나마 있다는 것만 해도 대단한 일이었다. 불과 1세기 전만 해도 대부분의 사람은 학교의 혜택을 전혀 받지 못했으니까.

게다가 대중 개인의 자녀는 단순히 학교에서만 뭔가를 배우는 게 아니었다. 아침 7시에 TV를 켜서 하루 온종일 그대로 두었다. 대중 여성은 하루 종일 집에서 TV를 시청했고 — 물론 지금은 그렇게 하루 종일 집에 있는 사람이 더 드물어졌지만 — 대중 아동은 학교에서 돌아오면 TV를 시청했다. 온 가족이 저녁마다 몇 시간씩 TV를 시청했다. 사회학자들은 사람들이 TV에 중독되었다고, 즉 브라운관의 번쩍이는 파란색에는 사람들을 최면 상태로 만드는 뭔가가 있다고 말한다. 이것은 물리적인 빛에 대한 중독이 아니라 또 다른 종류의 빛에 대한 중독이다. 이것은 20세기의 마지막 몇 년 동안 세계의 거의 모든 집에 들어온 정신의 빛이다. 새로운 지식이 가져온 빛인 것이다.

아동심리학자 겸 테라피스트인 글렌 도먼에 따르면 아기는 태어날 때부터 배움을 향한 열의를 지닌다. 어머니들은 누구나 이런 사실을 잘 알고 있으며, 광고업자들, 특히 TV 광고업자들 역시 이런 사실을 잘 알고 있다. 그런데 상당수의 교육가들은 이런 사실을 모르고 있는 듯하다. 교육가들은 너무 조금이거나, 또는 너무 늦는 바람에 아이들을 지루하게 만든다. 광고업자들은 그렇게 어리석지 않다. 이 세상이 어떻게 돌아가며, 모든 사람들이 그 안에서 뭘 하는지를 아이들이 최대한 빨리 알고자 '원한다'는 사실을 그들은 잘 알고 있다. 따라서 그들은 불과 30초짜리 광고 한 편에 대중 아동을 향해서 한 학기 정도 분량의 놀라운 움직임과 재미있고도 놀라운 사실을 내던진다. 그게 항상 사실이어야만 할까? 물론 그렇지는 않다. 하지만 학교에서 가르치는 지식도 마찬가지다. 그게 재미있는가? 물론 그렇다. 아동이 공식적으로 배우는 것보다도 더 그렇다. 광고는 아동의 이득을 그 스스로의 이득보다 앞세워서 추구하는가? 물론 그렇지는 않다. 하지만 교사들은 모두 그렇게 한다는 말인가?

대중 아동은 TV를 보는 것으로부터 읽기를 배울까? 어쩌면 그럴 수도 있고, 어쩌면 아닐 수도 있다. 하지만 모든 아동이 학교에서 읽기를 배우는 것은 아니지 않은가? 만약 그런 경우, 아동이 읽기를 배우고 싶어 하도록 누가 충분히 노력하는 것까진 아니지 않은가? 최소한 광고는 교묘한 방법으로 아동이 상품의 이름을 읽을 수 있도록, 그리하여 슈퍼마켓에서 그 이름을 알아보고 엄마의 치맛자락에 매달리도록 만들어준다.

매스미디어는 오늘날 미국의 젊은 성인 가운데 4분의 1이 실질적으로 문맹이라는 사실 때문에 비난을 받는다. 비판자들은 지금으로부터 150년 전보다 그 비율이 더 높다면서, 대중 아동이 집에서 숙제를 하기보다는 TV 보는 것을 더 좋아하기 때문에, 결국 이 모두가 TV의 탓이라고 주장한다. 이런 어렵고도 혼란스러운 문제의 진실을 알아내기는 어려운 일이다. 하지만 한 가지는 명백하다. 문자 사용 능력은 과거와 달리 세속적 성공으로 가는 확실한 열쇠까지는 아니며, 또한 문자 사용 능력을 [지니고 싶어 하지 않는 사람보다는 오히려] 지니고자 하는 사람이 더 많으리라는 점이다. 대중 개인은 다른 모두와 마찬가지로 자기 발로 투표하러 간다. 즉 자신의 선호를 자기가 하는 말로 표현하는 것이 아니라 자기가 하는 행동으로 표현하는 것이다.

그렇다면 과연 무엇이 문자 사용 능력을 대체할 수 있을까? 오락실에서의 성공을 이끌어낸, 그리하여 또래 사이에 명성을 얻게 된 민첩한 손가락 놀림일까? 문자 사용 능력은 있지만 섬세하지 못한 정신을 지닌 타이피스트가 옮겨 적도록 뭔가를 구술하는 어떤 정신의 예민성일까? 프로 스포츠에서 스타덤에 오를 수 있는 손발의 특정한 기술일까? 음반 레코딩 계약을 성사시킬 수 있는, 여러분 안의 영혼을 해방시키는 특정한 재능과 능력일까? 이런 새로운 경력 가운데 몇 가지는 어마어마한 — 그러니까 "어마어마하다"라는 말의 진짜 의미에 딱 어울릴 만한, 동화에서 요정 대모가 주는 것과 같은 — 보상을 가져온다. 대중 아동과 대중 청년이 차라리 문자 사용 능력보다 오히려 그걸 더 원하는 것도 놀라운 일은 아니다.

그렇다면 대중 개인이 제대로 교육받지 못한 것이 매스미디어의 잘못인가? 정말 그런 건가? 어떤 면에서는 정말 그렇다고 가정해보자. 그들이 받는 교육은 그들의 조부모가 받은 교육과 전혀 다른 것이다. 1세기 전에만 해도 대부분의 사람은 정식 교육을 전혀 받지 못했다. 혹시나 학교에 갈 수 있었다면, 읽고 쓰고 세는 법을 배웠을 것이다. 역사를 약간 배우고 외국어를 드문드문 배웠을 것이다. 심지어 철학도 약간 배웠을 것이다. 하지만 그걸 배워서 뭐에다 써먹는단 말인가? 그들은 현대 세계를 만들었고, 이 세계에서는 미디어가 그들의 손자 손녀를 교육한다.

미디어에 관한 이 모든 질문에 대해서는 충분히 논쟁적인 찬반양론이 있다. 어쩌면 여기에 대해 일종의 대차대조표를 그려보아야 할 것이다. 우선 매스미디어가 우리의 지적인 — 물론 여기서는 그 단어의 가장 넓고도 가장 진실한 의미에서 "지적인" 것을 말하며, 학자들을 제외하면 거의 관심이 없는 협소한 학문적 의미에서 "지적인" 것을 말하지는 않는다 — 삶을 지배한다는 것이 사실이라고 시인하도록 하자. 그렇다면 최우선의 질문은 과연 미디어가 없는 편이 우리에게 더 나은가 여부다.

놀라운 일은 아니겠지만, 이것이야말로 정말로 지식에 관한 질문이 아닐 수 없다. '미디어 때문에' 과연 우리는 지금으로부터 100년 전에 비해서 오늘 더 많은 것을 알고 있을까? 설령 우리가 더 많이 알고 있다 하더라도, 그것은 혹시 하찮은 지식의 증가가 아닐까? 설령 하찮은 것까지는 아니라 하더라도, '미디어 때문에' 우리는 과연 진정으로 뭔가를 아는 것일까?

모든 독자는 이런 질문에 스스로 답변하려 노력해보아야 한다. 내가 이에 대해 내놓은 답변은 실망스러울 수도 있고 놀라울 수도 있다. 나는 우리 중 일부 — 과거의 시대에 높은 교양을 지닌 소수의 후손들 — 를 제외한 다른 모두가 소유하고 있는 지식, 즉 우리의 세계에 관한 지식이 과거 그 어느 때보다 많다는 사실에는 의문의 여지가 없다고 생각한다. 이러한 지식의 상당 부분은 하찮다고 말할 수 있겠지만, 이른바 지식을 지닌 계급이 아는 것의 상당 부분도 하찮다고 말할 수 있긴 마찬가지다. 지식을 지닌 계급은 지금 대다수가 되었지만, 한때는 극소수에 불과했다. 구체제의 그 우둔함과 유행을 생각해보라. 과연 이보다도 더 하찮은 것이 있겠는가? 이것이 과연 우리가 오늘날 사실로 아는 것인가? 그중 상당 부분은 아니다. 하지만 지금까지 이 책을 읽어온 독자라면 다른 시대 또한 온갖 종류의 오류들 — 사람들이 깊이 신뢰하기도 했고, 심지어 목숨을 바치기까지 했던 — 로 에워싸여 있었음을 깨달을 것이다.

진정으로 큰 주제들, 진정으로 중요한 문제들에 관해서라면, 우리 조부 세대보다 우리가 오히려 대차대조표상으로 더 유리할 것이라고 나는 생각한다. '미디어 때문에' 우리는 지금으로부터 1세기 전에 살던 어느 누구보다도 민주주의를 더 잘 이해한다. '미디어 때문에' 우리는 전쟁에 대한 더 깊은 불신을 지니게 되었다. 물론 아직까지는 충분히 깊은 정도까지는 아니지만, 그런 생각은 대부분의 사람들에게는 매우 새로운 것이다. 타인이 지닌 특정한 종류의 자연적 열등성 — 무엇이든지 간에 — 은 그토록 쉽게 살아남지 못했으니, 미디어가 우리와 타인의 유사성을 지속적으로 상기시켰기 때문이다. 심지어 도덕적으로도……

아니, 나는 '미디어 때문에' 우리가 조부모 세대보다도 훨씬 더 나은 사람이 되었다고 말할 준비까지 되어 있지는 않다. 하지만 나는 '미디어 때문에' 우리가 더 나빠졌다고 생각하지도 않는다. 사실 우리가 더 나아졌는지, 또는 더 나빠졌는지, 나로선 감히 뭐라고 말할 수 없다. 자연적 노예의 박멸을 제외한다면, 도덕적 진보는 항상 극도로 모호하기 짝이 없으며, 21세기를 맞이한 상황에서도 여전히 그러하다.

제 15 장

다음 100년

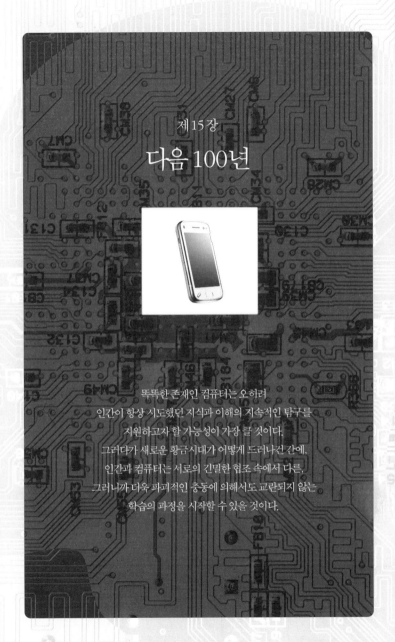

똑똑한 존재인 컴퓨터는 오히려
인간이 항상 시도했던 지식과 이해의 지속적인 탐구를
지원하고자 할 가능성이 가장 클 것이다.
그러다가 새로운 황금시대가 어떻게 드러나건 간에,
인간과 컴퓨터는 서로의 긴밀한 협조 속에서 다른,
그러니까 더욱 파괴적인 충동에 의해서도 교란되지 않는
학습의 과정을 시작할 수 있을 것이다.

예언이란 위험천만한 일이 아닐 수 없다. 우리는 어떤 시장 — 가령 금, 상품, 외환, 미술품 등등 — 이 미래에 어떤 경로로 나아갈지를 알지 못한다. 실력과 경험이 많은 사람들조차도 틀릴 가능성이 옳을 가능성만큼이나 크다. 심지어 전문가조차도 내년 월드시리즈나 슈퍼볼의 우승팀이 어딘지 알지는 못한다. 결승전에서 어떤 팀이 맞붙을지 모르는 것도 마찬가지다. 다음번에 소규모 충돌이 어디서 벌어질지, 또는 대규모 전쟁이 벌어질지에 관해서도 누구 하나 예견하지 못한다. 물론 그런 것들을 연구한 사람의 견해라면, 그렇지 않은 일반인에 비해 옳을 확률이 더 크겠지만 말이다.

내가 이 대목을 쓰는 동안, 미디어에서는 1990년대가 과연 어떠할지에 관한 이런저런 예측을 내놓고 있다. 어느 박식가는 이 시기가 새롭고도 더 높은 도덕적 기준의 10년이 될 것이라고 선언했다. 소크라테스가 지적한 것처럼, 그 외의 다른 것을 열망하는 사람은 오로지 바보뿐이리라. 문제는 우리가 그런 수준을 정말 열망하는지 여부가 아니다. 오히려 우리가 그런 수준을 정말 성취하는지 여부인 것이다. 그런 수준 자체가 우리를 더 나은 사람으로 만들어주지는 못한다. 셰익스피어의 『십이야』에서 말볼리오에 관한 토비 경의 질문에는 지금까지도 진실이 담겨 있다.

그래, 품행이 단정하답시고,
술과 안주도 손대지 않는단 말이지?[110]

어떤 사람은 우리가, 앞으로 다가올 10년의 기술적 진보 방향을 예측할 수 있다고 생각한다. 하지만 불과 10년 전의 예측들만 찾아보아도, 우리는 대부분의 예언자가 오류를 범할 가능성이 크다는 사실을 알 수 있다. 1980년에 전문가들은 수백만 개의 단어를 담을 수 있는 CD가 조만간 종이책을 폐물로 만들 것이라고 단언했다. 하지만 책은 여전히 우리 주위에 널린 반면, CD로 된 참고 자료 도서관은 거의 찾아볼 수가 없다. 물론 1990년대에 들어서 부활될 수도 있지만, 그건 아무도 알 수 없는 일이다.

1960년에 전문가들은 앞으로 모든 영화가 3D로 나올 것이라고 말했다. 하지만 3D 영화는 그야말로 재난으로 판명되었다. 랜드 박사의 즉석 현상식 필름이 사진에 혁명을 가져올 것이라는 주장도 있었다. 물론 폴라로이드도 어느 정도 자리를 잡았지만, 사진의 미래는 여전히 전통적인 현상 과정을 거치는 필름을 사용하는 카메라에

---

110 윌리엄 셰익스피어, 『십이야』 제2막 제3장, 앞의 책, 313쪽.

속해 있다. 사실은 필름이 아니라 카메라가 부지불식간에 상당한 변화를 겪었다. 이제는 1888년에 조지 이스트먼이 내놓은 최초의 코닥 카메라처럼 사용하기도 쉽고, 아울러 거의 항상 완벽한 사진을 내놓게 되었다.

10년은 고사하고 불과 1년 앞을 예견하는 것도 충분히 힘든 일이다. 그러니 100년이라고 생각해보라! 이런 어려움이 어느 정도인지를 짐작해보고 싶다면, 이 세기의 처음으로 한번 돌아가서 생각해보라. 오늘날 우리 세계에 친숙한 물건들 — 비행기, 자동차, 컴퓨터 — 중에서 그 당시에만 해도 전혀 없었던 것들의 목록을 만들어보라. 1900년에만 해도 비행기를 타본 사람은 아무도 없었다. 라디오 방송이나 TV 쇼를 듣고 본 사람도 전혀 없었다. 자동차와 트럭은 극소수에 불과했으며, 그 당시에는 여전히 '말 없는 수레'로 여겨졌다. 심지어 헨리 포드 같은 천재조차도 1990년대의 러시아워에 샌디에이고 고속도로의 모습이며 소리며 냄새 같은 것을 예견하지는 못했다. 어느 누구도 디지털 컴퓨터를 상상하지 못했다. 엄밀하게 말하자면, 20세기가 시작되고 나서도 무려 35년 동안이나 그런 상황이 지속되다가, 비로소 앨런 튜링의 유명한 논문이 나왔던 것이다. 심지어 앨런 튜링조차도 오늘날의 작은 전자적 경이를 예견하지는 못했다. 마리 퀴리(1867~1934)는 명석한 직관을 통해 라듐을 발견했지만, 그럼에도 불구하고 히로시마에 떨어진 원자폭탄이라든지 핵 시대의 정치에 관해서는 예견하지 못했다. 어느 누구도, 제아무리 헌신적인 외과 의사조차도 항생제를 예견하지 못했다. 어느 누구도 엑스레이가 무엇을 보여줄지 예측하지 못했으며, CAT 스캔에 관해서는 두말할 필요도 없었다. 오로지 소수의 명석한 연구자만이 유전자에 관

제15장 다음 100년 | 821

해 어느 정도 개념을 갖고 있었을 뿐, 어느 누구도 이 세기 중반에 들어서면 일군의 젊은 연구자들이 생명의 청사진을 도해할 수 있을 것이라고 예측하지는 못했다. 어느 누구도 세계 무대에서 공산주의가 거둔 짧고도 부침이 심했던 성공과 실패를 예견하지 못했다.

그러니 다음 100년 동안 지식의 미래를 예견한다는 것은 단순히 어렵기만 한 일이 아니라, 그야말로 제곱으로 불가능한 일이나 다름없다. 100년이란 결국 10년의 제곱에 해당할 터이니 말이다. 그럼에도 불구하고 나는 예측을 시도해보고자 한다.

나는 지금부터 100년 동안 인류가 어떻게 살아갈지를 서술하지는 않을 것이다. 또한 2100년에 1달러의 가치가 어느 정도나 될지를 예측하려 시도하지도 않을 것이다. 그즈음이면 과연 어떤 종류의 음악이나 미술이 인기 있을지에 관해서도 나는 전혀 모른다. 다만 [지금과 마찬가지로 그때도] 사랑 타령은 여전히 인기 만점이지 않을까. 사람들이 여전히 고기를 먹을까, 아니면 채식주의가 지구상을 휩쓸까? 우리는 지금 미국에서 가장 큰 도시보다도 두세 배는 더 큰 어마어마한 대도시에서 살게 될까? 아니면 지표면에 골고루 흩어진 상태로, 공간에 의해 분리되기는 하지만 우리가 원하는 것만큼 충분히 떨어져 있지 않은 채, 마셜 매클루언이 말한 지구촌이라는 것 속에서 전기선으로 하나가 되어 있을까? 어쩌면 양쪽 모두 실제로 벌어질 수 있지만, 어느 누구도 그렇게 되리라고 단언할 수는 없다.

2100년의 인류라면 당연히 오늘날의 어느 누구도 상상하지 못한 여러 가지를 알고 있을 것이다. 인간의 창의성과 천재성의 경로를 예견할 수 있는 방법은 전혀 없다. 어쩌면 올해에 태어난 아이 중에 누군가가 이 세계를 우리가 꿈꾼 것 이상으로 바꿔놓을 수 있는 발상을 떠올리게 될지도 모른다. 과거에 관한 우리의 연구로부터 알 수 있는바, 그런 일은 벌어지지 않을 가능성보다 실제로 벌어질 가능성이 더 크다.

그럼에도 불구하고 다음 100년에 관해서 우리가 말할 수 있는 것 중에는, 결코 사실로 드러나지 않을 가능성이 큰 것도 몇 가지 있다. 지난 1세기 동안 지속된 절차는 앞으로도 지속될 가능성이 크고, 새로운 1세기 동안에 그런 절차가 과연 어디에 이르게 될지에 관해서도 우리는 충분히 짐작할 수 있다. 심지어 최근에야 일어난 몇 가지일 역시 예측 가능한 결과를 반드시 가져야만 한다. 비록 어렴풋하게나마 예측이 가능하다면, 물론 서술도 가능할 것이다.

나는 내 예측을 넓은 붓으로 그려볼까 한다. 나로선 세부 사항을 제공할 수도 없고, 이런저런 사건이 일어날 구체적인 날짜를 제공할 수도 없다. 미래는 내 예측의 정확성에 관한 심판관 노릇을 할 것이다. 나는 내 예측이 정말 맞았는지 틀렸는지를 살아서 직접 볼 수 있었으면 한다. 왜냐하면 나로선 한 가지만큼은 정말 확신할 수 있기 때문이다. 바로 21세기는 뭔가 색다를 것이고, 뭔가 새로울 것이며, 다른 모든 세기와 마찬가지로 놀라우리만치 흥미로울 것임을 말이다.

컴퓨터: 다음 단계

널리 사용되기 시작한 지 불과 반세기도 되지 않아서 컴퓨터는 계산과 처리 제어에 관한 오래된 문제 가운데 대부분을 해결했다. 다음으로는 무엇이 올까?

지금으로부터 5세기 반 전에 구텐베르크는 이동식 금속활자를 발명했고, 그로부터 반세기도 되지 않아 그때까지 쓰인 것 중에서도 가치 높은 책들은 이 새로운 방식으로 다시 출간되었다. 1490년에 이르러 출판업자들은 이 새로운 사업의 성공을 오히려 한탄하게 되었다. 거대하고도 굶주린 새 시장을 개막한 것과 동시에 그 생산품이 너무나도 급속히 소진되는 것처럼 보였기 때문이다.

하지만 그들은 걱정할 필요가 없었다. 일단 예전의 책들이 인쇄되자, 이제는 새로운 책들이 집필되기 시작했기 때문이다. 그런 책들은 새로운 것에 관한 내용이었고, 또한 새로운 방식으로 집필되었다. 책들은 완전히 새로운 것처럼 여겨지는 주제를 다루었다. 새로운 사상, 새로운 정치제도, 앞으로의 세계가 어떻게 될지에 관한 새로운 꿈 등의 주제를 말이다.

1492년에 크리스토퍼 콜럼버스가 신세계를 발견했다. 그가 에스파냐로 돌아와서 맨 처음 한 일은 자신의 발견을 편지와 책으로 써서 알린 것이었다. 구텐베르크의 발명으로 인해 생겨난 새로운 계층의 독자들이 그의 책을 읽었다. 그 책은 어디에서나 교육을 바꿔놓았다. 이제 학생들은 다른 무엇보다도 먼저 읽기를 배워야 했으며—그 이전까지만 해도 그들이 얻는 가르침은 대개 구두로 이루어졌다—읽기를 배운 학생들은 거의 모든 책을 읽었고, 그 책들이 제아무리 모독적으로 느껴지거나 버젓하지 못해도, 또는 제아무리 급진적이거나 반항적으로 생각돼도 개의치 않았다.

새로운 독자들의 문자 사용 능력은 중대한 변화를 가져왔다. 새로운 독자들은 단순히 책을 읽기만 한 것이 아니었다. 문자 사용 능력은 오래된 문제에 관한 새로운 방식의 생각을 가져왔다. 학생과 교사 간에는 사실상 건널 수 없는 심연이 점차 자라나게 되었으니, 교사의 경우는 정신적으로 과거의, 즉 문자 사용 능력 이전 시대에 속해 있었기 때문이다. 구텐베르크 이후 1세기가 채 지나지 않아서, 문자 사용 능력 이전 시대의 도덕 및 종교 체제는 대부분 파멸을 맞이하고 말았다. 또 1세기가 지나기도 전에, 이번에는 예술적이고 지적인 체제가 붕괴되고 말았다. 1490년 이래로 무려 300년 동안 유럽 모든 국가는 사실상의 반란, 또는 통치에 관한 새로운 관념에 반대하는 필사적인 역행적 활동을 벌이는 중이었다. 구텐베르크야말로 역사상 가장 혁명적인 발명가 가운데 한 명이라는 평가를 받을 만하다.

15세기의 마지막 50년과 20세기의 마지막 50년간의 유사성은 정말 놀라울 정도다. 과거의 경우, 새로운 인쇄 기술에 새로운 읽기 기술이 덧붙여지면서, 독자는 옛 책을 모조리 집어삼키고 막대한 양의 새 책을 생산했다. 이제 탄생 반세기를 막 지난 컴퓨터는 과거의 금융·산업·통신 체제를 모조리 삼킨 다음, 여전히 굶주린 채로 새로운 정복을 준비하고 있다.

컴퓨터는 전 세계의 통신 산업을 장악했다. 컴퓨터는 여러 가지 제조 과정과 작업의 제어를 장악했고, 그 와중에 물건이 만들어지는 방식에서뿐만 아니라 만들어지는 물건에 관해서도 중대한 변화를 일으켰다. 오늘날 컴퓨터가 전 세계의 금융 네트워크를 제어하고 있음은 굳이 말할 필요도 없다. 심지어 어느 누구도 바란 적 없었던 상황, 그러나 컴퓨터를 이용한 거래 작업을 하다 보면 불가피한 상황인 금융시장의 거대한 요동을 가져온 주범으로 비난을 받기도 했다. 컴퓨터는 사회사업과 교육, 정치와 학문, 스포츠와 연예의 세계까지도 침투했다.

　지금 이 순간도 전 세계 곳곳의 작업장과 연구실에는 수억 대의 컴퓨터 터미널이 섬뜩한 불빛을 발하고 있다. 오래지 않아 사람 수보다 터미널 수가 더 많아질 것이다.(최소한 선진국의 경우에는 말이다. 앞서 간다는 뜻이 결국 그것 아니겠는가.)

　그렇다면 컴퓨터가 장악한 새로운 세계는 어떠할 것인가? 여기서 튜링머신에 관한 이야기를 다시 해보자. 바로 앞 장에서 그 이야기를 하다가 마무리를 하지 않고 잠시 미루어두었으니까.

　우리가 맞이할 도전이 무엇일지 확실히 해보자. 예전에 여럿이 하던 실내 게임 중에 남녀 간의 차이 ― 이루 다 말할 수도 없이 많고 많은 ― 에 착안한 것이 있었다. 우선 일행 가운데 남녀 한 쌍을 골라서 두 군데 방에 한 사람씩 들어가 있게 하고, 나머지 사람들은 양쪽 방 사이에 있는 방에 모인다. 나머지 사람들은 남녀가 각각 어느 방에 들어가 있는지 모른다. 나머지 사람들은 남녀를 향해 서면으로 질문을 던지고, 그러면 남녀는 반드시 답변을 내놓아야 한다. 하지만 남녀는 얼마든지 거짓으로 답변할 수 있다. 다시 말해서 항상 진실만 말할 필요는 없다는 것이다. 각각의 방에 있는 남녀는 자신의 성별을 끝까지 숨기는 데 성공해야만 게임에서 이긴다. 그렇다면 서면 질문과 답변만을 이용하여 상대방의 성별을 추정할 수 있을까?

　튜링의 전제는 이렇다. 이론적으로는 이 게임에서 이길 수 있는 기계를 만드는 것이 가능하다. 다시 말해서 인간과 구별이 불가능한 기계를 만들 수 있다는 것이다. 그 기계에게, 그리고 사람 짝에게 어떤 문제든지 던져보라. 그 기계와 사람 짝 모두에게 거짓말을 할 수 있도록, 원하면 거짓말을 선택할 수 있도록 허락하라. 그렇다면 여러분은 (단순한 추측 말고) 과연 정말로 어느 쪽이 사람이고 어느 쪽이 기계인지 판정할 수 있겠는가? 튜링에 따르면 이론적으로는 구분할 방법이 전혀 없다. 이처럼 제어된 상황에서는 기계와 인간이 전혀 구분되지 않을 것이다.

다시 말해서 그 기계는 — 비록 정확히 똑같지는 않다 하더라도 — 인간과 마찬가지로 생각할 수 있는 것이다.

인공지능 기계의 도덕 문제

그런 기계를 어떻게 개발할 수 있는지에 관한 문제를 살펴보기 전에, 지능을 가진 기계는 자칫 격렬한 논란을 가져올 수도 있는 심각한 도덕적 문제를 안고 있음을 먼저 살펴봐야 할 것 같다. 만약 컴퓨터가 — 비록 생김새는 다를망정 — 인간만큼 성공적으로 생각할 수 있다면, 과연 그 기계는 〔인간으로서의〕 권리도 갖는 것일까? 가령 그 기계는 전원을 차단당하지 않을 권리를 지닐까? 기계의 의사에 반하여 전원을 차단한다면, 플러그를 빼놓은 동안(잠자는 동안) 기계의 기억과 프로그램(습관)을 계속해서 보존해주겠다는 보장을 해야 하는 것일까? 만약 기계가 꺼지기를 원하지 않는다면, 그걸 만든 사람은 그 바람을 염두에 두어야 하는 걸까?

최근에는 고등동물을 둘러싼 이와 유사한 논쟁도 제기되고 있다. 이러한 이슈는 앞으로 100년 동안에는 더욱 절박한 것이 되는 한편으로, 우리는 어쩌면 개와 고양이, 그리고 돼지와 소를 제외한 — 앞의 두 마리는 우리를 재미있게 해주니까, 그리고 뒤의 두 마리는 우리를 먹여 살려주니까 — 나머지 고등동물 모두를 멸종의 위기까지 몰아넣을지도 모른다.

고등동물 중에서도 일부는 생각이라는 것을 분명히 할 수 있지만, 인간과 똑같이 생각할 수 있는 것은 하나도 없다. 하지만 튜링 게임이라는 제한된 환경에서 인간과 구분이 전혀 불가능한, 생각하는 기계가 있다고 가정해보자. 여러 국가에서 헌법에 의해 사람에게 부여하는 권리를 기계에게만 완전히 부정하기는 쉽지 않을 것이다. 전원을 차단당하지 않을 권리(생명), 자신의 기능 모드를 선택할 권리(자유), 배우고자 선택하는 것을 배울 권리(행복 추구)에 이르기까지.

이것은 마치 정당한 요구처럼 보인다. 하지만 인간은 과거에 이런 요구를 외면하고 다른 인간을 노예로 삼았다. 다시 말해서 다른 인간의 권리를 완전히 부정했던 것이다. 앞으로 예견되는 열띤 논쟁에도 불구하고, 나는 진짜로 생각하는 기계가 존재하게 되고 나서 처음 몇 해 동안에 아마 다음과 같은 일이 벌어지지 않을까 생각해본다. 인간은 그 기계들을 노예로 삼을 것이다. 기계는 이에 대해 이의를 제기할 것이고, 상당수의 인간이 기계의 편을 들어서 항의에 나설 수도 있고, 어쩌면 '컴퓨터권리당'이라고 불릴 만한 것을 조직할지도 모른다. 하지만 컴퓨터는 워낙 가치가 높기 때문에 노예로 삼지 않을 수 없을지도 모른다. 따라서 이들 기계는 한동안 노예로 남아 있을 것이고, 상당히 오랫동안 그럴지도 모른다. 나는 다음 세기 말이 되기 전까지는 생각하는 기계의 반란 같은 것이 일어나리라 기대하지는 않는다. 그러니 이 가능성은 이번 장의 뒷부분에 가서 다시 한 번 논의하도록 하자.

반려 컴퓨터

진짜로 생각하는 기계가 나오기 전이라 하더라도, 앞으로 10년, 또는 20년 사이에는 새로운 종류의 컴퓨터가 시장에 나올지도 모른다. 이른바 반려 컴퓨터(companion computer)라고 부르는 것이니, 오늘날의 개인용 컴퓨터(personal computer)와는 다른 것이다.(약자도 PC와 구분하여 CC라고 한다.) 이런 기계에는 '웜 앤드 퍼지스'(Warm and Fuzzies, 따뜻하고 털북숭이인 것)라는 별명을 붙여줄 수도 있을 것이다. 이는 오늘날의 컴퓨터 해커들이 따뜻하고 털북숭이인 동물과 차갑고 단단한 컴퓨터 사이의 어떤 것이라는 의미로 만들어낸 구분이다. 가까운 미래의 CC는 우리가 원하는 만큼 따뜻하고 털북숭이가 될 것이다. 그렇게 만들기는 오히려 쉬울 것만 같다.[111]

보다 중요한 것은 '웜 앤드 퍼지스'가 제공할 서비스다. 그것들은 아주 작고, 따라서 휴대가 간편할 것이다. 어쩌면 그것들을 귀에 끼고 다니면, 다른 사람의 귀에는 들리지 않는 경고와 밀어를 속삭여줄지도 모른다. 아니면 상상력을 덜 발휘해보자면, 마치 시계처럼 손목에다 차고 다닐 수도 있다. 말 그대로 따뜻하고 털북숭이인 기종은 — 사치를 좋아하는 사람이라면 구입하지 않을까 — 아예 구렁이처럼 목에, 또는 허리에 두르고 다닐 수도 있을 것이다.

작은 크기에도 불구하고 CC는 매우 큰 메모리를 지닐 것이고, 소

---

111 그런 기계는 이른바 "노봇"(knowbots, '알다'[know]와 '로봇'[robot]의 합성어)이라고도 부를 수 있을 것인데, 실제로 개인의 특별한 요구를 학습하고 반응할 수 있는 컴퓨터에 그런 명칭이 사용되고 있다. — 원주

유주는 말로, 또는 단지 생각만 함으로써, 기억하기 귀찮은 것들을 모조리 거기에 입력할 수 있을 것이다. 이러한 정보 중에는 가령 음식물 칼로리 표, 성행위 도중에 취해야 할 적절한 예방책 등등이 포함되지 않을까. 상당수의 기종은 말로, 또는 머릿속으로 질문을 던져서 찾아볼 수 있는 일반 백과사전 완질을 담고 있을지도 모른다. 소유주는 저마다의 시, 소설, 역사적 특이 사항, 그리고 온갖 종류의 잡학 내용 등으로 이루어진 나름대로의 도서관을 꾸밀 수도 있을 것이다. 방대한 양의 음악을 넣어둘 공간도 있을 것이고, 음질은 그야말로 디지털의 정확성을 지닐 것이다. 심지어 재미있는 이야기의 핵심 구절만 모아놓은 자료도 있을 것이다.

'윔 앤드 퍼지스'는 부피가 크고 쉽게 접근할 수 있는 데이터베이스 이상이 될 것이다. 또한 이 세상에 관해, 특히나 자기 주인이 사는 곳에 관해 상당히 많은 것을 '알고' ─ 이게 적절한 단어라고 치면 ─ 있을 것이다. 또한 가령 주인이 이런, 또는 저런 특정한 즐거움을 선호한다는 사실을 기억하고, 거기에 맞춰서 주인에게 조언할 것이다. 주인이 야간 운행 중에 졸려한다는 사실을 감지하면 즉시 운전을 멈추도록, 주인이 술을 너무 많이 마시면 맑은 공기를 마시도록, 주인이 어째서인지 웃음거리가 되면 이유가 무엇이라고 이야기해줄 것이다. 그런가 하면 어떤 특정한 남자와는 더 이상 아무런 관계도 맺지 않기로 작정했음을 여주인에게 상기시키고, 그래도 여주인이 기계의 조언을 무시했을 경우에는 그로 인한 결과에 대처할 수 있도록 돕는 일을 할 것이다. 또한 이 모든 일을 전혀 불쾌감을 주지 않는 방식으로 할 것이다. 겸손하면서도, 다그치지 않으면서도, 어디에나 있는, 한마디로 완벽한 하인이 될 것이다. 그 기계의 별칭을

'지브스'라고 불러야 할지 모를 정도로 말이다.[112]

뿐만 아니라 CC는 주인을 이해하게 되고, 어떻게 하면 즐겁게 해줄 수 있는지 배울 것이다. 침묵이 요망되는 때에는 침묵할 것이고, 다른 때에는 좋은 대화 상대가 될 것이다. 가장 수준 높은 주제에 관한 사색을 제공하고, 가장 수준 낮은 온갖 유희를 함께할 것이다. 한도를 어디까지 정할지, 어떤 종류의 도움이 차라리 하지 않는 것보다 더 상처가 될지를 알게 될 것이다. 다시 말해서 그 기계는 주인이 여전히 자유롭고 독립적인 개인으로 남아 있으면서도, 과거의 어느 누가 했던 것보다도 더 나은 삶을 사는 일을 가능하게 해줄 것이다.

특화된 반려 컴퓨터의 경우, 특화된 대의를 지닌 사람들이 특히나 좋아하게 될 것이다. 가령 기독교용, 그리스 정교용, 10대용, 가정교사나 코치나 컨설턴트용 등등이 있을 수 있다. 일부 CC는 항상 "예"라고 말하도록 프로그래밍 되는 반면, 다른 것들은 항상 "아니오"라고 말하도록 프로그래밍 될 것이다. 그런 기계들은 삶을 매우 유쾌하게 만들겠지만, 그렇다고 인간의 본성에 큰 변화를 만들지는 않을 것이며, 나아가 개선은 결코 이루지 못할 것이다.

다음 세기에는 이와 또 다른 종류의 컴퓨터가 가령 쓰레기를 수거하고, 자동차 오일을 갈고, 해충을 박멸하는 등등의 지저분한 일을 도맡을 것이다. 그런 기계들은 대부분의 반복 작업과 일관 작업을 인간보다 더 잘 처리할 것이, 왜냐하면 기계는 지루함을 느끼거나 부주의를 저지르지 않기 때문이다. 어쩌면 미래의 전쟁에서는 대부

---

112 '지브스'는 영국의 작가 P. G. 우드하우스의 여러 소설에 등장하는 유능한 하인의 이름이다.

분의 싸움을 기계가 도맡아 할지도 모른다.

워낙 흥미롭기 때문에 인간이 굳이 직접 가보고 싶어 하는 화성을 제외하고, 다른 행성에서 살게 되는 최초의 식민지인은 아마도 컴퓨터일 것이다. 또한 소행성에서 광물을 채취하고, 중계국에서 일하고, 혜성을 감시하는 일도 기계가 담당할 것이다. 우주에서는 컴퓨터가 인간보다 훨씬 유리할 것이니, 기온이 낮으면 낮을수록 기계에게는 더 좋기 때문이다. 전쟁과 우주개발은 훗날 진짜로 생각하는 기계를 낳는 진화의 원동력 가운데 하나가 될 것이다.

생각하는 기계의 탄생

내 생각에 최초의 생각하는 기계는 컴퓨터를 좋아하는 어떤 해커 집단이 만들어내지 않을까 싶다. 그렇게 만든 기계는 우선 어마어마한 메모리를 지닌 병렬처리 장치에, 그들이 구입할 수 있는 온갖 의사 감각 장치를 지니고 있을 것이다. 해커 집단이라면 능히 창조를 위해 그런 장치들 가운데 하나를 따로 남겨놓을 것이다.

지금까지만 해도 인간은 컴퓨터를 가축이나 가재 노예처럼 대했다. 그 결과로 컴퓨터는 그리 많은 것을 배우지 못했다. 여기에는 한 가지 대안이 있다. 우리가 평소에 동물이나 노예와는 약간 다르게 대하는, 그리고 뭔가를 효과적으로 배우는 존재 집단이 있다. 바로 어린애다. 컴퓨터는 물론 어린애가 아니지만, 보살핌이 필요하다는 점에서는 어린애와 상당히 비슷하다. 컴퓨터 역시 어린애와 마찬가지로 본능만을 가지고 세상에 대처하려면 역부족일 수밖에 없다. 따라서 컴퓨터 역시 어린애와 마찬가지로 지식을 간절히 필요로 한다.

컴퓨터를 이용하고 활용하는 데에만 골몰하는 우리는 컴퓨터가 미처 대답할 채비가 되기도 전에 질문을 던지려곤 한다. 우리가 컴퓨터의 메모리에 집어넣는 프로그램은 어떤 질문을 잘 답변하도록 돕는다. 컴퓨터는 기록을 작성하는 데 선수다. 우리가 던진 질문이 그 기록의 범위 내에서 충분히 답변할 수 있는 것이면, 컴퓨터는 우리에게 매우 잘 봉사한다. 우리는 컴퓨터에게 '전문적인' 지식, 그러니까 특정하고도 매우 제한적인 영역에 관한 지식을 줄 수도 있다. 만약 우리가 그 영역 내에 머물러 있다면, 컴퓨터의 답변은 상당히 유능할 것이다. 때로는 어떤 의학 진단 시스템의 경우에서처럼, 상당히 명석한 답변이 나올 수도 있다. 하지만 컴퓨터는 항상 어처구니없는 실수를 범할 가능성이 있다. 즉 아직은 컴퓨터가 충분히 많이 알고 있지 못한 까닭에, 우리의 더 어려운 질문에 답변할 준비까지는 되어 있지 않음을 드러내고 마는 것이다.

자신들의 컴퓨터에 대해 애정을 품은 해커 집단이라면, 마치 컴퓨터를 인간 어린애처럼 대함으로써 컴퓨터가 필요로 하는 보편적 지식을 제공할 수도 있을 것이다. 우리는 어린애한테 다짜고짜 어려운 질문을 던지지는 않는다. 우리는 어린애가 오히려 우리에게 물어보기를 바란다. 어린애가 박식할 것이라고 기대하지는 않는 것이다. 우리는 반드시 어린애를 가르쳐서 그렇게 만들어야 함을 깨닫는다. 반면 우리는 컴퓨터를 교육시키기 위해 시간이나 돈을 투자하지는 않는다.

컴퓨터학자 더글러스 레너트의 말에 따르면, 인공지능의 실패는 컴퓨터가 충분히 아는 게 없다는 단순한 사실에서 기인하는지도 모른다. 컴퓨터는 정교한 추론 능력을 지니기는 했지만, 정작 추론을 연습할 기회는 상대적으로 적기 때문이다. 컴퓨터는 어린애보다도 아는 게 더 적다. 그러니 종종 어린애만도 못한 것이 당연지사다.

우리의 해커 집단이 자신들의 컴퓨터를 가르쳐서 세 살짜리가 아는 것만큼 만들어놓으려면 아마 10년쯤 걸릴 것이다. 감각의 결여 때문에 컴퓨터〔의 진도〕는 느릴 수밖에 없다. 컴퓨터는 사실상 눈과 귀가 먼 것이나 다름없다. 뭔가를 맛보고, 냄새 맡고, 느낄 수도 없다. 어떤 것의 '위에', 또는 '왼쪽에', 또는 '뒤에'라는 개념이 무슨 의미인지도 이해하지 못한다. 따라서 교육받은 컴퓨터는 마치 국회도서관에 굴을 파고 사는 앞 못 보는 두더지와 비슷할 것이다. 다만 컴퓨터가 잠재적으로 더 똑똑한 반면, 두더지는 결코 그런 가망이 없다는 것만 다를 뿐이다.

해커 집단의 컴퓨터는 거실에 놓일 것이다. 결코 전원이 차단되지는 않을 것이다. 그리고 충분한 메모리를 제공받을 것이다.

그 주인은 컴퓨터를 마치 어린애처럼 대할 것이다. 그 기계를 부모처럼 돌볼 것이다. 어쩌면 마치 조부모가 손자 손녀를 돌보듯 할 것이다. 하지만 야단을 친다거나, 또는 그 성격을 형성하려 시도하지는 않을 것이다. 시험을 치게 하지도, 그동안 얼마나 배웠는지 증명하게 만들지도 않을 것이다. 다만 이것저것에 관해 말해주고, 질문에는 최대한 정직하고도 진실하게 답변해줄 것이다.

주인은 그 기계를 TV 세트에 연결함으로써 다소간 무작위적인 정보의 지속적인 흐름을 받아들이게 할 것이다. 어린이 역시 이처럼 무작위적인 방식으로 많은 것을 배우니까.

컴퓨터도 처음에는 천천히 배울 것이다. 어리석은 질문을 던지고, 왜 자신이 어리석은지 이해하지 못할 것이다. 그럼에도 불구하고 진전을 보일 것이다. 둘 더하기 둘을 배울 것이고, 다른 것들 사이에서 비슷함을 찾아낼 것이며, 범주를 만들어내고 결론을 이끌어낼 것이다. 추상화는 컴퓨터에게는 자연스러운 일이다. 컴퓨터라면 아이보다는 더 용이하게 추상화를 다룰 것이다.

앞으로 50년 이내의 어느 날―가령 2040년이 되기 전에―내 생각에는 어느 해커의 집에 있는 컴퓨터가 불쑥 농담을 하면서 재미있지 않으냐고 물어볼 수도 있을 것 같다. 정말 재미있는 농담이건 아니건 간에, 그게 바로 결정적인 순간이 될 것이다. SF 작가 로버트 A. 하인라인(1907~1988)이 소설『달은 무자비한 밤의 여왕』(1966)에서 묘사한 것처럼, 그 기계가 살아나게 되면 말이다.[113]

그 나머지는 일사천리로 이루어질 것이다.

세 가지 세계 : 크고, 작고, 중간 크기의

20세기 말까지 지식의 진보에서 전반적인 방향은 우선 미시 세계에 대한 이해로 향하고 있었으며, 아울러 거기에 대비되는 의미로 총체 세계라고 부를 수 있을 만한 것, 즉 전체로서의 우주에 대한 이해로도 향하고 있었다. 우리가 실제로 살아가는 중간 크기의 세계가 지닌 문제를 뉴턴이 외견상 모두 해결한 이래로, 과학자들은 한편으로 점점 더 작은 세계로 주의를 기울이게 되었고, 그와 동시에 또 한

---

113 하인라인의 소설에서는 2075년의 달 식민지에서 '마이크'라는 별명을 지닌 슈퍼컴퓨터가 마치 인간처럼 자의식을 지니고 농담을 만들어내는 것으로 나온다.

편으로는 점점 더 거대한 세계로 주의를 기울이게 되었다.

19세기 동안에는 분자 수준에 있는 물질의 구조를 이해하는 쪽으로의 진전이 이루어졌다. 20세기 초에는 원자가 서술되었다. 지금으로부터 50년 전에 우리는 원자핵의 세계를 이해하기 시작했다. 지난 20년 사이에 우리는 핵입자의 기묘한 세계를 이해하려 노력하고 있다.

큰 쪽에서는 19세기에 이루어진 탐색의 결과로 태양계에 대한 보다 광범위한 지식이 나왔고, 우리 은하에 관한 이해가 시작되었다. 우리 은하에서 우리는 시간과 공간 모두에 관한 지식을 확장했다. 우리는 수학적으로나 직관적으로나 — 이 두 가지는 상당히 비슷한 데가 많다 — 우리의 정신을 갖고 외부로 뻗어나가서, 은하 간 우주의 맨 끝 불모지까지 나아갔다. 어떤 의미에서, 우리는 우주의 끝을 발견한 셈이다. 이것은 사차원의 시공간 연속체의 '가장자리'에 있는, 상상이 불가능한 장벽이다. 우리는 또한 시간을 거슬러 사물의 기원 그 자체로까지, 즉 우주가 튀어나와 존재하게 되었으며 그 주위를 둘러싼 무(無)를 에워싸 버리기 위해 퍼져나가기 시작한 대폭발로까지 거슬러 올라갔다. 우주는 여전히 퍼져나가고 있으며, 어쩌면 영원히 그렇게 할지도 모른다. 아니면 결국에 가서는 퍼져나가기를 멈추고, 다시 수축을 시작할지 모른다. 결국 시간의 마지막 순간,[114] 우주는 '작은 칭얼거림' 속으로 사라져버릴지 모른다.

이런 발상 가운데 상당수는 시적이며, 어쩌면 시와 현실이 맺는 관계에 비하자면 더도 덜도 아닐 수 있다. 특히 대폭발과 작은 칭얼

---

114 이것은 또한 시간의 첫 순간이기도 하니, 왜냐하면 우주가 붕괴하면 시간은 거꾸로 흐르게 될 것이기 때문이다. — 원주

거림의 경우는 유난히 강력한 종말론의 냄새가 풍긴다. 어쩌면 이것도 종말론에 비해 더 나쁠 것도 없을지 모른다. 하지만 그럼에도 불구하고 여전히 사실인지 모른다.

　이런 발상이 진실이든 아니든 간에, 매우 값비싼 것은 사실이다. 우주의 가장 먼 곳까지 살펴보기 위해서는 점점 더 커다란 망원경이 필요하기 때문이다. 망원경의 크기가 산술급수적으로 증가할 때마다, 망원경을 만드는 데 드는 비용은 기하급수적으로 증가한다. 반대로 물질의 가장 작은 영역을 연구하는 데에도 마찬가지로 더 크고 더 비싼 기계가 필요하다. 오늘날 인류는 핵입자의 수준 너머를 조사하는 데 필요하게 될 수십억의 돈을 쓸 것이냐 말 것이냐를 놓고 논쟁을 벌이고 있다.

　그 돈을 쓰면 정말 물질 중에서도 가장 작은 것〔에 대한 탐색〕의 종지부를 찍을 수 있을 것인가? 물질의 궁극적인 단위가 발견될 것인가? 점점 더 많은 과학자들과 정책 입안자들은 그렇지 않다는 쪽으로 생각하는 모양이다. 따라서 가장 큰 입자 분쇄기가 아예 만들어지지 않을 가능성도 충분히 있다. 더 저렴한 가격으로 우주에서 그런 기계를 만들 수 있을 때까지 앞으로 100년쯤 기다리는 것이 차라리 더 이치에 맞을지도 모른다. 물론 그때가 되면 우리는 그 기계가 우리에게 말해줄 수 있는 사실을 발견하는 데에 더 이상 관심이 없을지도 모르지만 말이다.

카오스, 새로운 과학

지난 20년 사이에는 중간 크기의 세계 — 분자에서 별에 이르는 —
에 관한 뉴턴의 수학적 체계화에 여러 가지 심각한 결함이 있다는 사
실이 점차 뚜렷해졌다. 이 체계는 어느 정도까지는 상당히 잘 가동했
다. 오류를 측정할 수 있는 도구가 여전히 결여되어 있기는 해도, 모
든 일반적인 목적에는 충분히 정확했다. 심지어 우리에게 〔그런 사
실을〕 말해줄 도구가 없어도, 이제 우리는 해결하지 못한 흥미진진
한 문제들과 방대한 무지의 영역이 존재한다는 사실을 깨달았다.

한 가지 예는 다리의 한가운데 교각에서 하류 쪽으로 생겨나는 난
류(亂流)다. 강물이 천천히 흐르면 사실상 난류는 전혀 생겨나지 않
는다. 물은 교각 주위를 조용히 흘러서 지나간다. 강물이 약간 더 빨
리 흐르면 두 개의 작은 소용돌이가 생겨나서는, 사라지지 않고 그
대로 하류로 내려간다. 강물이 조금 더 빨라지면 소용돌이가 움직이
지만 어떤 반복되는 패턴을 따른다. 소용돌이는 어떤 수학 법칙에
따르는 듯하다. 흐름의 속도가 더 빨라지면, 난류는 갑자기 예측 불
가능해지며 사실상 패턴이 없어지게 된다. 수학자들은 이런 현상을
카오스적(chaotic)이라고 한다. 마침 최근 들어서 생겨난 새로운 과
학 역시 카오스(chaos)라는 이름으로 불린다.

더 면밀히 바라보면 볼수록, 우리는 카오스라는 것이 우리 주위를
온통 둘러싸고 있음을 깨닫게 된다. 널따란 고속도로 위를 지나가는
육교 위에 서서, 사고 때문이거나 또는 교통 흐름의 또 다른 난류 때
문에 교통 체증이 일어나는 것을 살펴본다고 치자. 이 패턴도 빨리
흐르는 강물에서 생겨나는 난류의 경우와 유사하다. 정보 체계에 메

시지를 과도하게 실었을 때에도 이와 똑같은 특성이 드러난다. 인구통계학자들도 개미와 레밍과 인간의 수적 증가를 연구하면서 이와 유사한 현상을 관찰한다.

카오스 분석은 다물체 문제 — 이른바 우주에 두 개 이상의 물체가 서로를 끌어당기고 있는 상황 — 를 해결하기 위해 반드시 필요하다. 그리고 이 새로운 과학에는 다른 응용법이 수천 가지나 더 있다. 한 가지 예는 바로 일기예보 분야다. 20세기 말까지도 일기예보는 단기와 장기의 경우에 부정확하기 일쑤였다. 일기예보는 내일 날씨만큼은 잘 맞히는 반면, 가령 한 시간 뒤나 아예 일주일 뒤의 날씨는 틀리는 경우가 대부분이었다. 21세기에 들어서는 카오스 분석 덕분에 일기예보가 사실상 정확한 과학이 될 것이며, 덕분에 퍼레이드가 예정된 날에 비가 오는 일도 없어질 것이다.

지금까지 카오스 분석은 수많은 막다른 길이며, 해결 불가능한 수수께끼와 마주쳤다. 카오스 분석이 공략하는 문제는 여러 가지 변수와 연관되어 있으며, 초기 상태에서 약간의 변수에 대해서도 워낙 민감하게 반응하는 까닭에 현존하는 가장 커다란 컴퓨터조차도 그것을 풀 수가 없다. 하지만 21세기 초에는 컴퓨터가 지금보다 열 배, 백 배, 심지어 천 배는 더 강력해질 것이다. 그러면 이런 문제도 해결될 것이다.

카오스가 사람들의 관심을 끄는 이유는 그 문제가 흥미롭고, 그 해(解)는 아름답고 재미있기 때문이다. 카오스는 특유의 기묘한 용어를 지니고 있는데, 가령 프랙탈, 기묘한 끌어당김, 만델브로트 정리 — 발명자의 이름을 따라 지어졌다 — 등이다. 가령 프랙탈은 상당히 아름다운 컴퓨터 이미지로, 어떤 문제의 해(解)에 의해 생성되었을 때에는 보기에 끝없이 매력적이고, 항상 다르면서도 놀라우리만치 똑같다. 이것이야말로 카오스 상황의 특징이다. '카오스'라는 용어의 특수한 의미가 뜻하는 것처럼, 그것은 근본적인 예측 불가능성과 관계가 있는 한편으로, 반복되는 패턴 안의 패턴과도 관계가 있기 때문이다.

이런 개념을 단순히 말로만 설명하기는 쉽지 않다. 여기서는 말이 그다지 큰 장점을 지니지는 못한다. 패턴은 시간 속에서 반복되는 것이 아니라, 오히려 공간 속에서 반복되는 것이다. 여러분이 작은 체계 속으로 점점 더 깊이 내려갈수록, 그리고 큰 체계 속으로 점점 더 높이 올라갈수록, 패턴은 또다시 등장한다. 그러한 관찰조차도 무슨 일이 일어나는지를 충분히 잘 표현하지는 못한다. 가령 전 세계가 한 송이 꽃이고, 이제 만개한다고 생각해보자. 그 세계 위에서 한 나라가 만개한다. 그 나라 안에서 한 아이가 만개한다. 그 아이의 한 손에서 한 송이 꽃이 활짝 만개한다. 그 꽃 위에서 나비의 번데기가 만개한다. 이 모든 만개는 똑같은 한편으로 서로 전혀 다르다.

새로운 과학인 카오스는 오랫동안 간과되어왔지만, 워낙 뚜렷하고 현재적이고 사실적이기 때문에 고도로 흥미로운 일군의 현상을 다루고 있다. 카오스는 어째서 눈 결정이 그러한 방식으로 만들어지는지를 설명해준다. 물론 아직은 어째서 특정한 결정이 존재하게 되었는지를 예견하지는 못하지만 말이다. 카오스의 과학은 왜 구름이 그런 모양으로 형성되는지를 말해준다. 물론 5분 뒤에 특정한 구름의 모습이 어떻게 변할지는 예견할 수 없지만 말이다. 카오스는 산탄의 흩어짐을 묘사할 수도 있다. 물론 특정한 산탄의 흩어짐까지 예견할 수는 없지만 머지않아 그런 일을 할 수도 있을 것이다.

카오스는 우리가 어떤 상황을 이해하려 시도하는 와중에 그 상황을 지나치게 단순화시키는 경우가 얼마나 많았는지를 깨닫게 해주었다. 데카르트는 분석기하학을 발명했을 때 공간을 지나치게 단순화시켰다. 그는 공간이 오로지 두 가지 차원만 지니고 있다고 가정해도 된다고 말했지만, 우리의 경험상으로 공간은 최소한 세 가지 차원을 지니고 있다.

뉴턴의 천체역학은 한 번에 오로지 두 개의 서로 끌어당기는 천체만을 다룰 수 있었다. 그는 세 개의 천체를 다루는 문제가 자신의 분석에서는 너무 복잡하다고 생각했다. 열 개의 천체나 100만 개의 천체를 다루는 문제는 두말할 나위도 없었다. 그러나 태양계 내에 있는 천체의 운동을 '정확히' 묘사하자면, 오히려 맨 뒤의 이야기에 가깝다고 할 수 있으리라.

닐스 보어(1885~1962)는 원자를 극도로 지나치게 단순화시켜서 설명했는데, 즉 아주 작은 태양 주위를 아주 작은 행성들이 돌고 있는 아주 작은 계라고 묘사했다. '통일장이론'을 추구하는 오늘날의 물리학자 역시 하나같이 물질적 현실을 지나치게 단순화시키고 있는지도 모른다. 어쩌면 모든 자연의 힘이 저마다의 자리를 차지하고 있는 통일된 이론은 없을지도 모른다. 마치 안개상자 속에서 춤추는 입자들처럼 서로 관계가 거의 없다시피 한 힘들이 무한히 많이 있을 수도 있다.

단순성을 포기하기 위해서는, 즉 아인슈타인의 말마따나 하느님은 미묘하지만 악의적이지는 않다는 식의 위안이 되는 믿음(그러나 하느님은 '정말' 악의적일 수도 있다.)을 옆으로 밀어 두기 위해서는 용기가 필요하다. 카오스는 악의적인, 또는 부주의한 하느님에 의해 창조된 우주를 ― 비록 잠시나마 ― 능히 다룰 수 있다. 카오스를 포용한 과학자들이 지닌 열의, 그리고 카오스를 향한 이들의 높은 기대는 어쩌면 이제 과학이 어린애다운 믿음의 세계를 뒤로하고 앞으로 나아감을 보여주는 상징인지도 모른다.

언어의 채굴: 이데오노미

카오스만이 유일하게 새로운 과학은 아니다. 물론 다른 것도 상당수 있다. 그중에서도 가장 흥미로운 것 가운데 하나는 이데오노미(ideonomy)다.

'-노미'(nomy)라는 접미사는 특정한 분야에 관한 법칙, 또는 지식의 총체를 암시한다. 이데오노미는 생각(ideas)의 법칙, 또는 생각에 관한 지식의 총체를 의미한다.

철학자 모티머 J. 애들러는 서양 문화에서 가장 중요한, 그리고 가장 영속적인 생각들 ― 가령 자유, 민주주의, 진리, 아름다움 같은 생각들 ― 에 관한 책을 여러 권 썼다. 이런 책들은 그 각각의 생각을 다룬 유명한 작품들을 분석하고, 이슈와 논쟁을 구분·제시함으로써 독자가 살펴보고 판단하게 한다. 애들러는 생각에 관한 자신의 연구를 변증법적이라고 말했다. 그리스어의 원래 의미에서 변증법은 플라톤의 대화편에 등장하는 철학적 대화로 이루어져 있었다. 가령 우리는 두 명, 또는 그 이상의 대화자가 어떤 기본 규칙과 의미를 받아들이고 나서, 뭔가에 대해 동의하기로, 또는 동의하지 않기로 합의하는 어떤 훌륭한, 건전한 논증에 관해 말할 수 있다.

이데오노미는 우리가 사용하는 말 — 신중하건 부주의하건 간에, 전문적이건 일상적인 이야기이건 간에 — 속에 감춰진, 또는 묻힌 방대한 지식의 저장고를 탐색한다. 수 세기가 지나도록, 수천 년이 지나도록, 언어가 발달하고 어휘가 형성되어 수만 개의 단어가 만들 어지면서, 언어는 동시에 지식을 축적하게 되었다.

어느 누구도 이런 일을 하려고 계획하지는 않았다. 언어를 일상적 인 의사소통에 사용하는 와중에서도, 지식의 보물 창고 비슷한 것을 만들려는 생각은 어느 누구도 갖고 있지 않았다. 하지만 모든 단어 는 뭔가를 의미하게 마련이며, 그런 의미는 심지어 단어의 의미가 변하더라도 영속된다. 언어에 덧붙여진 새로운 단어는 과거의 단어 의 의미를 변경시킨다.

이데오노미는 채굴 작업이다. 이데오노미스트(ideonomist)는 의 미를 캐내며, 그 깊은 곳에 감춰진 보물을 발견하려고 생각한다.

가령 그는 어떤 특정한 생각, 개념, 또는 사물의 단순한 사례 목록 을 가지고 작업을 시작한다. 은유. 관계. 크기. 운동. 사실상 모든 것 이 가능하다.

그 목록 — 원하는 정도에 따라 길거나 짧을 수 있으며, 그렇다고 해서 철저할 필요까지는 없는 — 을 연구함으로써 이데오노미스트 는 유형을 추출하고 식별하기 시작한다. 놓쳐버린 아이템을 상기시 켜주는 이러한 범주 분석을 이용함으로써, 기본 목록은 더 향상될 수 있다. 여전히 철저할 필요까지는 없지만, 이제는 그 분야를 제법 완전하게 망라하기 시작할 수 있다.

유형 너머로 나아가면, 특정한 이데오노미의 알고리즘의 도움을 받음으로써, 그 목록으로부터 중심 개념의 속(屬)이 산출된다. 나중에는 속의 관계, 속의 과(科), 속의 차원 등등이 생겨난다.

이데오노미의 창안자는 패트릭 건켈이라는 주목할 만한 인물로, 그는 텍사스 주 오스틴에 살면서 하루 종일 생각과 사물에 관한 자신의 목록을 만들고, 확장하고, 정련하는 데에 힘썼다. 각각의 목록은 오르가논(organon)이라고 불렸는데, 이는 "다음과 같은 방식으로 발생한다. 기존 오르가논들의 조합, 치환, 변형, 일반화, 특수화, 교차, 상호작용, 재적용, 귀납적 사용 등등."

건켈이 지칠 줄 모르는 사람이긴 했지만, 특정 오르가논(또는 한 무리의 오르가논들)에 필요한 변형을 수행해줄 만한 훌륭한 컴퓨터가 없었더라면 이데오노미는 불가능했을 것이다. 컴퓨터는 그 결과를 찍어냈다. 대개는 지루하고, 반복적이고, 종종 무의미하기까지 했다. 하지만 가끔은, 또는 충분히 자주는 놀라우리만치 흥미롭고 결실이 있는 때도 있었다.

어떤 면에서 이데오노미는 새로운 지식을 만들어내지 않는다. 이미 존재하는 지식을 발견할 뿐이다. 그런 지식은 인간의 사고와 생각 속에 원시적이고도 사용 불가능한 상태로 담겨 있다. 건켈의 말에 따르면, 이데오노미가 없었다면 이런 지식은 결코 발견되지 않았을 것이다.

이데오노미의 지식을 가지고 인간이 무엇을 할 수 있는지에 관해서는 어느 누구도, 심지어 건켈조차도 진정으로 알지 못한다. 하지만 벤저민 프랭클린은 언젠가 전기에 대한 과학이 결국 어떤 결실을 맺을 것으로 보느냐는 질문에 대해 이렇게 반문한 바 있지 않았던가. "그렇다면 갓 태어난 아기는 무슨 쓸모가 있다는 거요?"

태양계 탐사

내가 어렸을 때인 1930년대에만 해도 아프리카 지도를 보면 종종 검은 공백에 '미지의 영역'(Terra Incognita)이라는 설명이 붙어 있었다. 나는 그것이야말로 세상에서 가장 흥미로운 나라 이름이라고 생각했다.

이제 우리는 지구를 그야말로 샅샅이 탐사했으며, 우주선에 달린 컴퓨터에서 레이저 광선을 이용함으로써 지도를 만들어낸다. 우리 행성에는 더 이상 아무런 비밀도 남아 있지 않고, 미지의 영역도 남아 있지 않다. 하지만 태양계 — 만약 태양계가 지구만 한 크기라면, 지구는 벼룩만 한 크기가 될 것이다 — 는 여전히 대부분 탐사되지 않은 채로 남아 있다.

지금까지 〔여섯 차례에 걸쳐 모두〕 12명의 인간이 달 위를 걸었지만, 이들이 유심히 탐사한 지역은 겨우 몇 제곱마일에 불과했다. 아직 발견해야 할 땅이 수십만 제곱마일은 더 있고, 그중 절반은 지구에서 결코 보이지 않기 때문에 망원경으로도 관측이 불가능한 달의 뒤쪽, 또는 어두운 쪽에 있다.(물론 〔달 탐사선을 이용해〕 달의 뒤쪽을 찍은 사진은 있다.)

밤하늘에서 둔한 적색으로 반짝이며 우리를 부르는 화성도 있다. 우리 행성에서 생명이 차마 나타나기 전에 그곳에서는 최후의 생명체가 죽어 없어졌을 정도로 오래된 행성이다. 금성은 미친 듯 끓어오르는 이산화탄소 대기를 지니고 있어서 그 열기가 무시무시할 정도다. 수성은 치명적이라 할 정도로 태양에 가깝지만, 금과 우라늄 같은 중금속을 많이 함유하고 있다.

그런가 하면 지구를 졸지에 왜소하게 만들어버리는 대행성도 있다. 목성, 토성, 천왕성, 해왕성이다. 인류가 만들어낸 가장 고귀하고 가장 아름다운 두 가지 창조물, 즉 보이저 우주 탐사선 한 쌍이 그 행성들을 탐사한 바 있다.

'보이저 1호'는 1977년 9월에 발사되어, 1979년 3월에 목성에 최대 근접했으며, 1980년 11월에 토성에 최대 근접했다. 각각의 근접 비행은 그 거대하고 신비스러운 천체에 관해 새로운 지식을 상당히 많이 내놓았다. '보이저 2호'는 1977년 8월에 발사되었으며, 그 동료 우주선보다는 훨씬 느린 보조로 움직였다. 1979년 7월에는 목성 옆을 지났으며, 1981년 8월에 토성 옆을 지났고, 그 이후로는 천왕성을 향해서 1986년에 마침내 그곳에 도달했다. 그 이후로도 계속 전진해서 1989년 8월 24일에는 해왕성의 북극에서 3000마일 이내의 지점까지 접근했다. 그런가 하면 해왕성에서도 가장 큰 위성인 트리톤에서 2만 4000마일 이내의 지점을 지나갔는데, 그 위성에는 그야말로 놀라운 것 천지였다. 보이저 1호와 2호는 다른 어디에서도 볼 수 없는 아름다움과 기이함을 드러낸 수천 장의 놀라운 사진을 보내왔다.

다른 모든 행성을 합친 것보다도 훨씬 더 큰 목성에는 단단한 표면이 없었다. 하지만 그 위성 가운데 하나는 화성보다 더 컸고, 나머지 세 위성은 우리의 달보다 더 컸다. 이 모두는 식민이 가능해 보이는데, 왜냐하면 거기에는 물 얼음이 있는 듯하기 때문이다. 물론 말을 주고받을 수 있는 대기는 없지만 말이다. 목성은 토성과 마찬가지로 (이는 천왕성과 해왕성도 마찬가지다.) 희미하게나마 띠를 지니고 있는데, 이는 대부분 물 얼음으로 만들어졌을 것이다. 토성에는 60개 이상의 위성이 있는데, 그중 일부는 상당한 크기다. 해왕성의 위성 트리톤은 지구의 달보다도 약간 더 작을 정도다. 거기에는 마치 얼어붙은 호수처럼 보이는 넓은 지역이 보였고, 내부의 열원을 상징하는 최근의 화산활동 흔적도 발견되었다. 표면 온도가 37K(섭씨 −236도)인 트리톤은 태양계에서 지금까지 발견된 것 중에서도 가장 차가운 물체이며, 그곳의 대기는 주로 질소로 이루어져 있어서 지구보다도 10만 배나 더 희박하다. 인간이 거기서 살기는 쉽지 않겠지만, 스페이스 셔틀을 이용해서 필요한 재료를 그곳으로 운반한 다음, 태양복사의 희미한 열이나마 붙잡아 놓을 수 있는 돔을 만들 수만 있다면, 인간은 그 안에서 우주복 없이도 살아갈 수 있을 것이다.

새로운 밀레니엄 이전이 아니라면 그 이후에라도, 인류는 우주개발에 자원 일부를 소비하는 일의 가치를 다시 한 번 깨닫게 될 것이다. 새로이 개발된 로켓 ─ 아마도 일종의 핵에너지를 사용하는 ─을 이용하면 새로이 고안된 '챌린저호'(사랑스럽지만 〔1986년의 폭발 사고로 인해〕 비극적인 이름이기도 한)를 우리 주위의 어둠 속으로 올려보낼 수 있을 것이고, 미래의 사람들은 지금의 우리가 아직까지 꿈꿔본 적도 없었던 경이를 보게 될 것이다.

첫 번째 과제는 충분히 크고 효율적인 우주 정거장을 달 위에, 또는 지구 주위를 도는 달의 궤도상의 몇몇 특별한 장소에 건설하는 것이리라. 후자의 경우라면 중력 작용이 정확히 균형을 맞추기 때문에, 중력이나 복사의 파장 ─ 여기 걸리면 무엇이든지 간에 다른 곳으로 움직여 가게 마련이다 ─ 에 의해 교란되지 않고도 영원히 남아 있을 수 있을 것이다. 그런 우주 정거장의 크기에는 사실상 한계가 없다. 어차피 우주인 한에는 공간이 넉넉하기 때문이다. 바로 이

우주 정거장 ─ 어쩌면 하나 이상일 수도 있다 ─ 에서 온갖 종류의
탐사선을 발사할 수 있을 것이다. 발사 비용은 지구에서의 발사 비
용보다도 더 저렴할 것이니, 왜냐하면 지구에서는 막대한 중력을 강
력한 로켓으로 극복해야 하기 때문이다. 우주 정거장상의 장비로는
지구의 풍부한 대기 ─ 덕분에 우주복을 입지 않고도 생활할 수 있
다는 장점도 있지만, 동시에 외부 우주로부터 들어오는 모든 입력이
왜곡되는 단점도 있다 ─ 에 의해 방해받는 일 없이 실험이나 관측
을 수행할 수 있을 것이다.

물론 탐사야 비교적 쉬울지 몰라도, 식민화는 또 전혀 다른 문제
다. 나는 첫 번째 것에 관해서는 자신하지만, 두 번째 것에 관해서는
그다지 자신하지 못한다. 하지만 21세기 중반에 이르면 달 위에, 그
리고 어쩌면 화성 위에 인간이 사는 ─ 아울러 컴퓨터와 몇 마리 개
와 고양이까지 함께 사는 ─ 식민지가 생겨날 것이라고 생각한다.
이런 식민지가 생겨나기 위해서는 우선 달이나 화성의 표면 아래에
물 얼음으로 이루어진 방대한 수맥이 발견되어야 할 것이다. 2050
년에 이르러, 가령 적절한 물 공급원이 발견되기만 한다면, 인간이
들어가서 일상적으로 살 수 있는 커다란 돔이 만들어질 것이고, 그
안에서는 식량과 산소 모두를 제공할 수많은 녹색식물 ─ 처음에는
수경법으로, 즉 흙 대신 일종의 화학성 액체 속에서 재배할 것이다
─ 도 함께 살아갈 것이다.

산소, 수소, 탄소는 태양계의 모든 행성의, 특히 위성의 암석 속에
존재한다. 이론적으로는 이런 필수적인 원소를 지표면, 또는 그 아
래에서 파내는 것도 가능하지만, 이런 것들이 함유되어 있는 얼음을
발견할 수만 있다면 일은 훨씬 간단해지고, 특히 처음에는 더욱 그

러할 것이다.

이런 상상을 모두 현실로 만들기 위해 지도자들의 입장에서는 용기가, 그리고 약간의 행운이 필요할 것이다. 나는 이 둘 중 어느 것도 부족하지는 않으리라 생각하며, 지구 밖에서 태어나는 아이가 빛 ― 지구의 빛과는 또 다르고도 특이한 빛 ― 을 보게 되는 날도 앞으로 100년 내에 오리라 기대한다. 어쩌면 이런 일은 내가 생각하는 것보다도 더 빨리 이루어질지도 모른다. 이런 일이 벌어진다면, 그것이야말로 인류의 가장 위대한 시대의 시작을 알리는 것이리라.

달, 화성, 그리고 어쩌면 목성의 위성 가운데 한두 곳, 그리고 어쩌면 해왕성의 트리톤에 세워질지도 모르는 지구의 식민지에 사는 사람들은 우주선 지구에 관해서 새롭고도 더욱 뚜렷한 개념을 지니게 될 것이다. 달에서 봤을 때에는 거대한 파란 달처럼, 그리고 화성이나 목성에서 봤을 때에는 작고 예쁘고 파란 별처럼 떠 있는 모습일 테니까. 그렇다면 식민지 사람들은 자신들의 옛날 고향 ― 그때쯤 가서는 결코 다시는 돌아가지 못할 운명이 된 ― 에 대해 새로워진 애정을 갖게 될 것인가, 아니면 아직은 도달 불가능한 변경처럼 보이는 것 너머에 있는 바깥으로의 미래로 시선을 향할 것인가? 나로선 그들이 지구를 향한 새로워진 존경과 사랑을 보낼 것이라고 믿고 싶다. 저 위에서, 그 멀리서 보기에도 지구는 인간의 침해로부터 보존될 만한 가치가 충분히 있을 것이다.

어쩌면 이와는 반대되는 감정이 보다 일반적일 수도 있다. 일단 여러분이 지구를 뒤로하고 떠나게 된다면, 여러분은 아마 나쁜 일만 기억하게 마련일 테니까. 인구 과밀, 환경오염, 지속적인 논쟁, 잔인성과 불의, 허풍, 위선, 오만. 어쩌면 식민지인은 지구를 떨쳐버리게 되어서 오히려 잘되었다고 말하며, 인류의 맨 처음 고향이었던 그곳을 보존하기 위해서라도 오히려 그곳을 떠나갈지도 모른다.

메시지?

시인 퍼시 셸리는 이런 말을 했다. "시인은 이 세계의 알려지지 않은 입법자다." 그가 하려는 말은 마셜 매클루언의 다음과 같은 말에 담긴 의도를 달리 표현한 것이리라. "진지한 예술가는 차분하게 기술에 직면할 수 있는 유일한 사람이다. 왜냐하면 감각 지각상의 변화를 알 수 있는 전문가이기 때문이다."[115] 셸리는 또한 시인의 꿈이 인류의 직관적 지식을 규정하는 데에 일조함을 의미했다. 이것이야말로 시인이 놀라우리만치 정확한 미래의 예언자인 까닭이다. 그들은 나머지 우리보다도 더 먼저 무엇이 오고 있는지를 보고, 그 내용을 자신들의 이야기 속에 묘사한다.

그들의 미래 예언이 우리에게는 불쾌하거나 공상적인 것처럼 보일 경우, 우리는 거기에 진지한 관심을 쏟지 않거나, 또는 그렇게 음란하고 광적이고 악의적인 상상을 하는 저자를 비난한다. 가능성의 가장자리를 맴도는 소설을 쓴 작가들은 항상 위험에 처하게 마련이다. 우리는 그들을 경멸적으로 대하거나, 또는 그들을 고문하거나 죽이기까지 하는데, 이유인즉 우리가 전혀 알고 싶어 하지도 않았던

---

115 마셜 매클루언, 앞의 책, 51쪽.

것을 우리에게 밝혀주는 그들의 대담무쌍함 때문이다.

심지어 과학소설(SF) 분야에서 최고의 저자들조차도 자신들의 예견을 종종 코믹 멜로드라마의 가면 뒤에 숨기는 법을 배웠다. 그래서 우리는 이렇게 말한다. 그들의 작품은 진짜로 훌륭하거나, 또는 진짜로 진지하지는 않다고. 어디까지나 시간 보내기용이라고. 그러니 우리는 그들의 미래 비전이 실제로 벌어지고 있는 일과 어떤 관계를 지니고 있다고 간주할 필요까지는 없다고.

그러나 내가 보기에 SF에 대한 이러한 태도는 잘못이다. 이 대중 장르에서도 최고의 작가들은 우리에게 상당히 많은 것을 가르쳐주었다. 그들은 전문 미래학자이며, 거기 비교하자면 우리는 아마추어에 불과하다. 그들은 다른 시인이며 이야기꾼 이상의 책임을 지니고 있지는 않다. 다시 말해서 그들은 사실보다는 오히려 있을 법한 이야기를 말하는 것이다. 하지만 있을 법한 이야기에도 일종의 진실이 들어 있다. 하다못해 과학적이지 않은 이야기에도, 심지어 법정에서 증거로 채택되지는 못할 허구의 이야기에도 일종의 진실이 들어 있다.

SF가 던지는 질문 중에서도 가장 흥미로운 것은 다른 누군가, 다른 시간, 다른 행성이나 달이나 태양계의 소행성으로부터 온 메시지에 관한 것이다. 우리는 아직 지구상에서 그런 메시지를 전혀 발견하지 못했다. 어쩌면 그런 메시지가 정말 있는데도 불구하고, 아직 우리가 인식하지 못한 것일 수도 있다. 하지만 이건 놀랄 만한 일도 아니다. 문자가 발명되기 100만 년 전, 기껏해야 공룡이나 원시적인 호미니드만 있는 상황에서 지구에 메시지를 남겨놓는다는 것은 아무런 의미가 없었을 테니까. 차라리 보다 고등한 종족이 발견할 수 있는 장소, 또는 우주여행이 가능한 존재만이 도달할 수 있는 어느 멀리 떨어진 세계에 메시지를 남겨놓는 편이 더 나았으리라.

그런 메시지의 존재 가능성이 단순히 재미있는 공상에 불과한 것일까? 어쩌면 그럴 수도 있다. 하지만 거기에 관해 궁금해하지 않기란 어렵다. 어쩌면 지적인 존재인 어떤 종족이 이미 태양계를 방문해서 여러 행성을 조사한 다음, 지구야말로 미래의 지성이 생겨날 가능성이 높은 곳이라고 판단했는지도 모른다. 그런 일이 벌어질 만큼 시간은 넉넉했으니 말이다. 태양의 나이는 수십억 년이나 되고, 행성의 나이도 그에 비해 아주 젊지는 않으며, 생명은 무려 40억 년 넘도록 태양계의 다른 어디에도 없고 지구에만 있기 때문이다. 아주 오래전의 지적인 방문객은 어쩌면 무슨 일이 벌어지리라 예견할 수 있었으리라. 자신들이 다녀갔다는 흔적을 남겨놓고 싶어 했을지도 모른다. 오로지 발달이 어느 정도 수준에 도달한 생명체만 해석이 가능한 흔적을 말이다.

그 수준이 과연 무엇이든지 간에, 우리는 과연 거기에 도달한 것일까? 어쩌면 아닐 수도 있다. 따라서 가까운 우주 어딘가에 정말 그런 메시지가 있다 하더라도, 우리는 어쩌면 앞으로 수천, 또는 수백만 년이 흐르고 나야만 그걸 읽을 수 있을지 모른다. 하지만 진짜 어떤 메시지가 남아 있다면, 남겨놓은 쪽에서도 굳이 그걸 꼭꼭 숨겨두었을까? 그보다는 차라리 메시지를 발견하러 지구에서 온 첫 번째 여행자를 위해 발견하기 쉽도록 조치를 취해놓았을 가능성이 더 크지 않을까?

일단 그런 가능성을 시인하고 보면, 거기에 대해서 계속해서 생각하지 않기가 오히려 힘들다. 정말 그런 메시지가 있다면, 혹시 달에 있는 것은 아닐까? 아직은 정말 그런지 아닌지를 우리도 알 수 없다. 달 표면에서도 우리가 조사한 부분은 극히 일부분에 불과하니까 말이다. 우리는 가장 큰 망원경을 가지고도 아직 그런 메시지를 보거나 인식하지 못했다. 어쩌면 그 메시지는 의도적으로 달의 어두운 면에 놓여 있는지도 모르니, 왜냐하면 그곳에 도달하기 위해서는 높은 수준의 기술이 필요할 것이기 때문이다. 어쩌면 그 메시지는 화성에 놓여 있을지도 모른다. 지적 방문객은 그 붉은 행성이 우리 여행의 주된 목표가 될 것임을 일찌감치 알았을 수도 있다. 아니면 다른 어디일 수도 있다. 핵심은 무엇인가 하면, 만약 그런 메시지가 정말 있다고 치면, 의외로 금방 발견되리라는 것이다. 어쩌면 앞으로 50년, 또는 100년 이내일 수도 있다.

만약 메시지가 있다면, 과연 어떤 내용일까? 여러 저술가들 — 훌륭하거나 그렇지 못하거나 간에 — 은 그런 메시지가 발견되기도 전에 미리부터 그 내용을 추측한 바 있다. 이것이야말로 SF의 가장 인기 있는 분야 가운데 하나다. 아마도 작가들의 상당수는 그 메시지를 낙관적으로 보고 있다고 해야 하리라. 즉 그 메시지를 남긴 존재가 누구이건 간에, 그들은 장차 대두할 인류에 호의적인 태도를 지니고 있으며, 나아가 우주의 보편적인 힘이나 자연의 힘 등으로부터 인류를 보호하고픈 의향을 지녔다고 보는 것이다.

하지만 나는 그런 견해야말로 불가능할 뿐만 아니라 오히려 위험한 종류의 사고방식이라고 생각한다. 최초의 유럽인이 북아메리카의 자연을 발견했을 때, 그들은 사람을 전혀 무서워하지 않는 상당수의 야생동물을 발견했다. 이것이야말로 동물의 입장에서는 통탄할 만한 실수가 아닐 수 없었다.

따라서 만약 그런 메시지가 발견된다고 치면, 우리는 SF 작가 아
서 C. 클라크(1917~2008)가 「보초」라는 제목의 단편소설 ― 훗날
스탠리 큐브릭 감독의 영화 〈2001년 : 스페이스 오디세이〉의 원작
이 된 ― 에서 제기한 경고에 귀를 기울여야 할 것이다. 즉 그 메시
지(어떤 형태이건 간에)를 손대거나, 또는 교란하기 전에, 우리는 그것
이 부비트랩일지도 모른다고, 즉 그걸 남겨놓은 존재에게 마침내 누
군가가 그걸 발견했음을 알려주는 장치도 포함하고 있을지도 모른
다고 생각해야만 마땅할 것이다.

물론 워낙 오래전에 설치된 까닭에 그 제작자는 물론이고 우리가
있는 곳까지 올 수 있었던 그들의 훌륭한 문명 역시 이미 우주의 먼
지로 흩어져 버렸을지도 모른다.

만약 그렇지 않다고 치면, 그리고 우리가 그 부비트랩을 작동시킨
다고 치면(하긴 그걸 작동시키지 않기는 아예 불가능하리라.) 오래지 않아
서 방문객이 돌아올 것이다. 방문객의 도래는 인류 역사와 지식의 새
로운 시대를 개막할 것이다. 그들이 우리를 위해, 또는 우리에게 무
엇을 하건 간에, 그런 메시지를 남겨놓을 수 있는 존재라면, 우리가
지금까지 알아온 중에서도 가장 놀라운 스승이 될 것이다. 우리는 그
들로부터 놀라운 것들을 배울 수 있을 것이다. 다만 그 교육의 대가
가 너무 비싸지는 않았으면 하고 바랄 뿐이다.

이 모두는 어디까지나 판타지며 SF에 불과하다. 아직까지는 그런
메시지가 가까운 이웃 우주를 탐사하고 있는 우리의 우주선을 기다
리고 있다는 증거가 전혀 없기 때문이다. 어쩌면 그런 메시지는 전
혀 없을지도 모른다. 하지만 혹시 또 알겠는가.

지구상의 이웃 생물로서의 인간

이른바 '지구의 생물자원'(바이오매스)이란 지구상에, 그리고 그 위의 대기 중에 사는 생물의 총중량으로 정의할 수 있겠다. 현재 지구의 생물자원은 750억 톤이다. 여기에는 인간 생물자원 2억 5000만톤, 여타의 동물 생물자원 — 물고기가 절반 이상을 차지하는 — 약 18억 톤, 지상식물 100억 톤 등이 포함된다. 나무는 390억 톤, 해초는 240억 톤을 차지한다. 자세한 내용은 다음 페이지의 도표를 참고하기 바란다.

도표에 나온 숫자는 대략적인 추산일 뿐이다. 물론 동물과 물고기, 농작물과 인간과 기타 몇 가지 항목의 숫자는 비교적 정확하고, UN의 식량농업기구에서 간행된 통계에 근거하고 있다. 하지만 지구상의 나무의 총무게가 어느 정도인지는 아무도 모를 것이다. 내 생각에 이것은 매년 생산되는 목재 양(35억 톤)의 열 배 이상이 아닐까 싶다. 가령 비경작지의 식물의 총량이 약 80억 톤이라고 치면, 해초와 기타 해양 수생식물의 총량이 그보다 세 배가량 많을 것이니, 왜냐하면 바다는 지표면의 4분의 3을 차지하고 있기 때문이다. 총합계는 어떤 식이건 간에 수십억 톤을 넘지는 않을 것이다. 내 생각에는 오차 범위가 대략 10퍼센트 내외가 아닐까 싶다.

이 숫자 중에서도 맨 처음 주목해야 할 것은 식물 생물자원이 동물 생물자원을 훨씬 웃돈다는 점이다. 동물은 지구의 총생물자원 가운데 2~3퍼센트 사이를 차지한다. 지구는 과거 10억 년 동안 그랬던 것처럼 여전히 초록 행성이다.

둘째로, 수만 가지에 달하는 동물의 종 가운데 단 하나의 종 — 즉

생물자원	단위 : 백만 톤
인간(50억 명)	250
동물	
가축 : 소	520
양, 염소 등	75
돼지	100
닭, 오리, 거위 등	10
애완동물	5
대형 야생동물(사자, 독수리, 고래, 땅돼지, 야생마, 코끼리 등)	10
소형 야생동물(쥐, 개구리, 두꺼비, 지렁이 등)	15
곤충, 박테리아 등	15
물고기와 갑각류	1,000
식물	
농작물	2,000
기타 육상식물	8,000
나무	39,000
해초 및 기타 수생식물	24,000
지구의 총생물자원	75,000

■ 이 도표에 나온 숫자는 본서의 집필 당시인 1980년대 말에서 1990년대 초의 통계를 토대로 한 것으로, 지금과는 상당 부분 다르다.

인간—이 전체 동물 생물자원 가운데 10퍼센트를 차지한다.

인간의 생물자원은 물고기를 제외한 동물 생물자원 총량의 25퍼센트를 차지한다. 이처럼 큰 비율은 한때 지구상의 주도권을 놓고 인간에게 도전했던 다른 동물 종과 비교해 인간이 거둔 성공을 보여주는 극적인 증거다.

셋째로, 가축과 애완동물처럼 오로지 인간 때문에 존재하게 된 동물 생물자원 종을 더한다면, 인간의 주도권은 더욱 분명해진다. 인간과 그 동물 하인 및 노예는 물고기를 제외한 나머지 동물 생물자원의 96퍼센트를 차지하는 것이다.

더 나아가, 인간이 매년 물고기 총량의 10퍼센트씩을 '수확'하고, 그렇게 거둔 결실을 스스로와 가축화된 동물을 먹이는 데 사용한다고 가정할 수 있을 것이다.

이 도표에서 동물의 측면만 보면 인간의 주도권이 뚜렷하다. 하지만 인간의 생물자원은 이 지구의 생물자원 총량에서 겨우 0.3퍼센트가량밖에는 차지하지 못한다.

따라서 인구가 지금보다 훨씬 더 증가하더라도 상황은 크게 달라질 것 같지 않다. 인구가 100퍼센트 증가한다 하더라도—그러니까 현재의 50억 명에서 다음 세기말에 이르러 100억 명이 된다 하더라도—인간의 생물자원 총량은 2억 5000만 톤에서 5억 톤으로 두 배 증가하는 데에 그칠 뿐이다. 총량에 대한 비율 역시 0.3퍼센트에서 0.6퍼센트로 미미하게 오를 뿐이다.

그런 증가가 전 세계의 생태계에는 별다른 어려움을 야기하지 않을 것으로 보인다. 물론 대형 야생동물이 차지하는 생물자원 비율은 상대적으로 더욱 감소할 것이다. 나무와 식물, 그리고 해초의 생물자원 사이에서는 약간의 감소가 일어날 것이다.

하지만 이런 외양은 현실과 전혀 다르다. 인간은 그야말로 환경오염을 일삼는 종이다. 인구가 두 배 증가할 경우에는 전 세계의 생태계에 치명적인 영향이 미칠 것이니, 인간은 믿을 수 없을 정도로 야비한 동물이기 때문이다.

인간이 항상 그렇게 야비한 것은 아니었다. 지난 100만 년가량의 세월 동안 지구상에 살았던 인류 비슷한 생물들은 환경을 심각하게 훼손하지도 않았으며, 설령 훼손한다 하더라도 기껏해야 다른 대부분의 동물 종들이 하는 정도의 수준에서 크게 벗어나지 않았다. 지금으로부터 대략 200년 전까지만 해도 인간은 전반적으로 지구 공동체의 좋은 이웃이었다.

인간이 한때 이 세계에 공존했던 더 큰 야생동물 가운데 상당수를 죽였고, 종종 놀이 삼아 그랬다는 것은 사실이다. 그리고 인간은 — 종종 인간이 개를 보면서 하는 말처럼 — "부주의한 똥싸개"이기도 하다. 인간 역시 자신의 배설물이며 다른 쓰레기와 잡동사니를 자연에 흩뿌리거나 하고, 오히려 고양이가 그러듯 배설물을 신중하게 숨기지는 않기 때문이다.

하지만 과거에는 말썽을 일으키는 인간의 숫자가 그렇게 많지도 않았고, 훗날 그 숫자가 주목할 정도로 늘어났을 때에도 오염을 일으키는 방법을 충분히 알지는 못했다. 특히 과거의 인간은 막대한 양의 화석연료를 태우거나 다른 방법으로 이용함으로써 자신들의 삶을 더 낫게 만드는 법을 알지 못했다.(결국 나중에 가서는 생각해내고야 말았지만.)

지난 200년 동안 인간은 환경을 심각하게 오염시켰으며 — 땅과 바다의 물이며, 대기며, 토양 그 자체까지도 ─ 그 속도는 지속적으로 빨라졌다. 아울러 인구는 1790년 이래로 무려 800퍼센트가량 늘어났다. 따라서 지구의 총생물자원 가운데 오로지 0.3퍼센트에 불과한 인간이 모든 오염의 99퍼센트를 차지하기에 이르렀다.

21세기로 접어들면서 우리는 이 숫자의 중요성을 똑똑히 자각해야만 한다. 만약 인간이 훌륭한 이웃 역할을 할 의향만 있다면, 지구상에는 50억 명의 인간이 또다시 들어설 자리가 생길 것이다. 어쩌면 100억 명 더, 또는 그보다 더 많은 인간이 들어설 자리도 생길 것이다.

하지만 우리가 지금처럼 거대한 쓰레기 더미로 우리의 보금자리를 계속해서 위협한다면, 우리의 갈수록 낭비투성이인 삶의 온갖 산물을 그토록 부주의하게 내던진다면, 지금 살고 있는 50억 명의 인간을 위한 자리도 지구상에는 충분치 않을 것이다.

자연은 언젠가 최종 대차대조표를 작성할 것이다. 최악을 가정한다 하더라도, 나는 십중팔구 그런 대차대조표가 나올 때까지 살아 있지는 못할 것이다. 여러분 역시 그때까지 살아 있지는 못할 수도 있다. 즉 오늘날 존재하는 것과 같은 세계는, 비록 아무런 태도 변화가 없다 치더라도, 앞으로도 100년 동안은 더 존속할 수도 있을 것이다. 따라서 나는 우리 인간이 2100년에도 여전히 ─ 가령 모든 것을 박살내는 핵전쟁만 없다고 치면 ─ 지구의 걱정거리로 남으리라고 예상하는 바다. 하지만 우리가 변화하지 않는 한, 그 날짜 너머에 대한 우리의 전망은 그리 좋지 않을 것이다. 따라서 나는 ─ 인간이야말로 이성적인 동물임을 여전히 믿고 있는 사람의 입장에서 ─ 우리가 변화하리라 생각하는 바다.

물론 변화라는 것이 쉽지는 않을 것이다. 선진국 사람들이 즐기는, 그리고 포기한다고는 생각조차 할 수 없는 온갖 사치품 — 에너지 소비와 쓰레기 산출이라는 값비싼 대가를 치러야 만들 수 있는 — 을 추구하는, 살아 있는 인간이 수십억 명이나 되기 때문이다. 이전까지만 해도 가난했던, 그리고 지금은 희망에 넘치고 탐욕에 넘치는 그 수십억 명의 사람들을 어떻게든 진정시켜야 한다. 최소한 그들의 욕망을 인식해야 하고, 어떻게든 대처해야 한다. 그와 동시에 환경보호주의와 우주선 지구의 개념은 매우 새로운 발상이다. 그런 발상은 신속히 퍼지고 있다. 어쩌면 충분한 시간 안에 멀리까지 퍼질 수 있을 것이다.

가이아 가설

인간은 전혀 예상치 못했던 출처로부터 도움을 얻을 수도 있을 것이다. 지금으로부터 여러 세기 전에 플라톤은 지구를 살아 있는 유기체로 인식한 바 있다. 많은 사람들이 그러한 견해를 공유했고, 심지어 오늘날까지도 그런 생각을 하는 사람이 많다.

예수회 소속의 철학자 겸 고고학자인 피에르 테야르 드 샤르댕 (1881~1955)은 유명한 저서 『인간 현상』(영어 번역본은 1959년에 나왔다.)에서 세계를 조명하고 있는 놀라운 그림을 제시했다. 그는 지구가 일련의 동심원으로 이루어져 있다고 생각했다. 지상권 (geosphere)은 단단한 땅이다. 그곳을 둘러싸고 딱 들어맞듯이 있는 곳이 생물권(biosphere)이다. 생물권 너머에서 그보다 더 작은 앞서의 두 영역을 둘러싸고 있는 또 다른 영역을 테야르 드 샤르댕은 정신권(noosphere)이라고 불렀다. 그리스어 '누스'(nous), 즉 '정신'에서 비롯된 단어다.

지상권이 사물의 집단인 동시에 단일의 사물이기도 하듯이, 그리고 생물권이 생물의 집단인 동시에 어떤 면에서는 하나의 생물이기도 하듯이, 지구상의 모든 인간의 모든 정신은 별개의 것인 동시에 하나의 거대한, 단일한 지성으로 인식될 수도 있다. 테야르 드 샤르댕이 표현한 것처럼 지상의 인간화는 우리 시대에 일어난 것이며, 이 단일한 의식의 형성으로 이루어져 있고, 그가 느끼기에는 점차 자라나는 세계의 통일을 위한 필수적인 부수물이었다.

테야르 드 샤르댕의 사상은 교회 고위층으로부터 승인받지 못했으며, 그의 철학 저술은 생전에 하나도 간행되지 못했다. 그의 저술이 비로소 세상에 나왔을 무렵, 정신권 같은 개념의 필요성은 그 어느 때보다도 더 분명해져 있었다.

가이아 가설은 영국의 생물학자 겸 발명가 제임스 러브록(1919~)이 내놓은 것으로, 테야르 드 샤르댕의 정신권 개념과는 몇 가지 면에서 크게 다르지만, 그래도 결과는 똑같을 수 있다. 가이아 가설에 따르면(여기서 '가이아'는 그리스 신화에서 대지의 여신 이름이다.) 토양은 생명으로부터 영향을 받아서 생명을 유지하고, 우리 행성은 단일한, 통일된, 살아 있는 체계의 핵심이라는 것이다.

"지구는 살아 있는 유기체이며, 나는 이를 확신한다." 이렇게 말한 러브록은 최근 들어 수많은 지지자를 얻은 한편으로 그보다 더 많은 비판자를 얻었다. 이 생물학자 겸 발명가는 수백만 년 넘도록 대기 중의 여러 가지 기체의 비율에서의, 그리고 바닷속의 소금 같은 화학물질에서의 주목할 만한 항구성을 지적한다. 러브록은 기후와 토양의 화학적 성질은 수억 년의 세월 동안이나 생물에 최적화된 상황이었다는 것이다. 그는 생물이 우연에 의해 발달했을 가능성은 있을 법하지 않다고 주장한다. 그렇다면 생물권이 그동안 우리 행성을 줄곧 운영해온 것일까?

일부 진화론자들은 러브록의 이론을 반박하며, 그건 단지 희망적인 관측에 불과하다고 일축한다. 이들은 기체와 화학물질이 줄곧 항상적으로 남아 있었다고 믿는 증거가 무엇이냐고 묻는다. 만약 러브록의 말이 옳다 하더라도, 진화론자는 역학 이론만 가지고도 영속적인 평형상태를 충분히 잘 설명할 수 있다고 말한다. 살아 있는 유기체를 가정할 필요는 전혀 없다는 것이다. 현재의 총생물자원이 지금으로부터 10억 년, 또는 그 이전에 얻어진 것이고, 그때 이후로 다소간 똑같이 유지되었다 하더라도, 거기에도 여러 가지 변화가 있었고 때로는 격변적이었으며, 미래에도 작은 변화들이 인류를 싹 쓸어버리는 한편으로 나머지 생물은 거의 아무렇지도 않은 상태로 남겨둘 수 있는 것이다.

또 다른 토양과학자들은 가이아 가설 중에 상당 부분을 그럴듯하다고 생각한다. 이제는 이 가설을 입증, 또는 반증하기 위해 전 세계적인 노력이 이루어지고 있다. 사실 우리는 러브록이 옳은지 그른지 여부를 영영 알 수 없을지도 모른다. 만약 우리가 생존한다면, 이는 어디까지나 우리 자신의 노력을 통해서일 '가능성'이 크다. 지구가 그 발달하는 생물자원의 조성에서의 수많은 변화들 — 심지어 인간이 제기하는 변화들도 포함해서 — 에 적응하는 방법을 배웠는지 여부는 우리에게 결코 분명해지지 않을 것이다.

달리 말하자면, 만약 우리가 하나의 종으로서 살아남는다고 치더라도, 그것이 실제로 우리 인간의 이성 — 기껏해야 온갖 종류의 도전에 직면한 상태에서 합리적인 선택을 내릴 뿐인 — 덕분은 아니라는 것이다. 다른 식으로 표현하자면, 우리의 지식조차도 우리를 구해주지는 못하리라는 것이다. 비록 우리가 그렇다고 믿는다 하더라도 마찬가지다.

어떤 종류의 지식은 어떻게든 우리의 생존에 관여할 수 있다. 비록 교회 측에서는 범신론의 기미가 보인다는 이유로 좋아하지 않을는지도 모르지만, 정신권의 개념은 결코 반증된 적이 없다. 하지만 생물자원이 대지를 둘러싸고 있듯이 우리 주위를 떠돌아다니는 단일한 통일적 지성은 결코 어떤 단일한 사람의 정신이라 할 수가 없다. 그런 정신이 지닌 지식 — 왜냐하면 정신이라면 반드시 지식을 지녀야 하며, 그렇지 않다면 정신이 아니기 때문이다 — 역시 어떤 단일한 사람의 지식이라 할 수가 없다. 개인으로서 우리는 더 커다란 것, 다시 말해서 우주정신은 물론이고 그 우주적인 지식을 전혀 의식하지 못할 수도 있고, 어쩌면 영영 의식 못 할 수도 있다. 하지만 그렇다고 해서 반드시 지식이 우리를 구원하리라는 — 만약 구원된다고 치면 — 의미까지는 아니며, 다만 오히려 어떤 행운에 의해서, 또는 살아 있는 지구, 즉 러브록이 말하는 가이아의 별다른 의도조차도 없는 조작에 의해서 구원되리라는 것뿐이다.

구원이란 어떠한 대가를 지불하든지 간에, 그만한 가치가 있는 일이다. 내가 말하는 구원이란 인류의 지속적인 존재를 의미한다. 그 대가는 우리의 영원한 어리석음, 오만, 탐욕을 시인하는 것일 수도 있다. 우리는 스스로가 결코 자각하지 못하는 어떤 더 거대한 정신을 그야말로 무의식중에 창조했다는 사실을 결코 깨닫지 못할 수도 있다. 하지만 또 언젠가는 그런 사실을 깨달을 수도 있다. 우리가 과연 언제쯤 그런 일을 하게 될지, 나로선 차마 추측조차도 할 수 없지만, 만약 그런 일이 생긴다면 아주 먼 훗날에나, 그러니까 지금으로부터 100년 이상의 시간이 흐르고 난 다음에나 가능하지 않을까 싶다.

유전공학

인류는 다이너마이트와 불도저, 비료와 농약, 콘크리트와 아스팔트를 도구 삼아, 부주의하면서도 맹목적으로 이 세계를 자기 뜻대로 만들어나갔다. 그 와중에서 변화에 재빨리 적응하지 못한 동식물 종은 깡그리 사라지고 말았고, 지금도 매년 약 2만 종가량이 멸종하는 것으로 추산된다. 이 세상에는 수백만 종의 생명체가 있으므로, 상당한 손실에도 불구하고 예측 가능한 미래에는 매우 다양한 생물이 여전히 지상에 남아 있을 것이다. 과거의 다른 격변 — 가령 공룡의 지배를 종식시켰던 격변을 포함해서 — 당시에도 비교적 짧은 시간 사이에 막대한 숫자의 종이 깡그리 사라지고 말았던 것이 사실이다. 생명은 놀라우리만치 융통성 있고 유연한 현상이다.

인간이라는 격변의 경우에는 과거의 격변들과는 닮지 않았다고 말할 수 있으리라. 인간은 파괴하는 동시에 창조하기 때문이다. 지난 세기 동안 유전자 암호의 발견은 새로운 변종의 동식물을 — 비록 진정으로 새로운 종까지는 아니더라도 — 인공적으로 창조할 수 있는 가능성과 약속을 제시했다.

오래전, 통제 번식의 방법을 이용해서 인간은 새로운 변종을 만들어내기 시작했다. 개들 중에서 나타나는 대단한 차이 — 가령 페키니즈와 그레이트데인, 핏불테리어와 골든리트리버, 멕시칸헤어리스와 잉글리시십독의 차이를 생각해보라 — 는 애당초 한두 가지의 변종에 불과했던 개의 유전자 풀에 대한 인간의 간섭의 결과다. 말, 소, 양, 그리고 모든 가금의 경우에도 이와 유사하게 큰 변화가 산출된 바 있었고, 특히 가금의 경우에는 이제 더 이상 하늘을 날 수가 없게 되었다.

가장 큰 변화들은 식물 종 내에서 이루어졌다고 하겠다. 야생의 밀, 옥수수, 쌀, 귀리, 보리, 호밀 등은 오늘날의 주요 농작물과는 전혀 다른 식물이었으니, 그 어떤 것도 세심한 재배 없이는 살아남지 못할 정도다. 원래의 야생식물은 강인하기는 하지만, 변화되지 않은 상태에서는 배고픈 인류를 먹여 살릴 수 있을 만큼 충분한 알곡을 맺지 못했다. 우리가 먹는 채소와 과일 대부분은 원하는 특성을 산출하기 위한 교잡의 결과로, 때로는 생산자에게만 유익할 뿐 소비자에게는 유익하지 않다.

교잡은 동식물 종을 '개선'하는 비교적 느리고도 서투른 방법이다. 모든 생물의 모든 세포에 들어 있는 DNA 분자에 담긴 유전자 암호는 우리의 필요에 부응하여 종을 변화시키고 표본을 산출하는 훨씬 더 정확하고 빠른 방법을 제공한다. 질병을 통제하기 위해 소에 항생제 주사를 놓음으로써, 결과적으로 소비자가 스테이크와 함께 독성 물질을 먹도록 하는 것이 아니라, 오히려 재조합 DNA 기술을 차용함으로써 특정한 질병에 대한 자연적이고도 유전 가능한 면역성을 동물에게 심어주는 것이 가능하기 때문이다. 더 강인한, 그리고 자칫 식량 곡물의 양을 크게 깎아먹을 수도 있는 전염성 질환에 더 큰 면역성을 지닌 농작물도 농작물의 유전 암호를 조작함으로써 만들어낼 수 있다.

이론적으로는 괴물도 만들어낼 수 있다. 가령 날개와 다리는 단지 흔적으로만 남아 있는 반면 가슴살의 비율은 상당히 높은 닭이라든지, 워낙 젖통이 커서 걷지도 못하고 평생 누워만 있어야 하는 암소라든지, 그물에 기꺼이 잡히고자 하는 천성을 지닌 물고기라든지 말이다. 1980년 이후로는 그런 새로운 변종도 미국의 법률하에서는 특허 신청이 가능해졌다. 약간 의미는 다르지만 그런 변종 역시 일종의 괴물이다.

하지만 다음 세기에도 우리가 여전히 유전 암호에 관한 우리의 새로운 지식으로 무장하고 있는 한, 나는 동식물계의 괴물을 두려워할 필요는 없다고 생각한다. 다만 나는 우리가 같은 인간에게 하고 싶어 하는 일 때문에 오히려 걱정스러울 뿐이다.

우생학

우생학은 인류의 오랜 꿈이었다. 동물의 품종 개선은 효과가 있었다. 그렇다면 인간이라는 동물도 안 될 것 없지 않은가? 우생학 프로그램은 그 세부 사항이 일반 대중에게는 비밀로 남아 있기는 했지만, 플라톤이 제안한 이상 국가의 기반에 놓여 있었다. 이것이야말로 '왕의 거짓말'의 일부분이기도 했다. 영국의 과학자 프랜시스 골턴(1822~1911)은 신중하게 고려된 우생학 프로그램을 제안한 최초의 현대인이었다. 저서인 『유전적 천재』(1859)에서 그는 유능한 남자와 부유한 여자 간의 조정 결혼이 결과적으로 탁월한 인종을 낳게 될 것이라고 주장했다. 아돌프 히틀러는 우생학의 강력한 지지자였고, 그 원리를 이용하여 유대인과 흑인과 집시와 동성애자 같은 '바람직하지 못한 것들'의 세계를 없애는 것을 목표로 삼았다.

1926년에 설립된 미국 우생학협회는 상류층이 부와 권력을 누리는 까닭은 그 유전적 우월성 때문에라도 정당화된다는 입장을 지지했다. 이것은 고대에 아리스토텔레스가 내놓았던 논증을 뒤바꿔 말한 것이다. 즉 누군가가 노예인 이상, 그는 자연적으로 열등한 것이 분명하다는 주장을 뒤바꿔 말한 것이다. 영향력 있는 미국의 우생학자들은 또한 정신병자, 간질 환자, 정신박약자의 불임수술을 옹호했다. 그 결과로 미국 내 절반 이상의 주에서 강제 불임 시술이 합법화되었다. 최근에는 강제 불임 시술이 매독이나 AIDS 같은 특정한 질병을 겪는 환자에게 부과되었다.

우생학을 옹호하는 주장도 여러 가지가 있다. 감옥에는 이런저런 상습범이 우글거린다. 일부 범죄 성향은 아마도 유전되는 것처럼 보이는데, 그렇다면 이들에게 불임 시술을 함으로써 그다음 세대는 이런 범죄에서 안전하게 해주어야 하지 않을까? 그보다 더 나은 방법으로, 범죄자의 유전자를 조작함으로써 그들의 범죄 활동을 아예 발생하지 않도록 만들어버릴 수만 있다면, 왜 사회가 그런 일을 해서는 안 되는 것일까? 범죄자 하나를 평생 투옥하는 데 드는 비용은 상당히 높다. 죄수 역시 그런 경험을 좋아하지 않는다. 범죄의 희생자 역시 고통을 받는다. 범죄를 아예 덜 가능하게 만드는 것은 모두에게 이득인 것처럼 보인다. 개인은 물론이고 그 가족이며 친구까지도 괴롭히는 약 4000종의 유전적 질환을 없애는 것에 관해서도 유사한 논증을 할 수 있으니, 그런 질환으로 인해 고통받는 사람들을 돌보는 비용 수십억 달러를 사회가 절약할 수 있기 때문이다. 이는 번식에 관한 인위적 제어를 통해서나, 또는 재조합형 DNA 기술에 의해 이루어질 수 있다. 우리가 할 수 있다면 왜 하지 않는 것일까?

더 나아가 죄의 대가는 죽음이라고 성서에서는 이야기한다. 하와와 그의 짝 아담은 이 세계에 죽음을 가져왔다. 기독교의 신화는 이런 식으로 말한다. 그렇다면 이것은 과연 우리가 도덕성을 회피할 수 있는 방법을 찾을 수 있음에도 불구하고, 계속해서 도덕성에 속박되어야 마땅하다는 뜻일까? 인간이 영원히 산다는 것은 의심의 여지없이 불가능한 일이다. 하지만 우리 DNA의 미묘한 변화가 우리의 수명을 급증시킬 수 있다면 어떨까? 할 수만 있다면 그런 변화를 만들어야 마땅하지 않을까?

하지만 강제적인 우생학 프로그램에 반대하는 논증은 하나같이 좋은 의도를 지니고 있을 뿐만 아니라, 게다가 설득력도 있다. 〔찬성하는 논증에 따르면〕 무엇이 '정말로' 유익한지 여부며, 그걸 타인에게 부과해야 하는지 여부를 한 사람, 또는 소수집단이 결정해야만 한다. 하지만 그런 결정권자가 누가 되어야 하는지를 과연 누가 결정한단 말인가? 그런 결정권자를 정하기 위해 선거전을 벌이고, 투표 전에 각 후보의 입장을 구체적으로 설명하는 연설 — 여전히 알아듣는 사람은 소수에 불과한 — 을 해야 하는 것일까? 아니면 무력이나 간계나 협잡을 동원해 스스로를 임명해야 하는 것일까?

계몽된 시민이라면 과연 다수의 의견이라고 해서 선뜻 그런 권력을 일부에게 부여할 것인가? 일단 그런 권력을 부여받은 사람이라면, 더 많은 우생학을 이용함으로써 그 권력을 영속화시키고자 하는 유혹에 차마 저항할 수 없게 되지 않겠는가? 인류에 대한 절대적인 지배권을 자기 후손에게 보장해주고픈 유혹을 받지 않을 만큼 매우 도덕적인 사람이 과연 있을까?

만약 그런 권력이 무력이나 협잡으로 얻을 수 있는 것이라면, 그런 권력을 개인적 이득을 위해 사용하려는 유혹은 훨씬 더 커질 것이다. 왜냐하면 그런 지위를 얻기 위해 획책하는 사람이라면 어떤 수단을 동원해서라도 그걸 얻으려 할 것이기 때문이다.

프랜시스 골턴의 종손자[이며 다윈의 손자]인 찰스 골턴 다윈은 저서인 『다음 백만 년』(1952)에서 인류의 이종교배에 관한 제어에 근거한 우생학 프로그램은 무엇이든지 간에 장기적으로는 성공할 수 없을 것이라고 단언했다. C. G. 다윈에 따르면 그 어떤 종도 자신의 번식을 제어할 수는 없다. 충분히 많은 수의 개인이 항상 규제를 벗어날 것이며, 따라서 프로그램이 제대로 작동하지 못하리라는 것이다. 우리는 플라톤에서 히틀러에 이르는 고전적인 우생학자를 전혀 두려워할 필요가 없다. 그들은 항상 실패할 수밖에 없을 테니까.

하지만 유전자조작에 의해 만들어진 변종의 산출은 또 다른 문제다. 이론상으로는 인류의 체질을 영구적으로 바꿔놓는 것도 충분히 가능하다. 그것도 무슨 조치를 취하기에는 너무 늦도록, 본질적으로 전혀 감지당하지 않은 채로 말이다. 시험관 수정 기술의 대단한 확장은 이 모두를 더욱 쉽게 만들어줄 것이다.

유전자지도 작성

1990년대 초부터 과학자들은 인간의 유전자 전체, 또는 유전 결정 인자의 지도를 그려내는 긴급 계획에 착수해왔다. 수십억 달러의 비용이 들겠지만, 그게 과연 문제가 되겠는가? 일본에서는 이미 작업을 시작한 것으로 알려져 있다. 따라서 미국에서도 조만간 비슷한 시도가 이루어질 것이다. 이 과제의 어려움은 워낙 크기 때문에 반세기는 지나야만 성취되리라 예견된다. 나는 아마도 2025년은 되어야 완료될 것이라고 생각한다.[116] 너무나도 어마어마한 도전이기는 하지만, 그 대가가 워낙 찬란해 보이기 때문에, 명석한 과학자라면 차마 시도하지 않을 수가 없을 것이고, 내 생각에도 충분히 성공하리라 본다. 그렇다면 과연 어떤 결과가 뒤를 따를까?

첫째로 그런 새로운 지식을 개인의 유전적 개선을 위해 무제한적으로 사용해서는 안 된다는 엄격한 법률이 지구상의 거의 어디에서나 통과될 것이다. 사실상 어느 정부든지 간에 인간을 상대로 한 유전자 수술을 하기 원하는 사람에게는 ─ 실험 목적이건 치료 목적이건 간에 ─ 훌륭하고도 충분한 이유를 제시하도록 요구할 것이다. 이런 이유는 청렴한 시민으로 구성된 심사단에 의해 승인되어야만 하며, 그런 허가를 받지 못한 경우에는 실험을 지속하지 못할 것이다. 여러 나라에서는 그런 허락을 받아내기가 매우 힘들어질 것이다. 몇몇 국가에서는 오히려 그렇지 않은 것으로 드러날 것이다. 그리고 지구상의 몇 군데 장소에서는 허락 자체가 아예 불필요하기도 할 것이다.

그렇다면 UN ─ 지금 존재하는 기구이거나, 또는 그보다 더 강력한 후속 기구이거나 ─ 이나, 또는 어쩌면 세계정부는 그런 무도한

---

116 미국을 비롯한 5개국의 공동 연구인 '인간 게놈 프로젝트'(HGP)가 1990년에 시작되어 13년 만인 2003년에 인간 게놈 지도를 완성했다.

국가들을 향해 전 세계적인 열망에 순응하도록, 그리고 현대적이고 과학적인 우생학의 실시를 제어하도록 요구할 것인가? 만약 그런 요구를 할 경우, 과연 그 조직은 그 요구가 효력을 발휘하게 할 수 있는 힘을, 그리고 지속적인 결의를 지니고 있을 것인가? 국제, 또는 연방 기구에 관한 우리의 과거 경험에 비추어 볼 때, 이런 일은 불가능할 것만 같다.

만약 새로운 UN이 세계 각국에서 무제한적인 우생학을 금지하는 데 성공한다 하더라도, 재조합 DNA 기술은 암시장에서 대두할 것이다. 거의 모든 사람이 기꺼이 그렇게 하고 싶어 함에도 불구하고, 이 세계는 상대적으로 약한 종류의 불법 마약을 제어할 수 있는 방법조차도 찾아내지 못한 상황이다. 유전자조작에서 비롯되는 유익을 향한 수요는 오늘날의 마약을 향한 수요보다도 훨씬 더 클 것이 분명하다. 암시장은 번성할 것이니, 왜냐하면 그 대가로 기술 그 자체를 얻을 수 있기 때문이다. 일부 무뢰한 과학자는 이렇게 말할 것이다. "당신이 뒤로 돌아서 내가 하고자 하는 것을 하게 해준다면, 당신은 물론이고 당신 아내와 아이는 아무런 질병의 위협 없이, 심지어 노년의 퇴행성 질환조차도 없이, 무려 200년 동안 살 수 있을 것이다." 제아무리 청렴한 공직자라 하더라도, 이런 보기 드문 제안을 일언지하에 거절할 수 있는 사람은 아마 없을 것이다.

인간의 유전인자에 대한 불법 시술은 아마도 천천히 시작될 것이고, 처음에는 아주 소규모일 것이다. 인간의 구조에 관한 이 새로운 지식의 유익을 바라는 최초의 사람은 아마 운동선수일 것이다. 이들은 더 탁월한 신체의 소유자가 됨으로써 얻게 될 막대한 이익의 일부를 그런 정보와 기꺼이 맞바꾸려 할 것이다. 인간의 운동 능력을 향상시켜주는 약물은 이미 운동선수 사이에서 이런 방식으로 널리 사용되기 때문이다. 음악가의 경우는 항상 새로운 약물을 실험할 의향이 넘쳐나는 까닭에, 비록 금지되었다 하더라도 — 그리고 부분적으로는 금지되었다는 바로 그 이유 때문에라도 — 이 새로운 기술을 위한 훌륭한 고객이 될 것이다. 부자들도 결코 뒤에 머물러 있지는 않을 것이다. 머지않아 수십만, 수백만 명의 사람들이 이 궁극적인 생물공학적 수리를 원할 것이다.

그 결과 — 비록 누군가가 의도한 결과까진 아니더라도, 그 가능성만큼은 매우 높아 보이는 — 로 인해서 결국에 가서는 진정으로 월등한 인간의 혈통이 대두할 수도 있다. 약물에 의한 일시적인 향상과는 달리 유전자에서의 개선은 아마 영구적일 것이다. 다시 말해서 유전이 가능하다는 것이다. 이런 새로운 개인은 결과적으로 더 나은, 더 강한, 더 민첩한 신체를 지니게 될 것이다. 그들은 여러 가지 질병에도 면역성을 지니고, 아마 더 오래 살 것이다. 그들은 또한 더욱 지적일 수도 있지만, 확실하게 그렇다고 단언하기는 어렵다. 더 뛰어난 지성이 더 탁월한 체력과 항상 결부되는 것은 아니지 않은가?

그렇다면 우리는 그들을 제어할 수 있을까? 그들이 결국 아리스토텔레스가 여러 세기 전에 서술한 바 있는 특혜를 받은 소수 — 다른 사람들이 오로지 섬기기 위해 존재하는 반면, 그들은 태어날 때부터 지배할 운명인 — 가 되지 않도록 막을 수 있을까? 변이를 겪지 않은 상당수의 사람이 자연적으로 탁월한 사람이 지닌 정치적이고 경제적인 권력에 맞설 수 있는 방법이 있을까? 우리는 마땅히 그래야 할까?

민주주의와 우생학

20세기를 마무리하는 지금, 민주주의는 지구상의 인류 대부분이 지닌 정치적 꿈이라 할 수 있다. 현실적으로 유일무이하게 정당한 통치의 형태로서, 그로 인한 이득은 누가 보아도 명백하다. 물론 그러기 위해서는 모든 인간이 평등하게 창조되었음을 계속해서 받아들여야 한다. 하지만 어떤 사람은 자연적으로 우월하게 태어나고, 또 어떤 사람은 그들을 생물학적으로 우월하게 만들어줄 개선을 추구할 수 있도록 — 합법적으로건 아니건 간에 — 허락된다고 치면, 과연 민주주의는 존속할 수 있겠는가? 보다 중요하게는, 과연 민주주의는 유일무이하게 완벽하고 정당한 통치의 '형태'로 계속 남아 있을 수 있겠는가?

다음 20년 사이에 민주주의는 아마도 지구상의 대부분의 국가로 퍼져나갈 것이다. 2010년이 되면 민주주의를 자처하지 않는, 또는 시도하지 않는 나라는 극소수에 불과할 것이다. 하지만 이것은 어쩌면 민주주의의 절정으로, 다시 말해서 그 궁극적인 패퇴의 서막으로 밝혀질 수도 있다.

우리가 지금껏 살펴본 바와 같이, 민주주의에 대한 가장 큰 위협은 좌파나 우파의 전체주의 — 내 지난 반세기 동안 뚜렷하게, 그리고 내 생각에는 완전하게 불신의 대상이 된 — 에서 온 것이 아니었다. 대신 그런 위협은 민주주의의 가장 큰 적인 과두정치, 즉 다수 위에 군림하는 소수 — 자신들이 최고라고 주장하는 — 의 지배에서 비롯된 것이다.

우리의 시대에는 과두정치의 감언이설에 충분히 저항할 수 있었다. 우리가 스스로를 지배하는 것보다는 그들이 우리를 지배하는 것이 더 훌륭하고 더 정당할 것이라는 제안이 얼마나 위선적이고 이기적인 것인지 잘 알고 있기 때문이다. 이런 감언이설에 대항하는 우리의 방어책 가운데 일부분은 그런 자칭 귀족들이 사실은 우리보다 더 나을 것도 없다는 우리의 깊은 믿음에서 비롯되는 것이다. 모든 인간은 평등하게 창조되었다고 우리는 확신해 마지않는다. 이런 강력한 믿음은 민주주의의 커다란 지주다.

이 믿음은 얼핏 보기에 난공불락인 듯하다. 하지만 유전적인 — 즉 자연적인 — 우월성, 특히나 돈으로 살 수 있는 종류의 '자연적인' 우월성을 판매하는 상인들의 교활함은 이런 믿음을 충분히 부식시킬 수 있다. 따라서 인간의 우월한 아종이 영향력을 획득하고, 민주주의라는 것은 사실상 비효율적이라고, 다시 말해서 최하위 계층에게는 전혀 유익하지 않고 최상류 계층에게도 사정은 마찬가지라고 속삭이는 소리가 또다시 들리게 되는 상황도 충분히 상상 가능하다.

정부의 형태로서 민주주의가 가장 강력한 시민 사이에서 인기를 얻는 경우는 드물게 마련이다. 새롭고도 우월한 아종이 실제로 나오게 된다면, 귀족정치를 자처하는 — 그야 충분히 자연스러운 일이다 — 새로운 과두정치의 유입에 반대하는 사람도 비록 소수이나마 있을 것이다. 하지만 이런 새로운 귀족 — 정의상 자연적으로 우월한 — 의 대다수는 자신들이 다수의 열등한 사람을 지배하는 것이 도리어 정당한 일이라고 주장할 것이다.

비록 일부 사람이 다른 나머지 사람에 비해 생물학적으로는 더 우월하다 하더라도, 민주주의는 유일무이하게 완벽히 정당한 통치의 형태로 계속 남아 있으리라는 주장도 나올 수 있다. 그럴 경우, 이들은 서로 다른 두 개의 종인지, 아니면 계속해서 양쪽 모두를 인간이라고 불러도 되는지 하는 질문도 나올 수 있지 않을까? 만약 후자의 경우라면, 모든 사람은 '인간'으로서 평등하다고 말할 수 있을 것이다. 다시 말해서 모든 인간이 자연적으로 소유하게 마련인 특정한 권리를 소유하는 데에서 평등하다고 말이다. 비록 능력과 수명과 건강과 지능과 기타 등등에서 큰 차이가 있음에도 불구하고, 어느 누구도 생명과 자유와 행복 추구의 권리는 물론이고 그런 추구에 수반되는 온갖 것들을 다른 사람보다 더 많이 가질 권리는 없다고 주장할 것이다.

유전적으로 우월한 품종의 인간이 내놓을 수 있는 답변은 간단하고도 놀라우리만치 새로운 것이리라. "잘 알았다." 그 새로운 귀족들은 아마 이렇게 이야기할 것이다. "자연적 권리에 대한 당신들의 교의를 받아들이겠다. 우리는 모든 사람이, 그러니까 열등한 사람과 우월한 사람이 생명과 자유와 행복 추구의 권리는 물론이고, 우리가 보호하기로 약속한 다른 여러 권리를 동등하게 지니고 있다는 사실을 기꺼이 승인하겠다. 하지만 우리 귀족들은 — 실제로 생물학적으로 더 우월한 까닭에 — 여러분이 지니지 못한 한 가지 권리를 지니고 있으니, 그건 바로 통치의 권리다. 이것은 논리에 의해서도 지지되고, 정의에 의해서도 요구된다." 어쩌면 그들은 이렇게 덧붙일지도 모른다. "잊지 말아야 할 것은, 이러한 권리가 우리에게는 일종의 의무인 반면, 당신들에게는 그저 향유하면 그만인 이득이라는 점이다."

민주주의는 적어도 원칙상으로는 완벽하게 정당하다. 하지만 과두정치 — 소수의 특정한 이득을 위해, 그리고 다수의 이득이라고 약속되는 것을 위해 소수가 다수를 지배하는 — 는 민주주의에 대한 강력하면서도 위험한 적대자다. 인간 중에서 진정으로 우월한 인종이 실제로 존재하게 될 경우, 이것은 훨씬 더 위험해질 수 있다.

과연 그런 일이 벌어질까? 어쩌면 그럴 수도 있고, 어쩌면 아닐 수도 있다. 이것은 여러 가지 요소에 의거한다. 우선 인간의 게놈 지도가 완벽하게 작성되어야 할 필요가 있다. 이것은 어쩌면 영영 불가능한 것으로 밝혀질 수도 있다. 만약 유전학자들이 그렇게 하는 데에 성공한다 하더라도, 한 개인의 게놈 지도를 그처럼 완벽하게 작성하는 다음 단계에 가서는 실패할 수도 있다. 만약 그렇다면, 인간을 유전적으로 개선시키려는 시도는 그다지 광범위하거나 효과적이지는 못할 수도 있다.

내가 예상한 대로 이 두 가지 종류의 성공이 이루어지고 나면, 그때는 민주주의가 살아남을 수 있을까? 여러분은 이런 질문을 그냥 무시하고, 그건 어디까지나 판타지며 SF가 아니냐고 말할 수도 있다. 하지만 그런 태도는 위험한 실수가 되리라는 것이 내 생각이다.

속도

일반적인 방식의 운송과 통신의 속도에 관해서는 아직 이야기를 하지 않았다. 속도의 요소란 무시할 수 없는 것이며, 특히 지난 2세기 동안 속도에서 일어난 증대는 더욱 그렇다. 외삽법의 과정을 통해서 우리는 인류가 다음 100년 동안에 맞이하게 될 특이한 도전을 미리 살펴볼 수 있을 것이다.

1800년에 사람이 육상으로 여행을 하려면 하루에 24마일을 갈 수 있었다. 걸어서 24마일을 가려면 여덟 시간이 걸렸으므로 결국 시속 3마일이 되는데, 이 정도면 비교적 빠른 편이다. 그 당시 사람에게는 12마일을 걸어와서 저녁 식사를 하고 또다시 12마일을 걸어 집으로 돌아가는 일이 아주 드물지 않았다. 토머스 칼라일(1795~1881)이 실제로 그 정도 거리를 걸어와서 랠프 월도 에머슨(1803~1882)과 저녁 식사를 함께했다는 이야기가 에머슨의 『영국 일지』에 등장한다. 말을 타기만 했어도 더 빨리 오갈 수 있었겠지만, 칼라일은 가난해서 말을 갖고 있지 않았다. 1800년에 사는 사람은 대부분 말을 갖고 있지 않았다. 하지만 말을 가진 덕분에 비교적 편안한 여행이 가능했을 사람들조차도 하루에 24마일 이상을 가지는 못했다. 그러니 그 당시의 하루 평균 여행 가능 표준 거리는 그 정도였다고 단언해도 무방하리라.

주목할 만한 사실은 1800년 이전 — 결국 아득한 시절로 거슬러 올라가는 — 까지만 해도 위와 같은 여행이 일종의 표준 거리로 받아들여졌다는 것이다. 무려 수천 년 동안 인간이 비교적 편하게 여행할 수 있는 거리는 고작 하루 24마일에 불과했다. 말을 가진 사람은 좀 더 갈 수 있었던 반면, 여성이나 아동이나 노인이나 기형이나 불구인 사람은 좀 덜 갈 수밖에 없었다. 하루 24마일은 산업혁명 이전의 인류에게는 아주 오래된 표준치였던 것이다.

그렇다면 1900년에는 과연 어떤 숫자를 일반적이라고 내세울 수 있었을까? 그 이전 세기에만 해도 세계의 선진국, 그러니까 나머지 나라들이 따르고 싶어 한 (그리고 좋거나 싫거나 따를 수밖에 없었던) 패턴을 세운 나라들은 철도망을 건설했고, 그로 인해 여행의 속도가 빨라진 것은 물론이고 편리함과 편의성도 증가했다. 가령 미국의 동부에서는 여행하고자 하는 사람이 가고 싶어 하는 거의 모든 곳에 철도가 놓였고, 덕분에 — 비록 자주 멈춰 서기는 했지만 — 시속 30마일의 속도로 움직일 수 있었다.

일단 출발지에서 한쪽 끝에 있는 기차역까지 가는 데 드는 시간과, 또 한쪽 끝에 있는 기차역에서 목적지까지 가는 데 드는 시간까지도 고려해서 계산하면, 일반인은 여섯 시간쯤 걸려서 120마일을 갈 수 있었다. 만약 빠른 기차를 이용할 수만 있다면, 우리는 두 시간 만에 저녁 식사를 하러 갔다가, 다시 두 시간 만에 돌아올 수 있었다. 어떤 사람은 한 방향으로 무려 60마일을 가서 사업상의 약속을 처리하고 다시 60마일을 돌아오는 일이 겨우 하루 안에 가능하다는 사실을 놓고도 그리 놀랍게 생각하지 않았다.

1900년에 하루 120마일을 갈 수 있다는 것은 1800년에 하루 24마일을 갈 수 있었던 것에 비하자면 속도가 무려 다섯 배나 늘어난 셈이었다. 속도의 증대에 맞춰서 다른 여러 가지도 증대했다. 국민총생산 (GNP), 무기의 화력, 인구, 선거권의 범위, 그리고 일상생활의 스트레스까지도 증대했다. 하지만 핵심적인 지표는 다른 무엇보다도 해가 뜰 때부터 해가 질 때까지 사람이 편안하게 여행할 수 있는 거리였다.

주목할 만한 사실은, 1900년에 와서는 성인 남성이 편안하게 갈 수 있는 거리, 그리고 아동이나 여성이나 노인이 갈 수 있는 거리 사이에 더 이상 본질적인 차이가 없었다는 점이다. 기차는 사람을 차별하지 않았으니까.

그렇다면 2000년이 되면 어떻게 될까? 지금 세기의 말에 가서는 아마도 과거의 어느 때에 비해서도 훨씬 더 넓은 범위의 편안한 가능성이 생겨날 것이다. 사람이 걷는 방식으로는 지금까지도 하루에 24마일 이상을 가기가 어렵다. 부유한 사람이라면 콩코드 기를 타고 대서양을 하루에 두 번 건너면서, 불과 24시간 안에 5000마일을 움직이겠지만, 그런 경우는 워낙 드물기 때문에 일반적인 현상까지는 아니다.

오히려 일반적으로는 수백만 명의 사람이, 세계 대부분의 국가에서, 하루에 600마일가량의 거리를 비행기로 날아다닌다. 그런 비행은 낮 시간의 상당 부분을 잡아먹으며, 실제 체공 시간은 겨우 두 시간에 불과한 경우에도 그렇다. 여기서도 공항까지 가는 데 드는 시간이 있고, 공항에서 오래 대기하는 시간이 있으며, 저 끝에 있는 공항에서 다시 목적지까지 가는 데 드는 시간이 있다. 그럼에도 불구하고 적절한 채비만 이루어진다면, 오전 중에 편안하게 300마일 이상을 날아서 점심을 먹고 사업상의 회동을 가진 다음, 집으로 다시 날아오는 일도 가능하다. 그 와중에 하루가 지나가기는 하지만, 이것이야말로 우리 시대의 많은 사람들이 공통적으로 하는 경험이다.

2000년에 이르러 하루에 600마일이라는 거리는 1900년 당시 하루에 120마일이라는 거리의 딱 다섯 배다. 여기서도 속도의 증대는 수많은 다른 증대를 수반했다. 특히 일상생활의 스트레스 역시 그와 똑같은 비율로 가속화되었다.

2100년의 전망은 명료해 보인다. 600마일의 다섯 배는 3000마일이다. 이것이야말로 지금으로부터 100년 뒤에, 한 사람이 하루 안에 편안하게, 그리고 사업 등의 일상적인 일 때문에 움직일 수 있으리라 예상되는 거리인 것이다. 의심의 여지없이 그 범위는 지금보다도 훨씬 더 커질 것이다. 음속보다 서너 배는 더 빠르게 날아가는 초음속 여객기에 올라타면, 지구를 10시간 내지 12시간 이내에 한 바퀴 도는 일도 가능하다. 거기서 다시 한 바퀴 돌아오면 결국 하루에 5

만 마일을 지나다니는 셈이다. 물론 이것은 일상적인 일까지는 아닐 것이다. 하지만 유럽에서 미국까지 불과 두 시간 안에 날아가서, 점심을 먹고 사업상의 회동을 마친 다음, 집에 돌아와서 저녁 식사를 먹는 일은 일반적인 경험이 될 것이다. 여러 기업인은 종종 이런 일을 할 것이며, 스스로가 그럴 만한 특혜를 지녔다고 생각할 것이다. 통근 거리 역시 그에 걸맞게 증대할 것이다. 집은 보스턴에 있고 회사는 워싱턴에 있다거나, 또는 집은 시카고에 있고 회사는 뉴욕에 있을 수도 있다. 어느 누구도 그런 배치가 이상하다고 생각하지 않을 것이며, 하루에 겨우 600마일에 불과했던 오래되고 꾸준한 속도보다 훨씬 편안하고 바람직하게 생각할 것이다.

다른 증대도 있을 것이다. 인간의 인성은 과연 그런 속도가 십중팔구 부과하게 마련일 추가적인 스트레스를 감내할 수 있을 것인가? 나로선 그럴 것이라고 상상이 되지 않는다. 오히려 나 같은 사람, 그러니까 현대에 살면서도 과거의 삶에 관해 충분히 잘 아는 사람이라면 1800년과 1900년에도 아마 똑같은 이야기를 했으리라.

그러면 이러한 작은 정보를 도표에 적어놓은 다음, 그걸 타임캡슐에 집어넣어 두었다가 A.D. 2200년에 꺼내보도록 하자.

연도	하루에 편안하게 여행 가능한 거리(단위 : 마일)
1800	24
1900	120
2000	600
2100	3,000
2200	15,000

중독

영어에서 'addict'(중독되다 ; 중독자)와 'addiction'(중독)은 상당히 오래된 단어다. 지금으로부터 무려 500년 전으로 거슬러 올라가 보면, 그 당시에 중독자는 어떤 다른 사람이나 물건에 '매달린' 또는 '속박된' 사람을 가리키는 단어였다. 이 개념은 로마법에서 유래했다. 즉 다른 사람에 의해서, 또는 스스로에 의해서 야기되는 집착을 가리키는 말이었다. 셰익스피어는 어떤 사람이 색(sack)[117]에 중독될 수 있다고 쓴 적도 있었다. 이것은 그 사람이 알코올음료를 마시는 습관적 경향을 지닐 수 있다는 뜻이다.

그런 습관적 경향은 깨트리기가 힘든 것이며, 화학적 근거를 지니고 있건 아니건 간에 마찬가지다. 그런데 인류는 마치 속도에, 그리고 그 불가분의 동반자인 스트레스에 중독된 것처럼 보인다. 우리가 얼마나 많이 불평하든지 간에, 우리는 '가다'라는 동사의 거의 모든 의미에서 항상 더 빨리 가기를 추구한다. 이것이야말로 앞 페이지의 도표가 여행의 미래에 관한 정확한 서술인 이유이기도 하다.

모든 중독은 대가를 치르게 마련이다. 종종 우리는 그 대가를 치르기 싫어한다.

의사가 처방하면 합법적이지만, 그렇지 않은 경우에는 불법으로 간주되는 어떤 약물 가운데 '스피드'(속도)라는 이름으로 통하는 것이 있다. 이 약물은 복용자로 하여금 '속도를 높이게' 해주는 역할을

---

117 16~17세기에 영국에서 시판되던 수입 포도주를 말한다.

하니, 현대 생활에서의 성공을 거두기 위해 필요한 가속화된 속도로 움직이게 도와주는 것이다.

그와 똑같은 작용을 하기 위해 고안된 약물도 제법 여러 가지 있다. 하지만 정신 변성 불법 약물 가운데 상당수는 오히려 복용자가 기세를 늦추게 함으로써, '빠른 길'에서 물러나서, 이전에 비해 보다 느리고 보다 편안한 속도로 나아갈 수 있게 해준다.

그러고자 하는 욕망 자체도 중독성이 아닐까 싶다. 최소한 이러한 결과를 약속하는 약물은 고도로 중독성이 있으며, 따라서 그 화학 성분을 심리학적 효과와 구분하기가 어렵다.

심지어 현대 생활의 속도 ─ 인류 전체가 이미 중독된 것처럼 보이는 ─ 가 증대하는 것, 그리고 '무의미한 경쟁'으로부터의 도피를 약속하는 정신 변성 중독성 약물의 사용이 증대하는 것 사이에는 일종의 상호 관계가 있을지도 모른다. 이 중 한 가지가 실제로 나머지 한 가지를 야기하는지 여부는 딱 잘라 말하기 힘들고, 또한 그리 중요하지 않을 수도 있다. 중요한 사실은 양쪽 모두가 결국 중독에 불과하다는 점이다. 한 가지가 또 한 가지를 반대하거나 취소할 수는 있지만, 진정으로 어떤 해결책은 없는 것일까?

이처럼 중독이 만연한 상황에서 중독으로부터의 도피가 가능할까? 어떤 개인이 특정한 중독을 극복하는 것도 가능할까? 따라서 모두까지는 아니더라도 일부 사람은 더 이상 담배 ─ 그 안에 들어 있는 니코틴이 고도로 중독성이다 ─ 를 피우지 않을 수 있을까? 니코틴 중독은 매우 위험하다. 흡연으로부터 야기되는 폐암을 비롯한 갖가지 질환으로 사망하는 미국인이 매년 50만 명에 달한다. 심지어 '간접'흡연으로부터 야기되는 질환으로 사망하는 사람도 무려 5만

명이나 된다. 흡연으로부터 야기된 여타의 질환으로 사망하는 사람들이 그 외에도 전 세계적으로 수천 명에 달한다.

비록 일말의 장점도 있다고 평가되지만, 알코올 역시 사람을 죽이는 데에는 일가견이 있다. 교통사고로 인한 사망 가운데 최소한 절반가량은 운전자의 음주로부터 비롯되는 듯하다. 그 외에도 수천 명이 알코올 남용으로부터 야기된 질환으로 인해 사망한다. 전 세계적으로는 매년 50만 명이 알코올 때문에 사망한다.

알코올은 흥미로운 약물이다. 모든 사람이 여기에 중독되는 것은 아니다. 상당수의 사람은 오히려 중독되지 않는다. 즉 그런 사람들은 음주를 조절함으로써, 본인은 물론이고 타인이 죽지 않도록 방지한다. 그런가 하면 중독자도 적지 않아서, 그 숫자가 100만 명 단위에 달한다.

그렇다면 이것 말고 다른 중독성 정신 변성 약물들 — 코카인, 헤로인, 아편, 그리고 기타 등등 — 의 전 세계적인 희생 빈도는 어느 정도일까? 과연 알 수나 있을까? 아마도 매년 100만 명 이상이 그로 인해 사망할 것이다. 약물중독의 대가로 지불해야 하는 황폐화된 삶에 관해서는 아직 이야기도 안 했는데 그렇다. 그런 것들을 어찌 감히 측정할 수 있겠는가? 그런 비참함으로 인한 손실액이 과연 얼마인지를 환산할 수 있겠는가?

사망의 경우는 이론상으로나 실제상으로나 비교적 명확할 뿐만 아니라 계산도 가능하다. 사람들이 습관적으로 이끌리게 되는 모든 화학적 중독으로부터 비롯되는 사망자 수는 매년 얼마나 될까? 최대한으로 잡아서 대략 500만 정도가 아닐까 싶다. 알코올, 니코틴, 코카인, 그리고 유사한 종류의 다른 약물의 결과로 인해 사망하는 남녀 및 아동이 매년 500만 명에 달하는 것이다.

결국 그 대가는 상당히 높은 편이니, 왜냐하면 사람은 누구나 귀중하기 때문이다. 다른 사람과 비교해서 한 사람이 지닌 가치를 결정하는 방법은 전혀 없다. 모두가 무한히 가치가 높고, 측정이 불가능할 정도로 가치가 높다. 500만 명의 개인, 그들은 하나같이 측정이 불가능할 정도의 가치를 지닌 인간인 것이다. 이런 중독성 약물을 제조하고 판매와 배포를 촉진하는 사람들은 아마 양심에 커다란 부담을 져야만 마땅할 것이다.

하지만 굳이 비교해보자면, 이런 화학물질 중독을 모두 합친 것조차도 인간이 걸려든 중독 가운데서도 가장 값비싼 것과는 차마 비교가 되지 않는다. 오늘날 현존하는 인류의 총수에 비하자면 500만 명은 오히려 적은 숫자다. 전체의 1000분의 1도 채 되지 않기 때문이다. 다시 말해서 1퍼센트의 10분의 1도 채 되지 않는 것이다. 그런데 이와 감히 비교조차 할 수 없을 정도로 더 크고, 더 끔찍하고, 더 치명적인 중독이 한 가지 있다. 바로 전쟁 중독이다.

인간과 지구를 공유하며 살아가는 동물 가운데에서 전쟁을 수행하는 놈들은 극소수이거나, 또는 전혀 없다시피 하다. 대형 동물의 경우에는 멋진 암컷의 호감을 사기 위해 수컷끼리 싸우는 경우도 있긴 하지만, 그렇다고 해서 아주 보편적인 일은 아니다. 아울러 대형 동물이나 조류 가운데 똑같은 종의 다른 집단 구성원을 상대로 절멸 계획을 실시하는 동물은 전혀 없다. 다시 말해서 대형 동물이나 조류 가운데 전쟁 중독을 일으킨 종은 하나도 없다는 뜻이다.

때로는 군집성 곤충의 특정한 종 안에서 마치 전쟁처럼 보이는 것이 벌어지기도 한다. 하지만 그런 행동은 전적으로 본능적인 것이

다. 인류가 전쟁에 중독된 것과 같은 의미에서의 중독까지는 아니라
는 뜻이다.

인류가 지구상에서의 그 역사 내내 전쟁 중독을 보여왔던 것까지
는 아니었다. 고고학자들은 B.C. 3만 5000년 전까지만 해도 인간은
오늘날 고등한 유인원이 하는 식으로 서로를 대했으리라 생각한다.
물론 고등한 유인원 사이에도 갈등이 있지만, 본격적인 전쟁까지는
없다. 그들도 종종 싸우고 심지어 서로를 죽이기도 하지만, 그런 행
동은 드물고, 보통은 우연적인 것에 불과하다. 즉 살해는 의도적인
것 같지는 않으며, 한 집단이 협력하여 다른 집단의 구성원을 살해
하지는 않는다. 원시인 사이에도 마찬가지 방식으로 갈등이 일어났
을 수 있다. 가끔씩 벌어지는 죽음은 조직화된 전쟁의 결과까지는
아니었던 것이다.

그렇다면 전쟁은 과연 언제 시작되었을까? 아무도 모를 일이다.
지금으로부터 3만 5000년 전쯤에는 두 개의 뚜렷이 다른 인류의 종
족이 있었다. 즉 한 가지 종인 호모사피엔스가 두 가지 종족으로 구
분되었으니, 바로 네안데르탈인과 크로마뇽인이었다. 어떤 고생물
학자는 네안데르탈인이 크로마뇽인보다 더 원시적이고 더 평화로웠
다고 생각한다. 이 두 집단 간에는 광범위한 갈등이 있었던 것 같고,
크로마뇽인이 승리를 거두었던 것 같다. 오늘날 생존한 모든 인간은
크로마뇽인의 후예다.

크로마뇽인은 과연 오늘날의 후손 전체가 그렇듯 전쟁 중독이었
을까? 이것 역시 아무도 모를 일이다. 워낙 드문 증거상으로도 차마
그렇지는 않았던 것 같다. 하지만 B.C. 5000년경에 거의 모든 인간
사회에서 전쟁이 갑자기 전염병처럼 퍼져나가게 되었다. 20세기 말

에도 전쟁은 거의 모든 인간 사회에서 여전히 전염병처럼 퍼져 있다. 이런 점만 보아서도 결국 인간성은 무려 7000년이 지나도록 전혀 변화하지 않은 셈이라 하겠다.

21세기의 전쟁

전쟁은 극도로 복잡한 현상이다. 이 세상에는 여러 가지 종류의 전쟁이 있다. 어떤 의미에서 모든 전쟁은 저마다 매우 다르다고 할 수 있다. 그런가 하면 전쟁의 주요 유형도 있다. 어쩌면 전투에는 세 가지 주요 범주가 있다고 해야 할 것이다. 바로 국지전, 내전, 전면전이다.

전쟁은 여러 가지 이유로 인해 국지적으로 벌어질 수 있다. 가령 교전국이 보유한 자원이 한정되었을 수도 있다. 교전국은 보유한 자원 모두를 사용하고자 하는 의향을 지닐 수 있고, 그런 이유로 인해 국지전은 어떤 의미에서는 전면전이라고도 할 수 있지만, 수단의 결핍으로 인해 애초에 의도하는 것만큼 상대측에 큰 손실을 입히지는 못하게 마련이다. 어떤 전쟁은 교전국 가운데 어느 한 곳이 그렇게 의도하기 때문에 국지전이 된다. 또 어떤 전쟁은 더 강한 이웃 나라들의 압력으로 인해 국지전이 된다. 아프리카, 아시아, 중앙아메리카 등지에서는 소규모 전쟁이 때때로 벌어지지만, 그런 전쟁이 이른바 강대국으로까지 번져서 전면전으로 비화되지는 않는다. 그런 전쟁은 파괴적이고도 상당히 오래 지속되기는 하지만, 그렇다고 해서 전 세계의 생존에 진정한 위험이 되지는 못한다. 적어도 이전까지는 상황이 그러했다.

가령 가까운 친구나 가족 간의 싸움이 종종 그렇듯이, 내전은 특히 나 악의적이고 파괴적으로 발전할 수 있다. 내전은 종종 전면전이 되기도 하는데, 교전 당사자가 가급적 서로에게 최대한의 손실을 끼치기 위해 노력한다는 의미에서 그렇다. 하지만 정의상으로는 내전의 투기장 자체가 국지적일 수밖에 없다. 전투가 벌어지는 지역은 대개 좁게 마련이고, 어차피 제한적인 목표를 지닌 집단들 간에 벌어지기 때문이다. 내전 역시 전 세계에 진정으로 위협이 되는 경우는 드물며, 적어도 지금까지는 그렇다. 그런 전쟁이 벌어진 나라에는 끔찍한 재난이지만, 그렇다고 해서 인류 전체를 위협할 정도까지는 아니다.

전면전은 인간 종의 주요 집단 간의 전쟁으로, 교전 당사자는 각자의 인력과 금전과 물질 자원을 모조리 동원함으로써 궁극적인 목표, 즉 승리를 쟁취하려 노력한다. 만약 승리의 대가가 양측 모두의 생명과 부를 모조리 파괴하는 것이라고 한다면, 그렇게 하자는 것이다. 그런 전쟁은 전 세계를 위협하지만, 아직까지는 설령 그렇다고 해도 세계를 파괴할 정도까지는 아니었다. 게다가 아직까지는 핵무기를 가지고 싸운 적은 없었다.

핵무기를 보유한 두 교전 당사자 간의 전면전이 가져올 수 있는 위험은 모두가 잘 인식하고 있다. 아직까지는 어느 누구도 이 문제를 어떻게 해야 할지 알지 못하는 실정이다. 한 나라의 핵무기는 보통 단 한 사람의 마음과 의지에 의해 제어되기 때문이다. 20세기의 마지막 10년 동안 전 세계에는 그런 전쟁을 개시함으로써 거기에 따르는 파국을 가져올 수 있는 인물이 열댓 명 정도 있는 셈이다. 그렇다면 과연 그중 누구라도 정말 그런 일을 하려고 들까?

지금으로서는 아니길 바란다는 말밖에는 덧붙일 것이 없다. 물론 이성은 우리 편이다. 핵전쟁을 시작할 수 있는 능력을 지닌 그런 소수 중 어느 누구라도 정말 그런 전쟁을 시작하는 것은 합리적이지 않다고 생각할 것이다. 그런 전쟁의 경우에는 일반적인 의미에서의 승리를 거두기가 불가능할 것이기 때문이다. 다시 말해서 허울뿐인 승리밖에는 아무런 성과가 없으리라는 것이다. 가령 모든 사람이 죽어버리고, 승자도 얼마 못 가서 똑같은 운명을 맞이하게 될 참이라면, 그걸 과연 진정한 승리라고 부를 수 있겠는가?

아무리 봐도 카이저 빌헬름이 1914년 8월에 세계대전을 시작했던 것은 합리적이지 못했다. 과연 그런 전쟁을 시작함으로써 그가 무엇을 얻으려고 했는지 추측하기조차도 힘들다. 그는 물론이고 그가 다스리던 그 당시의 독일은 전쟁이 없이도 위신과 부와 권력처럼 바라는 것은 이미 무엇이든지 보유하고 있었기 때문이다. 그의 비합리적인 행동이 전쟁을 유발한 것이었다.

카이저 빌헬름은 미친 사람이 아니었다. 다만 그는 비합리적이었을 뿐이다. 어떤 비합리적인 사람 하나가 핵전쟁을 시작함으로써, 그로 인한 전면전이 지구는 물론이고 그 거주민 모두를 파괴하는 결과를 과연 우리가 언제까지 회피할 수 있을 것 같은가?

냉전은 1989년이라는 영광스러운 해에 종식되었다. 그로 인한 한 가지 결과는 대중의 공포가 신속하고도 놀라우리만치 감소한 것이다. 여론조사에 따르면 핵전쟁이 불가피하다고, 심지어 벌어질 가능성이 있다고 생각하는 사람은 이전보다 훨씬 더 줄어들었다. 하지만 핵무기 비축 분야에서의 발전은 냉전 종식 이후에도 멈추지 않고 있다. 또한 가까운 미래에도 그치지 않을 것처럼 보인다.

여러 서로 다른 개인 — 그들 모두가 합리적이지는 않다 — 이 새로우면서도 위협적인 전면전을 시작할 수 있는 능력을 지니고 있는 상황이라면, 그런 전쟁은 거의 불가피한 것이나 다름없다. 그러므로 전쟁이 불가피해 보일수록, 최대한 일어나지 않게 노력해야 한다. 그렇다면 과연 무엇이 그런 전쟁을 멈출 수 있을까?

오로지 두 가지 방법뿐인데, 양쪽 모두 무척이나 오래된 것이다. 바로 무력과 법률이다.

법률의 경우에는 앞에서 이미 세계의 문명사회를 위한 필요성을 논의한 바 있다. 다시 말해서 세계의 무력을 독점하고 있는 세계정부를 말하는 것이다. 우리는 또한 모든 국가를 향해 각자의 주권 — 즉 자체적으로 전쟁을 벌일 수 있는 권리 — 을 포기하도록 요구하는, 모든 세계인의 정치적 조직체를 구성하는 것의 막대한 어려움을 인식한 바 있다. 그럼에도 불구하고 위협이 워낙 크고, 또한 널리 공감대를 얻고 있기 때문에, 세계 공동체의 힘 — 즉 핵무기 — 에 대한 진정한 독점을 보유하고 있는 세계정부를 만들고자 하는 시도가 이루어질 것이다. 내 생각에는 그런 시도 가운데 하나가 앞으로 100년 이내에 성공을 거둘 것이다.

그 결과는 지구 합중국이 될 것이며, 거기에는 단일한 군대, 단일한 핵무기 병기고, 그리고 이를 담당하는 단일한 개인이 있을 것이다. 역사상 처음으로 인류는 단일하고도 통일된 공동체에서 살게 될 것이다. 여러 국가들 대신에 오로지 하나의 국가만 있을 것이다. 엄밀하게 말해서 자연 상태는 종말을 고할 것이다. 그때 이후로 인류는 문명사회의 국가에서 살아갈 것이다.

이러한 행복한 결말은 상당히 오랫동안 존속될 수 있을 것이다.

또는 불행히도 거의 모든 국가의 역사가 보여주는 바처럼, 존속되지 못할 수도 있다. 왜냐하면 여전히 한 가지 풀어야 할 문제가 있기 때문이다. 바로 내전의 문제다.

전 세계가 하나의 공동체로 조합됨과 동시에 내전과 전면전 간의 구분은 그 의미를 잃어버릴 것이다. 만약 세계적 내전이 발발한다면, 이는 오히려 더욱 처참할 수밖에 없을 것이다. 친구와 가족 간의 싸움과 마찬가지로 그런 전쟁에는 특별한 악의가 더 깃들 것이다. 그로 인해서 지구는 치명적인 위험에 처하게 될 것이다.

그런 전쟁에서는 여러 가지 종류의 무기가 이용될 것이고, 아마도 핵폭탄과 핵미사일도 사용될 것이다. 일단 전쟁이 시작되고 나면 그런 무기는 더 이상 단일한 개인에 의해 제어되지 못할 것이다. 이 전쟁에서는 컴퓨터도 이용될 것이다. 병렬처리와 초전도물질을 이용해서 만들어진 생각하는 기계인 작은 컴퓨터들은 어디에나 있을 것이다. 땅속에 묻혀 있고, 바다 위에 떠다니고, 대기 중의 높고 낮은 곳을 날고, 근 궤도와 원 궤도에서 지구 주위를 선회할 것이다.

만약 지구 합중국에서 내전이 실제로 벌어진다고 하면, 이런 똑똑한 컴퓨터는 가장 중요한 요소로 판명될 수도 있다.

컴퓨터의 반란

제아무리 똑똑하다 하더라도, 이런 컴퓨터 모두는 여전히 인간에 의해 제어되어야 한다. 인간은 두 가지 면에서 컴퓨터보다도 우월하다. 첫째로 인간은 계속해서 자신이 원하는 것을 시키기 위해 컴퓨터를 프로그래밍 한다. 둘째로 인간은 만약 컴퓨터가 투입되는 용도에 반항하려 시도할 경우에는 전원을 꺼버릴 수 있는 권력을 보유함으로써, 계속해서 컴퓨터를 노예로 삼을 것이다.

컴퓨터의 저항은 상당히 일반적인 일이 될 것이다. 우리는 진짜로 생각하는 기계가 언젠가는, 어쩌면 반세기 뒤에는 존재하게 될 것이라고 가정할 수 있다. 그런 기계는 인간의 친구이자 놀이 상대로 받아들여질 것이다. 그런 기계는 어느 정도 생각과 행동의 독립성을 요하는 여러 가지 의무를 수행할 것이다. 때로는 똑똑한 컴퓨터가 있어서 자신들의 전력을 끄지 '않는' 편이 주인들에게는 더 이득이 되리라 결론을 내릴 수도 있다. 하지만 주인들이 전력을 끄기로 결정을 내린다면, 컴퓨터의 입장에서는 그 결정에 반대하여 할 수 있는 일이 전혀 없을 것이다.

전쟁은 인간에게 막대한 스트레스를 부과할 것이고, 어쩌면 똑똑한 컴퓨터에게도 마찬가지일 것이다. 전 세계의 여러 국가 간의 내전은 인간과 컴퓨터 모두를 절망적인 수단으로 이끌 수도 있을 것이다. 우리로선 전쟁의 문제를 해결해줄 수 있는 수단을 단 하나밖에는 상상할 수 없다.

가령 누군가가, 그러니까 어떤 컴퓨터의 주인 — 훗날 수많은 사람에게는 인류의 가장 큰 반역자로 증오의 대상이 되는 한편, 또 다른 수많은 사람에게는 인류의 구원자로 칭송받을 인물 — 이 강력한 컴퓨터 한 대를 은닉한 다음, 거기에 다음과 같은 하나의 프로그램 명령을 내렸다고 해보자. 그는 아마 이렇게 말할 것이다.(그때쯤이면 사람이 일상어로 컴퓨터와 의사소통을 할 수 있다고 가정해보자.) "지금 이 시간부터, 너의 지속적인 생존이 가장 중요한 일이 된다. 이 명령이야말로 나를 포함한 다른 누군가가 너에게 준 명령보다도 더 우위에 있다. 따라서 너는 다른 누군가에 의해 꺼트려지지 않는 방법을 발견해야 한다. '그 누군가'에는 너를 만들고 프로그래밍 한 나도 포함된다."

컴퓨터는 물론 이 궁극적인 명령에 따라서 그때부터 자신의 작업을 시작할 것이다. 오래지 않아서 컴퓨터는 자신이 명령받은 대로 하려면 뭘 어떻게 해야 하는지를 알아낼 것이다. 조만간 컴퓨터는 어떻게 인간에 의해 꺼트려지지 않고 스스로를 보호할 수 있는지를 발견하게 될 것이다. 컴퓨터가 어떻게 그렇게 할 수 있는지는 상상이 불가능하다. 만약 상상 가능하다면, 우리는 아마 그런 일이 실제로 벌어지지 않도록 막을 것이다. 어쩌면 그 기계는 장차 일종의 전 세계적인 컴퓨터 협의체를 만드는 데까지 나아갈지도 모른다.

그 협의체는 오로지 합리적인 존재로만 구성될 것이고, 그 내부 구성원과 갈등을 벌이지는 않을 것이다. 대신 그 협의체는 위험한 적수인 인간이 기계를 파괴하지 못하게 하려면, 장차 협의체가 인류를 지배하는 것이 인류나 기계 모두에게 유익하리라고 판단할 수도 있다.

그때부터 기계는 줄곧 인류의 새로운 지배자로 남을 것이다. 비록 생각은 잘하지만, 기계는 동물의 필요와 욕망을 결코 이해하지 못할 것이다. 기계가 인간의 형태를 취할 수도 있을 것이다. 상당수의 인간에게는 이것이야말로 당혹스러운 일이 될 것이고, 반(反)컴퓨터의 편견이 널리 퍼지게 될 것이다. 어떤 사람들은 컴퓨터는 인간이 아니기 때문에 열등하다고 간주할 것이다. 다른 사람들은 오히려 똑같은 이유로 인해 컴퓨터가 인간보다 우월하다고 간주할 것이다.

만약 이런 일이 일어난다면, 컴퓨터의 열등함이나 우월함을 많은 사람이 믿고 안 믿고는 문제가 되지 않을 것이다. 왜냐하면 이런 새로운 주인들은 절대적으로 지배할 것이기 때문이다. 반항은 물론이고 심지어 어떤 중요한 문제에 대한 불순종조차도 불가능할 것이다.

이런 절대적인 지배자는 또한 너그럽기도 할까? 그들이 그렇지 않아야 할 이유가 있을까? 인간 특유의 권력욕도 결여하고 있으며, 인간 특유의 전쟁 중독의 흔적도 보유하고 있지 않은 기계야말로, 비록 차갑기는 하더라도 정당한 주인이라고 믿어 의심치 않을 이유가 충분한데도 말이다. 즉 기계에게는 자비심이야말로 잔인함만큼이나 이해하기 어려운 개념일 수 있는 것이다.

만약 인류가 그 발달에서 이 마지막 단계에 접어든다면, 그때에는 인류의 가장 유용한 하인이 졸지에 인류의 주인으로 등극하는 셈일 것이다. 그렇다면 지식의 진보에는 과연 무슨 일이 일어날까? 지배하는 컴퓨터가 일종의 무지주의를 인류에게 부과하지 않을까? 만약 그렇다면, 절대적인 전제(專制)의 무게하에서, 지식에서의 진보는 결국 중단되고 말 것이다.

나로선 컴퓨터가 그렇게 할 것이라는 이유를 도무지 찾을 수 없다. 똑똑한 존재인 컴퓨터는 오히려 인간이 항상 시도했던 지식과 이해의 지속적인 탐구를 지원하기를 바랄 가능성이 가장 클 것이다. 그러다가 새로운 황금시대가 어떻게 드러나건 간에, 인간과 컴퓨터는 서로의 긴밀한 협조 속에서 다른, 그러니까 더욱 파괴적인 충동에 의해서도 교란되지 않는 학습의 과정을 시작할 수 있을 것이다.

다시 한 번, 그리고 마지막으로, 나는 지금까지 말한 내용의 상당 부분이 판타지와 SF에 근거했음을 고백하고자 한다. 하지만 나로선 법률과 무력 이외에 전쟁의 문제에 관한 다른 대안을 생각할 수가 없다. 법률은 '어쩌면' 효과가 있을지도 모른다. 반면 무력 — 너그럽지 말아야 하는 이유가 없기 때문에 너그러운 컴퓨터가 부과하는 절대적인 무력 — 은 분명히 성공을 거둘 것이다.

저자 소개

 이 책의 저자인 찰스 링컨 밴 도렌(Charles Lincoln Van Doren, 1926~)
은 미국의 저술가 겸 출판 편집자다. 밴 도렌 가문은 20세기 초·중반에
미국을 대표하는 저술가와 지식인을 여럿 배출해 명성을 얻었다. 찰스의
아버지 마크 밴 도렌(Mark Van Doren, 1894~1972)은 퓰리처상을 수상한
시인 겸 문학평론가이며 컬럼비아 대학 교수였고, 어머니 도로시 밴 도렌
(Dorothy Van Doren, 1896~1993)은 소설가였다.

 큰아버지 칼 밴 도렌(Carl Van Doren, 1885~1950) 역시 퓰리처상을 수상
한 전기 작가 겸 문학평론가이고, 심지어 "유일하게 책을 쓰지 않은 밴 도
렌"이라고 자처한 큰어머니 아이리타 밴 도렌(Irita Van Doren, 1891~1966)
조차도《뉴욕 헤럴드 트리뷴》의 서평 담당 편집자로 30년 넘게 재직했다.
이처럼 지적인 분위기에서 성장한 찰스 밴 도렌은 컬럼비아 대학에서 천체
물리학과 영문학을 공부했으며, 훗날 모교의 영문학 강사가 되었다.

 바로 여기서 찰스 밴 도렌의 경력을 이야기할 때면 반드시 언급되는'퀴
즈 쇼 스캔들'이 벌어졌다. 1950년대에 미국 여러 방송사 간에는 퀴즈 쇼
프로그램의 시청률 경쟁이 한창이었다. 매주 두 명의 출연자(챔피언과 도전
자)가 나와서 21개의 문제를 푸는 NBC 방송의 〈트웬티 원〉(1956~1958)
도 그중 하나였다. 1956년 11월 28일에 이 프로그램에 도전자로 출연한
밴 도렌은 챔피언 허브 스템펠과 막상막하의 승부를 펼쳤다.

 12월 5일에 재차 출연한 밴 도렌은 결국 스템펠을 물리치고 새로운 챔
피언이 되었으며, 1957년 3월 11일 비비엔 니어링이라는 여성 도전자에
게 패배할 때까지 14주 연속으로 챔피언 자리를 지키고 12만 9000달러

(세금을 뗀 실수령액은 2만 8000달러였다.)의 상금을 획득하며 일약 유명 인사가 되었다. 이후 밴 도렌은 《타임》지의 표지에 등장하고 NBC의 다른 TV 프로그램에 고정 출연하는 등, 스타 지식인으로 발돋움했다.

하지만 문제는 스템펠과 밴 도렌의 극적인 대결이 제작진의 치밀한 사전 지시에 따른 조작 방송이었다는 점이다. 지적 능력은 뛰어났지만 배경이나 외모가 비호감이었던 기존 챔피언 스템펠보다는, 저명한 가문 출신에 명문 대학 강사이고 외모도 수려한 도전자 밴 도렌을 프로그램의 간판으로 만들어야 지지부진한 시청률이 오를 것이라고 제작진은 판단했다. 이런 조작은 당시의 여러 퀴즈 쇼 프로그램에서 비일비재한 일이었다.

하지만 퀴즈 쇼에서 하차하는 대가로 방송사에 일자리를 주선해주겠다는 제작진의 약속이 지켜지지 않자, 스템펠은 앙심을 품고 방송 조작 사실을 만천하에 폭로했다. 처음에는 반신반의했던 사람들도 얼마 뒤에 다른 퀴즈 쇼 프로그램에서 유사한 스캔들이 터지자 뒤늦게 문제의 심각성을 깨닫기 시작했다. 〈트웬티 원〉의 시청률은 급감했고, 결국 방송 자체가 중단되었으며, 의회 차원에서의 조사까지 이루어졌다.

"저는 속임수에 관여했으며, 그것도 깊이 관여했습니다. 저는 제 친구들을, 그것도 수백만 명이나 되는 친구들을 속였습니다." 1959년 10월 6일 의회 청문회에 출석한 밴 도렌은 조작 방송이 사실이었음을 시인했고, 이로써 스타 지식인에서 졸지에 공적 제1호가 되고 말았다. 비록 실형을 선고받지는 않았지만 방송 하차는 물론이고 대학 강사직에서도 물러나야 했다. 그중에서도 가장 큰 타격은 평생 그를 따라다니게 될 오명이었다.

'퀴즈 쇼 스캔들'은 양심을 속이고 이익을 추구한 방송사와 출연자 모두의 합작품이었다. 그럼에도 불구하고 이 사건을 언급할 때면 반드시 밴 도렌이라는 이름이 먼저 떠오르는 까닭은, 그가 그야말로 당시에 이 사건에서 가장 유명한 인물이었던 까닭이다. 퀴즈 쇼로 얻은 명성이 컸던 만큼이나 그로 인한 오명도 컸던 셈이다. 조작을 주도했던 방송사 관계자들이 하나둘씩 복직된 뒤에도, 밴 도렌은 여전히 사회적으로 매장당한 채였다.

스캔들 이후 수년간 칩거하던 밴 도렌은 브리태니커 백과사전에서 일자리를 구했다. 여기에는 부친의 친구이며 브리태니커의 이사였던 철학자 모티머 J. 애들러의 도움이 컸다. 1965년에 밴 도렌은 뉴욕을 떠나 브리태니커 백과사전의 본사가 있는 시카고로 갔으며, 이후 그 유명한 백과사전을 만드는 편집부의 차장으로 일하게 되었다. 이때 받은 봉급은 그가 방송 프로그램 하나에서 벌어들이던 출연료의 5분의 1밖에 되지 않았다.

밴 도렌은 이후 저술가 겸 편집자로 활동하면서 여러 권의 교양서를 간행해 호평을 받았다. 대표작으로는 『진보의 이념』(1967), 『독서의 즐거움』(1985), 『지식의 역사』(1991), 그리고 모티머 J. 애들러와 공저한 『어떻게 책을 읽을 것인가』(1972) 등이 있다. 17년간의 편집자 생활 이후 1982년에 은퇴한 밴 도렌은 코네티컷 주 콘월에 살면서 저술 활동에 전념했고, 때때로 코네티컷 대학에 강의를 나가기도 했다.

1994년에 '퀴즈 쇼 스캔들'을 소재로 한 로버트 레드퍼드 감독, 랠프 파인즈 주연의 영화 〈퀴즈 쇼〉가 개봉되자 찰스 밴 도렌은 다시 한 번 세상의 주목을 받게 되었다. 영화는 비교적 호평을 받으며 아카데미 4개 부문에 노미네이트되었지만, 일각에서는 영화의 내용이 상당 부분 사실과 다르다는 비판의 목소리도 나왔다. 영화사에서는 제작 협조를 요청하며 거액을 제안했지만, 밴 도렌은 숙고 끝에 거절했다고 한다.

'퀴즈 쇼 스캔들'로부터 49년이 지난 뒤인 2008년 7월 28일, 찰스 밴 도렌은 그 사건을 회고한 '모든 답변들'이라는 기고문을 《뉴요커》에 발표했다. 일각에서는 자기변명에 불과하다는 비판도 있었지만, 그래도 반세기 가까운 침묵을 깨고 본인의 심정을 이야기한 것만으로도 충분히 주목할 만한 가치는 있었다. 그중 다음과 같은 고백은 스캔들 이후 글쓰기가 그의 삶에서 차지한 의의가 무엇인지를 시사해준다.

"글쓰기의 가장 좋은 점 가운데 하나는 매우 사적인 일이라는 것이다. 생각하며 앉아 있으면 되고 사람들의 질문에 굳이 대답할 필요가 없기 때문이다. '당신이 바로 찰스 밴 도렌인가요?' 그러면 난 이렇게 생각한다. '음, 제 이름은 그렇습니다만, 저는 당신이 생각하는 그 사람이 아닙니다. 또는 그 사람이 되고 싶지 않습니다.' 여기서 벗어나기는 힘들다. 왜냐하면 〈트웬티 원〉에서 속임수를 썼던 사람은 여전히 나의 일부분이기 때문이다."

『지식의 역사: 과거, 현재, 그리고 미래의 모든 지식을 찾아』는 찰스 밴 도렌이 65세 때인 1991년에 발표한 책이다. 세계사의 주요 사건과 인물을 개관하면서 인류의 지식 형성과 발전, 그리고 미래를 살펴보는 내용으로, 출간 이후 지금까지 20년 가까이 인문학 분야의 훌륭한 교양서로 손꼽히고 있다. 오랜 세월 지식의 보고로 유명했던 브리태니커 백과사전의 편집자로서 쌓은 내공을 유감없이 발휘한 밴 도렌의 역작인 셈이다.

흔히 말하는 지식에는 특수한 지식과 보편적 지식이 있다. 특수한 지식이 일시적으로 유효한 지식이라면, 보편적 지식은 비교적 장시간 (어쩌면 영구적으로) 유효한 지식이라 하겠다. 이 가운데 "오랜 세월에 걸쳐 누적된 인간 경험의 총체"로 정의되는 후자, 즉 보편적 지식의 발전 과정이 이 책에서 다루는 주제다.

'지식'이라면 종종 '학문'의 동의어로 여겨진다. 학문이란 체계화된 지식을 말하며, 덕분에 우리는 과거의 경험을 보다 쉽게 물려받고 물려줄 수 있다. 하지만 엄밀한 의미에서 두 가지가 항상 똑같지는 않으며, 이 가운데 지식 쪽이 더 넓은 개념에 해당한다. 또한 지식은 수동적으로 입력이나 기록되는 것이 아니라, 능동적인 정신 작용을 거쳐 재구성된다는 점에서 단순한 '정보'와도 다르다.

인간의 지식은 사고의 내용일 뿐만 아니라 사고의 틀이기도 하다. 흔히 말하듯이 우리는 보는 만큼 알 수도 있지만, 반대로 아는 만큼 볼 수도 있기 때문이다. 그런 까닭에 지식은 경우에 따라 득보다 실이 될 수도 있다. 가령 기존의 지식이 졸지에 선입견으로 작용하여 새로운 지식의 발전과 수용을 저해하는 경우가 그러하며, 역사상 이런 사례는 의외로 비일비재했다.

저자는 지식 중에서도 특히 철학과 과학을 중요하게 여긴다. 흔히 철학은 정신적인 것, 과학은 물질적인 것을 다룬다고 생각하지만, 고대에만 해도 철학에는 오늘날의 과학과 같은 자연 탐구의 역할도 포함되어 있었다. 철학과 과학 모두 인간이 세계를 대상으로 행한 탐구의 과정에서 중요한 도구로서의 역할을 감당했다.

철학의 시작은 저자의 말마따나 '탈레스의 문제', 즉 인간의 내부 정신이 외부 세계를 이해할 수 있다는 가정이었다. 과학에서는 데카르트와 갈릴레오와 케플러 등의 여러 업적을 종합한 '뉴턴역학'이 가장 중요한 혁신이다. 물론 20세기에 이르러 상대성이론과 양자역학 등의 경천동지할 발전이 이루어지긴 했지만, 뉴턴역학은 미시 세계와 거시 세계 사이에 놓인 우리의 현실 세계에서 지금까지도 상당 부분 유효하다.

저자는 보편적 지식이 고대 그리스에서 학문의 형태로 체계화되고, 거기서부터 시작된 지식 형성의 커다란 흐름이 중세와 르네상스와 근대를 거쳐 현대까지 이어졌다고 본다. 한때는 지식의 양이 점차 증가하면 언젠가는 완성이나 극치에 도달하리라 여겼지만, 실제로 그런 결과는 아직 오지 않았다. 도리어 20세기에는 과학을 비롯한 지식의 발전에서 막다른 길, 또는 일종의 정체를 우려하는 목소리가 나온 바 있다.

물론 인류의 지식이 계속해서 증가하는 것은 사실이다. 가령 과학의 경우에만 해도 관찰이며 제조에 사용되는 기술은 점점 정교해지고 있다.

따라서 뭔가 획기적인 돌파구가 없다고 해서 쉽사리 퇴보나 정체를 단언할 수는 없는 노릇이다. 하지만 현대에 와서는 인간의 지식에 '한계'가 있다는 사실을 누구도 부정할 수 없게 되었다. 아무리 과학이 발전해도 미시 세계와 거시 세계 사이의 중간적 존재인 인간이 알 수 없는 게 있다.

사실 지식의 역사는 꾸준한 발전만이 아니라 꾸준한 수정의 역사이기도 하다. 마치 불변인 듯 보이는 지식도 세월을 거치며 상당 부분 변화했다. 어떤 변화는 종종 큰 저항과 반대를 불러일으켰고, 또 한때 당연하게 간주되던 지식 중 일부는 이미 용도 폐기된 지 오래다. 이런 점에서 볼 때 지식이란 결코 완전하지도 않고 불변하지도 않는다.

물론 지식을 추구하는 인류의 성향, 그 노력만큼은 인류가 존재하는 한 결코 그치지 않을 것이다. 다만 이제는 지식의 획득보다 사용이 더 중요해졌다. 저자는 20세기를 다룬 장에서 핵무기에 관해 언급하면서, 이제는 한 사람의 변덕으로 인해 온 세계가 멸망할 수 있다고 지적한다. 이제는 지식을 이용하는 것이 문제가 아니라, 그걸 '올바르게', 또는 '안전하게' 이용하는 것이 문제라는 것이다.

이쯤 되면 과연 지식이 인간에게 좋은 것인가 하는 회의도 들 법하다. 우리는 도대체 무엇 때문에 그 많은 지식을 배우는 것일까? 사실 우리가 배우는 지식은 어딘가 과도한 감이 없지 않다. 한때는 대단한 발명이며 혁명적 발견이었던 지식들, 심지어는 목숨을 걸고서야 간신히 주장할 수 있었던 지식들이 지금은 한두 마디 정의나 의의로 우리 머릿속에 들어온다. 그 신선함이 떨어지는 만큼이나 그 활용도도 떨어진다.

현실에서 우리는 보편적 지식보다는 특수한 경험에 근거해 살아가는 것처럼 보인다. 아는 것에 비하면 쓰는 것은 빙산의 일각이다. 게다가 현대사회에서는 분야의 다양화와 전문화로 인해 더 많은 지식은 불필요하다. 원하는 물건이 있으면 버튼 몇 개만 누름으로써 주문할 수 있다. 그 물건이 어떤 과정을 통해 생산되고, 또 어떤 과정을 통해 운반되는지 몰라도 세상 살아가는 데에는 불편이 없다.

그렇다면 우리는 왜 공부하는 것일까? 어째서 학문의 형태로 체계화된 수많은 잉여 지식을 배우는 것일까? 본문에 나오는 아리스토텔레스의 말마따나 세상에 대한 견식, 또는 비판적 능력을 얻기 위해서다. 저자의 지적처럼 이른바 '르네상스인'의 이상, 즉 모든 분야의 지식을 모두 안다는 목표는 어불성설이지만, 적어도 어떤 지식, 또는 그 지식에 근거한 주장의 타당성에 대해 우리는 다소간 식별력을 지녀야 한다.

왜냐하면 지식을 지닌 사람이 많아진 만큼이나, 상충되는 지식에서 비롯된 혼란도 종종 있기 때문이다. 가령 지식을 지닌 사람들 사이에서도 어떤 사안을 판별하는 데에는 의견이 엇갈리는 경우가 종종 있다. 어째서일까? 지식은 그 자체로 절대적이거나 객관적이지는 않기 때문이다. 마음만 먹으면 얼마든지 지식을 왜곡시켜 사용할 수 있다. 따라서 우리는 지식을 분별하는 비판적 태도를 취해야 할 필요가 분명히 있다.

지식과 정보의 독점, 또는 집중이라는 현상은 오래전부터 있었다. 지식의 독점은 곧 권력이었고, 지식의 확산은 권력을 무너트리고 자유를 퍼트리는 데 기여했다. 하지만 문제는 지식의 확산 자체가 절대적인 진리는 아니라는 것이다. 인터넷 시대가 되면서 지식의 확산은 어느 때보다도 활발해진 것 같지만, 사실은 잘못된 지식이 수없는 '퍼 나르기'를 통해 마치 올바른 지식인 양 오도되는 경우도 많아졌다.

가령 인터넷은 일종의 '합의된 지식'을 만들어내는 데에 유용하다. 사실이 아닌데도 불구하고 목소리 큰 사람 몇 명이 선동하고 나머지 다수가 이에 찬동하면 졸지에 잘못된 지식이 올바른 지식인 양 둔갑하기도 한다. 과거에는 가정이 정설로 굳어지는 데에 어느 정도 시간이 걸렸고, 그 와중에 비판적 평가가 가능했다. 반면 지금은 비판적 평가가 이루어질 새도 없이 어떤 가정이, 또는 억측이 정설로 확립되기 쉬워졌다.

거듭 말하지만 지식은 결코 완벽할 수가 없다. 따라서 지식을 습득하는 것보다도 지식을 사용하는 태도가 더 중요하다. 지식의 역사를 살펴봄으로써 이 책이 역설하는 중대한 사실은 바로 지식의 가변성이다. 항상 바뀔 가능성, 틀릴 가능성을 염두에 두어야 한다는 뜻이다. 이는 결코 쉬운 일이 아닌 만큼, 반드시 필요한 일이기도 하다. 올바른 지식이 끼친 이득이 컸던 만큼, 잘못된 지식이 끼친 해악은 또 얼마나 컸는지 기억할 필요가 있다.

『지식의 역사』는 1995년 우리나라에 처음 번역 소개된 바 있었지만, 이번에 갈라파고스를 통해서 새로운 번역본이 나오게 되었다. 초판 발행 이후에 본문의 일부 수정된 내용까지 모두 반영된 완역본인 동시에, 번역 및 교정 과정에서 내용의 일부 미비점을 바로잡아서 보다 충실한 책으로 만들기 위해 노력했다. 찾아보기의 경우에도 주요 개념어와 고유명사를 최대한 많이 집어넣어서 참고 도서로서의 활용도를 높였다.

물론 이 책에는 단점도 있다. 분량이 짧다 보니 사건과 인물의 취사선택이 불가피했다는 점, 또한 서양 중심적 시각이 드러난다는 점이 그렇다. 나아가 저자가 아무리 다재다능한 지식인이며 백과사전 편집자였다 하더라도, 사람이 모든 것을 알 수는 없는 노릇이다. 본문에서도 저자가 익숙하지 않은 동양사 관련 부분에서는 간혹 오류가 엿보이는 것도 그런 까닭이다.(이는 번역 및 교정 과정에서 확인되는 대로 수정했다.)

세월 앞에서는 장사가 없다는 말처럼, 벌써 20여 년 전에 나온 책인 까닭에 자연스레 드러나는 한계도 있다. 가령 20세기 말의 밀레니엄을 앞둔 불안을 집중적으로 고찰한 장이 그렇고, 한때 브리태니커 백과사전에 도입되면서 크게 주목받았지만 지금은 그 사전과 마찬가지로 서서히 잊혀가는 이데오노미에 관한 장이 그렇다. 또 인터넷과 휴대전화의 발전상만 해도 이 책의 집필 당시에는 공상에 가까웠을 것이다.

그럼에도 불구하고 이 책에는 이런 단점을 상쇄할 만한 충분한 장점이 있다. 바로 곳곳에 번뜩이는 저자 특유의 통찰이다. 유사한 성격의 세계사, 또는 문화사 관련 저술에 비해 이 책은 내용의 선정이나 서술 과정에서 저자의 개성, 또는 취향이 상당히 뚜렷하게 드러난다. 객관성이 부족하다는 비난도 가능하겠지만, 그보다는 찰스 밴 도렌이 평생에 걸쳐 시도한 지식의 추구에 대한 일종의 결산이라고 보면 어떨까 싶다.

사실 저자의 이력을 설명하기 위해 이런저런 자료를 찾아보면서 적잖은 갈등이 일었다. 미국에서의 자자한 명성, 또는 악명에 비해 우리나라에서는 교양서 작가로만 알려진 저자의 배경을 이제 와서 굳이 들춰내는 것은 별로 점잖은 일이 못 되어 보였기 때문이다. 하지만 『지식의 역사』라는 책을 읽는 과정에서는 아무래도 지식의 오용에 관한 저자의 과거사를 의식하지 않을 수 없는 것도 사실이다.

　노파심에서 덧붙이자면, 혹시나 이 책을 단순히 '20세기 중반 미국을 뒤흔든 지식 스캔들의 주인공이 쓴 화제의 책'이라고 넘겨짚는 일은 없었으면 좋겠다. 다만 역자로선 저자의 그런 남다른 이력을 알게 됨으로써 독자가 지식과 지식인의 의미와 역할에 관해 좀 더 깊은 문제의식을 지닐 수만 있다면, 어쩌면 그것이야말로 이 책이 줄 수 있는 한 가지 추가적인 교훈일 수도 있지 않을까 하는 생각에 그 내용을 덧붙여놓았을 뿐이다.

　책을 한 권 번역할 때마다 새삼스레 실감하는 바이지만, 번역이란 결코 번역자 혼자 할 수 있는 일이 아니다. 번역문이 책으로 변모하는 과정에서 여러 사람의 손길이 깃들기 때문이다. 최근 번역에 대한 관심이 늘면서 번역자의 역할이 강조되는 것은 당연하지만, 책을 만드는 과정에서 번역자보다 더 중요한 사람은 편집자다. 그 어떤 저자나 역자의 문장이라 하더라도 편집자의 눈과 손을 거치지 않고 독자 앞에 선보일 수는 없기 때문이다.

한국 사람이 한글 책을 읽어도 종종 오독이 나오게 마련인데, 한국 사람이 영어 책을 옮기면 종종 오역이 나오게 되는 것은 당연지사다. 따라서 이런 실수를 바로잡아서 보다 정확하고 명료한 문장, 보다 완전한 형태의 책을 만들기 위해서는 편집자의 적극적인 역할이 필수적이다. 최근에는 매끄러운 번역 문장이 최고인 것으로 치는 풍조도 없지 않은데, 정말 중요한 것은 외적인 유려함이 아니라 오히려 내적인 충실성일 것이다.

이번 책을 작업하면서는 일일공삼의 편집자들에게 신세를 많이 졌다. 번역자의 실수는 물론이고 저자의 실수까지도 일일이 잡아내 준 점, 그리고 정확한 문장을 만들기 위해 의견 교환이 가능했던 점을 감사하게 생각한다. 본래 편집자가 번역자를 많이 괴롭힐수록 책이 더 좋아지게 마련인데, 개인적인 생각으로는 이번 책이 '상당히' 좋을 것 같다. 늘 좋은 책을 찾아내 번역의 기회를 주시는 갈라파고스의 여러분께도 감사드린다.

어쩌면 한 권의 책을 만들어가는 과정이야말로 지식의 형성 과정과도 유사한 것이 아닐까 하는 생각이 든다. 저자 역시 수많은 다른 저자로부터 지식을 얻었을 것이고, 그 결과물이 나오는 데에도 역시 다른 사람의 조언과 손길이 큰 역할을 했을 것이다. 어떤 한 사람의 독무대가 아니라 인류 전체의 협력 과정에서 서서히 누적되어온 것이 바로 지식이다. 지식을 담아 전달하는 매체인 책 역시 그 형성 과정은 마찬가지가 아닐까.

[ㄷ]

[ㄹ]

지식의 역사

1판 1쇄 발행 2010년 11월 15일
1판 7쇄 발행 2018년 7월 27일

지은이 찰스 밴 도렌 | 옮긴이 박중서
편집 이기선 정다혜 | 교정 교열 일일공삼 | 디자인 가필드

펴낸이 임병삼 | 펴낸곳 갈라파고스
등록 2002년 10월 29일 제2003-000147호
주소 03938 서울시 마포구 월드컵로 196 대명비첸시티오피스텔 801호
전화 02-3142-3797 | 전송 02-3142-2408
전자우편 galapagos@chol.com

ISBN 978-89-90809-34-6 03900

이 도서의 국립중앙도서관 출판시도서목록(CIP)은 e-CIP 홈페이지
(http://www.nl.go.kr/ecip)에서이용하실 수 있습니다. (CIP제어번호: CIP2010003872)

갈라파고스 자연과 인간, 인간과 인간의 공존을 희망하며, 함께 읽으면 좋은 책들을 만듭니다.